es 1957
edition suhrkamp
Neue Folge Band 957

Doping hat dem guten Ruf des Hochleistungssports massiv geschadet. Es katapultierte diesen Sozialbereich in ein Glaubwürdigkeitsdefizit hinein, das in seinen Auswirkungen überhaupt noch nicht abzusehen ist. Dabei ist Doping keine zufällige Entgleisung, sondern in der Eigenlogik des modernen Spitzensports und dessen Beziehungen zur gesellschaftlichen Umwelt strukturell angelegt. Dies läßt sich in einer soziologischen Untersuchung zeigen, die verschiedene Theorien mittlerer Reichweite im Rahmen einer differenzierungstheoretischen Erklärungsperspektive verknüpft.

Karl-Heinrich Bette
Uwe Schimank
Doping im Hochleistungssport

Anpassung durch Abweichung

Zweite, erweiterte Auflage

Suhrkamp

edition suhrkamp 1957
Erste Auflage 1995
© Suhrkamp Verlag Frankfurt am Main 1995, 2006
Alle Rechte vorbehalten, insbesondere das
der Übersetzung, des öffentlichen Vortrags
sowie der Übertragung durch Rundfunk und Fernsehen,
auch einzelner Teile.
Kein Teil des Werkes darf in irgendeiner Form
(durch Fotografie, Mikrofilm oder andere Verfahren)
ohne schriftliche Genehmigung des Verlages reproduziert
oder unter Verwendung elektronischer Systeme verarbeitet,
vervielfältigt oder verbreitet werden.
Satz: Hümmer GmbH, Waldbüttelbrunn
Druck: Druckhaus Nomos, Sinzheim
Umschlag gestaltet nach einem Konzept
von Willy Fleckhaus: Rolf Staudt
Printed in Germany
ISBN 3-518-11957-5
ISBN 978-3-518-11957-0

2 3 4 5 6 – 11 10 09 08 07 06

Inhalt

Vorwort zur zweiten Auflage 7
Einleitung: Ein soziologischer Blick auf das Dopingproblem 17

I. Strukturdynamiken des Hochleistungssports 31

1. Schrankenloser Siegescode und überforderter Körper 35
   1.1 Teilsystemische Ausdifferenzierung des Hoch-
       leistungssports 36
   1.2 Anspruchsinflationierung 47
   1.3 Körperliche Leistungsgrenzen und kompen-
       satorische Verwissenschaftlichung 52

2. Entfesselung durch Umweltansprüche 62
   2.1 Publikumsinteresse 67
   2.2 Leistungssport als Thema der Massenmedien 90
   2.3 Wirtschaftliche und politische Instrumentalisierung
       sportlicher Leistungen 100
   2.4 Nutzenverschränkungen 111

3. Die biographische Falle 117
   3.1 Biographische Fixierung der Sportlerkarriere 119
   3.2 Leistungsindividualismus 137
   3.3 Bestärkung durch Umfeldakteure 143

II. Doping als Struktureffekt 149

4. Dopingdefinitionen als soziale Konstruktionen 153
   4.1 »Natürlichkeit« und »Fairneß«: Leitideen einer
       Wesensdefinition 155
   4.2 Enumerative Dopingdefinitionen und ihre
       perversen Effekte 167

5. Doping als illegitime Innovation 176
   5.1 Zeitliche, sachliche und soziale Leistungs-
       dimensionen 180
   5.2 Deviante Gruppen und Netzwerke 195
   5.3 Lügen, Täuschen und Verschweigen 218
   5.4 Neutralisierungsrhetoriken 224

6. Die Dopingfalle 246
   6.1 Konkurrenzspiel der Sportler 250
   6.2 Unterstützungsspiel der Umfeldakteure 258
   6.3 Intransparenz des Dopings 265
   6.4 Kontrollspiel zwischen Athleten und Doping-
      kontrolleuren 274

7. Gesellschaftliche Delegitimierung des Leistungssports ... 280
   7.1 Skandalierung in den Massenmedien und
      Desillusionierung des Publikums 283
   7.2 Distanzierung politischer und wirtschaftlicher
      Ressourcengeber 298
   7.3 Probleme der Nachwuchsrekrutierung 302

III. Problemlösungsstrategien der Sportverbände 309

8. Wege und Schwierigkeiten der Dopingbekämpfung 315
   8.1 Pädagogisierung 317
   8.2 Anreiznivellierung 328
   8.3 Kontrollintensivierung 333
   8.4 Selbstbeschränkungsabkommen 347

9. Vertuschen und Hinwegreden des Dopingphänomens 357
   9.1 Dopingfreigabe 360
   9.2 »Brauchbare Illegalität« und symbolische
      Beschwichtigung 370

Ausblick: Soziologische Reflexionsimpulse zur
Selbständerung des Hochleistungssports 387
Nachwort 2006: Doping und kein Ende 401

Abbildungsverzeichnis 452
Abkürzungsverzeichnis 453
Literaturverzeichnis 454
Über die Autoren 472

Vorwort zur zweiten Auflage

Doping ist kein Thema, das einer langen Hinführung bedarf. Zu viele einschlägige Fälle sind den Sportinteressierten in den vergangenen Jahren berichtet worden. Selbst massenhafte Entlarvungen prominenter Athleten und Betreuer und anschließend vor ordentlichen Gerichten durchgeführte Prozesse haben sich nicht etwa als Endpunkte, sondern lediglich als Zwischenstationen in der Skandalchronik des Dopingmißbrauchs erwiesen. Die tagtäglich über die Massenmedien verbreiteten Dopingmeldungen deuten darauf hin, daß der Wille und strukturelle Zwang zur Abweichung im Spitzensport national und international und über alle Disziplinen hinweg nach wie vor stark vorhanden sind und offensichtlich durch eine von einzelnen Personen unabhängige und sich immer wieder neu regenerierende soziale Dynamik am Leben erhalten werden. Sportarten, die sich erfolgreich über Jahrzehnte als singuläre Horte sportlicher Regeltreue inszenieren konnten, wurden in der Zwischenzeit als real existierende Orte der Devianz entlarvt. Abweichende Praktiken sind in Männer- und Frauensportarten, in Individual- oder Mannschaftsdisziplinen, in Rückschlagspielen, kompositorischen Sportarten und im Kampfsport nachweisbar. Auch Unterscheidungen, mit denen man die Welt des Sports anhand der in den einzelnen Sportarten dominanten motorischen Grundeigenschaften – Kraft, Schnelligkeit, Ausdauer, Beweglichkeit und Koordination – differenziert, erweisen sich als untauglich, um aus ihnen eine potentielle oder wesensmäßige Dopingnähe oder -ferne abzuleiten. Jenseits erst sekundär relevanter sportartspezifischer Unterschiede und Eigenheiten ist allgemein festzuhalten, daß Doping überall dort stattfindet, wo dem sportlichen Sieg eine existentielle Bedeutung zugeschrieben wird, wo leistungsindividualistische Sportleridentitäten durch Erfolge abgestützt, Karrieren beschleunigt oder verlängert werden sollen und wo es physische und psychische Grenzen zu überschreiten und die Dopingmaßnahmen der Konkurrenten durch eigene Devianz zu kompensieren gilt.

Vertreter professionell betriebener Sportdisziplinen, die heute ernsthaft behaupten, kein Dopingproblem in den eigenen Reihen zu haben, sagen mit ihren Äußerungen nichts über den Ist-

Zustand der Dopingverwendung aus; sie weisen eher auf ihr Interesse hin, aufgrund eigener Handlungsdilemmata von störenden Details und den Konsequenzen eines genauen Wissens verschont bleiben zu wollen. Aussagen, daß Dopingpraktiken in ihren Disziplinen keinen Sinn machten und »nichts brächten«, sind wenig überzeugend, weil der Medikamentenmarkt schon seit langem ein hochdifferenziertes und stetig steigendes Angebot bereithält, das sich punktgenau sowohl für Training und Wettkampf als auch für regenerative Maßnahmen nutzen läßt. Die markige Verneinungs- und Beschwichtigungsrhetorik drückt vielmehr das Bestreben aus, wichtige politische, wirtschaftliche oder mediale Bezugsgruppen sowie das Publikum nicht durch ein Zuviel an Entlarvungen verschrecken zu wollen. Außerdem sind Dopingkontrollen teuer und logistisch aufwendig, da der zeitgenössische Spitzensport im globalen Maßstab stattfindet und die Analytik hohe juristische Gütestandards zu erfüllen hat. So ist es nicht überraschend, daß in nicht wenigen Sportarten nach wie vor eine niedrige Kontrolldichte anzutreffen ist, kein funktionierendes An- und Abmeldesystem zur Durchführung überraschender Trainingskontrollen existiert, nur bestimmte Substanzen im Labor überprüft werden und ausschließlich Kontrolleure zum Einsatz kommen, die dem eigenen Verband nahestehen oder gar rechenschaftspflichtig sind und deswegen automatisch unter Opportunismusverdacht stehen.

Damit wird ein wichtiger Zusammenhang deutlich: Die Dopingneigung auf der Ebene der unmittelbaren Leistungsträger wird durch den Mehrwert verstärkt, den die Abweichung für all diejenigen abwirft, die assistierende und ermöglichende Funktionen innerhalb und außerhalb des Leistungssports ausüben. Trainer, deren berufliche Leistungsfähigkeit letztlich nur über die sportlichen Erfolge ihrer Athleten meßbar ist, werden über dopingfundierte Erfolge ihrer »Schützlinge« in die Lage versetzt, Reputation und Einkommen zu steigern. Politiker, die den Verbänden knappe Finanzen bewilligen, können sich im warmen Licht sportlicher Erfolge mitsonnen und über ihre öffentlich demonstrierte Sportfreundlichkeit positive Gewogenheit beim Publikum für zukünftige Wahlen herstellen. Für Sponsoren, die einen Imagetransfer zugunsten ihrer Produkte im Auge haben, fällt ebenso eine Begleitaufmerksamkeit ab, wenn gedopte – freilich nicht als solche entlarvte – Athleten erfolgreich sind. Selbst die

Zuschauer, die über den Mechanismus der Identifikation mit Siegern am Geschehen teilnehmen, haben etwas davon, wenn Doping erfolgreich ist, solange es nicht bemerkt wird. Sie bekommen virtuose Leistungen zu sehen, die sonst nicht möglich wären. Davon profitieren schließlich auch die Massenmedien, die ihre Einschaltquoten über die Darstellung sportlicher Wettkämpfe erhöhen.

Um diese verzwickte Situation komplexitätsangemessen zu analysieren und auf den Begriff zu bringen, reicht es nicht aus, Körpersäfte auf verbotene Substanzen und Praktiken hin zu untersuchen. Von den Motiven und Umständen, die seit Jahrzehnten im Spitzensport zur Devianz führen, bekommt man schließlich nichts zu sehen, wenn Blut- und Urinproben in einem Massenspektrometer aufgelöst werden. Und es reicht auch nicht aus, mit dem Finger selbstgerecht ausschließlich auf die Sportler und Sportlerinnen zu zeigen, um diese als alleinige Sünder nach positiven Befunden öffentlich an den Pranger zu stellen und mit dem gesamten Arsenal sozialer Degradierungszeremonien abzustrafen. Denn: Einzelne Athleten kann man zwar des Feldes verweisen, um das subversive Unterlaufen eigener Normen demonstrativ zu sanktionieren; das Dopingproblem wird man dadurch noch lange nicht los. Es hat sich vielmehr ultrastabil als Konstellationseffekt im Spitzensport festgesetzt und ist gegen die gängigen Kontrollverfahren und Pädagogisierungsmaßnahmen weitgehend immun geblieben.

Wer sich angesichts der verfahrenen Situation nicht damit zufriedengeben will, die Dopingpraktiken mit den üblichen medizinisch-pharmakologischen Zugriffsweisen zu analysieren, Regelverstöße mit juristischen Mitteln zu kontern und in Sachen Prävention mit Hilfe der Pädagogik auf eine Regenerierung von Ethik und Moral zu hoffen, kommt nicht umhin, die Theorien und Methoden der Soziologie in Anspruch zu nehmen. Schließlich ist diese Disziplin schon seit langer Zeit darauf spezialisiert, gesellschaftliche Probleme auf ihre soziale Bedingtheit hin abzuklopfen und entsprechend justierte Beratungsofferten zu unterbreiten. Daß man hierbei sowohl mit dem Verständnis als auch mit der Distanz und Skepsis soziologischer Beobachter zu rechnen hat, liegt auf der Hand, da sich die Soziologie nicht auf ein Nachbeten vorhandener Situationsdefinitionen und Deutungen reduzieren lassen will. Außerdem ist eine skeptische Einstellung gegenüber dem, was man in abweichungsanfälligen Kontexten zu sehen und zu hören bekommt, ohnehin unverzichtbar. Schließlich wollen Dopingakteure ihre eigene Devianz mit geeigneten Strategien verheimlichen und ein Reden darüber verhindern.

Unsere Dopingstudie, die an genau dieser Stelle ansetzt, hat seit ihrem ersten Erscheinen sicherlich neue Sichtweisen im Umgang mit der Dopingthematik eröffnet. Eine Übersetzung ins Japanische hat im fernen Osten für entsprechende Diskussionen gesorgt. Wir veröffentlichen den Haupttext in einer unveränderten Fassung, weil inhaltlich an den von uns getroffenen Aussagen und Einschätzungen keinerlei Abstriche zu machen sind; allenfalls haben die geschilderten Mechanismen der Devianzerzeugung in den letzten Jahren zu einer weiteren Eskalation des Dopingproblems geführt. Auf Grund der strukturellen Bedingtheit und Konstanz des Dopingproblems war es überflüssig, neuere Zitationen als Plausibilitätsstützen für unsere Argumente nachträglich einzubauen. Angesichts der hohen Skandalfrequenz wäre dies kein Problem gewesen – man denke nur an die weltweiten Eruptionen während und nach der Tour de France 1998, die Aufdeckungen im italienischen Spitzenfußball und die dubiose Rolle eines Anti-Doping-Labors, die Auseinandersetzungen um den deutschen Olympiasieger Dieter Baumann, die permanenten Dopingskandale im Gewichtheben, in der Leichtathletik und im Radrennsport, die Entlarvung von Skilangläufern bei Weltmeisterschaften und Olympischen Spielen, die aufsehenerregende Flucht von zwei griechischen Sprintstars vor den Olympischen Spielen in Athen, die Enthüllungen im US-Profisport nach der Entdeckung eines kalifornischen Dopinglabors, die Razzien bei den Olympischen Winterspielen in Turin mit der anschließenden Flucht von Trainer und Athleten sowie die neueren Diskussionen über die Gefahren eines am Horizont heraufziehenden Gendopings.

Die Konfrontation mit dem sezierenden Blick der Soziologie fiel erwartungsgemäß ambivalent aus: Es gab eine starke Zustimmung von denen, die eine strukturell angelegte soziologische Analyse des Dopingphänomens lange Zeit vermißt hatten und nun hocherfreut waren, das Phänomen des Dopings einmal nicht auf medizinische, pharmakologische, juristische oder pädagogische Sichtweisen reduziert zu sehen. Vertreter dieser Gruppierung empfanden die Verortung der Dopingproblematik im Kontext der Nutzenverschränkungen des Spitzensports mit Politik, Wirtschaft, Massenmedien und Publikum sowie die Kombination system- und akteurtheoretischer Zugriffsweisen auf das Thema als erhellend und bereichernd – auch dann, wenn die Ergebnisse bisweilen eher ernüchternd und desillusionierend ausfielen. Vor allem wurde die soziologietypische Leistung positiv wahrgenommen, Doping nicht partikularistisch auf einzelne Personen, Vergehen und Skandale verkürzt, sondern in einen überindividuellen und theoretisch mehrfach abgesicherten Kontext gestellt zu haben. In der Tat ging es immer darum, ein architektonisches Überblickswissen zu produzieren und die Dopingdiskussion nicht auf Namen, Verfehlungen, Medikamente, Statistiken und Appelle zu reduzieren.

Abgelehnt oder kritisch beäugt wurde und wird dieser Analyseduktus vornehmlich von vier Fraktionen. Zur ersten Gruppe gehörten erwartungsgemäß jene Athleten, Trainer und Funktionäre, die sich mit Recht durch den soziologischen Blick in ihren Vorgehensweisen entlarvt fühlten und sowohl ihren Geheimnisschutz als auch ihre bisherigen Beschwichtigungs- und Neutralisierungsrhetoriken gefährdet sahen. Soziologische Theorien, die als Suchscheinwerfer eingesetzt werden, um Licht in das Dunkel sozialer Phänomene zu werfen, erhellen eben auch, wenn es um Doping geht, individuelle und korporative Handlungsweisen, die gegen offizielle Verhaltensstandards verstoßen und deshalb unter Strafe stehen. Wer als Soziologe im Bereich des allseits stark beliebten und nachgefragten Spitzensports über eine »Anpassung durch Abweichung« forscht, macht sich bei denen, die an der Devianz wissentlich und unwissentlich beteiligt sind, nicht sonderlich beliebt. Die Empörung hielt sich aber immer in Grenzen, da nicht Namen und Personen, sondern überindividuelle Konstellationen im Mittelpunkt unseres Interesses standen und eine Skandalisierung ohnehin nicht beabsichtigt war.

Als zweite Fraktion fiel jene Gruppierung auf, die die bisherige Dopingverwendung im Leistungsport aus ihrem beruflichen Selbstverständnis heraus mit personenorientierten Blicken beobachtet und kritisiert, und in Ethik, Moral und Erziehung die einzig richtigen Instrumente sieht, um der Abweichung Herr zu werden. Diese vornehmlich in Sportpädagogik und Sportphilosophie angesiedelte Gruppierung fühlte sich offensichtlich durch unsere überindividuell ansetzende soziologische Vorgehensweise narzißtisch gekränkt. Wenn die individuelle Autonomie des Subjekts analytisch in Frage gestellt wird, ist damit eine tiefgreifende

Relativierung pädagogisch angeleiteter Charakterbildung verbunden – ebenso wie der individuellen Schuldzuweisung durch Juristen. Die strukturalistische Ausrichtung unserer Arbeit wurde demzufolge in erwartbarer Weise von all jenen abgewehrt oder zumindest skeptisch betrachtet, die ihr professionelles Handeln direkt am Menschen festmachen und sich durch das hartnäckige soziologische Pochen auf die handlungsbeeinflussende Wirkungskraft sozialer Dynamiken düpiert sahen.

Als dritte Fraktion sind die naturwissenschaftlichen Hardliner anzusehen, die generell mit soziologischen Analysen nichts anfangen können, weil sie Doping als ein ausschließlich medizinisch, pharmakologisch und biochemisch relevantes Thema ansehen, Soziologen als Deutungskonkurrenten ablehnen und deren Sprache und Denkweise generell als zu schwierig und zu subversiv denunzieren. Diese Gruppe konnte sich in den einschlägigen Kontrollinstitutionen des Sports dominant etablieren, weil sie die Spezialisten stellt, die mit Hilfe entsprechender Verfahren juristisch haltbare Ergebnisse für die Sanktionierung ertappter Sportler produzieren. Allerdings ist es auch dieses körper- und personenorientierte Sonderinteresse, das diese Gruppe in besonderer Weise anfällig macht, von den Sportverbänden in anderer Sache instrumentalisiert zu werden: nämlich die Sportverbände vor allzu harter Kritik zu schützen.

Um es kurz auf den Punkt zu bringen: Die naturwissenschaftliche Analytik läßt sich vortrefflich für die Individualisierung der Schuld und die Inszenierung korporativer Unschuld nutzen. Medizin, Pharmakologie und Biochemie schauen, wenn es um Doping geht, ausschließlich auf diverse Körpersäfte, verwendete Dopingmittel, geeignete Nachweisverfahren und dopinginduzierte Körperschäden. All diese Sichtweisen sind zweifellos wichtig und unverzichtbar. Dennoch muß festgehalten werden: Zur Erhellung der *sozialen Bedingtheit des Dopings* tragen die naturwissenschaftlichen Perspektiven nichts bei! Die Akteurverstrickungen, die Doping als soziales Phänomen hervorgebracht haben, bekommen die Naturwissenschaften ebensowenig zu sehen wie die Handlungsdilemmata der Sportverbände, die der Dopingneigung der Athleten permanent Vorschub leisten. Auch die biographischen Risiken der Athletenrolle spielen im naturwissenschaftlichen Aufmerksamkeitshorizont keine Rolle. Die nahezu ausschließliche Besetzung von präventionsorientierten Gremien mit

Naturwissenschaftlern muß vor diesem Hintergrund zumindest als bedenklich eingeschätzt werden. Als Soziologe weiß man allerdings, warum Sport und sportnahe Institutionen derartige Rekrutierungen vornehmen.

Zur vierten Gruppierung gehören die Sportjournalisten. Einige von ihnen nahmen unsere Analyse mit viel Sympathie und Interesse wahr und bestätigten unsere Kernaussagen immer wieder auf der Grundlage eigener Anschauungen und Kenntnisse. Dennoch verzichteten sie anschließend darauf, über die ernüchternden Ergebnisse unserer Studie zu berichten und diese mit konkreten Dopingfällen in Beziehung zu setzen. In erwartbarer Regelmäßigkeit bevorzugten Sportjournalisten auf Tagungen, Symposien und Pressekonferenzen die personalisierenden, moralisierenden und aufdeckungsbereiten Dopingkritiker oder jene Naturwissenschaftler, die Statistiken über durchgeführte Kontrollen, erwischte Sportler, beteiligte Sportdisziplinen und nachgewiesene Substanzen vorstellten. Wenn Journalisten nach einem anfänglichen Interesse merkten, daß Soziologen weder bereit noch in der Lage sind, die Dopingpraktiken einzelner Personen, Gruppen oder Fachverbände konkret zu kommentieren oder Stellungnahmen mit einem entsprechenden Empörungsgehalt abzugeben, erlosch das Interesse an ihren Aussagen. In regelmäßigen Abständen, genauer gesagt: nach plötzlichen Dopingskandalen, flackerte die Nachfrage kurzfristig wieder auf, die Quote der Telefonanrufe und der Interviewwünsche nahm zu, um anschließend im »issue-attention-cycle« der Medien wieder zu versickern.

Damit wurde eine Einschätzung der neueren soziologischen Massenkommunikationsforschung auf einer schmalen empirischen Basis in einer frappierenden Weise bestätigt: Die Massenmedien präferieren generell Informationen, die sich vom Altbekannten unterscheiden. Ereignisse, mit denen jeder rechnet, sind schlichtweg langweilig, weshalb die Medien das Unerwartete bevorzugen. Eine Kategorie des Unerwarteten stellen Verfehlungen dar. Dies gilt besonders für jene Fälle, die sich moralisieren und an Personen festmachen lassen. Die Massenmedien berichten deshalb gerne über Normverstöße, die mit konkreten Menschen in Zusammenhang gebracht werden können. Für das Fernsehen ist die Ausrichtung auf Personen noch bedeutsamer als für die Printmedien oder das Radio. Das Fernsehen braucht interessante Bilder, um informativ zu sein. Neuigkeiten müssen auf dem Bildschirm vornehmlich visuell präsentiert werden können. Im Umkehrschluß erweckt das Fehlen von laufenden Bildern mit sich permanent verändernden Inhalten den Eindruck der Nichtauthentizität der Informationen und des Stagnierens. Ungeduld und Umschalten sind Reaktionen, mit denen Fernsehzuschauer auf das Fehlen informativer Bilder und die Präsentation von Themen reagieren, die ihr Unterhaltungsbegehren schmälern oder sie gar der unwissentlichen Beteiligung an devianten Praktiken im Sport bezichtigen.

Soziologen werden in den Medien generell gemieden, weil sie strukturell denken, Komplexität nicht simplifizierend personalisieren und einer vorschnellen Ethisierung der Dinge eher distanziert gegenüberstehen. Sie finden in der Regel nur dann Gehör, wenn sie sich an die Relevanzstrukturen der Medien anpassen, d. h.: wenn sie sich als professorale Wissenschaftshelden vorführen lassen, in kurzen Sätzen sprechen, auf Distanz zu ihrer Fachsprache gehen und die strukturelle Bedingtheit von Vorgängen an Personen vorzuführen bereit sind. Selbst dann bleibt das Hauptmanko der Soziologie bestehen, daß soziale Strukturen weder einer wahrnehmenden Beobachtung durch Kameras und Mikrophone zugänglich sind, noch dem Neuigkeitsbedarf der Medien entsprechen können. Strukturen sind generalisierte Verhaltenserwartungen, die symbolisch im Hintergrund wirken. Strukturen kann man weder riechen, schmecken, anfassen oder sehen. Sie geben keine Interviews und lassen sich auch nicht einem klatschenden Publikum vorführen. Nur Menschen sind als Gestalten, über die gesellschaftliche Strukturen wirken, vorzeigbar und können als Personen zum Sprechen gebracht werden. Zu dieser prinzipiellen »Unsinnlichkeit« von Strukturen kommt der Umstand hinzu, daß Strukturen – eben weil sie in zeitlicher, sachlicher und sozialer Hinsicht Erwartungssicherheit herstellen sollen – eine relative Konstanz aufweisen und sich nicht von heute auf morgen verändern. Ihre Vorhersehbarkeit und Stabilität widersprechen in eklatanter Weise dem permanenten Spannungs- und Neuigkeitsbedarf insbesondere des Fernsehens.

Daß alle vier Fraktionen ihre Schwierigkeiten mit der vorliegenden soziologischen Studie haben und hatten und bisweilen pikiert reagierten, wenn nicht nur die Dopingpraktiken, sondern sie selbst als beteiligte oder berichtende Akteure mit in den Brennpunkt soziologischer Aufmerksamkeit gerieten, war vorauszusehen, als Nebeneffekt nicht zu vermeiden und kein Anlaß für

Ressentimentbildung oder Larmoyanz auf unserer Seite. Ein Ausbleiben der Kritik oder ein höheres Maß an Beachtung aus dieser Richtung hätte eher auf eine Fehlplazierung des soziologischen Instrumentariums hingedeutet. Der Entschluß, unsere Dopingstudie nach elf Jahren in einer durch ein Vor- und Nachwort ergänzten zweiten Auflage zu veröffentlichen, hat nicht nur mit der Daueraktualität des Themas und der Einschätzung zu tun, daß die bisher zusammengetragenen Erkenntnisse nach wie vor gültig sind. Die in der Realität des Sports verschärft stattfindende Dopingpraxis hat unsere modelltheoretisch konzipierten, von konkreten Menschen, Geschlechterverhältnissen, Einzeldisziplinen und Nationen absehenden Ergebnisse immer wieder bestätigt. Es ist auch der nach wie vor stark personenfixierte und moralisierende Umgang mit dem Dopingthema in Sport, Wirtschaft, Politik, Recht, Naturwissenschaft, Medien und Pädagogik, der eine andere und dauerhaft nachlesbare Sichtweise als Gegengewicht auf dem öffentlichen und wissenschaftlichen Deutungsmarkt unverzichtbar macht. Indem die Sportverbände täterbezogen reagieren, die Medien skandal- und menschenzentriert berichten, Dopingkontrolleure körperorientiert agieren, Pädagogen personale Interventionen empfehlen und das Rechtssystem von der Handlungsautonomie der Subjekte ausgeht, um sanktionieren zu können, ist es zwischen diesen Akteuren und Teilsystemen zu einer strukturellen Kopplung gekommen, die man als soziologischer Beobachter nur als ruinös bezeichnen kann. Beobachter, die alle in eine Richtung schauen, erzeugen offenbar eine eigene Realität, die zu einem Mitschauen in die gleiche Richtung verleitet.

Dadurch, daß sich die Situationsdefinitionen verschiedener mit Doping befaßter Akteure miteinander verschränken und wechselseitig verstärken, ist im gegenwärtigen Dopingdiskurs eine ultrastabile Deutungsgemeinschaft hervorgebracht worden, die nicht nur gegen andere Versionen der Realitätsdeutung weitgehend immun ist, sondern diese in der öffentlichen Aufmerksamkeit auch nachhaltig verdrängt. Eine personenorientierte Attribution, die auf mehreren Füßen steht, erhält selbst einen stabilen, aufmerksamkeitsleitenden Strukturwert. Das obsessive Hinsehen auf Personen und deren Verfehlungen verstellt vor allem den Blick auf die hinter den Akteuren wirksamen systemisch-strukturellen Vorgaben und Verstrickungen und steht damit nicht nur einer komplexitätsangemessenen Bearbeitung des Dopingthemas nachhaltig im

Wege, es reduziert auch die Fähigkeit der beteiligten Systeme, sich durch andere Unterscheidungen noch irritieren zu lassen. Wenn die zentralen Einflußgrößen, die Doping strukturell hervorbringen, systematisch nicht gesehen werden, und die maßgeblich beteiligten Akteure in Sport, Wirtschaft, Politik und Massenmedien sich als unbeteiligt inszenieren und ihre Hände in Unschuld waschen, bleibt eine erfolgreiche Dopingprävention eher unwahrscheinlich.

Um die Weiterentwicklungen und Präzisierungen unserer eigenen Theoriearbeit mit den bereits vorliegenden Erkenntnissen zu verknüpfen, haben wir unserer damaligen Analyse nun ein umfangreiches Nachwort beigefügt. Im Rahmen einer kleinen Wissenssoziologie werden wir dort zunächst die Schwerpunkte und die blinden Flecke des neueren Dopingdiskurses darstellen und anschließend konkret zeigen, wie Athletenbiographien verlaufen und mit welchen individuellen Copingstrategien die Sportler und Sportlerinnen auf die prekären sozialen Bedingungen ihrer Existenz reagieren. Diesen mikrosozialen Blick in die biographischen Verlaufsfiguren ergänzen wir durch eine Darstellung der double binds, in denen die Sportverbände als korporative Akteure auf der Mesoebene des Geschehens stecken. Die Einbeziehung der Sportverbände und deren Bezugsgruppen soll verdeutlichen, daß Doping – entgegen landläufiger Meinung – eben nicht nur ein Problem von Sportlern und Sportlerinnen ist, sondern mit den Handlungsdilemmata und Zwickmühlen zu tun hat, in die Wirtschaft, Politik, Massenmedien und Publikum die Sportverbände hineindrängen. Abschließend wollen wir klarmachen, daß die Soziologie nicht notwendigerweise bei einem rein verstehenden Nachvollzug sozialer Prozesse und Strukturen stehenbleiben muß, sondern auf der Grundlage einer profunden Analyse auch ein Wissen anzubieten hat, wie soziale Probleme durch geeignete Interventionen in ihrer Brisanz heruntergefahren werden könnten. Am Ende steht deshalb ein Problemlösungsvorschlag, der über die bisher installierten Kontroll- und Aufklärungsmaßnahmen hinausgeht und die Richtung angibt, in der zukünftig nach komplexitätsadäquaten Anti-Doping-Strategien gesucht werden sollte.

Darmstadt und Hagen, im April 2006

Karl-Heinrich Bette
Uwe Schimank

Einleitung
Ein soziologischer Blick auf das Dopingproblem

Die Kritik am modernen Hochleistungssport entzündet sich in erster Linie an den bedenklichen Konsequenzen seiner Spezialisierung und Verselbständigung.[1] Hier ist es seit geraumer Zeit vor allem das in der Öffentlichkeit Unbehagen auslösende Dopingproblem, das sich mit einer erstaunlichen Hartnäckigkeit am Leben erhält und alle bisherigen Lösungsversuche ins Leere laufen ließ. Als eine sprachliche Kurzformel weist der Dopingbegriff auf einen hochkomplexen Problemzusammenhang hin, der sich als Abweichung von offiziellen Verhaltensstandards manifestiert. Wenn Doping im Spiel ist, wird sportliche Leistung nicht mehr allein über virtuose Technik und Taktik sowie außergewöhnliche Willens- und Körperstärke erbracht. Doping stellt vielmehr einen spezifischen Handlungstypus dar, der mit einem heimlichen illegitimen Mitteleinsatz in den verborgenen Tiefen des Körpers sportliche Ziele besser zu erreichen versucht.

Spätestens die Skandale der letzten Jahre haben die verbotenen Dopingpraktiken aufgedeckt und ihre Folgen an die Öffentlichkeit gebracht. Dadurch wurde der Anschein des Zufälligen und Einmaligen dieser besonderen Art abweichenden Verhaltens nachhaltig zerstört. Doping ist zwar überhaupt nichts Neues, sondern kam offenbar bereits bei den Olympischen Spielen des Altertums vor.[2] Im modernen Hochleistungssport gab es schon lange eine extensive Dopingpraxis vor allem in den professionalisierten Ausdauersportarten Radrennen und Boxen, ebenso wie immer wieder einzelne Dopingfälle in anderen Sportdisziplinen bekannt wurden. Doch erst seit Anfang der siebziger Jahre wurde offenbar, daß Doping mittlerweile nahezu flächendeckend und

1 In dieser Untersuchung werden die Begriffe »Hochleistungs-« und »Spitzensport« synonym verwendet. Von »Leistungssport« in einem weiteren Sinne sprechen wir hingegen dort, wo auch der breitere Unterbau des Spitzensports mitgemeint ist.
2 Siehe zur Dopinggeschichte nur die kurzen Abrisse in Prokop (1972), Schneider-Grohe (1979: 21-37), De Mondenard (1987: 64-79), Dubin (1990: 69-74), Voy (1991: 3-11), Hoberman (1994: 120-180).

immer massiver und systematischer betrieben worden ist. Zunehmend wurden die Zeitungsleser und Fernsehzuschauer mit Skandalberichten konfrontiert und mußten sich mit entsprechenden Desillusionierungseffekten daran gewöhnen, daß der vormals mit positiven Werten behaftete Sport nunmehr dauerhaft mit Konnotationen wie Betrug, Täuschung, Krankheit und sogar Tod in Zusammenhang gebracht wird.

Doping hat so dem guten Ruf des Sports massiv geschadet. Es veränderte sowohl sein soziales Binnenklima als auch das Verhältnis des Sports zu seinem gesellschaftlichen Umfeld. Doping zerstörte nicht nur das Vertrauen in die Aufrichtigkeit der Athleten und ihrer Betreuer, es katapultierte diesen körper- und personenorientierten Sozialbereich auch in ein Glaubwürdigkeitsdefizit hinein, das in seinen Auswirkungen überhaupt noch nicht abzusehen ist.

Sponsoren fühlen sich seitdem in ihren Bemühungen hintergangen, das Positive des Sports für einen Imagetransfer zu nutzen. Politiker sind irritiert und überdenken ihre Unterstützungsleistungen gegenüber den Fachverbänden. Diejenigen Lehrer, die immer schon gegen den Leistungssport waren, sehen sich in ihren Vorurteilen bestätigt und empfehlen, talentierte Kinder und Jugendliche nicht länger an sportliche Wettkämpfe heranzuführen. Eltern, die den Sport bislang als unverzichtbare Sozialisationsinstanz jenseits von Straße und Fernsehen schätzten, hinterfragen ihre bisherigen Einstellungen oder verweigern gar den Vereinen die für ein frühes Leistungstraining unverzichtbare familiale Unterstützung. Nicht zuletzt gehen auch viele ehemalige Athleten auf Distanz zum Spitzensport, weil sie sich mit den Entwicklungen der letzten Jahre nicht mehr identifizieren können.

Wer angesichts dieser Ernüchterung und Enttäuschung über Doping redet, steht in der Gefahr, auf spontane Abwehr zu treffen. In der Tat haftet diesem Thema trotz eines gewissen Spannungsgehalts, der jedweder Entlarvung von Abweichung innewohnt, inzwischen etwas Ermüdendes und Beckmesserisches an, werden in Gestalt des Dopings doch Probleme angesprochen, die letztlich dem, was die Zuschauer erleben wollen, eklatant zuwiderlaufen. Gerade weil Doping ein hochsensibles Thema darstellt, an dem die Integrität des Sports und seiner Akteure hängt, und die Vereine und Verbände offensichtlich nicht in der Lage sind, das Problem angemessen zu analysieren oder in den Griff zu bekommen, ist es jedoch lohnend, sich mit diesem Phänomen jenseits von Empörung und Resignation auseinanderzusetzen.

Doping: Spitzensport am Scheideweg? Diese zugespitzte Frage hört sich äußerst dramatisch an. Inwieweit die Zukunft dieses Gesellschaftsbereichs daran hängt, ob er mit Doping fertig wird, können wir genau so wenig wie irgend jemand sonst beantworten. Für den Sport ist es schon alarmierend genug, daß diese Frage überhaupt ernsthaft gestellt werden kann. Mit ernüchternder Deutlichkeit betont etwa der derzeitige Präsident des DLV, Helmut Digel (1994: 134): »Das Doping-System ist Resultat der Systemlogik des Hochleistungssports. ... Der Steigerungsimperativ des Spitzensports bewirkt..., daß Athleten immer intensiver mit Fragen des Grenznutzens ihres Trainings und ihrer Wettkämpfe konfrontiert werden. ... Dies führt uns zur Vermutung, daß die Systemlogik des Hochleistungssports Doping-Verstöße zwangsläufig bedingt, daß in gewisser Weise das System des Hochleistungssports auf Selbstzerstörung ausgerichtet ist.«

Solche Äußerungen weisen darauf hin, daß dringender Handlungs- und Reflexionsbedarf besteht. Das Dopingproblem hat nicht zuletzt deshalb ein erschreckendes Ausmaß annehmen können, weil Gegenmaßnahmen – sofern sie überhaupt ernst gemeint und nicht als reine Beschwichtigungsmanöver konzipiert waren – lange Zeit bestenfalls bemüht, aber wenig kundig und durchdacht erfolgt sind. Will man nicht die eventuell letzten Chancen verspielen, das Problem in den Griff zu bekommen, wird es höchste Zeit innezuhalten und eine analytische Auszeit zu nehmen.

Diese Forderung klingt zugegebenermaßen paradox: sich trotz Zeitdrucks Zeit zu nehmen. Das Dopingproblem scheint aber so beschaffen zu sein, daß die zeitlichen Pressionen, unter die es die Betroffenen setzt, gerade durch hektischen Aktionismus nur noch größer werden. Ruhige Bedachtsamkeit, die freilich etwas anderes als Untätigkeit ist, könnte im Endeffekt schneller zum Ziel führen. Also: Gerade weil das Dopingproblem so groß und eine Lösung so dringlich ist, sollte es nicht nur den unter Handlungsdruck stehenden Praktikern überlassen bleiben. Sie haben schließlich mehr als dreißig Jahre lang Zeit gehabt, um zu beweisen, daß sie allein des Problems nicht Herr werden können.

Aber nicht nur die Praktiker in den Vereinen und Verbänden

haben sich bislang als unfähig erwiesen, mit dem Dopingphänomen umzugehen. Ebenso unangemessen waren die Reaktionen der Moralisten – unter ihnen einige ehemalige Sportler, Sportfunktionäre, Sportjournalisten, Sportpolitiker oder Mäzene. Es ist natürlich leicht, Dopingsünder als Totengräber eines »sauberen« Hochleistungssports zu verdammen und ein offenbares Defizit an moralischem Verantwortungsbewußtsein bei immer mehr Spitzensportlern zu beklagen. Aber was und wem helfen solche Aburteilungen schon? Moralisch gerüstete Beobachter, die den Leistungssport mit Sendungsbewußtsein und Tugendfundamentalismus ins Visier nehmen, können sich selbst leicht auf der positiven Seite ansiedeln. Und sie stehen oft auch öffentlich gut da und können sich entsprechend besser fühlen. Am Problem selbst aber ändern sie wenig. Ganz abgesehen vom nicht seltenen moralischen Pharisäertum ist zweifelsfrei festzustellen, daß eine Moralisierung des Dopingproblems nur einer Polarisierung Vorschub leistet, wohingegen es gerade darauf ankommt, weder in Verharmlosung auf der einen Seite noch in Panikmache auf der anderen Seite zu verfallen. Selbst die ehrenwertesten moralischen Absichten sind bislang ins Leere gelaufen. Der gute Wille allein reicht offensichtlich nicht aus. Das Motto sollte vielmehr »Analyse« heißen.

Moralisten wie Praktiker müssen sich demnach, sofern ihnen an einer Bewältigung des Dopingproblems gelegen ist, gleichermaßen fragen: Was ist zu tun? Und beide wissen keine praktikable Antwort. Vielleicht ist dies die Stunde der Theoretiker: der distanzierten, handlungsentlasteten und moralisch kühl bleibenden wissenschaftlichen Beobachter des Hochleistungssports. Wissenschaftliche Theorie, gleich welcher Art, wirft jedenfalls stets eine »inkongruente Perspektive« (Luhmann 1967: 67) auf alltäglich bekannte Phänomene und kann diese genau dadurch manchmal, um ein bekanntes Prinzip aus der Drama-Konzeption Bertold Brechts zu paraphrasieren, bis zur Kenntlichkeit verfremden. Vor dem Hintergrund der spezifischen Funktionsweise von Alltagswissen, nämlich unmittelbare Orientierung bei der Bewältigung der individuellen Lebensführung zu leisten, besteht das Geschäft der sozialwissenschaftlichen Analyse gerade darin, die Selbstverständlichkeiten des Alltags zu hinterfragen und mittels theoretischer Konzepte neu zu deuten. Da die Welt nicht nur das ist, was Praktiker von ihr zu sehen bekommen, versuchen Sozialwissenschaftler jene verdeckten Mechanismen transparent zu machen, die sich dem Zugriff lebensweltlicher Einschätzungen entziehen. Denn jenseits von Oberflächenstrukturen und -erscheinungen sprechen komplexe soziale Phänomene in der Regel nicht für sich selbst. Sie müssen vielmehr durch sozialwissenschaftliche Analyse zum Sprechen gebracht werden. Routinen und bislang nicht hinterfragte Habitualisierungen und Kausalunterstellungen sind hierfür aufzubrechen. Die Funktion eines Sozialwissenschaftlers läßt sich angesichts dessen in einem sehr allgemeinen Sinne als die eines externen Beobachters beschreiben, der zu sehen versucht, was andere von sich selbst und ihrer sozialen Umwelt aufgrund ihrer Operationsbedingungen nicht zu sehen bekommen können.

Der Soziologe Niklas Luhmann (1993a: 20) charakterisiert die wissenschaftliche Aufklärung des Alltagswissens derjenigen, die tagtäglich praktisch mit Problembewältigung befaßt sind, wie folgt: »Jedenfalls kann die Form der Beobachtung nicht Besserwissen oder Kritik sein. ... Man könnte aber einen Sinn darin sehen, dasselbe mit anderen Unterscheidungen zu beschreiben und das, was den Einheimischen als notwendig und als natürlich erscheint, als kontingent und als artifiziell darzustellen. Man könnte damit gleichsam ein Überschußpotential für Strukturvariation erzeugen, das den beobachteten Systemen Anregungen für Auswahl geben kann.«

Wissenschaftliche Theorien fungieren somit als Beobachtungsinstrumente für die analytische Durchdringung der Wirklichkeit. Sie unterscheiden sich untereinander dadurch, daß sie die Realität – bildlich gesprochen – mit unterschiedlichen Objektiven, Blenden und Lichtstärken wahrnehmen. Theorien ordnen die Welt nach eigenen Gesichtspunkten und legen fest, was sie als ihren Gegenstand definieren und was sie vernachlässigen. Aufgrund ihrer selektiven Perspektiven bekommen sie folgerichtig nur das zu sehen, was ihre Voraussetzungen an Sichtweisen zulassen. Jede Theorie hat insofern ihre spezifischen Möglichkeiten und Grenzen.

Unser wissenschaftlicher Blick auf das Dopingproblem ist ein soziologischer. Die Soziologie verschafft diesbezüglich natürlich nicht die einzig mögliche, wohl aber eine nicht nur wichtige, sondern sogar unverzichtbare Sichtweise. Es soll also keineswegs behauptet werden, daß Doping ausschließlich ein soziologisch interpretierbares Phänomen darstellt. Jeder Blick in ein Labor der Doping-Analytik würde dies schnell widerlegen. Niemand wird aber bestreiten, daß diese Devianzart Voraussetzungen hat und Wirkungen hervorruft, die jenseits von biologischen und medizinischen Analysen liegen. Denn Doping impliziert in einem doppelten Sinne eine soziale Instrumentalisierung des Athletenkörpers. Zum einen geht es als Beeinflussung von Körperfunktionen auf Entscheidungen zurück, die Individuen in sozialen Kontexten treffen – anders als beispielsweise Wirkungen der Sonneneinstrahlung auf den Körper. Erst soziales Handeln setzt beim Doping körperrelevante Effekte in Gang. Von daher ist es verständlich, daß die Sportmedizin in der sozialwissenschaftlichen Perspektive als ein Teil des zu analysierenden Problems auftaucht. Zum anderen liegen dem Doping als sozialem Handeln sozial geprägte Zielsetzungen zugrunde. Doping ist ein zielgerichtetes Handeln, nicht bloß eine gedankenlos befolgte Gewohnheit oder das Ergebnis eines plötzlichen Affektausbruchs des Subjekts. Wer sich dopt, will damit etwas Bestimmtes erreichen. Aber dieses angestrebte Ziel ist kein rein idiosynkratisches Wollen des Betreffenden, denn viele andere tun in einer ähnlichen Lage offensichtlich das gleiche. Doping geschieht also in Übereinstimmung mit sozial verbreiteten Situationsdefinitionen, Interessenwahrnehmungen und Gelegenheitsstrukturen.

Entgegen manchen vorschnellen alltagsweltlichen Einschätzungen stellt Doping kein Thema dar, das sich leicht verstehen und erklären läßt. Die herkömmlichen Versuche, Doping zu personalisieren und als moralisches Versagen von Trainern, Athleten und Sportfunktionären zu verniedlichen, können wenig befriedigen. Erklärungsansätze, die auf einzelne Akteure abheben, reduzieren komplexe *soziale* Sachverhalte auf *subjektive* Befindlichkeiten, Motivationen und Schwächen. Zwar ist zu konzedieren, daß die hartnäckige Skandalierung individueller Abweichung durch aufdeckungsinteressierte Beobachter nicht etwa überflüssig ist, wie viele im Sport Engagierte – meist aus durchsichtigem Interesse – meinen. Wo die Differenz von Sein und Schein bewußt versteckt wird, kommt der Publikmachung individueller Devianz eine wichtige Alarmierfunktion zu. So wird der organisierte Sport aus seiner »normalen« Operationsweise aufgeschreckt und auf die problematischen Folgen seines eigenen Tuns aufmerksam gemacht.

Eine ausschließliche Bearbeitung nach diesem Muster ist soziologisch aber wenig überzeugend, weil gerade das Soziale des Handelns unterschlagen wird. Das primäre Festmachen an »Tätern« ist aufgrund der Personennähe des Sports zwar verständlich, erweist sich aber für eine Veränderung der eingefahrenen Praxis als wenig hilfreich. Denn einzelne Menschen kann man überprüfen, bestrafen und von Wettkämpfen ausschließen, ohne daß sich dadurch die devianzerzeugenden Verhältnisse ändern. Eine Individualisierung von Problemen hindert ein soziales System letztlich daran, sich selbst in den Blick zu nehmen, und schützt so die problemerzeugenden Strukturen und Prozesse vor Kritik. Dies leistet einer Ausblendung der maßgeblichen sozialen Auslösefaktoren abweichenden Verhaltens Vorschub. In der Tat ist es wesentlich einfacher, über die Normverstöße ertappter Sportler zu lamentieren, als über den Zusammenhang zwischen Individualhandeln und dessen strukturellen Bedingungen zu recherchieren.

Kurz: Doping ist ein soziales Phänomen. Und insofern es allgemein als Problem angesehen wird, kann es auch als solches zum Gegenstand sozialwissenschaftlicher Rekonstruktionen und Reflexionen werden. In der Tat beschäftigen sich bereits verschiedene Sozialwissenschaften mit dieser Art devianten Verhaltens im Sport. So sieht die Pädagogik Doping unter dem Erziehungsaspekt. Ihr Interesse konzentriert sich dementsprechend schon bei der Diagnose der Ursachen auf die Frage, mit welchen erzieherischen Maßnahmen der Dopingneigung von Hochleistungssportlern entgegengewirkt werden könnte. Da Erziehung gegen Versuchungen dieser Art vor allem die moralischen Selbstbindungen des Individuums aufbauen und verstärken will, wird Doping pädagogisch vorrangig als Moralverfall im Spitzensport begriffen und angeprangert. Die Rechtswissenschaft ist demgegenüber darauf fixiert, justitiable Regelungen zu etablieren, die im Kampf gegen Doping wirksam und handhabbar sind. Nicht durch Moral, sondern durch abschreckende Strafen soll aus dieser Perspektive heraus das Problem gelöst werden. Doping wird dementsprechend auf fehlende, unzureichende oder nicht durchgesetzte Rechtsnormen zurückgeführt.

Neben diesen beiden stark auf praktische Empfehlungen ausgerichteten Disziplinen orientieren andere Sozialwissenschaften ihr Interesse eher auf die Sondierung tieferliegender gesellschaftlicher Ursachen. Die Ökonomie sieht Doping vor allem im Zusammenhang einer zunehmenden Kommerzialisierung des Hochleistungssports. Weil es dort – so die ökonomische Sicht der Dinge – um immer höhere finanzielle Anreize gehe, wachse die Dopingneigung. Die Politikwissenschaft steuert einen anderen Gesichtspunkt bei: die staatliche Instrumentalisierung des Hochleistungssports, insbesondere als internationales Aushängeschild nationaler Leistungsfähigkeit. Auch daraus kann Doping hervorgehen, wie vor allem das staatlich verordnete Doping in den ehemaligen sozialistischen Gesellschaften Osteuropas – und vielleicht inzwischen in der Volksrepublik China – zeigt.

Keine der genannten Perspektiven ist falsch. Dies gilt es zunächst festzuhalten – weshalb im Rahmen der vorliegenden Untersuchung auch durchaus auf diese Erkenntnisse zurückgegriffen werden wird. Das Manko der jeweiligen Sichtweisen besteht jedoch darin, daß keine von ihnen eine umfassende gesellschaftstheoretische Reflexion des Dopingproblems zu leisten vermag. Der Grund liegt auf der Hand. Diese vier Sozialwissenschaften betrachten die moderne Gesellschaft jeweils aus dem Blickwinkel eines bestimmten gesellschaftlichen Teilbereichs: des Bildungssystems, des Rechts, der Wirtschaft und der Politik. Damit dominieren Partialperspektiven.

Selbst eine Zusammenschau dieser Sichtweisen würde daran nichts ändern. Denn der erforderliche Blick auf die Gesellschaft als ganze kann prinzipiell nicht aus einer bloßen Aneinanderreihung von Partialperspektiven hervorgehen. Dafür benötigt man vielmehr eine Theorie der Gesellschaft, die über entsprechende Analyseinstrumente verfügt. Die soziologische Theorie gesellschaftlicher Differenzierung bietet sich hierfür an.

Auch die Soziologie hat sich dem Doping allerdings bislang nur aus den partikularen Blickwinkeln verschiedener Theorien mittlerer Reichweite zugewandt. Um das nur an drei Beispielen aus der deutschen Sportsoziologie illustrativ anzudeuten: Günther Lüschen (1984; 1994) betrachtet Doping aus devianztheoretischer Sicht als eine Art von abweichendem Verhalten; Gunter Pilz (1994) verortet Doping in der Skizze einer Professionalisierungstheorie des modernen Leistungssports als Manifestation eines strukturell hervorgebrachten neuen Identitätstypus des Spitzensportlers und unternimmt so den Versuch, den Zusammenhang zwischen Modernisierung, Identitätswandel und Devianz herzustellen; und Thomas Kutsch und Karl-Heinrich Bette (1981) heben u. a. in einer verbandstheoretischen Betrachtung die Legitimationsprobleme hervor, in die die Sportverbände durch Doping geraten.

Solche Betrachtungsweisen haben wertvolle soziologische Einsichten hervorgebracht, auf die wir uns im folgenden auch stützen werden. Dennoch fehlt ihnen zum einen das verbindende Band. Sofern es sich jeweils um zutreffende Erkenntnisse handelt, müßte eine soziologische Analyse besonders dann von diesen Aussagen profitieren können, wenn sie deren Ergebnisse aufeinander beziehen und einen entsprechenden kombinatorischen Gewinn erzielen könnte. Zum anderen hängt jede der Perspektiven auch deshalb in der Luft, weil sie implizite, theoretisch unreflektierte Annahmen über die Beschaffenheit der modernen Gesellschaft zugrundelegt. Beide Defizite lassen sich beheben, wenn der Betrachtung des Dopingproblems eine differenzierungstheoretische Sichtweise zugrundegelegt wird.

Die *Theorie gesellschaftlicher Differenzierung* ist der älteste und immer noch anregendste gesellschaftstheoretische Ansatz, der in der Soziologie ausgearbeitet wurde. Er faßt die moderne Gesellschaft als ein Nebeneinander funktional differenzierter gesellschaftlicher Teilbereiche auf, die jeder eine ganz eigene Logik des Handelns ausgebildet haben – z. B. die Wirtschaft, die Politik, die Religion, die Erziehung, das Recht, die Kunst oder eben auch der Sport. In jedem dieser Teilbereiche geht es um etwas völlig anderes; und keine dieser separierten »Wertsphären« – um einen Ausdruck von Max Weber aufzugreifen – besitzt eine wesensmäßig höhere Bedeutung als die anderen. Damit steht jeder Teilbereich einerseits für sich und begründet seine eigensinnige, hochgradig spezialisierte Handlungslogik ganz aus sich selbst heraus. Andererseits stehen die Bereiche aber auch genau deshalb in engen Abhängigkeiten und hieraus hervorgehenden Austauschbeziehungen untereinander.

Legt man eine solche Perspektive zugrunde, muß Doping als ein Problem begriffen werden, das aus dem Wechselverhältnis zwischen der Eigenlogik spitzensportlichen Handelns und den Abhängigkeiten dieses Handelns von wirtschaftlichen, politischen, erzieherischen, wissenschaftlichen u. a. Bezügen hervorgeht. Genau diese differenzierungstheoretische Betrachtung des Dopings ist es, in der sowohl die genannten sozialwissenschaftlichen als auch weitere soziologische Sichtweisen eingeordnet und zusammengeführt werden können. Der sich dopende Athlet erscheint in diesem Aufeinandertreffen unterschiedlichster Faktoren als ein Akteur, der im Schnittpunkt diverser sozialer Beziehungsnetze steht, die sein Handeln ermöglichen und kanalisieren. Sozial geprägt ist eben nicht nur ein Handeln, das den offiziellen Verhaltenserwartungen entspricht. Auch solches Handeln, das gegen geltende Normen verstößt, geht zumeist auf einen bestimmten sozialen Erwartungsdruck zurück. In diesem Sinne gilt es abzuklären, warum Doping als abweichendes Verhalten mit einer gewissen Zwangsläufigkeit passiert.

Doping ist, differenzierungstheoretisch gesehen, keine zufällige Aggregation von Einzelfällen, sondern muß als eine Alterserscheinung der Entwicklung des Leistungssports gewertet werden. Wir werden zeigen, daß Dopingdevianz das Resultat von Verkopplungen individueller und korporativer Akteurinteressen sowie von Nutzenverschränkungen sportinterner Dynamiken mit außersportlichen Leistungserwartungen ist. Nur wer die sich daraus ergebende Logik der Dopingverwendung, die hinter dem Rücken der Subjekte wirkenden Dynamiken entschlüsselt hat, kann im Rahmen einer wissenschaftlichen Sportberatung ein für mögliche Interventionen benötigtes Orientierungswissen bereitstellen.

Mit einem solchen differenzierungstheoretisch ausgerichteten Unternehmen reagieren wir also auf einen bestimmten Stand der Forschung und des vorliegenden gesellschaftlichen Wissens über das Dopingproblem. In theoretischer Hinsicht liegt eine Pluralität von Partialperspektiven vor, von denen manche noch rein spekulativ, andere bereits mehr oder weniger empirisch geprüft und abgesichert sind. An empirischen Befunden gibt es ferner einen breiten, wenngleich überwiegend anekdotischen Fundus an Beobachtungen und Fallgeschichten, wie sie durch die Berichterstattung in den Massenmedien, durch Gerichtsprozesse und einige Untersuchungskommissionen bisweilen akribisch zusammengetragen worden sind.[3] Wir fragen vor diesem Hintergrund nach den *sozialen Bedingungen der Möglichkeit* dieser Art von

---

3 Nur deskriptiv festzustellen, was der Fall ist, führt in diesem Zusammenhang allerdings nicht weit. Das Zusammentragen von Daten in Dopingstatistiken ist auf Grund der Heimlichkeit der Normabweichung sowieso äußerst schwierig. Über das Ausmaß der Dunkelziffer gibt es nur Mutmaßungen.

Devianz im Spitzensport. Was wir mit dieser Zielsetzung und auf dieser Wissensbasis formulieren und in die Diskussion einbringen werden, ist ein differenzierungstheoretisch fundierter und dadurch auch integrativ ausgerichteter Interpretationsvorschlag. Er ist theoretisch raffinierter und hinsichtlich der erfaßten empirischen Phänomene weitgespannter als bislang vorliegende Studien. In der theoriegeleiteten Zusammenschau und Neuinterpretation vorliegender Erkenntnisse und Einschätzungen sehen wir unseren spezifischen Beitrag zum wissenschaftlichen Erkenntnisfortschritt bezüglich des Dopingproblems.

Ausdrücklich ist nochmals darauf hinzuweisen, was die vorliegende Arbeit nicht zu tun beabsichtigt: Wir wollen keine empirische Überprüfung der einzelnen Interpretationselemente liefern. Unsere Untersuchung soll vielmehr dazu dienen, zukünftige empirische Forschungen durch interessante Fragen und Problemsichten anzuregen. Weiterhin war es nicht unsere Absicht, die historische Dimension des Dopings aufzuarbeiten. Auch hier warten noch viele Fragen darauf, beantwortet zu werden.

Schließlich ist noch eine antizipative Korrektur eines möglicherweise bestehenden Mißverständnisses darüber vorzunehmen, was soziologische Analyse leisten kann. Soziologie zielt nicht auf Einzelfälle ab. Eine Beantwortung der Frage, warum beispielsweise Ben Johnson zum Doping griff und andere Sportler sich verweigerten, liegt nicht im Bereich des unmittelbaren soziologischen Erkenntnisinteresses, wenngleich eine eingehende soziologische Klärung des jeweiligen sozialen Kontextes sicherlich einiges zur Klärung beitragen könnte. Aber die Soziologie geht nicht davon aus, daß die konkreten Individuen Marionetten ihrer sozialen Umstände sind. Dies gilt nur für die von ihr entworfenen analytischen Fiktionen sozialer Akteure, weil sie wie jede andere Wissenschaft auch mit abstrakten Modellen arbeiten muß. Denn nur so kann die Soziologie ihre Erkenntnisse vorsichtig generalisieren. Die konkreten Individuen hingegen können und müssen in jedem Moment ihrer Existenz autonom wählen, was sie tun oder lassen. Sie sind darin nicht durch die auf ihnen lastenden sozialen Zwänge vollständig determiniert. In dieser Hinsicht trifft gleichsam eine existentialistische Sichtweise zu. Die Soziologie kann daher niemals beanspruchen, den einzelnen Fall umfassend zu erklären und sicher vorherzusagen.

Unsere Studie setzt sogar noch abstrakter an. In modelltheoretischer Perspektive interessieren uns nicht die zweifellos bedeutsamen Unterschiede zwischen den diversen Sportdisziplinen, zwischen männlichen und weiblichen oder jüngeren und älteren Sportlern sowie zwischen unterschiedlichen nationalen Sportsystemen. Wir behandeln lediglich einen so in der Realität nirgends vorkommenden zeitgenössischen Durchschnittsathleten. Der Wert dieser sehr abstrakten analytischen Fiktion muß sich daran messen, inwieweit sie zum besseren Verständnis konkreter Fälle beizutragen in der Lage ist. Wir sind davon überzeugt, daß es einen solchen Beitrag »soziologischer Aufklärung« gibt, und es wird Aufgabe der folgenden Ausführungen sein, dieses Versprechen einzulösen.

Entsprechend der gesellschaftstheoretischen Fundierung unserer Analyse gehen wir die Dopingproblematik in drei großen Schritten an. Der erste Schritt arbeitet diejenigen generellen Strukturentwicklungen des Hochleistungssports heraus, die das Dopingproblem hervorgebracht haben. Da es zunächst wichtig ist, den für ein angemessenes Verständnis unverzichtbaren sozialen Hintergrund zu beleuchten, vor dem Doping als Vordergrundphänomen erscheint, wird Doping in diesem Teil der Untersuchung noch nicht näher expliziert werden. Anknüpfend an diese Erkenntnisse wird sich dann der zweite Schritt mit der Frage befassen, aufgrund welcher Ursachen und mit welchen Folgen Doping im zeitgenössischen Spitzensport immer häufiger aufgetreten ist. Der dritte Schritt thematisiert die verschiedenen Strategien, mit denen die Sportverbände auf das Dopingphänomen reagieren.

*

Eine erste Fassung des vorliegenden Manuskripts war Gegenstand einer Gesprächsrunde, die sich im April 1994 am Bundesinstitut für Sportwissenschaft in Köln traf. Für die unbürokratische Unterstützung danken wir dem zuständigen Referenten für Sportsoziologie, Georg Anders. Mit ihm sowie mit Klaus Cachay, Ilse Hartmann-Tews, Theo Rous, Giselher Spitzer, Peter Stehle, Rudolf Stichweh, Gerhard Treutlein, Hartmann Tyrell und Helmut Willke hatten wir Gelegenheit, unsere Überlegungen zwei Tage lang in entspannter und produktiver Atmosphäre zu diskutieren. Gerade die Mischung aus Praktikern und Theoretikern erwies sich dabei als außerordentlich fruchtbar. Für die Überlassung von Dokumenten danken wir weiterhin Brigitte Berendonk und Werner Franke.

I. Strukturdynamiken des Hochleistungssports

Wie schon in der Einleitung formuliert, wollen wir das Dopingphänomen nicht vorschnell angehen. Denn – wie es der Sportsoziologe Eugen König (1993: 7) ausgedrückt hat: »wer vom Doping sprechen will, darf über den Sport nicht schweigen.« Doping ist nicht von außen als unerklärlicher plötzlicher Fluch über den modernen Hochleistungssport gekommen, sondern – so unsere Vermutung – in dessen Strukturdynamiken angelegt. Wir müssen die Untersuchung dieser Sonderform des abweichenden Verhaltens deshalb in eine gesellschaftstheoretische Analyse des Hochleistungssports einbetten. Dementsprechend beschäftigt sich der vorliegende erste Teil in drei aufeinander bezogenen Untersuchungsschritten mit der Frage, welchen Weg die Entwicklung des Hochleistungssports in der modernen Gesellschaft bis heute genommen hat. Dabei geht es nicht um detaillierte historische Nachzeichnungen der diversen Einflußfaktoren und Prozeßverläufe. Vielmehr sollen auf der Basis vorliegender Erkenntnisse die großen Linien dieser Vorgänge und deren Wirkungen auf die Athleten mit abstrakten theoretischen Mitteln herausgearbeitet werden.

Wir beginnen unsere Analyse der Strukturdynamiken des Hochleistungssports mit einem Blick sowohl auf die sportinternen als auch auf die außersportlichen Faktoren, die spitzensportliches Handeln prägen. Der erste Schritt thematisiert die innere Logik des Leistungssports und leitet ihre »normalen« Konsequenzen und Externalitäten ab. Wo Siege und Erfolge im Vordergrund stehen und das sporttypische Motto eines »citius – altius – fortius« wie ein Motor ohne Bremsvorrichtung auf permanente Steigerung drängt, tauchen Probleme spätestens dann auf, wenn Körper und Psyche der Athleten mit dieser inneren Unendlichkeit des Wollens konfrontiert werden. Als körperabhängiges gesellschaftliches Teilsystem kann der Sport zwar durch Rationalisierung, Routinisierung und Verwissenschaftlichung versuchen, die physischen und psychischen Leistungsmöglichkeiten der Athleten zu erweitern. Früher oder später tauchen jedoch die Grenzen auf, und das Spannungsverhältnis zwischen dem schrankenlosen Siegescode und dem dadurch überforderten Körper wird immer größer.

Schon der Selbstreferentialität des Leistungssports wohnt also eine eskalatorische Dynamik inne. Seine eigentliche Schubkraft erhält dieser Antrieb allerdings erst dadurch, daß sich auf ihn immer größere Ansprüche verschiedener Gruppen von Akteuren aus der gesellschaftlichen Umwelt des Sportsystems richten. Der schrankenlose Siegescode wird durch Umwelterwartungen gleichsam entfesselt. Der zweite Analyseschritt wird diesen nicht mehr wegzudenkenden Sachverhalt ausführlich behandeln. Entscheidend ist, daß der Hochleistungssport auf ein immer größeres und vielgestaltigeres Publikumsinteresse trifft. Immer mehr Gesellschaftsmitglieder interessieren sich in immer stärkerem Maße und aus einer Vielzahl unterschiedlichster und einander wechselseitig verstärkender Motive für den Spitzensport. Das wird zum einen technisch dadurch ermöglicht, daß die Massenmedien Informationen bis in den letzten Winkel dieser Erde übermitteln können und immer ausgiebiger über Sportereignisse berichten. Zum anderen macht das Publikumsinteresse für den Leistungssport diesen zu einem zentralen Thema der Massenmedien. Entsprechend den eigenen Selektionskriterien für berichtenswerte Nachrichten verlangen die Massenmedien dem Leistungssport immer mehr spektakuläre Ereignisse ab. Die größtenteils über die Massenmedien befriedigte Nachfrage des Publikums gegenüber dem Hochleistungssport verschafft diesem weiterhin eine Attraktivität für politische und wirtschaftliche Akteure. Der Leistungssport hat sich als äußerst wirksames Vehikel für die Verfolgung verschiedener wirtschaftlicher und politischer Ziele erwiesen. Damit gerät er auch aus diesen beiden gesellschaftlichen Teilsystemen immer stärker unter Erwartungsdruck.

Die von uns so identifizierten intra- und intersystemischen Dynamiken manifestieren sich als äußerst folgenreiche strukturelle Prägungen der Karrieren von Hochleistungssportlern. Der dritte Analyseschritt durchleuchtet aus diesem Grunde die biographische Falle, in der Sportler zu landen drohen, wenn sie viele Jahre ihres Lebens irreversibel in den Leistungssport investiert haben und Erfolge erreichen möchten bzw. müssen, um vor sich selbst und anderen nicht als Versager dazustehen. Die ursprüngliche Idee vom Leistungssportler als einem Amateur, der in seiner Freizeit ohne Einkommens- und Karriereinteressen sportliche Erfolge anstrebt, ist längst obsolet geworden. Die Steigerungsdynamik des Siegescodes hat den Full-time-Sportler hervorgebracht; und mit den Umweltansprüchen an den Leistungssport sind auch finanzielle Anreize verbunden, die eine Quasi-Verberuflichung der Hauptakteure möglich gemacht haben. Damit geraten Athleten in eine nahezu ausweglose Situation. Über einen pfadabhängigen Prozeß intensivieren sich verschiedene biographische Fixierungen auf den Leistungssport. Dadurch aber nimmt der Erfolgsdruck, der auf dem einzelnen Sportler lastet, immer mehr zu. Sollen sich seine enormen biographischen Investitionen in den Leistungssport amortisieren, so daß der Athlet nicht im nachhinein Jahre seines Lebens als verschenkt abschreiben muß, müssen sportliche Erfolge mit den entsprechenden Einkommens- und Karrierechancen her – doch die Konkurrenz mit den anderen, die demselben hohen Erfolgsdruck unterliegen, wird immer unerbittlicher.

Diese skizzenhaften Andeutungen dessen, was im ersten Teil der Analyse herausgearbeitet wird, lassen insgesamt bereits erkennen, daß es im folgenden darum geht, das Handeln einzelner Athleten – also auch ihre Entscheidung für oder gegen Doping – dadurch verständlich zu machen, daß wir die typischen strukturell vorgegebenen Zwänge und Gelegenheiten identifizieren, die den Kontext der individuellen Handlungswahl bilden. Zwar sind die Sportler, wie schon betont, keine willenlosen Marionetten, die nur die Vorgaben ihres strukturellen Kontextes exekutieren. Jedoch wäre es völlig unrealistisch, die von diesen strukturellen Gegebenheiten ausgehende gewichtige Handlungsprägung zu ignorieren.

1. Schrankenloser Siegescode und überforderter Körper

Dieses Kapitel stellt den modernen Hochleistungssport in seiner Besonderheit und Besonderung als eigenständige und eigensinnige Sphäre gesellschaftlichen Handelns dar. Der erste Abschnitt spricht den zentralen Aspekt der teilsystemischen Ausdifferenzierung des Spitzensports an: den Siegescode. Durch diesen wird das individuelle Sportlerhandeln jenseits subjektiver Motive und Befindlichkeiten maßgeblich geprägt. Ebenso, wie Menschen in ihrer Teilhabe an wirtschaftlichen Kaufakten, politischen Wahlentscheidungen oder schulischen Erziehungs- und Bildungsprozessen nicht beliebig handeln, sondern durch die Strukturbedingungen eben dieser Sozialbereiche und deren Organisationen beeinflußt werden, agieren auch Athleten in einem bestimmten sozialen Rahmen, wenn sie sich auf Trainings- und Wettkampfsituationen einlassen. Sie orientieren sich an teilsystemisch vorgeprägten, überindividuellen Mustern. Der schrankenlose Siegescode und die ihn spezifizierenden Sportregeln prägen spitzensportliches Handeln und grenzen es – phänomenologisch gesprochen – von anderen Arten des In-der-Welt-Seins ab.

Der zweite Abschnitt untersucht die im Leistungssport anzutreffende Inflationierung der Ansprüche. Hier ist offensichtlich eine sich selbst verstärkende Dynamik am Werk, die in anderen ausdifferenzierten Sozialbereichen in vergleichbarer Weise anzutreffen ist, aufgrund der Körperorientierung und -abhängigkeit des Spitzensports aber besonders prekäre Konsequenzen hervorruft. Wir werden zu klären haben, aus welchen Quellen die an die Sportler adressierten eskalatorischen Leistungserwartungen sich speisen.

Neben den vielfältigen individuellen Bemühungen, Training und Wettkampf alltagsweltlich zu optimieren, hat der organisierte Sport seit den sechziger Jahren in zunehmendem Maße auf eine Verwissenschaftlichung spitzensportlichen Handelns gesetzt. Wo Ansprüche auf permanente Leistungssteigerung angelegt sind und das Experimentieren engagierter Laien nicht mehr ausreicht, um diesen Ansprüchen zu genügen, liegt es nahe, sich an eine anwendungsfähige und -willige Sportwissenschaft zu wenden. Denn mit entsprechenden wissenschaftlichen Erkenntnissen scheint es möglich zu sein, die Grenzen der körperlichen Leistungsfähigkeit hinauszuschieben und so die sich immer mehr verbreiternde Kluft zwischen den eskalierenden Anforderungen an die Athleten und deren psycho-physischen Kapazitäten wieder besser in Einklang bringen zu können. Der dritte Abschnitt wird diesen Zusammenhang durchleuchten.

1.1 Teilsystemische Ausdifferenzierung des Hochleistungssports

Der Sport hat sich in der modernen Gesellschaft darüber ausdifferenziert, daß sportliches Handeln zum Kristallisationspunkt einer Pluralität von Leistungsbezügen anderer gesellschaftlicher Teilsysteme wurde (Schimank 1988). Gerade als ein Handeln, das keinen Zweck außerhalb seiner selbst verfolgt, ist Sporttreiben multifunktional instrumentalisierbar und damit ein attraktives Projektionsfeld für Leistungserwartungen aus anderen gesellschaftlichen Teilbereichen. Das Erziehungssystem entdeckte die pädagogische Nutzbarkeit des Sports als Medium der Charakterbildung und als Lernfeld für wichtige soziale Kompetenzen. Für das Gesundheitssystem wurde der Sport als Mechanismus zur Umsetzung präventiver und rehabilitativer Maßnahmen bedeutsam. Das Militär profitierte sowohl von den pädagogischen als auch von den körperertüchtigenden Effekten des Sporttreibens. Die Politik schließlich machte sich die sozialintegrative Wirkung sportlichen Handelns zunutze.

Der Sport konnte sich somit im Verlauf des gesellschaftlichen Modernisierungsprozesses aus der diffusen Einbettung in allgemeine lebensweltliche Bezüge einerseits und erzieherische, gesundheitliche, militärische und politische Kontexte andererseits absetzen und eine Sinnwelt eigener Art begründen. Von zentraler Bedeutung dafür war die Ausprägung eines eigenständigen Codes. Gesellschaftliche Teilsysteme müssen, um die eigene Reproduktion zu sichern, Mechanismen entwickeln, damit Handeln in ihnen nicht nur irgendwie weitergeht, sondern in einer bestimmten Art geschieht. Diese Mechanismen müssen ermöglichen, daß Teilsysteme ihre eigene Identität definieren und das ihnen Eigentümliche reproduzieren können. Daß in der Wirtschaft Zahlungen passieren, die weitere Zahlungen anstoßen können, die Ökonomie also nicht einfach nach einer bestimmten Geldtransaktion zu existieren aufhört, daß im Rechtssektor Urteile gesprochen werden, auf die andere Urteile wiederum Bezug nehmen können, daß in der Wissenschaft Publikationen erfolgen, die weitere Veröffentlichungen anregen: All dies funktioniert nicht von ungefähr, sondern setzt strukturelle Vorkehrungen voraus, die entsprechende reproduktive Operationen dauerhaft und personenunabhängig in Gang halten.

In einer differenzierungstheoretischen Perspektive zeigt sich die moderne Gesellschaft als ein Nebeneinander ungleichartiger, aber gleichrangiger Teilsysteme, von denen jedes einen substantiell spezialisierten Typus von Handeln hervorbringt. Jedes Subsystem konstituiert einen in sich geschlossenen, sich auf nichts anderes beziehenden Zusammenhang von generellen kognitiven, normativen und evaluativen Orientierungen, die die teilsystemspezifische Handlungslogik ausmachen. Evolutionär erfolgreich bei der Etablierung solcher stabiler gesellschaftlicher Sinnsphären mit Hilfe eigenständiger Leitorientierungen waren in der modernen Gesellschaft u. a. das Rechtssystem mit seinem Code von Recht/Unrecht, die Wirtschaft mit ihrem Code von Zahlungsfähigkeit/Nichtzahlungsfähigkeit, die Politik mit ihrem Code von Machtbesitz/Machtlosigkeit bzw. Regierung/Opposition oder die Wissenschaft mit ihrem Code von Wahrheit/Unwahrheit. Auch der Sport operiert mit einem solchen binären Code: dem von *Sieg und Niederlage*.[1]

Unter Ausschluß dritter Möglichkeiten werden gemäß dieses Codes teilsysteminterne Vorgänge nach positiv/negativ-Unterscheidungen verarbeitet und entsprechend schematisiert (Luhmann 1986). Jede Position in dieser binären Logik gewinnt ihre Bedeutung nicht in sich selbst, sondern nur als Verneinung des jeweils anderen Wertes. Einen Sieg anzustreben, ohne die Möglichkeit der Niederlage einzukalkulieren, ergäbe keinen Sinn. Über Wahrheit zu sprechen, ohne Unwahrheit als Gegenpol mitzudenken, wäre wissenschaftlich unsinnig. Ebenso profiliert sich Recht erst als Absetzung gegenüber Unrecht. Und wirtschaftliches Haben verweist immer auch gleichzeitig auf die Mög-

1 Vgl. Becker (1987: 24), Schimank (1988), Bette (1989: 171-173, 1990a: 44), Stichweh (1990: 384-388).

lichkeit des Nichthabens. Die sportliche Leitorientierung von Sieg und Niederlage stimuliert und stützt somit Handlungsmotive und generalisiert und legitimiert sie. Wer sein eigenes Handeln an codegestützten Regeln ausrichtet, ist von weiteren Erklärungen entlastet. Das Aufsuchen sportspezifischer Räume reicht dafür bereits aus. Auf einem Sportplatz muß der einzelne nicht erklären, warum er um die Bahn läuft und sich ins Schwitzen bringt. Umgekehrt fiele in einer Bank, in der es um Geldgeschäfte geht, derjenige auf, der plötzlich vor dem Kassenschalter mit einem intensiven Körpertraining beginnt.

Über den Siegescode kontinuiert und reproduziert sich der Leistungssport und versetzt sich in einem Akt der Exklusion in die Lage, eine hohe interne Komplexität aufzubauen. Er setzt sich mit Handlungspräferenzen, die in anderen Bereichen fehl am Platze wären, von der gesellschaftlichen Umwelt ab und gewinnt darüber eine eigenständige Systemidentität. Im Sport soll nicht Wahrheit produziert, Recht gesprochen oder Kunst hergestellt werden. Anders herum wäre es fatal, wenn Rechtsstreitigkeiten im Boxring nach sportlichen Kriterien ausgekämpft werden müßten.

Die für das Sportsystem als ganzes geltende Prägung des Wollens der Akteure durch den Siegescode spitzt sich im Hochleistungssport noch erheblich zu. Dieser ist ein innerhalb des Sports wiederum ausdifferenziertes Teilsystem zweiter Ordnung. Die thematische Reinigung des Siegescodes von sonstigen Gesichtspunkten ist im Spitzensport auf die Spitze getrieben. Siege und Niederlagen, und nicht etwa Geselligkeit, Fitneß oder auch Fairneß, stellen dort die allein maßgeblichen evaluativen Fixpunkte dar. Das Streben nach Siegen prägt das Begehren der Sportler und steuert die Unterstützungsbereitschaft der sie betreuenden und organisierenden Akteure. Trainer, Funktionäre, Mediziner und Masseure bilden das unmittelbare Unterstützungsumfeld der Athleten und erbringen ermöglichende und assistierende Aufgaben für die Leistungserbringung der Sportler. Ihre logistische Basis finden Sportler und Unterstützungsumfeld in den Verbänden und Vereinen als den korporativen Handlungsträgern. Auch deren Engagement wird – meist in eigenständigen Leistungsabteilungen – dadurch geprägt, daß sie sich in die Reputationsrangordnung durch Erfolge einschreiben wollen.

Der Sieg/Niederlage-Code ist, wie alle anderen teilsystemischen Leitorientierungen auch, im Spitzensport in dem Sinne verabsolutiert, daß er in keinen höheren oder übergreifenden »Wollens«-Zusammenhang mehr eingebettet ist. Er stellt in sich selbst eine Letztbegründung sportlichen Handelns dar. Dementsprechend besteht innerhalb dieser Ausrichtung eine völlige Indifferenz gegenüber sonstigen Gesichtspunkten der Beurteilung und Prägung dieses Handelns. Es bekommt hierdurch den Charakter einer zielgerichteten, routinemäßig vollzogenen, sachrationalen Tätigkeit.

Die Etablierung einer zwischen zwei Werten trennenden Leitpräferenz, die aus der unendlichen Fülle möglicher Handlungsweisen eine hochselektive Auswahl trifft, hat weitreichende Konsequenzen. Gleichgültig, wer zu welchem Zeitpunkt und an welchem Ort eine Sportart im Rahmen leistungssportlicher Situationen betreibt: Er will seinen Gegner besiegen und die eigene Niederlage vermeiden. Wie die Leitorientierungen verschiedener anderer gesellschaftlicher Teilsysteme auch, so überführt der Siegescode des Sports eine graduelle sachliche Leistungsdifferenz – etwa, daß jemand 10 cm höher gesprungen ist als ein anderer – in eine soziale Polarisierung. Er bringt also Akteure über ihr Handeln in ein *Konkurrenzverhältnis* zueinander. Darin gleicht der Sportcode beispielsweise der Leitdifferenz des Rechtssystems. Auch dort wird in einem bestimmten Rechtsfall der Standpunkt der einen Prozeßpartei als Recht und dadurch der Standpunkt der anderen als Unrecht deklariert.[2]

Der Siegescode etabliert mit diesem Konkurrenzverhältnis eine scharfe Verknappung des sportlich positiv Bewerteten. Sieger können immer nur wenige sein, auch wenn man die Möglichkeit von Zweit- und Drittplazierungen sowie verschiedene Stufen von Wettkämpfen (z. B. Landes-, Europa- und Weltmeisterschaften) in Rechnung stellt. Dies sind gleichsam unterschiedliche Verrechnungsformen der gleichen Orientierung. Damit erhält der sportliche Erfolg einen außergewöhnlichen Knappheitsstatus. Der Siegescode bringt »den Aufwand der Vielen und den Gewinn der Wenigen« hervor. Es geht um eine »Prämierung seltener und immer schwieriger zu erreichender Ereignisse« (Mader 1992: 159). Die Tendenz zum »Overcrowding« beim run auf den positiven Wert ist damit gewissermaßen im Code institutionalisiert.

---

2 Die Codes einiger anderer gesellschaftlicher Teilbereiche formieren demgegenüber keine solchen Konkurrenzverhältnisse – etwa krank/gesund im Gesundheitssystem oder schön/häßlich in der Kunst.

Genau aus dieser Konstellation heraus ergibt sich der Reiz sportlicher Wettkämpfe: daß nicht alle gewinnen können, aber immer viel mehr Akteure gewinnen wollen, als tatsächlich können. Das entsprechende Erlebniskorrelat des Sportcodes ist *Spannung* (siehe Bette 1989: 174-181). Sie ist das resultierende psychische Empfinden auf seiten derjenigen, die sich auf die Ungewißheit sportlicher Konkurrenzsituationen einlassen. Dies gilt sowohl für die unmittelbar Handelnden als auch für die miterlebenden Zuschauer. Sportspezifische Spannung stellt gegenüber den Konkurrenz- und Spannungssituationen in anderen Sozialbereichen etwas Besonderes dar. Auch in Wirtschaft, Politik oder Wissenschaft gibt es starke Konkurrenz und eine entsprechende Ungewißheit des Ausgangs. Im Sport geht es jedoch nicht um ähnlich existentiell wichtige Erfordernisse der Reproduktion« moderner Gesellschaften, sondern »nur« um ein harmloses Erleben, das für Unterhaltung sorgt. Über die Hervorbringung dieser Erlebnisressource wird der Leistungssport zu einem wichtigen Bestandteil des auf Zerstreuung und Kurzweil spezialisierten Freizeitsektors, wie in Kapitel 2 noch ausführlich zur Sprache kommen wird.

Fiele die Trennung zwischen Sieger und Besiegten weg, weil alle Teilnehmer Gewinner sein könnten, wäre der Leistungssport schlichtweg langweilig. Er gewinnt sein Profil durch die immer neue Hervorbringung einer strikten Rangordnung der beteiligten Akteure. Die ungewöhnlich rigide Selektionspraxis ist es, die ihn sowohl für die unmittelbar Beteiligten als auch für die Zuschauer so interessant macht. Der Erfolg läßt die Sieger jubeln und Ehrenrunden drehen – und die Verlierer niedergeschlagen sein.[3] Freuden- und Enttäuschungstränen zeigen die Intensität, mit der Siege ebenso wie Niederlagen erfahren werden. Die individuelle Enttäuschung der besiegten Athleten und die Euphorie des Gewinners sind die gefühlsmäßigen Konsequenzen, wenn im Wettkampf Ungleichheit hergestellt wird. Dabei geht Ungleichheit aus Gleichheit hervor. Konstitutives Merkmal wettkampfsportlicher Eigenwelt ist das Paradoxon zwischen Überbietungs- und Gleichheitsgebot (Franke 1994: 77). Dieses Paradoxon wird im

---

3 Anders als in anderen Lebensbereichen dürfen sich die Verlierer allerdings nicht beklagen. Bei einem 100-m-Lauf kann man erwarten, daß die Wettkampfteilnehmer nicht etwa nach einer Niederlage gegen das »unmenschliche« Leistungsprinzip protestieren.

Wettkampf in sachlicher und zeitlicher Hinsicht entparadoxiert. In sachlicher Hinsicht werden beide Gebote in ein Ziel-Mittel-Verhältnis gesetzt: Gleichheit ist Bedingung der Möglichkeit für eine *spannende* Überbietung. In zeitlicher Hinsicht werden beide Gebote in ein Vorher-Nachher-Verhältnis gesetzt. Gleichheit als Ausgangspunkt wird im Lauf des Wettkampfs in eine Überbietung transformiert.

Die Sieg/Niederlage-Ausrichtung produziert somit strukturell einen Flaschenhalseffekt. Viele sind berufen, wenige aber auserwählt! Die Mehrzahl wird vom knappen Gut des Sieges ausgeschlossen und darf es im nächsten Wettkampf noch einmal versuchen. Die strikte Binarität in der Struktur des Sportcodes führt dazu, daß jeder, der an einem Wettkampf teilnimmt, auf der einen oder auf der anderen Seite der Leitdifferenz angesiedelt, entweder als Sieger oder als Verlierer markiert wird. Eine gewisse Kompensation ist hier allenfalls durch die Gradualisierung der Leistungsrangordnung eingebaut. Auch wenn der Sieg alles ist, können Zweit-, Dritt- oder Viertplazierte sich selbst noch als relativ erfolgreich definieren. Dennoch gilt: Bereits der Zweite ist der erste Verlierer.

Verschärft wird diese strukturelle Unbarmherzigkeit des Leistungssports dadurch, daß sportliche Erfolge sich nicht auf Dauer setzen lassen. Der Status eines Sportstars ist wesentlich labiler als beispielsweise der eines Wissenschaftlers, der sich über dauerhaft geltende Leistungszertifikate – etwa den Doktortitel – absichern kann und seinen Beruf oft auch dann noch auszufüllen vermag, wenn der körperliche Niedergang bereits eingesetzt hat oder weit fortgeschritten ist. Erfolg im Leistungssport muß immer wieder bewiesen und durch entsprechende Maßnahmen an der Körper- und Wettkampffront abgesichert werden. Sportlicher Lorbeer taugt nichts, um sich auf ihm auszuruhen.[4]

4 Bereits an dieser Stelle wird ein Zusammenhang ersichtlich, den wir später weiter verfolgen werden: Die Rigidität der Systemcodierung, die einerseits Spannung erzeugt und den Sport für Beobachter so interessant macht, ist andererseits dazu angetan, Abweichung zu stimulieren. Warum? Sozialbereiche, die Sieger profilieren, haben gleichzeitig einen permanenten Ausstoß an Verlierern. Nicht wenige Sportler versuchen, die im Wettkampfsport institutionalisierte Ungewißheit des Wettkampfausgangs durch Abweichung in eine Erfolgsgewißheit zu eigenen Gunsten zu transformieren. Was für den Zuschauer spannungssteigernd wirkt, erscheint für die individuellen Akteure des Sports als ein potentiell existenzbedrohendes Ereignis. Das erhöht die Wahrscheinlichkeit

Die Frage, wie sich im modernen Spitzensport Selbstbezüglichkeiten ausbilden und die Qualität einer nach außen abgeschotteten Geschlossenheit erreichen können, läßt sich nun bereits präzise beantworten: Nur durch die Etablierung des Siegescodes als teilsystemintern verabsolutierter Wollensorientierung konnte der Leistungssport seine Autonomie konstituieren. Hierdurch gewinnt er seine spezifische Identität, genau hier kann er sie allerdings auch verlieren. Wenn die Zuteilung von Sieg und Niederlage nicht mehr nach sportinternen Kriterien erfolgt, sondern durch außersportliche Vorgänge determiniert würde (Beispiel: Erkaufen eines Sieges), wäre die basale Logik des Spitzensports zerstört. Passiert eine derartige Fremdintervention und fällt auf, macht sie sich allerdings gleich auch verdächtig und wird entsprechend skandaliert, wie man etwa an Bestechungsfällen im Fußball sehen kann.

Der Code wird nicht aufgehoben, wenn Athleten z. B. die Wettkämpfe mit bestimmten Firmenlogos an ihrer Kleidung durchführen und dafür Geld bekommen. Prekär wäre es nur, wenn wirtschaftliche, politische oder pädagogische Gesichtspunkte die Zuteilung der Codewerte von Sieg und Niederlage zwingend festlegten. Die Entwicklung in einigen »Profi-Sportarten« wie Catchen oder Sechs-Tage-Rennen im Radsport, in denen – durchaus publikumswirksam – nur noch Fiktionen einer Offenheit des Wettkampfausgangs transportiert werden, scheint in diese Richtung einer Entsportlichung zu deuten. Interessanterweise ist dieser Prozeß entweder zu verheimlichen, oder das aus dem Sieg/Niederlage-Code resultierende Sporterleben muß durch sportunspezifische Maßnahmen, beispielsweise fingierte Brutalität oder Showeinlagen im Beiprogramm, substituiert werden.

Beim sportlichen Wettkampf geht es nur um Sieg oder Niederlage. Für die gesellschaftliche Etablierung des Leistungssports ist wesentlich, daß sein Siegescode selbstreferentiell angelegt ist. So, wie in der Wissenschaft die Einordnung wissenschaftlicher Aussagen gemäß dem Code wahr/unwahr sich ausschließlich nach wissenschaftsinternen, durch theoretische und methodische Kriterien abgesicherten Gesichtspunkten richtet, gehen auch in die Bewertung sportlicher Leistungen als Siege oder Niederlagen kei-

individueller und kollektiver Vermeidungsstrategien. Manche dazu eingesetzten Mittel und Verfahren sind erwünscht, manche sind nur unter dem Schleier des Geheimnisses nutzbar.

nerlei außersportliche Kriterien ein. Welche Mannschaft beispielsweise ein Handballspiel gewinnt, wird im Spiel nicht danach
entschieden, welcher Verein mehr Geld in der Kasse hat, ein größeres politisches Einflußpotential oder ein besseres Bildungsniveau
seiner Mitglieder aufweist. Einzig und allein regelgerecht erzielte
Tore zählen – was bekanntlich nicht ausschließt, daß die Fähigkeit
einer Mannschaft, regelgerechte Tore zu erzielen, etwa auch von
der Höhe der dem Verein für die Rekrutierung von Spielern zur
Verfügung stehenden finanziellen Ressourcen abhängt. Entscheidend ist jedoch, daß im Wettkampfvollzug nur noch die selbstdefinierten Siegeskriterien einer Sportart ausschlaggebend sind.

Außersportliche Gesichtspunkte können sportliches Handeln
prinzipiell zwar als Begrenzungen mitprägen, so wie ja auch
beispielsweise rechtliche Regelungen wirtschaftliches Handeln
beeinflussen oder politische Vorgaben medizinische Relevanz
erlangen können. Aber als nur äußerliche Bedingungen bedürfen
solche außerhalb des Siegescodes liegenden Gesichtspunkte irgendeiner Art von Durchsetzungsmechanismus, weil eben die
Sportakteure nicht von sich aus darauf Rücksicht nehmen. Als
noch partiell andersartiger, mit vormodernen Relikten behafteter
Sport konnte beispielsweise lange Zeit Tennis gelten, das in den
Resten einer untergehenden stratifizierten Gesellschaft als Oberschichtensport nicht jene Verabsolutierung des Siegescodes
kannte. An diesem Gegenbeispiel – das mittlerweile auch schon
Geschichte ist – läßt sich die ansonsten mit der Hegemonie des
Siegescodes einhergehende Indifferenz gegenüber allen sonstigen
Gesichtspunkten demonstrieren.

Der Sportcode hat einen universellen Geltungsanspruch und
drängt auf eine Globalisierung der Mitgliedschaft. Er bezieht
prinzipiell alle ein, da er gegenüber Zuteilungskriterien, die beispielsweise nach Rasse, Klassenzugehörigkeit, Alter oder Nation
sortieren, immun ist. Auch regional ist ein Teilsystem, das den
Leistungs- und Wettkampfgedanken in den Vordergrund stellt,
nicht eingrenzbar. Immer wieder gibt es Überraschungen, aus
welchen Ländern leistungsstarke Athleten kommen.[5] Bei Olympischen Spielen oder Weltmeisterschaften gibt es z. B. keinen

---

5 Durch die Internationalisierung der Konkurrenz erfährt die Sportlerrolle eine
zusätzliche Dramatisierung. Wo immer mehr Leistungsanbieter auf dem Wettbewerbsmarkt erscheinen, wird es für den einzelnen immer schwerer, sich
durchzusetzen.

Sonderbonus für die Mitglieder der sog. Ersten, Zweiten oder Dritten Welt, für Arbeiterkinder oder Schwarze. Der 100-m-Lauf ist für alle gleich lang. Darüber wird, ungeachtet der Tatsache teilweise massiver Ungleichheiten – beispielsweise der Trainingsvoraussetzungen – die Fiktion gleicher Ausgangsbedingungen erzeugt. Jeder, der sich der Logik des Siegescodes zu unterwerfen bereit ist, willens und fähig ist, die entsprechenden Leistungen zu erbringen, kann mitmachen. Nur wer der sportspezifischen »distinction directrice« (Luhmann 1986) gegenüber keine Folgebereitschaft zeigt, hat das Feld zu verlassen oder wird gar nicht erst zugelassen. Er hat dann höchstens noch die Möglichkeit, es im weniger rigide strukturierten Breitenport zu versuchen, oder kann auf die Seite der interessierten Beobachter überwechseln und als Zuschauer das spitzensportliche Handeln der Leistungsfähigen und -willigen goutieren.

Der Spitzensport konstruiert mit dem Siegescode eine eigene, leicht nachvollziehbare und gegenüber anderen gesellschaftlichen Handlungsvorgaben erfrischend andere Welt, in der außer selbsterbrachter *Leistung* nichts anerkannt wird. Leistung ist das zentrale Zutritts- und Bleibekriterium des Spitzensports. Kein anderer Sozialbereich ist so kompromißlos auf dieses Prinzip eingeschworen wie er. Weder in Wissenschaft noch Politik oder Kunst geht es ähnlich erfolgs- und wettbewerbsorientiert zu. Diese Sozialbereiche gehen insofern gnädiger mit den Akteuren um, als andere Kriterien der Positionsvergabe – z. B. Seniorität – mit zugelassen sind.

Das Leistungsprinzip greift im Wettkampf vor den Augen einer zuschauenden Öffentlichkeit diskriminierend und rücksichtslos individualisierend zu. Es ist nicht verwunderlich, daß die Leistungssemantik sich in der Selbstbeschreibung des Systems entsprechend prominent niedergeschlagen hat (»Leistungssport«!). Anhand von Leistungskriterien erfolgt die Zuteilung knapper Positionen und Gratifikationen sowie die Legitimation des Leistungssports vor sich selbst und seinen relevanten Bezugsgruppen. Die Transparenz des sportlichen Wettkampfes, die Institutionalisierung von Gleichheit der Ausgangsbedingungen im Wettkampf sowie Ergebnisoffenheit sorgen hierbei für ein hohes Maß an Akzeptanz.[6]

6 Der Reiz des Leistungssports besteht gerade darin, daß auch die Stars von »Nobodies« besiegt werden können. Wenn eine Mannschaft aus der Landesliga

Wie andere Teilsysteme auch hat der Spitzensport zwei Ebenen der Verhaltenssteuerung ausgeprägt und voneinander getrennt: Codierung und Programmierung (Luhmann 1987). Steckt der Code von Sieg und Niederlage unter Ausschluß dritter Positionen die Bedingungen ab, unter denen die Akteure maßgeblich operieren, ordnet die Programmebene diesem Wollen »richtiges« Verhalten zu. Programme legen das »Sollen« der Akteure fest. Programmierung heißt nichts anderes, als daß die Leitdifferenz von Sieg und Niederlage durch eine Fülle von Handlungsschemata operationalisiert wird, die für die Leitorientierung wichtig sind. Für den Siegescode des Spitzensports sind die programmatischen Differenzen von Mann/Frau, erwachsen/jugendlich, fair/unfair, regelkonform/nicht regelkonform bedeutsam. Distinktionen dieser Art schlagen sich letztlich als Normen im Regelwerk des Sports nieder.

Die Sieg/Niederlage-Dualität, die das Handeln der Sozialfiguren des Leistungssports prägt, wird vor allem über sportartspezifische Regeln operationalisiert. Als normative Orientierungen legen sie – rechtlichen Normen ähnlich – fest, unter welchen Bedingungen Leistungen in den verschiedenen Sportarten zu erbringen sind. Regeln definieren, was erlaubt ist; mit ihrer Hilfe wird entschieden, was dem Bereich des Unerlaubten zugerechnet werden muß.[7] Sportregeln haben demzufolge die Funktion, die Entscheidung über Sieg oder Niederlage detailbezogen zu ermöglichen. Aufgrund dieser normativen, schriftförmig in entsprechenden Satzungen und Regelwerken niedergelegten Erwartungen werden sportliche Wettkämpfe gleichsam als Entscheidungsverfahren stilisiert, nicht unähnlich den Verfahren im Rechtssystem und in der Politik. Der Schiedsrichter ist dementsprechend derjenige Spezialist, der im Moment des Wettkampfes das Monopol auf die Regelauslegung und den Regeleinsatz besitzt. Ihm fällt als unparteiischem Dritten die Aufgabe zu, über den Wettkampf als geregelten sozialen Konflikt zu wachen und auf Regeltreue zu achten. Der Schiedsrichter patrouilliert im

in einem Pokalwettbewerb gegen eine Bundesliga-Mannschaft gewinnt, demonstriert dies auf eine eindrucksvolle Weise die Radikalität des sportlichen Leistungsprinzips.

7 Und es liegt auf der Hand, daß diese Postulate, wie Sportler sich verhalten sollen, nicht ein für allemal festliegen, sondern veränderbar sind. Sportregeln sind also ebenso positiviert wie das moderne Recht.

wahrsten Sinne des Wortes an den Grenzen, um den Sinnhorizont einer bestimmten Sportart faktisch und normativ zu schützen.[8]

Positivierte Regeln kanalisieren das Handeln der Sportakteure und ziehen Grenzen in zweierlei Richtung. Sie kontrollieren nach *innen* das große Persönlichkeits- und Motivpotential der beteiligten Akteure. Sportler müssen lernen, ihre Affekte zu disziplinieren. Sie dürfen ihre überschüssigen Handlungsmöglichkeiten nicht ausleben. Ansonsten wäre ein Wettbewerb, in dem es beispielsweise um hohe Siegprämien geht, für alle Beteiligten ein viel zu hohes Risiko. Schließlich werden die Gesetze auf der Straße bereits für viel weniger Geld übertreten. Die Sportregeln bauen aber auch nach *außen* Schwellen der Indifferenz gegenüber den Verlockungen und Möglichkeiten der Umwelt auf. So wirkte z. B. der Amateurstatus bis 1981 als Trennregel gegenüber dem Wirtschaftssystem. Zu diesen regelgeleiteten Ein- und Ausgrenzungen gehört auch das Dopingverbot. Es definiert, welche Verfahren und Mittel im Hinblick auf die physisch-organische Trägerinstanz des Sports, den Körper, nicht angewendet werden dürfen.

Diese normativen Erwartungen werden durch einen sie stützenden Wertehimmel überhöht: Achtung für Sieger und Verlierer, aber nur wenn sie die »Spielregeln« einhalten; Mißachtung für diejenigen, die hiergegen verstoßen und in ihrer Abweichung entdeckt werden. Moralische Entrüstung und soziale Ächtung der Devianten im Rahmen von Degradierungszeremonien und Bestrafungsritualen sind gleichsam die Antwort des Leistungssports auf die Verletzung selbstgesetzter Normen. Medaillenentzug, Aberkennung von Rekorden, Streichung aus den Sieger- und Rekordlisten als symbolische Tötung der Abweichenden, Spießrutenlaufen vor buhenden Zuschauern oder Mitathleten oder der Entzug der Starterlaubnis als Quasi-Berufsverbot verdeutlichen in einem Umkehrschluß, was auf der Ebene des Regelwerks geachtet und offiziell zugelassen wird.

Damit ist der strukturelle Kern dessen, was die Eigensinnigkeit des Leistungssports ausmacht, umrissen. Die zentralen Strukturkomponenten sind: der Siegescode als selbstreferentiell verabsolutierte Wollens-Orientierung sportlichen Handelns; die durch

8 Daß der Schiedsrichter in dem Moment an seine Grenzen stößt, in dem die Normabweichung in den verborgenen Tiefen des Körpers passiert, wird uns im Kapitel 5 noch beschäftigen.

den Code erzeugte Konkurrenz zwischen Athleten als basale Sozialbeziehung im Leistungssport; die Austragung dieser Konkurrenz gemäß Leistungskriterien; Spannung auf seiten der Athleten wie des Publikums als Erlebniskorrelat sportlicher Konkurrenz; und die normative Regelung des Wettbewerbs durch sporteigene Programme, insbesondere die sportartspezifischen Regelwerke, sowie eine überhöhende Sportmoral.

1.2 Anspruchsinflationierung

Indem der Spitzensport anhand eines eigenen Codes mit hierauf bezogenen Programmen seine systemkonstituierenden Elemente in Gestalt von Wettkampfhandlungen reproduziert, kann er eine autonome Sinnwelt durch Grenzsetzung stabilisieren. Wie auch in anderen Teilsystemen der modernen Gesellschaft wird dabei eine sich selbst steigernde, nicht-teleologische Dynamik auf den Weg gebracht. »Wenn einmal ein Teilsystem der Gesellschaft im Hinblick auf eine spezifische Funktion ausdifferenziert ist, findet sich in diesem System kein Anhaltspunkt mehr für Argumente gegen die bestmögliche Erfüllung der Funktion. Es gibt alle möglichen Hindernisse, Schwierigkeiten und Reibungen – provisorische und dauerhafte. Aber es gibt in Funktionssystemen keine sinnvolle Gegenrationalität, die besagen würde, daß man die Funktion lieber weniger gut erfüllen sollte. Es ist gerade der Sinn funktionaler Differenzierung, jedem System die Hypostasierung der eigenen Funktion zu erlauben, ja abzuverlangen,…« (Luhmann 1983: 29).

Die Handlungsziele sind im Horizont verankert, der bekanntlich unerreichbar ist. So wie z. B. auch wissenschaftliche Forschung ein niemals an sein Ende gelangendes Geschäft ist, weil jede Erkenntnis mehr neue Fragen auslöst als sie beantwortet, ist auch sportliches Verbesserungsstreben unabschließbar. Es gibt kein im Siegescode festgelegtes Leistungsniveau, über das man nicht hinausgehen könnte und sollte. Die Logik des Spitzensports kennt keine Stopregeln. Alle gesellschaftlichen Teilsysteme haben Leitsemantiken entwickelt, um diese innere Unendlichkeit entsprechend auszudrücken. Was der Bildungsbegriff für den Erziehungssektor, Wahrheit für die Wissenschaft, das Bruttosozialprodukt für die Wirtschaft, Glauben für die Religion und Gesundheit für das Gesundheitssystem ist, stellt Leistung für den Spitzensport dar. Man kommt prinzipiell niemals zum Ende, weil ein Mehr an Bildung, Wahrheit, Glauben, Gesundheit und sportlicher Leistung immer denkbar und wünschenswert ist. Alle genannten Semantiken besitzen die Eigenschaft, daß sie in sich selbst keine Markierungen angeben, anhand derer man sagen und festlegen könnte, daß zu einem bestimmten Zeitpunkt genug Gesundheit hergestellt, genug Wahrheit entdeckt, genug Gerechtigkeit durchgesetzt, genug Bildung oder sportliche Leistung erreicht wurde. Diese Semantiken eignen sich deshalb auch besonders als basale Legitimationsformeln für die Professionalisierung bestimmter Berufe. Ärzte, Wissenschaftler, Lehrer oder Trainer können auf dieser Basis attraktive Leistungsangebote formulieren und dafür dann auch entsprechende Ressourcenansprüche stellen.

Dem Leistungssport ist also die Vorstellung zu eigen, daß es ein Schneller, Höher, Stärker und Besser immer geben könnte, und er ist in dieser Hinsicht auch nichts Besonderes. Fortschrittsphantasmen dieser oder vergleichbarer Art treiben alle Teilsysteme moderner Gesellschaften an. Der Kunstsektor hörte auf zu existieren, wenn in ihm die Idee transportiert würde, daß es eine Grenze des Neuen, Innovativen gäbe. Vergleichbares trifft für die Ökonomie zu. Die Vorstellung von einem jährlich um bestimmte Prozentzahlen steigerbaren Bruttosozialprodukt ist das wirtschaftliche Pendant zum olympischen Motto des Sports. Eine Wissenschaft, die nicht versuchte, immer weitere neue Erkenntnisse zu sammeln und ihr Auflöse- und Rekombinationsvermögen zu steigern, brächte sich in vormoderne Zeiten zurück, in denen religiöse und kosmologische Überlegungen und Sinnkriterien Wahrheit begrenzten. Ein Erziehungsbereich, der auf den Gedanken von immer mehr Bildung und Erziehung verzichtete und nicht am Raster von Gleichheitspostulaten Programme für kompensatorische Maßnahmen zugunsten noch nicht genügend Erzogener durchzusetzen trachtete, wäre schlichtweg unmodern. Daß uns Vorstellungen über »Grenzen des Wachstums« nicht bloß bezüglich der Wirtschaft so schwer fallen, zeigt diesen in die Teilsystemlogiken eingebauten Fortschrittsoptimismus vielleicht am deutlichsten. Dabei handelt es sich eben nicht bloß um einen kontingenten Wert, der sich auch leicht wandeln könnte, sondern um nicht weniger als die allen gesellschaftlichen Subsystemen gemeinsame raison d'etre von Modernität.

Die obsessive Ausrichtung auf Wachstum und Steigerung sportlicher Leistungen ist also eine zwangsläufige Konsequenz ihrer teilsystemischen Ausdifferenzierung. Alles läuft im Spitzensport auf Steigerung und Perfektionierung hinaus – siehe etwa Experimente mit neuen Trainingsmethoden, das Ausprobieren neuer Taktiken und Strategien oder die noch anzusprechende Verwissenschaftlichung. Die Verbesserung des Bestehenden wird zur Daueraufgabe des Handelns. Was einmal erreicht wurde, reizt dazu, immer weiter getrieben zu werden – durchaus verbunden mit der individuellen Motivation, es den anderen, die mit dem gleichen Ziel antreten, dadurch immer schwerer zu machen. Im Selbstverständnis des Leistungssports wird diese Steigerungslogik primär anthropologisch gerechtfertigt. Sie sei Ausdruck des menschlichen Strebens nach Selbstvervollkommnung – so ist vor allem von sportpädagogischer Seite zu hören. Diese Anthropologisierung soll eine unhinterfragbare Letztbegründung abgeben, die den Leistungssport auch gegen kritische Nachfragen aller Art immunisiert.

Wie ausgeprägt dieser Steigerungsimperativ ist, wird im Wettkampfsport nicht zuletzt am Rekurs auf Meßbarkeitsfiktionen deutlich. Wenn beispielsweise der Sieger eines Schwimmwettbewerbs mit einer hundertstel oder tausendstel Sekunde gewinnt, Schwimmbäder aber nie so exakt und gleich gebaut werden können, daß die auf diesem Meßunterschied basierende Rangordnung der Sportler – genau besehen – sachlich begründbar wäre, dann wird deutlich, daß der Leistungssport die Vorstellung erzeugen *muß*, daß es eine trennscharfe Differenzierung zwischen den Athleten immer geben könnte. Seinem durch den Siegescode vorgegebenen Hierarchisierungsbegehren würde ansonsten der Boden entzogen. Genau wie die Gleichheit am Start ist auch die Ungleichheit am Ziel in erheblichem Maße fiktiv.

Die dem Leistungssport immanente Schrankenlosigkeit speist sich vornehmlich aus zwei Triebkräften. Erstens wirkt das Überbietungsmotiv, wenn ein Athlet gegenüber den anderen das knappe Gut des sportlichen Sieges zu seinen Gunsten verbuchen möchte und davon auszugehen hat, daß seine Gegner mit dem gleichen Anliegen antreten. Die innere Unendlichkeit wird demzufolge durch die dem Sport inhärente Konkurrenz permanent angetrieben. In einer solchen Konstellation muß jeder Wettbewerber den eigenen Aufwand permanent erhöhen, um die eigenen Siegeschancen zu maximieren. Dieser aus der militärischen Rüstungsspirale bekannte Mechanismus der zunehmenden und eigendynamischen Eskalation des Ressourceneinsatzes zum Zwecke einer Verbesserung der Erfolgschancen wirkt in allen Sportdisziplinen.

Der Wille zum Erfolg verbraucht sich dabei nicht in einem einzelnen Wettkampf, sondern strukturiert ein auf Dauer angelegtes Konkurrenzhandeln, in dem dieselben Gegner immer wieder aufeinandertreffen. Gerade dies kann als eine Errungenschaft der formalen Organisation des Wettkampfbetriebs durch Vereine und Verbände angesehen werden. Die Fußball-Bundesliga und der »Tenniszirkus« belegen dies in eindrucksvoller Weise. Auch wenn man schon sehr oft gegen ein und dieselbe Mannschaft, gegen ein und denselben Spieler, angetreten ist, stellt sich in jedem Wettbewerb die Frage immer wieder aufs neue: Wer ist heute besser? Der Code des Wettkampfsports treibt das Handeln der Athleten in eine durch organisatorische Arrangements ermöglichte unendliche Schleife hinein.

Die zweite Triebfeder, aus der die innere Grenzenlosigkeit des Leistungssports gespeist wird, ergibt sich für einen Teil der Sportarten aus der Möglichkeit zeit- und ortsübergreifender und intersubjektiv eindeutiger Leistungsvergleiche.[9] Auf dieser Grundlage ist dann das Streben nach Rekorden möglich. Wo diese Möglichkeit einer komparativen Generalisierung in Gestalt von Rekorden existiert, wird der ohnehin schon auf ein Mehr hindrängende Siegescode des Sports auf eine Schiene unendlichen Wollens gesetzt. Sprinter, Weitspringer, Kugelstoßer oder Schwimmer, deren Leistungen auf eine leicht nachvollziehbare Weise genau vermessen und in eine Rangordnung gebracht werden können, haben so einen quantitativ fixierten Horizont vor Augen, der permanent über den einzelnen Wettkampf hinaus auf prinzipiell vorhandene Möglichkeiten der Leistungssteigerung hinweist. Wenn ein Sportler beispielsweise 8,90 m weit gesprungen ist, gibt es keinen Grund davon auszugehen, daß eine weitere Verbesserung nicht mehr möglich wäre. Und es ist leicht ersichtlich, daß auf der Basis dieser Logik eine Anspruchsinflation über

---

9 Kompositorische Sportarten (Beispiel: Kunstturnen, Rhythmische Sportgymnastik, Eiskunstlauf) sind hingegen in letzterer Hinsicht offener für Interpretation und auch Manipulation, weil Ästhetik und Ausdruck keine unzweideutig meßbaren Qualitäten sportlicher Leistungen darstellen.

die Athleten hereinbrechen kann. Jeder Sportrekord markiert nicht nur einen bestimmten, einmal erreichten Leistungsstand, sondern formuliert gleichzeitig auch die Forderung nach Überbietung. Der Sportrekord ist eine auf Veränderung drängende Episode, in der die innere Unendlichkeit des Spitzensports nur kurzfristig zur Ruhe kommt. Der Rekord steht für eine Universalisierung des Vergleichs (Mandell 1976; Guttmann 1978: 51-54) und verkörpert in Reinkultur das »Prinzip der Höchstleistung« (von Krockow 1980: 15-19).

Das Motiv, nicht nur zu gewinnen, sondern gleichzeitig eine existierende Rekordmarke zu übertrumpfen (Beispiele: Stadionrekord, Kreisrekord, Landesrekord, Europarekord oder schließlich Weltrekord), drängt auf unbegrenzte lineare Steigerung. Rekorde sind besonders beifallheischend. Sie sind zudem das Salz in der Suppe des in Kapitel 3 näher geschildertem Individualisierungsbegehrens der einzelnen Athleten. Wer mit seiner Leistung plausibel nachweisen kann, daß er besser ist als alle anderen, die das gleiche anstreben, kann sich folgerichtig sehr eindeutig als außeralltäglicher Sportheld fühlen. Die zeit- und ortsübergreifende Vergleichbarkeit sportlicher Leistungen und die hieraus resultierende Rekordmentalität sind somit wichtige Motoren, die das Fortschrittsdenken im Spitzensport antreiben. Disziplinen, die ihre Leistungen nicht nach Zentimeter, Gramm und Sekunde verrechnen und hierarchisieren können, und insofern keine Rekorde kennen, können in Gestalt von Meisterschaften, Pokalwettbewerben etc. zumindest gewisse funktionale Äquivalente dafür installieren. Dann kann eine Mannschaft sich beispielsweise von anderen Mitbewerbern eben dadurch absetzen und profilieren, daß und wie oft sie Deutscher Meister geworden ist.

Die Sportjournalisten bilden das nach außen verlagerte teilsystemische Gedächtnis, in dem die Geschichte der Leistungserbringung entsprechend abgespeichert wird und abrufbar ist. Als Kommentatoren der meist schweigend ablaufenden Sportwettkämpfe tragen sie in einer besonderen Weise dazu bei, daß der Spitzensport seine innere Unendlichkeit nicht vergißt. Der Sportsoziologe Peter Becker (1987: 30) charakterisiert das so: »Eine permanent bilanzierende Berichterstattung über geschossene und nicht geschossene Tore, über gelaufene Zeiten und gesprungene Höhen, die zur jeweils vorangegangenen Saison oder zum letzten Wettkampf in Beziehung gesetzt werden, ver-

mittel die zentrale Bedeutung von Fortschritt und auch Rück-
schritt – mit klaren Präferenzen für den Fortschritt. Mit der
Ausdifferenzierung der Bestenliste in regionale, nationale, internationale, individuelle, zeitlich begrenzte usw. Versionen wird
künstlich ein Klima geschaffen, in dem ohne Unterbrechung
Bestmarken produziert werden.«

Damit ist klar, in welchem Sinne von der *Schrankenlosigkeit
des Siegescodes* gesprochen werden muß. Angesichts dessen stellt
sich nun die Frage, ob dieser inneren Unendlichkeit in der Wol-
lensdimension des Spitzensports auch ein entsprechendes Können gegenüber steht. Um diesen Sachverhalt zu prüfen, muß man
sich der körperlichen Materialitätsbasis des Spitzensports zuwenden.

1.3 Körperliche Leistungsgrenzen und kompensatorische Verwissenschaftlichung

In modernen Gesellschaften stellt der Leistungssport ein Teilsystem besonderer Art dar. Er ist spezialisiert darauf, das Physisch-
Organische seiner Mitglieder für seine Sinnbezüge einzusetzen.
Er hat somit eine andere Qualität als gesellschaftliche Handlungs-
felder, die relativ körper- und personenfern operieren und auch
erst auf der Grundlage dieser Distanz zu Mensch und Körper ihre
spezifische Funktionserbringung aufbauen konnten.[10] Die Kör-
perausrichtung macht den Spitzensport so ungemein interessant.
Sie ist es, die in einer immer abstrakter werdenden Gesellschaft
Anknüpfungspunkte für Beobachtung und Identifikation schafft.
Sie ist es auch, die ihn in die Nähe eines anderen Teilsystems
bringt, das ebenfalls mit der Körperlichkeit von Menschen befaßt
ist: des Gesundheitssystems. Dort geht es allerdings nicht um
körperliche Leistungssteigerung im Rahmen von Wettbewerbs-
konstellationen, sondern um Krankenbehandlung zum Zwecke
einer allgemeinen gesellschaftlichen Wiederverwendbarkeit von
Körperpotentialen.

Der Athletenkörper ist das zentrale Implementationsfeld des
Leistungssports. Er stellt die Materialitätsbasis dar, in die sich der

10 Es leuchtet deshalb auch unmittelbar ein, daß die legitimen und illegitimen
Maßnahmen der Leistungssteigerung im Sport gerade an Körper und Psyche
ansetzen.

Sieg/Niederlage-Code einzuschreiben hat, und ist damit die wichtigste Ressource, ohne die im Spitzensport »nichts läuft«. Jede Maßnahme, die Trainer vornehmen oder Sponsoren finanzieren, um sportliche Erfolge zu ermöglichen, hat die körperliche Befindlichkeit der Sportler in Rechnung zu stellen und einzukalkulieren. Gegenüber breitensportlichen Aktivitäten, die Personen nur gelegentlich und weniger leistungsorientiert in Anspruch nehmen, zeichnet sich der Spitzensport dadurch aus, daß er Körper und Psyche mit kalkulierter Zielausrichtung wahrnimmt und benutzt. Hier tritt der leistungs- und wettbewerbsorientierte Umgang mit dem Körper mit allen Vor- und Nachteilen dieser extremen Spezialisierung offen zutage. Die sporadische, zufällige Hinwendung zum Körper reicht im leistungssportlichen Training und Wettkampf nicht mehr aus. Im Vordergrund steht vielmehr die dauerhafte, systematische, durchrationalisierte und von Experten in spezifischen Situationen vollzogene Einwirkung auf den Körper. Ohne die so erzielte Distanz zum Alltagskörper und dessen Jedermann-Fähigkeiten gäbe es keinen gegenüber dem Breitensport ausdifferenzierten Spitzensport.

Damit erfolgt eine Instrumentalisierung des Körpers unter dem Imperativ, Erfolg im Wettkampf durch Leistungssteigerung zu erzielen. Durch Ligenbildung auf nationalem und internationalem Niveau und die Globalisierung der Wettkampfaustragung verstrickt der Leistungssport den Athletenkörper in ein Netzwerk unterschiedlichster Ansprüche und Notwendigkeiten, denen er immer weniger zu entsprechen vermag. Weil überdies immer kleinere Leistungsverbesserungen inzwischen mit einem immer größeren Aufwand erkauft werden müssen, ist die Gefahr einer Überstrapazierung des Athletenkörpers geradezu konstitutiv für spitzensportliches Handeln. Wenn beispielsweise ein Sportler durch die Gestaltung seines Wettkampfkalenders keine Zeit für Regeneration, Erholung und den Wiederaufbau seiner körperlichen Leistungsfähigkeit findet, weil er zum Wohle der eigenen Geldbörse oder zum Ruhm von Verein oder Vaterland permanent von Wettkampf zu Wettkampf eilt (Beispiel: »Tenniszirkus«), ist der Zeitpunkt abzusehen, an dem Körper und Psyche nicht mehr mitmachen und sich »verweigern«.

Übersteigerte Erwartungen können so einen »Streik« des Körpers provozieren. Der Körper wird eben nicht nur durch soziale Erwartungen als »social body« kontrolliert (Klein 1984), sondern kann selbst auch Kontrolle ausüben. Krankheiten, Verletzungen usw. sind Ausdrucksformen dieser Kontrolle. Tatsächlich kann man mit der Materialitätsbasis des Leistungssports, dem Körper, nur so weit gehen, bis sie auf ihre je eigene Weise kollabiert und sich den Ansprüchen entzieht.

Der Sportlerkörper ruft sich vor allem dann augenfällig als verletzter und kranker Körper in Erinnerung, wenn Funktionsfähigkeit bei wichtigen Wettkämpfen von ihm erwartet wird. Wenn sich ein leistungsstarker Fußballspieler vor einem wichtigen Spiel verletzt, kann das für seinen Verein enorme finanzielle Konsequenzen haben. Der Körper ist somit neben seiner existentiellen Bedeutung für den einzelnen Athleten auch ein Bezugspunkt, auf den sich soziale Erwartungen richten. Im Leistungssport wird der Körper dem Siegescode unterworfen, dem er zu genügen hat. Die Unbarmherzigkeit des Leistungssports tritt daher an der Körperfront auf eine besonders drastische Weise in Erscheinung. Die Semantik der Leistung drückt aus, was an personaler Körperlichkeit zugelassen und gefordert bzw. verdrängt wird. Der Spitzensport richtet alle Körperereignisse auf der Seite seiner zentralen Handlungsträger darauf zu, daß sie codespezifisch verwendbar sind. Die Selbstbezüglichkeit des Leistungssports resultiert so in einer legitimen Indifferenz gegenüber dem, was nicht dazugehört. Ein Körper, der den sachlichen Anforderungen der jeweiligen Sportdisziplin nicht entspricht (Beispiel: Körpergröße im Basketball) oder die schnelle Abfolge von Wettkämpfen nicht aushält, hat im Spitzensport keine Anwesenheitsrechte. Nur der leistungsfähige Körper darf bleiben. Der kranke Körper ist unerwünscht. Er stört, muß schnell wieder fit gemacht werden oder hat die Arena gegebenenfalls für immer zu verlassen. Er wird höchstens, sofern er eine spätere (Wieder-)Verwendbarkeit signalisiert, in Warte- und Regenerationsschleifen hineingebracht, ansonsten aber rücksichtslos aussortiert.[11]

Gleiches gilt für die Beobachtung der Athletenpsyche durch den Leistungssport und seine korporativen Akteure. Auch in dieser Hinsicht kann der Athlet sich nur durchsetzen, wenn er psychisch robust genug ist und unter den permanenten Streß-

---

11 Der organisierte Sport hat so auch auf die Körpernähe seiner Sinnbezüge reagiert, indem er Sondereinrichtungen ausdifferenzierte, in denen der kranke Körper behandelt und wieder funktionstauglich gemacht wird (Beispiel: sportmedizinische Betreuung in Vereinen, Olympiastützpunkten etc.).

Situationen von Training und Wettkampf nicht kollabiert, wenn er bereit ist, seine Belohnungsbedürfnisse in die Zukunft zu verschieben, und die Motivation aufbringt, ständig unter schärfsten Bedingungen mit anderen zu konkurrieren. Die Psyche darf die körperliche Leistungssteigerung nicht nur nicht behindern – die Psyche muß sogar leistungsunterstützend ausgeprägt sein und z.B. durch Motivationstraining in dieser Hinsicht optimiert werden.

Ein auf körperliche Leistungssteigerung ausgerichteter Sozialbereich bringt seine Hauptakteure, die Athleten, systematisch in die Nähe von Verletzung und Krankheit. Vor und nach sportlichen Großereignissen lesen sich die Zeitungsberichte wie die Verlustkommuniqués in der Kriegsberichterstattung. Die Sportzuschauer bekommen gleichsam einen Schnellkurs in denjenigen Teilgebieten der menschlichen Physiologie und Anatomie, die durch Training und Wettkampf in Mitleidenschaft gezogen werden können. Muskelzerrungen, Faserrisse, Meniskus- und Patellaschäden, Achillessehnen-Abrisse, Kreuzbanddehnungen, Stauchungen, Quetschungen, Knochen- und Nasenbrüche, Hüft- und Gelenksschäden und Krankheiten infolge eines geschwächten Immunsystems passieren in den einzelnen Sportdisziplinen mit je eigenen Häufungen in erwartbarer Regelmäßigkeit. Selbst Unfälle mit tödlichem Ausgang sind nicht so selten. All diese Vorkommnisse belegen in eindrucksvoller Weise, daß der Spitzensport heutzutage nicht nur ein rabiates Geschäft gegenüber den Mitkonkurrenten, sondern auch gegenüber dem eigenen Körper ist.

Mit Gesundheit hat dieser Sozialbereich schon lange nichts mehr zu tun, so daß diese für den Breitensport bedeutsame Legitimationsformel in der Selbstbeschreibung des Spitzensports auch nicht mehr auftaucht.

Der Athlet muß infolgedessen lernen, auf dem schmalen Grat zwischen Gesundheit und Krankheit zu wandern: seine Gesundheit riskieren, indem er das letzte aus seinem Körper herausholt, ohne dabei durch Überbeanspruchung krank zu werden. Er steht daher immer in der Gefahr, alle Investitionen in die eigene Karriere aufgrund von unüberwindbaren physischen und psychischen Blockaden von einem Tag auf den anderen abschreiben zu müssen. Angst, Schmerz und die Einsamkeitsgefühle der Verletzten, die plötzlich bemerken müssen, daß sie nur als körperlich leistungsfähige Subjekte von Trainern, Funktionären, Sponsoren und Sportjournalisten nachgefragt und hofiert werden, sind Erlebnisse, die Karl Jaspers vielleicht als »Grenzsituationen« charakterisiert hätte.

Da die Sportleridentität sich in hohem Maße an der Leistungs- und Funktionstauglichkeit des Körpers und der mit ihm erzielten Erfolge festmacht, erscheinen Verletzungen dem betroffenen Akteur als traumatische Erfahrungen. Fixiert im Zustand der zwangsweisen Bewegungslosigkeit, Ruhe oder Langsamkeit, und gehindert am Ausleben der sporttypischen Bewegungslust, nehmen Sportler den eigenen Körper dann als einen sich dem eigenen Willen und den sozialen Erwartungen widersetzenden Drückeberger wahr. Eine erfolgreiche Hochspringerin (Holzapfel 1984: 109) bemerkte hierzu nach ihrem ersten Achillessehnenriß: »Ich mußte feststellen, daß mein Körper der limitierende Faktor meiner Leistungsfähigkeit war. Sicher, ich hatte mich auch vorher des öfteren mit Verletzungen herumschlagen müssen; aber diesmal mußte ich erstmalig bestürzt erfahren, daß ich im sportlichen Handeln nicht einfach bruch- und problemlos mit meinem Körper übereinstimmte, sondern ihn fast als Feind und Gegner empfand, gegen den ich zäh und verbittert ankämpfen mußte, den ich einsetzte, als wäre ich nicht er selbst, sondern als wäre er ein widerspenstiges Vehikel, ein Instrument zu meinem Weg zum sportlichen Erfolg. Und ich mußte mich fragen, ob ich das Instrument meiner sportlichen Leidenschaft, meinen Körper, nicht Strapazen aussetzte, denen er physiologisch und anatomisch nicht gewachsen war.«

Wir können damit wichtige, später auf die Dopingproblematik zu beziehende Erkenntnisse bilanzieren: Der Anspruch gegenüber dem Körper wird im Leistungssport ins Unwahrscheinliche getrieben, weil im Perfektionsideal dieses gesellschaftlichen Teilsystems selbst keine Stopregeln eingebaut sind. Spitzensportliches Handeln fällt infolgedessen immer voraussetzungsvoller, riskanter und konsequenzenreicher aus (Bette 1989: 165). Der Fortschrittsbegriff ist deshalb auch in diesem Handlungsfeld problematisch geworden. Im Unterschied zur unendlichen Steigerbarkeit des Sportcodes weist die körperliche Materialitätsbasis des Spitzensports Grenzen des Wachstums auf. Der Körper ist damit der Unsicherheitsfaktor und die Achillesferse des Systems. Die Leistungsfähigkeit auf der Ebene von Leben und Bewußtsein kann durch soziale Erwartungen überstrapaziert werden. Daß dies regelmäßig passiert, ist angesichts der Dramatisierung und Totalisierung von Training und Wettkampf nicht verwunderlich.

Seit den sechziger Jahren ist es zu Versuchen gekommen, die Kluft zwischen der unendlichen Steigerbarkeit des Siegescodes und der hinterherhinkenden Körperlichkeit der Sportler zu reduzieren und die Konkurrenzsituation der eigenen Athleten auf dem internationalen Sportparkett zu optimieren. Die Verwissenschaftlichungsoffensiven, die seit dieser Zeit ablaufen, sind vor diesem Hintergrund zu verstehen. Wo ein aus lebensweltlichen Erfahrungen abgeleitetes Training allein nicht mehr ausreicht, um die Körperbasis codegerecht zu entwickeln, verspricht der wissenschaftliche Fortschritt Abhilfe. Die Ausdifferenzierung der bundesdeutschen Sportwissenschaft wurde bezeichnenderweise zu einem Zeitpunkt auf den Weg gebracht, als sportliche Mißerfolge auf internationaler Ebene die Nachfrage nach sportexternem Wissen emporschnellen ließen. Der »Sputnik-Schock« des bundesdeutschen Sports ereignete sich 1968 bei der Olympiade in Mexiko, als erstmals zwei getrennte deutsche Mannschaften auftraten und die ostdeutsche weit besser abschnitt – und dies angesichts der anstehenden Olympischen Spiele in München im Jahre 1972. Erst aufgrund der immensen Wichtigkeit, die dem Leistungssport von seiten der Politik und der Wirtschaft – dazu noch Näheres in Kapitel 2 – zugesprochen wurde, finanzierte und ermöglichte der Staat die Institutionalisierung der Sportwissenschaft und schuf so die Basis für eine wissenschaftliche Rationalisierung des Sports.[12] Diese nahm rasch ein großes Ausmaß an, wie man z. B. am medizinischen Troß der deutschen Olympiamannschaften sehen kann. Der Sportmediziner Joseph Keul bemerkt dazu: »Die deutsche Mannschaft in Barcelona wird von 21 Ärzten und 32 Physiotherapeuten betreut ... Daran können Sie sehen, welche Fürsorge das Nationale Olympische Komitee den Athleten angedeihen läßt. 1960 in Rom war nur ein Arzt dabei« (Bild der Wissenschaft 8/1992). Athleten, Trainer und Sportfunktionäre wollen bessere Sportgeräte, Trainingsmethoden, Ernährungswei-

---

12 Es kam nicht nur zu einem »supply push« von Erkenntnissen, die sich im nachhinein als leistungssteigernd erwiesen, sondern auch zu einem »demand pull« von seiten des Sports. Hieraus resultiert dann auch die Abhängigkeit einiger sportwissenschaftlicher Disziplinen von einer Nachfrage durch die Fachverbände.

sen, Spieltaktiken und -strategien. Sie wollen eine konkurrenz-
fähige sportmedizinische, biomechanische, psychologische und
eben auch pharmakologische Betreuung und hoffen, von der Wissenschaft mit entsprechenden Mitteln, Verfahren und Informationen bedient werden zu können.

Mit dieser Nachfrage nach wissenschaftlichen Erkenntnissen
trifft der Leistungssport auf ein anderes ebenfalls auf immerwäh-
rende Steigerung ausgerichtetes gesellschaftliches Teilsystem.
Das Streben des Sports nach immer neuen Siegen, vor allem
Rekorden, und das Streben der Wissenschaft nach immer neuen
Erkenntnissen verbinden sich. Der Athlet trainiert dadurch heutzutage in einem hochgradig verwissenschaftlichten Kontext. Die
biomechanisch optimierte Bewegung, die psychologisch regu-
lierte Psyche und der sportmedizinisch substituierte Körper sind
Resultate dieser Verbindung zwischen zwei an Steigerungsimpe-
rativen ausgerichteten Sozialsystemen. Mit der Einrichtung der
Olympiastützpunkte war in der Bundesrepublik diese Finalisierung sportwissenschaftlicher Forschungen auch institutionell
vollzogen.

Doch nicht alle wissenschaftlichen Disziplinen sind in gleicher
Weise für den Sport und seine Leistungssteigerungsambitionen
verwendbar. In der Nachfrage nach Wissenschaft durch den organisierten Sport kam es deshalb zu einer differentiellen Selektion (Bette 1991: 72-75). Wissenschaft wird nicht pauschal und
insgesamt zugelassen. Nur bestimmte Disziplinen und Fragestellungen bekamen Zutritt, und zwar unter der Voraussetzung,
daß sie eine sportinterne Verwendbarkeit signalisieren konnten.
Die verschiedenen wissenschaftlichen Fächer haben sich demzufolge darauf einzurichten, daß nicht nur sie den Sport beobachten, sondern daß der Sport auch die Wissenschaft am Raster
seiner Interessen beobachtet. Die um den Siegescode zentrierte
Selbstbezüglichkeit des Spitzensports legt es nahe, wissenschaftliche Disziplinen, Theorien und Beratungsofferten nur dann zu
attrahieren und zu akzeptieren, wenn sie sich in seine Leitorientierung und die nachgeschalteten Programme einpassen lassen.
So macht es für die Vertreter des Leistungssports keinen Sinn,
wenn beispielsweise Sportpädagogen Belange des Spitzensports
insgesamt in Frage stellen. Eine radikale Ablehnung eigener Sinnbezüge wird in den Vereinen und Verbänden lediglich als ein zu
vernachlässigendes oder sogar gefährliches Umweltrauschen,

als Irritation der eigenen Strukturen und Prozesse, wahrgenommen.

Innerhalb der begrenzten Nutzung der Wissenschaft durch den organisierten Sport ist es daher zu einem deutlichen Übergewicht naturwissenschaftlicher Perspektiven gekommen. Erkenntnisse der Medizin, Biomechanik oder Trainingslehre erzeugen im Hochleistungssport eine andere Resonanz als Theorien der Geistes- und Sozialwissenschaften. Wissenschaftliche Disziplinen, die ihre eigene Arbeit darauf ausrichten, das sportlich Mögliche zu steigern, haben allemal eine gute Chance, Zutritt in die Kommunikationssphäre des Sports zu bekommen. Der Sportmediziner Alois Mader (1992: 162) vergleicht die medizinisch-sportwissenschaftliche Forschung mit der Rolle, die die Wissenschaft im Mittelalter für die Theologie gehabt hat. So wie damals die Wissenschaft als »Magd« der Theologie nur dazu da war, deren Dogmen zu bestätigen, so ist auch die Sportmedizin nur dazu da, sportliche Leistungssteigerungen herbeizuführen: »Sie ist von der Intention her eine am Anwendungsnutzen orientierte Forschung, deren Ergebnisse vom sportpolitischen Apparat des jeweiligen Systems beurteilt wurden bzw. werden.«

Für die Bevorzugung naturwissenschaftlicher Erkenntnisse sind folgende Gründe von besonderer Bedeutung:

– Da der Sport ein Sozialsystem darstellt, das bewußt auf den Verhaltensorganismus seiner Mitglieder einwirkt, um deren physische und psychische Leistungen zu steigern, leuchtet es ein, daß es besonders die medizinisch-physiologisch und biomechanisch orientierten Disziplinen sind, die der Sport für eine Anwendung nutzt.

– Sportliches Handeln besitzt in vielerlei Hinsicht technische Relevanzen. Es ist insofern nicht verwunderlich, daß ingenieurwissenschaftliches Wissen sich in diesen Überschneidungssektoren besonders leicht einarbeiten läßt. Wo die Technikabhängigkeit des Sports besonders groß ist, weil Training und Wettkampf im Rahmen eines Mensch/Maschine-Systems ablaufen, fällt der Einfluß derjenigen Wissenschaften entsprechend aus, die sich hiermit auch in außersportlichen Bereichen befassen.

– Die Naturwissenschaften signalisieren Eindeutigkeit und unmittelbare Verwendbarkeit. Sie entsprechen aufgrund ihrer Ausrichtung auf quantifizierbare Daten eher dem gemeinhin akzeptierten Bild von Wissenschaft. Sie erzeugen ein spezifisches Bild von Objektivität, Glaubwürdigkeit und Validität, das nicht nur Laien tief beeindruckt. Besonders diejenigen greifen im Sport gerne auf ein derart aufbereitetes und inszeniertes Wissen zurück, die in ihrem Handeln unter Erfolgs- und Zeitdruck stehen. Die Empfehlungen der Geistes- und Sozialwissenschaften hingegen erscheinen als vage, diffus, fehlbar und kontingent.

– Was den Naturwissenschaften traditionellerweise besser gelingt als den Sozial- und Geisteswissenschaften, ist die Technisierbarkeit ihrer Erkenntnisleistungen. Die Naturwissenschaften können ihr Wissen in vielen Fällen apparatemäßig oder medikamentenförmig in den Sport hineinbringen, ohne daß die theoretischen Implikationen dieses Wissens im Sport mitgedacht werden müßten. Eine Kraftmeßplatte oder Lichtschranke läßt sich auch durch einen entsprechend angeleiteten Trainer bedienen. Dieser muß kein elaboriertes Wissen über physikalische Gesetze besitzen, um sportlich nutzbare Ergebnisse ableiten zu können. Ebenso kann ein Athlet die neuesten Medikamente zur Steigerung seiner Kraft einnehmen, ohne ein fundiertes Wissen über biochemische Vorgänge zu besitzen.

Über die naturwissenschaftliche Technologisierung sind erstaunliche Leistungssteigerungen im Spitzensport erzielt worden. Dies gilt es zunächst einmal deutlich festzuhalten. Eine Harmonisierung der körperlichen Leistungsfähigkeit mit den wachsenden Anforderungen des Siegescodes kann so allerdings nicht erreicht werden. Die Kluft bleibt bestehen und verführt dann auch zum Einsatz immer bedenklicherer naturwissenschaftlicher Mittel und Verfahren. Der wesentliche Grund dafür, daß die Kluft nicht geschlossen werden kann, besteht darin, daß auch die Verwissenschaftlichung sie kontraintentional immer wieder aufreißt. Jeder Fortschritt der körperlichen Leistungsfähigkeit ruft immer nur die Frage nach Mehr auf. Genau darin besteht ja die Schrankenlosigkeit des Siegescodes. Wie im Grimmschen Märchen vom Fischer und seiner Frau treibt jede Anspruchserfüllung, wie schwer auch immer sie gefallen sein mag, nur noch höher geschraubte Ansprüche hervor. Gerade die Wissenschaft, der nach gesellschaftlich verbreiteter Anschauung alles – Gute und Schlechte! – zugetraut wird, bekräftigt diese Anspruchsinflation nur noch, und die bisherige Geschichte des Hochleistungssports mit einer ununterbrochenen Kette immer rascher aufeinanderfolgender Rekorde in vielen Disziplinen scheint dies nur zu bestätigen. Die internationale leistungssportliche Konkurrenz tut noch ein übriges, um die Verwissenschaftlichung weiter voranzutreiben. Wenn ein Land durch einen weiteren Verwissenschaftlichungsschub Vorteile erringt, sehen sich alle anderen genötigt, nachzuziehen – mehr noch: möglichst selbst in die Offensive zu gehen. Am Ende steht der wissenschaftlich durchleuchtete und präparierte Athlet, der aber permanent auf ähnlich wissenschaftlich hochgerüstete Konkurrenten trifft.

Wir haben damit in diesem Kapitel gezeigt, daß die Schere zwischen dem schrankenlosen Siegescode auf der einen Seite und der begrenzten Körperlichkeit und psychischen Verfaßtheit der Athleten auf der anderen Seite sich immer weiter geöffnet hat. Auch wenn man durch die Hinzuziehung von wissenschaftlicher Kompetenz auf den unterschiedlichsten Gebieten versucht, das Auseinanderdriften zwischen Können und Wollen aus der Welt zu schaffen, und dies sicherlich auch immer wieder ein Stück weit und eine Zeit lang erreichen kann, hat die Materialitätsbasis des Hochleistungssports, der Athletenkörper, mit der inneren Unendlichkeit des Sportcodes nicht Schritt halten können. Zwischen Sportcode und Materialitätsbasis existiert demnach ein Spannungsverhältnis, mit dem die individuellen und korporativen Akteure des Spitzensports irgendwie umgehen müssen.

2. Entfesselung durch Umweltansprüche

Teilsystemisch ausdifferenzierte Gesellschaftsbereiche wie der Sport können analytisch aus zwei ganz unterschiedlichen, aber komplementären Perspektiven betrachtet werden: als selbstreferentiell geschlossene und als umweltoffene Systeme.[1] Den Blick auf die Eigenlogik haben wir in Kapitel 1 gewonnen. Der Hochleistungssport erscheint in dieser Hinsicht als ein operational geschlossener, binär codierter Kommunikationszusammenhang. Auch die Überlegungen zur Bedeutung des menschlichen Körpers im Sport bleiben, obwohl der Athletenkörper zur Umwelt dieses gesellschaftlichen Teilsystems gehört, diesem Blickwinkel verhaftet. Denn das Verhältnis zwischen dem Sozialsystem des Sports und dem Sportlerkörper als physisch-organischem System kann als Interpenetration verstanden werden (Luhmann 1981: 151-169). Der Körper wird in diesem Sinne als unhintergehbare Materialitätsbasis der selbstreferentiell geschlossenen Operationsweise des Sports angesprochen.

Demgegenüber betrachtet dieses Kapitel den Spitzensport in seiner gesellschaftlichen Umwelt. Er erscheint in dieser Perspektive als ein umweltoffenes System, das hinsichtlich eines Inputs an Ressourcen von anderen gesellschaftlichen Teilsystemen abhängig ist, ebenso wie diese auf einen Leistungsoutput des Sports angewiesen sind.[2] Während die Thematisierung des Sports als selbstreferentiell geschlossenes gesellschaftliches Teilsystem die auf dem Siegescode beruhende Autonomie gegenüber der gesellschaftlichen Umwelt hervorhebt, konzentriert sich die Betrachtung der Umweltoffenheit des Sports auf die wechselseitigen Abhängigkeitsbeziehungen zwischen ihm und anderen gesellschaftlichen Teilsystemen.

Ressourcenabhängigkeit steht dabei nicht im Gegensatz zu codeförmiger Autonomie. Operative Geschlossenheit auf der basalen Ebene des Codes ist vielmehr eine wichtige Bedingung

---

1 Generell zu diesen zwei systemtheoretischen Perspektiven siehe Varela (1984).
2 In der soziologischen Systemtheorie ist dies die frühere Perspektive, die für das Gesellschaftssystem insbesondere durch Talcott Parsons' Modell der »double interchanges« zwischen den verschiedenen gesellschaftlichen Teilsystemen entwickelt worden ist (Parsons/Smelser 1956).

der Möglichkeit für Umweltoffenheit des Systems (Bette 1993 b: 233/234). Der Hochleistungssport kann beispielsweise – wie noch näher erörtert werden wird – nicht mehr ohne massive staatliche Förderung auskommen und ist in diesem Sinne hochgradig abhängig von staatlichen Geldgebern. Doch solange sportliche Siege beispielsweise nicht durch die Höhe staatlicher Geldzahlungen festgelegt, sondern im Wettkampf gemäß sportartspezifischen Kriterien ermittelt werden, bleibt die Autonomie des Sports gewahrt. Codeförmige Autonomie und Ressourcenabhängigkeit bilden gewissermaßen zwei quer zueinander stehende Dimensionen. Darüber hinaus darf auch eine hohe Ressourcenabhängigkeit des Sports von seiner gesellschaftlichen Umwelt nicht isoliert als Indiz dafür betrachtet werden, daß dieser bloß ein Spielball von Umweltkräften sei. Wenn die gesellschaftliche Umwelt ihrerseits hochgradig abhängig von Leistungen des Sports ist, kann er durchaus erhebliche Freiräume der Selbstgestaltung seiner Umweltbeziehungen besitzen. Auch eine starke finanzielle Abhängigkeit des Leistungssports beispielsweise vom Staat verschafft letzterem solange keine direktiven Eingriffsmöglichkeiten, wie umgekehrt der Staat seinerseits z. B. davon abhängig ist, daß der Spitzensport international anders kaum erreichbare Anerkennung verschafft.

Es geht also in diesem Kapitel darum, den Hochleistungssport im Geflecht intersystemischer Austauschbeziehungen innerhalb der modernen Gesellschaft zu verorten. Darüber, daß der Spitzensport hinsichtlich finanzieller Ressourcen hochgradig von seiner gesellschaftlichen Umwelt abhängig ist, braucht man nicht viele Worte zu verlieren. Die alltägliche empirische Evidenz ist diesbezüglich überwältigend. Sportliche Höchstleistungen kosten viel und immer mehr Geld; und dieses generalisierte Medium zur Beschaffung vieler für sportliche Höchstleistungen erforderlichen sachlichen und personellen Ressourcen besitzt der organisierte Sport nicht, sondern muß es von Akteuren aus anderen gesellschaftlichen Teilsystemen zur Verfügung gestellt bekommen. Sieht man von uneigennützigem Mäzenatentum einmal ab, das es durchaus immer noch gibt, das aber bei weitem nicht ausreicht, um das erreichte und weiter wachsende quantitative und qualitative Niveau des zeitgenössischen Spitzensports zu finanzieren, stellt sich die Frage: Welche Gegenleistungen erhalten die Ressourcenspender aus Massenmedien, Politik und Wirtschaft?

Diese analytische Perspektive eines »do ut des« zwischen Akteuren aus verschiedenen Gesellschaftsbereichen ist uns für Teilsysteme wie das Wirtschafts- oder das Bildungssystem nicht fremd. Sie erbringen anderswo als nützlich erachtete Leistungen – etwa die Produktion von Gütern der Bedürfnisbefriedigung oder von beruflich benötigten Qualifikationen. Für diese Leistungen fließen ihnen dann finanzielle Ressourcen zu, die sie wiederum zur weiteren Leistungsproduktion verwenden. Was so in anderen Fällen auf der Hand liegt, erscheint auf den ersten Blick für den Sport als unangemessen. Sport wird nach gesellschaftlich vorherrschendem Verständnis als wesensmäßig nutzlose, also gerade keine Leistungen für irgendetwas anderes erbringende Aktivität verstanden. Mit dieser gängigen Charakterisierung als gesellschaftlich überflüssig ist allerdings nicht etwa eine Geringschätzung oder gar moralische Abwertung des Sports verbunden. Ganz im Gegenteil wird er damit dem »Reich der Freiheit«, also jener Sphäre menschlichen Handelns zugeordnet, die jenseits des »Reiches der Notwendigkeit«, der Plackerei der tagtäglichen Lebensfristung, liegt. Gerade die Nutzlosigkeit des Sports macht ihn in diesem Verständnis zu etwas Höherwertigem. Sport wird nicht für irgendetwas anderes betrieben, dem er dann in einer Wertigkeitshierarchie des Seins untergeordnet sein müßte, sondern um seiner selbst willen.

Diesem die Selbstzweckhaftigkeit des Sporttreibens betonenden gesellschaftlich etablierten Sportverständnis widerspricht nun aber keineswegs, daß der Sport zugleich von Nutzen für die moderne Gesellschaft sein kann. Man muß hier zwischen dem individuell erlebten und gesellschaftlich zugeschriebenen subjektiven Sinn des Sporttreibens auf der einen und dessen beobachteten gesellschaftlichen Folgewirkungen auf der anderen Seite unterscheiden.[3] Subjektiven Sinn gewinnt Sporttreiben als eine Aktivität, die autotelischen Selbstgenuß und Selbstbestätigung durch Leistung verschafft und außersportliche Nutzeffekte gerade ausblendet. Dieser subjektive Sinn verkörpert sich wohlgemerkt nicht bloß im je individuellen Bewußtsein der zahllosen Athleten, sondern zunächst einmal als gesellschaftlich etablierte Deutung dessen, worum es ihnen beim Sporttreiben geht. Jeder im unmittelbaren Wettkampferleben aufgehende Sportzuschauer

3 Allgemein siehe zu dieser Unterscheidung zwischen Handlungsmotiven und -funktionen auch Mayntz (1988: 30-32).

teilt diesen subjektiven Sinn mit den Sportlern. Darüber hinaus gibt es aber auch eine davon distanzierte Beobachterperspektive, in der die Gesellschaft als komplexer Reproduktionszusammenhang erscheint. Diesbezüglich kann danach gefragt werden, welchen Stellenwert die Tatsache hat, daß gesellschaftlich neben anderen Aktivitäten wie wirtschaftlicher Produktion, politischem Entscheiden oder wissenschaftlicher Forschung auch Sport betrieben wird. Diese Beobachtersicht drückt keineswegs nur den Blick eines handlungsentlasteten, nicht selbst in den organisierten Sport involvierten, gesellschaftstheoretisch interessierten Sportsoziologen aus. Vielmehr nehmen Sportakteure, z. B. Verbandsfunktionäre, diese Perspektive ebenso ein wie außerhalb des Sports angesiedelte, mit sportlichen Belangen befaßte Sozialfiguren – etwa Sportpolitiker, Sponsoren oder Journalisten.

Das in der gesellschaftlich etablierten subjektiven Sinnzuschreibung gänzlich nutzlose Sporttreiben erbringt in dieser distanzierten Beobachterperspektive durchaus verschiedene Arten von Nutzen für die Gesellschaft. So gilt für den Breitensport: Er verbessert u. a. möglicherweise den Gesundheitsstand der Bevölkerung, was etwa für Wirtschaft und Militär wichtig ist, hat vielleicht auch bestimmte pädagogische Wirkungen und trägt über kollektive, vor allem vereinsförmig organisierte Formen des Sporttreibens eventuell zur Integration des einzelnen in die gesellschaftliche Ordnung bei.[4] All dies findet wohlgemerkt statt, ohne daß die entsprechenden Nutzenkriterien in den subjektiven Sinn des Sporttreibens eingehen. Auf die Frage, warum sie Sport treiben, antworten die meisten Breitensportler: weil es Spaß macht. Der gesellschaftliche Nutzen ihres sportlichen Handelns ergibt sich hinter dem Rücken der Breitensportler: als positiver Nebeneffekt dieses Handelns. Die meisten von ihnen wissen zwar mehr oder weniger genau über viele dieser Nutzenbezüge Bescheid – entscheidend ist jedoch, daß sie davon in ihrer je aktuellen Erfahrung des eigenen sportlichen Tuns nichts wissen müssen und wollen.

In diesem Sinne wird im folgenden der Frage nachgegangen, welche gesellschaftlichen Leistungen der Spitzensport erbringt. Ist er nur ein völlig überflüssiger Luxus, auf den die moderne

4 Siehe nur Schimank (1988: 194-210) dazu, wie derartige gesellschaftlichen Nutzenerwartungen Ausdifferenzierung und Wachstum des Breitensports getragen haben.

Gesellschaft ohne weiteres verzichten könnte – oder ist er ein für deren Reproduktion nicht unwichtiger, vielleicht sogar unverzichtbarer Bestandteil? Die Beantwortung dieser Frage hat – soviel sei vorweggenommen – erhebliche Implikationen für unser Thema. In dem Maße, wie der Leistungssport gesellschaftlich wichtige Leistungen erbringt, ist das Dopingphänomen nicht mehr bloß sein Problem, sondern auch eines seiner gesellschaftlichen Umwelt.

Um dies ermessen zu können, muß man sich genauer vergegenwärtigen, in welchen Hinsichten die moderne Gesellschaft jeweils wie stark vom Leistungssport abhängig ist.[5] Es geht also um die Identifikation der vom Leistungssport bedienten funktionalen Erfordernisse gesellschaftlicher Reproduktion – wobei klar sein sollte, daß es sich dabei jeweils um soziale Konstrukte handelt. Zwar gibt es diese funktionalen Erfordernisse wirklich. Aber wir kennen sie immer nur über unsere Interpretationen, von denen wir niemals wissen können, wie nahe sie der Wirklichkeit kommen – so wie das Kantsche erkennende Subjekt prinzipiell nicht das »Ding an sich«, sondern immer nur das »Ding für sich« zu Gesicht bekommt. Freilich gilt das bekannte soziologische »Thomas-Theorem«: »If men define situations as real, they are real in their consequences« (Thomas und Thomas 1928: 572). Wir müssen also gar nicht danach fragen, was der Leistungssport wirklich für einen Nutzen z. B. für Unternehmen hat, die mit erfolgreichen Sportlern für ihre Produkte werben. Solange hinreichend viele Unternehmen der festen Überzeugung sind, daß eine solche Werbung für sie lukrativ ist, bedient der Sport ein entsprechend wahrgenommenes funktionales Erfordernis der Wirtschaft. Nur darum braucht es hier zu gehen, weil dies schon für außersportliche gesellschaftliche Wirkungen des Leistungssports genügt.

5 Noch ausgeklammert wird in diesem Kapitel, welchen Nutzen der Leistungssport für die Athleten hat. Anders als bei denjenigen, die Breitensport betreiben, kann man bei den Leistungssportlern nicht mehr unterstellen, daß das eigene Sporttreiben im wesentlichen für Selbstgenuß und Selbstbestätigung betrieben wird. Das war – vielleicht – irgendwann einmal so, wäre aber heutzutage eine gänzlich illusorische Vorstellung. Athleten wollen, ausgehend von einem über Leistung definierten Selbstverständnis, durch ihr Sporttreiben früher oder später Ziele außerhalb des Sports erreichen: sich Einkommens- und Karrierechancen erschließen. Diesem Aspekt, der für die Dopingproblematik natürlich ebenfalls äußerst bedeutsam ist, wird im folgenden Kapitel nachgegangen.

Als Ausgangspunkt dient uns das Publikumsinteresse am Leistungssport. Wir fragen also im ersten Abschnitt danach, aus welchen Motiven heraus sich Gesellschaftsmitglieder für leistungssportliche Darbietungen interessieren, ja, oftmals begeistern. Dabei kommt ein Bündel verschiedenartiger Motive zum Vorschein, die dann jeweils die Grundlage dafür bilden, daß sich die Massenmedien – die wir im zweiten Abschnitt behandeln werden – dem Leistungssport immer stärker zuwandten. Sie haben das Publikumsinteresse am Leistungssport dadurch nicht nur enorm extensiviert und intensiviert, sondern auch in bestimmten Hinsichten fokussiert. Damit bereiteten sie wiederum den Boden dafür, daß der Leistungssport auch politisch und wirtschaftlich immer bedeutsamer wurde. Das ist Thema des dritten Abschnitts. Im abschließenden vierten Abschnitt wird die kaskadenartige Entfesselung von Ansprüchen hervorgehoben, die aus all diesen Nutzenverschränkungen von Leistungssport und gesellschaftlicher Umwelt erwächst.

2.1 Publikumsinteresse

Der Anteil der Gesellschaftsmitglieder, die sich zumindest für eine einzige Sportart so weit interessieren, daß sie regelmäßig Wettkämpfe bzw. Spiele besuchen oder die Berichterstattung darüber im Fernsehen verfolgen, ist immer größer geworden. Zwar sind die Besucherzahlen von Sportereignissen nicht unbedingt gestiegen. Dafür hat aber, wie noch näher angesprochen werden wird, die Anzahl von Sportsendungen im Fernsehen sehr stark zugenommen; und die Einschaltquoten dieser Sendungen sind deutlich gewachsen. Die meisten Sportfans interessieren sich dabei nicht bloß für eine Sportart, sondern für mehrere Disziplinen gleichzeitig. In Deutschland stehen Fußball und Tennis am höchsten in der Gunst des Publikums. Zumindest sportliche Großereignisse wie die Olympischen Spiele wecken darüber hinaus auch ein zeitweiliges breiteres Interesse an Sportarten, für die sich ansonsten kaum jemand interessiert.

Der Sozialwissenschaftler Kurt Sontheimer lieferte dafür in einem Vortrag vor dem Deutschen Sportbund 1984 eine typische Erklärung. Der Spitzensport werde »für die Gesellschaft, die immer mehr Zeit aufwenden kann, ihr Bedürfnis nach interessanter, spannender, ja faszinierender Unterhaltung und Identifikation zu befriedigen, in Zukunft vielleicht noch mehr als bisher zu einer unentbehrlichen Quelle passiver Freizeitbeschäftigung werden« (zitiert bei Grupe 1985: 15). Zwei Arten von Erklärungsfaktoren werden hier herangezogen. Auf der einen Seite sieht Sontheimer bestimmte Gründe dafür, daß viele Gesellschaftsmitglieder dem Miterleben von Sportereignissen einen hohen Stellenwert unter ihren Freizeitaktivitäten geben. Das sind die Motive des Sportpublikums. Ob sich hieran Entscheidendes verändert hat, ganz neue Motive hinzugekommen sind oder alte noch an Intensität gewonnen haben, läßt er offen. Eindeutig günstiger sind hingegen auf der anderen Seite im Zuge gesellschaftlicher Modernisierungsprozesse die Gelegenheiten der Sportinteressierten geworden, dieser Neigung zu frönen. Sowohl die Freizeit als auch der Wohlstand der Gesellschaftsmitglieder haben in den letzten Jahrzehnten zugenommen. Damit verfügen sie über mehr Zeit und über mehr Geld für ihr Interesse am Sport – wobei Geld für das Sporterleben durch Fernsehen nicht einmal benötigt wird. Selbst wenn sich also die Motive des Sportpublikums nicht verändert hätten, haben die verbesserten Gelegenheiten der »affluent society« und der »leisure society« das wachsende Sportinteresse hervorgebracht (Nixon 1974: 111). Entscheidend war, daß sich das Sportinteresse nicht in einem Nullsummenspiel um ein begrenztes Zeit- und Finanzbudget gegen andere Freizeitaktivitäten durchsetzen mußte, sondern in einem Positivsummenspiel Zuwächse an freier Zeit und disponiblem Einkommen für sich nutzen konnte.

Im übrigen ist wohl anzunehmen, daß auch bestimmte Motive, sich für Sport zu interessieren, stärker geworden sind. Denn man kann zumindest davon ausgehen, daß eigenes Sporttreiben hochgradig mit einem Interesse am Leistungssport in der betreffenden Sportart korreliert. Immer mehr Gesellschaftsmitglieder sind aber, wie das Wachstum des Deutschen Sportbundes und seiner Fachverbände eindrucksvoll dokumentiert, breitensportlich aktiv, wobei sich das Engagement auch über immer mehr Sportarten verteilt. Nimmt man das in den letzten Jahren noch stärker gewachsene Potential der nicht vereinsgebundenen Freizeitsportler hinzu, kann man ohne Übertreibung von einer massiven »Versportung« der Gesellschaft sprechen (Bette 1993a). Diese Entwicklung hat wiederum die Motivation erhöht, sich auch für den Leistungssport zu interessieren.

Wie sehen aber nun die Motive des Sportpublikums aus? Schon die einschlägige Alltagserfahrung macht unübersehbar deutlich, daß es sich um eine Mehrzahl durchaus heterogener Orientierungen handelt. Der eine geht aus diesem, der andere aus jenem Grund ins Stadion oder stellt den Fernseher an, wenn ein Sportereignis übertragen wird. Die meisten dürften ihr Sportinteresse aus einer Gemengelage mehrerer Motive ableiten. Weil das so ist, kann man, noch ohne sich die Motive im einzelnen vergegenwärtigt zu haben, bereits festhalten, daß das Publikumsinteresse am Leistungssport *überdeterminiert* ist. Das bedeutet: Individuell werden zumeist mehr Motive vorhanden sein als nötig wäre, um ein Sportinteresse auszulösen. Selbst wenn eines dieser Einzelmotive aus irgendeinem Grund wegfiele, bliebe das Sportinteresse weiter bestehen. Die Pluralität der Motive bedeutet ferner, daß verschiedene Sportarten einzelne Motive in unterschiedlichem Maße ansprechen werden. Insgesamt ist heute jedenfalls angesichts der Mehrzahl von Motiven und der verbesserten Gelegenheiten zu deren Befriedigung nicht so sehr erklärungsbedürftig, daß jemand sportinteressiert ist, sondern daß er es immer noch nicht ist. Ostentatives Desinteresse am Sport ist inzwischen jedenfalls begründungsbedürftiger als sein Gegenteil, was in früheren Zeiten durchaus umgekehrt war.

Im einzelnen lassen sich am Publikumsinteresse mindestens zehn motivationale Facetten ausmachen, die untereinander in zahlreichen Verstärkungszusammenhängen stehen (siehe hierzu Abb. 1, S. 60).

1. Hochleistungssport bietet dem Zuschauer, wie bereits im Kapitel 1 kurz angesprochen, lustvoll erlebte *Spannung*. Sie ist das Ergebnis des Zusammenwirkens von Siegescode und Ungewißheit des Ausgangs. Letztere ist meistens als permanente Kontingenz bis ganz zum Schluß vorhanden: »Das Spiel hat 90 Minuten.« Der Gewinner eines sportlichen Wettkampfes steht schon gar nicht von vornherein fest – anders als z. B. der Sieger in Genres wie den meisten Western und Krimis oder in Schau-Ringkämpfen. In diesen beiden Sparten der Unterhaltung siegt in der Regel am Ende der von vornherein klar erkennbare, oft überdeutlich als solcher markierte Gute. Inszenierungen dieser Art sind wegen ihrer moralischen Einfärbung, was ihren Ausgang anbetrifft, langweilig und müssen ihren Reiz aus einer möglichst kurzweiligen und originellen Dynamik des Verlaufs zum sicheren

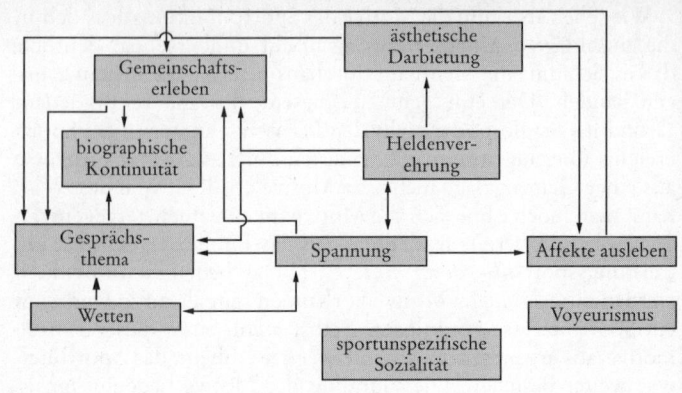

Abb. 1: Publikumsmotive

Happy-End gewinnen. Bei sportlichen Wettkämpfen gibt es hingegen keine eindeutige Codierung der Konkurrenten in »gut« und »böse«. Sportliche Konkurrenz ist moralisch neutralisiert. Statt dessen bestehen Zuschauersympathien, die sich, wenn auch nicht unbedingt gleich, fast immer auf alle Teilnehmer verteilen. Zwar existiert unzweifelhaft oft ein Heimvorteil für Athleten oder Mannschaften aus der Stadt, der Region oder dem Land, wo der Wettkampf stattfindet. Weiterhin gibt es häufig Favoriten und Außenseiter, wobei letztere oft die Sympathie des neutralen, nicht durch lokale Affinitäten gebundenen Publikums auf sich ziehen. Heimvorteil und Favoritenstatus garantieren aber eben, wie jeder Sportfan aus vielen Erfahrungen weiß, nicht den Sieg. Täten sie es, verlöre der Wettkampf viel an Reiz. In der Tat werden Wettkämpfe um so uninteressanter, je sicherer die kundigen Zuschauer aufgrund zurückliegender Auseinandersetzungen zwischen den beteiligten Teilnehmern meinen, voraussagen zu können, wer gewinnt. Dann werden Siege nur noch zur »Pflichtübung«.

Aber »oft ist es ... zugespitzt wie das Drama des griechischen Theaters, wenn das Hin und Her zwischen Erfolg und Niederlage, Glück und Scheitern fast unerträglich wird« (Grupe 1985: 32). Die Dramatik rührt dabei daher, daß der Siegescode die Bedeutsamkeit des Gewinnens extrem akzentuiert. In den meisten anderen Konkurrenzkonstellationen können sich die involvierten Akteure mit viel bescheideneren Ergebnissen völlig zufrieden geben – ein Unternehmen z. B. damit, ein bestimmtes Marktsegment zu halten oder zumindest nicht aus dem Markt verdrängt zu werden. Marktführer zu werden ist vielleicht ein schöner Traum, aber kein effektives Handlungsmotiv. Im Sport kann es sich hingegen keiner der Konkurrenten leisten, dauerhaft nur unter »Ferner liefen« rubriziert zu werden. In einem großen Konkurrentenkreis müssen äußerst knappe Siege her – und die Heraushebung der Zweiten und Dritten eines Wettkampfes aus den übrigen Verlierern ist dabei nur ein schwacher Trost. Das in anderen Konkurrenzkonstellationen sehr stark variierende Anspruchsniveau der Beteiligten wird im Leistungssport durch den Siegescode auf einer unüberbietbaren Höhe homogenisiert. Nur der Sieg zählt, nicht etwa die persönliche Bestleistung, die allenfalls als »cooling out«-Semantik für Verlierer gehandhabt wird. All das ist nicht nur den Athleten, sondern auch dem Publikum ständig präsent. Es geht für die Sportler stets um sehr viel, und die Zuschauer erleben den »thrill« lustvoller Spannung genau deshalb, weil sie hiervon wissen. In diesem Sinne ist der Leistungssport auch eine Antwort auf die ansonsten oft gegebene Langeweile in zeitgenössischen Gesellschaften (Bellebaum 1990; Doehlemann 1991).

Wegen der außersportlichen Nutzlosigkeit sportlicher Erfolge bleibt diese Spannung aber trotz aller Zugespitztheit harmloses »time off« – so wie die Herausforderung des eigenen Glücks in der Spielbank, solange man nur Geldsummen einsetzt, deren Verlust einen nicht schmerzt (Goffman 1967: 161-163). Anders ist es bei der Spannung, die etwa Fernsehzuschauer beim neuerdings beliebten »Reality TV« oder Schaulustige bei Verkehrsunfällen oder Feuersbrünsten erfahren. Ihnen ist durchaus bewußt, daß es für die von ihnen beobachteten Protagonisten um sehr viel, eventuell ums Ganze geht. Auch das wird, wie immer man so etwas nun moralisch beurteilen mag, durchaus als angenehm erlebt und auch von nicht Wenigen zielstrebig gesucht. Denn für sie selbst steht ebenfalls nichts auf dem Spiel. Das ist anders bei der Spannung, bei der es für die Betreffenden selbst um viel, insbesondere um die Vermeidung von Schaden, geht – z. B. bevor ihnen ihr Arzt einen medizinischen Befund eröffnet, der über Leben oder baldigen Tod entscheiden kann, oder bevor klar ist, ob sie einen dringend benötigten Arbeitsplatz bekommen oder nicht. Diese

Spannung wird als höchst unangenehm erlebt, weil es sich eben nicht um etwas handelt, was in einer biographisch unbedeutenden Auszeit stattfindet.

Die Spannung des Sportzuschauers ist hingegen ein harmloser und gerade deshalb angenehmer Nervenkitzel. Die Gelegenheiten für ein intensives, emotionsgeladenes und positiv besetztes Spannungserleben sind in modernen Gesellschaften knapp geworden. Die zunehmende innere und äußere Kontrolle der Gefühlswelt durch Institutionalisierung und Bürokratisierung hat zu einer umfassenden Routinisierung des alltäglichen Lebens geführt. Wo das Leben als leer und bedrückend empfunden wird, Gefühle des »ennui« aufkommen, gewinnt der wettbewerbsorientierte Sport seine Bedeutung. Er stellt eine erlaubte, sozial legitimierte Spannungsquelle dar, die die Möglichkeit bietet, aus dem normalen, spannungsarmen Leben auszubrechen. »The quest for excitement, for the Aristotelian ›enthusiasm‹, in our leisure activities is complementary to the control and restraint of excitement in our ordinary life« (Elias/Dunning 1970: 32).

2. Aus lustvoll erlebter Spannung kann ekstatische *Heldenverehrung* erwachsen (Guttmann 1986: 177/178). Athleten können auf seiten des Publikums »das Bedürfnis nach Überwinden des Mittelmaßes und des Erreichens hohen Niveaus an den Grenzen des noch gerade Möglichen« befriedigen (Grupe 1985: 31). In einer Gesellschaft, die Handeln in vielen Bereichen für die meisten Rollenträger immer mehr routinisiert und veralltäglicht hat, können Leistungssportler sich immer wieder als gleichsam personifizierte Nichtalltäglichkeit aus der Normalität herausheben. Die Konkurrenzkonstellationen des sportlichen Wettkampfes, die komparative Individualisierung nicht nur ermöglichen, sondern sogar erzwingen, bieten damit – anders als etwa die Konkurrenzkonstellationen in Kriegen – eine gesellschaftlich unvergleichliche Gelegenheitsstruktur für eine sozial harmlose Erzeugung von Helden. Sportliche Helden sind allerdings, wie alle Helden, paradoxe Figuren (Bette 1993a: 43/44). Gerade indem sie von der Normalität im Medium der Leistung abweichen, gehen sie mit der an sie gerichteten Erwartung konform.

Den Zusammenhang zwischen sportlichem Heldentum und Publikumsinteresse arbeitet Martin Seel (1993) aus einer sportästhetischen Perspektive sehr klar heraus. Sportliche Helden erstehen in jenen seltenen Momenten, in denen Sportler über sich hinauswachsen – z. B. ein Sprinter einen für unerreichbar gehaltenen neuen Weltrekord läuft. Aber auch eine Fußballmannschaft, die als Außenseiter einen eigentlich uneinholbaren Rückstand aufholt, erarbeitet sich für ihre Fans ebenso wie für die neidisch bewundernden Anhänger der gegnerischen Mannschaft einen Heldenstatus. Dabei kann Heldenverehrung graduell erheblich variieren: von Leistungen, die noch Jahrzehnte später als Mythos erinnert und beschworen werden, wie z. B. die Weltmeisterschaft der deutschen Fußball-Nationalmannschaft im Jahre 1954, bis hin zu relativ kurzlebigen Rekorden. In solchen außeralltäglichen Augenblicken, die an entsprechend dicken Schlagzeilen auf den Sport- oder gar Titelseiten der Zeitungen zu erkennen sind, erlangen die betreffenden Sportler charismatische Qualität für ihr Publikum. Dabei müssen die Athleten nicht unbedingt erfolgreich in ihrem Streben sein – auch der Versuch, das sichtbare Bemühen, kann beim Publikum den Funken zum Zünden bringen: »Das Außer-sich-Sein der Zuschauer lebt von der Möglichkeit des leiblichen Über-sich-hinaus-Kommens der Sportler. … Diese Lust der Betrachtung kann sich auch am Scheitern der Sportler entzünden. Aber sie könnte überhaupt nicht eintreten, wenn nicht jenes unkalkulierbare Gelingen stattfinden könnte, in dem sich das Tun des Sportlers erfüllt« (Seel 1993: 98).

Ob ein Athlet in einem bestimmten Wettkampf zum Helden wird, ist, wie Seel festhält, unkalkulierbar. Genau darin liegt die sportspezifische Verbindung der Heldenverehrung mit dem Spannungsmotiv. Grundlage dessen ist, daß Helden im allgemeinen und Sporthelden im besonderen ihrem Publikum kraft Leistung imponieren. Anders als z. B. die vom Volk verehrten Mitglieder von Herrscherhäusern – siehe heute noch das von der Regenbogenpresse bediente schwärmerische Interesse eines vor allem weiblichen Publikums – erringen Sporthelden, ebenso wie ob ihres Mutes bewunderte Lebensretter oder auch ihre Fans verzückende Künstler, Publikumsbegeisterung durch individuelle Leistung und nicht qua askriptiver Merkmale. Während Könige durch ihren »standesgemäßen« Lebenswandel, also durch Konformität mit festgelegten Normen, beeindrucken, haben Helden durch außergewöhnliche Taten »etwas aus sich gemacht«. Sie haben erreicht, wovon die anderen nur träumen können. Allerdings gehört zum Über-sich-Hinauswachsen des Helden eben auch unkalkulierbares Glück – etwa das Glück, als Fußballer in einem wichtigen Endspiel das »Spiel seines Lebens« zu machen und das alles entscheidende Tor zu schießen. Doch das ist, anders als z. B. beim Lottogewinner, durch Leistung erarbeitetes Glück. Zwar erwirbt der Sportler u. a. durch Trainingsfleiß kein gewissermaßen moralisches Anrecht darauf, sich zum Helden emporschwingen zu können. Die Leistung ist keine hinreichende, wohl aber eine notwendige Voraussetzung sportlichen Heldentums. Das bedeutet freilich immer auch, daß es tragische Helden geben kann: z. B. Uli Hoeneß, der bei der Fußball-Europameisterschaft 1976 im Endspiel den entscheidenden Elfmeter verschoß, wodurch die deutsche Mannschaft nur Zweite wurde.

Im Vergleich zu anderen Arten von Helden ist der Sportheld kurzlebig. Das liegt an der im Siegescode eingebauten enorm schnellen und durch die immer höhere Wettkampffrequenz noch weiter beschleunigten Verfallszeit sportlicher Leistungen. Nicht nur, daß Rekorde unter Umständen schnell überboten werden, während etwa die Tat eines mutigen Lebensretters in dem Sinne konkurrenzlos bleibt, daß keine ähnliche, vielleicht noch tollkühnere Tat sie entwertet. Der Sportler ist vielmehr selbst sein härtester Konkurrent. Sein Lorbeer welkt unaufhaltsam, sofern er ihn nicht immer wieder durch Selbstüberbietung auffrischt. Dieser Effekt ist natürlich am deutlichsten bei denjenigen Sportarten zu beobachten, die Leistungen in Rekorden messen können. Doch auch im Fußball rangiert der Meister der letzten Bundesligasaison schnell wieder unter »Ferner liefen«, sofern er in der laufenden Saison seine vergangene Leistung nicht gleich wieder bestätigt.

Der Weitspringer Bob Beamon, dessen Fabelsprung über zwei Jahrzehnte unüberboten blieb, ist ein gutes Beispiel für die damit verbundene Problematik des Sporthelden. Für Beamon hatte man schnell nur noch Mitleid übrig. Er hatte alles, was er fortan leistete, durch seinen früheren Sprung, der dadurch zum Fluch für ihn wurde, entwertet. Er hatte sich selbst uno actu für kurze Zeit zum Helden und für die noch sehr lange Zeit seiner aktiven Laufbahn danach zum alten Eisen befördert.[6] Gerade weil der

6 Der Stabhochspringer Sergej Bubka repräsentiert in dieser Hinsicht eine klügere, weitsichtigere Dosierung von Heldentum. Er verbessert seinen eigenen Rekord immer wieder nur stückchenweise, um sich möglichst lange die Chance einer weiteren Verbesserung zu wahren. Zwar unternimmt er dies sicherlich

»Sprung seines Lebens« noch lange Zeit erinnert wurde, blieb Beamon unübersehbar einer, der gleichsam nie wieder in die viel zu großen Schuhe paßte, die er in einem in doppeltem Sinne glücklichen Moment getragen hatte. Ein mutiger Lebensretter hingegen braucht seine Leistung nie wieder zu bestätigen oder gar zu überbieten, ohne daß ihm die Achtung dafür irgendwann versagt wird.

Wichtig für das richtige Verständnis von Heldenverehrung ist, daß es dem begeisterten Publikum dabei nicht um eigenes Nacheifern geht. Helden werden, von Tagträumereien abgesehen, nicht zu Vorbildern genommen. Das geschieht nicht etwa deshalb nicht, weil dem Publikum das Quentchen Glück, das zum Über-sich-Hinauswachsen des Helden gehört, stets bewußt bleibt. Dieses Glück könnte schließlich jeder haben. Die Helden werden vielmehr auch in dem, was sie durch eigene Leistung zu ihren Taten beitragen, als außergewöhnlich erlebt. Was sie erreichen, kann nicht jeder erreichen. Man könnte annehmen, daß Heldentum genau deshalb gerade keine Verehrung, sondern Neid hervorruft, weil der Held schließlich jedem im Publikum dessen Minderwertigkeit schmerzlich vor Augen führt. Daß Heldenverehrung auf seiten des Publikums dennoch kein negatives, sondern positives Selbsterleben auslöst, liegt daran, daß sich im Heldentum die tiefe Sehnsucht gerade des modernen Menschen, eine perfekte Welt, gleichsam das Paradies auf Erden, zu gestalten, zumindest punktuell erfüllt.

Thomas Carlyle brachte im letzten Jahrhundert in seinem Essay »On Heroes and Heroworship« (1841) moderne Heldenverehrung mit der Erosion übergreifender und unbezweifelter Weltdeutungen wie der christlichen Religion in Zusammenhang. Die Vorstellung von einer durch Gott gestifteten Einheit der Welt, in der das Schicksal des einzelnen aufgehoben ist, hat sich verflüchtigt; und wenn auch z. B. politische Utopien wie der Sozialismus nur noch Desillusionierung zurückgelassen haben, gibt es keine überzeugenden innerweltlichen Äquivalente der vormaligen außerweltlichen Heilsgewißheiten mehr. Der Held vermag dem einzelnen zwar nicht mehr die Aufgehobenheit seines individuellen Schicksals in einem sich letztlich zum Guten

vorrangig aus ökonomischen Motiven – doch zumindest ein für ihn positiver Nebeneffekt besteht eben auch darin, daß er sich immer wieder aufs neue zum Helden aufschwingen kann.

wendenden Schöpfungsplan zu garantieren. Doch das unmittelbare Miterleben einer – z. B. sportlichen – Heldentat gestattet dem diesbezüglich unrevidierbar desillusionierten modernen Menschen wenigstens einen beglückenden Augenblick des fiktiven Angekommenseins im Paradies. Solange das Publikum mitfiebernd in der Heldentat aufgeht, fühlt es sich so, als ob es sich an jenem Ort befände, den Ernst Bloch (1959: 1628) emphatisch als »Heimat« apostrophiert. Diese stellvertretende Selbsttranszendierung des Helden für das Publikum wirkt sogar noch im Scheitern. Auch der tragische Held führt immerhin noch die prinzipielle Möglichkeit dessen vor Augen. Er hätte es schaffen können – und daß er sich nach Leibeskräften bemüht hat, verdient tiefen Respekt.

Der Sportheld leidet freiwillig und »heiligt« durch sein Körperopfer die Sache des Sports. Auch eine Niederlage kann so als Sieg des Sports und des betreffenden Individuums gefeiert werden. Wer gleichsam mit Schweiß bezahlt, einen guten Kampf gekämpft hat, schreibt sich in die Geschichte einer Sportart ein. Der Sportheld ist somit derjenige, der sich selbst in einem Akt der Selbstaufopferung stellvertretend für diejenigen darbietet, die dazu nicht willens und fähig sind und ihm das dann durch staunendes Zuschauen belohnen. Sportliche Heldenverehrung ist also auch eine Form der Zelebrierung des individuellen Subjekts in einer zunehmend »abstrakten Gesellschaft« (Zijderveld 1970). Die konkrete Leistung eines einzelnen Menschen wird als etwas vorgeführt, was den entscheidenden Unterschied – nämlich zwischen Sieg und Niederlage – ausmacht. Das kontrastiert der ansonsten fast allerorts erfahrenen Nichtigkeit der einzelnen Person in unüberschaubaren, übermächtigen institutionellen Zusammenhängen – ob das nun die industrielle Arbeitsorganisation, die oligarchische Parteipolitik, die bürokratische Verwaltung oder die »Technokratie« mit ihren anonymen Sachzwängen ist. Der sportliche Held widerlegt punktuell all die kafkaesken Erfahrungen, die jeder Zuschauer tagtäglich mit den scheinbar unbeeinflußbaren, verdinglichten gesellschaftlichen Groß-Subjekten macht, und läßt für den Zuschauer die sachlichen und zeitlichen Sinnhorizonte im Hier-und-Jetzt des Sportfestes rauschhaft zusammenschrumpfen.

Durch die jederzeit gegebene, in Aussicht stehende Möglichkeit, daß Athleten heldenhaft über sich hinauswachsen, gewinnt

sportliche Spannung ihre Tiefe. Zwar können z. B. auch mittelmäßige Fußballspiele spannend in dem Sinne sein, daß der Ausgang
aufgrund der gleichen Spielstärke beider Mannschaften bis zum
Ende offen ist. Doch das Publikumsinteresse ist dann merklich
gedämpfter, eben nicht ekstatischer Natur, als in jenen Wettkämpfen, in denen für alle spürbar in der Luft liegt, daß etwas ganz und
gar Besonderes geschieht. In diesen Momenten findet dann auch
eine wechselseitige Übertragung von Ekstase zwischen Sportlern
und Publikum statt, ein autokatalytisches Hinaufschwingen von
Begeisterung zwischen Handeln und Erleben. Dabei muß nicht
einmal immer der Sportler den Anfang machen. Sofern durch
entsprechend genährte Erwartungen vorab auf Heldentaten ein-
gestimmt, kann das Publikum auch durch Vorschußbegeisterung
die Begeisterung des Sportlers entfesseln und so in Form einer
sich selbst erfüllenden Prophezeiung dazu beitragen, diejenigen
Leistungen zu erzeugen, die diese Begeisterung rechtfertigen.

Sportliches Heldentum kann sogar außersportliche Ausstrah-
lungseffekte haben. Im Sporthelden kann das Publikum auch
Werte verkörpert sehen, die von allgemeiner gesellschaftlicher
Bedeutung sind. Daß z. B. der Tod des Rennfahrers Ayrton Senna
in seinem Heimatland Brasilien zu einer kollektiven nationalen
Trauer führte, lag daran, daß er für die Brasilianer mehr als ein
exzellenter Sportler war. Er »verkörperte alles das, was die Brasilianer schon seit langem in ihrem krisengeschüttelten Land bei
den führenden Figuren vermissen: Integrität, Mut und Einsatzbe-
reitschaft« (Der Tagesspiegel vom 5. 5. 1994).

3. Auch unabhängig von den seltenen Gelegenheiten zur Heldenverehrung und der meist, aber nicht immer gegebenen Spannung können sportliche Ereignisse das Publikum weiterhin
durch die *Ästhetik der Darbietung* unterhalten (Guttmann 1986:
177). Hochleistungssport stellt »eine eigene Kunst der Bewegung« dar und schafft so ein, wenngleich vergängliches, »ästhetisches Werk« – beispielsweise »das Skirennen als immer wieder
neue Suche nach der Ideallinie« (Grupe 1985: 32). In einer Gesellschaft, die den Körper der Menschen ansonsten entlastet, ruhig-
stellt oder ganz ignoriert, stellt der sportlich bewegte und sich
darbietende Körper etwas Nichtalltägliches dar. Wer sich bei
einem Skirennen mit mehr als 120 Stundenkilometern den Steil-
hang hinunterstürzt oder am Reck die eigene Körperachse
kapriziös umrundet und dabei Kopf und Kragen riskiert, erzeugt

eine Ästhetik der Bewegung, die aufgrund ihrer Riskanz und Außeralltäglichkeit fasziniert.

Als unterhaltende Erlebnisofferte läßt sich der Leistungssport durchaus mit Kunst als symbolisch generalisiertem Kommunikationsmedium vergleichen (Luhmann 1984a). So wie in der Kunst formt das gestaltende Handeln des einen das hinnehmende Erleben des anderen. Dieses Erleben löst, in Kantscher Terminologie, »Wohlgefallen« aus (1790: 115-164): ein von Handlungszwängen wie Nutzenerwägungen befreites, sich versenkendes und mitgehendes genießendes Wahrnehmen dessen, was geschieht.

Dabei ist sehr förderlich, daß der Leistungssport, im Unterschied zu manchen anderen Arten von ästhetischen Darbietungen, eine hochgradige Reflexionsentlastung bietet. Er profitiert diesbezüglich von seiner Nicht-Intellektualität, die auch im Selbstverständnis der Sportakteure deutlich verankert ist. Sport wird geradezu als Protest gegen die »Verkopfung« des modernen Menschen verstanden und beinhaltet auf der Basis der Fiktion einer noch nicht durch den Intellekt verdorbenen Körperlichkeit bis heute eine gewisse Kulturkritik. Die – im wahrsten Sinne des Wortes – Verkörperung von Dramatik, Elan, Jugendlichkeit, Teamgeist und Leistungswillen ergibt eine Ästhetik des rein sinnlichen, vorrationalen Handelns. Für den Zuschauer hat das zur Folge, daß er ohne größere Eigenanstrengungen nur zuzuschauen und zu genießen braucht, also anders als etwa der Leser mancher moderner Literatur oder der Beobachter eines Schachspiels keine komplizierten Andeutungen und Kalküle durchschauen muß.

Sportliches Handeln ist nicht zuletzt aufgrund seiner Körperlichkeit anspruchslos beobachtbar und weist bei aller Strategie und Taktik vergleichsweise wenig Doppelbödigkeit auf. Der Sportzuschauer braucht eben kaum eine psychische, sondern lediglich eine gewissermaßen »organische« Empathie aufzubringen. Er muß nur den Körper in dessen Bewegungsabläufen signalhaft wahrnehmen und lesen. Sport gibt sich in dieser Hinsicht geradezu eine Aura von unkomplizierter Nachvollziehbarkeit. Das variiert freilich erheblich zwischen Sportarten, was deren unterschiedliche Popularität mit bestimmt. Synchronschwimmen beispielsweise ist etwas, was in seinen Feinheiten nur für diejenigen nachvollziehbar und entsprechend reizvoll ist, die sich langwierig kundig gemacht haben.

Trotz dieser relativen intellektuellen Anspruchslosigkeit bietet auch das Sporterleben vielerlei Möglichkeiten einer Differenzierung zwischen Kennern und Laien. Wie der Soziologe Pierre Bourdieu (1985: 582) herausstellt, »verfügt der ›Kenner‹ über Wahrnehmungs- und Bewertungsschemata, die ihn sehen lassen, was dem Laien verborgen bleibt«. Der Kenner vermag »dort zwingende Zusammenhänge zu bemerken, wo der ›Banause‹ nur Chaos und Gewalt erblickt, mithin an der Flinkheit einer Geste, am zunächst unwahrscheinlichen, dann sich durchaus als zwingend erweisenden Charakter einer gelungenen Kombination oder an der Harmonie aufeinander abgestimmter Bewegungen ein nicht weniger intensives und zugleich versiertes Vergnügen zu finden als der Melomane beim Anhören eines brillant gespielten, vertrauten Musikstücks«. Der Kenner verfügt aber nicht bloß über größere Möglichkeiten als der Laie, ästhetisches Wohlgefallen zu empfinden. Zugleich verschafft er sich durch demonstrierte Kennerschaft soziale Bestätigung in Form der Bewunderung von seiten der ihn umgebenden Laien und der Anerkennung von seiten der anderen Kenner.

Freilich kann immer nur eine Minderheit des Sportpublikums Kenner sein. Denn dazu gehört nicht bloß das geschulte Auge für das, was je aktuell im Wettkampf abläuft. Darüber hinaus muß dieses Geschehen in die immer umfangreicher werdende nationale, oft auch internationale Geschichte der betreffenden Sportart eingeordnet werden, was entsprechende Kenntnisse und Zeitinvestitionen voraussetzt. Je mehr eine Sportart aufgrund der anderen hier angesprochenen Motive und der verbesserten Gelegenheiten an Publikumsinteresse gewinnt, desto größer bleibt aufgrund des wachsenden Aufwandes der Kennerschaft der Laienanteil, so daß in vielen Sportarten ästhetisch immer anspruchsvollere, auch in taktischer Hinsicht immer verschlüsseltere Darbietungen einem immer unkundigeren Publikum präsentiert werden. Dieses kann dann eher durch die Spannung des Wettkampfes und den kämpferischen Einsatz der Athleten gefesselt werden. In gewissem Maße tragen auch von den Massenmedien verbreitete human-interest-stories über die Athleten dazu bei, das Interesse derer zu erhalten, die mit dem technischen Raffinement des sportlichen Handelns längst nicht mehr mitkommen – siehe z. B. die endlosen Enthüllungen über das Privatleben von Boris Becker oder Steffi Graf.

Auch ohne heldenhafte Leistungen gibt es einen ästhetischen Genuß sportlicher Darbietungen. Wenn jedoch Athleten über sich hinauswachsen, wohnt dem wiederum eine eigene, gesteigerte Ästhetik inne. Dies kann die Ästhetik des nahezu perfekten Handelns sein – wenn etwa ein Stabhochsprung der Ideallinie ganz nahe kommt. Es kann aber auch die Ästhetik des Kampfes sein, des unbändigen Willens, mit dem sich beispielsweise eine Fußballmannschaft der drohenden Niederlage entgegenstemmt. Dann sind nicht schöne Spielzüge zu bewundern, sondern der kraftvolle Einsatz wird goutiert: keinen Ball verlorengeben, die letzten Reserven mobilisieren, unermüdlich den Gegenspieler attackieren. Sport symbolisiert dann, manchmal geradezu mit existentialistischem Pathos, das Nicht-Aufgeben desjenigen, der sich gegen den Lauf der Dinge stemmt, selbst wenn er am Ende verliert. Beide Arten von Ästhetik können natürlich auch zusammenkommen, wenn etwa eine Mannschaft, wie das geflügelte Wort heißt, »über den Kampf zum Spiel findet«.

4. Sportereignisse bieten Möglichkeiten eines *affektiven Sich-Auslebens.* Spannung, Heldenverehrung, aber auch die Begeisterung über ästhetisch gelungene Darbietungen sind keine kühlen Bewußtseinszustände, sondern können emotional aufrütteln. Im sportlichen Handeln wird das potentiell Gewalttätige in Regeln gepackt und domestiziert, das Wilde des Körpers wird von den Athleten stellvertretend und kontrolliert vorgeführt. Damit eröffnet der Sport dem Zuschauer Gelegenheiten für ein Ausleben von Affekten, die andernorts nicht oder nicht mehr zugelassen sind. Sportliche Darbietungen sind in der modernen Gesellschaft, die im Vergleich zu allen vormodernen Gesellschaftsformen extrem affektgedämpft strukturiert ist (Elias 1939), ein legitimer Anlaß für den Zuschauer, Gefühle wie Begeisterung, Ärger, Besorgnis – etwa vor einer drohenden Niederlage der eigenen Mannschaft – oder gar tiefe Trauer wie z.B. beim Abstieg der eigenen Mannschaft aus der Liga auszubilden. Der Sportzuschauer darf solche Affekte haben und kann sich entsprechend zu ihnen bekunden, während vor allem die Berufsrollen meist strikte Unpersönlichkeit und ein Handeln sine ira et studio normieren und damit die Person oftmals stark belasten. Die Zuschauerrolle kann so im Rollenhaushalt des einzelnen ein wichtiges psychisches Sicherheitsventil sein. Vor allem lassen sich auch negative Emotionen, wie sie sich z.B. durch berufliche Konflikte anstauen

können, ausleben.[7] Von daher ist es für die Psyche der Sportzuschauer geradezu unerläßlich, daß ihre eigenen Idole immer wieder schlechte Leistungen bieten, über die man sich dann kräftig ärgern kann.

Das Ausleben von Affekten wird bei Sportzuschauern aber nicht bloß toleriert. Die Rolle fordert es sogar. Wer stockstraff einem Wettkampf beiwohnt, bei dem es auf Messers Schneide steht, oder sich demonstrativ den sich selbst organisierenden Zuschauerwellen im Stadion verweigert, wirkt ausgesprochen deplaziert und macht sich entsprechend unbeliebt. Geschäftsmäßige Nüchternheit ist geradezu abweichendes Verhalten – und zwar nicht zuletzt deshalb, weil dadurch die Stimmung der ihre Affekte auslebenden anderen Zuschauer getötet wird. Diese fühlen sich an ihre sonstigen Rollen erinnert, die ihnen wegen der Affektdämpfung Unbehagen bereiten. Mehr noch: Das Gebaren des auch in der Zuschauerrolle emotionsgedämpften Gegenübers wird als unausgesprochene Kritik an der eigenen Gefühlsseligkeit verstanden. Weil er sich nicht gehen lassen kann oder will, erschwert er es auch seiner Umgebung. Zu Recht fühlen sich diejenigen Sportzuschauer, in deren Nähe sich ein solcher »Spielverderber« aufhält, um ihr Eintrittsgeld – mit dem sie eben auch das Recht auf affektives Sich-Ausleben erworben haben – betrogen.

Affekte sind, wenn einmal losgelassen, nicht immer einfach bezähmbar. Auch der Hooliganismus ist mit all seinen schlimmen Folgen zunächst einmal etwas, wozu die Zuschauerrolle mit ihrer Aufforderung zum Sich-Ausleben gerade auch negativer, gewalttätiger Emotionen einlädt. Der Selbstverstärkung oder wechselseitigen Verstärkung von Aggressionen bietet die Rolle keinen Einhalt. Sie zieht keine klaren Grenzen zwischen erlaubten und unerlaubten Ausdrucksformen affektiver Befindlichkeiten. Dann bleiben nur polizeiliche Gegengewalt und Recht als oftmals viel zu grobschlächtige Auffangmechanismen. Ganz offensichtlich gibt die Zuschauerrolle dem – um es mit einer Formulierung Sigmund Freuds zu sagen – »Unbehagen in der Kultur« zu stark nach. Eine offene Frage ist freilich, was geschähe, wenn es dieses

---

7 Ein Manko anderer affektiv getönter Rollen wie etwa der des Ehemanns oder Vaters besteht demgegenüber genau darin, daß diese zwar das Ausleben positiver Emotionen zulassen und sogar fordern, zumindest aggressive negative Emotionen hingegen ebenfalls unterdrücken.

Ventil nicht gäbe. Nähmen dann z. B. Vergewaltigungen in der Ehe oder Kindesmißhandlungen oder Gewalt gegen Ausländer zu?

Auch die umgekehrte Wirkungsrichtung muß hierbei bedacht werden. Zwar ist der Sport auf der einen Seite unzweifelhaft ein Sicherheitsventil, das andernorts erzeugte negative Emotionen relativ ungefährlich für Dritte ableitet. Auf der anderen Seite kann die Enttäuschung darüber, daß das eigene sportliche Identifikationsobjekt, etwa die lokale Fußballmannschaft, versagt hat, auch neue negative Emotionen wecken, die sich dann nach dem Spiel u. a. in Schlägereien mit den Fans der anderen Mannschaft oder der Terrorisierung der eigenen Familie entladen können.

5. Eng verbunden mit dem Ausleben von Affekten ist die Möglichkeit des Sportzuschauers zum *Gemeinschaftserleben*. Sportereignisse bieten durch ihre spezifische Dramaturgie eine massenhafte Synchronisation individuellen Erlebens, die auch als solche bewußt wird. Dies gilt keineswegs nur für die einander unmittelbar wechselseitig wahrnehmenden Zuschauer im Stadion. Selbst derjenige, der allein in seiner Wohnung vor dem Fernseher sitzt und eine Sportübertragung verfolgt, ist sich darüber bewußt, daß viele Hunderttausende oder Millionen andere im selben Moment das gleiche tun. Nicht zuletzt die stets in Bild und Ton mitpräsenten Zuschauer im Stadion führen ihm das vor Augen. Man weiß demzufolge als Sportzuschauer so oder so, daß man mit vielen anderen gemeinsam leidet oder sich freut.

Ein solches Gemeinschaftserleben ist reflexiv strukturiert: es geht um ein wechselseitiges Erleben des Erlebens, um eine Begeisterung an der Begeisterung der anderen. Das sportliche Geschehen kann dabei ab einem bestimmten Punkt des wechselseitigen Aufschaukelns zwischen den Zuschauern ziemlich belanglos werden. Dann wird das Sportereignis zum Festival, selbst wenn die gebotenen sportlichen Leistungen nur mittelmäßig und ohne große Spannung sind. Das Publikum zelebriert nicht länger die Sportler, sondern sich selbst – und die Sportler sind nur noch der äußere Anlaß, um ins Stadion zu kommen.[8]

Diese Erfahrung bietet gerade in einer Gesellschaft, die das

8 Der Soziologe Rudolf Stichweh (1993: 7) geht, wohl nicht zuletzt solche Ereignisse im Blick, sogar so weit, in systemtheoretischer Perspektive von zwei gegeneinander abgegrenzten Teilsystemen des Hochleistungssports – dem Wettkampf- und dem Publikumssystem – zu sprechen.

einzelne Subjekt hochgradig individualisiert und vereinzelt, eine wichtige kollektive Identitätsvergewisserung. Denn die interaktiv hergestellte affektive Bindung des einzelnen an ihm vertraute Andere wird durch das zunehmende Hinauswachsen der Gesellschaft über Interaktionszusammenhänge unter Anwesenden geschwächt. Selbst räumliche Nähe kann nicht mehr ohne weiteres in soziale Nähe überführt werden, wie die in Großstädten empfundene Anonymität der Menschen untereinander indiziert. Ein ähnliches massenhaftes Gemeinschaftserleben wie beim Sport gibt es ansonsten nur noch bei Ereignissen wie Karneval, Volksfesten oder manchen politischen Massenveranstaltungen. Diese anderen Ereignisse sind aber viel seltener als die regelmäßig stattfindenden Sportveranstaltungen und zudem nicht auf Wettkampfspannung ausgerichtet. Sportereignisse haben damit den Charakter von Volksfestserien, so wie die rasch aufeinander folgenden religiösen Feiertage im Mittelalter. Der Sport kompensiert in dieser Hinsicht die Effekte gesellschaftlicher Rationalisierung, wie sie sich insbesondere im Zeitregime der Arbeitsorganisationen niederschlagen. Er wirkt aber zugleich der »Tyrannei der Intimität« (Sennett 1983) entgegen. Denn das Gemeinschaftserleben der Sportzuschauer zeichnet sich gerade dadurch aus, daß es keine intimen Gemeinschaften von Liebenden oder Freunden konstituiert. Die Sportzuschauer bilden vielmehr öffentliche Gemeinschaften und können sich darin auch den vielfältigen Kontinuitäts- und Konsistenzzumutungen von Privatheit entziehen. Sport ist in sachlicher Hinsicht ein interpersonal verbindendes Thema, das von der sozialen Komplexität der Mitmenschen hochgradig entlastet. Ein gemeinsames Mitfiebern im Stadion oder vor dem Fernsehgerät ist auch dann möglich, wenn die Innenwelt der Miterlebenden irrelevant bleibt. Einander wildfremde Menschen – die das auch füreinander bleiben wollen – können dennoch gemeinsam fühlen.

Das Gemeinschaftserlebnis, das Sportereignisse bieten, kann einerseits soziale Distanzen, etwa die Konflikte zwischen gesellschaftlichen Gruppen oder die unterschiedlichen Lebensstile von Generationen, überbrücken. Ein guter, wenngleich verklärender Ausdruck davon ist der amerikanische Spielfilm »Field of Dreams«, der die sozial integrierende Leistung der Begeisterung für Baseball herausstellte. Er zeigt, daß selbst diejenigen, die wie Schwarze oder Neue Linke der amerikanischen Massenkultur stark ablehnend gegenüberstehen, diese Passion teilen und zumindest darüber Mitglied der amerikanischen Nation werden. Der Sport kann gegnerische Gruppierungen in der Gemeinschaft der gemeinsam Erlebenden und Leidenden zusammenbringen (Guttmann 1986: 182). International geht dieser integrative Effekt soweit, daß Ereignisse wie die Fußballweltmeisterschaft oder die Olympischen Spiele mehr als irgendetwas anderes zumindest für kurze Zeit die »Weltgesellschaft« (Luhmann 1973a) massenhaft inszenieren.

Andererseits lebt das Gemeinschaftserleben natürlich oft auch davon, daß sich eine Gruppe gegenüber anderen abgrenzt – z. B. die Anhänger eines Vereins gegenüber denen des gegnerischen Clubs oder die Sportfans einer Nation gegenüber denen anderer Nationen. Insbesondere gesellschaftlich benachteiligte Gruppen können aus Siegen ihrer sportlichen Repräsentanten tiefe Befriedigung schöpfen – so wie beispielsweise alle Schwarzen in den Vereinigten Staaten jubelten, als ihr Boxer, Joe Louis, seine weißen Gegner besiegte (Guttmann 1986: 182/183). Auch in dieser Hinsicht wirkt der Sport als Sicherheitsventil, das sozial harmlose Formen des sich abgrenzenden Gemeinschaftserlebens ermöglicht. Allerdings gibt es dabei ebenfalls keine institutionellen Garantien dafür, daß das Gemeinschaftserleben harmlos bleibt und nicht im kollektiven Rausch des gewalttätigen Randalierens endet.

Das Gemeinschaftserleben im Sport ist stark affektiv getönt. Nicht eine natürlich ebenfalls in gewissem Maße affektiv besetzte Gemeinschaft gleichartigen Wissens oder gleichartiger Überzeugungen, sondern eine Gemeinschaft gleichartigen Fühlens wird bei Sportereignissen gebildet. Vor allem Spannung kann hierfür als Initialzündung wirken, gerade weil der Ablauf des sportlichen Handelns die zwischen Hoffen, Bangen, Begeisterung und Enttäuschung schwankenden Gefühle kollektiv synchronisiert, gleichsam als Prozeß Regie führt. Eine ähnliche Vergleichzeitigung kann auch die Bewunderung heldenhafter sportlicher Leistungen bewirken.

6. Eine weitere Art der Identitätsbestätigung, die Sportzuschauer erleben können, ist die *Vergewisserung biographischer Kontinuität,* wie sie durch das über Jahre und Jahrzehnte erhalten gebliebene individuelle Interesse an einer Sportart oder Mannschaft möglich wird. Ein Sportbegeisterter drückte dieses Motiv

so aus: »Other interests and persuasions faded with the years, were replaced by new ones that took their turns and then receded. But sports formed the connective tissue that bound me to the fragments of my youth, and it was only through sports that I could retrace my steps« (zitiert bei Guttmann 1986: 178). Gerade weil sich ein Sportinteresse, da intellektuell wenig anspruchsvoll und oft mit dem Beginn eigener sportlicher Betätigung einhergehend, meist schon früh im Leben formiert, eignet es sich für eine solche biographische Rückbesinnung besser als z. B. politische Überzeugungen, Vorlieben für bestimmte Kunststile oder die Begeisterung für irgendeinen Schlagerstar. In dieser Hinsicht ist die Treue, die man der Fußballmannschaft der eigenen Geburtsstadt hält, oder der alljährliche Besuch des Züricher Leichtathletik-Sportfestes einem religiösen Ritual wie dem allsonntäglichen Kirchgang vergleichbar.

Sportereignisse sequenzieren, in kürzeren oder längeren Rhythmen, den Alltag des Sportbegeisterten – so wie etwa fast dreißig Jahre lang jeden Samstag um kurz nach sechs Uhr abends die »Sportschau« der ARD ein fester Termin der Fußballbegeisterten war. Natürlich mag dieser Effekt Beobachtern oder sogar den Betreffenden selbst beim Nachdenken darüber manchmal als Trott erscheinen, dem man sich nur noch gewohnheitsmäßig hingibt. Aber dieser Trott leistet als »individuelle Institution«, wenn man das so sagen darf, eben eine sinnhafte Strukturierung von Lebenszeit. Auch von daher erklärt sich das Ergebnis einer empirischen Befragung, wonach rund die Hälfte der Befragten – vor das fiktive Szenario gestellt, das Fernsehen stellte die Sportberichterstattung von einem Tag auf den anderen völlig ein – vermutete, sie würde diese bereits nach einer Woche sehr vermissen (Gantz/Wenner 1991). Das spiegelt eine Einschätzung wider, die in nicht wenigen Fällen durchaus auf realen »Entzugserscheinungen« beruhen dürfte, wie sie etwa bei einem längeren Auslandsurlaub eintreten können.

In biographischer Hinsicht kann Sportinteresse ein Stück weit Diskontinuitäten mildern, die in anderen Rollenzusammenhängen, in denen die Person steht, immer häufiger und tiefgreifender geworden sind. Arbeitsplatz- und Berufswechsel, oft mit Ortswechseln, also dem kompletten Austausch von Freundschafts- und Bekanntschaftsnetzwerken, verbunden, sowie Ehescheidungen haben zugenommen. Natürlich kann die Treue zu einem

Fußballverein oder das gleichbleibende Interesse an der Fußball-Bundesliga solche oft gravierenden Brüche des individuellen Lebenszusammenhangs nicht überspielen. Doch einen nicht zu unterschätzenden kleinen Halt können solche Sportbezüge unter Umständen beisteuern und damit zumindest dann, wenn es noch weitere feste Größen dieser Art gibt, zusammen mit diesen schmerzliche und anomische Phasen der Diskontinuität überbrücken helfen. Wo Menschen durch die gewachsene Mobilität immer mehr sozial und räumlich durchmischt werden, schafft die Identifikation mit einer Sportmannschaft oder Sportart einen biographischen Fixpunkt. Im übrigen trägt die über das individuelle Sportinteresse geschaltete Vergewisserung biographischer Kontinuität auch dann zur subjektiven Lebenszufriedenheit bei, wenn keine biographischen Brüche überstanden werden müssen.

7. Sportliche Ereignisse bieten reichhaltigen *Stoff für gesellige Konversation* (Bette 1990b: 16-35), die, wie man seit der Romantik weiß, eine wichtige Quelle beiläufiger Identitätsbestätigungen ist (Schleiermacher 1799). Für viele Gelegenheiten, bei denen Personen zusammentreffen, von der flüchtigen Begegnung des gemeinsamen Wartens beim Arzt bis zum täglichen Plausch mit den Arbeitskollegen, gilt, daß »sports gives them a topic of conversation« (Guttmann 1986: 180). Ein amerikanischer Baseball Commissioner ging noch weiter: »Baseball is, in a sense, the conversation about it« (zitiert bei Stichweh 1993: 7). Natürlich sind Sportereignisse keineswegs die einzigen bei solchen Anlässen in Frage kommenden Gesprächsthemen. Auch das Wetter beispielsweise steht zur Verfügung. Doch Sportereignisse bieten in sozialer, sachlicher und zeitlicher Hinsicht ein besonders reiches Gesprächspotential:

– In sozialer Hinsicht kann man zum einen davon ausgehen, daß Kenntnis und Interesse vergleichsweise weit verbreitet sind. Das Sportinteresse streut – wenngleich nicht gleichverteilt – über alle sozialen Schichten sowie durch alle Altersgruppen und bezieht auch immer mehr Frauen ein. Unter Männern ist Sport das häufigste Thema von Alltagsgesprächen (Scheuch 1977: 91). Die Chance, einen Gesprächspartner zu finden, ist also nicht gering. Zum anderen sind Gesprächsthemen aus dem Sport auch nicht dissensverdächtig. Während man bei politischen oder erst recht religiösen Themen schnell auf einen Partner treffen kann, der völlig anderer Meinung ist als man selbst, woraus unangenehme

Streitigkeiten entstehen können, werden sportliche Meinungsverschiedenheiten, die es natürlich auch gibt, nicht so ernst genommen (Kelly 1981: 187-189). Man vermag leichter über Dissens hinwegzugehen, weil man sich nicht so bemüßigt fühlt, sich zur eigenen Position zu bekennen.

– In sachlicher Hinsicht bieten sportliche Themen eine Vielfalt von Facetten an, über die es sich zu reden lohnt. Man kann Leistungen evaluieren, Prognosen erstellen und Empfehlungen zur Leistungsverbesserung abgeben – einschließlich der Einschätzungen darüber, warum die empfohlenen Maßnahmen nicht umgesetzt werden. Man kann über Wahrnehmungen, z. B. scheinbare Fehlentscheidungen oder verborgene Taktiken, debattieren. Die durchaus besserwisserische Kritik des Laien an den Professionellen ist das Salz in der Suppe jeder geselligen Konversation. Man kann sich gemeinsam an vergangene Sportereignisse erinnern und darüber auch kollektiv biographische Kontinuitätsvergewisserung betreiben. Man kann weiterhin wie im Alltagsklatsch human-interest-stories über die Sportler austauschen, vom Privatleben der Stars bis zu Intrigen innerhalb von Mannschaften und Vereinen.

– In zeitlicher Hinsicht schließlich ist der Leistungssport ein so dankbares Thema, weil ständig so viel Neues passiert. Die Sportzuschauer werden, selbst wenn sie sich nur für eine einzige Sportart wie Fußball oder Tennis interessieren, dauerhaft geradezu überschüttet mit Neuigkeiten. Die Regelmäßigkeit der Wettkämpfe und Ligen sichert den Nachschub an mitteilbaren und diskutierbaren Informationen. Das wird gerade dann spürbar, wenn etwa in der Sommer- oder Winterpause der Fußball-Bundesliga eine relative Informationsflaute eintritt.

Der Sport gehört zu den leicht annektierbaren Konversationsthemen. Sich die nötigen Kenntnisse anzueignen, um als ernstgenommener Gesprächspartner mitreden zu können, ist mit wenig Aufwand verbunden. Es genügt, die tägliche Berichterstattung in den Massenmedien aufmerksam zu verfolgen (Spinrad 1981). Ein regelmäßiger Stadionbesuch ist gar nicht vonnöten, wenngleich er den eigenen Gesprächsbeiträgen eine gewisse Überzeugungskraft und Authentizität zu verleihen vermag. Der Erwerb der erforderlichen Kenntnisse ist darüber hinaus keine Bildungsfrage, so daß auch in dieser Hinsicht keine Ausschließungseffekte eintreten können. Anders als z. B. das Wetter, das dieser Bedingung auch genügt, taugt der Sport aber als Thema, über das man je nach Kontur des Gegenübers in allen Graden des Kenntnisreichtums sprechen kann: von einem oberflächlichen Meinungsaustausch zwischen relativ Unkundigen, nur oberflächlich Interessierten, bis hin zu tiefschürfenden Expertendiskussionen.

8. Eines von drei nicht eigentlich am Sport als solchen interessierten Arten von Publikumsmotiven besteht darin, daß sportliche Ereignisse *Gelegenheiten für Wetten* bieten (Guttmann 1986: 179/180). Hierin tritt ein sehr altes Interesse am Sport zu Tage, wie etwa die Boxkämpfe im 18. Jahrhundert zeigen. Sie dienten bekannterweise den Adligen hauptsächlich als Wettgelegenheiten (Krockow 1980: 19-28). Da man für Wetten auch vieles andere, etwa den Wurf von Münzen, Glücksräder oder Kartenspiele, instrumentalisieren kann, dürfte das Wettinteresse am Sport meist mit anderen Motiven einhergehen, gleichsam als »Huckepack«-Interesse. Vor allem zum Motiv, Spannung zu erleben, besteht eine starke Affinität. Diese Spannung kann dadurch erhöht werden, daß man eine im individuellen Budget spürbare Geldsumme aufs Spiel setzt.

9. Ein weiteres, nur indirekt am Sport interessiertes Publikumsmotiv besteht in den bei Sportereignissen gegebenen *Gelegenheiten für Voyeurismus* jeglicher Art. Dieser kann durchaus sexueller Natur sein (Guttmann 1986: 176/177) – wenn man etwa der attraktiven Tennisspielerin für Bruchteile von Sekunden unter den Rock schauen kann oder sich an dem muskelbepackten Hammerwerfer ergötzt. Die modische Überarbeitung der Sportkleidung hat in den letzten Jahren, was wohl auch durchaus nicht ganz unbeabsichtigt geschah, sehr dazu beigetragen, daß Zuschauer dazu animiert werden, mit ihren »gefräßigen Augen« (Mattenklott 1983: 78) auf den Körpern der Sportler zu flanieren.

Andere Richtungen des Voyeurismus beziehen sich auf alle möglichen Arten von Geschehnissen, die sportlichen Wettkämpfen als Live-Ereignissen anhaften (Duncan/Brummett 1989; Brummett/Duncan 1990). Unplanmäßiges ist im Sport in vielerlei Hinsicht zu beobachten. Es kann komische Mißgeschicke, Unfälle, Verletzungen geben. Oder jemand fällt aus der Rolle. Sportereignisse sind in dieser Hinsicht wie Verkehrsunfälle, Brände oder Überschwemmungen, bei denen man zufällig in sicherer Entfernung zugegen ist oder die man sogar, wenn man davon erfährt, eigens aufsucht, weil sie Nichtalltägliches und Spektakuläres bieten. Daß so etwas für viele einen Reiz hat, zeigen nicht nur die regelmäßigen Klagen der professionellen Helfer über die Behinderung durch Gaffer, sondern auch die neuerdings in diese Richtung gehenden »Reality-Shows« einiger privater Fernsehsender. Der Sportzuschauer hat gegenüber dem Gaffer bei einem Verkehrsunfall den Vorteil, nicht moralisch gebrandmarkt werden zu können. Denn der Sportzuschauer kann stets vorgeben, eigentlich wegen des Sportgeschehens dazu-sein, und sich so auch vor sich selbst legitimieren.

Dieser Voyeurismus ist vermutlich bei kaum einem Sportzu-schauer das alleinige Motiv. Doch bei vielen dürfte es ein willkommener und erhoffter Nebeneffekt des Zuschauens sein. Einige Sportarten scheinen sogar dazu übergegangen zu sein, dieses Publikumsinteresse bei der Inszenierung der Wettkämpfe zu berücksichtigen – siehe etwa die regelmäßigen »spontanen« Schlägereien zwischen Eishockeyspielern oder die erwartbaren Entgleisungen einiger Tennisspieler.

10. Die letzte nur indirekt und parasitär am Sport interessierte Art von Publikumsmotiven bezieht sich auf verschiedene *Gelegenheiten für sportunspezifische Sozialität* (Guttmann 1986: 176/ 177). Man kann Sportereignisse im Sinne des Sehen-und-gesehen-Werdens besuchen. Insbesondere für die sogenannten »besseren Kreise« bieten manche Sportveranstaltungen Treffpunkte, wo man dann beispielsweise auch ungezwungen über Geschäfte re-den kann – siehe etwa die VIP-Lounges bei großen Tennisturnie-ren. Am anderen Ende der sozialen Schichtung suchen Hooligans Sportveranstaltungen teilweise allein deshalb auf, um Randale zu machen. Ehefrauen werden von ihren sportbegeisterten Männern mitgeschleppt[9], Eltern begleiten ihre sportbegeisterten Kinder und inszenieren so familiale Kohäsion.

Für jedes dieser verschiedenen Momente des Publikumsinter-esses existieren, wie angedeutet, jeweils funktionale Äquivalente. Die Kombination der diversen Motive, die zahlreiche ebenfalls angesprochene Steigerungswirkungen beinhaltet, scheint aber nur beim Sport vorzuliegen. Dieses komplexe Publikumsinteres-se am Hochleistungssport muß nun daraufhin betrachtet werden,

---

9 Siehe auch den empirischen Befund bei Gantz/Wenner (1991), daß Frauen häufiger als Männer Sportsendungen im Fernsehen nur zur Geselligkeit mit-schauen.

was es für dessen Leistungsbezüge zu den Massenmedien, zu Politik und Wirtschaft bedeutet. Der im einzelnen darzulegende Sachverhalt kann thesenartig vorweggenommen werden: »Fremdsysteme interessieren sich für den Sport meist deshalb, weil sie sich für das Publikum des Sports interessieren« (Stichweh 1993: 9).

2.2 Leistungssport als Thema der Massenmedien

Das Publikumsinteresse am Leistungssport hat im Laufe der letzten hundert Jahre exponential zugenommen. Wir haben bereits darauf hingewiesen, daß diese Inklusion nur zu einem kleineren Teil auf eine dem Leistungssport gewogenere Motivlage der Gesellschaftsmitglieder zurückgeht. Mehr freie Zeit und ein höheres disponibles Einkommen sind die entscheidenden Gelegenheitsstrukturen gewesen, die immer mehr Menschen ein immer größeres Sportinteresse ermöglicht haben. Darüber hinaus muß aber noch eine weitere, ebenso wichtige Bedingung berücksichtigt werden: die Berichterstattung der Massenmedien über Sportereignisse. Erst die Medien haben den enormen Inklusionssog des Leistungssports technisch ermöglicht. Körperfundierte Wettkampfhandlungen, die nach ihrem Geschehen keine Spuren hinterlassen und nur am Ort des Geschehens wahrnehmbar sind, lassen sich mit Hilfe von Sprache durch diejenigen, die dabei waren, an Nichtanwesende vermitteln und gedächtnisunabhängig speichern. Die gedruckte Schrift, das Radio und schließlich das Fernsehen erweitern diese Kommunikationsmöglichkeiten jeweils um ganz neue Dimensionen (Bette 1989: 207/208).

Überspitzt formuliert: Wäre die einzige Möglichkeit, Ereignisse des Leistungssports mitzuerleben, das Dabeisein on the spot im Stadion, gäbe es den Leistungssport in seiner heutigen Gestalt sicherlich nicht. Er wäre über das, was schon im antiken Griechenland existierte, nicht hinausgekommen. Erst der Multiplikatoreffekt von Zeitungen, Rundfunk und vor allem Fernsehen, die Ereignisse des Leistungssports einem viel größeren Publikum als dem unmittelbar anwesenden zugänglich machen, hat das Publikumsinteresse so rapide in die Höhe schnellen lassen. Viele Menschen, die niemals in ihrem Leben ein Stadion betreten haben, sind dennoch sportbegeistert. Und fast alle derjenigen, die regelmäßig Wettkämpfe im Stadion erleben, sind viel sportbegeisterter, als wenn das ihr einziger Kontakt zum Leistungssport wäre. Denn alle, die sich für Sport interessieren, nutzen regelmäßig die Informationsangebote der Massenmedien – viel häufiger, als sie Stadien aufsuchen.

Bereits gegen Ende des letzten Jahrhunderts gab es in England kaum eine Sportart ohne mindestens eine eigene Zeitschrift (Walvin 1978: 90). Diese Fachzeitschriften waren teilweise allerdings noch überwiegend breitensportlichen Belangen gewidmet. Erst allmählich entwickelte sich parallel zum aufkommenden Leistungssport eine auf diesen spezialisierte Berichterstattung. In den Vereinigten Staaten wurde 1895 der erste eigenständige Sportteil einer Tageszeitung eingerichtet (Greendorfer 1981: 163). 1925 wurde zum erstenmal in den Vereinigten Staaten eine Radioreportage von Baseball- und Football-Spielen live gesendet (Greendorfer 1981: 164). Im selben Jahr fand dies auch in Deutschland mit Fußballübertragungen statt. Der entscheidende Zugewinn von Radioübertragungen gegenüber Zeitungsberichten wurde von den Zeitgenossen unmittelbar erlebt: »Radio made it possible for millions of people simultaneously to experience the thrill of a game« (Guttmann 1986: 133). Die ersten regulären Fernsehübertragungen von Sportereignissen begannen mit der Berliner Olympiade 1936. Damals wurden über Berlin verstreut »öffentliche Fernsehstuben« eingerichtet, in denen die Wettkämpfe live mitverfolgt werden konnten. In den Vereinigten Staaten fand die erste Fernsehübertragung eines Sportereignisses 1939 statt.

Der Durchbruch der Fernsehberichterstattung über Sportereignisse setzte nach dem Zweiten Weltkrieg zunächst in den Vereinigten Staaten ein. Entscheidend dafür waren zum einen die deutlich verbesserte Bildqualität und zum anderen die Tatsache, daß sich sehr rasch immer mehr Haushalte Fernsehgeräte anschafften (Greendorfer 1983: 4). Technische und ökonomische Entwicklungen gingen Hand in Hand. Gegenüber der Radioberichterstattung bedeutete das Fernsehen wiederum einen unschätzbaren Zugewinn an Erlebnisqualität. Man konnte nun nicht mehr nur einem Berichterstatter zuhören, sondern auch die Geschehnisse visuell verfolgen. Rasch eingeführte zusätzliche technische Möglichkeiten wie Nahaufnahmen, Zeitlupe, mitfahrende Kameras, Wiederholungen und ähnliches steigerten diese

Attraktivität der Fernsehübertragung noch. Die Sportbericht-erstattung im Fernsehen wurde so in den Vereinigten Staaten seit Ende der vierziger Jahre, in den westeuropäischen Ländern seit Mitte der fünfziger Jahre rasant ausgebaut. Seitdem gehören so-wohl zahlreiche regelmäßige Sportsendungen als auch Live-Berichterstattungen von sportlichen Ereignissen im Fernsehen zu denjenigen Sendungen, die die höchsten Einschaltquoten erzie-len. Mehrere nationale oder sogar internationale Privatfernseh-sender haben sich ausschließlich auf die Sportberichterstattung spezialisiert.[10]

Was macht das wechselseitige Interesse der Akteure des Lei-stungssports und der Massenmedien füreinander aus? Auf seiten der Massenmedien muß man sich den Code dieses gesellschaft-lichen Teilsystems vor Augen führen. Dieser Code ist »die Unterscheidung von Information und Nichtinformation« (Luh-mann 1993b: 6). Nur eine solche Aussage über die Welt ist informativ, die demjenigen, für den sie bestimmt ist, etwas für ihn interessantes Neues mitteilt. Damit muß ein Sachverhalt, um in den Massenmedien berichtet zu werden, zwei Bedingungen erfül-len. Erstens darf er beim Publikum nicht schon altbekannt sein. Zwar wiederholen die Massenmedien sehr viele Informationen – aber immer nur zur Vorbereitung des Publikums auf eine neue Wendung der betreffenden Ereignisse. Zweitens muß die Neuig-keit auch für das Publikum interessant sein. Sie darf nicht gänz-lich außerhalb von dessen Relevanzhorizont liegen. In dem Maße, wie ein Ereignis beiden Kriterien gerecht wird, besitzt es »news-worthiness« und wird dementsprechend von den einschlägigen Massenmedien aufgegriffen. Beide Kriterien gelten jeweils für das begrenzte Publikum eines bestimmten Massenmediums. Was für die Leser der »Bild-Zeitung« interessant ist, kann den Leser der »Frankfurter Allgemeinen Zeitung« gleichgültig lassen – und umgekehrt.

Der Hochleistungssport paßt auf eine exzeptionelle Weise zu diesen Selektionskriterien der Massenmedien. Berichte in den Medien zielen generell auf das Spannende, Außergewöhnliche, Konfliktträchtige ab – was alles bei sportlichen Wettkämpfen gegeben ist. Weil Sportereignisse für das Publikum spannend sind und oft ästhetische Qualitäten aufweisen, gute Gesprächsthemen

10 Weitere empirische Daten zur Fernsehberichterstattung über Sport bei vom Stein (1988: 34-46).

abgeben und der kollektiven und biographischen Identitätsvergewisserung dienen sowie das Alltagsleben sportlicher Helden auf
Neugier stößt, ist das Interesse an der Berichterstattung der
Massenmedien über Sportereignisse groß. Das Kriterium der
»newsworthiness« ist durch die Motive vorprogrammiert, aufgrund derer sich das Publikum der Massenmedien für bestimmte
Ereignisse interessiert. Wegen der dargestellten Vielfalt von Motiven der Gesellschaftsmitglieder, sich für sportliche Wettkämpfe
zu interessieren, haben die Massenmedien ein entsprechend
breites Motivspektrum, das sie mit ihrer Sportberichterstattung
ansprechen können. Insofern erfüllen sportliche Wettkämpfe
vielleicht sogar besser als alle anderen Arten gesellschaftlicher
Ereignisse das Kriterium der »newsworthiness«.

Darüber hinaus erlaubt der Leistungssport aus der Sicht der
Massenmedien eine »Serienproduktion von Neuheiten« (Luhmann 1993 b: 12). Nicht nur tagtäglich, sondern stündlich fallen
berichtenswerte Neuheiten an. Das gilt keineswegs bloß im Weltmaßstab. Auch im engeren lokalen Umkreis liefert beispielsweise
die örtliche Fußball-Bundesligamannschaft täglichen Stoff für
den Sportteil der Lokalzeitung. Montags wird das Spiel vom
letzten Samstag berichtet und kommentiert. Dienstag bis Donnerstag werden die Aktivitäten dargestellt, die entweder der
Fortsetzung der Erfolgsserie oder der Beendigung der Mißer-
folgsserie dienen sollen, und der Krankenstand der Spieler wird
mit beinahe täglichem Bulletin verzeichnet. Freitag und Samstag
schließlich werden der nächste Gegner vorgestellt, die Vorberei-
tungen geschildert und Prognosen über den Spielausgang abgegeben.

Diese über das Publikumsinteresse vermittelte Wahlverwandt-
schaft zwischen Massenmedien und Leistungssport war den
Akteuren auf beiden Seite anfangs keineswegs klar. Zwar lag für
die Handlungsträger des Leistungssports von Anfang an auf der
Hand, daß ihnen die Massenmedien Publicity verschaffen könnten. Das wurde allerdings ambivalent gesehen. Auf der einen Seite
konnten die Massenmedien für die Sportereignisse werben und
dadurch die Besucherzahlen in den Stadien steigern. Wenn die
Massenmedien aber auf der anderen Seite live berichteten, konnte
das auch viele potentiell Interessierte vom Besuch der Stadien
fernhalten. Ob nicht letzteres stärker zu Buche schlagen würde
als ersteres, wußte man zunächst nicht.

Noch wichtiger war aber, daß die Massenmedien erst allmählich realisierten, wie sie mit Sportberichterstattung Leser, Zuhörer oder Zuschauer an sich binden konnten. Zwar setzte sich in den Vereinigten Staaten bereits vor dem ersten Weltkrieg unter den Zeitungsmachern die Einschätzung durch, »that the sportspage ›sells the newspaper‹« (Greendorfer 1983: 3). Wie seitdem immer wieder aus Leserumfragen hervorging, ist der Sportteil einer Zeitung ihre am häufigsten gelesene Berichtssparte. Dementsprechend erschienen Sportnachrichten seit den fünfziger Jahren sogar schon auf der Titelseite von Zeitungen. Zögerlich war in dieser Hinsicht dagegen der Rundfunk. In den zwanziger Jahren bezahlten Sportvereine in den Vereinigten Staaten die Radiosender für die Übertragung von Spielen (Greendorfer 1981: 166) – aus heutiger Perspektive eine abstruse Vorstellung. Ebenso schätzte sich der Welt-Fußballverband 1954 noch glücklich, daß mehrere nationale Fernsehsender die Fußballweltmeisterschaften in Bern übertrugen (Guttmann 1986: 135). In den Vereinigten Staaten hatte das Fernsehen dagegen in der zweiten Hälfte der vierziger Jahre seinen Siegeszug nicht zuletzt durch die Sportberichterstattung angetreten (Neal/Lunsford 1992). Berichte über Sportereignisse nahmen einen großen Teil der Sendungen ein, vor allem auch in der Prime time. Das lag nicht zuletzt daran, daß nur geringe Herstellungskosten und -zeiten anfielen, so daß schnell Nachschub geliefert werden konnte. Als dann in den fünfziger Jahren immer mehr Haushalte in den Vereinigten Staaten Fernsehgeräte anschafften, war das Rennen gelaufen. Endgültig war beiden Seiten klar: »sports and mass media were born for each other« (Claeys/van Pelt 1986: 98). Diese hohe wechselseitige Abhängigkeit läßt sich beispielsweise spätestens Anfang der sechziger Jahre für das Verhältnis zwischen den amerikanischen Fernsehgesellschaften und dem American Football konstatieren: »Television is a source of revenue, while football is a source of high ratings« (Greendorfer 1981: 169).

Damit ist auch bereits darauf hingewiesen, daß die Massenmedien längst nicht mehr kostenlos von der Berichterstattung über Sportereignisse profitieren – ganz zu schweigen davon, daß die Akteure des Leistungssports etwa für diese Berichterstattung bezahlen. Zumindest die Fernsehgesellschaften müssen inzwischen für das Recht, live über bestimmte Sportereignisse zu berichten, immer höhere Summen überweisen. Beispielhaft brauchen nur einige Daten zu den beiden teuersten Sportereignissen, den Fußballweltmeisterschaften und den Olympischen Spielen, angeführt zu werden.[11] So erhielt der Welt-Fußballverband 1982 mehr als 100 Mio. DM für Radio- und Fernsehrechte bei der Fußballweltmeisterschaft in Spanien, nachdem er diese Rechte 1954 noch verschenkt hatte. Für die Übertragungsrechte der Olympischen Spiele in Tokio 1964 bezahlte der amerikanische Sender NBC 600 000 $; 1968 kosteten die Übertragungsrechte aus Mexico bereits 4,5 Mio. $, 1972 aus München 7,5 Mio. $, 1976 aus Montreal 25 Mio. $ und 1980 aus Moskau – trotz Olympia-Boykotts durch die Vereinigten Staaten – 85 Mio. $; 1984 mußten für die Übertragungsrechte aus Los Angeles 225 Mio. $, 1988 aus Seoul 300 Mio. $ und 1992 aus Barcelona 400 Mio. $ bezahlt werden.

Die hieran beispielhaft zum Ausdruck kommenden enormen Steigerungsraten der finanziellen Einnahmen des Leistungssports von den Massenmedien zeigen zweierlei. In der Zahlungsbereitschaft der Massenmedien drückt sich aus, daß sie immer abhängiger vom Leistungssport geworden sind. Die Fernsehsender, die in der Anfangszeit nur wenige Stunden täglich sendeten, bieten mittlerweile auch in Europa nahezu rund um die Uhr ein Programm an. Zugleich sind immer mehr Sender entstanden, die miteinander um die knappe Aufmerksamkeit der Zuschauer konkurrieren. Sowohl in zeitlicher als auch in sozialer Hinsicht sind die Fernsehsender damit mehr denn je auf Berichtenswertes angewiesen – auch und nicht zuletzt aus dem Sport. Etwa 10% des gesamten Programmangebots im deutschen und amerikanischen Fernsehen waren Mitte der achtziger Jahre Sportsendungen; im französischen Fernsehen belief dieser Anteil sich auf 15% und im britischen BBC sogar auf 25% (Guttmann 1986: 140). Diese Anteile dürften mittlerweile noch höher sein. In der Fußballbundesliga-Saison 1991/92 gab es pro Wochenende durchschnittlich 160 Minuten Fußball im deutschen Fernsehen zu sehen; 1992/93 waren es dann durch hinzugekommene Privatsender schon 640 Minuten (KSA vom 13./14. 11. 1993).

Umgekehrt hat sich der Leistungssport damit aber auch immer abhängiger von den Geldflüssen von seiten der Massenmedien gemacht. Er ist mit diesen zunehmenden finanziellen Ressourcen

11 Vgl. Heinemann (1985: 83/84), Guttmann (1986: 135/136), Min (1987: 138), Der Spiegel (31/1993: 179).

gewachsen. Immer mehr Athleten in immer mehr Disziplinen können auf immer höhere Einnahmen rechnen, weil die Einkünfte von Vereinen, Verbänden und kommerziellen Sportveranstaltern aus den Übertragungsrechten entsprechende Zahlungen an die Sportler ermöglichen. Diese können – wohl wissend, daß ohne sie die Symbiose von Leistungssport und Massenmedien zusammenbräche – entsprechende finanzielle Forderungen für Wettkampfauftritte und eventuelle Rekordleistungen oder Meisterschaften durchsetzen, wodurch wiederum die Finanzerwartungen an die Fernsehgesellschaften in die Höhe getrieben werden.

Die Bedeutung der Massenmedien für den Leistungssport ist nicht zuletzt daran abzulesen, daß das Publikum im Stadion als Einnahmequelle immer unwichtiger geworden ist. Mit zunehmender Fernsehberichterstattung nahm die Anzahl der Zuschauer im Stadion in vielen Sportarten ab. Im englischen Fußball besuchten in der Saison 1948/49 beispielsweise noch 41 Mio. Zuschauer die Liga-Spiele; 1960/61 waren es nur noch 28 Mio., 1982/83 nur noch 18 Mio., also weniger als die Hälfte derer, die etwa 30 Jahre vorher gekommen waren (Guttmann 1986: 136/137). Noch stärker nahm die Bedeutung der Zuschauereinnahmen für die Finanzierung des Leistungssports ab. Das Publikum im Stadion ist mittlerweile vor allem ein Teil der Show für das Fernsehpublikum geworden, eine Staffage, die den real-life-Charakter des Sportereignisses unterstützt (Guttmann 1986: 141). So wie Vorturner signalisieren die Zuschauer im Stadion denjenigen im Fernsehsessel, was sie zu den dargebotenen sportlichen Aktivitäten jeweils empfinden sollen. Neben den begleitenden Äußerungen des Fernsehreporters liefern die Zuschauer im Stadion gleichsam einen zweiten Kommentar ab, der für das Sporterleben des Fernsehpublikums ähnlich wichtig sein kann wie das, was es sieht und an Erklärungen vom Reporter mitbekommt. Während der Schwerpunkt des Kommentators auf Sachinformationen zum Sportgeschehen liegt, sind die Zuschauer im Stadion für den emotionalen Part zuständig.

Im einzelnen gibt es mehrere Gründe, warum Sportinteressierte sportliche Ereignisse immer öfter als Fernsehzuschauer und immer seltener im Stadion miterleben. Bequemlichkeit und häuslicher Komfort zählen sicherlich ebenso dazu wie die gewachsene Furcht davor, eventuell in gewalttätige Auseinandersetzungen zwischen Fan-Gruppen hineingezogen zu werden. Noch wichtiger dürfte allerdings sein, daß das Fernsehen sportliche Ereignisse in einer Weise inszeniert, die den vorherrschenden Publikumsinteressen sogar besser entspricht als das unmittelbare Sporterleben im Stadion.

Die Massenmedien und vor allem das Fernsehen sind keine neutralen Instrumente, die Informationen rein technisch übertragen. Sie betreiben vielmehr ein »Ereignismanagement« (Kepplinger 1992). Zunächst einmal ist offensichtlich, daß Sportwettkämpfe den technischen Möglichkeiten und Präsentationsformen des Fernsehens sehr entgegenkommen. Während etwa die Berichterstattung über wirtschaftliche oder politische Ereignisse oftmals geradezu krampfhaft nach visuellen Komplementen zu den sprachlich vermittelten Sinngehalten suchen muß, sind sportliche Aktivitäten als körperbetontes Handeln hochgradig »telegen«. Entscheidend ist allerdings, daß das Fernsehen sportliche Wettkämpfe nicht einfach so abbildet, wie sie ein Zuschauer im Stadion wahrnimmt. Der Sportzuschauer vor dem Fernsehen erlebt ein ganz anderes Ereignis als der Zuschauer im Stadion. Zwar verfügt der physisch direkt Anwesende zweifellos über eine höhere Wahrnehmungsautonomie als der medial Teilhabende, der dem Bild folgen muß, das ihm vorgesetzt wird. Jedoch ermöglichen die technischen Mittel des Fernsehens, den Zuschauern Sportereignisse noch viel faszinierender nahezubringen als das Erlebnis im Stadion (Hesling 1986; Hopf 1979; Duncan/Brummett 1989). Die Dynamik der sportlichen Bewegungsabläufe bietet der Visualisierung im Fernsehen eine Vielzahl von Möglichkeiten. Zeitlupe und Wiederholungen, schnelle Schnitte, die Dramatik akzentuierende Kommentare und Naheinstellungen sind einige der Möglichkeiten, über die das Fernsehen verfügt. Sie machen vieles wahrnehmbar, was der Zuschauer im Stadion niemals erkennen kann. Darüber hinaus überbrückt die Fernsehberichterstattung durch Wiederholungen, Interviews und Kommentare auch zahlreiche Leerzeiten des sportlichen Geschehens, die der Beobachter im Stadion über sich ergehen lassen muß. Langweiliges kann einfach weggelassen werden. Das Sporterlebnis wird so in zeitlicher Hinsicht gleichsam kompakter, was die Attraktivität des Sports insgesamt erhöht.

Vorherrschend ist dabei eine rein deskriptive, oftmals unkritische Berichterstattung. Das ist für die Live-Reportage in dem

Maße, wie Sportereignisse Spannung besitzen, funktional erforderlich. Der Rundfunk- oder Fernsehreporter, der über einen spannenden Wettkampf berichtet, soll seine Zuhörer bzw. Zuschauer vor allem an dieser Spannung teilhaben lassen. Das geht am einfachsten dadurch, daß er sich ihr selbst distanzlos hingibt – was sich etwa in einer entsprechenden Modulation der Sprechhaltung ausdrückt. Anders sieht es bei Hintergrundberichten und Kommentaren aus, wie sie beispielsweise in den Sportteilen der Zeitungen nachzulesen sind. Hier wäre ein kritischer Sportjournalismus, der etwa das politische, wirtschaftliche oder kulturelle Umfeld des Leistungssports thematisierte, durchaus vorstellbar. Dies wird zwar oft gefordert, kommt aber tatsächlich kaum zum Zuge (Emig 1986). Die Sportjournalisten betreiben vielmehr in hohem Maße Heldenverehrung, womit sie freilich dem entsprechenden Publikumsmotiv entgegenkommen. Ein mitverursachender Faktor ist die Tatsache, daß Vereine und Verbände oder sogar manche individuellen Sportler sich nicht selten bestimmte Journalisten durch verschiedene Arten von Vergünstigungen zu Hofberichterstattern heranziehen (Smith 1976). Kritische Journalisten werden dagegen durch Informationsentzug mundtot gemacht und ausgegrenzt; und die Antizipation der Zutrittsverweigerung genügt bereits, entsprechende Ambitionen auf seiten der Journalisten niedrig zu halten. In diesem Sinne wird also der Leistungssport, den vorherrschenden Publikumsmotiven entsprechend, von den Massenmedien im wesentlichen nur aus sich selbst heraus, also völlig code-fixiert, präsentiert.

Daß die Massenmedien der Sportberichterstattung einen so prominenten Platz einräumen, liegt, wie bereits dargestellt, an dem damit erzielbaren finanziellen Gewinn, der wiederum auf das hohe Publikumsinteresse an sportlichen Wettkämpfen zurückgeht.[12] Diese Einnahmen der Massenmedien können zum einen unmittelbar aus dem Verkauf der berichteten Nachrichten –

12 Diese kommerzielle Perspektive auf den Leistungssport als Lieferanten lukrativ vermarktbarer Nachrichten müssen auch jene Akteure der Massenmedien einnehmen, die ihre Einkünfte nicht marktförmig erhalten. Auch die staatlichen Fernsehanstalten müssen auf Einschaltquoten achten, um ihre Ressourcenforderungen an die Zuschauer gegenüber denjenigen staatlichen Akteuren zu legitimieren, die die Gebührenfestlegung überwachen. Das gilt erst recht, wenn staatliche Fernsehanstalten in Konkurrenz mit privaten Fernsehgesellschaften stehen, wie sich während der letzten Jahre in der Bundesrepublik gezeigt hat.

etwa in Form von Zeitungen – erfolgen. Viel wichtiger ist allerdings zum anderen eine indirekte Finanzierung durch mit den Nachrichten mittransportierte Werbung. In Zeitungen beispielsweise ist der umfangmäßige Anteil der Werbung meist größer als der der Nachrichten; und die Werbeeinnahmen machen einen erheblich höheren Anteil der Einnahmen aus als die Verkaufserlöse. Ausschließlich von Werbeeinnahmen leben private Fernsehsender, da die von ihnen ausgestrahlten Sendungen in der Regel von jedermann kostenlos empfangen werden können. Nur aus dieser Möglichkeit, Berichte durch Werbung mitzufinanzieren und durch möglichst publikumsträchtige Berichte Werbeeinnahmen zu attrahieren, erklären sich die enormen Geldsummen, die vor allem die Fernsehsender für Berichtsrechte zu investieren in der Lage sind. Bereits in den dreißiger Jahren gab es ein erstes Sponsoring von Sportübertragungen im Radio durch Firmen. So zahlte Henry Ford 1934 100000 $ für die Rechte, die Rundfunkübertragungen einer Baseball-Saison zu sponsern (Guttmann 1986: 133). Obwohl beispielsweise der amerikanische Sender ABC 1984 für die Übertragungsrechte der Olympischen Sommerspiele in Los Angeles 225 Mio. $ bezahlen mußte, galt: »The huge investment was economically sound. The network found sponsors who were ready to pay as much as 520000 $ a minute for the right to interrupt the athletic action with their advertisements« (Guttmann 1986: 136).

Diese Bedeutung der Werbeeinnahmen für die Sportberichterstattung in den Massenmedien weist bereits darauf hin, daß die Massenmedien in ihrer code-orientierten Leistungsproduktion ebenso umweltabhängig sind wie der Spitzensport. Dieser kann seine Ausrichtung an der Leitdifferenz von Sieg und Niederlage nur in dem Maße durchhalten und ausbauen, wie er finanzielle Ressourcen aus anderen gesellschaftlichen Teilsystemen erhält; und darin hängt er nicht zuletzt von den Massenmedien ab. Diese jedoch können über den Leistungssport nur in dem Maße berichten, wie sie damit Werbeeinnahmen zu akquirieren vermögen. Die Massenmedien fungieren somit als notwendige Vermittler zwischen dem Spitzensport auf der einen Seite und denjenigen anderen gesellschaftlichen Teilsystemen, von denen dieser weitere unentbehrliche finanzielle Ressourcen erhält: der Wirtschaft und der Politik, denen wir uns dementsprechend im folgenden zuwenden. Die Massenmedien erzeugen also nicht nur bei einzelnen

Personen Resonanz; sondern weil sie das tun, stoßen sie auch bei diesen beiden anderen gesellschaftlichen Teilsystemen auf Nachfrage.

2.3 Wirtschaftliche und politische Instrumentalisierung sportlicher Leistungen

Schon ein kurzer Blick auf die Herkunft seiner Ressourcen zeigt, daß der Hochleistungssport nicht nur von den Zuschauern in den Stadien und den Massenmedien, sondern weiterhin auch von Unternehmen und von staatlichen Instanzen abhängig geworden ist. Da man wirtschaftlichen und politischen Akteuren kein uneigennütziges Mäzenatentum unterstellen darf, bedeutet die Tatsache immer höherer Geldzuwendungen von diesen Seiten, daß der Spitzensport sich für beide Bezugsgruppen in spezifischen Hinsichten zunehmend als nützlich erweist. Bei genauerem Hinsehen wird deutlich, daß sowohl Unternehmen als auch staatliche Instanzen parasitäre Teilhaber des hohen Publikumsinteresses am Hochleistungssport sind. Sie versprechen sich vom Publikumsinteresse am Sport eine Begleitaufmerksamkeit für ihre jeweiligen eigenen Belange. Die Massenmedien ermöglichen dieses parasitäre Verhältnis dadurch, daß sie ein Ausmaß der Inklusion der Gesellschaftsmitglieder ins Sportpublikum garantieren, das den teils offenen, teils unterschwelligen Begleitbotschaften der wirtschaftlichen und politischen Akteure eine entsprechend hohe Beachtung sichert.

Wirtschaftlich interessant wurde der Hochleistungssport als attraktiver Werbeträger für Konsumgüter.[13] »Zwischen Industrie

13 Eine vollständige Betrachtung der wirtschaftlichen Bedeutung des Leistungssports müßte auch darauf eingehen, daß es in einer Reihe von Sportarten mittlerweile Vereine bzw. Abteilungen von Vereinen oder sogar Ligen gibt, die als Wirtschaftsunternehmen mit dem Ziel geführt werden, kommerziell erfolgreich zu sein. Das trifft insbesondere in den Vereinigten Staaten für die Profimannschaften im Eishockey, Football, Baseball und Basketball zu. In der Bundesrepublik ist die Entwicklung noch nicht so weit gediehen. Im Profifußball der Deutschen Bundesliga z. B. streben die Vereine letztlich nicht nach einer Maximierung ihrer Gewinne, sondern nach einer Maximierung ihres sportlichen Erfolgs – wofür bekanntlich oftmals enorme Verschuldungen in Kauf genommen werden. Anders sieht die Sache bereits für die einzelnen Profi-Fußballspieler aus. Bei ihnen hat die kommerzielle Orientierung an Gewinnmaximierung sicher in der Regel bereits die Oberhand über sportliche

und Spitzensport besteht ein zunehmend enges Wechselverhältnis: Die werbetreibende Industrie nutzt den Sport als einen relativ
billigen und, so wird angenommen, effektiven Werbesektor, der
Spitzensport wiederum profitiert von den Werbegeldern und
vermag mit einem höheren Finanzvolumen zu kalkulieren« (vom
Stein 1988: 176). In der Bundesrepublik wurde diese Symbiose
vor allem seit Anfang der sechziger Jahre systematisch ausgebaut.
So gibt es seitdem etwa im Bundesliga-Fußball Bandenwerbung
in den Stadien; seit 1973 hat der Deutsche Fußballbund die
Trikotwerbung zugelassen (vom Stein 1988: 179/180). Mittlerweile ist das Ausmaß der Werbung im Hochleistungssport so weit
getrieben worden, daß Athleten und Sportgeräte, z.B. Rennwa-
gen, gleichsam als mobile Litfaßsäulen fungieren, die sich den
Augen der Zuschauer aufdrängen.

Daß Unternehmen diese Werbemöglichkeit in überdurch-
schnittlichem Maße ausgebaut haben, erklärt sich aus einer
Kumulation von Vorteilen:

– In sachlicher Hinsicht ist der Leistungssport als Werbeträger
relativ preiswert bei hoher Sichtbarkeit. Anzeigenkampagnen in
Zeitungen oder Werbespots im Rahmen regulärer Werbezeiten
der Fernsehsender kosten bedeutend mehr. Die Sichtbarkeit ist
insbesondere bei Werbespots, die unmittelbar vor oder nach
beliebten Sportsendungen oder in Unterbrechungen, z.B. von
Tennismatches, gesendet werden, sehr hoch. Daß werbende Unternehmen dem Leistungssport eine hohe Sichtbarkeit attestie-
ren, ist angesichts der allerhöchstens noch von manchen Shows
erreichten Einschaltquoten einiger Sportsendungen auch durchaus begründet.

– In sozialer Hinsicht spricht Werbung durch Leistungssport
bestimmte Zielgruppen an, die durch andere Werbeträger nicht so
einfach erreicht werden können, aber wichtige Käuferpotentiale
darstellen: Männer in jüngeren und mittleren Jahren (Hesling
1986: 174; vom Stein 1988: 180/181). Bis heute besteht die Gruppe
der vor allem an Sportsendungen im Fernsehen interessierten

Motive gefunden. Tennis und Golf sind Einzelsportarten, in denen die Leistungssportler gleichsam als selbständige Unternehmer gewinnorientiert arbeiten. Schließlich können auch publikumswirksame Sportveranstaltungen
wie insbesondere die Olympischen Spiele ein lohnendes wirtschaftliches Inve-
stitionsobjekt sein. Mittlerweile stellen die Olympiaden kommerzielle Groß-
projekte dar, die durchaus mit den temporären Joint-ventures beim Eisenbahn-
bau des letzten Jahrhunderts verglichen werden können.

Zuschauer überwiegend aus verheirateten jüngeren Männern der Mittelschicht (Espe u. a. 1985: 479).
– In zeitlicher Hinsicht hat Werbung durch Sportler oder während Sportereignissen den großen Vorzug, immer wieder überraschend die Aufmerksamkeit des Zuschauers zu überrumpeln. Während der Zeitungsleser kaum noch einen Blick auf Werbespalten wirft und der Fernsehzuschauer Werbeunterbrechungen von Sendungen dazu benutzt, umzuschalten oder sich kurzzeitig anderen Dingen zu widmen, ist die nahtlos in das Sportgeschehen integrierte Werbung, insbesondere wenn sie den Körper des Athleten als Werbefläche nutzt, ein Sinnesreiz, dem der Zuschauer in viel höherem Maße ausgeliefert ist. Die ostentative Beiläufigkeit bewirkt, daß sich die Werbebotschaften immer wieder nur kurzfristig ins Zentrum der Aufmerksamkeit des Zuschauers drängen. Beherrschten sie dauerhaft seine Aufmerksamkeit, würde er sich abwenden, weil ihm der Blick auf das sportliche Geschehen dadurch genommen würde und er an der Werbung an sich desinteressiert ist. Gäbe es eine Regelmäßigkeit des Ins-Auge-Springens der Werbebotschaften, könnte der Zuschauer sich daran gewöhnen und eine passende Rhythmik des Wegblickens lernen. Gerade daß diese Werbebotschaften keinem zeitlichen Rhythmus folgen, macht die hochgradige Hilflosigkeit der Zuschauer ihnen gegenüber aus.
Anders als Plakatwände, Zeitungsseiten oder Werbezeiten im Fernsehen, die alle als Medium der Übertragung von Werbebotschaften neutralen Charakter besitzen, haben Sportler und Sportereignisse als Werbeträger zusätzlich eine in bestimmten Hinsichten wichtige positive Grundtönung. Viele Elemente dieser Attribuierungsvermutungen kommen in Interviewäußerungen von Hans-Wilhelm Gäb zum Ausdruck, der als Vizepräsident von General Motors Europe über die Motive der Autofirma Opel, mit Spitzensportlern wie Steffi Graf, Michael Stich oder Bayern München zu werben, Auskunft gab: »Es galt, das Unternehmen wieder interessanter zu machen ... Und dazu gehörte u. a., den damals konservativen Begriff Opel mit Elementen des Hochleistungssports zu verbinden. Wir haben dabei vor allem auf die dynamischen Ballsportarten gesetzt ... Opel ist in all diesen Fällen assoziiert mit dem Tempo, der Kreativität und den Team-Elementen der großen Ballsportarten.« Hinzu kommt die generelle Suggestion besonderer Leistungsfähigkeit: »Die Menschen

haben Respekt vor Leistung. Wenn ein Unternehmen wie Opel plötzlich mit einem exklusiven Verein wie Bayern München oder der Spitzensportlerin Steffi Graf in Verbindung gebracht wird, dann realisieren die Leute viel eher, daß Opel ein kompetenter Industriekonzern ist und ebenfalls Leistung bringt, unternehmerische und technische Leistung eben« (Die Zeit vom 3. 7. 1992). Sehr ähnlich klingt die Äußerung der Sprecherin eines Schokoladenherstellers während der Leichtathletik-Weltmeisterschaft in Stuttgart 1993: »Wir sponsern auch die Leichtathletik-WM in Stuttgart, um einen Imagetransfer auf unsere Produkte zu erzielen. D. h. wir möchten unsere Produkte mit den Werten des Sports verbinden wie dem Streben nach Spitzenleistungen, permanent eine Top-Qualität bieten.«[14]

Der Leistungssport ist mit Werthaltungen assoziiert, die in unserer Gesellschaft hochgradig positiv besetzt sind: unter anderem Individualität, Dynamik, Jugendlichkeit, Lebensbejahung, Zielstrebigkeit, Askesebereitschaft und eben Leistungswille. Auf diese Weise wirbt er nicht nur für Produkte einzelner Unternehmen, sondern darüber hinaus für generelle Sozialtugenden des kapitalistischen Wirtschaftssystems, wie auch der Deutsche Sportbund und der Bundesverband der Deutschen Industrie Mitte der siebziger Jahre gemeinsam feststellten (Bette 1981: 105). Hinzu kommt schließlich immer noch der Appell an das zwar irrationale, nichtsdestoweniger aber vorhandene Vertrauen des Sportpublikums in die suggerierte Konsumentscheidung der Sportheroen (Greendorfer 1981: 175) – so als ob beispielsweise Steffi Graf sich tatsächlich vorzugsweise an den Produkten eines bestimmten italienischen Nudelherstellers labte.

Ob Werbung im allgemeinen und Werbung über den Leistungssport im besonderen überhaupt die unterstellten positiven Effekte hinsichtlich der Bekanntheit und des Images der betreffenden Produkte erreichen kann, läßt sich bislang wissenschaftlich kaum belegen. Zweifel sind durchaus angebracht. Allenfalls hat man gelegentlich steigende Zuwachsraten des Umsatzes von Produkten nach Werbekampagnen festgestellt (vom Stein 1988: 192). Die entsprechenden Kausalvorstellungen sind jedoch als allgemein geteilte soziale Konstrukte hinreichend wirksam, um das Interesse der Unternehmen an der Werbung auch durch den

14 In der Fernsehsendung: »Fair Pay – Der Muskelmarkt der Athleten«, ARD (1993).

Leistungssport wachzuhalten und sogar immer weiter zu steigern. Möglicherweise ist gerade der Tatbestand, daß die Effekte dieser Werbung auf das Käuferverhalten kaum zuverlässig gemessen werden können, für das Weiterfließen der Werbemillionen an den Leistungssport entscheidend. Denn falls sich unzweideutig herausstellen könnte, daß dieser Werbeeinsatz nichts oder nur wenig oder gar Negatives bewirkt, käme diese Quelle finanzieller Ressourcen des Leistungssports schnell zum Versiegen. So aber investieren viele Unternehmen mehr und mehr in diesen Werbeträger – zum einen deshalb, weil das Alltagsdenken linearen Kausalitäten verhaftet ist, also davon ausgeht, daß ein höherer finanzieller Aufwand auch ein höheres Ergebnis in Form von Umsatzzahlen hervorbringt. Diese Wirkungserwartungen werden zum anderen dadurch angeheizt, daß Konkurrenten einander gegenseitig mit solchen Werbemaßnahmen zu überbieten versuchen, was folgerichtig zu einer Eskalation des Finanzeinsatzes führt. Denn keiner will sich irgendwann im nachhinein sagen oder sagen lassen müssen, daß relative oder absolute Umsatzrückgänge auf mangelnden Werbeeinsatz zurückgehen könnten. Der Hochleistungssport profitiert in dieser Hinsicht also geradezu von der Intransparenz der Wirkungszusammenhänge.

Allerdings ist die Bedeutung der Werbung durch den Leistungssport auch nicht überzubewerten. Derzeit macht dieser Werbeträger nur etwa 3 % des gesamten Werbeetats der deutschen Unternehmen aus und wird wohl auch nicht mehr unbegrenzt weiterwachsen (Krupp/Wagner 1988: 26). Ohnehin ist solches als Werbung hingestelltes Sponsoring von Sportlern oder Mannschaften teilweise nur verschleiertes Mäzenatentum. Anders als individuelle Unternehmer früherer Zeiten, die niemandem für ihre Sportbegeisterung rechenschaftspflichtig waren und daher manchmal sogar Unsummen ihres Privatvermögens für dieses Steckenpferd aufwenden konnten[15], sind heutige Spitzenmanager von Unternehmen ihren Kollegen und Aufsichtsräten rechenschaftspflichtig. Wer also Gelder seines Unternehmens für die eigene Sportbegeisterung mobilisieren will, muß dies inzwischen durch die Begründung rationalisieren, daß die Investitionen der Werbung dienten. Und auch hierfür ist die Intransparenz der Werbewirkungen äußerst opportun.

15 Personen wie Jean Löring, Präsident und Mäzen von Fortuna Köln, sind heute selten gewordene Beispiele dafür.

Staatliche Akteure instrumentalisieren den Leistungssport auf vielschichtigere Weise für ihre Zwecke (Digel 1988). Generell läßt sich feststellen, daß leistungssportliche Erfolge sowohl national als auch international als Mittel »symbolischer Politik« (Edelman 1964) genutzt werden. Auch hierfür ist die Anschaulichkeit sportlicher Leistungen eine wichtige Voraussetzung. Der Erfolg politischen Handelns ist oftmals nur schwer und uneindeutig darstellbar und für die Öffentlichkeit erkennbar. Wenn sich aber ein Politiker öffentlichkeitswirksam mit siegreichen Sportlern umgibt, kann deren Erfolgsnimbus auch auf ihn abstrahlen. Individuelle Politiker geben sich daher gern sportfreundlich, wenn ihr Engagement der eigenen Wiederwahl oder der Popularität im Volk förderlich zu sein verspricht.

Im nationalen Rahmen trägt der Leistungssport oftmals zur Identifikation mit dem jeweiligen politischen System oder der jeweiligen Regierung bei. Das beginnt bereits auf kommunaler Ebene. Für Klein- und Mittelstädte können insbesondere Vereinsmannschaften, die national oder gar international erfolgreich auftreten, identitätsstiftend wirken.[16] Man denke in der Bundesrepublik beispielsweise an die Ringer aus Schifferstadt oder die Handballmannschaft aus Gummersbach. Gemeinsame Begeisterung für die gleichen Mannschaften kann gesellschaftliche Konfliktlinien überspielen – wenn etwa miteinander verfeindete religiöse oder ethnische Gruppen einer Stadt sich alle mit demselben Fußballverein identifizieren. Freilich ist auch genauso oft das Gegenteil, eine durch religiöse und ethnische Ressentiments enorm aufgeladene sportliche Konkurrenz, zu beobachten – wie z. B. zwischen Celtic Glasgow und den Glasgow Rangers, die als Identifikationsobjekte der katholischen bzw. protestantischen Bevölkerung der Stadt dienen. Selbst dann tragen aber die lokalen Sportvereine für ihre Anhänger zur »symbolischen Ortsbezogenheit« (Treinen 1965) bei.

Viel wichtiger ist der Leistungssport jedoch als Medium, das zur Konstituierung der nationalen Identität, eines Wir-Gefühls der Bevölkerung eines ganzen Landes beiträgt. Mit internationalen Erfolgen kann der nationale Spitzensport innenpolitisch »als stabilisierendes Medium« dienen, »indem er insbesondere die Möglichkeit zur Identifikation mit der bestehenden Gesell-

16 Vgl. Kelly (1981: 188), Snyder/Spreitzer (1981: 122/123), Spinrad (1981: 359).

schaftsordnung bietet« (vom Stein 1988: 157). Der Sport trägt so zum Aufbau eines positiven Nationalgefühls in der Bevölkerung bei, was freilich sehr schnell in Nationalismus, also eine Geringschätzung anderer Nationen, übergeht (Väyrynen 1982), weshalb der Leistungssport immer wieder auch als »Asyl nationaler Ressentiments« eingestuft worden ist (Gehlen 1957: 66). Diese innenpolitische Integrationsfunktion des Spitzensports entfaltet sich vor allem in zwei Hinsichten (vom Stein 1988: 164-168). Zum einen können sich viele Menschen, ungeachtet ihrer sonstigen Unterschiede und Uneinigkeiten, mit denselben nationalen Helden identifizieren, die stellvertretend für die eigene Nation gegen andere Nationen antreten. Zum anderen kann die Faszination durch Sportereignisse und sportliche Erfolge der eigenen Nation zumindest zeitweise auch dazu beitragen, daß die Gesellschaftsmitglieder von ihren jeweiligen individuellen Alltagssorgen abgelenkt werden. Insbesondere in wirtschaftlichen Krisenzeiten oder in chronisch wirtschaftlich schwachen Nationen können internationale sportliche Erfolge der eigenen Athleten sehr opportune Beiträge zur Stabilisierung der innenpolitischen Verhältnisse liefern.

Diese innenpolitischen Instrumentalisierungen des Leistungssports finden sich dementsprechend am ausgeprägtesten in solchen Ländern, die von innen oder von außen einem besonderen Legitimationsdruck ausgesetzt sind. Ein solcher innerer Legitimationsdruck besteht erstens oftmals bei noch jungen Nationen, wie sich vor allem an zahlreichen erst nach dem Zweiten Weltkrieg geschaffenen afrikanischen Staaten studieren läßt. Zweitens kann ein innenpolitischer Legitimationsdruck auch permanent dadurch gegeben sein, daß ein Staat ethnisch oder religiös in miteinander konfligierende Bevölkerungsgruppen zersplittert ist. Auch das ist bei nicht wenigen afrikanischen Entwicklungsländern der Fall, wie sich beispielsweise an Nigeria zeigt (Johnson 1982). Drittens kann ein innenpolitischer Legitimationsdruck daher rühren, daß die Regierenden ein undemokratisches Regime aufrechterhalten wollen. Das erste große Sportereignis, das nicht bloß wegen der gleich noch anzusprechenden internationalen, sondern auch wegen der nationalen Legitimationsbeschaffung gezielt inszeniert wurde, war die Berliner Olympiade 1936. Mit ihr versuchte das nationalsozialistische Regime, gerade durch den internationalen Imagegewinn auch seine Akzeptanz bei der eigenen Bevölkerung zu festigen (Johnson 1982: 27). Ähnlich hat Mexiko seit der Revolution in den zwanziger Jahren seine Sport-politik immer auch daraufhin betrieben, die nationale Integration voranzutreiben (Arbena 1991). Für das nationale Selbstbewußt-sein der Mexikaner war es insbesondere wichtig, den Europäern und Amerikanern gerade auch in deren Sportarten beweisen zu können, daß man ihnen ebenbürtig oder sogar gelegentlich über-legen war. Vor allem die Olympischen Spiele 1968 und die Fußballweltmeisterschaften 1970 und 1986 dienten dafür als Plattform. Kuba ist ein weiteres Beispiel dafür, wie leistungs-sportliche Erfolge national die Anerkennung des politischen Regimes fördern sollen (Slack 1982). Die kubanische Regierung hat stets hervorgehoben, wie wenige internationale sportliche Erfolge das frühere Regime zu verzeichnen hatte und wie sprung-haft es damit unter dem neuen Regime aufwärts gegangen sei.

Auch die sozialistischen Länder Europas begannen nach dem Zweiten Weltkrieg sehr bald damit, den Leistungssport gezielt für ihre innen- und außenpolitischen Zielsetzungen einzusetzen. In der UdSSR beispielsweise wurden die einheitsstiftenden Rituale des Leistungssports u. a. dafür instrumentalisiert, die latenten Konflikte dieses Vielvölkerstaates, die die übergestülpte soziali-stische Einheit stets gefährdeten, klein zu halten (Riordan 1976/1977). In der DDR wurde der Leistungssport dazu benutzt, insbesondere die jüngere Generation zur Identifikation mit der künstlich geschaffenen Nation – und insofern immer auch mit der SED – zu bewegen. Internationale sportliche Erfolge dienten innenpolitisch als Surrogat für fehlende wirtschaftliche Erfolge in der selbst propagierten »Systemkonkurrenz« zwischen Sozialis-mus und Kapitalismus (vom Stein 1988: 157-164).

Leistungssport wurde so ein Medium der »stellvertretenden Konfliktübernahme« für die Politik bzw. das Militär (Bette 1989: 175). Das wurde besonders an den Konkurrenzbeziehungen zwi-schen den Vereinigten Staaten und der Sowjetunion sowie zwi-schen der DDR und der Bundesrepublik Deutschland deutlich. Der Leistungssport profitierte auf beiden Seiten massiv vom »Kalten Krieg«, weil der zunächst vom Osten initiierte sportliche »war without weapons« (Strenk 1979: 139) von den westlichen Ländern aufgenommen wurde. Beispielsweise verdankt der west-deutsche Leistungssport den internationalen Erfolgen der ost-deutschen Sportler enorme Steigerungsraten der ihm von staatlicher Seite bereitgestellten Ressourcen. Vor allem die in München ausgetragene Olympiade 1972 führte dazu, daß westdeutsche politische Akteure den Leistungssport verstärkt als Instrument »nationaler Identifikation« und »nationaler Repräsentanz« wahrnahmen und zu nutzen begannen (Winkler u.a. 1985: 121-134). Der strategische Einsatz des Leistungssports für politische Zielsetzungen ging hier allerdings nicht so weit wie in der DDR, wo man beispielsweise selektiv nur solche Sportarten förderte, bei denen möglichst zahlreiche Medaillenchancen bestanden – mit dem Effekt, daß die DDR bald zu den drei führenden Sportnationen der Welt zählte (Carr 1974).

Teilweise existiert auf politischer Seite auch noch die Vorstellung, daß der Leistungssport ein besonders sichtbares und überzeugendes Modell derjenigen gesellschaftlichen Werthaltungen sei, die die herrschende politische Ordnung tragen. So gilt der Leistungssport etwa in den Vereinigten Staaten als Refugium der Werthaltungen von »God's own country« (Nixon 1982). Ob das tatsächlich zutrifft, kann – ebenso wie die wirtschaftliche Werbewirksamkeit des Leistungssports – solange dahingestellt bleiben, wie die relevanten politischen Akteure diese Einschätzung haben. Denn dann werden sie aufgrund einer solchen Attribuierung den Leistungssport fördern.

International können sportliche Erfolge der eigenen Nation und die erfolgreiche Austragung sportlicher Großereignisse ebenfalls legitimationswirksam genutzt werden. Eine kanadische Regierungskommission z.B. stellte 1969 fest: »The picture held in foreign lands of any country has come, to a remarkable degree, to be determined by that countries' record in world athletics. ... Competition in sports among countries has become inextricably entwined with matters of national prestige abroad, and national pride at home.« Dementsprechend wurden dem kanadischen Leistungssport von einer späteren Kommission politisch etwa die Ziele vorgegeben, unter den besten sechs bis acht olympischen Nationen zu sein oder – noch präziser – in 18 von 28 Sportarten bei den Olympischen Sommerspielen 1992 Medaillen zu erringen (beides zitiert in Dubin 1990: 50, 62). Auch in dieser Hinsicht wurde der Leistungssport zum ersten Mal in großem Maßstab durch die Nationalsozialisten bei der Berliner Olympiade 1936 eingesetzt. Das nationalsozialistische Deutschland bemühte sich um einen internationalen Imagegewinn dadurch, daß man sich als gute Gastgeber, effektive Organisatoren und hervorragende High-Tech-Nation zu profilieren versuchte. Letzteres wurde etwa darüber suggeriert, daß erstmals elektronische Startpistolen und Zeitmessungen, Fernsehübertragungen und Zielfotos als neue technische Möglichkeiten eingesetzt wurden (Johnson 1982: 27). Nach dem Zweiten Weltkrieg markierte beispielsweise das positive Image, das Japan 1964 durch die Olympischen Spiele in Tokio aufbauen konnte, die inoffizielle Rehabilitation dieses Landes auf internationaler Ebene (Taylor 1988: 532).

Die DDR setzte ihre internationalen leistungssportlichen Erfolge gezielt dazu ein, auf eine diplomatische Anerkennung als eigenständiger deutscher Staat neben der Bundesrepublik hinzuarbeiten (Strenk 1979: 129/130). Für diesen Zweck investierte die DDR knapp 2% ihres Bruttosozialprodukts in den Sport, womit sie international mit weitem Abstand an der Spitze lag. Tatsächlich wurde sie nicht zuletzt aufgrund ihres sportlich errungenen internationalen Prestiges seit dem Ende der sechziger Jahre von immer mehr Staaten formell anerkannt und konnte so die von bundesrepublikanischer Seite aufgestellte Hallstein-Doktrin, der gemäß einem Staat, der die DDR anerkannte, der Abbruch der diplomatischen Beziehungen von seiten der Bundesrepublik angedroht wurde, erfolgreich außer Kraft setzen (Bette 1984a: 25-28; Taylor 1988: 550). Kuba hat über internationale sportliche Erfolge versucht, in seiner Region eine politische Führungsposition aufzubauen. Bei den Panamerikanischen Spielen, wo Kuba häufig die meisten Medaillen gewann, wurde dadurch auch die politische Vorherrschaft unter den lateinamerikanischen Ländern zu symbolisieren versucht (Slack 1982). Angesichts des immer wichtiger werdenden Tourismus für viele Länder können sportliche Großereignisse schließlich auch der kostenlosen Werbung für das eigene Land als Urlaubsland dienen, wie es etwa Mexiko bei der Fußballweltmeisterschaft 1986 zugute kam (Arbena 1991: 350).

Auch ohne diesbezüglich besondere Erfolge vorweisen zu können, kann ein Land seinen Leistungssport international weiterhin dazu einsetzen, bessere diplomatische Beziehungen zu bestimmten Ländern anzubahnen. Das berühmteste Beispiel dafür war die sogenannte »Pingpong-Diplomatie« der Volksrepublik China durch Einladung von Tischtennis-Teams aus den USA und Großbritannien während der siebziger Jahre. Auch das Verhältnis zwischen Kuba und den Vereinigten Staaten oder zwischen Nord- und Südkorea bietet Beispiele dafür, daß »sports can be a cautious initial link with which governments need not be too closely associated« (Taylor 1988: 550). Der diplomatische Vorteil der über sportliche Begegnungen geknüpften Beziehungen besteht in deren Unverbindlichkeit. Wenn sie keine außenpolitischen Früchte tragen, können beide Seiten stets abstreiten, dies auch nur beabsichtigt zu haben, und so einem möglichen Gesichtsverlust vorbeugen. Umgekehrt besteht bei gut etablierten Sportkontakten dann auch die Möglichkeit, deren Aufkündigung als deutlich sichtbare diplomatische Sanktionen zu benutzen. So waren etwa der sportliche Boykott Südafrikas aufgrund der Apartheid-Politik oder der Boykott der Olympischen Spiele in Moskau 1980 durch viele westliche Staaten als Protest gegen den sowjetischen Einmarsch in Afghanistan zu verstehen; und der darauf folgende Boykott der Olympischen Spiele in Los Angeles durch die Sowjetunion war als Retourkutsche einzuordnen (Taylor 1988: 551; vom Stein 1988: 155-157).

Davon zu sprechen, daß es eine »internationale Politisierung des Spitzensports als Ersatzkriegsschauplatz« gäbe (Unabhängige Dopingkommission 1991: 204), wäre allerdings übertrieben. Denn der Leistungssport kann allenfalls als Ersatzdiplomatie fungieren, die dann ihrerseits kriegerische Auseinandersetzungen zu verhindern bestrebt ist. Freilich artikuliert sich auch die Diplomatie, insbesondere wenn es um die Demonstration der eigenen internationalen Vormachtstellung geht, oftmals in martialischen Kategorien, wie schon die Bezeichnung der Ost-West-Konkurrenz als »Kalter Krieg« zeigt. Dementsprechend lastet in dieser Hinsicht ein hoher politischer Erfolgsdruck auf dem Leistungssport, wie es etwa in der Äußerung des damaligen Bundesinnenministers Friedrich Zimmermann nach dem schlechten Abschneiden bundesdeutscher Athleten bei der Leichtathletik-Weltmeisterschaft 1987 zum Ausdruck kam: »Es ist für die Geltung eines Staates in seinen internationalen Beziehungen bei der großen Bedeutung, die Sport in der ganzen Welt spielt, von einer beträchtlichen Wichtigkeit, daß man auch dort erfolgreich ist.« Diese Haltung wurde von vielen Repräsentanten des Leistungssports übernommen. Eine besonders prononcierte Position nahm in dieser Hinsicht der Olympiaarzt Philippi nach den Olympischen Spielen 1976 in Montreal ein: »Man muß im

Sport-Krieg Ja sagen, will man nicht im Hochleistungssport von den Ländern des Ostblocks lächerlich gemacht werden« (beide zitiert in Pilz 1991: 6/7).

2.4 Nutzenverschränkungen

Leistungssportliches Handeln ist, wie wir in diesem Kapitel gezeigt haben, auf vielfältige Weise mit anderen gesellschaftlichen Teilsystemen verknüpft. Die Betrachtung der Leistungsbezüge des Spitzensports zu den Massenmedien, zur Politik und zur Wirtschaft läßt einen Zusammenhang unübersehbar deutlich werden: Die Akteure dieser anderen drei Teilsysteme wollen jeweils etwas völlig anderes vom Leistungssport als das, woran die leistungssportlichen Akteure selbst ihr Handeln ausrichten. Diese Interessendivergenz wird auch von allen Beteiligten sehr klar gesehen. Um noch einmal dem Vizepräsidenten von General Motors Europe, Wilhelm Gäb, das Wort zu erteilen: »Für uns ist Sponsor-Spitzensport grundsätzlich nicht Gefälligkeit, sondern kaufmännisches Überlegen. Was investiere ich, und was bekomme ich an Kommunikationsleistung zurück?« (Die Zeit vom 3. 7. 1992). Und ein Verantwortlicher aus dem Medienbereich bekennt: »Mich interessieren nur Einschaltquoten« (KSA vom 13./14. 11. 1993). Es handelt sich beim Sport auf der einen, bei Wirtschaft, Politik und Massenmedien auf der anderen Seite eben um jeweils gegeneinander ausdifferenzierte, nach einem eigenen selbstreferentiell geschlossenen Code operierende Teilsysteme der modernen Gesellschaft. Deren Handlungslogiken sind dementsprechend untereinander inkommensurabel. Es fehlt jede substantielle sinnhafte Überlappung, die einen gemeinsamen Maßstab für richtiges Handeln abgeben könnte. Der Leistungssportler interessiert sich für Siege, das Unternehmen will lukrative Investitionen, die Politiker haben den Ausbau der eigenen Machtpositionen vor Augen, und die Massenmedien interessieren sich für den Neuigkeitswert ihrer Berichterstattung, um ihre Einschaltquoten und Auflagen zu erhöhen. Dementsprechend haben Akteure aus diesen vier gesellschaftlichen Teilsystemen jeweils etwas völlig anderes im Sinn, wenn sie miteinander über ein und dasselbe sportliche Ereignis kommunizieren. Sie reden dauerhaft und darin unbelehrbar aneinander vorbei, weil es zwi-

schen ihnen eben einen durch die unterschiedliche Teilsystemzu-
gehörigkeit konstituierten *generellen Orientierungsdissens* gibt.

Dennoch haben sie die Chance, zu *spezifischen Interessenkon-
sensen* miteinander in Gestalt von Nutzenverschränkungen zu
gelangen (Schimank 1992 a). Sofern alle Seiten zunächst einmal
ihren generellen Orientierungsdissens als solchen anerkennen, ist
dafür die Grundlage geschaffen. Wenn jeder zugesteht, daß die
andere Seite jeweils anderen Orientierungen folgt als er selbst,
können alle versuchen, einander wechselseitig in dem Sinne zu
verstehen, daß sie sich darüber bewußt werden, welches von der
je eigenen Handlungsausrichtung divergierende Interesse das
Gegenüber verfolgt. Ist das erreicht, kann jeder die eigenen Absichten so in den Interessenhorizont des Gegenübers projizieren,
daß sie diesem als Mittel zur eigenen Zielerreichung erscheinen.
Die differenten Interessen werden ineinander verschränkt: Egos
Ziele stellen sich Alter als Mittel zur Erreichung von dessen
eigenen Zielen dar – und werden ihm von Ego so dargestellt –
und umgekehrt (Eichmann 1989; Willke 1989: 135-140). Auf
diese Weise können sich spezifische Interessenkonsense in Form
von differenten, aber miteinander kompatiblen teilsystemspezifi-
schen Anschlußmöglichkeiten des Handelns ergeben. Der Sportler kann beispielsweise aus der Sicht eines Unternehmens als
Werbemittel erscheinen, womit sein Handeln rein wirtschaftlich
unter Investitionsgesichtspunkten beurteilt wird. Umgekehrt
sind für ihn die Werbeeinnahmen Mittel zum Lebensunterhalt
und zur Finanzierung dessen, was er für die Steigerung seiner
sportlichen Leistungsfähigkeit benötigt, werden also ganz entsprechend dem Siegescode gedeutet. Wie das Beispiel zeigt, bleibt
der generelle Orientierungsdissens erhalten, ohne daß dies einem
spezifischen Interessenkonsens zwischen Sportler und Unternehmen im Wege steht.

Wie sich gezeigt hat, ist der Spitzensport hochgradig ressour-
cenabhängig von den drei anderen gesellschaftlichen Teilsyste-
men. Er erhält von dort finanzielle Zuwendungen, weil er
seinerseits für diese Teilsysteme bestimmte Leistungen erbringt.
Diese Leistungen lassen es den Akteuren der Massenmedien, der
Wirtschaft und der Politik als zweckmäßig erscheinen, mit dem
Hochleistungssport dauerhaft im durchaus wörtlichen Sinne im
Geschäft zu bleiben. Es liegt also jeweils eine wechselseitige
Abhängigkeit vor, die *intersystemische Tauschbeziehungen* her-

vorbringt. Der Spitzensport ist ebenso auf die Ressourcen aus diesen drei anderen Teilsystemen angewiesen, wie diese dessen Leistungen brauchen.

Diese – systemtheoretisch gedeutet – strukturellen Kopplungen zwischen den Teilsystemen (Willke 1989: 45/46) haben sich allmählich herausgebildet. Sie wurden in einer schleichenden, von den Akteuren anfangs kaum bemerkten, aber nichtsdestoweniger immer zwangsläufigeren Entwicklung immer größer und immer unumkehrbarer. Die intersystemischen Tauschbeziehungen gewannen bald den Charakter faktischer *beiderseitiger Selbstbindungen*. So wie ein Verzicht des Spitzensports auf die Ressourcen aus den drei anderen Teilsystemen dessen sofortigen Zusammenbruch zur Folge hätte, haben sich auch die Massenmedien, die Politik und die Wirtschaft an die ihnen jeweils bereitgestellten Leistungen des Spitzensports gewöhnt und könnten einen plötzlichen Wegfall nur schwer verkraften. Der Hochleistungssport und diese anderen drei Teilsysteme sind gewissermaßen eine immer engere Schicksalsgemeinschaft miteinander eingegangen, die von keiner Seite abrupt aufgekündigt werden kann, sondern aus der man sich allenfalls sehr langfristig wieder herauslösen könnte.

Verbreitete kritische Einschätzungen sehen oftmals nur die eine Seite dieser Schicksalsgemeinschaft: die immer größere Abhängigkeit des Spitzensports von Massenmedien, Politik und Wirtschaft. Daraus wird dann schnell der Schluß gezogen, der Hochleistungssport werde zu einem immer willfährigeren Sklaven der Akteure dieser anderen drei Teilsysteme degradiert.[17] Beispiele dafür, daß der Spitzensport durchaus entgegen eigenen Interessen Rücksicht auf die Interessen von Umweltakteuren genommen hat, gibt es durchaus. So haben bekanntlich olympische Wettkämpfe oftmals zu physiologisch höchst ungünstigen Tageszeiten stattgefunden, damit sie in die Prime Time der amerikanischen Fernsehgesellschaften hineinfielen. Bei manchen amerikanischen Sportarten wurden Regeländerungen vorgenommen, um die Pausen und Spielunterbrechungen so zu gestalten, daß mehr Zeit für eingeblendete Werbung blieb. Auch der Boykott der Olympischen Spiele in Moskau durch viele westliche Nationen nach dem Einmarsch sowjetischer Truppen in Afghanistan

---

17 Siehe z. B. Heinemann (1987: 159-161), Becker (1987: 36) und als Kritik daran Schimank (1989).

war eine den nationalen Sportverbänden aufgenötigte und von ihnen auch kontrovers diskutierte Rücksichtnahme des Sports zugunsten der Politik. Doch als Unterwerfung des Leistungssports unter das Diktat von Massenmedien, Wirtschaft oder Politik lassen sich solche Phänomene noch lange nicht deuten. Denn daß in einer Tauschbeziehung einander gegenseitig Zugeständnisse gemacht werden müssen, ist banal. Und wenn der Leistungssport gegenüber den anderen drei Teilsystemen immer höhere finanzielle Forderungen durchzusetzen in der Lage ist, muß er eben auch seine Gegenleistungen entsprechend mehr an den Ansprüchen dieser Teilsysteme ausrichten.

Einer einseitigen Vereinnahmung des Spitzensports durch diese drei Teilsysteme steht im übrigen auch entgegen, daß in jedem von ihnen stets eine Pluralität von Akteuren an den vom Spitzensport gebotenen Leistungen interessiert ist. Sowohl im Verhältnis zur Wirtschaft als auch im Verhältnis zu den Massenmedien und selbst im Verhältnis zur Politik ist der Hochleistungssport jeweils von vielen Herren abhängig; und das schafft bekanntlich Möglichkeiten, diese durch Strategien des »divide et impera« gegeneinander auszuspielen und eigene Abhängigkeiten in Grenzen zu halten. So können, eine Stufe höher, auch die »cross pressures«, denen der Spitzensport durch die unterschiedlichen Erwartungen aus den Massenmedien, der Politik und der Wirtschaft ausgesetzt ist, immer wieder dazu benutzt werden, diese Erwartungen wechselseitig zumindest partiell zu neutralisieren. Beispielsweise kann einer zu starken politischen Instrumentalisierung des Hochleistungssports dadurch Einhalt geboten werden, daß auf die berechtigten und nicht ignorierbaren Ansprüche der Wirtschaft verwiesen wird, und umgekehrt.

Die harte Grenze einer Vereinnahmung des Spitzensports durch die anderen Teilsysteme besteht ohnehin darin, daß deren Leistungsbezüge dem Publikumsinteresse am Sport aufsitzen. Nur in dem Maße, wie spitzensportliche Ereignisse für das Publikum interessant bleiben, können sie ihre Nutzeffekte für die Massenmedien, die Wirtschaft und die Politik abwerfen. Da das Publikumsinteresse zwar nicht in allen, aber in seinen wichtigsten Motiven am Siegescode ausgerichtet ist, wird dieser harte Kern der teilsystemischen Autonomie des Leistungssports wirksam abgepuffert. Um dies nur an einem augenfälligen Beispiel zu verdeutlichen: Natürlich können Sportereignisse und Sportler prinzipiell immer mehr als Werbeträger für die Wirtschaft instrumentalisiert werden. Doch gerade die Werbewirksamkeit hängt entscheidend davon ab, wie spannend die Wettkämpfe sind und ob sich Athleten als Helden zu profilieren vermögen. Auch wenn die Sportereignisse aus wirtschaftlicher Perspektive daher immer nur eine prinzipiell austauschbare Rahmenhandlung für die Inszenierung von Werbung darstellen, die Wirtschaft also kein intrinsisches Interesse an spannenden Wettkämpfen besitzt, muß sie aus ihrer Logik heraus den durch den Siegescode geprägten Charakter sportlicher Wettkämpfe respektieren.

Die Leistungen des Spitzensports für die Massenmedien, die Wirtschaft und die Politik bleiben eben immer nur positive Nebenwirkungen des eigentlichen sportlichen Geschehens – selbst wenn sie als solche mittlerweile hochgradig strategisch geplant werden. Sobald diese Nebeneffekte das Bild zu dominieren beginnen, flacht das Publikumsinteresse ab – und damit eben auch die erwünschte Begleitaufmerksamkeit für politische oder wirtschaftliche Belange. Noch kürzer gesagt: Die Parasiten müssen aus Eigeninteresse darauf achten, daß ihr Wirt gesund und munter bleibt. Wenn also die Instrumentalisierung des Spitzensports durch Akteure der Massenmedien, der Wirtschaft oder der Politik zu weit geht, schlägt diese Vereinnahmung auf sich selbst zurück. Hieraus resultierende Erfahrungen bieten diesen Akteuren zumindest die Chance, die Dysfunktionalität ihres Tuns wahrzunehmen und entsprechende Korrekturen vorzunehmen.

Tatsächlich haben die immer größer gewordenen Umweltansprüche an den Hochleistungssport nicht etwa dazu geführt, daß der sportliche Erfolgsdruck suspendiert und substituiert wurde. Sie haben ihn ganz im Gegenteil verschärft und die Schrankenlosigkeit des Siegescodes erst richtig entfesselt. Weil es im Spitzensport immer mehr an Übertragungsrechten, Werbeeinnahmen und staatlichen Fördergeldern zu verdienen gibt, sind sportliche Siege immer wichtiger geworden. Der entscheidende Punkt ist: All diese Gelder werden gemäß sportlicher Leistung zugeteilt. Massenmedien, Wirtschaft und Politik beugen sich damit den nach wie vor selbstgesetzten Sinnkriterien des Sports. So geht die enorm gestiegene Ressourcenabhängigkeit des Spitzensports mit einer unangetasteten Autonomie hinsichtlich der Beurteilung sportlicher Leistungen einher. Mehr noch: Die Verabsolutierung des selbstreferentiell geschlossenen Siegescodes nimmt durch die mit der zunehmenden Ressourcenabhängigkeit gewachsenen Umweltansprüche aus Massenmedien, Wirtschaft und Politik immer weiter zu.

Letztlich lastet dieser Druck auf dem einzelnen Athleten, wie der australische Sportmediziner Gavin Dawson konstatierte: »The pressure on today's athlete is tremendous, due to media expectations, national pride, personal gains and the necessity to compete on equal terms with Eastern Bloc counterparts« (zitiert in Australisches Senatskomitee 1989: 34). Damit verstärken aber die Umweltansprüche jene Problematik, die wir im Kapitel 1 herausgearbeitet haben. Der Siegescode fordert, gemessen an den begrenzten Kapazitäten körperlicher Leistungsfähigkeit, immer Unmöglicheres von den Athleten. Sie sehen sich einer eben nicht nur aus ihrer Konkurrenz mit anderen Sportlern, sondern auch aus der Beobachtung und Instrumentalisierung dieser Konkurrenz durch Massenmedien, Politik und Wirtschaft hervorgehenden Anspruchsinflation gegenüber. Was diese Entfesselung des Hochleistungssports durch Umwelterwartungen genauer bedeutet, läßt sich am einzelnen Athleten studieren – was im nächsten Kapitel geschehen soll.

3. Die biographische Falle

Wir haben in den bisherigen beiden Kapiteln dieses Teils der Studie herausgearbeitet, wie der selbstreferentielle Siegescode auf der einen, die Bezüge zur gesellschaftlichen Umwelt auf der anderen Seite den Spitzensport prägen. Es wurde deutlich, daß teilsystemische Geschlossenheit und Umweltoffenheit, Beharren auf den selbstgesetzten Standards sportlichen Handelns und Eingehen auf außersportliche Ansprüche keineswegs miteinander konfligieren, sondern zwei Seiten derselben Medaille darstellen. Nur und gerade weil der Sport selbstreferentiell operiert, ist er für andere gesellschaftliche Teilsysteme interessant; und weil er deshalb von diesen mit Ressourcen versorgt wird, kann er seine selbstbezügliche Geschlossenheit kultivieren. Was diese Verschränkung von Binnen- und Außenperspektive für die Materialitätsbasis des Sports, den Körper der Athleten, bedeutet, haben wir ebenfalls dargelegt, wobei dieser Zusammenhang vor allen Dingen in der Verwissenschaftlichung des Spitzensports virulent wird. Wissenschaftliches Wissen über die Möglichkeiten physischer und psychischer Leistungssteigerung muß immer beides zugleich sein: eine technologisch einsetzbare neue Erkenntnis und geeignet, zum Sieg zu verhelfen.

Die Bedeutung dieser systemischen Bedingungen soll nun für den einzelnen Sportler als individuellen Akteur herausgearbeitet werden. Gesellschaftliche Teilsysteme, ihr internes Operieren ebenso wie ihre Bezüge untereinander, manifestieren sich letztlich im Handeln ihrer zentralen Sozialfiguren. Im Sportsystem sind dies die Sportler, im Hochleistungssport diejenigen Athleten, die national und international Spitzenleistungen erbringen. Ihnen wenden wir unsere Aufmerksamkeit in diesem Kapitel zu. Wie schlagen sich die teilsystemischen Strukturen und die Umweltbezüge des Sports in der Biographie des einzelnen Athleten nieder?

In dieser Perspektive erscheinen die Sportler nicht einfach als Marionetten gesellschaftlicher Zwänge, die sich ihnen in Form normativer Erwartungen präsentieren. Die soziologische Rollentheorie hing zeitweise einer solchen »over-socialized conception of man« (Wrong 1961) an. Demgegenüber betonen wir, wie es in der Folgezeit sowohl durch interaktionistische Perspektiven als auch durch die Rational-Choice-Perspektive geschehen ist, die Fähigkeit von individuellen Akteuren, eigene Kosten/Nutzen-Kalkulationen auch im Widerspruch zu normativen Erwartungen anzustellen und die daraus hervorgehenden Ziele strategisch zu verfolgen. Zweifellos sind institutionalisierte Normen wichtige – aber eben nicht die einzigen – Faktoren, die Menschen bei ihrer Zielverfolgung in Rechnung stellen. Gegebenenfalls lohnt sich auch die Mißachtung der Normen: besonders in den Fällen, in denen der Nutzen des so erreichbaren Zieles hoch ist, die Normverletzung sehr wahrscheinlich nicht sozial auffällt oder lediglich geringfügige Sanktionen auf sich zieht.

Der das sportliche Handeln prägende Siegescode, die Körperabhängigkeit sportlicher Leistungen und die an ihn aus anderen gesellschaftlichen Teilsystemen gerichteten Erwartungen stellen gleichsam das soziale Kraftfeld dar, in dem sich der individuelle Athlet bewegt. Wir fragen im folgenden nach den prägenden Wirkungen dieser Rahmenbedingungen auf das Handeln des einzelnen Sportlers. Dabei interessiert uns nicht die punktuelle Betrachtung kurzfristiger Einzelhandlungen, sondern die längerfristige Hervorbringung der je eigenen Biographie. Die Biographie einer Person ergibt sich aus einem Wechselspiel von sowohl vergangenheitsbasierten als auch zukunftsorientierten Identitätsentwürfen, inkrementellem alltäglichem Taktieren, dem Erleiden teils vorausgesehener, teils unverhoffter Möglichkeitsbeschränkungen sowie sich eröffnenden neuen Gelegenheiten der kurz- oder langfristigen Lebensgestaltung. Wie sich diese Bedingungen für eine typische Sportlerkarriere darstellen, wird der erste Abschnitt verdeutlichen. Anschließend werden wir im zweiten Abschnitt die sich daraus ergebende eigentümliche Identitätsform des Hochleistungssportlers charakterisieren. Der dritte Abschnitt wird sich dann mit denjenigen Akteuren befassen, die das unmittelbare sportliche Umfeld des Spitzensportlers ausmachen. Auch für sie hat die biographische Situation, in die Leistungssportler strukturell hineingetrieben werden, eminente Konsequenzen.

3.1 Biographische Fixierung der Sportlerkarriere

In einer biographietheoretischen Betrachtung ist die Karriere eines Leistungssportlers eine mehr oder wenige lange Phase auf dessen individuellem Lebensweg. Eine Biographie stellt den Vorgang einer schrittweisen Selbstfestlegung einer Person dar. Damit sind Biographien in zeitlicher, sachlicher und sozialer Hinsicht näher charakterisierbare Prozesse:

– In *zeitlicher* Hinsicht ist die Biographie einer Person kein vom Anfang her geplanter und dann dementsprechend vollzogener Vorgang. Zwar gibt es durchaus längerfristig orientierte Lebensentwürfe, wie manche Berufskarrieren zeigen. Doch solche Planungen sind eingebettet in den alltäglichen Inkrementalismus des Lebensverlaufs und müssen deshalb auch oft genug revidiert werden. Entscheidend ist in zeitlicher Perspektive, daß jede Wahl die weitere Zukunft einer Person einschränkt, gleichgültig, ob es sich um die strategische Verfolgung eines langfristigen Identitätsentwurfs oder um ein kurzfristig ausgerichtetes Sich-Durchwursteln handelt. Auch wenn eine Wahl neue Handlungsmöglichkeiten für die Zukunft eröffnet, schließt sie doch stets ungleich mehr nicht gewollte – aber vielleicht später einmal vermißte – Optionen aus.

– In *sachlicher* Hinsicht ist die Biographie einer Person damit ein Vorgang sukzessiver Spezifikation. Wie bei einem Entscheidungsbaum stehen einem am Anfang unfaßbar viele Wege offen; und dies sind nicht bloß Denkmöglichkeiten, sondern real bestehende Opportunitäten. Doch der einzelne muß ständig Wahlen zwischen verschiedenen Optionen treffen. Selbst eine vielseitig ausgeprägte Persönlichkeit kann nicht alles gleichzeitig betreiben, was eine differenzierte Gesellschaft ihr bietet. Hat die Person sich dann an einer bestimmten Verzweigung des Entscheidungsbaumes für den einen Pfad und gegen die vielen anderen entschieden, sind fortan all die Möglichkeiten verschlossen, die diese Pfade eröffnet hätten. Zwar ist kaum eine solche biographische Selbstfestlegung völlig irreversibel. Doch ihre Zurücknahme erfordert einen Aufwand, der stets höher ist als die für eine Pfadtreue zu erbringenden Investitionen.

– In *sozialer* Hinsicht geht diese sukzessive Festlegung der Biographie einer Person maßgeblich auf deren eigene Wahlakte zurück. Was jemand aus seinem Leben macht, wird zwar durch soziale Einflüsse mannigfaltigster Art in erheblichem Maße geprägt, aber niemals vollständig determiniert. Soziale Zwänge und Gelegenheiten setzen einen Spielraum biographischer Selbstgestaltung. Aus diesem Alternativenspektrum wählt die Person, gemäß eigenen Vorstellungen und Möglichkeiten, mehr oder weniger bewußt das heraus, was sie mit sich selbst anfangen will.

Entscheidend ist, daß diese sukzessiven Selbstfestlegungen des einzelnen in hoher Unwissenheit darüber geschehen, wohin ein bestimmter Pfad auf längere Sicht führen wird. Die Person überblickt niemals auch nur annähernd den gesamten Entscheidungsbaum, sondern an einem bestimmten Verzweigungspunkt kommen allenfalls wenige nächste Schritte und Möglichkeiten ins Visier. Sie weiß also, daß sie sich mit allem, was sie tut, so oder so festlegt. Aber sie weiß nicht, worauf sie sich damit längerfristig einläßt.

Diese generellen Merkmale von Biographien zeigen sich an Sportlerkarrieren in einer eigentümlichen Weise. Je irreversibler die Wahl eines bestimmten Pfades ausfällt und je ungewisser der Verlauf zum Zeitpunkt der Wahl ist, desto höher wird das Risiko, in einer *biographischen Falle* zu landen: in einer verfahrenen Situation, in der man, um noch das Beste daraus zu machen, auf einmal auch Dinge tut, die man früher weit von sich gewiesen hätte. Oftmals entpuppen sich dann Verheißungen als Verstrickungen. Genau dieser perfide Zusammenhang ist in den Biographien von Hochleistungssportlern strukturell angelegt. Aus zunächst völlig unscheinbaren Anfangsmotiven, die hochgradig zufällig entstehen, manövriert sich der Sportler – eine Zeitlang durch positive Verstärkungen angetrieben – in eine anfangs nicht absehbare Zwangslage hinein. Dieser Vorgang der *biographischen Fixierung* der Sportlerkarriere ist – wie noch deutlich werden wird – nicht auf individuelle Fehlentscheidungen zurückzuführen. Allein schon die hohe Regelmäßigkeit, mit der sich die biographische Fixierung bei fast allen Leistungssportlern in variierender Intensität einstellt, zeigt unübersehbar, daß keine individuellen, sondern soziale Faktoren dafür bestimmend sind. Dennoch bleiben es individuelle Wahlakte, über die sich dieser Weg in die biographische Falle vollzieht.

Die Engführung von Sportlerkarrieren ist das Ergebnis eines Syndroms ineinandergreifender zeitlicher, sachlicher und sozialer Wirkgrößen.[1] In zeitlicher Hinsicht kann ein Vergleich der

1 Anschauliche, wenn auch teilweise verharmlosende Beispiele hierzu finden sich bei Thränhardt (1994).

Situation heutiger Spitzensportler mit ihren Vorgängern um die Jahrhundertwende oder auch noch in den dreißiger Jahren als Ausgangspunkt dienen: »Ein Sieg bei den ersten Olympischen Spielen 1896 in Athen bedurfte einer nur mittelmäßigen Veranlagung; denn die dort erzielten Leistungen, etwa in den leichtathletischen Disziplinen, erreicht heute jeder talentierte Anfänger bei seinen ersten Wettkampfversuchen.« So gewann beispielsweise im Diskuswerfen »tatsächlich ein Athlet, der einen Tag vor dem Wettkampf erstmals einen Diskus in der Hand hatte« (Bach 1989: 25). Und Mitte der achtziger Jahre konnte man ähnlich nostalgisch auf zwei deutsche Ruderer der dreißiger Jahre zurückblicken: »Waren das noch Zeiten, als sich Willi Eichhorn und Hugo Strauß auf Olympia 1936 vorbereiteten! Im Geschäft bis abends um 6, samstags bis Mittag, erst danach ins Boot, im Winter ›mehr gefühlsmäßig‹ ein paar Kilometer auf dem Rhein, einmal wöchentlich Waldlaufen. Kurz vor den Spielen dann als an Luxus grenzende Zusatzmaßnahme hin und wieder eine Massage. Das reichte – mußte reichen! –, um in Grünau umjubelte Olympia-Sieger im Zweier-ohne zu werden« (MM vom 1. 10. 1984). Auch ein kanadischer Mittelstreckenläufer, der Anfang der sechziger Jahre aktiv war, beschrieb sein Training noch »as something that was undertaken in a more casual way« (zitiert in Dubin 1990: 475). Seitdem ist der Zeitaufwand für Wettkämpfe, Training, sportärztliche Betreuung und Regeneration immens gewachsen (Ulrich 1977: 126-128; Bette/Neidhardt 1985: 10). Generell wird geschätzt, daß der zeitliche Trainingsaufwand eines Leistungssportlers im Jahr 1980 etwa viermal so hoch war wie 1950. Ein Schwimmer mußte beispielsweise 1980 als Leistungssportler allein für sein Training etwa 20 Wochenstunden veranschlagen (Krockow 1980: 97); andere Untersuchungen haben für Schwimmer sogar schon Anfang der siebziger Jahre eine zeitliche Gesamtbelastung durch den Sport von 34-42 Stunden pro Woche ermittelt (Ulrich 1977: 45).

Diese zunehmende zeitliche Beanspruchung der Athleten erwächst aus der Selbstüberbietungslogik des Siegescodes, die sich mit immer mehr von der Umwelt zur Verfügung gestellten Ressourcen immer rigoroser durchsetzt. Dabei wird die Diskrepanz zu den begrenzten Möglichkeiten der Steigerung körperlicher Leistungsfähigkeit immer eklatanter. Die trotz Verwissenschaftlichung letztlich endliche Leistungsfähigkeit des Körpers hinkt hinter der unendlichen Steigerbarkeit des Siegescodes hoffnungslos hinterher. Auf diese Kluft reagieren die Sportler und die sie betreuenden Akteure mit entsprechenden Rationalisierungsmaßnahmen. Allein durch die zeitliche Belastung wird ihr Sport für sie faktisch zum Beruf. Der eben zitierte kanadische Mittelstreckenläufer erkannte in den sechziger Jahren vorausblickend: »If it gets to the point where people are training twice a day, then they will move on to three times a day because probably there is a marginal efficiency to be gained with a lot more training. And it will become a full time occupation and the life we lead will be impossible. And it will mean that people such as us will be forced to choose from being a full time athlete, focusing on nothing but the sport, or a recreational athlete with little opportunity to travel and compete with a high level« (zitiert in Dubin 1990: 475). Dieser Zustand ist längst erreicht – durchaus auch schon bei Kindern und Jugendlichen. Je nach Sportart beginnt das zeitintensive Hochleistungstraining im Alter von 6 bis 13 Jahren (Ulrich 1977: 124/125). Dabei vollzieht sich der bewußte Schritt in die Rolle des Leistungssportlers immer früher im Lebensalter.[2] Das Absinken des optimalen Höchstleistungsalters bedeutet, daß die Athletenrolle in einigen Disziplinen, anders als andere Berufe, gerade heute Kinderarbeit als ganz normale Startphase der Karriere kennt. Ebenfalls anders als bei anderen Berufen gibt es für die Sportler keinen säkularen Trend zur Arbeitszeitverkürzung. Das Gegenteil ist der Fall.

Durchaus erhebliche Varianzen zwischen den Sportarten sind in der Zeitdimension ebenso wie in den beiden noch anzusprechenden Dimensionen biographischer Fixierung anzutreffen – wenngleich in allen Sportarten das Ausmaß biographischer Fixierung zugenommen hat. Aber ein Fechter z. B. trainiert viel weniger als ein Schwimmer; eine Eiskunstläuferin muß viel früher im Leben beginnen als ein Mittelstreckenläufer; in Individualsportarten kann sich der einzelne seine Trainingszeiten viel selbstbestimmter wählen als in Mannschaftssportarten; und ein Leistungssportler, der ein Hochschulstudium absolviert, kann besser Sport und Ausbildung synchronisieren.

In sachlicher Hinsicht entspricht dieser zunehmenden und immer früher ansetzenden zeitlichen Beanspruchung durch die

2 Siehe beispielsweise die empirische Studie über polnische Fechter von Sztyma-Pawlak (1978) sowie Kaminski u. a. (1984).

Sportlerrolle eine sich rasch vollziehende Prioritätensetzung für den Sport gegenüber allen anderen Aktivitäten. Schule, später Beruf, Familie, Bekannte und Freunde sowie Freizeitaktivitäten verlieren an Bedeutung und werden dem absoluten Vorrang des Sports unterworfen. Diese anderen Betätigungen und Bezüge werden soweit wie möglich darauf zurückgestutzt, daß sie das leistungssportliche Handeln nicht negativ tangieren. Was übermäßig – also mehr als bloß regenerativ – vom Sport ablenkt, wird auszuschalten versucht.[3] Das variiert natürlich mit der zeitlichen Beanspruchung durch das Sporttreiben. Die sachliche Aufmerksamkeitsfokussierung auf den Sport wird auch von einer extremen Sensibilisierung für den eigenen Körper begleitet. Denn von der physischen Verfassung hängt der sportliche Erfolg ab.

In sozialer Hinsicht geht die zeitliche und sachliche biographische Fixierung damit einher, daß das Unterstützungsmilieu von Trainer, Verein, Verband und Sponsoren – anfangs auch noch der Eltern – tendenziell die Qualität einer »totalen Institution« annimmt.[4] Andere soziale Bezüge werden entsprechend relativiert, biographische »cross pressures«[5] dadurch reduziert. Ein Ausstieg aus der verschworenen Gemeinschaft des Unterstützungsumfeldes fällt bald um so schwerer, weil der Athlet außerhalb kaum noch wichtige soziale Beziehungen unterhält.[6]

Soziale, sachliche und zeitliche Mechanismen der biographischen Fixierung verstärken einander wechselseitig (siehe Abb. 2): Je weniger Zeit für andere Dinge bleibt, desto wichtiger wird das

3 Eine Untersuchung finnischer Leistungssportler brachte beispielsweise auch das Ergebnis, daß diese selbst beim Zeitunglesen und Fernsehen ihre Aufmerksamkeit viel stärker auf sportliche Themen als auf andere Ereignisse lenken (Vuolle 1978). Ein derartiges Verhalten wird auch als psychologischer Mechanismus der Dissonanzreduktion interpretiert. Die Leistungssportler kümmern sich nicht um Dinge, die ihnen bewußt machen könnten, worauf sie verzichten. Gerade solche Athleten, die bestimmte Unzufriedenheiten mit ihrem Arbeitsleben, ihrer Ausbildung und ihrem Familienleben spürten, zeigten dieses Ablenkungsmuster in besonderem Maße.
4 Generell zum Konzept der »totalen Institution«, mit dem gemeinhin etwa das Militär, psychiatrische Anstalten oder Gefängnisse charakterisiert werden, siehe Goffman (1961).
5 Zu diesem Konzept aus der Wahlsoziologie siehe Lipset (1959).
6 Auch dies wird von der empirischen Studie über polnische Fechter exemplarisch nachgezeichnet (Sztyma-Pawlak 1978). Dieser Vorgang der sozialen Schließung der Gruppe der signifikanten Anderen hat übrigens durchaus Ähnlichkeit mit Prozeßverläufen, in denen terroristische Gruppen sich eigendynamisch eskalierend immer mehr auf sich selbst zurückziehen (Neidhardt 1988).

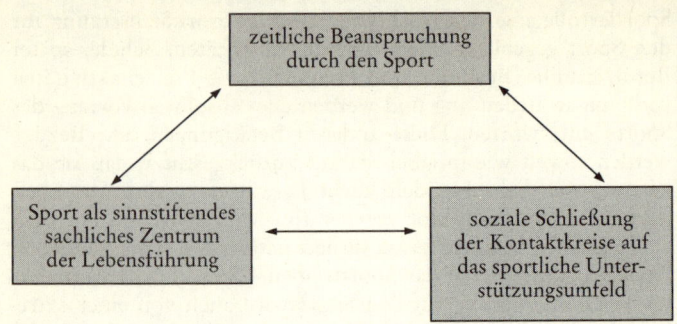

Abb. 2: Dimensionen der biographischen Fixierung

Sporttreiben als sinnstiftendes Zentrum der eigenen Identität, und desto mehr orientiert sich der einzelne an denjenigen anderen, die das sportliche Unterstützungsumfeld ausmachen. Je wichtiger aber das Sporttreiben und die darüber bestehenden sozialen Kontakte werden, desto wahrscheinlicher wird es, sich auch in der disponiblen Zeit mit dem Sport und den damit zusammenhängenden Personen zu beschäftigen; und je mehr die Athleten die eigenen sozialen Kontakte auf das sportliche Unterstützungsumfeld reduzieren, desto mehr werden sie darin bestärkt, das Sporttreiben als dominierenden Mittelpunkt des eigenen Lebens zu begreifen; und je mehr sie dies tun, desto mehr werden sie wiederum vorzugsweise Kontakte zu Personen suchen, die sie darin bestätigen.

Die Ausdifferenzierung des Hochleistungssports führt bei den Akteuren also zu Tendenzen der Spezialisierung und Selbstfestlegung. Je weiter die Ausdifferenzierung fortgeschritten ist, desto stärker werden die Sportler unter Druck gesetzt, sich in ihren Möglichkeiten und Befindlichkeiten anzupassen. Wer hierzu nicht bereit ist, hat in einem System, das über Leistung und Konkurrenz Positionen vergibt, wenig Chancen. Summarisch läßt sich diese biographische Fixierung wie folgt charakterisieren: »In ihrer Lebensgestaltung und Lebensplanung sind Athleten heute in einem höheren Grade als früher festgelegt, und zwar vor allem in dem Sinne, daß sie oft wenig Einfluß auf das Maß externer Anforderungen haben, vieles über sie hinwegentschieden wird, daß ›Aussteigen‹ aus dem ›System‹ schwierig ist, und die körperlichen, psychischen und sozialen Belastungen, denen sie unterliegen, auch kaum zu mindern sind« (Grupe 1985: 22).

Dieser Zustand steht am Ende eines längeren Prozesses, der ganz harmlos anfängt. Ein Kind oder ein Jugendlicher beginnt, intensiver Sport zu treiben. Dieser Tatbestand geht zum einen auf bestimmte Motivlagen zurück und kann zum anderen auch durch genetische Veranlagungen unterstützt werden. Vor allem drei Motive können ein Kind oder einen Jugendlichen dazu bewegen, sich überdurchschnittlich stark sportlich zu betätigen (Unabhängige Dopingkommission 1991: 205). Das erste ist spielerischer Spaß an der körperlichen Bewegung. Dieses Motiv könnte genetisch darauf zurückgehen, daß die von dem Psychologen Karl Bühler als »Funktionslust« bezeichnete Antriebsmotivation in besonders starkem Maße vorliegt. Die »Funktionslust« besteht darin, bereits Gekonntes noch weiter zu verbessern. Gerade für Kinder, die in ihrem Handeln noch kaum intellektualisiert sind, liegt es nahe, ihre »Funktionslust« in körperlichen Betätigungen, u. a. im Sport, auszuleben. Zweitens kann als Motiv dafür, daß ein Kind oder Jugendlicher intensiv Sport betreibt, die damit verbundene Geselligkeit wirken. Sport kann eine Möglichkeit bieten, Freunde zu finden und gemeinsame Interessen zu entwickeln. Drittens spielen oftmals auch Verpflichtungsgefühle gegenüber sportfördernden Eltern eine wichtige Rolle (Stevenson 1990). Leistungssport geht oft auf ein »sponsored recruitment« (Prus 1984: 301) zurück. Um den Eltern, die ja für Kinder die wichtigsten Bezugspersonen darstellen, zu gefallen und zu imponieren, können Kinder und Jugendliche versuchen, sportliche Erfolge zu erringen. Diese verschiedenen Motive des Sporttreibens werden genetisch in dem Maße unterstützt, wie jemand ein besonderes angeborenes Talent aufweist, wie es sich etwa in der Zusammensetzung der Muskulatur oder der Reaktionsgeschwindigkeit manifestiert. Insbesondere Talent und »Funktionslust« verstärken einander wechselseitig. Die »Funktionslust« kann um so stärker ausgelebt werden, je mehr Talent vorhanden ist; und je stärker die »Funktionslust« gegeben ist, desto intensiver läßt sich ein gegebenes Talent ausnutzen.

Sofern ein so in Gang gesetztes Sporttreiben individuelle Erfolgserlebnisse hervorbringt, setzt ein darauf bezogener Identitätsaufbau ein (Donnelly/Young 1988). Bleibt ein Kind oder Jugendlicher sportlich dauerhaft erfolglos oder heimst nur gelegentliche bescheidene Erfolge ein, gewinnt das Sporttreiben keine zentrale Bedeutung für seine Identität. Im Sinne einer Vermeidung kognitiver Dissonanzen (Festinger 1957) wird das Kind oder der Jugendliche sich nicht primär über die Sportlerrolle definieren. Erfolgserlebnisse prädisponieren jedoch genau dafür – und zwar in dem Maße, wie keine konkurrierenden Erfolgserfahrungen in anderen Lebensbereichen existieren. In diesem frühen Stadium des Sporttreibens – meistens noch vor der Entscheidung zum Leistungssport – wird der erste Schritt in die biographische Falle hineingetan. Dieser Schritt erfolgt – weil es sich eben um eine Falle handelt – ohne Wissen darüber, worauf man sich einläßt: »Der Beginn der Karriere als Hochleistungssportler ist so gut wie nie bewußt geplant.« Vielmehr wird im nachhinein »meist zufällig entdeckt, daß man durch geringen Aufwand rasch Erfolg hat« (Klein 1987: 94). Das Kind oder der Jugendliche erfährt, daß Sporttreiben eine im Vergleich zu anderen Aktivitäten – beispielsweise schulischem Lernen – unaufwendige Möglichkeit darstellt, um Identitätsbestätigungen zu erhalten. So kann sportlicher Erfolg zu einem wichtigen, leicht zum wichtigsten Mittel werden, über das sich die Person soziale Bestätigung und Selbstwertgefühl beschafft.

Die psychische Opportunitätsstruktur besteht darin, daß Kinder eine noch frei flottierende Identitätsbereitschaft besitzen und dementsprechend nach Bindungen suchen. Wenn sie durch Verstärkungslernen feststellen, daß Sporttreiben ihnen Erfolge verschafft und sie auf diese Weise Identitätsbestätigung erringen können, ist der Pfad in die biographische Fixierung eingeschlagen. Schließlich lassen sich im Sport Leistungen erbringen, die selbst Erwachsene nicht zu erbringen in der Lage sind. So wird schon früh Erfolgsdruck aufgebaut. Dessen Bedeutung zeigt sich beispielsweise in der Wahlentscheidung zwischen parallel betriebenen Sportarten. Nicht wenige entscheiden sich dann für diejenige Disziplin, die ihnen weniger Spaß macht, falls sie erfolgsträchtiger ist (Stevenson 1990).

Bis zu diesem Punkt hat der Sportler gewissermaßen einen Fuß in die biographische Falle gesetzt – nicht mehr, aber auch nicht weniger! Wie auch später verfügt der Athlet jederzeit über die Möglichkeit, aus der Sportlerkarriere auszusteigen. Ein freiwilliger Dropout ist zu diesem Zeitpunkt sogar noch in höherem Maße wahrscheinlich als später. Aber auch jetzt wäre der Ausstieg schon mit erheblichen individuellen Kosten verbunden. Zwar sind noch nicht, wie später, Einkommenseinbußen und Verluste an Karrierechancen im Spiel; und auch die getätigten Aufwendungen für die Sportlerkarriere fallen noch vergleichsweise gering aus. Zu diesem frühen Zeitpunkt geht es lediglich darum, ein erlerntes und erfolgsträchtiges Mittel der Identitätsbestätigung aufzugeben. Nicht wenige Jugendliche entscheiden sich für einen Ausstieg, wenn ihnen die jetzt spürbar werdenden zeitlichen, sachlichen und sozialen biographischen Fixierungen zu sehr gegen den Strich gehen. Zum Ausstieg bestärkt werden viele zusätzlich durch eine weitere Erfahrung: »Nach raschem Erfolg bei geringem Aufwand am Beginn der Karriere folgt schon bald ein geringer Leistungszuwachs bei immer höherwerdendem Trainingsaufwand« (Klein 1987: 95). Wenn man sich immer mehr quälen muß, um die ursprünglich so einfach einzuheimsenden Identitätsbestätigungen durch sportliche Erfolge auch weiterhin zu gewinnen, liegt der Dropout für viele durchaus nahe – obwohl er zweifellos stets schmerzlich ist. Denn eine »emotionale Verstrickung« hat bereits stattgefunden (Ulrich 1977: 143-148). Die bis dahin vernachlässigten alternativen Möglichkeiten der Identitätsfindung und -bestätigung müssen erst aufgebaut werden, wobei der Rückstand gegenüber Gleichaltrigen schon erheblich sein wird.

Wenn in dieser Phase der Sportlerkarriere, also nach dem Einstieg in den Leistungssport, nicht sehr bald der Ausstieg erfolgt, sondern die sich zuspitzenden biographischen Fixierungen hingenommen werden, ist der schwerwiegende Schritt getan, um bald auch mit dem zweiten Bein in der biographischen Falle zu stecken. Die sachlichen, sozialen und zeitlichen Fixierungen vollziehen sich eine ganze Zeitlang schleichend. Doch irgendwann wird der Athlet mit dem Tatbestand konfrontiert, daß sich in seinem Leben nahezu alles um den Sport dreht. Diese Bewußtwerdung geschieht meist durch konkrete zeitliche, sachliche oder soziale Verlusterfahrungen: dadurch, daß er bemerkt, was ihm alles entgeht und worauf er verzichtet; und dadurch, daß soziale Beziehungen zu außersportlichen Bezugspersonen absterben und keine neuen mehr zustande kommen. Der Sportler kommt so nicht darum herum, sich zu fragen, ob sein Sporttreiben all das wert ist: ob er diesen eingeschlagenen Pfad weitergehen oder radikal mit ihm brechen soll. Denn Zwischenlösungen sind kaum möglich.

Diese Zeitphase ist noch einmal ein deutlicher Bifurkations-punkt der Biographie: Die Verlusterfahrungen machen schlagend klar, worauf man sich eingelassen hat – und daß es auch andere Wahlen gegeben hätte und noch gibt. Seine Lage suggeriert dem Sportler gewissermaßen den Ausstieg – ohne den dafür zu zahlenden hohen Preis zu verschweigen. Der Sportler weiß zu diesem Zeitpunkt, wieviele Entbehrungen er bereits auf sich genommen hat; er weiß, daß diese Entbehrungen nur immer weiter anwachsen werden; er weiß zudem mittlerweile sehr genau von der Ungewißheit des Erfolgs, der diese Entbehrungen überhaupt erst biographisch rechtfertigen könnte. Gerade dieses Wissen legt nahe, daß derjenige, der trotzdem weitermacht, ein Verhalten an den Tag legt, das man bei finanziellen Investitionen als »throwing good money after bad« bezeichnet. Hiermit ist die Schwäche gemeint, getätigte Investitionen, die sich als erfolglos erwiesen haben, nicht abschreiben zu können, sondern doch noch zu versuchen, sie mit um so höherem Aufwand in die Profitzone zu bringen. Zu dieser Haltung werden Sportler freilich um so stärker verführt, je mehr sie schon gewisse Erfolge verbucht haben. Wer völlig erfolglos blieb, ist mit großer Wahrscheinlichkeit schon ausgestiegen. Nur derjenige, der subjektiv plausibel meint, zurückliegende Erfolge trotz immer geringer werdender Erfolgswahrscheinlichkeit in die Zukunft extrapolieren zu können, wird sich dafür entscheiden, auch jetzt noch weiterzumachen.

Wer sich in diesem Sinne nicht dazu entschließt, all die bisherigen biographischen Investitionen seiner Sportkarriere mit einem Schlag zu entwerten und fortan mit dem Bewußtsein zu leben, Jahre seines Lebens verschenkt zu haben, tritt gleichsam die Flucht nach vorn an. Er setzt von diesem Zeitpunkt an ganz bewußt alles auf eine Karte. Immerhin zwei Drittel der befragten Athleten stimmten Mitte der siebziger Jahre folgender Antwortvorgabe zu: »Manchmal habe ich einfach keine Lust mehr. ... Dann möchte ich alles hinschmeißen und irgendwo hingehen zum Tanzen. Aber dann überlegt man es sich doch wieder. Ich habe so viele Jahre für den Leistungssport geopfert, daß ich nicht alles Hals über Kopf aufgeben kann. Ich habe mich für den Leistungssport entschieden und muß so leben, wie es von mir verlangt wird« (Ulrich 1977: 149). Phänotypisch »stellt sich nun eine Parallele zum Suchtverhalten ein: Der Athlet versinkt im totalen Leistungssport« (Klein 1987: 96). Weil die biographische Fixierung also nicht abgeschüttelt wurde, spitzt sie sich nun um so ungehemmter zu.

Dabei findet eine weitreichende Transformation der Antriebsmotive des Leistungssportlers statt. Dem Sportler wird jetzt klar, daß er eine Karriere gewählt hat, die keine lebenslange, beruflich abgesicherte Perspektive eröffnet. Er hat nur begrenzte Zeit, die Erfolge zu erringen, die ihm dann auch den Sprung aus dieser Karriere heraus ermöglichen, ohne daß er ökonomisch ins Nichts fällt. Mit dieser Erkenntnis beginnen ökonomische Motive, das sportliche Leistungsstreben zu überformen. Nicht mehr nur zur Selbstbestätigung, sondern auch zur momentanen und späteren wirtschaftlichen Daseinsabsicherung müssen sportliche Erfolge her. Nun geht es also auch darum, Kaderplätze zu erreichen und zu erhalten sowie Fördergelder als ökonomische Grundsicherung dauerhaft zu akquirieren. Darüber hinaus muß der Sportler sich durch Siege bei den Massenmedien ins Gespräch bringen, weil die Medienpräsenz ihn wiederum für wirtschaftliche Sponsoren interessant macht. Je besser er ist, desto höher sind auch die Start- und Preisgelder für die Teilnahme an Wettkämpfen – siehe etwa die Sportfeste in der Leichtathletik – und für dort errungene Siege oder neu aufgestellte Rekorde. Erfolg sichert Verhandlungsmacht. Erst mit Sponsorengeldern, Start- und Siegprämien kann ein Athlet das »große Geld« machen und für die Zeit nach seiner aktiven Karriere Vorsorge betreiben.

Vom Beginn des Sporttreibens in der Kindheit bis zur Entscheidung für den Leistungssport im frühen Jugendalter oder als junger Erwachsener findet demzufolge eine komplexe Verschiebung von Motiven statt (Krawczyk 1973: 400/401). Die spielerische Freude an der jeweiligen sportlichen Betätigung ist das dominante Startmotiv, oftmals ergänzt durch Verpflichtungsgefühle gegenüber sportbegeisterten Eltern und durch die Möglichkeiten zur Befriedigung von Geselligkeitsbedürfnissen. Sofern sich sportliche Erfolge einstellen, die den weiteren Identitätsaufbau prägen, wird das Sporttreiben fortan dominant als Mittel zur Erlangung sozialer Bestätigungen eingesetzt. Dabei kann die anfängliche Motivlage mehr oder weniger stark im Hintergrund weiter mitspielen. Beim Übergang zum professionalisierten Leistungssport schließlich wird die Maximierung ökonomischer Einkommens- und Karrierechancen das dominante Motiv. Wiederum können soziale Bestätigungen, Geselligkeit, Bewegungslust und auch Verpflichtungsgefühle gegenüber wichtigen Bezugspersonen (z. B. langjährigen Trainern) hinzukommen.[7] Auf jeder Stufe können allerdings auch die vorher beherrschenden Motive vollständig substituiert werden. Wer für die soziale Bestätigung seiner Identität sportliche Erfolge benötigt, treibt auch dann weiterhin Sport, wenn er schon längst den Spaß daran verloren hat. Und wer die eigene ökonomische Zukunft in den Blick nimmt, wird erst recht auch dann weiterhin Sport treiben, wenn Training und Wettkampf nur noch eine einzige Quälerei für ihn darstellen und die sozialen Bestätigungen ihm auch nichts mehr bedeuten.

Entscheidend bei dieser Motivverschiebung sind die Übergänge von der ersten zur zweiten und von der zweiten zur dritten Stufe. Jeweils vergleichsweise unabweisbarere Motive treten in den Vordergrund. Bewegungslust, Geselligkeitsbedürfnisse und Verpflichtungsgefühle mögen im Einzelfall durchaus starke Handlungsantriebe sein. Sie sind jedoch schwächer als das Bedürfnis nach sozialen Bestätigungen der eigenen Identität. Da sich zudem die Identität der betreffenden Personen beim Übergang zur zweiten Stufe bereits um die Sportlerrolle zentriert, muß die soziale Bestätigung auch durch sportliche Erfolge gewonnen werden. Noch dringlicher sind schließlich ökonomische Motive, wie sie auf der dritten Stufe dominant werden. Auch sie lassen sich zu diesem Zeitpunkt für die betreffenden Personen kaum noch auf andere Weise so gut befriedigen wie durch Erfolge als professionalisierter Spitzensportler. Die biographische Fixierung und die Motivverschiebung treiben einander somit wechselseitig voran. Das Hervortreten immer unabweisbarerer Motive läßt die Person die immer größeren Zwänge der zeitlichen, sachlichen und sozialen biographischen Fixierung erdulden. Denn diese Unbilden erscheinen als Preis, den die Athleten für die Befriedigung der jeweiligen Motive in Kauf zu nehmen haben. Umgekehrt bringt die biographische Fixierung nacheinander immer

7 Auch in dieser Phase stilisieren Hochleistungssportler oft den sportlichen Erfolg und die sportliche Betätigung als »Bereich des stellvertretend gelebten Lebens«, wo »der sonst vermißte Lebenssinn und die andernorts vorenthaltene Akzeptation zu erhalten sind und wo die ansonsten verleugneten, verdrängten und unterdrückten Gefühle spürbar werden« (Klein 1987: 90). Ursache dafür sind offenbar nicht selten frühkindliche Ohnmachts- und Nichtigkeitserfahrungen.

unabweisbarere Motive hervor. Genau dieser verzwickte Zusammenhang konstituiert die biographische Falle.

Um ein anderes Bild zu wählen: Sein biographischer Pfad führt den Leistungssportler auf eine immer steilere schiefe Ebene, wodurch er nahezu zwangsläufig in eine Lage hineinrutscht, die er sich anfangs keineswegs ausgesucht hat. Dabei stellt sein Handeln durchaus auf jeder Stufe eine situationsadäquate, rationale Wahl dar. Für denjenigen, der seine Bewegungsfreude, seine Geselligkeitsmotive oder seine Verpflichtungsgefühle gegenüber den Eltern durch Sporttreiben am besten befriedigen kann, ist es rational, genau das zu tun.[8] Ebenso ist es nur rational, sich seine sozialen Bestätigungen über sportliche Erfolge zu holen, wenn man in diesem Feld die meisten Chancen für die Anerkennung durch signifikante Andere sieht. Ist die eigene Identität erst einmal auf die Sportlerrolle zugeschnitten, bleibt die Erlangung sozialer Bestätigungen durch sportliche Erfolge selbst dann rational, wenn Erfolge in anderen Lebensbereichen einfacher wären. Schließlich ist es auch nur rational, das eigene Sporttreiben als Mittel zur aktuellen und zukünftigen ökonomischen Absicherung einzusetzen. Denn aufgrund der biographischen Fixierung sind bereits andere Berufsmöglichkeiten vernachlässigt worden. Und die bisher erreichten sportlichen Erfolge unterstreichen die Einschätzung, daß man auch zukünftig erfolgreich sein kann und viel Geld zu verdienen vermag.

Rational ist das Handeln von Leistungssportlern zweifellos in dem Sinne, daß diese aus ihrer jeweiligen Karrierestufe das Beste zu machen versuchen. Daß die Sportler genau dadurch trotzdem in eine biographische Falle geraten, ergibt sich aus den unintendierten längerfristigen Effekten ihrer kurzfristig rationalen Situationsbewältigung. Weil das Ausleben von Bewegungslust gleichzeitig sportliche Erfolge ermöglicht und leicht zu einer um den

---

8 Rationalität bedeutet in diesem Zusammenhang nicht, daß der Betreffende seine Handlungswahl notwendigerweise kalkulierend trifft, also zwischen Kosten und Nutzen seiner verschiedenen Handlungsalternativen vergleicht. Einer solchen Ex-ante-Rationalität, die erwartete Handlungseffekte reflexiv vorwegnimmt, steht eine Ex-post-Rationalität des Handelns gegenüber, die sich im nachhinein als mehr oder weniger reflektierte Zufriedenheit mit den sich einstellenden Handlungseffekten manifestiert und als Lernen durch positive Verstärkung wirkt. Der Handelnde ist dann rational in dem Sinne, daß er seine wie immer zustande gekommenen Handlungswahlen beibehält, solange sie befriedigende Ergebnisse für ihn hervorrufen.

Sport zentrierten Identität führt, findet sich die Person irgendwann in der Situation vor, sportliche Erfolge als kaum noch substituierbare Mittel sozialer Bestätigung erringen zu müssen. Und weil dies nur noch durch die Übernahme einer Quasi-Berufsrolle im Sport möglich ist und andere Gelegenheiten der gegenwärtigen und zukünftigen ökonomischen Absicherung verdrängt werden, sieht der einzelne Athlet sich irgendwann dazu gezwungen, sein Einkommen und seine Karrierechancen durch sportliche Erfolge maximieren zu müssen.

Die Betreffenden können diese längerfristigen Effekte kurzfristig rationaler Situationsbewältigung oft gar nicht sehen. Falls sie doch in den Aufmerksamkeitshorizont hineingeraten, werden sie hinsichtlich ihrer Bedeutsamkeit und Zwangsläufigkeit herabgestuft. Die Personen beruhigen sich dann etwa damit, daß es ja gar nicht ausgemacht sei, daß auch ihnen so etwas bevorstehe, oder daß noch Zeit genug sei, geeignete Gegenmaßnahmen zu ergreifen. In sozialer Hinsicht wird der Weg in die biographische Falle, falls er als solcher bemerkt wird, durch ein »ipsatives« Denken (Frey 1988) verharmlost: durch die universell verbreitete Tendenz, selbst bei hochgradig wahrscheinlichen Negativ-Ereignissen immer davon auszugehen, daß sie zwar dem anderen, aber kaum einem selbst zustoßen könnten. In zeitlicher Hinsicht bagatellisieren Sportler den Weg in die biographische Falle vor sich selbst dadurch, daß die Relevanz aktuellen Handelns für die Forcierung der Pfadabhängigkeit verniedlicht wird. Zugrunde liegt dieser Verdrängung eine ebenfalls universell verbreitete zeitliche Diskontierung von Zukunft. Weil die kurzfristig rationale Situationsbewältigung so befriedigende Ergebnisse hervorruft, ist der Sportler wenig geneigt, sich dieses Zufriedenheitsgefühl dadurch nehmen zu lassen, daß er sich jetzt schon die längerfristigen negativen Effekte seines Handelns vor Augen hält. Diese sozialen und zeitlichen Verharmlosungen der einzelnen Stationen auf dem Weg in die biographische Falle ermöglichen es dem Akteur, diesen Weg sogar sehenden Auges zu gehen.

Eine rationale Wahl der Athletenkarriere würde wohl niemand am Anfang treffen. Denn der Körperbezug sportlicher Leistungserbringung erzwingt bereits sehr früh im Leben eine langfristig wirkende Entscheidung. Mit der Langfristigkeit geht eine hochgradige Unsicherheit einher, ob man letztendlich erfolgreich sein wird. Sich schon im Kindesalter dafür zu entscheiden, Hochleistungssportler zu werden, käme also – hätte man in diesem Alter schon die Fähigkeit zu einer solchen Entscheidung – einem völligen Vabanquespiel gleich. Man könnte sich beinahe genausogut dafür entscheiden, Lottogewinner werden zu wollen.[9] »Diejenigen Sportler, die einen hohen Leistungsstandard erreicht haben, sind am Ende eines extremen Selektionsprozesses übriggeblieben, welcher zumeist schon im Kindesalter seinen Anfang hatte. ... Die professionalisierte sportliche Betätigung kann unter starken Konkurrenzbedingungen nur über einen relativ kurzen Zeitraum hin (ca. 6 bis 12 Jahre) ausgeübt werden« (Fischer 1986: 62-63). Spitzensport ist damit überdies nur ein »Beruf auf Zeit, allerdings ohne soziale Absicherung, ohne spätere Einkommensaussichten und auch oft ohne weitere Berufsausbildung. Es kommt also entscheidend darauf an, in jener Zeit soviel wie möglich zu verdienen« (Unabhängige Dopingkommission 1991: 206). Das drückt sich ganz konkret z.B. so aus, wie es die Siebenkämpferin Birgit Clarius für sich selbst schildert: »Ich hab' zwei Sponsoren, und wenn neue Vertragsverhandlungen anstehen, da geht's schon darum, wieviel Sekunden oder wie die Zeit war, die man in dem Jahr im Fernsehen war.«[10]

Sportlicher Erfolg ist auf dieser Stufe also dringlicher denn je, aber auch schwieriger und deshalb unwahrscheinlicher denn je, weil alle anderen, die jetzt noch im Rennen sind, genauso existentiell darauf angewiesen sind und die Siege im Verhältnis zur Anzahl der Wettkampfteilnehmer extrem knapp sind. Weil also der Aufwand, um zum Erfolg zu gelangen, nur noch größer wird, spitzt sich die biographische Fixierung nochmals weiter zu, was vor allem in zeitlicher Hinsicht unmittelbar deutlich wird: »Je mehr Zeit nun das Training verschlingt, desto weniger Möglichkeiten hat der Athlet, variable Lebenstechniken zu entwickeln, mit denen er auf verschiedenen Lebensgebieten die für sein

9 Zumindest bei Tennisspielern scheint es neuerdings Tendenzen zu geben, daß Eltern eine solche sehr frühe Entscheidung stellvertretend für ihre Kinder treffen und deren Leben schon ab dem vierten Lebensjahr hochgradig auf eine Karriere als Tennisprofi ausrichten. Daß eine solche Wahl in manchen Fällen, was schon rein statistisch zwingend ist, erfolgreich ausfällt, dürfte diese Tendenz nur noch verstärken. Niemand macht bislang die Gegenrechnung auf: Wieviele scheitern auf diesem Weg?

10 In der Fernsehsendung: »Fair-Pay – Der Muskelmarkt der Athleten«, ARD (1993).

individuelles Glück notwendigen Erfolge erzielen kann, er wird mehr und mehr auf den Erfolg im Sport fixiert, je weiter oben er steht, desto stärker« (Volkamer 1981: 19).

Hier ist allerdings die zwischen den Sportarten variierende Schichtung zu berücksichtigen. Eine »pyramidale« Struktur, bei der unter den wenigen Spitzenpositionen noch viele Ränge vorhanden sind, weist weniger den Charakter einer biographischen Falle auf. Denn es gibt »Überlebensstrategien auf mittlerer Ebene«.[11] Das gilt z. B. im Fußball, wo man auch in der Landesliga schon eine Menge Geld verdienen kann und nicht zur Bundesliga vorstoßen muß, um die Einkommensmotive zu befriedigen. Anders sieht es etwa in denjenigen Sportdisziplinen aus, die in den Vereinigten Staaten als Profiligen institutionalisiert sind. Wenn man dort nicht zu den wenigen hundert Spielern in der jeweiligen Profiliga gehört, kann man von dem Sport nicht leben. Dort liegt eine Flaschenhalsstruktur vor, die etwa auch in den meisten Disziplinen der Leichtathletik anzutreffen sein dürfte. Nur die wenigen an der Spitze können dort lukrative Einkommen mit ihrem Sport verdienen. Die »pyramidale« Schichtung einer Sportart stellt zudem eine vergleichsweise große Menge an zukünftigen Arbeitsmöglichkeiten als Trainer für ausscheidende Athleten bereit.[12] Auch das reduziert die biographische Falle in dem Sinne, daß berufliche Anschlußmöglichkeiten vorhanden sind. Ebenso schafft eine große Verbreitung der entsprechenden Disziplin im Breitensport spätere Berufsmöglichkeiten für Athleten.

Je mehr sportliche Erfolge ein Leistungssportler erringt, desto prekärer wird paradoxerweise sein zukünftiger Erfolg. Das liegt schon daran, daß er sich gemäß der Logik des Siegescodes immer wieder selbst überbieten muß. Wer eine einmal erbrachte Leistung nicht zukünftig zu überbieten versucht, sondern stagniert oder gar dauerhaft unterbietet, scheitert. Allerdings wird die Überbietung eigener Bestleistungen aufgrund der Grenzen körperlicher Leistungsfähigkeit immer schwieriger. Mehr noch: Die körperliche Leistungsfähigkeit nimmt im Laufe der Zeit erst allmählich, dann rapide ab, so daß immer größere Mühen nötig sind, um diesem Leistungszerfall auch nur Einhalt zu gebieten, geschweige denn ihn in eine weitere Leistungssteigerung umzu-

11 Mündlicher Hinweis von Klaus Cachay.
12 Mündlicher Hinweis von Rudolf Stichweh.

134

drehen. Selbst wenn ein Sportler keinem einzigen Konkurrenten unterliegt, droht ihm ständig die Gefahr, von der eigenen Vergangenheit besiegt zu werden. Je älter er wird, desto unbarmherziger wird diese Drohung. Dementsprechend muß der Aufwand, um sportliche Erfolge erringen zu können, immer weiter gesteigert werden. Die biographische Fixierung nimmt infolgedessen immer mehr zu.

Diese unentrinnbare Logik der Sportlerkarriere ist im Siegescode angelegt. Als maßgebliche Bedingung spitzensportlichen Handelns sorgt er dafür, daß die Athletenrolle im Unterschied zu den allermeisten anderen Berufen keine dauerhaft konservierbare Leistungslizenz kennt. Wer beispielsweise als Elektriker einmal seinen Meister gemacht hat oder als Jurist seine Staatsprüfungen erfolgreich ablegte, bleibt für die Dauer seines gesamten beruflichen Lebens Elektrikermeister oder Rechtsanwalt – sofern er sich keine außergewöhnlichen Verfehlungen zuschulden kommen läßt. Der Spitzensportler erwirbt demgegenüber immer nur flüchtige Siege – sozusagen Leistungszertifikate mit äußerst geringer Haltbarkeitsdauer. Der Sieg von gestern zählt schon morgen nichts mehr, wenn er nicht ständig durch neue Siege revitalisiert wird. Dadurch fehlt dem Sportler die Möglichkeit, sich dauerhaft auf einem bestimmten Leistungsniveau etablieren zu können. Spitzensportler sind also immer nur »Helden auf Zeit« (Thränhardt 1994). Anstelle der in anderen Berufen anzutreffenden Sicherheit tritt die Gewißheit, bald als Niemand wieder irgendwie anders beginnen zu müssen: »Sport als Beruf kann im Leben des Athleten nur eine eng befristete Phase darstellen. Sie dauert in der Regel nicht länger als 5 bis 10 Jahre, und wenn sie endet, ist der Betroffene selten älter als 30 Jahre« (Neidhardt 1985: 73).

Der Leistungssportler kämpft also einen vergeblichen Kampf gegen die Zeit. So wie das menschliche Leben – in der Sprache Heideggers formuliert – ein Sein-zum-Tode ist, stellt die Karriere des Leistungssportlers ein Erfolgsstreben dar, das im Scheitern enden muß. Jeder Sieg ist, biographisch betrachtet, ein Pyrrhussieg auf dem Wege zur finalen Niederlage. Früher als man denkt, gehört man zum »alten Eisen«, und die vergangenen Siege sind sowohl in den Augen der anderen als auch in der Selbstwahrnehmung »Schnee von gestern«. Man kann noch froh darüber sein, wenn einem dies durch geeignete Strategien des »cooling out«

(Goffman 1952) einigermaßen schonend beigebracht wird. Für nicht wenige Athleten stellt das herannahende Ende der eigenen Karriere eine Horrorvorstellung dar (Mihovilovic 1968; Rosenberg 1980). Selbst wenn, was nur den wenigsten gelingt, der gewohnte Lebensstandard durch das im Laufe der Sportkarriere verdiente Geld gehalten werden kann und eine einigermaßen befriedigende neue Berufsperspektive zur Verfügung steht[13], drohen unweigerlich massive Identitätsprobleme (Abraham 1986). Nach einer kurzen Phase der Erleichterung, die tagtäglichen Quälereien der zurückliegenden Jahre nicht länger absolvieren zu müssen, tritt die Erfahrung, mit dem Sport eine wichtige Außenstütze der eigenen Identität verloren zu haben. Man ist nicht mehr jener besondere Mensch, der sich durch außergewöhnliche sportliche Leistungen einen guten Namen von hohem Bekanntheitsgrad gemacht hat und vielleicht sogar als Sportheld in aller Munde war. Für die breite Öffentlichkeit ist der ehemalige Athlet schnell ein Niemand. Allenfalls wird er noch eine Zeitlang in Talkshows oder bei ähnlichen Anlässen gleichsam als impotent gewordener Casanova vorgeführt, wobei oft genug der Eindruck entsteht, daß die verbal vom Gegenüber gezollte Anerkennung für vergangene Leistungen dessen heimliche Verachtung für einen, der nunmehr endgültig zum »alten Eisen« gehört, kaum noch überspielt.

Diese in der Sportlerrolle angelegte extreme biographische Zeitknappheit steigert den sportlichen Erfolgsdruck noch mehr. Die Athleten müssen versuchen, solange wie möglich im Rennen zu bleiben. Ganz abgesehen vom ökonomischen Druck gilt es, die tiefe Identitätsverunsicherung am Ende der Sportlerkarriere möglichst weit hinauszuschieben. So wie ein Sterbenskranker oft unsagbare Qualen auf sich nimmt, um wenigstens noch ein paar Tage weiter zu leben, klammert sich der Leistungssportler häufig durch eine bis zur monomanischen Besessenheit gesteigerte biographische Fixierung an die Hoffnung, doch noch einmal an die alten Erfolge anknüpfen zu können. Dieses Nicht-Akzeptieren der eigenen Körpergrenzen ist der Hintergrund der oft beobachteten Tatsache, daß gerade die erfolgreichsten Athleten sich selbst äußerst unrühmliche Abgänge verschaffen. Als Abziehbilder ih-

13 Siehe beispielsweise die ernüchternde Bilanz des Judo-Olympiasiegers Frank Wieneke: »Ich habe einen gewissen Lebensstandard erreicht, und den jetzt beruflich weiter zu verwirklichen, diesen Lebensstandard, den ich als Sportler hatte, das ist für mich jetzt sehr schwer« (zitiert in Thränhardt 1994: 187).

rer vormaligen Leistungsfähigkeit eignen sie sich nur noch für zirzensische Ereignisse, in denen es auf Leistung nicht mehr so ankommt.

3.2 Leistungsindividualismus

In der modernen Gesellschaft begreift jeder Mensch sich als Individuum: als eine einzigartige und selbstbestimmte Person. Nach der im Zuge gesellschaftlicher Modernisierung erfolgten Freisetzung von den tradierten Sinngebungsinstanzen steht der einzelne vor der existentiellen Notwendigkeit, die eigene Individualität selbst festzulegen, und er unternimmt dies, indem er sich gegenüber anderen als selbstbestimmt und einmalig abgrenzt (Schimank 1981: 20-26; Bette 1993a). Anders zu sein als jeder andere und dies autonom zu entscheiden, ist die dem einzelnen Subjekt von der modernen Gesellschaft auferlegte Identitätsform. Jeder hat sich selbst als jemanden zu kreieren, der noch nie da war. Die Einzigartigkeit ergibt sich dabei größtenteils aus der je individuellen Kombination vorgefundener, gesellschaftlich bereitgestellter Identitäts-Bausteine. Der eine ist Ostwestfale, Soziologe, Hobbyfotograf, Freizeitfußballer, Rockmusik-Fan, Kriegsdienstverweigerer etc. – der andere Rheinländer, Biologe, Käfersammler, Rennradfahrer, Opernliebhaber, Reservist. Individualität ist somit, um in der Sprache der Methodologie des Messens zu formulieren, zum einen multidimensional, zum anderen innerhalb jeder Dimension nominal skaliert. Sie setzt sich aus vielen Merkmalen zusammen; und die verschiedenen Ausprägungen eines bestimmten Merkmals – beispielsweise des Sporttreibens – stehen lediglich im Verhältnis des »anders als…«, aber nicht des »besser als…« zueinander. Hobbyfußballer zu sein ist nicht besser und nicht schlechter als Rennrad zu fahren. Wer der einzelne ist, zeigt sich in seiner Wahl bestimmter Ausprägungen solcher Merkmale und in der idiosynkratischen Kombination dieser Ausprägungen.

Diese gesellschaftlich verbreitete Identitätsform des modernen Individualismus ist in einer doppelten Weise tolerant. Zum einen gibt es gewissermaßen keine Diktatur eines bestimmten Merkmals der Person über alle anderen. Daß jemand beispielsweise Soziologe ist, mag durchaus erhebliche Bedeutung für seine Biographie haben – aber er ist immer auch noch mehr, erschöpft sich nicht in diesem einen Merkmal. Ein Soziologe, der beispielsweise Rockmusik-Fan und Kriegsdienstverweigerer ist, ist schon in vielen Hinsichten eine ganz andere Person als ein Soziologe, der Opern liebt und Reservist ist. Das weiß jeder aus seinen alltäglichen Wahrnehmungen anderer Personen. Zum anderen ergibt sich die charakteristische Toleranz der modernen Individualität aus der schon erwähnten Tatsache, daß es zwischen den Ausprägungen eines bestimmten Merkmals normalerweise keine Rangordnung gibt.

In beiden Hinsichten stellt sich die Individualität des Hochleistungssportlers anders dar. Sein Individualismus ist ein *Leistungsindividualismus,* der – wiederum in der Sprache der Meßmethodologie formuliert – zur eindimensionalen rationalen Skalierung tendiert. Ein einziges Merkmal der Person beherrscht deren Individualität: ihre Sportlerrolle. Diese Dominanz ist nicht bloß in der Wahrnehmung durch andere gegeben, sondern trifft auch für die Selbstwahrnehmung des Individuums zu. Alle anderen Identitätskomponenten der Person treten dahinter weit zurück. Das bringt nicht zuletzt die Beflissenheit zum Ausdruck, mit der Spitzensportler sich genötigt sehen, das Gegenteil zu behaupten. Wenn Hochleistungssportler in der Öffentlichkeit immer wieder betonen, daß sie vielseitige Persönlichkeiten seien und nicht z. B. auf das Tennisspielen reduziert werden wollen, ist das aufgrund ihrer biographischen Fixierung nur ein frommer Wunsch, eine Illusion oder eine Irreführung des Publikums. »Wenn ich Olympiasieger werde, ist es mir egal, wenn ich in zehn Jahren tot bin.« Diese Äußerung eines Gewichthebers (zitiert bei Pilz 1994: 49) ist sicherlich extrem formuliert, gibt damit aber die verbreitete Haltung unter Leistungssportlern adäquat wieder. Alles in ihrem Leben dreht sich um den Sport; und alles andere ist dementsprechend unwichtig.

Dieser Leistungsindividualismus ist schon im klassischen Olympismus vorgeprägt, wie er von Pierre de Coubertin und Carl Diem formuliert wurde (Grupe 1985: 18-20). Der Spitzensport sollte demgemäß zu einer gleichmäßigen Ausbildung aller Teile des Menschen, des Körpers ebenso wie des Geistes, hinführen. Diese Bildungsidee war als Kritik am einseitigen Intellektualismus des modernen Menschen gemeint. Sportliches Leistungsstreben sollte so ein Weg menschlicher Selbstvervollkommnung sein, mit Amateurismus als säkularisierter Askese und Fairneß als praktischer Ritterlichkeit des Spitzensportlers. Aufgrund all dieser supererogatorischen Verdienste sollten sich die Spitzensportler als »Elite der Energie« aus der Masse hervorheben. Auch dieser normative Identitätsentwurf akzentuierte bereits die Forderung, das Sporttreiben habe den einzelnen als Menschen zu perfektionieren und hätte somit Dreh- und Angelpunkt der Biographie des Leistungssportlers zu sein. Allerdings postulierte der klassische Olympismus, wie es etwa in der Formel des »Dabeisein ist alles!« zum Ausdruck kommt, letztlich eine Gleichrangigkeit der sich strebend Bemühenden und stufte die sportlichen Leistungsdifferenzen damit in ihrer Bedeutung für die Individualität der betreffenden Personen zurück. Alle, die ihr Bestes gegeben haben, werden als gleich wertvolle Menschen angesehen. Der »gute Verlierer« steht auf der gleichen Stufe wie der Sieger.

Genau dies wird durch den Erfolgsdruck, der sich aus der biographischen Fixierung ergibt, massiv erodiert. Der Leistungsindividualismus des zeitgenössischen Spitzensportlers nimmt den Siegescode des Sportsystems endgültig beim Wort. Die einzige Möglichkeit der Individualisierung besteht darin, besser als die anderen Sportler derselben Sportart zu sein. Nur wer siegt, erringt Einzigartigkeit in Abgrenzung gegenüber all jenen anderen, die unterschiedslos voneinander als »Ferner liefen« rubriziert werden. Der Sieg ist alles – alles andere ist nichts. Code und sportartspezifisches Regelwerk treiben den Sportler in diese Zuspitzung des Leistungsindividualismus hinein: »Im ›Leistungssport‹ ist nur eine Ausdrucksmöglichkeit gegeben, weil sich sein ›Leistungsprinzip‹ auf das quantitative Prinzip der ›Überbietung‹ beschränkt. Die ›sign-activity‹, durch die sich der ›Leistungssportler‹ seiner sozialen Umgebung mitteilt, verfügt nur über eine Art Zeichen« (Gebauer 1972: 198). Das bedeutet: »Im Hochleistungssport sind die Chancen für die Entwicklung einer selbstbestimmten Identität sehr gering. Die Aktionsleistung wird im Leistungssport prinzipiell auf das Überbieten einer Marke reduziert, d.h. die Dominanz der Überbietung im Leistungssport als einziges Kriterium der Bewertung gibt dem Akteur keine Möglichkeit, in der Aktionsleistung eine eigene Identität zu entwerfen und zu präsentieren« (Ulrich 1974: 494 – Hervorhebung weggelassen). Nicht nur, daß der Code die Zielsetzungen von Leistungssportlern extrem auf Siege in Wettkämpfen hinführt –

hinzu kommt, daß auch die Mittel zur Erreichung dieser Ziele durch die sportartspezifischen Regeln äußerst stark eingeschränkt werden. Insgesamt läuft dies darauf hinaus, daß die je individuelle Andersheit im Leistungssport nur dadurch konstituiert werden kann, daß jemand sich im Gleichen als besser erweist als alle anderen. Wer dieselben 100 m auf dieselbe Weise wie alle anderen schneller läuft als seine Konkurrenten und deswegen beispielsweise Olympiasieger wird, kann sich anschließend als etwas Besonderes vorkommen und wird auch von anderen so kategorisiert.

Dieser extrem ausgeprägte Leistungsindividualismus des Spitzensportlers knüpft an den traditionellen »heroischen« bürgerlichen Individualismus an, wie man ihn etwa in Unternehmerpersönlichkeiten des 19. Jahrhunderts repräsentiert findet. Allerdings ist die sportliche Konkurrenz heute noch ungleich härter, als es der wüsteste Konkurrenzkapitalismus jener Zeiten jemals war. Interessanterweise steht der Leistungssport damit in einem markanten Kontrast zum sich verbreitenden zeitgenössischen Individualismus des Sich-Auslebens.[14] Der Leistungsindividualismus der Spitzensportler wirkt geradezu unzeitgemäß altmodisch, kann aber nur so die Zuschauer fesseln. Athleten, die nicht siegen, sondern den Tag genießen wollen, langweilen das Publikum, weil sie höchstens mittelmäßige Leistungen vorführen. Es liebt an den Hochleistungssportlern gerade etwas, was es sich selbst nicht mehr zumutet. So wie im Zoo vornehmlich jene Tiere vorgeführt werden, die auf freier Wildbahn gar nicht mehr oder zumindest selten vorkommen, lebt sich das Sportpublikum in der Beobachtung der letzten wirklichen Leistungsindividualisten aus.[15] Es eignet sich gleichsam im visuellen Genuß an, was durch Zivilisierung immer knapper wird.

Im Siegescode ist diese Form des Leistungsindividualismus zwar angelegt. Sie blieb allerdings solange relativ zurückhaltend, wie den Umweltansprüchen und Ressourcenversprechen von Massenmedien, Wirtschaft und Politik noch geringe Bedeutung

---

14 Zu letzterem siehe generell Turner (1975), Ziehe (1975), Bell (1976).
15 Eine japanische Untersuchung von Spitzenathleten des Amateur- und des Profibereichs hat gezeigt, daß die Siegesorientierung bei den Profis viel stärker ausgeprägt ist (Komuku 1982). Die Amateure haben vergleichsweise häufiger die Einstellung, lediglich ihre persönliche Bestleistung erreichen zu wollen. Damit folgen sie noch der Konzeption des traditionellen »Olympismus«.

zukam. Nur dieser temporäre Umstand einer relativen Autarkie erklärt, warum die normative Konzeption des »Olympismus« überhaupt irgendwann einmal eine gewisse Plausibilität für sich in Anspruch nehmen konnte. In dem Maße, wie der Spitzensport durch seine Umweltbezüge entfesselt wurde, war die Schonzeit des »Olympismus« endgültig vorbei. Mit zunehmendem Interesse von Massenmedien, Wirtschaft und Politik am Spitzensport setzte unweigerlich dessen »Totalisierung« ein (Heinilä 1982). Der Siegescode weist dem Leistungsindividualismus insbesondere dadurch die Richtung, daß sportliche Erfolge nicht auf Dauer gestellt werden können. Eine Überbietung geschieht eben nicht bloß zufällig, sondern durch die Systemlogik angetrieben. »The inconclusiveness of competition in sport creates a spiral phenomenon which raises the level of demand: The winner of today may very well be the loser of tomorrow. And in order to avoid this fate the winner is continually forced to improve his performance capacity« (Heinilä 1982: 236).

Aber erst die mit den Umweltansprüchen wachsenden Ressourcen, die dem Spitzensport zur Kultivierung seiner Systemlogik verfügbar gemacht werden, verschaffen die Opportunitäten zur Totalisierung des Leistungsindividualismus. Die Wettkampfsequenz erhöht sich, und die Anzahl der Konkurrenten wird immer größer, ihr Leistungsvermögen wird ähnlicher, so daß der Konkurrenzdruck entsprechend zunimmt. Die Folge ist: »Success in top-level sport today ... demands from the athlete increasing stakes and more total devotion to a sports career than before. ... Whereas during the period of true amateur sport the practicing of sport was adapted to normal life and, for instance, to the demand of studying, work, and family life, nowadays it is increasingly common that normal life is adapted to the demand made by the practicing of sport, which is often regarded as a sacrifice for the sake of sport. These experiences of sacrifice in their turn give rise to expectations, even demands of compensation« (Heinilä 1982: 237/238). Je größer aber die im Zuge der biographischen Fixierung erbrachten Opfer werden, desto mehr nimmt die Bedeutung intrinsischer Befriedigungen durch die in-process-benefits sportlicher Betätigung und die rein sportliche Identitätsbestätigung durch Siege ab, und desto größer wird statt dessen die Bedeutung extrinsischer Belohnungen durch finanzielle Einnahmen und Karrierechancen.

Sowohl der zunehmende Konkurrenzdruck als auch die trotz eines immer größeren Aufwandes immer deutlicher spürbaren Grenzen körperlicher Leistungsfähigkeit lassen jedoch für immer mehr Athleten Mißerfolge immer wahrscheinlicher werden. Das Risiko des Scheiterns irgendwo auf dem langen Weg von der frühen Kindheit, in der jemand eine Sportlerkarriere aufnimmt, bis zum Erreichen zumindest der nationalen Spitze ist sehr hoch. Für die amerikanischen Profi-Sportarten wie Baseball, American Football oder Basketball wurde auf der Basis statistischer Untersuchungen beispielsweise aufgezeigt, daß »the odds are astronomical against the young man's ascent to the pro's« (Rosenberg 1980: 40). Die Chance eines Highschool-Basketballers, in der Profiliga mitzuspielen, beträgt weniger als 3% – und die Chance eines basketballbegeisterten Jungen, überhaupt erst einmal in einer Highschool-Mannschaft zu spielen, ist auch nicht sehr groß. Selbst wenn jemand auf dem langen Weg zur nationalen Spitze durchgehalten hat, ist dies dann erst recht keine Position, auf der er sich auf seinen Lorbeeren ausruhen kann. Im Gegenteil: Je weiter oben einer steht, desto unübersehbarer schwebt das Damoklesschwert des ausbleibenden Erfolges über seinem Haupt. Weil es aber für viele Leistungssportler ab einem gewissen Punkt keine respektablen Aussteigerpfade mehr gibt, haben sie auch nicht die Alternative, sich diesem immer größer werdenden Erfolgsdruck zu entziehen. Jedem ist bewußt, daß er entweder bis ganz nach oben kommt oder ins Bodenlose fällt. Jedem ist auch die sich selbst verstärkende Dynamik von Erfolglosigkeit klar. Wer die einmal erbrachte Leistung nicht mehr bringt, dem werden wichtige Unterstützungsressourcen entzogen, beispielsweise Fördergelder oder besonders gute Trainer. Die Chancen, wieder an die alten Erfolge anzuknüpfen, verknappen sich so sehr schnell.

Zieht man all diese Aspekte zusammen, ergibt sich, daß die Identitätsform des Leistungsindividualismus die Athleten zu Teilhabern an einem »positionalen Gut« macht.[16] Der Leistungsindividualismus hat die Möglichkeit der immer wieder erneuten Teilnahme an sportlichen Wettkämpfen zur Voraussetzung. Diese Teilnahme ist ein »positionales Gut«. Von anderen Gütern unterscheiden sich »positionale Güter« dadurch, daß sie erstens nicht

---

16 Generell zu diesem Konzept siehe Hirsch (1976). Zur Anwendung auf die Einzigartigkeit von Personen siehe Bette (1993a: 48-50).

individuell angeeignet werden können. Zweitens nimmt die individuelle Befriedigung, die sie verschaffen, ab einer bestimmten Anzahl von Nutzern rapide ab. Kunstausstellungen sind ein gutes Beispiel. Jeder Ausstellungsbesucher muß sich den Genuß der Bilder mit allen anderen Besuchern teilen; und je voller die Ausstellung wird, desto mehr wird ihm diese Option »verstellt«. Der sportliche Wettbewerb konstituiert sowohl die Möglichkeiten der Identitätsbestätigung der Athleten als auch deren Einkommens- und Karrierechancen als »positionales Gut«. Je mehr Athleten um Siege und Rekorde konkurrieren, desto größer ist für jeden einzelnen von ihnen die Gefahr, aufgrund von »Overcrowding« leer auszugehen und am Leistungsindividualismus zu scheitern.

3.3 Bestärkung durch Umfeldakteure

Kein Leistungssportler agiert für sich allein. Um ihn herum ist vielmehr ein Umfeld verschiedener Akteure gruppiert, das ihn bei seinem sportlichen Erfolgsstreben unterstützt. Dazu gehört als wichtigste Bezugsperson sein Trainer. Hinzu kommen medizinische Betreuer, Vereinsfunktionäre, möglicherweise Manager und ähnliche Sozialfiguren. Der Athlet wird dadurch zum Exekutivorgan eines komplexen Zusammenhangs von Akteuren; und die sportliche Leistung ist das Ergebnis des Zusammenwirkens dieser Akteure mit dem Sportler. Er ist zwar der sichtbare und unerläßliche Haupthandlungsträger des Spitzensports. Aber letztendlich kann er sich nur wirkungsvoll in Verbindung mit vielen anderen Bedingungen entfalten, die erfüllt sein müssen, doch außerhalb seiner eigenen Möglichkeiten liegen. Sportliche Leistungen verweisen somit nicht nur auf die Handlungsfähigkeit einzelner Athleten, sondern immer auch auf ermöglichende soziale Umfeldbedingungen. Noch drastischer formuliert: »Every sport now involves a fantastic manipulation of human robots by doctors, psychologists, bio-chemists and trainers. … most top level athletes are reduced to the status of more or less voluntary guinea-pigs« (Eitzen 1988: 199). Diese hohe und stetig gewachsene funktionale Bedeutsamkeit der Leistungen, die von den verschiedenen Umfeldakteuren für den Sportler erbracht werden, ist die Grundlage dafür, daß sich sein Unterstützungsmilieu für ihn als »totale Institution« ausbilden kann. Der einzelne wird also in zunehmendem Maße von seinem assistierenden Umfeld abhängig. Arbeitet es nur mangelhaft oder verweigert es ihm gar seine Dienste, spürt er dies unmittelbar am Abfall seiner Leistungen.[17]

Die Umfeldakteure stehen allerdings ihrerseits unter einem ähnlichen Erfolgsdruck wie der Athlet. Sie sind aus mehreren Beweggründen darauf aus, daß er sportlich möglichst erfolgreich ist, wie man sich am Trainer vergegenwärtigen kann. Zunächst einmal ist dem Trainer eine Erfolgsorientierung als Rollenaufgabe normativ vorgegeben (Bette 1984b: 32-34.) Ihm obliegt es, den von ihm betreuten Athleten Unterstützungsleistungen bei deren sportlichem Erfolgsstreben anzubieten. Von ihm wird erwartet, daß er die Sportler sowohl hinsichtlich ihres Könnens als auch hinsichtlich ihres Wollens auf die Wettkampfkonkurrenz um knappe Siege vorbereitet. Der Trainer soll dementsprechend durch Training und Empfehlungen für eine sportartgemäße Lebensführung – z. B. Ernährung – die körperliche und psychische Leistungsfähigkeit der Athleten hinsichtlich der von der betreffenden Sportart geforderten Leistungsparameter steigern; er soll die Athleten zur Taktik und Strategie im Wettkampf beraten; und er soll sie dazu motivieren, ihr Bestes zu geben. Diese Unterstützungsleistungen erwarten nicht nur die Athleten von ihrem Trainer. Auch die Vereine und Verbände, die die Trainer beschäftigen, die wirtschaftlichen und politischen Förderer des Leistungssports, die Massenmedien und das Publikum messen die Trainer daran, ob sie die von ihnen betreuten Athleten in diesen Hinsichten voranbringen.

Die von außen an den Trainer adressierten Erwartungen konvergieren meistens mit einer intrinsischen Erfolgsorientierung, die dieser für sich selbst bereits entwickelt hat. Sie ist vor allem das Ergebnis von Selbstselektion. Nur wer von sich aus darauf ausgerichtet ist, nach Kräften den sportlichen Erfolg der eigenen Athleten zu befördern, wird die Trainerrolle wählen und dauerhaft ausüben können. Nur eine Person, die diese Erfolgsausrichtung in ihrer Selbstdarstellung zum Ausdruck bringt, wird auch

17 Die Abhängigkeit variiert nach dem Anforderungsprofil der einzelnen Sportart. Ein Marathonläufer benötigt keine umfangreiche Logistik, wohingegen der Sportler einer kompositorischen Disziplin ohne einen Stab von Spezialisten nicht auskommen kann.

als Trainer rekrutiert werden. Oftmals ergibt sich eine derartige Orientierung daraus, daß der Trainer früher selbst Leistungssportler gewesen und von daher langfristig in dieses Sozialsystem sozialisiert worden ist. Dann wird der Leistungsindividualismus, den die betreffende Person in ihrer Athletenkarriere ausgebildet hat, in der Trainerkarriere kontinuiert und auf die betreuten Athleten übertragen.

Verschiedene institutionelle Mechanismen sorgen über Anreize und Bestrafungen dafür, daß die Trainer sich zuverlässig dem Erfolgsdruck unterwerfen – bzw. daß diejenigen, die keine Folgebereitschaft zeigen, als Trainer eliminiert werden. Am wichtigsten ist dabei zweifellos die vorherrschende zeitliche Befristung der Trainerverträge (Bette 1984b: 37-42). Wie auch in anderen Berufsfeldern – z. B. der Wissenschaft – schafft diese von vornherein eingebaute Beendigung des normalerweise unbefristeten Arbeitsvertrags eine sehr sichtbare und brachiale Sanktionsmöglichkeit im Falle von Unzufriedenheit. Dann kann nämlich die Weiterbeschäftigung ohne eine ansonsten gegebene, auch arbeitsgerichtlich einklagbare Begründungspflicht verweigert werden. Die Befristung wirkt also genau dadurch als Sanktion, daß sie nicht das letzte Wort der anderen Seite ist: daß der befristet Beschäftigte sich berechtigte Hoffnungen auf einen Nachfolgevertrag machen kann. Diese Hoffnung ist der Erfolgsanreiz. Die komplementäre Angst davor, keinen neuen Vertrag mehr angeboten zu bekommen, befördert den ohnehin schon vorhandenen Erfolgsdruck. Als weitere Stimuli kommen diverse Arten von Prämien von seiten des Vereins und Verbandes sowie auch der wirtschaftlichen und politischen Förderer hinzu. Nicht zu vergessen ist die Reputationssteigerung der Trainer durch Erfolge ihrer Athleten. Sie ist zum einen die Art von Identitätsbestätigung, die ein Leistungsindividualist sucht. Zum anderen erhöht jeder Renommeegewinn aber auch den »Marktwert« eines Trainers. Je mehr Anerkennung er erhält, desto bessere Athleten kann er trainieren, und desto höher wird sein Einkommen aus der Trainertätigkeit sein.

Dabei ist zu beachten, daß die Trainer untereinander ähnlich konkurrieren wie die Athleten. Für die wenigen begehrten Trainerposten an der Spitze des Leistungskegels, die hohes Einkommen und hohe Reputation bieten, besteht stets ein Überangebot an Interessenten, weil die Trainer von unten an diese Spitze drängen. Gerade die Befristung der Trainerverträge erlaubt es den Vereinen und Verbänden, diese Konkurrenz der Trainer als ein gezieltes »divide et impera« zu inszenieren. Wer nicht immer wieder aufs neue pünktlich Erfolge aufzuweisen vermag und sich nicht gegenüber der Spitze der Vereine und Verbände als anpassungsfähig und -willig erweist, kann leicht tief fallen. Der den Erfolgsdruck forcierende Zeitdruck wird dabei durch die immer raschere Abfolge wichtiger nationaler und internationaler Wettkämpfe vorgegeben.

Schließlich wird der auf dem Trainer lastende Erfolgsdruck auch noch dadurch verstärkt, daß es im Hochleistungssport, anders als in vielen anderen Feldern beruflichen Handelns, keine der Beobachtung durch die relevanten Bezugsgruppen entzogenen »Verstecke« gibt, in die jemand sich eine Zeitlang unbemerkt zurückziehen kann. Spitzensport, Training beinahe ebenso wie Wettkampf, findet öffentlich statt (Bette 1984b: 34-37). Der unbarmherzig prüfende erfolgsorientierte Blick des Publikums, vermittelt durch die Massenmedien, ist dem Trainer bei allem, was er tut, präsent. Er kann sich diesen Erfolgserwartungen keinen Moment lang entziehen.

Was hier für den Trainer herausgestellt worden ist, ließe sich, teilweise entsprechend den andersartigen Unterstützungsleistungen abgewandelt, auch für die anderen Akteure des Unterstützungsumfelds zeigen – etwa für den Sportarzt oder den Manager eines Athleten. Auch ihre Verträge können schnell gekündigt werden. Sie alle unterliegen dem Druck, daß der von ihnen betreute Athlet erfolgreich sein muß. Damit ist eine wechselseitige Abhängigkeit zwischen einem Sportler und seinem assistierenden Milieu fest zementiert. Der Athlet braucht die diversen Dienste seines Umfeldes, um erfolgreich sein zu können; und er bekommt sie, weil die Unterstützungsakteure nur an seinem Erfolg gleichsam parasitär[18] teilhaben können. Keiner der Umfeldakteure verfügt über einen vom Athleten unabhängigen Leistungsnachweis der eigenen Arbeit. Wenn der Athlet nichts bringt, war alle Mühe der Unterstützungsfiguren umsonst. Ein Trainer z.B. kann noch so gut sein: Nur wenn der von ihm betreute Sportler Erfolge aufweist, wird seine Leistung als Trainer

18 Was, wie aus dem Vorausgegangenen deutlich geworden ist, keineswegs heißt, daß die Unterstützungsakteure nichts für den Erfolg des Athleten tun. Parasiten sind nicht notwendigerweise Schmarotzer.

positiv sichtbar. Diese allen bewußte Abhängigkeit der Unterstützungsakteure von der Leistungsfähigkeit des Athleten ist der Hauptgrund dafür, daß sie ein nahezu ebenso hohes Interesse an dessen Erfolg haben wie dieser selbst.

Auf den ersten Blick erscheint es so, als ob in diesem wechselseitigen Abhängigkeitsverhältnis die Unterstützungsakteure gerade als Erfolgsparasiten einen entscheidenden Vorteil gegenüber dem Athleten genießen. Sie können sich ihren Wirt aussuchen und ihn auch wechseln, wenn er nicht hält, was sie sich von ihm versprochen haben. Zwar kann auch der Athlet seine Unterstützungsakteure austauschen – aber er kann sich nicht selbst als letztendlichen Vollbringer der sportlichen Leistungen, von denen er abhängig ist, austauschen. Allerdings ist auch diese Wahl- und Exit-Möglichkeit der Unterstützungsakteure begrenzt. Denn wer einen erfolglos bleibenden Sportler unterstützt, kann damit die eigene Reputation z. B. als Trainer nicht nur nicht aufbessern, sondern schmälert sie sogar. Mißerfolge verschlechtern die Chancen, zu einem erfolgversprechenderen Athleten zu wechseln. Damit bleiben die Unterstützungsakteure ähnlich stark an ihre Athleten gebunden wie umgekehrt.

Der Erfolg des Leistungssportlers liegt also im gemeinsamen Interesse von ihm und seinem Unterstützungsmilieu. Entsprechend wirken die assistierenden Akteure auf den Athleten ein. Sie sind bestrebt, ihn möglichst weitgehend zu kontrollieren, um ihn von »schlechten Einflüssen«, also allem, was seine sportliche Leistungsfähigkeit beeinträchtigen könnte, fernzuhalten. Daß das Unterstützungsumfeld für den Sportler tendenziell zur »totalen Institution« wird, passiert also nicht einfach irgendwie hinter dem Rücken der Beteiligten. Das ist vielmehr auch strategisches Ziel des Handelns der Unterstützungsakteure. Dies kann soweit gehen, daß Athleten durch emotionale Abhängigkeit gefügig gemacht werden. Hierfür ist zweifellos förderlich, daß die meisten Hochleistungssportler schon als Kinder in eine Welt strikten Gehorsams gegenüber den sportlichen Autoritätspersonen – Trainer, Sportärzte, Funktionäre – hineinsozialisiert werden. Insbesondere die Person des Trainers wird oft zur dominanten Leitfigur: »Er tritt neben die Eltern, seinem Lob und Tadel wird meist mehr Bedeutung beigemessen als der Meinung der Eltern.« Insofern gibt es eine »psychische Abhängigkeit jugendlicher Leistungssportler beiderlei Geschlechts von ihrem Trainer«, wodurch eine »kritiklose Manipulationsbereitschaft« oftmals gegeben ist (Unabhängige Dopingkommission 1991: 205/206). Der dadurch gelernte autoritäre Charakter wird auch später nicht leicht abgelegt, weil das Umfeld eben dasselbe bleibt. Sind die Athleten so erst einmal von störenden anderen Einflüssen abgeschirmt, können die Unterstützungsakteure auf vielerlei Weise darauf hinwirken, daß auf seiten des Sportlers der reziproke Verstärkungszusammenhang zwischen biographischer Fixierung und sportlichem Erfolgsdruck aufrechterhalten bleibt.

Damit läuft das wechselseitige Abhängigkeitsverhältnis zwischen Athleten und Unterstützungsakteuren insgesamt auf eine Intensivierung des Erfolgsdrucks heraus. Der ohnehin durch die biographische Fixierung gegebene sachzwangartige Leistungsimperativ wird durch einflußreiche Sozialfiguren und Organisationen im Nahbereich des Athleten noch weiter gesteigert. Dabei üben die Unterstützungsakteure, wie deutlich geworden ist, ihren diesbezüglichen Einfluß auf den Athleten keineswegs voluntaristisch aus – was auch hieße, daß sie ihn abzustellen in der Lage wären. Sondern aufgrund ihrer eigenen Abhängigkeit vom Erfolg des Athleten sind die Unterstützungsakteure dazu gezwungen, diesen Erfolgsdruck an den Sportler zu adressieren. Die Athleten und ihre Unterstützungsakteure unterliegen also gleichermaßen den strukturellen Zwängen, die sich aus dem schrankenlosen Siegescode des Sportsystems und dessen Entfesselung durch Umweltansprüche ergeben.

II. Doping als Struktureffekt

Der erste Teil der vorliegenden Arbeit hatte die Aufgabe, die Strukturdynamiken des Hochleistungssports herauszuarbeiten. Es konnte so gezeigt werden, warum und mit welchen Konsequenzen die Athleten und die Akteure ihres Unterstützungsumfeldes unter einen immer weiter eskalierenden sportlichen Erfolgsdruck geraten sind. Der zweite Teil der Untersuchung wendet sich nun dem eigentlichen Thema zu: dem Doping im Hochleistungssport. Unsere generelle These lautet: Doping muß als ein nahezu zwangsläufiger Effekt derjenigen Strukturen gewertet werden, die der moderne Hochleistungssport sowohl auf der Grundlage sportinterner Antriebsfaktoren als auch unter dem Einfluß sportinteressierter Umweltakteure ausgeprägt hat. Der strukturelle Erfolgsdruck schafft eine nahezu unwiderstehliche Dopingneigung. Damit sind wir insoweit derselben Einschätzung wie der Sportsoziologe Eugen König (1993: 17/18), »daß im Doping der Sport zu sich selbst kommt, daß im Doping etwas vom Wesen des Sports in Erscheinung tritt«. Doping ist nichts Akzidentielles, sondern etwas Essentielles des modernen Hochleistungssports. Es gibt eine »Dopinglogik des Sports«. Dopingfälle sind damit – um einen vom Techniksoziologen Charles Perrow (1984) in anderem Zusammenhang geprägten Begriff aufzugreifen – »normal accidents«. Dies wollen wir in einer Sequenz von vier Schritten explizieren.

Der erste Schritt befaßt sich im Kapitel 4 mit den von den Sportverbänden formulierten Dopingdefinitionen. Was zunächst nur einer notwendigen begrifflichen Klärung zu dienen scheint, um Abweichung von Konformität abzugrenzen, ergibt bei genauerem Hinsehen einen irritierenden Befund. Die Sportverbände haben ursprünglich Wesensdefinitionen des Dopings formuliert, sind dabei jedoch an einer Reihe von Aporien gescheitert. Entgegen allen oberflächlichen Bekundungen läßt sich Doping nicht als etwas dem Sport klar Wesensfremdes bestimmen. Notgedrungen wichen die korporativen Sportakteure daher auf enumerative Dopingdefinitionen aus. Die bloße Auflistung verbotener Mittel und Maßnahmen brachte jedoch den perversen Nebeneffekt hervor, Suchscheinwerfer für immer neue Praktiken und Maßnahmen zu sein. Dopingdefinitionen als soziale Konstruktionen wirken damit so oder so dopingfördernd: Entweder liefern sie keine operationale Handhabe gegen Doping, oder sie weisen durch eine operationale Markierung des Verbotenen zugleich auf das noch Erlaubte hin.

Im Rahmen solcher Dopingverbote findet Doping als abweichendes Verhalten statt. Doping entspricht dabei, wie der zweite Analyseschritt im Kapitel 5 ausführt, einem im Rahmen der soziologischen Theorie abweichenden Verhaltens als »Innovation« rubrizierten Typus. »Innovativ« ist ein Handeln, wenn es sozial als legitim angesehene Ziele durch einen illegitimen Mitteleinsatz zu erreichen versucht. Die Devianz von Athleten ist dabei nicht als eine isolierte individuelle Entscheidung einzuordnen. Vielmehr findet Doping in einer für diese Form der Abweichung anfälligen Subkultur statt und wird durch ein weitgefächertes Umfeld getragen. Der Hochleistungssport zerfällt so in ein Nebeneinander und tendenzielles Gegeneinander vieler devianter Gruppen, die sich mißtrauisch gegeneinander abschotten. Abgepuffert wird Doping ferner durch eine entsprechende Rhetorik, mit der das deviante Handeln kaschiert und nach einer Entlarvung auch vor anderen gerechtfertigt wird. Mittlerweile ist im Kommunikationsspektrum des Hochleistungssports eine Reihe von gängigen Entschuldigungen anzutreffen, auf die Dopingsünder und Sympathisanten gegebenenfalls zurückgreifen können.

Der dritte Analyseschritt durchleuchtet im Kapitel 6 mit Hilfe einer spieltheoretischen Modellierung die sozialen Interdependenzen zwischen den sich dopenden Sportlern. Die Entscheidung des einen, sich zu dopen oder darauf zu verzichten, wird ganz offensichtlich nicht ohne Blick auf die beobachteten oder vermuteten Entscheidungen der anderen Athleten getroffen. Denn sie stehen untereinander in einer Konkurrenzsituation, in der es für jeden der Beteiligten wichtig ist, wie sich die jeweils anderen verhalten. Das gleiche gilt für die Sozialfiguren des Unterstützungsumfeldes und die Sportverbände. Vor allem der Tatbestand, daß den Athleten die Handlungsoptionen ihrer Konkurrenten auch im nachhinein intransparent bleiben, verhindert die Entstehung einer sich wechselseitig verstärkenden Dopingabstinenz. Selbst Dopingkontrollen, die eine solche Transparenz prinzipiell herstellen könnten, bleiben in dieses Geflecht von Spielen eingebunden, ohne darin Dopingenthaltsamkeit verankern zu können. Damit muß Doping als eine eskalatorische Aggregation individueller Entscheidungen verstanden werden.

Der vierte Analyseschritt beantwortet schließlich im Kapitel 7 die Frage, welche Risiken der Hochleistungssport in seiner gesellschaftlichen Umwelt eingeht, wenn Dopingdevianz häufiger auftritt. Dopingfälle werden von den Massenmedien aufgegriffen und in Form von Skandalen verbreitet, weil sich damit bestimmte Publikumsinteressen ansprechen lassen. Ab einem bestimmten Punkt kippt durch eine solche Skandalierung das gesellschaftlich verbreitete Bild des Hochleistungssports um. Die »heile Welt« kehrt sich in ihr Gegenteil um. Der Hochleistungssport bekommt einen »schlechten Ruf«. Die große Gefahr dieser Delegitimierung beim Publikum besteht darin, daß sich daraufhin die wirtschaftlichen und politischen Förderer des Spitzensports von den Sportakteuren distanzieren und ihnen unentbehrliche Ressourcen entziehen. Zudem könnte der Hochleistungssport massive Schwierigkeiten bei der Nachwuchsrekrutierung bekommen, wenn nämlich Eltern und Erzieher davon auszugehen haben, daß bereits Kinder und Jugendliche durch ein entsprechendes sportinternes Anregungsmilieu auf die schiefe Bahn des Dopings gelenkt werden.

Damit ist das entscheidende Problem identifiziert, das Doping dem organisierten Sport bereitet. Er hat sich selbst gesellschaftlich diffamiert, was es auf irgendeine Weise auszubessern gilt. Wie die Sportverbände versuchen, das zu bewerkstelligen, wird dann das Thema des dritten Teils der Untersuchung sein.

4. Dopingdefinitionen als soziale Konstruktionen

Was genau ist Doping? Eine Antwort auf diese Frage, so könnte man meinen, sollte am Anfang jeder wissenschaftlichen Erörterung der Ursachen und Folgen dieses Phänomens stehen. Wer vermeiden will, aneinander vorbeizureden, muß schließlich wissen, worum es geht. Gerade Doping gehört zu jenen Sachverhalten, bei denen keineswegs von vornherein klar ist, daß alle dasselbe darunter verstehen. Um so nötiger erscheint es, mit einer präzisen Definition zu beginnen.

Dennoch soll das im folgenden gerade nicht passieren. Wir wollen statt dessen in diesem Kapitel die bei allen Beteiligten verbreitete beträchtliche Unsicherheit darüber, was unter Doping zu verstehen ist, selbst zum Gegenstand der sozialwissenschaftlichen Analyse machen. Wir geben zum einen unumwunden zu, daß diese Herangehensweise auch darauf zurückzuführen ist, daß wir selbst in dieser Definitionsfrage nicht klüger als alle anderen sind, die sich hiermit schon seit Jahrzehnten befaßt haben. Wir sind deshalb nicht in der Lage, gleichsam »von oben herab« zu dekretieren, was als Doping zu gelten habe und was nicht. Zum anderen verweist unsere Vorgehensweise aber keineswegs bloß auf das Bemühen, diese Not zur Tugend zu stilisieren, also das Nicht-definieren-Können als ein Nicht-definieren-Wollen auszugeben. Damit soll vielmehr auch dem ganz elementaren Tatbestand Rechnung getragen werden, daß alles – jedes Ereignis, jeder Vorgang, jedes Ding – in dem Moment, wo es zum Gegenstand sozialer Kommunikation wird, den Charakter eines sozialen Konstrukts erhält.

In eben diesem Sinne sprechen die beiden Soziologen Peter Berger und Thomas Luckmann von der »sozialen Konstruktion der Wirklichkeit« (1966). Etwas als etwas Bestimmtes zu definieren, ist keine passive Aufnahme eines irgendwie gearteten Eindrucks, den jenes Etwas, Kantisch gesprochen, als »Ding-an-sich« macht: kein objektiver Beobachtungssatz, wie ihn sich ein naiver erkenntnistheoretischer Positivismus vorstellt. Definieren ist vielmehr ein aktives Geschehen des Konstruierens von Sinn. Sinn aber begründet Verweisungszusammenhänge. An den Akt, bestimmte Verhaltensweisen als Doping zu definieren, schließen sich in zahlreichen Richtungen Konnotationen an: rechtliche, moralische, politische, wirtschaftliche, biographische, medizinische usw. All das wird uns im einzelnen noch beschäftigen. Wenn es der Soziologie, in Max Webers berühmter Formulierung, um eine Erklärung sozialer Sachverhalte durch »deutendes Verstehen« geht, muß sie sich jedenfalls schon in ihren Definitionen der jeweiligen Untersuchungsgegenstände darauf einlassen, wie die beobachteten Akteure selbst die relevanten Tatbestände kategorisieren.

Dieses methodische Postulat gewinnt an Dringlichkeit, je unklarer die von den Akteuren selbst konstruierten und zugrundegelegten Kategorien sind. Die Schwierigkeit, präzise definitorische Grenzen zu ziehen, ist selbst ein ernstzunehmender sozialer Tatbestand. Denn sie deutet auf Definitionsprobleme hin, die sachlich oder sozial begründet sein können. Ein Phänomen kann so komplex beschaffen sein, daß jeder Versuch, es definitorisch auf einen eindeutigen Begriff zu reduzieren, zum Scheitern verurteilt ist. Und ein Phänomen kann im Zentrum heftiger Konflikte stehen, die sich dann ebenfalls in einer unklaren Definition, nämlich in einem unüberwindbaren Gegeneinander widerstreitender Definitionsansprüche, niederschlagen. Auf Doping trifft, soviel kann vorausgeschickt werden, beides zu. Die Auseinandersetzung um Doping geht auch um definitorische Ein- und Ausgrenzungen. Insofern die Komplexität und Konflikthaftigkeit dieses Phänomens aber selbst wiederum erheblich mitbestimmen, wie gesellschaftlich mit ihm umgegangen wird, muß beiden Eigenschaften in einer sozialwissenschaftlichen Betrachtung analytisch Rechnung getragen werden.

Im vorliegenden Kapitel nehmen wir insofern die Position eines Bobachters zweiter Ordnung ein. Wir sagen nicht, was Doping auf der letzten Seinsebene ausmacht, sondern beobachten soziale Akteure dabei, wie sie dieses Phänomen beobachten. Hier interessiert uns besonders die Art und Weise, wie mit Doping in Form von sportrechtlichen Definitionsversuchen umgegangen wird. Die Ausrichtung auf die rechtlichen Debatten liegt darin begründet, daß Doping als ein Normverstoß gewertet wird, der durch rechtliche Sanktionen und nicht bloß durch moralischen Achtungsentzug geahndet werden soll.[1]

---

1 Wobei nicht verkannt werden darf, daß Achtungsentzug einen Menschen in manchen Situationen härter treffen kann als eine rechtliche Strafe. Sofern er die

Die semantischen Zwänge der angestrebten rechtlichen Behandlung von Doping, nämlich zu justitiablen Definitionen zu gelangen, haben eine eigentümliche begriffliche Dynamik in Gang gesetzt, die es nachzuzeichnen gilt. Zwei Phasen lassen sich dabei voneinander abgrenzen. Ursprünglich vorherrschende Bemühungen um eine Wesensdefinition des Dopings gingen in Versuche zur enumerativen Definition über, womit zum einen der konventionalistische und damit auch kontingente Charakter jedweder Eingrenzung offen zutage tritt. Zum anderen ergibt sich, daß derartige Definitionen, wie sie seit geraumer Zeit vorherrschen, perverserweise gerade wegen ihres Operationalismus auf bestimmte Weise Doping stimulieren und damit das genaue Gegenteil des Angestrebten bewirken.

4.1 »Natürlichkeit« und »Fairneß«: Leitideen einer Wesensdefinition

Bereits im Jahr 1952 verabschiedete der Deutsche Sportärztebund eine Dopingdefinition: »Die Einnahme eines jeden Medikamentes – ob wirksam oder nicht – mit der Absicht der Leistungssteigerung während des Wettkampfes eingenommen, ist als Doping zu betrachten« (zitiert bei Sehling u. a. 1989: 18). Hierbei ging es noch ausschließlich um medikamentöses Doping, unter das schon damals nicht alle Praktiken rubrizierbar waren. 1963 wurde dann, nach Dopingskandalen vor allem im Profiradsport, die umfassendere und aussagekräftigere Dopingdefinition des Europarates formuliert: »Doping ist die Verabreichung oder der Gebrauch körperfremder Substanzen in jeder Form und physiologischer Substanzen in abnormaler Form oder auf abnormalem Weg an gesunde Personen mit dem einzigen Ziel der künstlichen und unfairen Steigerung der Leistung für den Wettkampf. Außerdem müssen psychologische Maßnahmen zur Leistungssteigerung des Sportlers als Doping angesehen werden« (zitiert bei Sehling u. a. 1989: 18). »Körperfremde Substanzen« sind nicht nur Medikamente, sondern können z. B. auch Drogen sein. Zu den »physiologischen Substanzen«, die »abnormal« genutzt werden, gehört etwa das eigene Blut des Sportlers beim Eigenblutdoping. Bei den

entsprechenden moralischen Grundsätze teilt, trifft ihn der Achtungsentzug in seiner Identität, während die rechtliche Strafe ihn »nur« äußerlich berührt.

»psychologischen Maßnahmen« – unter die so allgemein wie in dieser Definition gefaßt natürlich auch jede Motivationsarbeit des Trainers fiele – war vor allem an Formen von Hypnose gedacht.

Diese Definition enthielt bereits alle Komponenten, die für eine Wesensbestimmung des Dopings auch in der Folgezeit bedeutsam waren. Die entscheidenden Stichworte dafür sind »Unfairneß« und »Unnatürlichkeit« – letzteres etwa in Worten wie »körperfremd«, »abnormal« oder »künstlich« umschrieben. Doping wäre demzufolge eine »unnatürliche« und damit »unfaire« Art der sportlichen Leistungssteigerung. Auf diese Kurzformel lassen sich alle Versuche einer Wesensbestimmung des Dopings bringen. Damit hängt für eine – insbesondere auch rechtliche – Handhabbarkeit dieser Art der Dopingdefinition alles davon ab, inwieweit sich in sachlicher Hinsicht hinreichend präzise und umfassend, in zeitlicher Hinsicht hinreichend dauerhaft und in sozialer Hinsicht hinreichend intersubjektiv einheitlich bestimmen läßt, welche Art von Handeln sich als »unnatürliche« sportliche Leistungssteigerung begreifen läßt. In dem Maße hingegen, wie genau diese Spezifizierungen nicht gelingen, erweist sich eine Wesensdefinition des Dopings als unbrauchbar.

Rechtlich betrachtet geht es darum, ob »Unnatürlichkeit« als sogenannter »unbestimmter Rechtsbegriff« so spezifizierbar ist, daß er willkürfrei und nicht nach dem Gusto der jeweils Beurteilenden gehandhabt werden kann. Es wäre schließlich fatal, wenn es von den subjektiven Ansichten der Mitglieder des für Dopingfragen zuständigen Ausschusses eines Sportverbandes abhinge, ob eine bestimmte leistungssteigernde Maßnahme als Doping gewertet und damit sanktioniert wird oder nicht. Wir werden im folgenden aufzeigen, daß eine in diesem Sinne brauchbare Wesensdefinition nicht zustandegekommen ist und wohl auch nicht zustande kommen kann. »Unnatürlichkeit« enthält als semantisches Konstrukt mehrere gravierende, kaum ausräumbar erscheinende Uneindeutigkeiten. Um sie herauszuarbeiten, nehmen wir gegenüber den verbreiteten Versuchen, die »Unnatürlichkeit« des Dopings zu bestimmen, die Haltung eines advocatus diaboli ein. Der Auftritt als Dopingapologet hat den Vorteil, Akzeptiertes provozierend hinterfragen und Inkonsistenzen herausarbeiten zu können.[2]

2 Dabei kann an mehreren wichtigen Punkten Bezug auf die scharfsinnigen, aber nur wenig bekannten Reflexionen des Sportethikers Norman Fost (1986) genommen werden.

Relativ klar, wenngleich keineswegs unkontrovers, erscheint noch die in dieser Definition formulierte Verbindung von »Unnatürlichkeit« und »Unfairneß«. Doping gilt zunächst einmal deshalb als »unfair«, weil es eine »unnatürliche« Art der Leistungssteigerung darstelle.[3] Tritt ein gedopter Sportler gegen einen ungedopten an, werde dadurch die Chancengleichheit verletzt. Der Sieg des Gedopten könne dann nicht mehr ausschließlich dem einzelnen Individuum zugerechnet werden. Der personalen Leistungsmobilisierung wäre vielmehr »unnatürlich« nachgeholfen worden.

Eine Sichtweise dieser Art unterstellt häufig, daß eine »unnatürliche« Leistungssteigerung die Chancengleichheit im Wettkampf verletze. Durch Doping werde die von allen Sportinteressierten geteilte »Idee des sportlichen Wettkampfes«, wie sie der Sportphilosoph Elk Franke (1994) rekonstruiert, eklatant mißachtet. Der Siegescode wird gemäß dem Fairneßkriterium als untrennbarer Zusammenhang von Überbietungs- und Gleichheitsgebot verstanden. Es geht darum, unter Bedingungen von formaler Chancengleichheit besser zu sein als der Konkurrent. Genau diese Kautele unterscheidet sportliche Siege beispielsweise von Siegen in politischen Wahlen oder von der Konkurrenz zwischen Unternehmen auf dem Markt, wo jeweils Chancengleichheit gerade keine Ausgangsvoraussetzung sein muß. Begreift man Gleichheit in sachlicher Hinsicht als Randbedingung des Überbietungsstrebens, stellt Doping eine Zielverselbständigung dar; und versteht man Überbietung in zeitlicher Hinsicht als zukünftiges Resultat ursprünglicher Gleichheit, ermöglicht Doping eine Vorwegnahme von Zukunft.

Diese Sichtweise nimmt allerdings Ungleichheiten der Siegeschancen in zweierlei Hinsichten hin. Erstens ist bekannt, daß Menschen noch vor jedem Training in ihren körperlichen und psychischen Voraussetzungen sehr unterschiedlich ausgestattet sind. Sportler aus dem afrikanischen Hochland haben beispielsweise im Mittel- und Langstreckenlauf bereits deshalb Startvorteile gegenüber Athleten aus den Niederlanden, weil das Leben in

3 Manche Kritiker der verbreiteten Bemühungen eines Dopingverbots bezweifeln allerdings schon das – so der Biochemiker und Dopingbeauftragte der Bundesregierung, Manfred Donike: »Wenn wir die Leistungssteigerung zum Maßstab nehmen würden, dann müßten wir wirklich Doping freigeben. Denn die meisten Dopingmittel führen nicht zur Leistungssteigerung« (KSA vom 8./9. 1. 1994).

großen Höhen ersteren physiologische Vorteile verschafft. Diesen Nachteil können Sportler prinzipiell noch dadurch ausgleichen, daß sie vor wichtigen Wettkämpfen längere Trainingsaufenthalte in großen Höhen absolvieren. Aber kaum noch kompensierbar ist beispielsweise der Kleinwuchs eines Menschen im Basketball. Gewisse Spielerpositionen werden sich ihm quasi automatisch verschließen. Derartige körperliche Unterschiede existieren zuhauf, ohne daß sie im Wettkampf berücksichtigt werden.[4] Warum wird dann Doping – so kann man als advocatus diaboli fragen – als illegitime Chancenungleichheit eingestuft (Fost 1986: 6), während über diese oftmals viel gravierenderen Ungleichheiten der Ausgangsbedingungen salopp hinweggesehen wird? Dabei ließe sich Doping in manchen Fällen sogar als gezielte Maßnahme einsetzen, diese Ungleichheiten zu kompensieren – wenn etwa ein kleinwüchsiger Basketballspieler seine Sprungkraft durch Einnahme entsprechender Substanzen erhöhte und mit Hilfe einer derartigen chemischen Anschubkraft Chancengleichheit im Zweikampf mit größeren Gegenspielern überhaupt erst herstellte.

Zweitens nehmen Wettkampfsituationen diejenigen Ungleichheiten hin, die das Ergebnis eines ausgeklügelten Trainings sind. Denn der Trainingserfolg ist keineswegs nur auf den Einsatz des jeweiligen Sportlers als Person zurückzuführen. Wenn dem so wäre, könnte man sagen, daß die darauf zurückgehende Ungleichheit der Siegeschancen im Wettkampf individuell erarbeitet und damit legitim wäre. Der sportliche Erfolg wäre dann ein unmittelbarer Ausdruck und Gradmesser des individuellen Trainingsfleißes. Bekanntlich spielen aber zwei weitere Determinanten des Trainings mindestens ebenso stark, wenn nicht stärker, hinein: die Unterstützung, die ein Sportler durch Trainer und sonstiges Betreuungspersonal erhält, und die infrastrukturellen Voraussetzungen des Trainings. Daß jemand einen besseren Trainer hat als sein Gegner, wird als legitime Ungleichheit der Ausgangsbedingungen akzeptiert, obwohl es doch um die Leistung des Sportlers als Individuum und nicht um die Leistung seines Unterstützungsumfeldes geht. Ebenso wird hingenommen, daß Athleten aus den entwickelten Industriegesellschaften oftmals über weit bessere Trainingsstätten verfügen als Sportler

---

4 Daß es etwa im Gewichtheben oder beim Boxen Gewichtsklassen gibt, ist eher die Ausnahme von dieser Regel.

aus einem armen Entwicklungsland. Erstere sind zudem in der Lage, sich ganz auf den Sport konzentrieren zu können, während letztere vielleicht erst einmal ihrer Arbeit nachzugehen haben, bevor sie in ihrer knappen Freizeit trainieren können. Auch wenn die bessere Infrastruktur und nicht der bessere Sportler siegt, wird daran kein Anstoß genommen. Sehr wohl als Verstoß gegen die »Idee des sportlichen Wettkampfes« würde hingegen merkwürdigerweise gewertet, wenn durch Doping solche Ungleichheiten des Betreuungsumfelds oder der Infrastruktur ausgeglichen würden. Auch hier hat ein advocatus diaboli darauf hinzuweisen, daß damit die Sichtweise hinfällig wird, Doping sei eine Ungleichheit herstellende Maßnahme. Denn es gibt offensichtlich auch andere, nicht als illegitim angesehene Verletzungen der Chancengleichheit.

Aus solchen Erwägungen zieht ein australisches Senatskomitee (1989: 47/48) den Schluß: »the argument that doping should be banned because the use of drugs is unfair is inconsistent.« Oder der Sportsoziologe Eugen König (1993: 4): »Nicht erst Doping demonstriert, daß der Gleichheitsgrundsatz im Sport lediglich formal ist.« Die Ächtung des Dopings als unfaire Verletzung von Chancengleichheit bricht ohnehin auch dann in sich zusammen, wenn alle Teilnehmer eines Wettkampfes sich gleichermaßen dopen. Dann wäre das »Unnatürliche« jedenfalls nicht mehr unfair, denn keiner hätte mehr einen Vorteil davon (Fost 1986: 6). »In einem Spiel, in dem beide Parteien sich dopen und dies auch voneinander wissen, ist Doping nicht unfair« (Heringer 1990: 39). Dies funktioniert allerdings nur unter der Bedingung einer Freiwilligkeit der Doping-Einnahme. Sofern auch nur einer der Sportler sich trotz gesundheitlicher oder sonstiger Bedenken allein deshalb dopt, weil er vom Doping der anderen wüßte und sich ohne Doping keine Siegeschance gegen sie ausrechnete, bliebe das Doping der anderen unfair. Denn sie zwängen den Betreffenden zum defensiven Doping. Falls sich aber alle Sportler darüber einig sind, Doping als ein legitimes Mittel der Leistungssteigerung anzusehen, könnte man es nicht mehr aufgrund seiner Unfairneß zurückweisen. Selbst wenn dieser Fall empirisch wohl nur selten vorgekommen sein dürfte: Als Gedankenexperiment stellt er klar, daß in der Wesensdefinition des Dopings die Komponente der »Unnatürlichkeit« bereits für sich genommen als verwerflich begründet werden muß. Die Unfairneß des Dopings kann nur ein zusätzlicher, für die Definition letztlich nicht erheblicher Gesichtspunkt sein.

Damit hängt alles daran, was diesbezüglich als »natürlich« bzw. »unnatürlich« gilt, und warum man letzteres bei sportlicher Leistungserbringung nicht akzeptieren will. »Natürlichkeit« ist ein positiv besetzter Suggestivbegriff, der unterschwellig schnelle, unreflektierte Zustimmung mobilisiert. Bei näherem Hinsehen zeigen sich dann aber schnell gravierende Probleme. Offensichtlich ist zunächst, daß die »Unnatürlichkeit« des Dopings nicht einfach über die »Natürlichkeit« oder »Unnatürlichkeit« der verwandten Substanzen definiert werden kann. Norman Fost (1986: 7) stellt dazu als advocatus diaboli fest: »many unnatural drugs are on the acceptable list, and some natural ones, such as testosteron, are banned. If marijuana enhanced performance, we would not be persuaded to allow it just because it grows in the athlete's garden. Nor do we oppose the use of manufactured vitamins.« Das eigene Blut des Athleten stellt ebenfalls einen in diesem Sinne »natürlichen« Stoff dar; trotzdem ist Eigenblutdoping verboten. Doping durch Hypnose, das überhaupt keine Substanzen benötigt, wäre deshalb jedenfalls auch nicht als »unnatürlich« einzustufen.

Anfangs setzten die Sportmediziner die »Unnatürlichkeit« des Dopings ganz einfach mit dessen gesundheitlicher Schädlichkeit gleich. Als Begründung für ein Dopingverbot wurde die Sorge um die Gesundheit der Sportler herangezogen. Diese Begründung läßt sich jedoch aus mindestens zwei Gründen nicht halten. Erstens ist nicht jede Art des Dopings gesundheitsschädlich, während umgekehrt nicht wenige zulässige und praktizierte Arten der körperlichen Leistungssteigerung durchaus schädliche Folgen hervorrufen können. Die erwartbaren gesundheitlichen Nebenwirkungen einiger als Doping rubrizierter Medikamente und Verfahren übersteigen nicht diejenigen, die Frauen beispielsweise bei der ja durchaus gesellschaftlich akzeptierten Einnahme der Pille riskieren (Mader 1992: 160). Viele Sportarten bringen durch einseitige Dauerbelastungen und Überbeanspruchungen von Muskulatur, Knochenbau oder Organen spezifische »Berufskrankheiten« hervor, die jedenfalls derjenige in Kauf nehmen muß, der auf längere Sicht zur nationalen und erst recht internationalen Spitze gehören will. »Even those who accept that drugs may damage health sometimes argue that sports and sports training are inherently dangerous and that for this reason it would be inconsistent to ban drugs because of health risks« (Australisches Senatskomitee 1989: 52). Den Gesundheitsgefährdungen durch Verschleiß müssen dabei noch die durch Verletzungen hinzugerechnet werden. Da Doping im Vergleich dazu nicht in jedem Falle schlechter abschneidet, taugt – so der hieraus zu ziehende Schluß des advocatus diaboli – der Gesichtspunkt der Gesundheitsgefährdung zur alleinigen Begründung eines generellen Dopingverbots nicht. Diesen Schluß zieht auch Fost (1986: 9): »the risks of sport itself far exceed the demonstrated risks of those drugs that arouse the greatest concern.« Und König (1993: 6) fragt zu Recht: »Wo ist die unbeugsame Anklage der irreversiblen, nicht durch Doping hervorgerufenen, sondern ›klassischen‹ antrainierten Schäden unzähliger ehemaliger Spitzensportler?«

Zweitens läßt sich mit der Gesundheitsgefährdung auch deshalb nicht überzeugend argumentieren, weil damit eine paternalistische Bevormundung des Sportlers impliziert ist, die ihn gerade nicht als Person ernstnimmt und der faktischen Professionalisierung des Leistungssports keine Rechnung trägt (Fost 1986: 6/7). Apodiktische Anmaßungen, für Athleten die Rolle des besserwissenden Advokaten zu übernehmen, laufen der Idee personaler Autonomie zuwider, die in der Moderne eine hohe Bedeutung gewonnen hat. Beispielsweise wird auch ein Bergmann nicht davon abgehalten, seinen bekanntermaßen überdurchschnittlich gesundheitsgefährdenden Beruf aufzunehmen; und einem Manager wird konzediert, teilweise dieselben Substanzen wie Sportler etwa als Aufputschmittel zu benutzen, um in schwierigen Verhandlungsmarathons zum Wohle seines Unternehmens hellwach bei der Sache zu bleiben. Ebensowenig, wie es nach gesellschaftlich vorherrschendem Verständnis verpönt ist, jemanden zu einer überdurchschnittlich gesundheitsgefährdenden Tätigkeit zu zwingen, darf man ihn daran hindern, wenn er sich aus freien Stücken dazu entscheidet. Er ist dann selbst für die Gesundheitsschäden, die er eventuell erleidet, verantwortlich.[5] Diese perso-

5 Gerade ein Vergleich zur weithin akzeptierten Abtreibung macht dies deutlich. Eine abtreibende Frau schädigt in gesundheitlicher Hinsicht nicht, wie der dopende Sportler, sich selbst, sondern ein anderes Lebewesen – und zwar auf äußerst weitreichende Weise. Sie nimmt diesem anderen Lebewesen das Leben. Dennoch billigen viele ihr dieses Recht zu: »Mein Bauch gehört mir.« Ein sich dopender Athlet darf das gleiche, solange man nur die Gesundheitsgefährdung im Blick hat, mit ungleich höherem Recht für sich beanspruchen.

nale Selbstverantwortung gilt erst recht dann, wenn die jeweilige Tätigkeit dem Betreffenden zu einem hohen Einkommen verhilft. Der Leistungssport ist heutzutage aber fast durchgängig die Haupteinkommensquelle der ihn Betreibenden; und nicht wenige können damit viel mehr als mit einem anderen ihnen offenstehenden Beruf verdienen.[6] Ein Dopingverbot durch die Gesundheitsgefährdung zu begründen läuft dann auf eine massive Beeinträchtigung der beruflichen Selbstentfaltung hinaus, gemäß derer jeder für sich selbst Kosten und Ertrag bestimmter Handlungen abwägen darf, solange er keinen anderen schädigt. Dementsprechend stellt auch der Sportethiker Thomas Gerstmeyer (1990: 245), ganz im Sinne des advocatus diaboli, fest: »Der Gebrauch eines Mittels unter Inkaufnahme damit verbundener gesundheitlicher Risiken entspricht ... völlig dem gewohnten Aufwand-Nutzen-Denken eines Leistungssportlers.«

Diese Schwierigkeiten der auf Natürlichkeitszuschreibungen beruhenden Definition blieben im Sport nicht unbemerkt. Die »Unnatürlichkeit« des Dopings wurde daher auch sehr schnell nicht mehr mit gesundheitlichen Gesichtspunkten begründet. Statt dessen verbanden die hiermit befaßten Akteure »Unnatürlichkeit« mit »Künstlichkeit«. Dabei meint letzteres gemäß einer der beiden vorherrschenden Explikationen dieses Kriteriums: Nicht mehr ausschließlich der Athlet als Person, sondern etwas ihm nicht personal Zurechenbares hat die sportliche Leistungssteigerung erbracht. »Künstlichkeit« läuft nach dieser Auffassung der Idee des sportlichen Wettkampfes, in dem Personen sich miteinander messen, zuwider. Nicht der bessere Sportler habe dann gewonnen, sondern beispielsweise das gezielter oder reichhaltiger verabreichte Anabolikum. Wie Fost (1986: 7) diese Position darstellt: »The inchoate feeling remains that there is an important distinction between ›natural‹ and ›unnatural‹ assists. Ideally, we want athletic competition to be based on intrinsic qualities, such as speed, strength, endurance, and character. Unnatural chemicals, it is claimed, obscure or diminish the importance of the ›real‹ person.«

Diese Argumentation hat freilich wiederum das Problem, daß

---

6 Schon in den zwanziger Jahren entschieden sich deutsche Sportmediziner mit diesen Rechtfertigungen dazu, Berufssportlern – z.B. Profiboxern – die für Doping benötigten Mittel zu verschreiben, während sie Amateuren verweigert wurden.

die sportliche Leistung mittlerweile in immer höherem Maße auf Faktoren zurückgeht, die außerhalb der Person des jeweiligen Athleten anzusiedeln sind: vor allem auf sein Unterstützungsumfeld von Trainern und Betreuern und auf die ihm zur Verfügung stehende Infrastruktur an Sportstätten. Nicht zuletzt die zunehmende Verwissenschaftlichung des Hochleistungssports, von der Trainingslehre über die medizinische Betreuung bis hin zur Entwicklung von Sportgeräten, läßt unübersehbar werden, daß Kräfte außerhalb der Person des jeweiligen Sportlers dessen Leistungsfähigkeit wesentlich mitbestimmen.[7] »Künstlich« in dem Sinne, daß sie von der sozialen Umwelt des Sportlers und nicht von diesem selbst ausgehen, sind die genannten leistungssteigernden Faktoren ebensosehr wie irgendwelche verbotenen pharmakologischen Substanzen. Gleichwohl denkt bei Medikamenten jeder, bei sozial ermöglichten Trainingsmaßnahmen keiner an illegitime Formen der sportlichen Leistungssteigerung. Auch diese Einstufung ist willkürlich und damit ein weiteres Einfallstor für den advocatus diaboli. Er kann argumentieren: Was ist denn beispielsweise »künstlicher« an Anabolika als an einem neuen Spezialmaterial, das den eigenen Speer noch etwas weiter fliegen läßt als den der Konkurrenten?

Die andere Begriffsbestimmung verortet »Natürlichkeit« auch aufgrund dieser Schwierigkeiten nicht in dem Umstand, daß die sportliche Leistung ausschließlich der Person des jeweiligen Sportlers zugerechnet werden kann, sondern in der Kontinuität der Körpergeschichte. Erst damit erreichen die Versuche, die Wesensdefinition von Doping näher zu bestimmen, den Ort, wo es sich letztlich vollzieht: den Körper des Athleten. Sportliche Leistung darf gemäß dieser Auffassung nicht auf Diskontinuitäten des körperlichen Geschehens, sondern nur auf kontinuierliche Arbeit am Körper zurückgehen. Genau dieser tief im modernen Arbeitsethos verankerten Idee laufen durch Doping unterstützte Leistungen zuwider. Doping hilft in dieser Sichtweise dem Körper gewissermaßen auf die Sprünge. Anabolika katapultieren die Leistungskurve, die ansonsten durch Training nur ganz allmählich nach oben geht, förmlich in die Höhe; andere Mittel halten die Leistungskurve entgegen der natürlichen Erschöpfungstendenz des Körpers oben. Auch Doping durch

7 So auch Australisches Senatskomitee (1989: 58/59) und König (1993: 5/6).

Eigenblut wird dementsprechend als Verfahren der leistungssteigernden Diskontinuitätserzeugung einstufbar. Blutdoping hintertreibt den Umstand, daß Training und Wettkampf Körperspuren hinterlassen. Denn das Blut des Athleten wird auf diese Weise in einem Zustand konserviert, den es in seinem Körper nicht mehr hätte; und in diesem für sportliche Leistungserbringung förderlichen Zustand wird dem Sportler das eigene Blut zu gegebener Zeit wieder zugeführt.

Die naheliegende Frage, die ein advocatus diaboli an diesen Argumentationspfad stellen muß, lautet: Was unterscheidet denn Doping in dieser Hinsicht z. B. von speziellen Ernährungen, die dem Körper ebenfalls hochdosiert leistungssteigernde Substanzen zuführen können (Fost 1986: 6; Australisches Senatskomitee 1989: 59)? Auch dabei wird durch die hohe Dosierung die an üblicher Ernährung gemessene Kontinuität der Körpergeschichte durchbrochen. Doch wenn beispielsweise die Rechtfertigungen der chinesischen Läuferinnen stimmen, die 1993 Fabelweltrekorde erzielten und sich gegen Dopinggerüchte mit der Behauptung zur Wehr setzten, eine spezielle Ernährung habe maßgeblich zur Leistungssteigerung beigetragen, würde das als völlig legitim angesehen. Die konzentrierte Verabreichung von Vitaminen und Mineralien wird ebenfalls fraglos akzeptiert. Wie will man durch Doping erzeugte Diskontinuitäten der Körpergeschichte, die deshalb als illegitim eingestuft werden, von Diskontinuitäten unterscheiden, die durch als legitim angesehene Mittel hervorgebracht werden? Warum sind z. B. Anabolika »unnatürlich« und Mineralien in Mengen, die man normalerweise nicht zu sich nähme, »natürlich«?

Die Kontinuität der Körpergeschichte als Kriterium anzuführen, birgt noch eine weitere Uneindeutigkeit. Immer häufiger fordern Sportmediziner unter dem Stichwort »Substitution«, den Athleten bestimmte leistungssteigernde Substanzen dann zur Einnahme zu gestatten, wenn es der körperlichen Regeneration dient (vgl. z. B. Clasing u. a. 1992: 107). Der Körper von Spitzenathleten, so wird argumentiert, werde durch immer härteres kontinuierliches Training und immer häufigere Wettkämpfe über Jahre hinweg so überbeansprucht, daß er erschöpft und damit krankheitsanfällig werde, wenn man ihm nicht bestimmte Substanzen zuführe, die ihn wieder aufbauen. Ebenso müsse eintretenden Krankheiten wirksam entgegengewirkt werden, um den

Sportler möglichst schnell wieder fit für Wettkämpfe zu machen.[8] Die Anerkennung von »Substitution« öffnet aber, wie man als advocatus diaboli sieht, legalem Doping Tür und Tor (Fost 1986: 5/6). Denn da in vielen Fällen niemand beurteilen kann, ob ein Sportler wirklich krank ist oder sich nur so stellt bzw. fühlt, und Gesundheit ohnehin kein eindeutig bestimmter Zustand ist, kommt letztlich dem Betroffenen selbst oder seinem Arzt das Recht zu, unter Verweis auf einen legitimen »Substitutionsbedarf« auch für Doping taugliche Mittel zu verwenden.

Insgesamt zeigt sich somit: Eine Wesensdefinition des Dopings verstrickt sich bereits auf der Ebene abstrakter Begrifflichkeit in eine Reihe von Schwierigkeiten. Verschiedene offene Flanken bieten einem advocatus diaboli Gelegenheiten, die mangelnde Trennschärfe einer Wesensdefinition von Doping zu demonstrieren. Erst recht erweist sich dieser Tatbestand dann als ausgesprochen prekär, wenn es um die Beurteilung konkreter Phänomene geht. Je weniger trennscharf die Wesensdefinition das, was als illegitim gelten soll, begrifflich gegenüber den legitimen Formen sportlicher Leistungssteigerung abzugrenzen vermag, desto weniger taugt sie für die rechtliche Behandlung von konkreten Fällen. Genau darauf kommt es jedoch an, wenn Argumente und Gegenargumente aufeinanderprallen: wenn ein Sportler sich beispielsweise hinsichtlich des eigenen Handelns nicht einfach dem Urteil des zuständigen Sportverbandes beugt, sondern einen rechtsstaatlich zulässigen Einspruch einlegt. Um in solchen Fällen Rechtssicherheit zu schaffen und keine Willkür herrschen zu lassen, bedarf es operational handhabbarer Kriterien, wie sie die Wesensdefinition mit den vagen Formeln von »Unfairneß«, »Unnatürlichkeit«, »Abnormalität«, »Körperfremdheit« und »Künstlichkeit« nicht liefern kann.

In dem Maße, wie Doping im Leistungssport zum Problem wurde, geriet auch die Wesensdefinition in Schwierigkeiten. Genau besehen kann eine derart diffus gefaßte Definition nur solange wirken, wie sie nicht ernsthaft als Beurteilungskriterium gegen einen behaupteten Verstoß in Anspruch genommen werden muß. So wie im Märchen von des Kaisers neuen Kleidern

8 Daß die durch Trainings- und Wettkampffrequenz und -intensität hervorgebrachte körperliche Überbeanspruchung vielleicht »unnatürlich« sein könnte, kommt einer solchen Sichtweise – im Rahmen des sportlichen Siegescodes völlig konsequent – nicht in den Sinn.

über dessen tatsächliche Nacktheit solange, aber auch nur solange hinweggesehen werden konnte, wie dieser Tatbestand unausgesprochen blieb, kann auch die Wesensdefinition nur solange als brauchbar gelten, wie sie im Sportalltag nicht benötigt wird. Die Wesensdefinition setzt also eine intakte Sportmoral voraus und spekuliert darauf, in den Niederungen sportlicher Abweichung nicht eingesetzt werden zu müssen. Wie der britische Sportmediziner Sir Arthur Porritt diese Haltung treffend auf den Punkt brachte: »The definition lies not in words, but in integrity of characters« (zitiert in Dubin 1990: 78). Solange keine nennenswerte Devianz vorliegt, stellt die tradierte Sportmoral eine in beträchtlichem Maße von allen Sportlern, Trainern und Funktionären unangefochten geteilte Vorstellung darüber bereit, was als »sportliches« und was demgegenüber als »unsportliches« Mittel der Leistungssteigerung zu gelten hat. Zudem unterwirft sie den einzelnen immer dann, wenn ihm nicht genau klar ist, ob etwas »sportlich« oder »unsportlich« ist, dem moralischen Skrupel, der ihn im Zweifelsfall von dem betreffenden Handeln abhält. Ein moralisch imprägnierter Sportler geht in der Weise großzügig über die Unschärfen der Wesensdefinition hinweg, daß er diese extensiv interpretiert. Im Zweifel faßt er etwas als »unsportlich« auf und verzichtet darauf, es zu tun.

Eine solche Verzichtshaltung gegenüber den Möglichkeiten der eigenen Leistungssteigerung wird um so unwahrscheinlicher, weil geradezu heroisch, je mehr für den Sportler auf dem Spiel steht. Moral kann man sich am besten in »Niedrigkostensituationen« leisten, während der Preis, der für moralisches Handeln zu zahlen wäre, in »Hochkostensituationen« sehr hoch sein kann (Zintl 1989). Schon wenn es nur um die Ehre – die eigene oder die des Vaterlandes – geht, kann Moral zum drückenden Ballast werden. Erst recht gilt dies, wenn der Leistungssportler, wie wir in Kapitel 3 dargestellt haben, unter einen nicht zuletzt durch eigene Einkommens- und Karriereinteressen geprägten hohen sportlichen Erfolgsdruck gerät. Spätestens mit dem Ende des Amateurismus ist im Leistungssport daher nicht mehr mit einer intakten Moral zu rechnen. Und damit wird die praktische Wirkungslosigkeit der Wesensdefinition des Dopings offenbar. Denn unter Erfolgsdruck stehende Sportler werden immer stärker dazu neigen, im Zweifelsfall stets erst einmal den eigenen Vorteil zu sehen und dementsprechend die Diffusität der Wesensdefinition zu eigenen Gunsten auszulegen. Versucht man den Athleten dann aber in rechtlichen Auseinandersetzungen mit Hilfe der Wesensdefinition Sanktionen aufzuerlegen, wird schnell offenbar, daß deren mangelnde Trennschärfe Kriterien der Rechtssicherheit in keiner Weise genügt. Nach dem Grundsatz »in dubio pro reo« hätten die Verbände, die als Kläger auftreten, daher kaum Handhaben gegenüber sich dopenden Sportlern gehabt. Deshalb war schnell absehbar, daß die Sportverbände in dem Moment, wo Doping zu einem ernsthaften Dauerproblem vieler Sportarten wurde, von Versuchen einer Wesensdefinition abgehen und eine andere Art von Dopingdefinition finden mußten.

4.2 Enumerative Dopingdefinitionen und ihre perversen Effekte

Wesensdefinitionen zentraler Leitideen sind im Zuge gesellschaftlicher Modernisierung auch in anderen Teilsystemen immer schwieriger und unhaltbarer geworden. Solche Kompaktbegriffe zerbröseln gleichsam im Zuge der funktionalen Differenzierung der Gesellschaft. Denn in einer polykontexturalen Gesellschaftsstruktur gibt es nicht mehr die eine, einzig wahre Vorstellung über die Natur einer Sache. Dementsprechend hat sich das Recht, das vordem als Naturrecht von genau dieser Prämisse ausging, positiviert (Luhmann 1972: 207-293). Dieser Sachverhalt zeigt sich im Wissenschaftsrecht nicht anders als im Wirtschafts-, im Erziehungs-, im Straf- oder im Medizinrecht.

Auch das Sportrecht hat sich letztlich dieser generellen Entwicklung nicht verschließen können, wie wir nun am Wandel der Dopingdefinitionen sehen werden. Bereits die oben zitierte Wesensdefinition des Dopings durch den Europarat aus dem Jahr 1963 hatte eine enumerative Komponente. Der Wesensdefinition folgte nämlich eine Liste mit verbotenen Substanzen und Maßnahmen. Ganz offensichtlich trauten die Verbände schon damals der rechtlichen Handhabbarkeit der Wesensdefinition nicht so recht über den Weg. Seitdem sind sie auf rein enumerative Dopingdefinitionen umgeschwenkt, d. h. sie zählen ganz konkret all diejenigen Substanzen und Verfahren auf, die als verboten angesehen werden. Repräsentativ dafür ist beispielsweise die 1986 vom Internationalen Olympischen Komitee für die Olympischen

Spiele in Seoul 1988 aufgestellte Definition: »Doping is the use made of substances belonging to the group of prohibited agents, but also the taking of illicit measures such as blood doping« (zitiert bei Johansson 1987: 85). Hinsichtlich der verbotenen Substanzen folgt sodann eine nach Wirkstoffgruppen eingeteilte Liste. Ebenso werden die verbotenen Praktiken aufgeführt.[9]

Offensichtlich ist zunächst der Vorzug einer solchen enumerativen Dopingdefinition. Sie hat die Funktion, das Rechtsgebäude des Sports zu spezifizieren und von semantischen Unbestimmtheiten zu befreien. Die Liste repräsentiert den Sprung vom undifferenzierten Wesensrecht zum differenzierten Verfahrensrecht. Sie fällt im Unterschied zu allen Versuchen einer Wesensdefinition in sachlicher Hinsicht hinreichend eindeutig aus, um in rechtlichen Auseinandersetzungen Entscheidungskriterien an die Hand zu geben. Mit solchen Verbotslisten weiß jeder Beteiligte woran er ist. Diese Rechtssicherheit bedeutet im Vergleich zur Wesensdefinition eine immense kognitive Entlastung und garantiert eine normative Erwartungssicherheit aller Beteiligten. Die Sportler wissen, was sie nicht tun dürfen. Damit weiß jeder Sportler auch, was den Konkurrenten in gleicher Weise verboten ist. Und wenn ein Athlet dabei ertappt wird, wissen die anderen, daß sie einen Rechtsanspruch auf eine Bestrafung des Devianten haben. Schließlich wissen auch diejenigen, die in der Verbandsgerichtsbarkeit entsprechende Sanktionen verhängen, daß ihre Entscheidungen solange unanfechtbar sind, wie sie sich auf den nachgewiesenen Gebrauch von in der Verbotsliste aufgeführten Substanzen und Maßnahmen beziehen. Solche Entscheidungen haben dann einen Anspruch darauf, hingenommen zu werden.

Mit dem Übergang zu enumerativen Dopingdefinitionen hat der Leistungssport notgedrungen eine Positivierung der Rechtsgrundlage für Dopingverbote und -sanktionen vollzogen. Eine Wesensdefinition lebt von der Fiktion eines unterstellbaren allgemeinen Konsensus darüber, was das betreffende Phänomen ausmacht. Bei einer intakten, von nahezu allen Beteiligten geteilten Sportmoral läßt sich diese Fiktion auch gegen gelegentliche Devianz aufrechterhalten. Die Wesensdefinition versteht sich dann als nichts weiter als die nachträgliche explizite Formulie-

9 Vgl. auch Dubin (1990: 78-89) und das Gutachten der Unabhängigen Dopingkommission (1991).

rung dieses als schon vorhanden angenommenen impliziten Konsensus. Der Zusammenbruch der Sportmoral, der gleichbedeutend mit dem Verlust dieser Fiktion eines Konsensus ist, kann dann nur noch durch bewußt neu konstruierte normative Regelungen abgefangen werden. An die Stelle einer bloßen rechtlichen Markierung des schon vorhandenen Moralgefühls, also eines letztlich traditionalistisch legitimierten Dopingverbots, tritt eine unabhängig von Moral handhabbare und zustandegekommene rechtliche Setzung. Deren Rechtfertigung liegt zunächst in der Verfahrensförmigkeit ihres Zustandekommens, in ihrer Legalität. Als Doping gilt fortan das, was die dazu berechtigten, nämlich nach geltenden Regeln gewählten Entscheidungsgremien entsprechend den dafür geltenden Regeln – z.B. hinsichtlich der benötigten Mehrheit der Entscheidungsbeteiligten – als solches erklären. Genauer besehen rechtfertigt sich das Verfahren freilich nicht selbst. Seine Legalität wird vielmehr als Garantie dafür genommen, daß der demokratische Wille der jeweiligen Kollektivität – z.B. der Mitglieder eines Sportverbandes – unverfälscht zum Ausdruck gelangt. Damit tritt in legitimatorischer Hinsicht letztlich Demokratie an die Stelle von Moral.

Die Positivierung der Dopingdefinition macht diese sowohl in sozialer als auch in zeitlicher Hinsicht viel besser handhabbar als eine Wesensdefinition. In zeitlicher Hinsicht gewinnt man durch Positivierung Flexibilität. Eine Wesensdefinition versucht, das Unwandelbare eines Phänomens zum Ausdruck zu bringen. Wandel ist allenfalls als Wandel der Einsicht in das Wesen vorstellbar, und auch das nur als zunehmende Annäherung der Definition an das Wesen. Positivierung ermöglicht demgegenüber, das Phänomen selbst als veränderbar und kontingent anzuerkennen. Was gestern noch als legitime Form der sportlichen Leistungssteigerung galt, kann heute verboten werden. Und umgekehrt läßt sich das gestern Verbotene heute zulassen.

Da normative Einstufungen von spezifischen Phänomenen sich mit dem generellen Wandel gesellschaftlich verbreiteter normativer Anschauungen verändern, ermöglicht die Positivierung der Dopingdefinition dem Leistungssport, Schritt zu halten mit außersportlichen Wandlungsprozessen. Einer hoffnungslosen Rückständigkeit kann so vorgebeugt werden.[10] Diese An-

10 Denn wie der Sportwissenschaftler Martin Johansson (1987: 94) es für Normalitätsvorstellungen generell feststellt: »Conceptions of what is normal have a

schlußfähigkeit stützt sich wechselseitig mit der durch Positivierung erreichbaren sozialen Flexibilisierung. Wenn nicht mehr davon auszugehen ist, daß man das Wesen eines Phänomens bestimmen muß, läßt sich mit Dissens leichter umgehen. Offen eingestandene und nicht letztlich pathologisierte Meinungsverschiedenheiten werden zugelassen, weil bereits eine wie immer qualifizierte Mehrheit der Entscheidungsberechtigten ausreicht, um einer Dopingdefinition allgemeine Geltung zu verschaffen, die auch die abweichende Minderheit einbezieht. Dissens kann sogar konstruktiv gewendet werden: als zukünftige Lernchance, falls die unterlegene Minderheit in der Hoffnung auf eine Revision weiter für ihre Überzeugung wirbt.

Die Dopingliste will also durch operationale Eingrenzung des Verbotenen Erwartungssicherheit schaffen, die Beliebigkeit der Wesensdefinitionen eliminieren. Weiterhin soll Flexibilität gegenüber dem innovatorischen Erfindungsreichtum der Devianten gewährleistet werden. Diesen operativen Vorzügen der enumerativen Dopingliste im Vergleich zur Wesensdefinition stehen allerdings gewichtige Nachteile gegenüber. Da die Letztbegründungen nicht haltbar waren und enumerative Definitionen zwingend notwendig machten, sind diese Nachteile als unvermeidbar einzustufen. Sie lenken den Blick darauf, daß der Weg von der Wesensdefinition zur enumerativen Liste genau besehen keinen Fortschritt bei der Lösung des Dopingproblems, sondern lediglich eine Problemverschiebung darstellt. Die Sportverbände sind vom Regen in die Traufe gekommen. War die Wesensdefinition unbrauchbar, weil nicht trennscharf und daher ohne größeres Drohpotential, so sind die enumerativen Definitionen bei einer entsprechenden Kontrollkapazität zwar einerseits durchaus abschreckend. Andererseits beinhalten sie die implizite Aufforderung, die Dopingverbote ohne jegliche moralische Skrupel kreativ zu umgehen.

Niemand vermag auch nur mit einiger Sicherheit zu sagen, wie weit die Erosion der traditionellen Sportmoral unter den Protagonisten des Leistungssports – Sportlern ebenso wie Trainern, medizinischen Betreuern und Verbandsfunktionären – bereits fortgeschritten ist. Klar ist allerdings, daß das Aufgeben einer Wesensdefinition des Dopings und deren Substitution durch die

cultural basis. This implies that the view of what is normal in sport changes together with the view of what is normal in society.«

170

enumerative Liste einen radikalen Verzicht auf jegliche moralische Beurteilung von Doping signalisiert. Die Positivierung der Dopingdefinition ist zwar zweifellos »realistisch«. Allerdings könnte diese »realistische« Hinnahme der Hinfälligkeit traditioneller moralischer Verhaltensregulierungen auch insofern zu einer sich selbst erfüllenden Prophezeiung werden, daß sie den vielleicht doch noch vorhandenen letzten Rest moralischer Haltungen im Leistungssport endgültig liquidiert.

Der sozialisatorische »heimliche Lehrplan« der enumerativen Dopingdefinitionen liegt jedenfalls auf der Hand. Auf der »hidden agenda« steht nun: Nutze diejenigen Mittel und Verfahren, die nicht auf der Dopingliste genannt werden! Wie der Schweizer Sportmediziner Hans Howald (NZZ vom 7. 4. 1985) lapidar konstatierte: »Das Verbot von Amphetamin wurde durch die Verabreichung anderer Stimulanzien zu umgehen versucht, und anstelle der Anabolika wurde Testosteron eingesetzt.« Und der deutsche Biochemiker Manfred Donike (KSA vom 8./9. 1. 1994) kommentiert: »Dieses Katz- und Maus-Spiel wird wohl weitergehen.« Jeder Sportler lernt unzweideutig, daß ihm niemand mehr eine moralische Gesinnung abverlangt. Eine äußere Verhaltenskonformität mit den rechtlich fixierten Verbotsregeln genügt bereits. Mehr noch: Jeder Sportler erfährt, daß von ihm geradezu erwartet wird, seinen persönlichen Vorteil auch dadurch zu suchen, daß er findig mit den Verbotsregeln umgeht. An die Stelle der früheren Maßstäbe moralischer Skrupelhaftigkeit tritt immer stärker, wenn auch bislang noch selten ganz deutlich ausgesprochen, so doch hinreichend unmißverständlich suggeriert, die ebenso unerbittliche Forderung nach regelumgehender professioneller Schläue. Wer nicht all das tut, was er ungestraft tun kann, wer also Regellücken sowie die noch anzusprechenden Kontrolldefizite nicht konsequent ausnutzt, hat seine Niederlage gegenüber den raffinierteren Gegnern im Grunde selbst verschuldet.

Ob die enumerativen Dopingdefinitionen nun diese Veränderung der Leitorientierungen leistungssportlichen Handelns lediglich ratifizierend nachvollziehen oder noch beschleunigen, muß dahingestellt bleiben. Zumindest leisten sie dieser Entwicklung nicht den geringsten Widerstand, sondern fügen sich ihr vorbehaltlos ein. Noch wichtiger ist allerdings, daß die enumerativen Dopingdefinitionen durch ihr zentrales Konstruktionsprinzip selbst darauf hinweisen, wo sie nicht mehr greifen: welche leistungssteigernden Maßnahmen und Substanzen ein Sportler ungestraft zum Einsatz bringen kann, auch wenn sie von einer großen Mehrheit der Akteure des Leistungssports und des Publikums für illegitim gehalten werden.

In motivationaler Hinsicht hat diesen Zusammenhang der Ökonom Gert Wagner (1994: 109-112) auch durch instruktive Vergleiche mit ähnlich gelagerten anderen Rechtsmaterien herausgestellt. Er charakterisiert jede enumerative Dopingdefinition als »Negativ-Liste«, weil sie »unerlaubte Mittel und Methoden auflistet«. Gegen diese Charakterisierung wurde der Einwand erhoben, daß gängige enumerative Dopingdefinitionen hinsichtlich der verbotenen Wirkstoffe nicht bloß spezifische Medikamente auflisten, sondern – »verständnisvoll formuliert« – z. B. hinsichtlich anaboler Steroide so zu lesen seien: »Verboten sind anabole Steroide und alles, was anabole Wirkung hat« (Digel/ Nickel 1993: 52). Man kann dahingestellt lassen, ob diese »verständnisvolle« Lesart, die den Wortlaut des betreffenden Verbots durch den Einbau semantischer Unbestimmtheit erheblich überschreitet, tatsächlich rechtlich haltbar ist oder ausgeschlossen werden muß, weil sie wiederum ähnlich wie die Wesensdefinition der Willkür Tür und Tor öffnet. Klar ist jedenfalls, wie Wagner (1994: 107) betont: »Auch der Versuch, eine ›Generalklausel‹ einzuführen, die ganze Wirkstoffgruppen für Sportler ausschließt, hilft nichts gegen neue Wirkstoffgruppen.« Damit gelangt er zu dem Schluß: »Die Negativ-Liste ist … nur eine vordergründige Scheinlösung, da sie die Einnahme von Medikamenten straffrei läßt, die noch nicht auf der Verbotsliste stehen. … Die Negativ-Liste läßt also eine ›Definitions-Lücke‹ offen. Wer sich etwas Neues einfallen läßt, kann ohne jedes Doping-Bestrafungsrisiko ›dopen‹.« Eine enumerative Dopingdefinition belohnt also diejenigen, die sie innovativ umgehen. Dieser Belohnungseffekt wohnt prinzipiell jeder Norm, vor allem jeder Rechtsnorm, inne. Wagner verweist darauf: »Ehrenwerte Berufsstände wie Rechtsanwälte und Steuerberater leben von den Lücken des Gesetzes.« Gerade enumerativ spezifizierte Normen entblößen jedoch ihre Lücken gewissermaßen freiwillig und laden dadurch geradezu dazu ein, umgangen zu werden: »Fast alle Ziele, die man mit dem Dopingverbot erreichen will, werden verfehlt, weil die bestehende ›Negativ-Liste‹ … enorme Anreize schafft, sich etwas Neues einfallen zu lassen,…« (Wagner 1994: 109).

Mehr noch: Über den von Wagner herausgestellten motivationalen Anreiz zum Doping fungieren enumerative Dopinglisten zugleich als äußerst instruktive kognitive Suchscheinwerfer nach neuen Methoden des legitimen Dopings. Gerade die im Vergleich zur Wesensdefinition zunächst positive Eigenschaft von enumerativen Doping-Definitionen, präzise zu bestimmen, was verboten ist, hat diesen Hinweiseffekt für Dopingwillige als unvermeidliche Kehrseite. Das formell Ausgeschlossene ist auch ein informeller Suchbefehl. Bestimmte Negationen konturieren eben auch den Raum dessen, was nicht negiert wird. Je genauer das Verbotene spezifiziert ist, desto präziser wissen Dopingwillige, wo sie nach noch erlaubten Wirkstoffen und Methoden zu suchen haben. Die Sprinterin Katrin Krabbe hat diesen Sachverhalt am eigenen Beispiel mit aller wünschenswerten Offenheit dargelegt – wobei ihre Äußerungen zugleich die im Kapitel 5 noch anzusprechende moralische Indifferenz illustrieren, die mit der Positivierung der Doping-Definitionen einhergeht (Zeitmagazin vom 26. 3. 1993): »Klar haben wir uns Gedanken gemacht. Wir haben die Listen der verbotenen Dopingmittel durchgeprüft. Und haben festgestellt: Unser Medikament steht nicht drauf ... Wenn ein Medikament nicht draufsteht, kann ich nicht verurteilt werden.«

Dem impliziten Suchbefehl scheinen die Sportler und das assistierende Milieu gegenwärtig in unterschiedlicher Weise Folge zu leisten. Erstens erfolgt eine Suche nach leistungssteigernden Mitteln in den Praktiken und Essenzen der vormodernen Heilkunde. Tinkturen und Rezepte aus dem Arsenal der durch die moderne Medizin verdrängten Behandlungsprozeduren auch außereuropäischer Regionen erfahren eine Wiederauferstehung in modernisierter Form. Zweitens werden die Stimulanzien des Alltags daraufhin ausprobiert, in welchen Überdosen sie für Dopingzwecke genutzt werden können. Der Deviante versteckt sich in diesem Fall hinter der weiten Verbreitung von lebensweltlich akzeptierten Genußstoffen, beispielsweise Kaffee und Alkohol, um bei einer späteren Kontrolle auf die Legalität seines Handelns und die unabsichtliche Überschreitung vorab definierter Dosen hinweisen zu können. Der Suchauftrag weist drittens in den Bereich des auf der Dopingliste noch nicht aufgetauchten medizinischen Wissens. Medikamente, die sich als erfolgreich in der Behandlung zunächst sportunspezifischer Krankheiten bewährt haben und noch nicht unter den Bann der Dopingliste gestellt wurden, finden eine klammheimliche Verwendung.

Enumerative Doping-Definitionen erzeugen somit eine perverse, der eigenen Zielsetzung zuwiderlaufende Dynamik. Das Bemühen, durch präzise Verbote den Handlungsspielraum dopingwilliger Sportler einzuengen, bringt eine innovative Suche nach immer neuen, noch nicht verbotenen Dopingmöglichkeiten in Gang. Dieser Wettlauf zwischen Dopingwilligen und Dopingbekämpfern wäre von letzteren nur dann zu gewinnen, wenn zu erwarten ist, daß sie erstere hinreichend in die Enge treiben können. Sieht man wiederum an dieser Stelle noch ganz von den Problemen ab, die sich bei der Kontrolle der Einhaltung von Dopingverboten ergeben, ist sehr fraglich, ob es gelingen kann, den Dopingwilligen jedes Schlupfloch zum Entrinnen zu versperren, so daß sie gezwungenermaßen auf Doping verzichten. Denn zum einen wird durch wissenschaftliche Innovationen, insbesondere in der Biochemie, der Pharmakologie und der Medizin, der Möglichkeitsraum für Doping immer wieder erweitert. Verbote, die solche neuen Möglichkeiten wieder unterbinden, kommen aufgrund ihres reaktiven Charakters prinzipiell immer erst mit einer zeitlichen Verzögerung. Und angesichts des Prinzips, Wirkstoffe und Methoden erst dann zu verbieten, wenn sie für die Doping-Analytik nachweisbar sind, müssen die Dopingbekämpfer stets erst einmal wissenschaftlich »nachrüsten«, was durchaus längere Zeit in Anspruch nehmen kann. Bisherige Erfahrungen zeigen zudem, daß die Devianzwilligen die Kontrollverfahren der Dopingbekämpfer beobachten und immer wieder Mittel und Wege finden, um diese Maßnahmen zu umgehen. Pioniergewinne innovativer Dopingwilliger sind also unvermeidbar und lassen den Wettlauf zwischen ihnen und den Dopingbekämpfern immer wieder ausgehen wie den zwischen Hase und Igel im Grimmschen Märchen.

Zum anderen müssen sich die Dopingbekämpfer auch noch selbst in ihrer Verbotspraxis zügeln. Je extensiver die Verbotsliste einer enumerativen Dopingliste ausfällt, desto mehr stellt sich das Problem, daß die legitime und notwendige gesundheitliche Versorgung von Hochleistungssportlern immer schwieriger wird. Exzessive Dopingbekämpfung verhinderte dann im Extremfall, daß ein Sportler bei nicht nur sportbedingten Krankheiten und Verletzungen überhaupt noch wirksam medizinisch behandelt werden kann. Zumindest muß er Zeit investieren und bei seinem Verband rückfragen. Das bedeutet eine Aufwandssteigerung mit dem Risiko, falsch informiert zu werden – beispielsweise vom eigenen Hausarzt, der die hohe Umschlaggeschwindigkeit des Wissens in Dopingfragen nicht nachvollziehen kann. Schon heute beklagt sich beispielsweise der Hochspringer Dietmar Mögenburg darüber, er komme sich als »Mensch zweiter Klasse« vor, wenn er z.B. gegen Erkältungen viele wirksame Arzneien nicht nehmen dürfe, weil sie Substanzen enthielten, die nach der geltenden Doping-Definition verboten wären (Wagner 1994: 110). Die erforderliche Rücksichtnahme auf diese gesundheitlichen Belange der Athleten ist für die Dopingbekämpfer in ihrem Wettlauf mit den Dopingwilligen ein zusätzliches Handicap.

Die Sportler wissen über diese beiden Grenzen der Dopingbekämpfung durch enumerative Doping-Definitionen. Jeder Sportler bemerkt darüber hinaus, daß auch alle anderen Sportler darüber Bescheid wissen. Dieses sachliche und soziale Wissen bringt – in Verbindung mit der durch enumerative Doping-Definitionen geförderten moralischen Indifferenz, der motivationalen Anreizwirkung und dem kognitiven Hinweiseffekt dieser Definitionen – jeden Sportler dazu, die Verbotslisten als Gebotslisten zu interpretieren: Alles, was nicht verboten ist, ist geboten, um mit den ebenso kalkulierenden Gegnern mithalten zu können. Damit sind wir an dem Punkt angelangt, wo der sich dopende Sportler hinsichtlich seiner Handlungsantriebe und -möglichkeiten näher in den Blick genommen werden muß.

5. Doping als illegitime Innovation

Der amerikanische Sportwissenschaftler Norman Fost (1986: 9) wertet die Aufgeregtheiten, die Doping seit geraumer Zeit verursacht, nur als eine Manifestation des Gewahrwerdens einer viel weiterreichenden Wesensveränderung des modernen Sports: »Distress about drugs in sports may reflect a deeper displeasure about the loss of innocence in sports. The notion of the amateur – the person who competes for pure love of the sport – probably began eroding whenever awards were first given to winners. Wanting to win is not evil, but it is one step removed from the sport itself. Once winning becomes a valid goal throughout society athletes will inevitably test the limits of the rules, use psychological ploys to gain an edge and explore a variety of natural and unnatural techniques to enhance the prospects of winning. Drugs are only one chapter in the long history of such efforts.« Fost sieht also einen zwingenden Nexus zwischen dem Siegescode des Hochleistungssports und dem Doping. Interessant ist, daß er mit der Figur des Amateurs ein anderes, älteres Sportverständnis als Kontrastfolie heranzieht (vgl. auch Pilz 1994: 51-55). Auch der Amateur orientiert sich am Siegescode – aber anders als der in eine biographische Falle getriebene zeitgenössische Hochleistungssportler. Pointiert formuliert: Der traditionelle Amateur *will* gewinnen, der moderne Spitzensportler *muß* gewinnen.

Ein Sozialsystem wie der moderne Hochleistungssport, das seine basale Selbstbezüglichkeit an der Sieg/Niederlage-Codierung festmacht und eine darauf aufbauende innere Unendlichkeit der Leistungssteigerung ausgeprägt hat, stimuliert ein entsprechendes individuelles und organisatorisches Innovationsstreben, um die Ausgangsvoraussetzungen der Hauptakteure zu verbessern und Erwartungssicherheit im Hinblick auf die Zielerreichung herzustellen. Permanent sind die Handlungsbedingungen zu reflektieren und zu optimieren, wollen die Sportler in den weltweit vernetzten Konkurrenzsituationen des Spitzensports, in denen andere das gleiche durchzusetzen trachten, erfolgreich bestehen. Auf dem Athleten als Individuum lastet, wie die Analyse seiner biographischen Situation im Kapitel 3 ergeben hat, ein enormer Druck. Ein amerikanischer Football-Profi drückte dies wie folgt aus: »The emphasis on winning at all costs is becoming epidemic. ... The system rewards you for being a good football player no matter what the means are to the end« (zitiert in Hearings 1989: 179). Die ehemalige australische Athletin Raelene Boyle sprach mit gleichem Tenor von der »Gier« der Leichtathleten: »There is so much money in track and field now that the better you are the more you make« (zitiert in Australisches Senatskomitee 1989: 35). Der mehrfache Olympiasieger im Diskuswerfen, Harold Connolly, ging noch weiter: »The overwhelming majority of athletes I know would do anything and take anything, short of killing themselves, to improve athletic performance« (zitiert in Houlihan 1990: 64). Der amerikanische Sportmediziner Robert Voy (1991: 115) schließlich berichtet sogar: »A number of elite-level athletes were asked if, hypothetically, they would be willing to take a special pill that would guarantee them an Olympic gold medal even if they knew this pill would kill them within a year. Over 50 percent of the athletes surveyed said yes.« Nicht ohne Grund spricht Pilz (1994: 54) von der »faustischen Dimension« des Hochleistungssports: »Faust verpfändete seine Seele für Erkenntnis, für den Erfolg setzt der Athlet seinen Körper, seine Moral und Ehrlichkeit aufs ›Spiel‹.«

Darüber nachzudenken, wie sportliche Leistungen gesteigert werden könnten, gehört zu den Routineaufgaben der im Spitzensport tätigen individuellen und korporativen Akteure. Technik, Taktik und Training sind die legitimen Maßnahmen, die immer schon das Bestreben derjenigen bestimmten, die im Leistungssport erfolgreich abschneiden wollten. Die seit den sechziger Jahren in der Bundesrepublik institutionalisierten Fördereinrichtungen in Gestalt von Leistungszentren, Stützpunkten, hauptamtlichen Trainerstellen etc. spiegeln dieses Bestreben wider.

Doping bringt eine neue Dimension in dieses Innovationsstreben hinein. Es repräsentiert einen spezifischen Handlungstypus, der *Innovation über Devianz* zu erreichen versucht, dies aber dann notwendigerweise abzudunkeln hat. Die von dem Soziologen Robert K. Merton entwickelte Typologie der Formen abweichenden Verhaltens läßt sich insofern für die Doping-Analyse gewinnbringend nutzen. Innovation ist demzufolge jede Handlungsstrategie, die Menschen einsetzen, um mit sozial nicht akzeptierten Mitteln sozial akzeptierte Ziele zu erreichen.[1] Und der sportliche Sieg ist in der Tat ein Ziel, das sowohl im Spitzensport als auch in seiner gesellschaftlichen Umwelt in höchstem Maße geschätzt und angestrebt wird.

Doping ist freilich nicht die einzige Ausprägung dieses auf Innovation ausgerichteten Devianztyps im Leistungssport. Versteckte Fouls, Manipulationen an Sportgeräten, Bestechungen und Vorabsprachen mit dem Gegner über den Wettkampfausgang gehören ebenfalls in diese Rubrik des illegitimen Mitteleinsatzes zur Erreichung eines legitimen sozialen Ziels. Die Gemeinsamkeit dieser verschiedenen Betrugsarten besteht in der absichtlichen Heimlichkeit der Abweichung.[2] Die Besonderheit des Dopings liegt darin begründet, daß der Körper Zielpunkt der manipulativen Innovationsbestrebungen ist. Sportliche Leistungen sollen durch Rückgriff auf diese Materialitätsbasis des Sports *positiv* beeinflußt werden.[3] Der Körper dient dabei als Implementationsfeld der Devianz. Er eignet sich dazu vor allem deswegen, weil er aufgrund seiner schwierigen Kontrollierbarkeit von außen ein hervorragendes Versteck bietet.

Mit der weiten Verbreitung der Abweichung durch Doping zeigt sich ein bedenklicher Trend in der Entwicklung des Hochleistungssports: Wo angesichts der fortschreitenden Totalisierung

1 Siehe Merton (1949: 185-214; 1968a: 215-248). Merton unterscheidet vier individuelle Reaktionsformen gegenüber anomischen Situationen: »innovation«, »ritualism«, »retreatism« und »rebellion«.

2 Zum Betrug im Sport vgl. allgemein Lüschen (1976: 68-77, Zitate: 70). Lüschen stellt bezüglich der Unsicherheit des Wettkampfes und der winkenden Belohnungen zwei Hypothesen auf: »The higher the level of uncertainty, the more likely that cheating will occur.« Und: »the rewards that are at stake in a contest will determine the amount and severity of cheating.«

3 Als Sonderform ist das sog. negative Doping einzustufen. Es entfaltet seine Wirkungen dadurch, daß der Körper unerlaubterweise und heimlich – meist über die Nahrungsaufnahme – manipuliert wird, um sportliche Leistungen gezielt herabzusetzen. Ein notorischer Fall des negativen Dopings ist der Pferderennsport. Nach einer Untersuchung der staatlichen Rundfunk- und Fernsehanstalt BBC wurden Dutzende von britischen Rennpferden regelmäßig gedopt. »Danach gibt es Spezialisten, die vor den Rennen im Auftrag von Buchmachern entweder mittels einer Spritze oder in Zuckerwürfeln Drogen verabreichen und so die Leistung des favorisierten Pferdes beeinträchtigen. Einer von diesen Agenten, genannt ›Needle Man‹ (Nadelmann), gab im BBC-Programm zu, mindestens 20 Pferde gedopt und dabei 5000 Pfund (12500 Mark) kassiert zu haben« (KSA vom 23. 7. 1993). Dieses Beispiel zeigt im übrigen auch, daß Doping sich nicht notwendigerweise auf den menschlichen Körper richtet.

für immer kleinere Leistungsverbesserungen immer größere Investitionen getätigt werden müssen und inzwischen die Grenzen der physischen und psychischen Machbarkeit erreicht sind, werden offensichtlich legale Innovationen als alleiniger Fortschrittsmotor für die Steigerung von Athletenleistungen entwertet. Ungewollt, aber unvermeidlich wird vielmehr ein Sondieren und Experimentieren in den Grau- und Verbotszonen der Leistungsförderung angeregt. Abweichung kommt ins Spiel, um dem schrankenlosen Siegescode durch ein zusätzliches Innovationspotential genügen zu können.

Um unseren Gedankengang von Doping als Innovationstypus theoretisch zu entwickeln, sollen im ersten Abschnitt dieses Kapitels die Leistungen, die sich durch Doping ergeben, auf den verschiedenen Dimensionen herausgearbeitet werden. Wir unternehmen dies aus der Perspektive der Soziologie und nicht etwa mit naturwissenschaftlichem Erkenntnisinteresse. Dies heißt nicht, daß physisch-organische und psychische Zustände und Befindlichkeiten von Personen, also die körper- und bewußtseinsrelevanten Folgen dieser alternativen Leistungsproduktion, unberücksichtigt bleiben sollen. Wir behandeln diese Folgen hier allerdings nur insoweit, wie sie soziale Tatsachen darstellen. Der analytische Bezugspunkt ist dabei zunächst der individuelle Sportler. Der zweite Abschnitt widmet sich dann den devianten Gruppen und Netzwerken, denen die einzelnen Athleten angehören. Diese Sozialzusammenhänge sind es, in denen Dopingmittel beschafft, verabreicht und camoufliert werden. Der dritte Abschnitt thematisiert flankierende Maßnahmen, mit denen die Sportakteure den illegitimen Innovationsnutzen durch Doping abzusichern trachten. Lüge, Täuschung, Verheimlichung und Schweigen stellen in diesem Zusammenhang Interaktionsstrategien dar, die eine regelwidrige Vorteilsnahme als nichtexistent zu invisibilisieren und Sein und Sollen im Leistungssport kontrafaktisch zu harmonisieren beabsichtigen. Der vierte Abschnitt führt diesen Gedanken weiter und fragt danach, mit welchen defensiven Techniken Deviante ihr Verhalten rechtfertigen, sobald Doping-Skandale und öffentliche Entlarvungen die zuvor dargestellten Strategien nicht mehr zulassen. Was ist noch möglich, wenn Lüge und Täuschung die Realität der Abweichung nicht mehr verheimlichen können? Eine Typologie von Beschwichtigungsrhetoriken soll helfen, das auf Legitimation ausgerichtete Reden über Doping zu ordnen.

5.1 Zeitliche, sachliche und soziale Leistungsdimensionen

Doping ist nichts, was einem Athleten zustößt – sieht man einmal davon ab, daß manche Sportler hinter ihrem Rücken von Trainern oder Ärzten gedopt werden. Doping ist auch kein unreflektiertes, habituelles Handeln, sondern kann genau deshalb als bewußte Wahl angesehen werden, weil es von geltenden Normen und der proklamierten Sportmoral abweicht. Ein Athlet mag zwar im nachhinein den Eindruck haben, in die Dopingpraxis hineingerutscht zu sein. Und die wenigsten sind sich am Anfang darüber klar, wohin eine bestimmte Handlung zu einem späteren Zeitpunkt letztlich führen wird.[4] Dennoch hat ein Sportler in der Regel zumindest situative Wahlentscheidungen getroffen – und oft genug auch durchaus nicht ohne Gedanken daran, was längerfristig dabei herauskommen könnte: »Die Einnahme von Doping-Mitteln ist bei den Athleten mit Überlegungen verbunden, die als Kalkulationen gekennzeichnet werden können. In solchen Kalkulationen werden zum einen die möglichen Risiken (in bezug auf die Gesundheit und eventuelle Kontrollen) den erwarteten Effekten im Bereich der Leistungsfähigkeit gegenübergestellt. Zum anderen wird kalkuliert, inwiefern Konkurrenten sich solcher Mittel bedienen, in welchem Umfang und wielange und welche Konsequenzen im Leistungsvergleich mit einem Verzicht verbunden wären« (Sehling u. a. 1989: 127). Bei diesen Wahlhandlungen werden also – wie fragmentarisch auch immer – Vor- und Nachteile des Dopings gegeneinander abgewogen.

Die innovatorischen Leistungen entfalten sich in der Sach-, der Zeit- und der Sozialdimension des Spitzensports. Es ist genau dieses weite Leistungsspektrum, das Doping so attraktiv erscheinen läßt.

Sachlich ermöglicht Doping eine hochdifferenzierte, auf die Anforderungen der jeweiligen Sportart zugeschnittene Manipulation der Subjektkomponente des Sports.[5] Es hilft beispielsweise, die physiologischen Grenzen herauszuschieben, und eröffnet eine Nutzung der dem Willen des Sportlers nicht zugänglichen autonomen Reserven des Körpers. Stimulanzien stei-

---

4 Siehe beispielsweise die Schilderungen in Hearings (1989: 8, 40).
5 Vgl. die detaillierte Auflistung der verbotenen Substanzklassen und Methoden im Bericht der Unabhängigen Dopingkommission (1991); auch Voy (1989: 528-534; 1991: 13-74) und Schneider-Grohe (1979: 45-58).

gern die Leistungsbereitschaft und -fähigkeit. Narkotika senken das Schmerzempfinden. Anabole Steroide fördern den Muskelaufbau oder ermöglichen eine Regeneration nach Verletzungen. Durch Betablocker können z. B. Biathleten beim Schießen eine ruhige Hand bekommen; diese Substanzen unterdrücken zudem generell Erregungszustände vor oder bei Wettkämpfen. Diuretika beschleunigen die Harnausscheidung und reduzieren das Körpergewicht, was bei Sportarten mit Gewichtsklassen wichtig ist. Diuretika kaschieren auch die Einnahme anderer Dopingmittel durch Verdünnung im Urin oder verschaffen Bodybuildern ein trennscharfes Muskelprofil. Gentechnologisch hergestellte Wachstumshormone vergrößern das Muskelpanorama bei Erwachsenen und erhöhen das Längenwachstum bei Jugendlichen. Peptidhormone und Blutdoping steigern die Leistungsfähigkeit in Ausdauersportarten.

Kurzum: Sportler versetzen sich durch die Einnahme bestimmter Mittel oder die Nutzung spezifischer Verfahren insgesamt in die Lage, Leistungen zu erbringen, die sie ohne Doping ansonsten nicht erbringen könnten. Als Zusatzeffekte des Dopings sind auch die psychogenen Wirkungen bestimmter Pharmazeutika zu erwähnen. Manche Mittel erzeugen Glücksgefühle und Wohlbefinden (etwa Anabolika) und können dadurch sogar zur Sucht im medizinischen Sinne führen. So muß sich ein Athlet, der zu einem bestimmten Zeitpunkt aus Gründen der Leistungssteigerung zu Dopingmitteln griff, manchmal auch nach einem Ausstieg weiterdopen, um die psychogenen Effekte aufrechtzuerhalten, von denen er inzwischen abhängig geworden ist. Für diese psychogenen Wirkungen sind Sportler besonders anfällig, weil sie ein extrem sensibles Körpererleben besitzen. Gerade weil ihre übliche Körpererfahrung oftmals negativ ist, nämlich mit Erschöpfung, Schmerzen etc. zu tun hat, erfahren sie körperliches Wohlbefinden besonders intensiv.

Zeitlich sorgt die Nutzung von Dopingmitteln für eine Beschleunigung des Leistungsaufbaus und eine Verlängerung der Athletenkarriere sowohl nach vorne als auch nach hinten. Sportler können sich mit Hilfe diverser Medikamente früher in die Leistungselite hineinkatapultieren. »Seit Beginn der siebziger Jahre nahmen die Gewichtheber aller Länder ungehemmt die Muskelpille. Es war der Stoff, aus dem die Träume sind. Die Folge war eine rasante Leistungsentwicklung. Rechtzeitig mit der Pille aufgepäppelte Jugendliche konnten mit 19 Jahren schon Weltrekorde bei den Männern heben, ein Vorgang, der ohne Anabolika früher nicht denkbar war. Bis 1970 waren die Weltrekordler meistens über 23 Jahre, im Schnitt sogar 26 Jahre. Die Pille veränderte die Gewichtheber-Szene völlig« (Scherer 1976: 33).

Sportler sind zudem in der Lage, die durch den Zerfall der körperlichen Leistungsfähigkeit bedingte Begrenztheit ihrer Laufbahn durch Doping zu durchbrechen und auf der Zeitdimension zu strecken. So ist es durch Doping auch möglich, die natürliche Körperentwicklung der Athleten gleichsam zeitpunktfixiert in der Gegenwart einzufrieren, um eine möglichst lange Adäquanz zwischen Körper und sportartspezifischen Erwartungen zu erreichen. Wo junge Körper den Anforderungen von Training und Wettkampf besser entsprechen als erwachsene, liegt der Griff zu Maßnahmen nahe, die die natürliche Akzeleration verhindern (Beispiel: Frauenturnen). Doping verkürzt zudem die Verletzungs- und Regenerationszeiten und sorgt so für eine Reduzierung »unproduktiver« Wartephasen. Denn ähnlich dem Maschinenstillstand in der Industrie müssen die Verletzungspausen von Sportlern vermieden werden.[6] Doping wirft demnach einen Temporalisierungsnutzen in mehrfacher Hinsicht ab. Es beschleunigt und verlangsamt Sportlerkarrieren, verkürzt den Stillstand und synchronisiert Körperentwicklung und Hochleistungssport.

Die *sozialen* Innovationsleistungen ergeben sich vor dem Hintergrund des eskalierenden Konkurrenzdrucks im modernen Spitzensport. Ungebremst durch die formellen Regeln der Verbände verbinden dopende Athleten mit ihrer Abweichung die Hoffnung, in Wettkampfsituationen gleichsam auf eine Überholspur, eine Schnellstraße zum Erfolg wechseln zu können. Doping verkörpert – im wahrsten Sinne des Wortes – den Siegescode pur. Insofern sind sich dopende Sportler entgegen ihrer Etikettierung durch das Sportestablishment sehr wohl am höchsten Leitwert des Leistungssports orientiert. Denn das Telos sportlichen Han-

6 Eitzen (1981: 407) unterscheidet in Anlehnung an die Insider-Kenntnisse ehemaliger amerikanischer Profisportler zwischen »restorative« und »additive drugs«: »Restorative drugs are used to restore an injured athlete's skill to what it normally would be. ... Ordinarily these drugs are not controversial unless they are given to allow the athlete to participate when medically s/he should not because of further damage. Additive drugs ... are used to enhance an athlete's performance beyond his or her ›normal‹ capacity.«

delns besteht – aller olympischen Pädagogik zum Trotz – eben nicht im Fairsein, sondern im Gewinnen.

Doping kommt somit, wie diese verschiedenen Leistungsdimensionen zeigen, aus einer Vielzahl von Gründen ins Spiel. Die Erfolgsbestrebungen der anderen Athleten und die eigene fehlbare Körperlichkeit werden als Gefahrenquelle erlebt. Ob das Talent reicht, Psyche und Physis mitspielen, die Konkurrenz eine Durchsetzung der eigenen Erfolgsambitionen zuläßt, all dies sind Fragen, die im Verlauf von Sportlerkarrieren irgendwann einmal dringlich werden.[7] Systematisierend läßt sich zum einen ein *offensives* von einem *defensiven* Doping unterscheiden. Ersteres wird von einem Athleten eingesetzt, um gegenüber Konkurrenten einen Vorteil zu erringen, letzteres, um einen Nachteil zu vermeiden. Wer sich offensiv dopt, nimmt an, gegen ungedopte oder zumindest sich weniger wirkungsvoll dopende Mitstreiter anzutreten. Wer sich demgegenüber defensiv dopt, hält seine Konkurrenten für so wirkungsvoll aufgerüstet, daß er nachziehen muß.[8] Zum anderen empfiehlt es sich, Doping als *Krisenbewältigung* vom Doping als *Zugangsmittel* abzugrenzen.[9] Ersteres gilt für Sportler, die schon erfolgreich sind, deren weiterer Erfolg aber beispielsweise durch Verletzungen oder Alterung gefährdet ist. Letzteres trifft hingegen auf solche Athleten zu, die erst noch Erfolg haben wollen – z. B. Nachwuchssportler. Kombiniert man beide Dimensionen, ergeben sich vier grundsätzliche Arten des Dopings entsprechend der jeweils anderen Motivkonstellation des Athleten (siehe Abb. 3).

7 Nach dem amerikanischen Sportsoziologen D. Stanley Eitzen (1981: 406/407) bedient Doping vornehmlich folgende Funktionen: »Aside from the influence of living in a drug oriented age, the modern athlete is subject to other pressures to take drugs. If s/he is a marginal athlete, there will be pressures to take drugs in order to make the team. If s/he is near the top in the sport, the use of drugs may make the winning difference. Finally, drug use may be strictly an act of self defense because the athlete assumes that his or her opponents are taking drugs to enhance their performances.«

8 »... many athletes find themselves trapped into drug use. If one believes competitors are using drugs to enhance the development and the maintenance of physical and mental skills, the athlete who chooses to compete at this level must do the same or risk the possibility of losing his job to someone who does use drugs« (Figone 1988: 30). Nach einer Umfrage im Auftrag der Zeitung »Sports« unter etwa 1000 Athleten der A- und B-Kader fühlten sich z. B. 80% aller Leichtathletinnen ohne Einnahme von Dopingmitteln gegenüber der Konkurrenz benachteiligt (FAZ vom 21. 5. 1987).

9 Diesen Hinweis verdanken wir Rudolf Stichweh.

	offensiv	defensiv
Krisen-bewälti-gung	Vorteilsnahme des schon erfolg-reichen Athleten	Nachteilsvermeidung des schon erfolg-reichen Athleten
Zugangs-mittel	Vorteilsnahme des noch nach Erfolg strebenden Athleten	Nachteilsvermeidung des noch nach Erfolg strebenden Athleten

Abb. 3: Dopingmotive

Doping übernimmt bei allen vier Motivkonstellationen die Aufgabe einer *auf Innovation ausgerichteten Ersatztechnologie*. Es ermöglicht ein immer unwahrscheinlicheres Matching zwischen sportlicher Leistungsfähigkeit von Personen und ihren Körpern auf der einen Seite sowie hypertrophierten systemischen Erfolgserwartungen auf der anderen Seite. Mediziner, Pharmakologen und andere Körperspezialisten bieten dafür ihre Dienste an.

Mit Doping streben Sportler, Trainer und die unterstützenden Akteure des Umfeldes eine konditionale Programmierung, eine möglichst treffsichere Wenn-Dann-Beziehung zwischen Mitteleinsatz und Zielerreichung an. Es geht um eine Form kontrollierter und restringierter Kausalitätsnutzung. Der Input in die Athleten soll zuverlässig einen spezifizierten Output erzielen. Dopingmittel erhalten – systemtheoretisch betrachtet – somit aus Sicht ihrer Verwender die Funktion, als Artefakte Trivialisierungswirkungen in nicht-trivialen systemischen Überschneidungsfeldern zu entfalten.[10] Denn ein Athlet ist, wie jeder andere Mensch auch, eine lose Verkopplung von drei unterschiedlichen Systemtypen, die füreinander wechselseitig turbulente Umwelten sind. Dopingtechnologie versucht hier, strikte Kopplungen zu etablieren. Sie will organische, psychische und soziale Systeme

10 Vgl. allgemein von Foerster (1985: 12/13, 177); auch Segal (1988: 149/150).

zuverlässig miteinander verknüpfen.[11] Es gilt, Körpervorgänge, vermittelt über das Bewußtsein von Personen, in einer illegitimen, aber nützlichen Weise an kommunikative Erwartungen anzuschließen. So verwenden gedopte Sportler bestimmte Medikamente, damit ihr Körper dem Code von Sieg und Niederlage besser entsprechen kann. Und sie hintergehen hierfür die offiziellen Stopregeln des Sozialsystems Sport, nämlich die Fair-Play-Moral und die Doping-Verbote, die nicht alles zulassen, was technisch machbar ist.

Doping läuft damit typischerweise in einem Kontext ab, der durch Unwägbarkeiten geprägt ist. Konkurrenz, Zufall und die nur begrenzte Verfügbarkeit der eigenen Physis sind Eckdaten, die sportliche Leistungsvergleiche maßgeblich bestimmen. Doping wird subjektiv als Technik der Unsicherheitsabsorption gewertet. Ein zentrales Merkmal des sportlichen Wettkampfes besteht darin, daß dieser aufgrund seiner inneren Komplexität eine nicht überwindbare Komponente von Zufall enthält: »Der moderne Leistungssportler ist darauf trainiert, etwas zu leisten, was nicht sicher zu leisten ist. ... Die gelungene sportliche Leistung ... ist die einer Koordination von Leistungen, die nicht selbst mehr geleistet werden kann. Sportliche Leistung ist letztlich ein Gelingen, und das heißt: Sie ist in einem entscheidenden Aspekt eben keine Leistung. ... Körperliche Fitneß, Training, taktische Finesse und all das sind die Voraussetzungen dafür, daß der Körper im Augenblick der Wahrheit etwas tut, was alle Möglichkeiten des gezielten Tuns übersteigt. ... Sportler trainieren ein Tun, von dem sie letztlich nicht wissen, wie sie es tun. Sie trainieren den Zufall des Sieges. ... Der Sieg fällt ihnen zu. Worüber wir nicht vergessen sollten, daß das, was den meisten zufällt, die Niederlage ist« (Seel 1993: 96/97).

Genau diese fundamentale Unfähigkeit der Sportler, sicher eine Leistung zu erbringen, bedeutet für sie in dem Maße, wie ihr Handeln sich professionalisiert hat und entsprechende biographische Investitionen getätigt worden sind, eine nur schwer ertragbare Belastung. Genau deshalb ist Doping als eine Praktik, diese Unsicherheit möglichst weit zu reduzieren, so verbreitet. Man mag dann zwar normativ dekretieren: »Doping nämlich ist Mißachtung der sportlichen Tätigkeit als solche. Wer dopt, ne-

---

11 Zur Trennung psychischer, physischer und sozialer Systeme siehe Luhmann (1984: 15-18). In Anlehnung daran Bette (1992: 116-119).

giert die Grenzen seines eigenen Vermögens, will also nicht wahrhaben und im Vollzug der Leistung auch nicht selbst wahrnehmen, daß in der möglichen positiven Erfahrung dieser Grenze der ganze Sinn der sportlichen Tätigkeit liegt« (Seel 1993: 99). Umgekehrt gewendet zeigt dieses moralische Verdikt aber nur, was die Athleten mit Doping wollen: ihre sportliche Tätigkeit wenigstens ein Stück weit zu einem normalen Beruf zu machen.

Doping beabsichtigt also einen auf Sicherheit zielenden technisch-pharmakologischen Durchgriff. Körper und Psyche von Athleten als Materialitäts- und Unsicherheitsbasis des Spitzensports stellen die zentralen Implementationsfelder derartiger Technologisierungsversuche dar. Es liegt auf der Hand, daß es gerade die naturwissenschaftlichen Technologien sind, die dieses Bedürfnis nach Unsicherheitsabsorption befriedigen. Sie sind es vor allem, die eine Nachfrage im Spitzensport finden. Pillen und Spritzen als Objektivationen der praktischen Vernunft der Naturwissenschaften suggerieren eine Sicherheit durch einfache Handhabung. Sie erlauben zudem einen Reflexionsverzicht. Sportler und Trainer müssen keine Kenntnisse über biochemische Vorgänge, wissenschaftliche Zusammenhänge und Voraussetzungen besitzen, um beispielsweise auf Anabolika zurückzugreifen. Ein naives Wissen der unmittelbaren Verwendungsweisen reicht bereits aus, um Dopingmedikamente, wenn sie beschafft werden können, zu nutzen. Das Know-how versammelt sich an anderen Stellen. »Ein Teil der praktischen Nutzung der Erkenntnisse der Biologie, Biochemie und Medizin besteht in der Möglichkeit, durch gezielte und spezifische pharmakologische Eingriffe den durch Training erzwungenen Anpassungsprozeß unterstützen oder potenzieren zu können. Die Möglichkeiten, durch die Kombination von Pharmawirkung und Training die sportliche Leistungsentwicklung effektiv zu beeinflussen, werden in den kommenden Jahren mit wachsender Erkenntnis über die spezifische Wirkung des Trainings und bestimmter Pharmaka auf biologische Funktionen und Strukturen weiter zunehmen. Die anabolen Steroide haben sich bereits heute in dieser Hinsicht als wirksame und auch für den medizinischen Laien leicht handhabbare Mittel erwiesen.«[12]

Menschen, die mit fehlbaren Körpern ausgestattet sind, unter

12 So Alois Mader (1977: 137), ein aus der DDR in die Bundesrepublik geflohener Sportmediziner.

Konkurrenzbedingungen gegeneinander antreten und bisweilen mit Motivations- und Verletzungsproblemen zu kämpfen haben, greifen offensichtlich gerne auf Techniken zurück, die eine Linearisierung zwischen Mitteleinsatz und Zielerreichung suggerieren. Was man bei Maschinen maximieren will, nämlich Leistungsfähigkeit *und* Zuverlässigkeit, läuft beim Doping in vergleichbarer Weise ab. Doping zielt darauf ab, sich von einer Berücksichtigung all jener Faktoren zu entlasten, die bei einer Leistungserbringung irritieren könnten. Um Wiederholbarkeit, Voraussehbarkeit und Situationsunabhängigkeit zu erreichen, wird auf der physisch-organischen und psychischen Ebene experimentiert und nach permanenten Neuerungen gesucht.

Doping ist so eine Sonderform von naturwissenschaftlicher Instrumentalisierung des Athletenkörpers, die zur Steigerung des sportlich Möglichen beitragen soll. Der hier imaginierte ideale Körper ist der hemmungslos als Maschine instrumentalisierte, ohne Rücksicht auf Eigenzweck und Gesundheit technisierte Körper der Sportler. Der Einsatz der medizinischen Technologie spiegelt in instruktiver Weise die Fortschritts- und Machbarkeitsrationalität des modernen Spitzensports wider. Die Natur wird gefügig gemacht, weil die Anpassung durch Training allein als nicht mehr ausreichend erscheint.

Da Sport aber eben nicht, wie viele Naturwissenschaftler meinen, als eine reine Versammlung schwitzender Körper und reflexionsfreier Psychen zu verstehen ist, sondern einen sozialen Zusammenhang darstellt, der Körper und Psyche in besonderer Weise in Anspruch nimmt, kann dieser Versuch keine letztgültige Erwartungssicherheit herstellen. Wo feste Kopplungen durch die Interferenzen sozialer, psychischer und natürlicher Systeme nicht existieren, weil deren Grenzen als Kausalitäts- und Interdependenzunterbrecher wirken, sind treffsichere Planung, Steuerung und Zielerreichung auch mit Hilfe von Doping nur begrenzt möglich.

Doping bleibt deshalb nicht ohne negative Konsequenzen, sondern führt zu neuen Formen der Riskiertheit. Das Resultat ist insofern eine *Risikoverschiebung*. Doping überträgt die Problematik von Technik in Körper und Psyche. Es erweitert den Möglichkeitshorizont nicht nur in Gestalt sportlich nutzbarer Leistungsverbesserungen, sondern erhöht gleichzeitig unbeabsichtigt, aber wissentlich in Kauf genommen, auch das Ungewißheitsniveau des Sports und seiner Mitglieder in extremer Weise. Doping produziert somit einen Doppelprozeß von Komplexitätsreduktion und -steigerung. Maßnahmen der Sicherheitsverbesserung im prinzipiell unsicheren Körpermedium können gleichsam »nach hinten« losgehen. Jede Verletzung oder Krankheit zeugt davon, daß der Wille des Anwenders die Eigenlogik der eigenen Körperumwelt nicht auszuschalten in der Lage ist. Ginge dies, dann wäre kein Athlet jemals vor wichtigen Wettkämpfen krank oder verletzt.

Die gesundheitlichen Konsequenzen des Dopings – Krankheit, erhöhte Verletzungsanfälligkeit und in extremen Fällen auch Tod – verdeutlichen, daß der menschliche Körper nur begrenzt trivialisierbar und determinierbar ist.[13] Hierfür einige Beispiele (Clasing 1992: 30-99): Stimulanzien schlagen sich in psychischen und physischen Störungen nieder und setzen das körpereigene Alarmsystem außer Kraft. Narkotika reduzieren die Koordination und Konzentration, betäuben oder führen zu Suchterscheinungen. Anabole Steroide stören die Spermienproduktion bei Männern, lassen die Hoden schrumpfen, rufen Steroidakne hervor, verweiblichen die Männerbrust und beeinflussen das psychische Erleben. Bei Frauen resultieren sie in Regelstörungen, Vermännlichungserscheinungen und Befindlichkeitsveränderungen.[14] Während Schwangerschaften kommt es zu Fehlentwicklungen weiblicher Föten.[15] Betablocker provozieren Kreislaufprobleme und reduzieren Aufmerksamkeit und Leistungsfähigkeit.

13 Zur wechselseitigen Steigerung von Kontingenz und Entlastung durch eine Technisierung, die eine »Abkoppelung operativer Vollzüge vom konkreten Mitvollzug aller Sinnesimplikationen« im Sinne Husserls ermöglicht, vgl. Luhmann (1981: 114).

14 »Ich bin unfruchtbar, wiege 86 Kilo und bin froh, wenn ich dieses Gewicht halten kann. Das Gefühl eine Frau zu sein ist mir fremd, meine extreme Körperbehaarung ist mir peinlich. Ich wünschte, ich wäre nie Leistungssportlerin geworden.« So eine deutsche Judokämpferin, zitiert in Focus (33/1993). Über die Spätfolgen des Dopings vgl. auch das Interview mit zwei ehemaligen Spitzenschwimmerinnen der DDR in: Der Spiegel (23/1994).

15 Folgende medizinische Nebenwirkungen eines Anabolikamedikaments bei noch aktiven Sportlern zählte ein im Spitzensport der DDR tätiger Sportmediziner aufgrund seiner durch Mitwirkung erworbenen Intimkenntnisse auf: Tonuserhöhung der Skelettmuskulatur, Gewichtszunahme, Muskelkrämpfe, Regeltempostörungen, Probleme mit Begleitmedikation, Akne/Hirsutismus, Veränderungen Libido/Potenz/Fertilität, Ödemneigung, Durchfälle, Obstipation, funktionelle oder morphologische Leberstörungen. Siehe Riedel (1986), zitiert in Berendonk (1992: 207).

Diuretika lassen bisweilen den Kreislauf kollabieren, verändern das Elektrolytgleichgewicht und schlagen sich in Muskelkrämpfen und Herzrhythmusstörungen nieder. Wachstumshormone stimulieren eine Größenzunahme innerer Organe und äußerer Körperpartien und rufen Zucker-, Muskel- und Gelenkkrankheiten hervor. Blutdoping erhöht die Wahrscheinlichkeit von Blutgerinnseln.[16]

Diese keineswegs vollständige Auflistung der physischen und psychischen Folgen zeigt drastisch, daß Doping eben nur eine teilweise funktionierende Simplifikation und Trivialisierung ermöglicht. Es ist hochriskant, wirkt nur eine bestimmte Zeit und ist weder im Ergebnis noch in seinen Wirkungen eindeutig kalkulierbar. Doping überrumpelt die Eigenzeit des Körpers und nimmt diesem eine wichtige Schutzzone. Krankheit, Verletzung, physische und psychische Ermüdungserscheinungen als Signalgeber für sozial induzierte Überforderungssituationen werden im wahrsten Sinne des Wortes »weggespritzt«. Doping bringt die Eigenreaktionen des Körpers zum Schweigen, marginalisiert ihn selbst dort, wo das im Körper angelegte Eigenpotential verstärkt und hypertrophiert wird.

Die Riskanz für die Sportler erhöht sich in Analogie zur innovativen Nutzenmatrix eines Doping-Einsatzes. *Sachlich* führen die intensive Nutzung von Dopingmitteln und das Experimentieren mit diversen Mischformen des Medikamentengebrauchs im Körper zu den gerade erwähnten und weiteren nichtintendierten Wirkungen. Selbst Medikamente, die für sich allein noch keine größere Gefahr im menschlichen Körper darstellen, erhalten eine bedenkliche Qualität, wenn sie dem ursprünglichen Zweck zuwider eingesetzt werden und auf andere zweckentfremdete Medikamente stoßen. Behandelnde Ärzte, die hiermit ohne Vorwissen konfrontiert werden, stehen vor einem Rätsel und müssen kapitulieren. Kombinatorische Aufschaukelungseffekte zahlreicher Medikamente, die wie im Fall Birgit Dressel bis zum Tode führen, lassen sich nicht vermeiden.

Die Risikosteigerung auf der *Zeitdimension* kommt dadurch zustande, daß Dopingmaßnahmen Konsequenzen hervorrufen, die über den überschaubaren Zeitraum der Trainings- und Wettkampfsaison hinausreichen. Viele Folgen der Einnahme lei-

16 Siehe hierzu den Bericht der Unabhängigen Dopingkommission (1991).

stungssteigernder Präparate tauchen selbst nicht mehr im unmittelbaren Aufmerksamkeitsbereich des Sports und seiner Akteure auf, weil das körperliche Geschehen längeren Zeithorizonten folgt. Wenn die zentrale Temporalstruktur eines Sozialbereichs auf sofortige Wirksamkeit und Gegenwart hin ausgelegt ist, werden konsequenterweise mittel- und langfristige Gefährdungspotentiale strukturell vernachlässigt. Was zählt, ist in der Tat der Augenblick der Leistungserbringung, es zählen nicht die Jahre später anfallenden Kosten des Handelns, die dann nur noch den Athleten, nicht mehr den Spitzensport als Sozialsystem belasten.

Es sind gerade die strukturellen Zwänge der Athletenkarriere, die dafür sorgen, daß die eigene Körperzukunft bisweilen rigoros mißachtet werden muß. Die Aussagen des Kugelstoßers Ralf Reichenbach geben hierüber Aufschluß: »... ich habe ja nicht gelebt, um mich wohl zu fühlen, sondern damit die Kugel weit fliegt.« Und: »Man hat als Sportler höchstens 10 Jahre, um Spitze zu sein. Da ist eine Saison ohne Erfolg schon schlimm« (Die Zeit vom 1. 5. 1987). Ein Sozialbereich, der die Kompetenz seiner Mitglieder regelmäßig und unbarmherzig in Wettkämpfen überprüft und keine Lorbeeren verteilt, auf denen Sportler sich langfristig ausruhen können, stimuliert offensichtlich Haltungen, die eine rigorose Gegenwartsorientierung nahelegen. Das Wissen darüber, wie sich die vergangene Dopingnutzung zukünftig auf den Athletenkörper auswirkt, ist momentan zwar noch sehr gering, da eine lineare Verknüpfung zwischen Dopingverwendung und zeitversetzter Krankheit über Jahre hinweg schwierig nachzuweisen ist. Sportmedizin und Pharmakologie gehen allerdings davon aus, daß ein jahrelanger Medikamentenmißbrauch ohne Konsequenzen für die Gesundheit unwahrscheinlich ist.

Auch in der *sozialen* Dimension führt Doping als Ersatztechnologie zu einer erheblichen Risikosteigerung. Bei Entdeckung sind Reputationsentzug und ein mehr oder weniger langer Ausschluß von sportlichen Wettbewerben die Konsequenzen. Der Geheimnisbedarf von sich dopenden Athleten und verabreichenden Trainern und Ärzten spiegelt diese Riskanz auf der sozialen Ebene wider. Aus den Risiken in der Sozialdimension erwächst somit die noch zu schildernde weit verbreitete Schweigekultur im Spitzensport.

Auch in dieser Hinsicht lädt das Sozialsystem Spitzensport die

Risiken auf die Athleten ab. Nicht nur, daß die Sportler die möglichen, teilweise äußerst gravierenden Gesundheitsgefährdungen des Dopings auf sich zu nehmen haben. Sie sind auch die Sündenböcke, die im Fall ihrer Entlarvung auf dem Altar hochgehaltener Werte geopfert und mit entsprechenden Sanktionen diffamiert werden. Wenn die Innovation durch Abweichung aufgedeckt und zu einem öffentlichen Skandal gemacht wird, werden die innere Logik des Leistungssports und die Pfadabhängigkeit der Sportlerkarriere in der Regel nicht an den Pranger gestellt.

Die Entdeckten haben – salopp formuliert – die Suppe eigentlich aller Schuldigen auszulöffeln. Damit schiebt sich neben dem Code von Sieg und Niederlage eine weitere unbarmherzige Differenz in die Gemeinschaft der Abweichenden: diejenigen, die erwischt werden, und diejenigen, die als sich ebenfalls Dopende unentdeckt bleiben und sich ins Fäustchen lachen können. Diese Differenz wird noch einmal gesteigert: Die nicht entdeckten Abweichenden müssen sich, um dem generalisierten Dopingverdacht zu entgehen, von den entdeckten Devianten ostentativ absetzen. Eine massive Ausgrenzung aus der Gemeinschaft der scheinbar Unschuldigen findet statt. Die Entdeckten werden selbst und gerade von denen stigmatisiert, die bei Entdeckung in gleicher Weise stigmatisiert würden.

Die gesundheitlichen Schädigungen erfahren auf seiten der sich Dopenden eine mehrfache Bagatellisierung. In sachlicher Hinsicht beruhigt man sich damit, daß es keine gesicherten Erkenntnisse über Dopingschäden gäbe bzw. solche Schädigungen bei einer angemessenen medizinischen Betreuung in Grenzen gehalten werden könnten. Oder man kalkuliert einfach entsprechend der nur allzumenschlichen Neigung »ipsativen Denkens« (Frey 1988), daß es immer nur die anderen erwischen wird: »He thinks, hey, the side effects, this is not going to happen to me. I am not going to have a liver problem. I am not going to be overaggressive« (zitiert in Hearings 1989: 40). In zeitlicher Hinsicht werden mögliche Schädigungen weit in der Zukunft verortet, also in einen Zeithorizont projiziert, der angesichts des gegenwärtigen Erfolgsdrucks noch nicht weiter bekümmert. So sehen auch viele Dopingkritiker, die den Athleten u. a. die möglichen Gesundheitsgefährdungen vorhalten, »ein besonderes Problem darin, daß sich gesundheitliche Negativeffekte nicht unmittelbar und kurzfristig einstellen, die leistungsbezogenen Positiveffekte und deren finanzielle Belohnung aber schon bald in Rechnung gestellt werden können« (Sehling u. a. 1989: 127). In einer Untersuchung Mitte der siebziger Jahre bekundeten sogar drei Viertel der befragten Athleten, gesundheitliche Risiken »kurzfristig in Kauf« zu nehmen (Ulrich 1977: 136). Man könnte dies als Futurisierung der Schadenserwartungen bezeichnen. Die soziale Dimension der Risikosteigerung in Gestalt der Stigmatisierung der Entdeckten wird dadurch bagatellisiert, daß gedopte Akteure davon ausgehen, auch dies werde nur die anderen erwischen. Sie hoffen auf lasche Kontrollen, überschätzen ihre eigene Findigkeit oder kalkulieren eine mehr oder weniger stillschweigende, von der devianten Gruppe bis in die Verbandsspitze hinaufreichende Unterstützung ein.

Zieht man die Risiken zusammen, entsteht für den einzelnen Sportler eine hochbrisante Risikomatrix.[17] Doping erscheint vor diesem Hintergrund als eine paradoxe Strategie. Sich dopende Athleten versuchen ihren prinzipiell riskanten Anstrengungen Sicherheit zu geben. Die Athleten greifen auf Verfahren zurück, von denen sie meinen, daß sie Erfolge erwartbarer machen, die aber auch, wenn sie wirken und bekannt werden, selbst Risiken und schädigende Konsequenzen entfalten (siehe Abb. 4).

Hat sich einmal Doping für viele Sportler als zwar illegale, aber dennoch brauchbare Interventionsform erwiesen, ist es ausgesprochen schwierig, aus diesem Weg der Leistungsverbesserung auszubrechen und alternative Möglichkeiten zu erproben. Oftmals genügt bereits die unterstellte, aber keineswegs für alle Disziplinen erwiesene Wirkung des Dopings, um diesen Innovationspfad weiter zu gehen. Wirkungsfiktionen verdrängen dann andere Fördermaßnahmen und resultieren in einer Selbstplausibilisierungsspirale, in der sich das bestätigt, was als einzig wirksam definiert und implementiert wird.[18] Darin erweist sich

---

17 Hier gilt, was bezüglich von Handlungssicherheit und Risiko insgesamt zutrifft: Der Einsatz von Doping als Ersatztechnologie bleibt prinzipiell problematisch, weil es keine Kenntnis aller möglichen Gefahren gibt. Aber Warnungen fruchten nicht, da sie auf das Problem einer doppelten Kontingenz treffen: Es fehlt das »Wissen um Wissen und Nichtwissen« ebenso wie die »Kontrolle über Kontrollierbares und Nichtkontrollierbares« (Clausen/Dombrowsky 1984: 293).

18 Durch die pfadabhängige Nutzung wissenschaftlicher Erkenntnisse entsteht ein Phänomen, das in anderen gesellschaftlichen Teilsystemen in vergleichbarer Weise zu beobachten ist: Je mehr Wissen zur Grundlage eines operativen

Wirkungsdimensionen	Leistungen	Risiken
sachlich	● hochdifferenzierte Manipulation von Körper und Psyche gemäß sportartspezifischen Anforderungen: u. a. Nutzung autonom geschützter Leistungsreserven, Steigerung der Trainierbarkeit	● gesundheitliche Negativeffekte: u. a. psychische Abhängigkeiten, erhöhte Verletzungsanfälligkeit, dauerhafte Schädigungen – im Extremfall mit Todesfolge
zeitlich	● Beschleunigung des Leistungsaufbaus ● Verlängerung der Athletenkarriere nach vorne und hinten ● Verkürzung von Verletzungs- und Regenerationsphasen ● Synchronisierung von Körperentwicklung und sportartspezifischen Anforderungen	● Einstieg in die Dopingspirale ● gesundheitsschädliche Langzeitwirkungen ● Verkürzung der Athletenkarriere durch Verletzung, Krankheit oder Entdeckung
sozial	● Absorption rollenspezifischer Ungewißheiten ● Vorteilsbeschaffung und Nachteilsvermeidung	● wechselseitige Verstärkung des Dopingdrucks ● soziale Ächtung ertappter Dopingsünder ● negative Sanktionierung durch Vereine und Verbände bei Entdeckung

Abb. 4: Leistungs- und Risikomatrix

der auch ansonsten geltende *eskalierende Zwangscharakter* des Dopings. Ähnlich wie Firmen, die ein neues Produkt auf den Markt gebracht haben, durch die zeitliche Befristung von Patentrechten genötigt werden, über permanente Neuerungen zu sin-

Handelns herangezogen und benötigt wird, desto problematischer wirkt sich das Fehlen von Gegenwissen, Zukunftswissen und Alternativwissen aus.

nieren, ergibt sich für diejenigen, die Dopingmittel einsetzen, ein starker Druck, im Zirkel der Abweichung zu bleiben, um innovatorische Vorteile zu erlangen oder auf Dauer zu stellen. Das bislang Bekannte muß immer weiter gesteigert werden. Dopinginteressierte beobachten andere Wissensgebiete und wenden deren Erkenntnisse – falls möglich – nach eigenen Prämissen rigoros an. Medikamente aus der Kälbermast, der Regenerationsforschung für Kriegsversehrte und Behinderte sowie der Gentechnologie tauchen plötzlich im Bereich der Doping-Medikamentierung auf. Selbst exotische Maßnahmen wie das Hineinpumpen von Luft in den Analbereich von Schwimmern zur Verbesserung der Wasserlage wurden von der höchsten Koordinationsinstanz des bundesdeutschen Sports, dem Bundesausschuß Leistungssport, für viel Geld konzipiert und bei den Olympischen Spielen in Montreal 1976 implementiert.

Wie schwer es ist, aus der Dopingspirale auszusteigen, offenbart der Rückfall bereits ertappter Sportler (Beispiel: Ben Johnson). Dies ist keineswegs überraschend, sondern erwartbar, belegt es doch die strukturellen Zwänge im Leistungssport. Wer im Zuge der biographischen Fixierung seiner Sportlerlaufbahn bereits große Investitionen vorgenommen hat, will, daß sich seine Anstrengungen auch weiterhin mit Hilfe der verführerischen Innovationskraft des Dopings in Erfolgswährung auszahlen. Unter den Bedingungen einer breiten Dopinganwendung wird der Verzicht darauf perverserweise selbst zum Risiko. Dopingdurchtränkte Disziplinen versetzen diejenigen, die auf Doping verzichten, gewissermaßen auf die hinteren Startplätze. Dies gilt auch für bereits Erwischte. Lächerlichkeit droht der Preis zu sein, den diejenigen zu bezahlen haben, die mit Hilfe von Dopingmitteln in die Spitze hineingekommen sind und bei einem Verzicht auf Abweichung nur mindere Leistungen erbringen könnten. Ein Sprinter, der die 100 Meter dopingfrei signifikant langsamer läuft, wird aus der institutionellen Förderung ausgeschlossen und mit Reputationsverlust bestraft. Es gibt demnach nicht nur eine Pfadabhängigkeit von Sportlerkarrieren. Bei denen, die ihre sportliche Reputation nur mit Hilfe eines illegitimen Doping-Einsatzes gewinnen konnten, existiert auch eine *Pfadabhängigkeit der Abweichung*.

Das gilt für immer mehr Athleten, die einander darin nicht zuletzt wechselseitig bestärken. Im Sinne des defensiven Dopings weichen viele primär deshalb ab, weil sie wissen oder vermuten, daß ihre Konkurrenten bereits deviant geworden sind. Diese wechselseitige Ansteckung mit Doping tendiert, je mehr sie sich ausbreitet, zu einer *systemischen Devianz*. Es macht dann keinen Sinn mehr, davon zu sprechen, daß einzelne Individuen oder ein kleiner Teil der Population vom Doping befallen wären. Das System des Hochleistungssport selbst ist dopingverseucht. Hier wäre auch der Unterschied zu politischer Korruption oder Wirtschaftskriminalität als vergleichbaren Formen der Devianz in anderen gesellschaftlichen Teilsystemen angesiedelt. Solange nach wie vor die meisten Unternehmen und Politiker Gewinne erzielen bzw. Karriere machen, ohne kriminell oder korrupt zu sein, sind Wirtschaft und Politik als solche noch »sauber«. Genau dies scheint im Hochleistungssport nicht mehr gewährleistet zu sein. Jedenfalls ist sicher, daß er sich zumindest auf der schiefen Bahn in die systemische Devianz bewegt.

Sobald der Zustand systemischer Devianz sich verfestigt hat, ist Innovation als individueller Typus abweichenden Verhaltens in eine – allerdings klammheimliche – Rebellion als kollektiver Typus umgeschlagen. Klammheimlich bleibt dies solange, wie die Normen, gegen die dann so gut wie alle verstoßen, nichtsdestotrotz offiziell aufrechterhalten werden. Diese kontrafaktische Stabilisierung des Normativen ist im Hochleistungssport der Fall. Zumindest für das Publikum hält man an der – wie immer bröckligen – Fassade der traditionellen Sportmoral fest, worauf wir im Kapitel 9 noch genauer zu sprechen kommen werden.

5.2 Deviante Gruppen und Netzwerke

Nachdem wir im vorigen Abschnitt die innovatorischen Leistungen in zeitlicher, sachlicher und sozialer Hinsicht dargestellt, die hiermit korrespondierenden Risiken für den einzelnen Sportler thematisiert und die Pfadabhängigkeit der Abweichung angesprochen haben, sollen nun die devianten Gruppen und Netzwerke im Mittelpunkt stehen. Sie ermöglichen und tragen das Dopinghandeln in all seinen Schattierungen.

Der Innovationsnutzen des Dopings beschränkt sich nicht nur auf die Athleten, sondern läßt auch all diejenigen parasitär teilhaben, die assistierende und ermöglichende Funktionen innerhalb und außerhalb des Leistungssports innehaben. Trainer, die mit dem Problem zu leben haben, daß ihre berufliche Leistungsfähigkeit letztlich nur über die sportlichen Erfolge der von ihnen betreuten Athleten meßbar ist, werden über deren dopingfundierte Erfolge in die Lage versetzt, Reputation und Einkommen zu steigern. Vereine und Verbände werden auf lokaler, regionaler und nationaler Ebene in Abhängigkeit vom sportlichen Erfolg ihrer Mitglieder gefördert und finanziert. Politiker, die knappe Finanzen bewilligen, können sich im warmen Licht sportlicher Siege mitsonnen und sich über die Darstellung einer generellen Sportfreundlichkeit für Wahlen ins Spiel bringen. Für Sponsoren, die einen Imagetransfer zugunsten ihrer Produkte im Auge haben, fällt ebenso eine Begleitaufmerksamkeit ab, wenn gedopte, aber nicht entlarvte Athleten erfolgreich sind. Selbst die Zuschauer, die u. a. über ihre Identifikation mit den Siegern am Geschehen partizipieren, haben etwas davon, wenn Doping als Devianztypus erfolgreich ist, aber nicht bemerkt wird. Sie bekommen virtuose Leistungen zu sehen, die sonst nicht möglich wären. Nicht zuletzt profitieren auch die Massenmedien von den innovatorischen Leistungen des Dopings. Sie können ihre Einschaltquoten über die Darstellung spannender Wettkämpfe erhöhen.[19]

Die auf die individuellen Sportler wirkenden Triebkräfte werden somit durch die in gleiche Richtung gehenden Triebkräfte im sportlichen und außersportlichen Umfeld verstärkt. Auf der »Vorderbühne«, gegenüber dem Sportpublikum, besteht man ebenso unerbittlich auf einem »sauberen«, »fairen« Sport, wie man auf der »Hinterbühne« von den Athleten Doping einfordert.[20] Dabei gibt es verschiedene Formen, letzteres zu kommunizieren. Expliziter Dopingdruck auf einen Sportler kommt nicht selten vor, beispielsweise in Gestalt der Drohung, bei einer Dopingverweigerung nicht länger unterstützt zu werden. Oder er zeigt sich als Anreiz, eine Unterstützung nur dann zu bekommen, falls der einzelne sich zum Doping entscheidet – am häufigsten wohl artikuliert von seiten der Trainer,[21] Sportfunktionäre und

19 Die Medien haben überdies selbst an der Entdeckung von Dopingfällen ihren Nutzen. Thrill kommt auf, wenn Sport-Skandale öffentlich gemacht werden und die Empörungslust die betrogenen Zuschauer an die Bildschirme holt.
20 Zur Unterscheidung von »Vorder-« und »Hinterbühne« siehe Goffman (1956).
21 Eine noch direktere Umsetzung des auf den Trainern lastenden Erfolgsdrucks in Doping findet sich z. B. im Pferdesport (FAZ vom 1. 9. 1994): »Ein Trainer, der Pferde auf Rennen vorbereitet, ist meist das schwächste Glied in einer

Sportärzte. Im ehemaligen Ostblock schuf das totalitäre politische System sogar die Möglichkeit, daß das gesamte Umfeld des Sportlers einen solchen Druck koordiniert ausüben konnte, der dann auch entsprechend unentrinnbar war. Wir werden diesen Zusammenhang später noch genauer ansprechen. Auch in den westlichen Ländern waren und sind Mechanismen am Werk, die eine Folgebereitschaft zugunsten von Doping strukturell animieren. Wenn etwa die Leistungen, die erbracht werden müssen, um Förderung von der Stiftung Deutsche Sporthilfe zu erlangen, so hoch angesetzt sind, daß man sie – außer als Ausnahmeathlet – nur durch Doping erreichen und halten kann, beinhaltet dies eine stillschweigende, niemals als solche nachweisbare Aufforderung zum Doping. Ähnliches gilt für den Wettbewerb um lukrative Verträge mit Sponsoren. Dieser implizite Dopingdruck geht häufig einher mit einer impliziten Dopingduldung auf seiten des assistierenden Sportmilieus und außersportlicher Bezugsakteure – insbesondere auch der Massenmedien, Sponsoren, Förderer und Verbände. Man signalisiert vor allem durch eine zurückhaltende Dopingkontrolle bzw. durch ein entsprechend zögerliches Einfordern von Kontrollmaßnahmen, daß man es gar nicht so genau wissen will. Umgekehrt gilt dasselbe auch von seiten der Sportler, wenn sie ohne explizite Einwilligung und ungefragt, aber doch oft nicht gegen ihr Wissen von Trainern und Sportärzten gedopt werden. So bildet sich im Umfeld des Athleten insgesamt ein Syndrom aus explizitem und implizitem Doping*druck* und impliziter Doping*duldung* heraus.

Die Sportmediziner schließlich sind hinsichtlich ihrer Einkommens- und Karrierechancen ebenfalls von der Herbeiführung

langen Kette. Dem Trainer werden die Pferde von ihren Besitzern anvertraut. Diese Besitzer investieren oftmals nicht gerade wenig Geld in die Anschaffung und die Betreuung ihres Pferdes. Und ein Pferd, das seinem Besitzer im Jahr weniger als 25000 Mark an Prämien in die Stallkasse galoppiert, ist ein Zuschußbetrieb. ... Die Trainer stehen dabei unter einem immensen Druck und müssen nach jedem verlorenen Rennen den Besitzern erklären, warum es schiefgelaufen ist, warum das Konto wieder einmal auf der falschen Seite belastet wird. ... Deswegen hat ein Trainer viel lieber Sieger in seinem Stall. Mit Verlierern macht er sich keinen Namen. Bei Siegern kassiert er seine Prozente an den Prämien und hält die Besitzer friedlich. ... Aber welcher Trainer sagt einem Besitzer, daß sein Pferd zu einem strahlenden Sieger nicht taugt? Schließlich lebt er von jedem Pferd in seinem Stall. So greift denn manch einer heimlich in die Stallapotheke und hilft mit entsprechend angereichertem Futter etwas nach, um die Ungeduld des Besitzers zu zähmen.«

sportlicher Erfolge abhängig. Ihre Einbindung beispielsweise als Vereins- und Verbandsärzte läßt Loyalitäten und Abhängigkeiten entstehen, die ein Neinsagen gegenüber Dopingofferten und -nachfragen nicht leicht macht. Dementsprechend warnte bereits 1978 der Vorsitzende des Internationalen Sportärzteverbandes, Ludwig Prokop, die Sportärzte sollten sich nicht zu »Erfüllungsgehilfen von ehrgeizigen Managern, Fanatikern oder staatlichen Funktionären degradieren … lassen.« Prokop sah jedoch, daß für die Sportmediziner berufliche und persönliche Karriereinteressen und die Lukrativität der sportärztlichen Betreuung große Versuchungen seien, auch Dopingmaßnahmen zu dulden und mitzutragen. Weiterhin führte Prokop die Bemerkung eines Sportarztes aus einem anderen europäischen Land an, der gesagt habe: »Es ist doch im Prinzip gleichgültig, ob ein Mensch im Krieg für sein Vaterland fällt oder ob er im Sport seine Gesundheit einbüßt. Hauptsache ist, er hat seinem Vaterland gegenüber seine Pflicht erfüllt« (FR vom 4. 12. 1978).

Der Erfolgszwang in der Wollens-Dimension und die moralische Indifferenz in der Sollens-Dimension der Handlungswahl werden somit entscheidend gefördert durch die technischen Dopingmöglichkeiten in der Könnens-Dimension. Der sportmedizinische Fortschritt liefert ein immer größeres Arsenal an Mitteln, die ein sowohl wirksames als auch unkontrollierbares Doping ermöglichen. Daß sich einige Sportmediziner als Anti-Doping-Experten profilieren, hängt paradoxerweise gerade davon ab, daß viele von ihnen das Doping fördern. Damit sind sogar die Doping-Kontrolleure auf medizinischer und pharmakologischer Seite darauf angewiesen, daß das von ihnen bearbeitete Problem auch tatsächlich existiert und nicht etwa verschwindet.

Sowohl die Sportler als auch die relevanten individuellen und korporativen Instanzen innerhalb und außerhalb des Sportsystems sind also offensichtlich massiv an Doping interessiert, solange ihre Devianz nicht entdeckt wird.[22] Schon das weist darauf hin, daß ein Sportler, der zum Doping greift, nicht völlig auf sich allein gestellt ist. Abgesehen von jenen Ausnahmefällen, in denen Athleten naiv und auf eigene Faust frei zugängliche Medikamente zu Manipulationszwecken umfunktionieren, ist Doping kein Phänomen, das sich voraussetzungslos und unvor-

---

22 Sogar die Eltern von sportbegabten Kindern können manchmal als Dopingforcierer auftreten (Australisches Senatskomitee 1989: 33).

bereitet aus der individuellen Beliebigkeit eines einzelnen Athleten ergibt. Der Kontakt zu einem Dopingnetzwerk ist eine notwendige Bedingung der Möglichkeit von Abweichung. Wer empfiehlt die Medikamente, verschreibt oder besorgt sie? Wer kontrolliert die Einnahme und gibt die Absetzdaten vor? Selbst der auf eine Vergrößerung seines Muskelapparats ausgerichtete Freizeit-Bodybuilder, der in seinem Fitneß-Studio unter der Hand Anabolika erwirbt, kann dies eben nur tun, weil diese Mittel, durchaus ähnlich wie in der Drogenszene, vorab produziert, vermittelt und illegal verkauft werden.

Der Deviante im organisierten Hochleistungssport bewegt sich in einem sozialen Kontext, der Opportunitäten für Doping herstellt und eine entsprechende Folgebereitschaft nahelegt. Wenn es für das Umfeld der Athleten darum geht, »Arbeitsplätze durch Medaillenerfolge zu sichern, Sportmedizin im Interesse der Steigerung und nicht im Interesse der Gesundheit des Athleten zu betreiben, ständig etwas Neues entwickeln zu müssen, wo eigentlich nichts mehr zu entwickeln ist« (Digel 1994: 135), liegt nicht bloß die Duldung von, sondern die Ermunterung oder sogar die Anordnung zum Doping nahe. Wie wir gezeigt haben, sind Athleten, Trainer, Sportmediziner und auch Sportfunktionäre von sportlichen Erfolgen abhängig, die nicht wenige von ihnen mit Hilfe von Doping zu erreichen trachten. So hat sich im Spitzensport jenseits der offiziellen Verhaltenserwartungen eine Subkultur entwickelt, die Chancen für Doping bereitstellt und Kontrollen zu unterlaufen trachtet. Dieses Milieu substituiert den legitimen, ausschließlich über Technik, Taktik und Training vermittelten Innovationsdrang des Sports durch Maßnahmen, über die offiziell nicht gesprochen werden darf.

Die Soziologen Richard Cloward und Lloyd Ohlin haben in ihrer Erweiterung und Präzisierung der Mertonschen Anomietheorie darauf hingewiesen, daß nicht nur der Zugang zu legitimen Mitteln, sondern auch zu illegitimen Mitteln der Zielerreichung ein knappes Gut darstellt und sozial vermittelt werden muß.[23] Dies gilt in besonders aufschlußreicher Weise für die Dopingproblematik. Nicht jeder, der auf hohem Niveau abweichen will, ist in der Lage, dies ausschließlich auf sich selbst gestellt auch zu tun. Dilettanten können mit den elaborierten Formen des

---

23 Siehe Cloward (1959) und Cloward/Ohlin (1960).

Dopings weder etwas anfangen noch sind sie in der Lage, sie überhaupt kennenzulernen.[24]

Dort, wo keine professionelle Anleitung stattfindet, erfolgt ein Rückgriff auf die inzwischen existierende graue Ratgeberliteratur. So erwähnt beispielsweise Voy (1991: 19) »The Underground Steroid Users Handbook«. Aus der Intransparenz der Szene entsteht dabei eine Selbstverstärkung von Gerüchten. »Gut informierte Kreise« setzen Informationen in Umlauf und stimulieren einen unkontrollierten Nachvollzug. Interessierte Sportler und Trainer versuchen ihre Wissenslücken durch Trial-and-Error-Experimente auf der Grundlage von Insidertips und Hörensagen zu kompensieren – mit besonders gravierenden Konsequenzen für Leib und Leben. Fehler passieren, und massive Überdosierungen finden statt.

Der vermutlich häufigste Weg ins Doping hinein läuft über den Trainer. Die Athleten treten als Jugendliche an ihren Trainer heran, um ihn um Rat zu fragen, wie sie ihre Leistungen weiter verbessern können. Der Trainer arrangiert dann alles weitere – schickt sie beispielsweise zu einem Sportarzt, von dem er weiß, daß dieser für Doping aufgeschlossen ist. Dies ist die Situation, wie sie sich mit der Professionalisierung des Dopings seit den siebziger Jahren ergeben hat. Vorher wurden oft die Athleten von sich aus initiativ und suchten Ärzte auch ohne Hinzuziehung ihres Trainers auf. Mittlerweise ist das Sozialisationsklima im Spitzensport so, daß die Sportler schon in früher Jugend erfahren, wie sie sich dopen können.[25] Die Gelegenheiten werden ihnen

24 Initiierung und Einweihung durch andere Personen sind auch für andere Formen abweichenden Verhaltens unverzichtbar. Ein professioneller Einbrecher besitzt Fähigkeiten und Techniken, über die ein Amateur eben nicht verfügt. Diese Kompetenzen erwirbt der Professionelle in informellen Erziehungs- und Trainingsprozessen durch diejenigen, die diese »Berufsstandards« bereits besitzen. Und er rümpft in der Regel seine Nase über die Vorgehensweisen der Amateure, die den ganzen Berufsstand in Verruf und Gefahr bringen, weil sie durch ihren Dilettantismus eine unerwünschte Begleitaufmerksamkeit erzeugen.

25 Die Sozialisation in die Subkultur einer bestimmten Sportart kann als ein zweistufiger Prozeß begriffen werden (Donnelly/Young 1988). Auf einer ersten Stufe erlernt der Neuling die offizielle Identität der Subkultur, wie sie auf der »Vorderbühne« (Goffman 1956) präsentiert wird. Mit dieser anfänglichen neuen Selbstdarstellung wird der Betreffende aber keine soziale Bestätigung bei den Angehörigen der entsprechenden Sportart-Subkultur finden. Dies geschieht erst in der zweiten Stufe, in der er allmählich in dieses Milieu, wie es auf der »Hinterbühne« wirklich ist, initiiert wird. In dem Maße, wie das

offeriert – und es liegt dann an ihnen, ob sie sie wahrnehmen. Betrachtet man solche Verläufe, ist schnell erkennbar, was bereits angesprochen wurde: daß es eine distinkte Dopingentscheidung, die zu einem bestimmten Zeitpunkt als bewußte Wahl getroffen wird, in der Regel nicht gibt. Der Athlet gleitet vielmehr, anfangs möglicherweise völlig unmerklich, ins Doping ab und erkennt dies erst im nachhinein.

Verfügen die Abweichungswilligen über eingefahrene Kontakte, weil sie entsprechende Netzwerke für Dopingzwecke aufbauen und anzapfen konnten, können sie auf Erfahrungen darüber zurückgreifen, was man wie und zu welcher Zeit machen oder besser lassen sollte. Ohne ein Milieu, das die Abweichung vorbereitet, die Mittel besorgt und mit dem entsprechenden Know-how verabreicht und kaschiert, bleibt Doping unwahrscheinlich. Dies gilt besonders angesichts des inzwischen erreichten hohen technischen und biochemischen Raffinements der gängigen Verfahren und Methoden einerseits und der entsprechend entwickelten Kontroll- und Überwachungsmöglichkeiten andererseits. Nur die Dummen und Nachlässigen, die ohne professionelle Rückendeckung operieren, werden schnell erwischt.[26]

Die deviante Gruppe von Trainern, Betreuern und auch Funktionären schottet den Sportler, wie anhand von Zeitungsberichten, Prozeßunterlagen und Geständnissen nachzuvollziehen ist, auf mannigfaltige Weise gegenüber Kontrollen ab. Sie reduziert dadurch deren Effektivität oftmals bis zu einem Punkt, an dem als Ergebnis der bekannten Katz-und-Maus-Spiele zwischen Dopingkontrolleuren und sich dopenden Sportlern nur noch vom Anschein einer Kontrolle die Rede sein kann.[27] Das Unterstüt-

geschieht, verlieren auch die sozialen Bestätigungen der Außenwelt für den Betreffenden an Bedeutung, weil er erkennt, daß diese ahnungslos über die Subkultur ist. Solche Diskrepanzen zwischen »Vorderbühne« und »Hinterbühne« betreffen gerade auch das Auseinanderklaffen von normativem Ethos und tatsächlichen Praktiken, z. B. von Doping.

26 »Der Ben Johnson war für mich 1988 in Seoul von den acht im Endlauf bloß der dümmste – und er scheint es geblieben zu sein.« So Helmut Meyer, der Präsident des Deutschen Leichtathletik-Verbandes, kurz vor seinem Rücktritt (Sports vom 1. 4. 1993).

27 Vgl. das Interview mit dem Dopingbeauftragten der Bundesregierung, dem Biochemiker Manfred Donike, über Lücken im Kontrollsystem (Der Spiegel, 32/1993: 130) – und die Zurückweisung der Vorwürfe durch die Dopingkontrolleure von German Control (FAZ vom 12. 8. 1993: 22).

zungsumfeld dient als Puffer, der die Unwägbarkeiten von Kontrollen – wer wird wann und wie kontrolliert? – für den Sportler in die relative Erwartungssicherheit transformiert, nichts befürchten zu müssen.[28]

Die duldende, teilweise sogar aktiv unterstützende Kumpanei zwischen devianten Gruppen und Mitgliedern des Sportestablishments, die Doping lediglich als Kavaliersdelikt ansehen, ist national und international vielfach belegt (z. B. MRZ vom 28./29. 9. 1991). Ein derartiges Verhalten von Funktionären wird verständlich, führt man sich vor Augen, daß auch sie – wie das unmittelbare Unterstützungsumfeld der Athleten – parasitär an den Sportlererfolgen partizipieren: »Der Funktionär muß nicht nur den Doping-Konsum verhindern, er ist zudem in seinen zahlreichen weiteren Verbandsfunktionen von der Leistung der Athleten abhängig, da damit öffentliche Gelder akquiriert werden können und zum anderen personeller Zulauf für den Sportverband geworben werden kann. Eine Bestrafung eines Spitzenathleten wegen abweichenden Verhaltens, die eine längere Sperre nach sich ziehen könnte, ist also für den Funktionär fatal« (Emrich u. a. 1992: 57). In einer Erklärung an Eides Statt gab der fünfmalige Deutsche Meister im Diskuswurf, Alwin Wagner, am 19. 12. 1990 vor der Staatsanwaltschaft an: »Bei einem Leichtathletik-Länderkampf in Turin im Jahre 1983 haben Funktionäre und Trainer des Deutschen Leichtathletik-Verbandes mir und anderen Wettkämpfern geraten, Wettkampfergebnisse so zu manipulieren, daß wir einer Entdeckung unseres Anabolika-Dopings durch damals unverhofft angesetzte Doping-Kontrollen entgehen konnten. ... Bei einer Doping-Kontrolle nach einem Wettkampf ist statt meines höchstvermutlich Anabolika-positiven Urins Anabolika-freier Fremdurin abgegeben worden, der von Bundestrainer Steinmetz stammte« (zitiert in Berendonk 1992: 421).

Die hartnäckigen Bemühungen, die Dopingkontrollen zu unterlaufen, gewinnen vor dem Hintergrund des Mehrfachnutzens abweichenden Verhaltens eine deutliche Plausibilität. Gemeinsame Devianz schmiedet eine verschworene Gemeinschaft. Denn wenn einer entlarvt wird, fliegen die Spießgesellen mit auf. Ge-

---

28 Analog unterscheidet Thompson (1967: 19-23) bei formalen Organisationen einen »technological core«, der, wie in Watte eingepackt, von Organisationssegmenten umgeben ist, die ein »buffering« leisten.

heimnistuerei und wechselseitiges Mißtrauen werden, wie noch demonstriert werden wird, zu allfälligen Phänomenen im Milieu des Leistungssports.

Bestehen soziale Kontakte zu devianten Gruppen, können die hier vorherrschenden Gruppennormen informell erlernt werden.[29] Andersartige Motive, die vorher vielleicht noch bedeutsam waren, erhalten dann den Status unzeitgemäßer, unprofessioneller und amateurhafter Vorgaben, auf die man verzichten zu können glaubt. Die Ausblendung anderer Sinnmotive tut ein Weiteres, Abweichung zu normalisieren und hoffähig zu machen. Hat sich Doping in wichtigen Institutionen erst einmal festgesetzt, ist es nicht einfach, andere Pfade der Leistungsförderung zu implementieren. Denn deviante Bezugsgruppen schränken die Wahlmöglichkeiten der Dopingabstinenten erheblich ein. Ein Ausweichen ist prinzipiell möglich, realiter aber aufgrund bereits getätigter biographischer Investitionen unwahrscheinlich. In einem abweichenden Milieu fällt es unter diesen Umständen schwer, auf Doping zu verzichten.[30]

Hier greift ein Mechanismus, den der amerikanische Soziologe Daniel Glaser (1965: 433-444) als »differentielle Identifikation« bezeichnet hat. Treffen Nichtinitiierte in Leistungszentren oder Stützpunkten auf Athleten, die Doping als Maßnahmen der Trainingsbegleitung anwenden und legitimieren, erzeugt die Identifikation mit dieser Referenzgruppe der »significant others« eine Sogwirkung auf die bislang Abstinenten. Der Sportwissenschaftler Albert Figone (1988: 28/29) sieht einen deutlichen Zusammenhang zwischen dem Unterstützungsumfeld des Profisportlers als tendenziell »totaler Institution« und dem Umschalten auf »Innovation« als Form devianten Handelns. Der Sportler »is separated from previous sources of social support, which could

29 Zur Lerntheorie abweichenden Verhaltens siehe allgemein Sutherland (1979: 395-399).
30 Der ehemalige, vorzeitig zurückgetretene, Anti-Doping-Beauftragte des Deutschen Leichtathletik-Verbandes, Theo Rous, schrieb eine satirische Glosse über die Anziehungskraft des Dopings im Leistungssport, das sog. »Kartoffeltheorem«, das in Anlehnung an den Familienspruch: »Jetzt sind die Kartoffeln auf dem Tisch, jetzt werden sie auch gegessen!« wie folgt lautet: »Nun ist Doping da, nun wird auch gedopt. Das heißt nicht mehr und nicht weniger: Wir haben ein Heer von ausgebildeten Body-Ingenieuren. Was liegt näher, als zu glauben, daß sie das, was sie können, auch anwenden?! Das Angebot ist da, und die Nachfrage orientiert sich am Angebot« (Freunde der Leichtathletik, Dez. 1991: 13).

serve to anchor or buttress existing beliefs and behaviours. ...
Thus, the athlete is faced with the decision to engage in the
behaviour which may have been a manifestation of a deviant
action before entering professional sport but now is accepted as
normative and in some cases as even encouraged by teammates,
coaches, trainers, physicians and owners.«

Deviante Gruppen üben noch in einer weiteren Hinsicht einen
nicht geringen Konformitätsdruck aus. Wer nicht anpassungsbe-
reit ist, sieht sich mehr oder weniger subtiler Diskriminierung
ausgesetzt. Nicht nur im Fördersystem totalitärer Staaten, die
über Macht und Anreiz ihre Dopingpraxis bis auf die unterste
Ebene implementieren können, werden Sportler, die sich dem
Dopingdruck zu entziehen versuchen, subtil diffamiert. Man
definiert sie einfach als nicht »förderungswürdig« oder »entwick-
lungsfähig«, wirft ihnen eine »mangelnde Leistungsbereitschaft«
oder eine »fehlende Einstellung« vor und sondert sie damit rigoros aus.[31] Doping wird unter diesen Bedingungen zu einem
informellen Nadelöhr, durch das Athleten sich zu begeben haben,
wenn sie in die Förderung hineinkommen oder weiterhin in ihr
bleiben wollen. Der Druck, sich zu dopen, muß hierbei nicht
notwendigerweise ausdrücklich artikuliert werden. Denn Gruppen, die aufgrund der Nutzung devianter Mittel einen hohen
Leistungsstand erreicht haben, vermitteln allein hierdurch bereits
einen Konformitätsdruck, sich der vorgegebenen Mittelwahl anzupassen. Die Sogwirkung, die sie auf weniger Leistungsstarke
ausüben, ist evident. Sie ergibt sich vornehmlich unter der Hand
aus den sozialen Verdrängungseffekten einerseits, die dopingfundierte Leistungen bewirken, und den handfesten Benefits, mit
denen diejenigen bedacht werden, die Erfolge erzielen. Affilia-
tionsmotive und Ressourcen, die leistungsstarken Trainingsgruppen verfügbar gemacht und weniger erfolgreichen verwehrt
werden, sind handfeste Antriebe für Devianz. Wenn in einer
Disziplin beispielsweise allein erfolgreiche Dopingnutzer in die
Lage versetzt werden, an der institutionellen Förderung teilhaben
zu können, wirken die hierüber vermittelten Handlungsmöglichkeiten als massive Anreize für Abweichung – besonders bei
denjenigen, die bislang abstinent waren. Nichtanpassung hieße:
durch die Knappheit der Mittel und die Erfolgsabhängigkeit ihrer

---

31 Diesen Hinweis verdanken wir Gerhard Treutlein.

Verteilung zum Verlierer gestempelt und zum Aufhören gezwungen zu werden. Ohne eine Teilhabe an den Möglichkeiten der Kaderförderung (Trainingsaufenthalte, sportmedizinische Maßnahmen, Sozialprogramme bei Verletzungen, Zutritt zu den Sportförderkompanien der Bundeswehr etc.) minimieren sich drastisch die Chancen des einzelnen Sportlers, bestimmte Leistungen jemals erreichen zu können.

Auch die Berufsmöglichkeiten dopingablehnender Trainer verringern sich, wenn Doping als zentraler Innovationsweg einmal in einem Fachverband etabliert wurde. Wer mit seinen Athleten nicht die entsprechenden Leistungen erbringt, verliert seine Anstellung oder wird auf ungeliebte Positionen abgeschoben. Vereins- und Verbandstrainer haben aus diesem Grund nicht immer den Standards der klassischen Sportmoral genügt. Viele, die pädagogische Ideale hochhielten, wurden durch devianzbereite Zyniker (vgl. allgemein Goldner/Ritti 1977) verdrängt – mit der Konsequenz, daß es in einigen Disziplinen, wie es scheint, zu einer Negativauswahl auf seiten der Trainer gekommen ist. Schließt man von den bekannt gewordenen Fällen auf eine noch unentdeckte größere Grundgesamtheit der Abweichenden, ist von einer hohen Dopingdichte gerade dort auszugehen, wo Doping einen augenscheinlichen Innovationsnutzen abzuwerfen verspricht.[32]

Einerseits werden also Dopingneigung und ein entsprechendes Know-how sozial erlernt. Andererseits werden unter den Konkurrenzbedingungen des Spitzensports die Zutrittschancen zu den illegitimen Praktiken begrenzt. Denn frei verfügbare Mittel würden die Innovationsvorteile aufheben und den Dopingeinsatz überflüssig machen. Innerhalb der Gruppe der Dopingorientierten führt dies zu einer internen Ungleichheit im Zugang zu den fortschrittlichsten Mitteln und Verfahren. Die Differenz von arm

---

32 Bereits Anfang der siebziger Jahre (siehe Hoch 1972: 123) wiesen ehemalige US-amerikanische Spitzensportler aufgrund ihrer Insiderkenntnisse auf die Verabreichung von Dopingmitteln durch Trainer und Mannschaftsärzte hin: »Bernie Parrish, Dave Meggyesy, Chip Oliver, and Jack Scott have produced much evidence in their books to prove that the biggest drug dealers in the sports world are none other than the team trainers.« Jack Scott (1971: 145) zitiert einen ehemaligen Athleten der San Diego Chargers: »We had to take them (anabolic steroids) at lunch time. He (the trainer) would put them on a little saucer and prescribed for us to take them and if not he would suggest there might be a fine.«

und reich schiebt sich gewissermaßen zwischen die Devianten. Geld und Zutrittschancen werden zu wichtigen Sesam-öffne-dich-Schlüsseln für die Aneignung der neuesten Erkenntnisse und Medikamente. Gentechnologisch hergestellte Medikamente z. B. sind nicht billig und können deshalb nur von denjenigen erworben werden, die über entsprechende Kontakte und Geldmittel verfügen. Dem Hochspringer Dietmar Mögenburg zufolge wird im Leistungssport »zunehmend mit Wachstumshormonen gearbeitet, die sich im Urin nicht nachweisen lassen«. Diese Dopingmittel seien allerdings so teuer, daß sie sich nur solche Athleten leisten könnten, die »gewisse Pole-Positions innehaben« (KSA vom 3. 8. 1992). Also: Je besser ein Athlet ist, desto unauffälligere Dopingmittel bekommt er – und vice versa. Sportler, die sich über Doping in das Kartell von Unterstützungszahlungen, Sponsorengelder etc. hineinkatapultieren konnten, bewahrheiten die Wirkungsweise des sog. Matthäus-Prinzips: »Wer hat, dem wird gegeben. Wer nicht hat, dem wird genommen!«[33]

Deviante Gruppen und Netzwerke variieren in ihren Ausformungen entsprechend den Bedingungen des jeweiligen nationalen Sportsystems einerseits und den übergeordneten gesellschaftlichen Strukturen, in denen der Leistungssport angesiedelt ist, andererseits. Totalitäre Gesellschaften, die ein Primat der Politik gegenüber allen anderen gesellschaftlichen Teilbereichen durchgesetzt haben und über rigiden Machteinsatz aufrechterhalten, ordnen konsequenterweise auch den Sport und seine Belange ihrem politischen System unter. Vor allem setzen diese Staaten ihre Delegations- und Steuerungsmöglichkeiten ein, um sportliche Erfolge der eigenen Athleten auch mit Hilfe devianter Praktiken sicherzustellen. So erfuhr der Sport in der DDR eine hohe Bewertung, weil er nach außen die Überlegenheit der Gesamtgesellschaft beweisen und innen Identifikationsmöglichkeiten bereitstellen sollte. Das Handeln auf eigene Faust durch deviante Einzelne wäre angesichts der engen Verquickung von Sport, Staat und Repräsentation ein zu hohes Risiko. »Staatsdoping« mit der entsprechenden geballten Logistik im Hintergrund ist konsequenterweise der Lösungsweg, um eine Rufschädigung durch unkoordinierte Einzelabweichungen zu verhindern. Als eine kollektive Lösung beinhaltet es eine Koordination aller Be-

33 Für wissenschaftssoziologische Belange vgl. Merton (1968b).

teiligten und einen Verzicht auf individuelle Wege der Dopingverwendung.

Durch die staatlich geförderte Herstellung, Vermittlung und Anwendung entsprechender Mittel kann der innovatorische Nutzen des Dopings in totalitären Gesellschaften nahezu reibungslos in das bestehende Fördersystem integriert werden. Der in westlichen Gesellschaften erforderliche Aufwand der kleinen devianten Gruppen, permanent in Sachen Doping über die eigenen Gruppen- und Netzwerkgrenzen hinaus sondieren und verhandeln zu müssen, entfällt. Abweichung läßt sich, kurz gesagt, durch die hierarchische Steuerung von oben, wie sie totalitären Gesellschaften zu eigen ist, ohne größere Probleme organisieren. Devianz wird intern akzeptierte Normalität – freilich unter Aufrechterhaltung einer Fassade der offiziellen Regeltreue.

Gesellschaftssysteme, die durch eine alle Teilbereiche durchdringende Ideologie und politische Partei integriert sind, können Herstellung, Erprobung und Verabreichung entsprechender Dopingmittel sowie Belohnung der Devianten par force herstellen.[34] Die Zentralisierung der Schulungsorganisation von der lokalen bis zur überregionalen Ebene, die Delegation von Talenten sowie die für Doping notwendige Koordination gesellschaftlicher Institutionen im Sinne einer Aktivierung und Verfügbarmachung von Interorganisationsnetzwerken gehen hier leicht von der Hand.[35] »Staatsdoping« ist die konsequente und erwartbare Anwendung einer ohnehin vorhandenen Steuerungs- und Interventionspraxis, die ihre Zweck-Mittel-Programmierungen sogar bis in die Körpersphäre ausdehnt, um politische Ziele durchzusetzen.

Durch die Einbindung in internationale Strukturen und Fair-Play-Erfordernisse ergibt sich allerdings auch für totalitäre Gesellschaften ein entsprechender Heimlichkeits- und Abschottungsbedarf sowohl nach innen als auch nach außen. Ein hochrangiger Sportmediziner der DDR, Siegfried Israel, forderte deshalb folgendes Redeverbot: »Es ist zu sichern, daß alle Personen, die ... über die Anwendung von u.M. (= unterstützende

34 Das fehlende Unrechtsbewußtsein von Athleten, Trainern und Sportmedizinern des DDR-Spitzensports ob ihrer Dopingpraktiken ist angesichts dessen verständlich.
35 In der DDR wurden die Dopingpraktiken sogar durch den Staatssicherheitsdienst überwacht. Dieser hatte die Aufgabe, sowohl die Abwerbung eigener Sportler im Ausland zu unterbinden als auch den Geheimnisschutz für Doping sicherzustellen.

Mittel, die Autoren) im Einzelfall informiert sein müssen, in die Schweigepflicht (etwa mit dem Rechtsstatus des Erfüllungsgehilfen) einbezogen sind. Sie sind über die Notwendigkeit der Verschwiegenheit zu belehren und sollten diese Belehrung auch schriftlich bestätigen. Unter den gegenwärtigen Bedingungen sind ... alle Beteiligten daran interessiert, daß die Applikation von u. M. verschwiegen wird« (zitiert in Berendonk 1992: 107). In der DDR war es üblich, von den Sportlern schriftlich Schweigegelöbnisse zu verlangen, die es ihnen untersagten, selbst mit den eigenen Eltern hierüber zu reden. Diese Praktiken der Geheimhaltung und selektiven Einweihung mußten reflexiv gehandhabt, also selbst wiederum geheimgehalten werden.

Insgesamt ist festzuhalten, daß die unter diesen Bedingungen operierenden devianten Gruppen gänzlich andere Möglichkeiten und institutionelle Anbindungen besaßen als die auf Abweichung ausgerichteten Gruppierungen in den demokratisch verfaßten Gesellschaften (Franke 1993). In den westlichen Ländern besitzt die Politik kein solches Primat gegenüber anderen Teilsystemen. Der Sport wird dort durch den Staat lediglich in subsidiärer Abstützung gefördert. Ansonsten hat der Sport seine Belange selbst zu organisieren und zu ordnen. Ein »Staatsdoping« findet im Kontext derartig verfaßter Gesellschaften nicht statt. Wer an devianten Praktiken interessiert ist, hat die Abweichung selbst in die Hand zu nehmen und heimlich zu organisieren. Die sozialen Einheiten, die Doping nach dem Prinzip der dezentralen Selbstorganisation tragen, besitzen konsequenterweise eine völlig andere Gestalt als die Dopingnetzwerke in den Ländern mit totalitären politischen Systemen. Die Devianzwilligen des Westens müssen in Rechnung stellen, daß sie ihr Handeln gleichsam anarchisch hinter vorgehaltener Hand auch gegen die offiziellen Vorstellungen der korporativen Akteure, der Vereine und Verbände, abzuwickeln haben.[36] Dieses dezentrale Operieren schließt, wie wir noch verdeutlichen werden, die Etablierung informeller sozialer Netzwerke und Solidarbeziehungen nicht aus, sondern provoziert vielmehr ihre Heraufkunft. Wo Abwei-

---

36 Der Präsident des DLV, Helmut Meyer, formulierte zur weiten Verbreitung von Dopingpraktiken in Ost und West kurz vor seinem Rücktritt: »Nur um das klarzustellen: Osttrainer und Ostfunktionäre sind in der Vergangenheit, was Doping betrifft, nicht besser oder schlechter gewesen als wir im Westen« (Sports vom 1. 4. 1993).

chungswillige den Apparat von unten nach oben infiltrieren müssen, um bis in die Hierarchiespitze hinein Sympathisanten und Kollaborateure zu finden, sind dosierte und vorsichtige Landgewinne erwartbar.

Diese Art der informellen Beziehungsgestaltung zu verurteilen und auf den Machthunger oder die Charakterschwäche einzelner Personen zurückzuführen, wäre eine unangemessene, unsoziologische Beurteilung. Richtig ist es, diese Netzwerkbildung auf die Bedingungen des organisierten Sports in komplexen, demokratisch verfaßten Gesellschaften zu beziehen und als funktionale Notwendigkeit einzustufen, mit der das Fehlen hierarchisch eingerichteter Kanäle kompensiert werden soll.

Die im Rahmen dieser Strukturvorgaben etablierten devianten Gruppen sind in ihrer Mitgliedschaft hochgradig variabel und flexibel. Ihre Konturen ergeben sich mit jeweils eigenen Entstehungs- und Entwicklungsgeschichten meist aus den Sozialbeziehungen, die den unmittelbaren Trainingsprozeß tragen. Doping führt, anders formuliert, zu einer Parzellierung des Sportsystems in jeweils um einzelne oder wenige Sportler zentrierte Kleingruppen von Trainern, Betreuern und Ärzten nach dem Muster des von Edward Banfield (1958) in Süditalien vorgefundenen »amoral familialism«. Jede dieser Gruppen ist nach außen, gegenüber konkurrierenden Gruppen ebenso wie gegenüber übergeordneten Instanzen, z.B. nationalen und internationalen Verbänden, extrem mißtrauisch und dementsprechend kooperationsunfähig, was durch die hohe innere Kohäsion der Gruppen mehr schlecht als recht ausgeglichen wird. Ein Reden über Doping erfolgt nur unter Insidern.

Auf den ersten Blick erstaunlich mutet allerdings an, daß sogar konkurrierende Athleten und Trainer – wie viele Insider berichten – immer wieder auch Doping-Informationen untereinander austauschen (siehe etwa Dubin 1990: 227, 240). Dadurch werden schließlich die potentiell erreichbaren eigenen Wettbewerbsvorteile wieder aufgegeben. Aber diese Art von Kommunikation hat für die Athleten offenbar andere Funktionen, die oftmals schwerer wiegen als die für Geheimhaltung sprechenden Gründe. Zum einen geht es bei solchen Kommunikationen jedem der Beteiligten darum, durch Erfahrungsaustausch je eigene Ängste, die mit den gesundheitlichen Risiken des Dopings verbunden sind, zu reduzieren. Wenn man erfährt, daß die andere Seite ähnliche

Substanzen nimmt wie man selbst und noch nichts Besorgniser-
regendes bemerkt hat, fühlt man sich selbst ein bißchen sicherer
mit dieser unheimlichen Materie. Zum anderen wird durch ange-
botene Offenheit in der Darlegung des eigenen Dopings die
andere Seite gemäß dem Reziprozitätsprinzip gleichsam dazu
genötigt, sich auch selbst diesbezüglich zu offenbaren. So wird
man durch Schaffung von Mitwissern auch selbst zum Mitwisser,
und eine Ausgeglichenheit des wechselseitigen Drohpotentials ist
hergestellt, was beide Seiten davon abhält, etwas über den jeweils
anderen auszuplaudern. Im übrigen dürften die Athleten diejenigen Rezepturen und Kniffe des eigenen Dopings, die sie für die
effektivsten halten, den Konkurrenten wohl doch verschweigen,
also in gewissem Maße Offenheit nur fingieren.

Trainer, assoziierte Ärzte, Masseure, vereins- und verbands-
nahe Apotheker oder an sportlichen Erfolgen selbst uninteres-
sierte Dealer ergeben ein Unterstützungsumfeld, in dem der eine
nicht notwendigerweise jeden anderen face to face zu kennen
braucht. Typisch ist vielmehr die Bildung innerer Zirkel um wenige Eingeweihte.[37] Der harte Kern wird umlagert durch marginal
Assoziierte, die nur zeitweilig und in Ausschnitten an der Abweichung beteiligt sind. Produzenten, Vermittler, Käufer und An-
wender sind arbeitsteilig voneinander segregiert. An der Periphe-
rie sitzen die Sympathisanten, die nicht ad personam der einzelnen
devianten Gruppe angehören, sondern deren Aktivitäten durch
eine diffuse, aber nichtsdestotrotz effektive generalisierte Loyalität unterstützen. Die stillen Teilhaber müssen sich nicht notwendigerweise als aktive Mitglieder der devianten Netzwerke definieren und fühlen. Die so entstehende Sozialstruktur erinnert an die
Einbettung terroristischer Gruppen in ein weitgefächertes und
abgestuftes Unterstützungsumfeld (vgl. Neidhardt 1988).

Die Doping-Cliquen ziehen sich horizontal und vertikal quer
durch die Verbände und beziehen auch Außenstehende ein. Sie

37 Mit welcher Raffinesse sich die einzelnen Mitglieder der Dopingnetzwerke
selbst vor den Athleten zu schützen versuchen, verdeutlicht der folgende Fall
einer Handlungsverschleierung: In der Leichtathletik war es eine Zeitlang üblich, daß Sportler anonym über den Postweg Ampullen zugesandt bekamen,
um diese anschließend von Medizinern ihrer Wahl spritzen zu lassen. In einem
öffentlich gewordenen Fall eines 1500 m-Läufers aus Darmstadt wandte ein so
durch einen Athleten angegangener Arzt sich an den betreffenden Fachverband, um auf Praktiken dieser Art aufmerksam zu machen. Diesen Hinweis
verdanken wir Gerhard Treutlein.

sind – von den Fällen des staatlich verordneten und institutionell geschützten Dopings à la DDR einmal abgesehen – die maßgeblichen Träger abweichenden Verhaltens. Ihre Rechtfertigungsbasis finden sie in den noch anzusprechenden Beschwichtigungsrhetoriken, die sie mit Blick auf ihre eigenen Handlungszwänge erzeugen, um Abweichung als Anpassungsnotwendigkeit auszuweisen, oder auch in rein pekuniären Überlegungen, wie sie aus dem Drogenmilieu bekannt sind.

Diese informellen Cliquen unterlaufen, weil wichtige Funktionsträger ihnen offensichtlich angehören, die offizielle Politik der Verbände, hintertreiben deren Ethikvorstellungen und ersetzen sie durch eine subversive, nach außen offiziell nicht darstellbare Funktionsmoral. Sofern zu diesen Cliquen hochrangige Sportfunktionäre gehören, blockieren und nutzen sie bisweilen die Anti-Doping-Regeln, um Aufdeckungsinteressierte mit ihren eigenen Waffen zu schlagen. Wer beispielsweise diejenigen Sportler bestraft, die ihre Abweichungen freiwillig nach Jahren zugeben, verordnet einen informellen Maulkorberlaß, der sich für eine Fortschreibung devianter Praktiken profitabel nutzen läßt und auch diejenigen weiter deckt, die nach wie vor mit gleichen Intentionen und Maßnahmen in den Verbänden tätig sind. Wer vor Ablauf der Verjährungsfrist plaudert, verliert seine Titel und Rekorde.

Glaubt man den Aussagen und Bekenntnissen ehemaliger Dopingsünder, ist es diesen Cliquen in einigen Verbänden gelungen, Sympathisanten ihrer Neigungen in wichtige Positionen zu bugsieren. Auch bislang Dopingabstinente sind offensichtlich durch die Zwänge ihrer Situation allmählich in das Fahrwasser der Abweichung getrieben worden. Die Rekrutierung geeigneter Persönlichkeiten für die Dopingbekämpfung ist vor diesem Hintergrund oft nicht gelungen. Freiwillige Vereinigungen wie die Sportverbände können über demokratische Wahlen sehr leicht diejenigen majorisieren, die für eine radikale Dopingbekämpfung plädieren. Hier ist bisweilen der Bock zum Gärtner gemacht worden. Nachweise, daß einige der höchsten Dopingbekämpfer stille Sympathisanten des Dopingmißbrauchs waren, existieren nicht nur für den DDR-Sport. Wo der Nutzen des Dopings stärker gewichtet wird als Normkonformität, sind Maßnahmen der strategischen Plazierung von Gleichgesinnten oder stillen Dopingduldern erwartbar.

In der Sprache des dramaturgischen Interaktionismus heißt dies: Um zu verhindern, daß die Geschehnisse der »Hinterbühne« auf die »Vorderbühne« gezerrt werden, sind besonders diejenigen Funktionsträger in die Devianz einzubinden, die die Entlarvungsarbeit offiziell zu betreiben haben. Vergleichbare Problemlösungsstrategien, in denen die Kontrolleure selbst zu wichtigen Gliedern in der Kette der Abweichenden und diese Deckenden wurden, sind aus anderen Sozialbereichen notorisch bekannt, beispielsweise aus dem Mafia-Milieu. Die Besetzung von Kontrollpositionen stellt eine weitsichtige Anpassung devianter Gruppierungen dar. Eine andere Strategie der informellen Abweichungsstabilisierung besteht darin, denjenigen Dopingbekämpfern und Anti-Doping-Beauftragten, die ihr Amt ernst nehmen, das Leben durch bürokratische Hemmnisse, Desinformationen und Kooperationsverweigerungen möglichst schwer zu machen. So mancher hat angesichts der von anderen Sportfunktionären gezeigten bigotten Moral resigniert und sein Amt anschließend aufgegeben (MRZ vom 28./29. 9. 1991).

Die Abweichung durch Doping bekommt, je mehr moralische Bedenken abgeworfen werden, in zunehmender Weise die Qualität eines sich selbst in Gang haltenden Prozesses. Devianz erzeugt weitere Devianz. Von innen werden abweichende Gruppen durch ihr gemeinsames Siegenwollen zusammengeschweißt. Der Kontrolldruck von außen erzeugt ein weiteres gruppeninternes Zusammenrücken. Diese Kombination innerer und äußerer Wirkfaktoren stabilisiert die Abweichung. Wo sowohl Niederlagen als auch Entlarvungen drohen, die beide in unterschiedlicher Weise Stigmatisierungsfolgen nach sich ziehen, wird ein Ausstieg aus der Devianz äußerst schwierig.

Daß die Geschichte der wechselseitigen Verstrickungen dazu beiträgt, Loyalitätsgefühle selbst nach Entlarvungen aufrecht zu erhalten, demonstriert ein aufschlußreiches Zitat aus einem Interview mit Katrin Krabbe. In einer Passage sagte sie über das Verhältnis zu ihrem Trainer: »Die Öffentlichkeit erwartet, daß wir uns von ihm trennen, weil es heißt: Wie kann man nur mit einem Mann zusammenarbeiten, der solche Fehler beging, indem er ohne Rezept das Medikament besorgte. Na klar, es wäre sicherlich für unser Image besser, wenn wir einen Neuanfang ohne ihn machen würden. Aber kann man einen Menschen so schnell fallenlassen, mit dem man über Jahre bestens zurechtkam? In der

Ehe verläßt man den Partner auch nicht bei der ersten Enttäu-schung. Das Verhältnis zu Springstein ist jetzt besser als zuvor – freundschaftlicher und offener. Früher trennten sich nach dem Training unsere Wege. Heute gehen wir auch abends zusammen essen, reden über private Dinge« (Sport Bild vom 7. 4. 1993).

Doping funktioniert nur, wenn die Beschaffung entsprechen-der Mittel gesichert ist. Den Trainern fällt hier offenbar eine besondere Bedeutung zu, wie das folgende Beispiel verdeutlicht: »Erstmals in der Geschichte der Leichtathletik wird es im Zusam-menhang mit einer Doping-Affäre vor einem deutschen Gericht einen Strafprozeß gegen zwei Trainer geben. Drei Jahre ermittelte die Dortmunder Staatsanwaltschaft gegen den ehemaligen Hono-rar-Bundestrainer des Deutschen Leichtathletik-Verbandes, den Hammer Rechtsanwalt Heinz-Jochen Spilker (45), und den Di-plom-Trainer H.-Jörg Kinzel (32). Jetzt werden die beiden Männer wegen fortgesetzten Verstoßes gegen das Arzneimittelge-setz in der Zeit von 1988 bis März 1989 vor dem Erweiterten Schöffengericht des Amtsgerichtes Hamm angeklagt. ... Der be-schuldigte Rechtsanwalt habe mehrere hundert Anavar-Tabletten im Ausland besorgt und verabreicht, so die Anklage« (WAZ vom 1. 1. 1993).[38] Ein ehemaliger Diskuswerfer der deutschen Spitzen-klasse gab nach den Enthüllungen des Jahres 1990 zu, sich gedopt zu haben, um seine Leistungen zu steigern und die Fördernormen des Verbandes zu erfüllen. Die Dopingmittel habe er von seinem Bundestrainer bekommen. »Steinmetz hat mir damals das Ana-bolikapräparat Dianabol zugesteckt ... mit den Worten: Wenn du das nimmst, kannst du auf jeden Fall weit werfen« (FAZ vom 13. 12. 1990).[39]

38 Am 15. 7. 1994 meldete die FAZ: »Der frühere Leichtathletik-Bundestrainer für 400 Meter, Heinz-Jochen Spilker aus Hamm, ist mit einer Revision vor dem Zweiten Strafsenat des Oberlandesgerichtes Hamm gescheitert. Das im Fe-bruar gefällte Urteil gegen den heute in Erfurt praktizierenden Rechtsanwalt ist damit rechtskräftig. Spilker war wegen Verstoßes gegen das Arzneimittelge-setz zu einer Geldstrafe von 12 000 Mark verurteilt worden, sein früherer Assistenztrainer zu 750 Mark. Rechtsmittel sind nicht mehr möglich. ... Das Gericht hat es als erwiesen angesehen, daß Spilker und Kinzel die Läuferinnen des SC Eintracht Hamm mit dem nicht zugelassenen Anabolikum Anavar versorgt hatten. Das Mittel gilt als gesundheitsschädigend, wird sogar als krebsfördernd eingestuft.«

39 Aussagen über die Verabreichung von Dopingmedikamenten durch Trainer sind Legion. Ein Hochspringer, der 1986 den österreichischen Nationalrekord mit 2,26 Metern aufgestellt hatte, gab beispielsweise zu: »Der österreichische

Nicht nur Trainer werden bei der Beschaffung von Dopingmitteln tätig. Das Geschäft der Akquisition, des Transports und Verkaufs besorgen auch selbst noch aktive oder ehemalige Sportler. Sie nutzen das in Herstellung und Verkauf bestehende Ost/West- oder Nord/Süd-Gefälle, um ihr eigenes Budget aufzubessern oder kollegiale Hilfe zu leisten. Sie setzen ihren Sportstar-Nimbus ein und nutzen ihre Wettkampfreisen für illegale Medikamententransporte. Meldungen von entdeckten Sendungen auf Flughäfen und verhafteten oder ausgewiesenen Athleten und Betreuern zeugen davon, daß die internationalen Sportbeziehungen schon seit langem auch dazu benutzt werden, um die Internationale der Dopingfreunde am Leben zu erhalten.[40]

Ein anderer Beschaffungsweg verweist auf die Bedeutung der Mitglieder des medizinisch-industriellen Komplexes. Der inzwischen vor Gericht nachgewiesene Umstand, daß Sportmediziner den von ihnen betreuten Spitzenathleten Blankoformulare für verschreibungspflichtige Medikamente zur Verfügung stellten, deutet auf die nicht nur stille Sympathie hin, mit der Trainer und Athleten auch aus Kreisen der Sportärzteschaft rechnen können (Berendonk 1992: 277). Der hohe Status von Sportlern, an dem das assistierende ärztliche Umfeld teilhat, und die Medizinern gewährten geldwerten Kompensationen durch Reisen, Zutrittschancen und Reputationssteigerungen vor laufender Kamera haben offensichtlich nicht wenige Mitglieder dieser Profession dazu gebracht, ihren eigenen code of ethics außer Kraft zu setzen.

Die Kooptation von Ärzten in sportnahe Institutionen erscheint in diesem Lichte wechselseitiger Nutzeninterdependenz und Reziprozität als nicht unproblematisch. Sie begünstigt tendenziell eine Anpassung medizinischer Handlungsstandards an

Verband hat mich 1981 zu einem Trainingslager nach Bulgarien geschickt. Dort gab es in Plastiksäcken massenweise Mittelchen ohne Hinweise auf irgendwelche Nebenwirkungen. Mein früherer Trainer gab sie mir zur Einnahme« (FAZ vom 6. 8. 1993).

40 Meldungen wie die folgende machen dann die Runde: »Vier prominente Leichtathleten aus der früheren Sowjetunion sind – wie in Malmö bekannt wurde – am vergangenen Freitag aus Schweden ausgewiesen worden, nachdem der Zoll im Gepäck ihrer Betreuerin anabole Steroide und Spritzen gefunden hatte ... Betreuerin L. F. (...) erklärte, die Anabolika seien zum Eigengebrauch bestimmt gewesen. Sie habe im vergangenen September unter einer schweren Lungenentzündung gelitten« (FAZ vom 16. 12. 1992).

den Sieg/Niederlage-Code des Hochleistungssports. Die Tätigkeit in den Sportorganisationen erfolgt dann nicht immer nur nach dem Kriterium der Sachkompetenz. Auch die Bereitschaft, »ein Auge zuzudrücken«, spielt eine Rolle. Die Nähe zum Sport läßt in diesen Fällen Loyalitäten und Abhängigkeiten entstehen, die das medizinische Berufsethos korrumpieren und durch eine heimliche Kumpanei ersetzen.

Dieser Zusammenprall zwischen der Codierung des Gesundheitssystems und der des Spitzensports führt auch innerhalb der Sportmedizin zu Kontroversen. Er treibt diejenigen aus den Fördereinrichtungen des Sports heraus oder verhindert, daß sie hineinkommen, die sich einer allzu willfährigen Anwendung und Finalisierung ihres Wissens zugunsten sportlicher Erfolgsambitionen widersetzen. Friktionen müssen auftauchen, wenn Mediziner durch den Einsatz ihres Wissens Sieger herzustellen und körperlich-psychische Leistungen auch dann zu steigern versuchen, wenn gesundheitsgefährdende Konsequenzen wahrscheinlich sind. Inzwischen beschäftigt dies auch die Organe der medizinischen Selbstkontrolle: »Das Standesgericht der Bezirks-Ärztekammer Freiburg hat festgestellt, daß der deutsche Sportarzt Professor Josef Keul als langjähriger Chef des deutschen Olympia-Ärzteteams bei den Olympischen Spielen 1976 in Montreal leistungssteigernde Spritzen an Sportler verabreicht hat. Damit gab das Gremium dem Sportmediziner Armin Klümper recht, der im März 1991 behauptet hatte, die Athleten hätten das Vertrauen zum Olympiaarzt Keul verloren. ... Die Beweisaufnahme, in deren Verlauf auch etliche Sportler gehört wurden, hat weitgehend die Richtigkeit der Behauptungen Klümpers erwiesen. Auch der ehemalige Gewichtheber Rolf Milser hatte bestätigt, von Keul schon 1972 Anabolika erhalten zu haben« (FAZ vom 20. 9. 1992). Die Distanz zu den professionellen Leitlinien medizinischen Handelns (»primum nil nocere« = »Vor allem nicht schaden«) fällt in den Aussagen gerade jener Sportmediziner auf, deren Nähe zum Dopingeinsatz in der Öffentlichkeit kritisch diskutiert wird.

Aufgrund der erzielbaren Profite finden sich in der Dopingszene inzwischen auch sportfremde Anbieter, die neben harten Drogen eben auch Dopingmittel anzubieten haben. Um das Implementationsmonopol der Ärzte bei der Verschreibung und Verabreichung von Dopingmitteln zu umgehen, werden diese hinter dem Rücken der Mediziner auf dem Schwarzmarkt angeboten und besorgt. Bodybuilding- und Fitneß-Studios gelten unter Eingeweihten als wichtige Nachschubbasen.[41] Hier finanzieren allerdings auch die mit Kraftzuwachs befaßten Spitzensportler ihren eigenen teuren Dopingkonsum. Daß der bundesdeutsche Olympiasieger von Los Angeles im Gewichtheben, Karl-Heinz R., nach seiner Karriere in diesem Milieu seinen Bekanntheitsgrad über den illegalen Verkauf von Anabolika versilberte und dabei polizeilich ertappt wurde, verweist auf die vielfältigen Konturen, die deviante Gruppen und Netzwerke annehmen können.

Deviante Gruppen müssen informelle Schweigegebote auferlegen und durchsetzen, um das Risiko einer Entlarvung möglichst gering zu halten. Alle Beteiligten stecken unter einer Decke: »Die ehrgeizigen Leistungssportler, ihre geltungssüchtigen Trainer, skrupellose Ärzte und reiselustige Funktionäre. Eine Viererbande. Wie bei der Mafia herrscht das Gesetz des Schweigens. Wer spricht, der wird ausgestoßen aus der wärmenden Gemeinschaft der Gruppe. … Unter Spitzensportlern und ihrer Kumpanei gilt nicht das Doping als Verbrechen, sondern dessen öffentliches Eingeständnis. Das Nest beschmutzt der, der den Schmutz beim Namen nennt« (Spiegel 52/1990).

Eine andere Möglichkeit, ein Ausplaudern interner Vorgänge zu unterbinden, besteht darin, den Kreis der Wissenden möglichst klein zu halten. Einiges spricht zudem dafür, daß Trainer und assistierende Sportmediziner in nicht wenigen Fällen die Athleten über ihren Dopingeinsatz nicht aufklärten, sondern die Verabreichung unter falscher Flagge segeln ließen. Anabolika-Medikamente wurden beispielsweise als Vitamintabletten oder »normale« Aufbaupräparate ausgegeben, und so mancher Spritzeninhalt enthielt nicht das, was man den Sportlern hierzu mitteilte. Insbesondere Kinder und Jugendliche werden im Dunkeln gelassen: »Mitte Dezember erschien die jüngste Ausgabe der Mitgliederzeitschrift der Deutschen-Schwimmtrainer-Ver-

---

41 Hierzu eine illustrative Pressemeldung: »Offenbacher Rauschgiftfahnder haben vor knapp zwei Wochen in einer Langener Wohnung Anabolika mit einem Schwarzmarktwert von 80 000 DM sichergestellt … Die Dopingpillen seien, so die Beamten, für die Bodybuilder-Szene gewesen.« Die Fahnder »fanden 182 Anabolika-Dosen mit jeweils 1000 Pillen, die der Wohnungsinhaber in Thailand beschafft und eingeschmuggelt haben soll« (FR vom 19. 3. 1993).

einigung (DSTV). Auf Seite 13 legt der Geschäftsführer des Vereins weit ausholend die ablehnende Haltung der deutschen Schwimmtrainer gegen Doping dar. Nichts besonderes, pikant allerdings, daß 2. Vorsitzender der DSTV ausgerechnet Claus Vandenhirtz ist, jener Aachener Schwimmtrainer, dem die ehemalige Weltrekordlerin Christel Justen die Verabreichung von Anabolika an Minderjährige vorwirft und der nach der jüngsten Entdeckung zweier positiver Fälle in seinem Team in den Verdacht geraten ist, seine Schützlinge ohne deren Wissen mit Anabolika vollgepumpt zu haben« (SZ vom 15. Januar 1993).

Lange Zeit war es den devianten Personen möglich, sich hinter Verstellungen und organisatorischen Fassaden wirksam zu verstecken und diejenigen mit Gegendiffamierungen zu bedenken, die ihre Dopingvermutungen laut verbalisierten. Die erst in den letzten Jahren in Gang gekommene juristische Aufarbeitung hat in dieses Versteckspiel eine gänzlich neue Note hineingebracht. Wer angesichts des Drohpotentials des Rechtssystems seine Inszenierungen aufrechterhalten will, muß sich nicht nur auf sich selbst und die Darstellungsdisziplin der Doping-Gemeinschaft verlassen können. Er muß vor allem bereit sein, vor Gericht falsch auszusagen und sogar Meineide zu schwören. Inzwischen sind in der Bundesrepublik die ersten Trainer und Athleten wegen uneidlicher Falschaussage und Meineides verurteilt worden (FAZ vom 16. 10. 1993): »Das Amtsgericht Sinsheim hat am Donnerstag den 31 Jahre alten Kugelstoßer Kalman Konya aus Hoffenheim wegen Meineids zu einer Freiheitsstrafe von neun Monaten verurteilt, die für drei Jahre zur Bewährung ausgesetzt wird. Das Schöffengericht sah es aufgrund der Aussagen von zehn Zeugen und zwei Sachverständigen sowie ›einer langen, aber lückenlosen Indizienkette‹ (Richter Udo Burgermeister) als zweifelsfrei erwiesen an, daß der deutsche Meister von 1990 über mehrere Monate – etwa von Mitte 1987 bis Oktober 1988 – anabole Steroide mit dem Wirkstoff Stanozol eingenommen und sich damit gedopt hat. Konya, mit 20,55 Metern Zehnter der Weltjahresbestenliste, hatte am 18. September 1992 als Zeuge bei einer richterlichen Vernehmung wahrheitswidrig das Doping bestritten, obwohl er unter Eid gestanden hatte.«[42]

---

42 Am 29. 7. 94 meldete die FAZ: »Der ungarische Kugelstoßer Kalman Konya hat sich mit dem ›Krabbe-Mittel‹ Clenbuterol gedopt und muß laut Leichtathletik-Weltverband IAAF mit einer vierjährigen Sperre rechnen. ... Die sportliche

5.3 Lügen, Täuschen und Verschweigen

Doping als Innovation ist nur durch Abweichung vom offiziell Erlaubten zu nutzen. Die devianten Akteure müssen deshalb entsprechende Maßnahmen aufwenden, um nicht enttarnt zu werden. Die innovatorischen Leistungen durch Doping sind also durch entsprechende *Innovationen im Kaschieren* abzusichern. Hier sind nicht nur die physiologischen und biochemischen Versteckspiele im Körper zu nennen, die gegenwärtig die Dopingdiskussion beherrschen. Soziologisch bedeutsam sind die sozialen Maßnahmen, die darauf abzielen, Doping als Geheimnis zu wahren.[43] Unsere Aufmerksamkeit wird deshalb im folgenden den typischen Selbstdarstellungs-, Informationsübermittlungs- und Verweigerungsstrategien gelten, mit denen die Betroffenen Projektionen einer geschönten Realität abgeben und aufrechterhalten, um einer Sanktionierung und Stigmatisierung zu entgehen.

Sicherlich, legitime Geheimnis- und Schweigerechte existieren auch im Sport. Ein Trainer wird seine Mannschaftsaufstellung erst kurz vor dem Spiel bekanntgeben, um dem gegnerischen Trainer keine Kontermöglichkeiten zu geben. Ein Fachverband, der eine geräteabhängige Sportdisziplin betreut, wird sich legitimerweise einen Wettbewerbsvorsprung durch die Nutzung ingenieurwissenschaftlicher Erkenntnisse sichern wollen und hierüber einen Schleier des Nichtredens legen. Ähnliches gilt für Spielstrategien, Trainingsprinzipien und Wettkampfvorbereitungen. Gedopte Sportler hingegen können sich nicht auf Diskretionsrechte berufen, weil sie gegen das offizielle Normeninventar des Sports verstoßen. Sie können für ihre Praktiken nicht den Schutz der Privatsphäre beanspruchen.

Techniken des Lügens, illegitimen Täuschens, Verheimlichens

Laufbahn von Konya, der als Mitglied von Salamander Kornwestheim 1992 für die Olympischen Spiele qualifiziert war, nach mehrmaligem Unterlaufen von Dopingkontrollen aber vom Nationalen Olympischen Komitee für Deutschland in Barcelona Startverbot erhalten hatte, dürfte damit beendet sein. Konya, seit 12. Juni Ungar und seit einigen Wochen offiziell für das Herkunftsland seines Vaters startberechtigt, wird der nationale Rekord von 20,61 Metern aberkannt.« Vgl. für einen anderen Fall der uneidlichen Falschaussage RNZ vom 8. 7. 1993.

43 Zum Geheimnis als sozialem Phänomen siehe allgemein Simmel (1908), auch Sievers (1974), Westerbarkey (1991).

und Schweigens sind durch Doping zu alltäglichen Erscheinungen im Leistungssport geworden. Diese Praktiken fingieren Regeltreue und simulieren Natürlichkeit. Mit ihrer Hilfe versuchen die Betroffenen, ein »impression management« (Goffman 1956) durchzuführen und Vertrauen für ihre Selbstdarstellung zu produzieren. Hartnäckiges aktives Leugnen und das Verschweigen eigener Verfehlungen sollen Bilder erzeugen, die den normativen Erwartungen entsprechen.

Mit Schweigen und dem Auferlegen von Kommunikationsverboten reagieren die devianten Akteure des Sports auf eine Überforderungssituation, die sich dadurch ergibt, daß ihnen explizit Regeltreue abverlangt wird, aber implizit strukturelle Zwänge in Richtung Doping weisen. Überforderung durch Ambivalenz stimuliert eine Lügen-, Schweige- und Verheimlichungskultur. Das auch aus anderen Rollenkonflikten bekannte Oszillieren zwischen diversen Ansprüchen stößt offensichtlich auf Grenzen, wenn die Widersprüchlichkeit der Anforderungen überhandnimmt und nur noch durch Abweichung kompensierbar ist.

Personen, die auf unvereinbare Erwartungen stoßen, müssen in der Lage sein, die verschiedenen Bühnen, auf denen sie gefordert werden, auseinanderzuhalten. Dies setzt vor allem auch entsprechende Gedächtnisleistungen voraus. Ein Dopingleugner muß seine Täuschungs- und Lügengeschichte memorieren und mit entsprechenden Folgelügen abstützen. Nicht jeder schafft es, dem Strudel eigener Verstellungen und Täuschungen zu entgehen. Lügen haben nicht zuletzt deshalb meist kurze Beine, weil ihre Urheber die Darstellungskonsistenz nicht einhalten können.

Um den Schweigenotwendigkeiten zu genügen, haben sich dopende Sportler und unterstützende Trainer, Sportmediziner und Funktionäre ein hohes Maß an Simulations- und Darstellungsarbeit abzuleisten. Denn nur so können sie ihre Abweichung auch vor Kameras und fragenden Reportern kaschieren. Eine »bühnenreife« Darstellung dieser Art lieferte z. B. Ben Johnson unmittelbar nach seiner Überführung in einem unterschriebenen Statement in einer großen kanadischen Zeitung ab: »I want to state clearly now that I have never knowingly taken illegal drugs nor have had illegal drugs administered to me. I have always believed, and I certainly believe now, that illegal drugs have no place in our society ... I'm well aware that every olympic medallist is tested and, as you all are aware, I wasn't going to Seoul to lose. I fully expected to win a gold medal and I fully expected to be tested. There can be no possible reason under those circumstances that I would have taken an illegal drug. If, indeed, it was my urine sample that was tested, then I invite a full investigation by the appropriate authorities to find out how all this happened. I'm innocent and I welcome the opportunity of proving it. I'm proud to be a Canadian and I would never do anything to hurt the people who support me. The Canadian people should have the right to hear my story first« (zitiert in Dubin 1990: 266).

»Vorderbühne« und »Hinterbühne« dürfen dabei allerdings nicht hoffnungslos auseinanderdriften. Vermittlungsstrukturen müssen vorhanden sein und subtil stabilisiert werden. Dies kann nur funktionieren, wenn ein Teil der »Darsteller« auf der »Vorderbühne« in klammheimlicher Zustimmung und verdeckter Kumpanei diskret abschirmt, was auf der »Hinterbühne« abläuft. Umgekehrt muß das gleiche passieren: die »Hinterbühne« hat nach vorne zu signalisieren: »Wir passen auf und lassen uns nicht erwischen, dafür brauchen wir aber von euch Informationen, die uns über Kontrollen etc. informieren!« Da eine Entlarvung der »Hinterbühne« unweigerlich auch eine Bloßstellung der »Vorderbühne« bedeutet, lassen sich die Akteure dort auf dieses Spiel ein.

Was das Verhältnis der beiden Bühnen typischerweise prägt, ist die stillschweigende Übereinkunft, von vorne nach hinten nicht zu viele Fragen zu stellen. So schützt sich vor allem das Sportestablishment davor, in den Dopingsumpf offiziell mit hineingezogen zu werden. Wird die »Vorderbühne« allerdings von außen unter Druck gesetzt, das auch umzusetzen, was die »Reden aus dem Fenster« annoncieren, bricht diese Allianz zwischen vorne und hinten auseinander.

Auf seiten der beteiligten Personen erzeugt das Zusammenspiel zwischen »Vorder-« und »Hinterbühne« entsprechende Verhaltensweisen. Trainer und Sportfunktionäre, die sich als energische Dopingbekämpfer darstellen, vor wichtigen Wettkämpfen aber ihre Sportler inoffiziell auf die Absetztermine der Anabolikamittel hinweisen, um ihren Schützlingen sportliche Erfolge zu ermöglichen, pflegen eine Interaktionstechnik, die man gemeinhin als »doppeltes Spiel« bezeichnet. Soziologisch läßt sie sich als Strategie einordnen, mit der individuelle Akteure die Pressionen ihrer Situation zu bewältigen trachten, ohne ihre Verarbeitung nach außen dringen zu lassen. Das »doppelte Spiel« funktioniert im Sinne einer »alternierenden Erwartungstreue« – je nachdem, in welchen Rollenkonfigurationen man sich gerade befindet. Vor eingeweihten Athleten, Trainern und Gleichgesinnten wird offen geredet; vor Outsidern wird das Bild regelorientierten Handelns inszeniert. In einer augenzwinkernden Konspiration zwischen »Vorder-« und »Hinterbühne« sorgte lange Zeit die informelle Vorübermittlung von Kontrollterminen durch Mitglieder des Sportestablishments dafür, daß die Athleten und Trainer rechtzeitig ihre Dopingmittel absetzen konnten.

Beispielsweise gab nach dem Dopingskandal im Sommer 1993, in dem der gesamten Sprint-Nationalstaffel Österreichs die Einnahme verbotener Mittel nachgewiesen werden konnte, der Schatzmeister des Verbandes öffentlich zu, von einem »flächendeckenden Doping« gewußt zu haben. »Alle im Verband haben es gewußt. Die entsprechenden Athleten verhielten sich so auffällig, verließen sofort nach Beendigung des Wettkampfes das Stadion. Manche von ihnen schickte ich sogar selbst nach Hause, weil ich wußte, daß Kontrollen stattfinden« (KSA, 11. 8. 1993).

Gewinnt die Doping-Analytik im Katz-und-Maus-Spiel zwischen Kontrolleuren und gedopten Athleten einen Vorsprung, der plötzlich bislang nicht entdeckte Abweichungen hieb- und stichfest nachweisbar macht, oder erfolgen überraschende Dopingkontrollen bei Wettkämpfen, wo sie ursprünglich nicht vorgesehen waren, führt dies zu tiefen Verunsicherungen und einem korrespondierenden Fluchthandeln sich dopender Sportler. So reisten elf Athleten vor ihren Wettkämpfen bei den Panamerikanischen Spielen in Caracas im Jahr 1983 überraschenderweise in ihr Heimatland ab, weil sie über neue Verfahrens- und Entlarvungstechniken in der Doping-Analytik informiert worden waren: Neunzehn Sportler waren bereits bei Dopingkontrollen erwischt worden.[44] Oder: Athleten entziehen sich plötzlichen Dopingkontrollen durch Sprünge aus dem Wohnungsfenster, lassen sich an der Haustür verleugnen, fahren in exotische Länder, um Dopingkontrolleuren zu entgehen, oder verändern häufig ihre Aufenthaltsorte. Trainer helfen ihren Sportlern bei Kontrollen mit dem eigenen ungedopten Urin aus. Zudem gibt es eine

---

44 Dies regte Günther Lüschen (1984) zu einer Studie über Doping an.

eigene Forschung, die darauf ausgerichtet ist, eine Entdeckung gedopter Athleten durch die offiziellen Kontrolleure möglichst zu verhindern. Diese Forschung muß den Zeitaspekt beherrschen. Sie muß schneller sein als jene Forschung der gleichen Disziplin, die ihre Hauptaufgabe in der Entlarvung bislang unbekannter Dopingmittel und Verfahren sieht. Im Hinblick auf den Warnaspekt muß die Verdeckungsforschung die Alarmierzeit der Aufdeckungsforschung unterbieten (vgl. allgemein Clausen/ Dombrowsky 1984). Dies alles zeugt davon, daß sich das Handlungsrepertoire von Leistungssportlern und Unterstützungsmilieu heutzutage nicht nur auf das sportliche Training und die Dopingnutzung erstreckt, sondern auch Kompetenzen in deren Verheimlichung umfaßt.

Das absichtsvolle und konspirative Schweigen imprägniert als implizite Verhaltensregel alle Handlungsebenen. Athleten schweigen über ihre Devianz. Trainer vermeiden ein Reden über ihre Praktiken. Sportfunktionäre verheimlichen ihr Wissen, und involvierte Sportmediziner verzichten auf eine Thematisierung ihrer Substitutionstätigkeit. Der »amoral familialism« der devianten Gruppen errichtet auch Schweigebarrieren zwischen ihnen.[45] Schweigen übernimmt damit die Aufgabe, die latenten Dimensionen des Leistungssports vor inneren und äußeren Sinnzumutungen zu schützen. Es schiebt sich gleichsam zwischen die subversive, auf rücksichtslose Steigerung ausgerichtete Untergrundmoral des Leistungssports und die nach außen gerichtete offizielle Vorzeigemoral, wie sie in den plakativen Äußerungen einiger Sportfunktionäre formuliert wird.

Ein Verbergen vor der Öffentlichkeit fällt einem System wie dem Leistungssport, das sein zentrales Handeln demonstrativ in der Öffentlichkeit vollzieht, allerdings ausgesprochen schwer. Denn wer angesichts der Doping-Enthüllungen ein Schweigeprivileg etablieren will, ruft, auch ohne es zu wollen, genau das hervor, was er zu vermeiden trachtet: Aufmerksamkeit und Interesse. Gerüchte transportieren dann Vermutungen, die man hat, aber nicht beweisen kann.

45 Siehe allgemein Luhmann (1973b: 101). Hier heißt es in aufschlußreicher Anwendbarkeit auf die uns interessierende Dopingproblematik: »Besonders ausgeprägt findet man Systemgrenzen als Vertrauensgrenzen in allen Sozialsystemen, die intern Leistungen erbringen müssen, die nach außen nicht darstellbar oder gar illegal sind und deshalb geheimgehalten werden müssen.«

Schweigegebote beziehen sich sachlich auf die Dopingmittel und die diversen technischen Artefakte, mit denen die Athleten beispielsweise bei Dopingkontrollen die in ihren Körperflüssigkeiten Spuren hinterlassende Abweichung durch die Abgabe eines harmlosen Fremdurins als nichtexistent erscheinen lassen. Athleten funktionieren hierfür ihre Körperhöhlen zu Verstecken um und statten sie mit präparierten Kondomen und Urinbehältern aus. Verheimlicht werden auch die um den Dopinggebrauch entstandenen Sozialbeziehungen. Ebenso werden jene organisatorischen Vorkehrungen mit Kommunikationstabus belegt, mit denen in Ländern, wo ein »Staatsdoping« stattfindet, eigens hierauf spezialisierte Experten und Labors eine Innovations- und Innovationsverheimlichungsforschung betreiben, um einer Dopingentlarvung und -skandalierung vorzubeugen.[46]

Im Leistungssport Tätige lügen nicht nur einfach. Die Täuschung wird auch auf sich selbst gewendet und damit reflexiv gehandhabt. Deviante täuschen vor, daß es nichts zu täuschen und zu verheimlichen gibt. Schließlich wissen sie, daß Mißtrauen bei interessierten Beobachtern das Täuschungsvorhaben erschweren würde. Denn wer mißtrauisch ist, versucht hinter die Kulissen der »Vorderbühne« zu schauen. Die wechselseitige Abstützung der in einen Dopingfall Verwickelten dient dazu, die Täuschung selbst zu verstecken und Verdachtsmomente aus dem Weg zu räumen. Dies erklärt sowohl die weite Verbreitung von Schweigekartellen als auch die bisweilen abgrundtiefe Verachtung, mit der die Verfechter eines sauberen Sports angegangen und denunziert wer-

46 Dem rechtzeitigen Absetzen von Medikamenten vor wichtigen Wettkämpfen kommt in diesem Zusammenhang eine zentrale Bedeutung zu. Um die eigene Dopingpraxis auf ihre »Dichtigkeit« zu überprüfen und nach außen zu kaschieren, werden – nicht nur in totalitären, geschlossenen Gesellschaften – die eigenen Athleten durch medizinische Spezialuntersuchungen geschleust, in denen die späteren offiziellen Meßverfahren bereits vorab Anwendung finden. Entdeckte Sportler werden aussortiert und mit der offiziellen Verlautbarung von Krankheit, Verletzung oder Unfall nach Hause geschickt. Fachverbände oder kleinere Sportlergruppen versuchen auf diese Weise, der Blamage einer späteren Entdeckung zu entgehen. In totalitären Gesellschaften, die aufgrund des Primats der Politik, Sport und Wissenschaft direktiv steuern können, kommt es zum Einsatz einer breit angelegten Forschungslogistik zum Zwecke dopingorientierter Geheimforschung. Geheimnisse sollen auch hier durch eine Art verdeckter Grenzkontrolle gewahrt und knapp gehalten werden. Spezialisten sorgen für eine medikamentöse Verschleierung von Doping-Praktiken. Siehe Decathlon – Das Leichtathletik-Magazin (1/1994: 16/17).

den. Letztere destabilisieren ein »impression management« des reflexiven Verschweigens. Sie machen offensichtlich, daß getäuscht wird.

Dopingkontrollen mußten sich auf diese Schwierigkeiten einstellen. Da den Bekundungen und Ehrenworten der Athleten nicht mehr zu trauen ist, greifen die Kontrolleure auf vorsprachliche Beweismittel zurück. Sie analysieren vornehmlich Körpersäfte und bringen damit das physisch-organische Substrat für ihre Kontrollabsichten selbst direkt »zum Sprechen«. Das Ende der Aufrichtigkeit im Leistungssport, wie es durch Doping eingeläutet wurde, leistet somit einer Karriere naturwissenschaftlicher Kontrollverfahren Vorschub.

5.4 Neutralisierungsrhetoriken

Sich dopende Athleten, Trainer und viele Vereins- und Verbandsfunktionäre verschreiben sich, wie wir gezeigt haben, ohne Rücksicht auf Verluste der Erfolgsorientierung des Hochleistungssports. Um Kollisionen zwischen der traditionellen Fair-Play-Moral und dem Siegescode des Spitzensports zu vermeiden, müssen die devianten Gruppierungen ihre Dopingnutzung invisibilisieren und, wenn dies nicht funktioniert, zumindest relativieren. Die in den strukturellen Zwängen des Sportmilieus stehenden Akteure haben deshalb Begründungsformeln entwickelt, mit denen sie ihre Abweichung sowohl gegenüber sich selbst als auch gegenüber Außenstehenden rechtfertigen und verteidigen.[47] Wichtige Bezugsgruppen sollen nicht düpiert werden. Außerdem legitimiert Abweichung sich für die Betroffenen nicht schon durch den sportlichen Erfolg allein. Die Devianten haben vielmehr durchaus Identitätsprobleme damit, daß sie ein anerkanntes gesellschaftliches Ziel, den sportlichen Sieg, durch illegitime Mittel zu erreichen versuchen. Wenn man sich darüber wundert, warum Sportler, Trainer und andere Dopingbefürworter in der Lage sind, sich nach außen mit Hilfe eines elaborierten Rechtfertigungsrepertoires zu verteidigen, liegt das mitunter auch daran, daß sie sich die eigene Abweichung vorher selbst

---

47 Die Soziologie abweichenden Verhaltens besitzt seit jeher ein großes Interesse an den sozialen Reaktionen der Devianten auf ihre eigene Abweichung. Vgl. die klassische Analyse von Sykes/Matza (1957).

plausibel gemacht haben. Sie glauben in der Regel, was sie sagen.

Wie rechtfertigt der einzelne seine Abweichung? Gibt es ein Unrechtsbewußtsein? Wie gehen Sportler, aber auch Trainer und Funktionäre mit ihren Widersprüchen um, und wie unterlegen sie ihrem Handeln abstützende Motive? Für die folgende Analyse der wichtigsten Neutralisierungsrhetoriken gehen wir davon aus, daß Doping – wenn es bewußt vollzogen wird und dem Betreffenden nicht ohne sein Wissen widerfährt – ein subjektiv sinnhaftes Handeln darstellt. Dementsprechend sucht es sich Legitimationen. Diese fundieren Loyalitäten zur einen und ausgeprägte Antipathien zur anderen Seite. Argumente, um die eigene Abweichung zu rechtfertigen, stammen aus dem Sinnpanorama des Sports. Die subjektiven Sinngebungsprozesse verwenden die Kontextbedingungen spitzensportlichen Handelns als einen Argumentationsfundus, aus dem sie sich bedienen können.

Die hier von uns zusammengestellten Argumente stehen nicht beziehungslos und auch nicht auf der gleichen Stufe nebeneinander, sondern bilden eine Stufenordnung, in der eine wachsende Distanz zur klassischen Sportmoral zum Ausdruck gebracht und begründet wird. Die nach innen verlegte Kontrolle im Sinne eines internalisierten Fair-Play-Bewußtseins, die traditionell das Handeln der Athleten im Einklang mit den äußeren Regeln des organisierten Sports halten sollte, wird Schritt für Schritt aufgegeben. Ausgangspunkt ist die *defensive Bagatellisierung* der Abweichung (1). Typisch für die zweite Gruppe von Gründen ist das *Sich-Herausreden* (2-8), und charakteristisch für den letzten Argumentationscluster (9-10) ist die *offensive, die Unmoral mit individualistischen Gründen problemlos zugebende Legitimation* der Dopingdevianz (siehe Abb. 5).

(1) *Sprachliche Verharmlosung*: Sich dopende Athleten greifen oft auf eine Begrifflichkeit zurück, die der Abweichung ihre Brisanz nimmt. Diese Strategie zielt darauf ab, das Außeralltägliche der Devianz zu verharmlosen, zu veralltäglichen und als gar nicht so schlimm hinzustellen. Hier wird verbrämt, was durch die Doping-Regeln als deviant klassifiziert wurde. Wer die Einnahme verbotener Mittel und den Einsatz illegitimer Verfahren als »Substitution«, »Medikamentierung« oder als »trainingsbegleitende Maßnahme« bezeichnet, anerkennt die Moral, gegen die er verstößt, reduziert aber durch seine Wortwahl die Größe des

Stufen	Neutralisierungsrhetoriken
Defensive Bagatellisierung	• Sprachliche Verharmlosung
Sich-Herausreden	• Behauptung der Nachteilsvermeidung • Kontrolldefizit-These • Vergeblichkeitsannahme • Idee einer gerechten Kompensation • Berufung auf höhere Instanzen • Zurückweisung der Verantwortung • Neutralisierung durch Problemverschiebung
Offensive Legitimation	• Freiheits- und Selbstschädigungsforderung • Verneinung des Unrechts

Abb. 5: Neutralisierungsrhetoriken

Verstoßes. Damit erfolgt ein De-labeling mit der Absicht, Normalität zu suggerieren.

Solchen sprachlichen Manövern fällt die Funktion zu, den Dopingförderern eine Distanzierungs- und Dissonanzverarbeitungsmöglichkeit auf der Zeichenebene einzuräumen. Hauptträger dieser subtilen Strategie einer semantischen Aufweichung der Abweichung sind deshalb besonders die mit Doping befaßten Sportmediziner. Sie reduzieren hiermit ihren subjektiven Rollenstreß, der sich dadurch ergibt, daß sie einerseits einem berufsethischen Code unterstehen, sich andererseits aber auch sportlichen Gesichtspunkten verpflichtet fühlen.

Als aufschlußreicher Beleg hierfür kann eine in der DDR entstandene Schrift eines hochrangigen Sportmediziners herangezogen werden. Siegfried Israel trennte zwischen einer erlaubten Substitution der durch Training und Wettkampf verlorengegangenen Körperressourcen einerseits und einem Doping zur Nutzung der autonomen menschlichen Leistungsreserven auf der anderen Seite. Diese Schrift war bewußt als Legitimationsmaßnahme konzipiert worden, um diejenigen unter den Sportmedizinern auf gleiche Frequenz zu schalten, die aus berufsethischen Gründen noch Skrupel besaßen, Dopingmedikamente zu verabreichen. Offizielle Sprachregelungen sorgten für eine Umschreibung und Verniedlichung dessen, was dopingmäßig ablief. So wurden Dopingmedikamente unter dem Kürzel »u. M.« (= unterstützende Maßnahmen) versteckt (zitiert in Berendonk 1992: 107).

Wenn ein Handlungsakt, wie die Labeling-Perspektive auf abweichendes Verhalten immer wieder betont hat (Becker 1963), erst im Auge des Betrachters das Attribut »abweichend« erhält und dieses nicht als inhärentes Merkmal dem Handeln per se innewohnt, unternehmen Strategien der Umetikettierung den Versuch, die Relation zwischen Handlung, Kontext und bezeichnender Sprache aufzuheben und in ein neues Bezugssystem hineinzuprojizieren. Abweichung als soziale Konstruktion ist so für Prozesse der Renormalisierung offen.

Die Maßnahme der semantischen Umplausibilisierung ist verharmlosend und besitzt einen defensiven Charakter, weil sie den Normverstoß als solchen nicht leugnet. Die Verwerflichkeit des Dopings wird noch akzeptiert. Die zweite Gruppe von Neutralisierungstechniken bringt bereits eine größere Radikalität zum Ausdruck. Das Doping wird nicht mehr bagatellisiert, sondern durchaus als solches bezeichnet. Charakteristisch für diese Rechtfertigungen ist die Strategie des Sich-Herausredens. Auch diese Beschwichtigungsrhetoriken sind noch defensiv konstruiert, weil sie wiederum den moralischen Konflikt anerkennen. Die Devianten haben offensichtlich noch Probleme mit dem was sie tun. Die Argumente betonen, daß es angesichts der vorfindbaren Probleme im Hochleistungssport schwierig sei, die inneren Werte des Sports hochzuhalten. Man habe keine andere Wahl, als auf Doping zurückzugreifen.

(2) *Die Behauptung der Nachteilsvermeidung*: Der erste und dominante Deutungspfad dieser Neutralisierungstechnik ergibt sich mit Blick auf die jeweils anderen Athleten, denen eine Abweichung zugeschrieben wird. Aus Gleichheits- und Gerechtigkeitsgründen habe man sich durch eigenes Doping an das Doping der Konkurrenten anzupassen. »Jeder in der Leichtathletik nimmt Anabolika« – so Ben Johnson vor seiner zweiten Entlarvung; oder: »Wir müssen mitbetrügen« – so ein deutscher NOK-Präsidentschaftskandidat (Der Spiegel, 41/1992). Wenn alle sich dopen, so die Pointe, wären jene Athleten ausgesprochen dumm, die es nicht auch täten. So etwa auch der Kugelstoßer Gerd Steines (FAZ vom 16. 1. 1986): »Anabolika waren für mich immer nur ein gesundheitliches Problem, nie eins der Fairneß, Ethik oder Moral. Ich habe die Anabolikaeinnahme nie als uner-

laubten Vorteil betrachtet, sondern als selbstverständliche Vermeidung eines eventuellen Nachteils.«

Fair-play erscheint vor diesem Hintergrund als ein Erfolgsverhinderungsmechanismus. »Fair play – das ist ein Begriff, den würde ich außen vorlassen. Fair play – das stammt aus der Zeit der Herrenreiter. Das ist völlig out. Worauf es ankommt, ist Chancengleichheit. Ich wäre froh, wenn ich Chancengleichheit gegen die Leute aus dem Osten hätte. Diese Chancengleichheit sehe ich nicht. … Sie sind in allem bevorzugt. Sie haben mehr und vielleicht bessere Trainer, die besseren Möglichkeiten zum Training, die besseren Anlagen. Dann haben sie eine bessere physiologische Betreuung, die bessere regenerative Betreuung, die bessere medizinische Betreuung. Bei denen gibt es auch keine ethischen Bedenken … Wenn ich Leistung will, muß ich mich an dem orientieren, was andere machen, sonst mache ich Breitensport. Ich will Chancengleichheit.«[48]

Die »Gegenseite« benutzt vergleichbare Argumente und setzt sie für Abweichungen legitimatorisch ein. Ben Johnsons Trainer sagte vor dem kanadischen Untersuchungsausschuß: »Unless we could expect all the athletes in the world to multilaterally disarm, it did not make sense for Canada to unilaterally disarm and suffer the consequences« (zitiert in Blackwell 1991: 151/152). Der hierin anklingende Vorbehalt gegenüber einer »einseitigen Abrüstung« wird wiederum in der Sportlersubkultur zur Abstützung der eigenen Argumente verwendet.

Zustimmung findet dieses Argument selbst bei denjenigen, die in den Fachverbänden für Dopingkontrollen zuständig sind oder waren – etwa dem Leiter der Ärzte-Kommission des DLV, Dieter Baron: »Und ich frage nur, wo es eine Fairneß gibt, wenn wir das möglicherweise bei uns hier durchführen (gemeint sind umfassende Dopingkontrollen, die Autoren), und wenn die ganze Welt solche Kontrollen lasch oder nicht korrekt handhabt. Ist es dann eine Fairneß unseren Athleten gegenüber? Und auf der anderen Seite hat uns ja die DDR gezeigt, daß es möglich ist, bei einer kontrollierten Verabreichung dieser Mittel im großen und ganzen Schädigungen von den Athleten fernzuhalten.«[49]

(3) *Die Kontrolldefizit-These*: Der Anspruch, Gleichheit durch

---

48 So der Diskus-Olympiasieger von Los Angeles, Rolf Danneberg, in einem Interview der Zeitschrift Sports (3/1989: 118).
49 Vgl. Freunde der Leichtathletik (1/1992: 7).

Abweichung herzustellen, taucht weiterhin regelmäßig in Erklärungen auf, in denen es um die Bewertung von Dopingkontrollen geht. Athleten, Trainer oder interessierte Umfeldakteure legitimieren oder dulden einen Dopingeinsatz mehr oder weniger augenzwinkernd deswegen, weil es kein weltweit gleiches und scharf durchgreifendes Kontrollsystem gäbe. Manfred Ommer, ein früherer Sprinter der Spitzenklasse, meint hierzu: »Unter den gegebenen Umständen kann Sport nicht ehrlich sein. Was ein Dopingtest im Training oder sogar im Wettkampf ist, weiß weltweit nur ein Bruchteil der Athleten. Asiatische, südamerikanische und afrikanische Länder sind weit von Dopingtests entfernt. In den USA z. B. wohnt und trainiert man halt nur ein paar Meilen außerhalb des Aktionsradius für Dopingtests. Gleichbehandlung fehlt auch innerhalb Deutschlands. Während DLV-Athleten alle paar Wochen kontrolliert werden, sind Dopingtests im Fußball selten und im Tennis sogar ein Fremdwort« (WAZ vom 6. 4. 1993). Im Vorfeld der Leichtathletik-Weltmeisterschaften 1993 stellte Helmut Digel, der Präsident des Deutschen Leichtathletik-Verbandes, hierzu fest: »Da sind 194 Länder vertreten, und nur die Delegierten von zehn Ländern kennen das Problem (der Dopingbekämpfung, die Verfasser). Die anderen haben nicht einmal Trainingskontrollen und wissen nicht, wovon sie reden« (FAZ vom 13. 8. 1993).

Die faktischen Ungleichheiten in der Abwicklung von Dopingkontrollen dienen als Gründe für eigene Dopingmaßnahmen. Katrin Krabbe z. B. beklagte sich (Zeitmagazin vom 26. 3. 1993): »Es gibt Sportler, die lange vorinformiert werden, daß eine Kontrolle stattfinden wird. Bei mir gab es das nie. Wo bleibt da die Gerechtigkeit?« Auch diese Argumentationsschiene läuft auf eine Legitimation für die Umkehrung der eigenen Wertehierarchie zugunsten von Abweichung hinaus. »Sportler würden um ihren Erfolg betrogen, wenn sie ›pure and clean‹ an den Start gingen.«[50] Ein Verband, der einen strikten Anti-Dopingkurs fährt, versetzt sich tatsächlich, wenn die Mitkonkurrenten nicht gleichzeitig mitziehen, freiwillig in einen Nachteilszustand.

(4) *Die Vergeblichkeitsannahme*: Ausgehend von der These

---

50 Dieses Argument von den negativen Konsequenzen eines regelgetreuen Sporthandelns und den positiven Effekten der Devianz biegt der Autor dieses Zitats, ein ehemaliger Doping-Beauftragter des Deutschen Leichtathletik-Verbandes, in eine Forderung nach einer kontrollierten Dopingfreigabe um (FAZ vom 5. 11. 1992).

einer Unzulänglichkeit und dauerhaften Ungleichheit der internationalen Kontrollen erfolgt der Schluß auf die Vergeblichkeit des Kampfes gegen Doping insgesamt – meist in Verbindung mit der Forderung, Doping kontrolliert freizugeben. Selbst der Präsident des Internationalen Leichtathletik-Verbandes, Primo Nebiolo, hält den Kampf gegen Doping für »aussichtslos«. »Man muß wissen, daß wir einen aussichtslosen Kampf führen, den wir übrigens mit wenigen Mitteln bestreiten … Weltweit hat der Sport noch zu wenige Labors zur Verfügung, um Tests analysieren zu können. In Afrika zum Beispiel gibt es nur ein Labor, in ganz Asien gerade zwei« (FAZ, 20. 8. 1993).[51] Ähnlich Harm Beyer (Sports 9/1991: 85/86), damaliger Präsident des DSV: »Wenn man das Doping schon nicht verhindern kann, beziehungsweise es gar nicht verhindern will, warum sollen wir es überhaupt verbieten? … Spitzensport hat nichts mit Moral und Fair Play zu tun. Laßt uns doch, verdammt und zugenäht, ehrlich sein! … Das ist genau diese Verlogenheit, mit der ich nicht fertig werde. Wir bejubeln Medaillen, die mit sauberen Mitteln nie erreichbar sind.« Devianz begründet sich selbstbezüglich durch die unausrottbare Existenz von Abweichung. Sie erklärt sich zur Normalität und will als solche zwar vielleicht nicht bejubelt, so doch zumindest anerkannt werden.

(5) *Die Idee einer gerechten Kompensation*: Doping rechtfertigt sich weiterhin mit Hilfe der Idee eines fairen Ausgleichs der Unwägbarkeiten und Risiken einer Sportlerbiographie. Ein Athlet beispielsweise, der sich vor einem wichtigen und vielleicht entscheidenden Wettkampf verletzt hat und seine jahrelangen Investitionen gefährdet sieht, legitimiert den Einsatz verbotener Mittel mit dem Hinweis auf seine bereits getätigten Aufwendungen und die hierfür funktionalen Wirkungen des Dopings. Wer Jahre seines Lebens hart trainiert habe, besitze gleichsam ein Anrecht darauf, daß seine Investitionen in prekären Entscheidungssituationen mit Hilfe devianter Praktiken in Erfolgswährung aufzugehen hätten. Hierzu ein Beispiel aus der Leichtathle-

---

51 Pikanterweise formulierte Nebiolo im gleichen Interview die Forderung nach einer Abschaffung des zweijährigen Rhythmus bei der Durchführung von Leichtathletik-Weltmeisterschaften zugunsten eines einjährigen Turnus. Damit würden die Anreize für ein Anziehen der Dopingspirale erheblich gesteigert, und der als »aussichtslos« geschilderte Zustand würde noch zementiert.

tik: »Berger sprach offen über seinen Dopingfall. Er habe nach seiner Disqualifikation wegen zweier Fehlstarts in Barcelona, einer verpatzten Hallensaison und mehreren Verletzungen unter enormem Druck gestanden, im Training ›lief nichts mehr‹. Da habe es für ihn nur noch zwei Möglichkeiten gegeben: Aufhören oder dopen. ›Und ich habe mich dazu entschlossen, zu unerlaubten Mitteln zu greifen‹« (FAZ, 28. 7. 1993).

(6) *Berufung auf höhere Instanzen*: Doping rechtfertigt sich weiterhin durch Hinweis auf überindividuelle Faktoren, denen die Devianten eine große Bedeutung zuschreiben. Bestimmte übergeordnete Werte, Gesichtspunkte oder Akteure hätten den devianten Akt quasi zwingend erforderlich gemacht. Der Rekurs auf solche Instanzen ist argumentativ deswegen so vorteilhaft, weil er eine Entpersönlichung der Abweichung ermöglicht. Ein klassisches Beispiel war das »Staatsdoping« in der DDR, das von den Athleten, Trainern und Sportfunktionären stets damit begründet werden konnte, zum Ruhme des Sozialismus beizutragen. Ein Sozialbereich wie der Hochleistungssport, der seine gesellschaftliche Bedeutung durch seine stellvertretende symbolische Konfliktübernahme systematisch miterzeugt, verfügt über immense Möglichkeiten, höhere Interessen und Instanzen ins Spiel zu bringen und legitimatorisch zu nutzen. Man könnte hier geradezu von einer inneren Unendlichkeit der Entschuldigungschancen sprechen.

(7) *Zurückweisung der Verantwortung*: Zur Rechtfertigung ihrer eigenen Abweichungen von der traditionellen Sportmoral greifen die Betroffenen oft auf einen Argumentationspfad zurück, der die strukturelle Bedingtheit ihres Handelns in den Vordergrund stellt. Der Deviante sieht sich als ohnmächtigen Spielball des übermächtigen Systems. Diese Rationalisierung findet vornehmlich bei Trainern und Athleten Anwendung. In der Kritik stehen vor allem die von den Fachverbänden festgelegten Leistungsnormen, mit denen der Zugang zu den internationalen Wettkampfereignissen reguliert wird. In der bundesdeutschen Diskussion kondensieren die Problemwahrnehmungen an den Normen der Kaderzugehörigkeit und am Kriterium der »Endkampfchance«, die zur Devianz verführten. Im Rahmen eines Bekenntnisses (FAZ vom 16. 1. 1986) äußerte der Kugelstoßer Gerd Steines hierzu: »Solange in der Bundesrepublik Nationales Olympisches Komitee, Sporthilfe, Bundesausschuß Leistungs-

sport und die Spitzenverbände – allesamt laut offizieller Verlautbarungen schärfste Anabolika-Verurteiler – Förderungs- und Nominierungskriterien erlassen, die sie selbst ohne Einnahme von Anabolika nicht für erreichbar halten, ist für mich die ethisch-moralisch begründete öffentliche Entrüstungs-Diskussion in Sachen Anabolika nur Spielwiese für selbstgerechte Heuchler.«

In abgewandelter Form taucht damit ein Motiv auf, das aus der Sozialisationsdebatte der sechziger Jahre und der politisch motivierten Auseinandersetzung um den Begriff der »strukturellen Gewalt« (Galtung 1971) bekannt ist. Nicht Menschen animierten Menschen sich zu dopen. Es seien vielmehr systemisch gesetzte Normvorgaben und andere Zwänge, die Individuen dazu brächten, Mittel einzusetzen, die sie ansonsten nicht verwenden würden. Sportler prangern damit die unbarmherzigen Verfahren an, mit denen die Sportorganisationen nur diejenigen für bestimmte internationale Wettkämpfe zulassen, von denen Erfolge erwartet werden. Die Kritik wendet hierbei die im ideologischen Überbau des Olympismus eingespeicherte Idee des »Dabeisein-ist-Alles« gegen die mittlerweile routinemäßig vollzogene rabiate Verabsolutierung des Siegescodes.

Kern dieser Rationalisierungsvariante ist weiterhin die aus der Kulturkritik stammende Gegenüberstellung von Mensch und System. Wer sich dopt, habe lediglich die Schärfe systemischer Zwänge gekontert. Um der Machtlosigkeit des Subjekts gegenüber den kafkaesken Bedrohungen, wie sie vom sportlichen Establishment ausgingen, entgegentreten zu können, sei Doping eine gerechte Verteidigungsmaßnahme. Athleten würden quasi gezwungen, auf die Innovationskraft der Abweichung zurückzugreifen, um den ungerecht hohen Normen der Fachverbände entsprechen zu können.

Unter den dopingfördernden und -verabreichenden Trainern und Sportmedizinern der ehemaligen DDR gehört die Zurückweisung von Verantwortung zu den maßgeblichsten Neutralisierungsversuchen. Auch sie sahen sich lediglich als »kleine Rädchen« und ausführende Organe in einem System, das andere Handlungsmöglichkeiten nicht zugelassen hätte.

Eine Möglichkeit, Abweichung zu erklären und von der eigenen Verantwortung abzulenken, besteht auch darin, auf den sozialen Druck innerhalb von Mannschaftskonstellationen hinzuweisen. Der einzelne Sportler legitimiert auf diese Weise seinen beispielsweise auf die Unterdrückung von Körperschmerzen abzielenden Medikamenteneinsatz mit Loyalitätsgefühlen gegenüber einem Gruppenverbund. Um einem Reputationsentzug durch Mannschaftskollegen zu entgehen, dopt man sich – so Jim Lynch, ein amerikanischer Footballspieler: »It's peer pressure. It's a badge of courage to play with pain, even if it's not always courageous. It can be stupid. But it's done because if you sit down you're an outcast« (SI vom 28. 8. 1978).

(8) *Neutralisierung durch Problemverschiebung*: Eine im Spitzensport häufig anzutreffende Neutralisierungstechnik entspricht jener »Verdammung der Verdammenden«, die Sykes/Matza (1957) in ihren Analysen jugendlicher Delinquenten herausfanden. Sie besteht darin, diejenigen anzugreifen und lächerlich zu machen, die Doping öffentlich entlarven. Sich dopende Athleten und unterstützende Umfeldakteure verschieben so die Aufmerksamkeit von den eigenen abweichenden Handlungen auf diejenigen, die ihre Devianz mißbilligen und öffentlich anprangern. Die Beobachter erscheinen als Diffamierer. Sie werden als Moralisten, Querulanten oder Nestbeschmutzer gebrandmarkt oder als Personen bezeichnet, die nachkarten oder ihre eigenen sportlichen Mißerfolge auf Kosten der Erfolgreichen zu verbrämen beabsichtigen. Oder die Dopingenthüller werden als inkompetent abgestempelt, da sie nicht wüßten, wovon sie redeten.

Sportler, die öffentlich gegen Doping auftreten, treffen auf eine ganze Palette unterschiedlichster Strategien und Argumente. Sie hätten kein Recht, den ersten Stein zu werfen, da ihr eigenes Verhalten – obwohl nicht entlarvt – genauso schlimm oder sogar noch schlimmer als das der Devianten gewesen wäre. Dopingkritiker sehen sich dem Neidverdacht ausgesetzt. Ihnen wird auch vorgehalten, sie hätten nach Beendigung ihrer Karriere gut reden. Oder: Sie könnten ohnehin nicht mitsprechen, weil Doping in ihren Disziplinen nicht notwendig gewesen wäre. Ehemalige, die ihr Wissen aus der Szene ausplaudern, ziehen den Zorn wohl auch deshalb auf sich, weil sie mitunter den personifizierten Beweis darstellen, daß man auch anders hätte handeln können. Man hält den Moralisten zudem die eigene Unmoral vor Augen und sagt ihnen, daß sie ihre Argumente für eigensüchtige Motive verwendeten oder aber weltfremd seien. Sie berücksichtigten nicht, daß sie mit ihrem moralischen Rigorismus Chancenungleichheit zementierten. Oder Dopingenthüller bekommen zu hören, daß sie lediglich eigene Finanz- und Verkaufsförderungsinteressen im Kopf hätten[52], sportlich nur zweite oder dritte Garnitur gewesen wären, »keine Ahnung hätten« und deshalb besser schweigen sollten. Willi Daume, damals deutscher NOK-Präsident, bezeichnete Brigitte Berendonk, die als ehemalige Athletin über Doping publiziert hatte, als »alternde Diva«.

Hier blitzt ein spezifisches Machtmittel auf, das soziale Kontrolle dort ausüben und stabilisieren will, wo die Felle wegzuschwimmen drohen: die Strategie des »Schimpfklatsches« (Paris 1991). Diese dem »Lobklatsch« entgegengesetzte Maßnahme ist beliebt, um diejenigen zu stigmatisieren und durch Lächerlichkeit auszugrenzen, die als bedrohlich für die eigene Devianz oder klammheimliche Devianzsympathie angesehen werden. Nachdem es der Fraktion der Dopinganwender in einigen Sportdisziplinen gelungen ist, aus ihrer anfänglichen Außenseiterposition in die der heimlich Etablierten überzuwechseln, bedenkt sie von ihr Verdrängte u. a. mit Schimpfklatsch. Die Abweichenden wurden in nicht wenigen Fällen zu den Etablierten, die sich einen monopolistischen Zugang zu wichtigen Ressourcen und Machtmitteln sichern konnten. Die Regelkonformen fanden sich unversehens in der Position der Außenseiter wieder. Das »kollektive Schandmal«, das den Dopinggegnern vorgeworfen wird, besteht dann in dem Vorwurf, Leistungsfeinde zu sein. Inzwischen reagieren die nach außen abgedrängten Dopinggegner mit Gegenstigmatisierung auf ihre Situation. Und die Instrumente, die sie benutzen, um den Stachel zu setzen, heißen: Entlarvung durch Kontrolle, Information durch Öffentlichkeitsherstellung und Verrechtlichung.

Rechtfertigungsversuche, die den kritischen Beobachter ins Visier nehmen und kalt zu stellen versuchen, nutzen ein Reaktionsmuster, das aus der griechischen Mythologie her bekannt ist: Der Überbringer schlechter Nachrichten wurde einen Kopf kürzer gemacht. Nicht die Abweichung ist in dieser Perspektive das Verwerfliche, sondern derjenige, der hierüber berichtet, wird zum Sündenbock gemacht. Ihm wünschen die Ertappten sogar, daß er, da »es keine Gerechtigkeit auf dieser Erde gäbe«, »von

---

52 So einige Reaktionen ranghoher Funktionäre des organisierten Sports gegenüber Brigitte Berendonk und Werner Franke als den Sprachrohren der Dopingbekämpfung in Deutschland.

Gott bestraft werde«. So zumindest artikulierte es ein der uneidlichen Falschaussage überführter Deutscher Meister im Kugelstoßen in seinem Schlußwort vor Gericht gegenüber den Klägern. Und er stellte bemerkenswerte Verschwörungstheorien auf, um von der eigenen Devianz als Doper abzulenken. Ein Prozeß-Beobachter schrieb hierzu: »Die anderen: Das sind vor allem Brigitte Berendonk und Werner Franke, die (wir zitieren jetzt wörtlich aus Konyas Schlußwort...) ›meine Karriere zerstört haben, die dafür gesorgt haben, daß mich der DLV fallen ließ, die meine Zukunft im Staatsdienst verbaut haben, die dafür verantwortlich sind, daß meine Beziehung zu meiner Freundin gescheitert ist und daß ich von meiner Tochter getrennt bin.‹ Die ›immer zweitklassige Brigitte Berendonk (die immerhin einmal mehr deutscher Meister war als Konya, Anm. des Autors) und der immer nur drittklassige 800 m-Läufer Werner Franke, der von Wurf und Stoß keine Ahnung‹ habe, hätten ›eine Neurose gegen Leistung‹ und seien mit ihrem Leben nicht zufrieden« (RNZ vom 16./17. 10. 1993).

Sich dopende Sportler und unterstützende Trainer, Mediziner und Funktionäre demonstrieren damit eine Gesinnung, in der die Hypostasierung des Siegenwollens auf die Spitze getrieben wird. Die Entlarvung von Doping erhält dann den Beigeschmack, Siege vermeiden, Leistungswillen bekämpfen, nationale Repräsentanz unterminieren und eine erwünschte Illegalität denunzieren zu wollen.

Ein Rückgriff auf unsere Ausführungen über die innovatorischen Leistungen des Dopings macht klar, warum Doping-Kritiker oder Aufdecker bisweilen hart attackiert werden. Aufdecker und Skandalierer unterlaufen den durch eine Konspiration des Schweigens abgedeckten Versuch, die zeitliche, sachliche und soziale Anschlußfähigkeit des Sportlerkörpers medikamentös und manipulativ zu steigern. Sie hintertreiben die Anpassung personaler und organischer Umwelten an das Steigerungsbegehren des Leistungssports.

Den Neutralisierungen fällt die Aufgabe zu, die sozialen Reaktionen auf Abweichung in ein ungefährliches Fahrwasser umzuleiten. Sie entlasten und reduzieren Komplexität und versetzen die Warner und Doping-Aufdecker unter Argumentationsdruck. In Verbindung mit den anderen Neutralisierungsformen werden diese beispielsweise mit dem Argument »erschlagen«, daß Doping aus nationalen Selbstdarstellungs- oder Unrechtsvermeidungsgründen insgesamt zu dulden sei.

Ein Sozialsystem wie der Spitzensport, das weltweit operiert und somit faktisch Ungleiche in vielerlei Hinsicht unter der Prämisse der formalen Gleichheit zu integrieren antritt, bietet für alle Beteiligten dauerhaft Anlässe, sich auf die Seite der Noch-nicht-Gleichen zu schlagen und abweichendes Handeln auf der Grundlage tatsächlicher oder vermuteter Ungleichheiten zu legitimieren und eine Nachteilsvermeidung zu propagieren. Da der Erfolg sportlicher Leistungen von einer Vielzahl von Faktoren abhängt und es kaum eindeutige Messungen und Berücksichtigungen dieser Faktoren im Sinne einer faktischen Gleichheit geben kann, fällt es einem Hochleistungssportler nicht schwer, sich die Faktorenkonstellation so zurechtzulegen, daß er selbst gegenüber seinen Konkurrenten als benachteiligt erscheint – ob nun die eigenen Trainingsstätten oder der eigene Trainer, der eigene Verein oder Verband, die Unterstützung durch Sponsoren oder die medizinische Betreuung usw. einen Startnachteil begründen. Darüber hinaus gibt es oftmals die Möglichkeit, Nachteile aus Schicksalsschlägen, vor allem Verletzungen vor wichtigen Wettkämpfen, zu konstruieren und für die eigene Legitimations- und Gefühlsarbeit ins Spiel zu bringen. Solche tatsächlich schwerwiegenden und folgenreichen Zufälle rechtfertigen dann in den Augen des Sportlers, daß er sich entsprechend dopt, selbst wenn er davon ausgeht, daß seine Konkurrenten dies nicht tun. Da es eine Grauzone gibt zwischen körperlicher Wiederherstellung bzw. Erhaltung einer gegebenen körperlichen Leistungsfähigkeit auf der einen und körperlicher Leistungssteigerung auf der anderen Seite, lassen sich Dopingmaßnahmen sowohl mit dem sportlichen Fairneßgebot als auch mit der medizinischen Ethik problemlos in Übereinstimmung bringen.

Auch Deviante, die subjektiv davon ausgehen, daß ihre jeweiligen Konkurrenten selbst nicht abweichen, sondern mit ehrlichen Mitteln das Ziel zu erreichen versuchen, können somit die Wahl eigener illegitimer Mittel leicht als notwendig begründen: wenn sie sich selbst oder auch anderen klarzumachen vermögen, daß nur durch diese illegitimen Mittel eine Chancengleichheit, also Gerechtigkeit, herstellbar sei. Das ist dann wie die Argumentation des Bankräubers aus dem Slum, der nur so mit den Kindern reicher Familien, die eine gute Schulbildung und dadurch gute Erwerbschancen besitzen, mithalten zu können glaubt.

Entlastung verschaffen die einzelnen sich dadurch, daß sie das eigene Handeln lediglich als *Reaktion auf das Handeln anderer Personen* werten. Sich dopende Sportler projizieren sich so in die Position derjenigen hinein, die mit ihrer Abweichung lediglich »nachzögen«. In Situationen der globalen Vernetzung des Spitzensports und der Gleichzeitigkeit seiner Ereignisse führt ein Ursache-Wirkungs-Denken dieser Couleur zu dem erwartbaren Ergebnis, daß alle Beteiligten sich im Recht zu befinden glauben, wenn sie gegen die selbstgesetzten Regeln des Sports verstoßen: »Cheating had become an acceptable way of life.«[53]

Auf der Grundlage der Gleichheits-, Gerechtigkeits- und Freiheitsargumente ist im modernen Spitzensport und seinem Umfeld eine weit verbreitete Beschwichtigungsrhetorik anzutreffen, in der die Differenz von Sein und Sollen verteidigt und die Existenz der spitzensportlichen Doppelmoral rationalisiert wird. Um der Mißachtung zu entgehen, wird, theoretisch formuliert, die Differenz gut/schlecht auf sich selbst angewendet und damit blockiert. Ein Athlet, der sich und anderen vorführen zu können glaubt, daß das Gute der Dopingverweigerung schlecht und das Schlechte der Dopingnutzung hingegen gut und vorteilhaft sei, stellt das Moralschema des Beobachters auf den Kopf und straft jene mit Mißachtung, die Moralität hochhalten.

Die Argumentationsbasis der im Sport vorfindbaren Rechtfertigungsrhetorik täuscht eine verantwortungsethische Begründung vor. Den Dopinggegnern wird folgenblinde Gesinnungsethik vorgeworfen. Tatsächlich steht hinter der scheinbaren Verantwortungsethik aber nur ein ethisch indifferenter Opportunismus ungezügelten Erfolgsstrebens.[54] Beide Seiten, Dopinggegner und -befürworter, fühlen sich aus unterschiedlichen Gründen der jeweils anderen Seite überlegen. Jede Seite reklamiert die Moral für sich und überläßt die Unmoral dem Gegner. Der Gesinnungsethiker umhüllt sich mit dem Nimbus des »wahren« Verteidigers der Sportethik im Gegensatz zur »opportunistischen«, kompromißlerischen Gegenseite. Umgekehrt fühlt sich der erfolgsorientierte Opportunist, der sich eine »realistische«

---

53 So Dubin (1990: 147) über eine Gruppe kanadischer Gewichtheber.
54 Siehe hierzu auch die allgemeine Diskussion dieser Ethiktypen bei Max Weber (Schluchter 1988: 165-338).

Position zuschreibt, im Vorteil gegenüber der »Weltfremdheit« der Gesinnungsethiker. Zwei unterschiedliche Welten prallen hier aufeinander und reden aneinander vorbei. Man erkennt sehr schnell, daß Polarisierungen dieser Art Selbstgerechtigkeit und Empörungsgenuß befördern und den Konfliktgehalt der Situation nur noch steigern. Die Moralisten kommen den meisten Sportakteuren in der Tat als ausgesprochen weltfremd vor. Noch einmal Harm Beyer (Sports 9/1991): »Ich bin ein Zyniker, wenn ich meinen Funktionärskollegen den Spiegel vor die Augen halte und sage: Guck mal, wie unehrlich du bist. Ich bin ein Realist, wenn ich die Situation schonungslos analysiere.« Umgekehrt erscheinen die Pragmatiker als Personen, die alte Sportideale zum Verkauf feil bieten und mit Füßen treten.

Aus der Perspektive des soziologischen Beobachters wird sehr schnell ersichtlich, daß die scheinbaren Verantwortungsethiker auf der einen und die Gesinnungsethiker auf der anderen Seite jeweils nur die Gegenposition beobachten. Anklagen treffen auf Gegenanklagen, mit der Besonderheit, daß die Beteiligten sich selbst in ihren Beobachtungen nicht zu sehen bekommen. Der Blick auf das Ganze kommt nicht zustande, mit der Konsequenz, daß vieles so wie gehabt weiterläuft. Eine umfassendere Beobachtung kann in der Tat nur ein Beobachter leisten, der selbst nicht direkt in dem Ethik-Spiel beteiligt ist.

Wir kommen nun zu der letzten Hauptgruppe der Neutralisierungstechniken. Sie vertritt im Vergleich zu den ersten beiden eine ungleich radikalere Position. Die Defensive von sprachlicher Verharmlosung und Sich-Herausreden wird aufgegeben und durch eine offensive, völlig moralfreie individualistische Haltung ersetzt. Die Pointe, die den Doping-Einsatz legitimiert, lautet: Alles, was dem einzelnen Sportler auf dem internationalen Sportparkett Erfolge erringen hilft, ist erlaubt. In Umkehrung bislang geltender Werte wird die klassische, auf Sauberkeit im Leistungssport ausgerichtete Moral als »verlogene Moral« angeprangert, die es außer Kraft zu setzen gelte.

(9) *Die Freiheits- und Selbstschädigungsforderung*: Dieser Rationalisierungspfad unterstreicht die Bedeutung subjektiver Persönlichkeitsrechte. In einer ersten Version verläßt die Argumentation mit Blick auf die pharmakologische Leistungsbeeinflussung im Alltag sozusagen den Leistungssport und greift auf Phänomene des Suchtverhaltens und des Medikamenteneinsatzes

in der »normalen« Lebenswelt zurück. Wenn es erlaubt sei, daß Manager, Wissenschaftler, Politiker oder Künstler zu pharmakologischen Mitteln greifen, um ihre Berufsleistungen zu steigern, sollte Berufssportlern diese Möglichkeit nicht verweigert werden. Warum sollten, so die Neutralisierung des Dopinggebrauchs durch einen bekannten deutschen Sportpsychologen, Leistungssportler nach Wettkämpfen Urinproben abgeben, wenn Manager nach aufreibenden Verhandlungen und Sitzungen ohne Überprüfungen vergleichbarer Art nach Hause fahren könnten.[55] Manfred Ommer, ein ehemaliger Leistungssportler, plädiert für eine Dopingfreigabe: »Wenn die Welt um den Sport nicht ›fair und sauber‹ ist, kann der Sport keine Insel sein und das Ideal hehrer Sauberkeit und Vorbildlichkeit vorspiegeln.« Ralf Reichenbach, ein ehemaliger Deutscher Meister im Kugelstoßen, stellte fest (WaS vom 13. 11. 1983): »Dort, wo es um Leistung geht, ist der Mensch eben bereit, sich manipulieren zu lassen. Aber das ist kein sportspezifisches Problem, sondern ein allgemeines. Es fällt im Sport am ehesten auf.«

Argumente, die den Mißbrauch außerhalb des Sports komparativ ins Spiel bringen, um ein Recht auf Selbstschädigung abzuleiten, finden sich auf allen Ebenen der Sporthierarchie. Harm Beyer: »Aber ich halte den Alkohol für eine größere und gefährlichere Geißel als etwa Drogen und Anabolika. Ich vermag nicht einzusehen, warum jedes Kind sich hochprozentigen Korn kaufen und sich zu Tode trinken kann« (Sports 9/1991: 87). Ein ehemaliger Kugelstoßer der deutschen Spitzenklasse, Gerd Steines, bemerkte hierzu (FAZ vom 16. 1. 1986): »Ich meine, daß ein mittelstarker Raucher im Vergleich zum Nichtraucher gesundheitsgefährdender lebt als der in meinen Dosierungen Anabolika schluckende Leistungssportler im Vergleich zum Nichtsportler. Aber: dies gilt natürlich nur für den erwachsenen Mann. … Mein Fazit: Ich bin als erwachsener Mann mit der Anabolika-Einnahme ein persönliches Risiko eingegangen. Ein kleines in

---

55 Diese Parallelisierung ist nach vollzogener Ausdifferenzierung des Spitzensports nicht mehr überzeugend. Denn Ausdifferenzierung heißt auch: Ausprägung von Sondernormen und Distanz zur alltäglichen Genußmittel-Kultur. Ein Athlet des klassischen Altertums hätte die Rechtfertigung durchaus noch ins Feld führen können, weil dort der sportliche Wettkampf noch nicht so trennscharf gegenüber militärischen Kampfpraktiken, religiösen Orgien und sexuellen Ausschweifungen, in denen der Gebrauch von Stimulanzien als zulässig galt, ausdifferenziert war.

puncto Dopingkontrolle, ein ungewisses in puncto Gesundheit.«

Hier klingt bereits eine weitere Variante der Freiheitsthese an. Sie verdichtet sich in dem Postulat, über den eigenen Körper frei verfügen zu können – auch mit dem Recht auf eine unsanktionierte Manipulation der Körperkomponente. Sie variiert die aus der Drogen- und Abtreibungsdebatte bekannte Forderung, daß jeder Mensch das prinzipielle Recht besäße, mit dem eigenen Körper das zu machen, was er wolle (Beispiel: »Mein Bauch gehört mir!«). Athleten leiten aus dieser Argumentation vor allem auch das Recht auf eine selbstbewußte Schädigung des eigenen Körpers ab.

(10) *Verneinung des Unrechts*: Mit Hinweis auf die enumerative Dopingliste sehen Dopinganhänger selbstbewußt all das, was nicht auf ihr verzeichnet ist, als legitim in der Nutzung an und verteidigen es entsprechend. Wird ein Sportler bei Kontrollen erwischt, verweist er auf die Legalität seines Tuns und bagatellisiert seinen devianten Akt. Selbst Mittel aus der Kälbermastzucht, die in Medikamenten für Menschen auftauchen (z. B. in Asthma-Mitteln), und bekanntermaßen anabole Wirkungen besitzen, erhalten so die Weihe der Rechtmäßigkeit – siehe etwa Katrin Krabbe, die auf eine Interviewfrage »Ist für Sie ein gedopter Athlet einer, der verbotene Mittel nimmt, oder einer, der Dopingmittel nimmt?« antwortete: »Derjenige, der verbotene Mittel nimmt, ist einer« (FAZ vom 18. 3. 1993).

Wir können zusammenfassen: Die Sozialfiguren des Leistungssports reagieren auf die Beobachtung ihrer Normbrüche mit spezifischen Techniken der Neutralisierung. Die Akteure legen sich Rechtfertigungen zurecht, mit denen sie ihr abweichendes Verhalten beschönigen. Mit Hilfe dieser Techniken konstruieren die devianten Akteure eine spezifische Wirklichkeit, die ihnen die Internalisierung abweichender Normen dadurch erleichtert, daß sie Entlastung verschafft. Sie vermittelt der Gemeinschaft der Abweichenden die komfortable Möglichkeit, an die Konformität ihres Handelns zu glauben. Sie neutralisiert dominante, auch für sie bedeutsame Normen wie Chancengleichheit und Fairneß, indem plausible Gründe zur Verfügung gestellt werden, von ihnen abzuweichen. Es ist nicht ungewöhnlich, die Bejahung des Dopings aus seiner Verneinung zu begründen. Derartige Denkvolten ermöglichen eine Verarbeitung kognitiver Dissonanz (Festinger 1957).

Diese Argumentationsmuster flottieren frei im Kommunikationspanorama des Sports und sind nahezu beliebig annektierbar und steigerungsfähig. Sie besitzen ihre je eigene Logik und verwenden auf eine eigenwillige Weise Legitimationsstücke, die aus der Sinnsphäre des Sports stammen. Die Erklärungen und Selbstbeschreibungen verdichten sich zu einem kompakten, sich selbst verstärkenden Argumentationszusammenhang. Das individuelle und korporative Handeln erhält durch sie den Anstrich von Vernünftigkeit, Sinnhaftigkeit und Alltäglichkeit. Als Verarbeitungs- und Legitimationsschablonen fällt ihnen eine enorme Bedeutung für das Selbstverständnis der Devianten (Ingroup-Effekt) wie für die Darstellung nach außen (Outgroup-Effekt) zu.

Abweichende Sportler lernen durch Anlehnung an ein deviantes Milieu nicht nur den Umgang mit diversen Mitteln. Auch die Rationalisierungen der Dopingnutzung werden offenbar in demselben informellen Prozeß erworben. Zumindest zeigen die Antworten auf Vorwürfe und Entlarvungen eine bemerkenswerte innere Konsistenz. Offensichtlich fällt es leichter, den Regelhaushalt des Sports zu hintertreiben, die eigene Devianz in ein positives Licht zu setzen und mit dem Risiko der Entlarvung umzugehen, wenn man für das individuelle Tun überzeugende Motive findet. Dies reduziert moralische Konflikte.

Ein Unrechtsbewußtsein auf seiten der beteiligten Personen zu erwarten geht angesichts der Vielfalt und wechselseitigen Verstärkung der einzelnen Neutralisierungstechniken an der Realität vorbei.[56] Es spricht viel dafür, daß das Gegenteil zutrifft. Man hat gerade bei den letzten von uns dargestellten Rationalisierungen nicht den Eindruck, daß die Dopingverwender sich für ihre Abweichung schämen. Sie sehen ihre Devianz vielmehr als legitimen Bestandteil ihrer Berufsrollen an und setzen gegen das normative Bild vom sauberen Athleten, wie es in der offiziellen Selbstbeschreibung des Hochleistungssports abgespeichert ist, die Vorstellung von der Notwendigkeit der Abweichung aufgrund veränderter Umfeldbedingungen und Leistungserwartungen.

Wo Standards einer subversiven Leistungsmoral für viele zur

---

56 In einem Kommentar (KSA vom 6. 8. 1992) fand Olaf Bachmann: Da »die internationale Dopingmentalität ungebrochen ist«, kann sich »ein Unrechtsbewußtsein nicht einstellen ... bei der Mehrzahl der Teilnehmer an diesem von einer unseligen Allianz aus Geld und Gier aufgeschaukelten Sportzirkus.«

Normalität geworden sind, finden Scham- und Unrechtsgefühle keinen Entfaltungsraum. Sich dopende Akteure immunisieren sich rhetorisch und verschaffen sich so ein Bewußtsein des Rechthabens. Die Neutralisierungstechniken machen die psychische Realität der Betroffenen gegen die Faktizität der bedrohlichen Folgen des Dopings resistent. Diese Rhetoriken sind nicht nur gut für die Außendarstellung, sondern eignen sich auch für das Selbstverständnis nach innen. Sie legitimieren nicht nur vollzogenes Handeln, sondern instruieren Folgehandlungen und fungieren als Antriebsquellen für weitere Dopingverstrickungen.

Rechtfertigungsargumente verschaffen, indem sie das Gefühl des Rechthabens hervorrufen, Verhaltenssicherheit. Da eine formale Organisation der Dopingabweichung in offenen Gesellschaften nicht konsensfähig und möglich ist, lassen sich die über Beschwichtigungsrhetoriken fundierten Beziehungen und Loyalitäten funktional äquivalent zur fehlenden Formalisierung der Devianz benutzen. Die Strategie, nur im engen Zirkel von Betroffenen, Bekannten oder Freunden die für Doping notwendigen Abstimmungen vorzunehmen, ist unter den Strukturbedingungen des Sports offener Gesellschaften typisch. Je weniger formal ein System organisiert ist, desto größer wird die Notwendigkeit persönlicher Beziehungen und abpuffernder Gefühle (Neidhardt 1979). Neutralisierungen tragen dazu bei, diese hervorzurufen und auf Dauer zu stellen.

Die Entschuldigungen modulieren und variieren vor allem das für den Leistungssport zentrale Gleichheits- und Gerechtigkeitsmotiv, betonen das subjektive Recht auf freie Verfügbarkeit des eigenen Körpers und nehmen angesichts von Kontrolldefiziten und Vergeblichkeitsannahmen sowie einer Unrechtsverneinung Abweichungskredite für sich in Anspruch. Argumente, um den eigenen Normbruch zu legitimieren, lassen sich leicht finden. Die verschiedenen von uns herausgearbeiteten Neutralisierungstechniken überlappen sich und können nicht trennscharf voneinander differenziert werden. Es entsteht vielmehr eine hochkomplexe Beschönigungsmatrix, in der sich der eine mit dem anderen Legitimationspfad nahezu beliebig vernetzen läßt.

Für die sich hieraus ergebende Kombinatorik lassen sich viele Beispiele finden:
– Sich dopende Sportler lehnen die eigene Verantwortung da-

durch ab, daß sie an überindividuelle Bezugsgrößen wie Nation, Vaterland, Verein oder Mannschaft appellieren. Sie verbinden ihre Entschuldigung mit einer Diffamierung der Doping-Kritiker.

– Oder ein Athlet nimmt verbotene Substanzen zu sich, um aufgrund einer Vergeblichkeitsannahme persönliche Nachteile zu vermeiden.

– Sich dopende Sportler verweisen auch auf die Unvollständigkeit der Dopingverbotsliste, experimentieren folgerichtig mit Medikamenten, die nicht in ihr verzeichnet sind und untermauern ihre Praktiken mit dem Hinweis auf das subjektive Recht, sich selbst so oft und so lange zu schädigen, wie sie es für die Erreichung sportlicher Leistungen als notwendig erachten.

– In anderen Fällen wird der Verstoß gegen das Regelwerk der Fachverbände durch Zwänge in der eigenen Karriere (verletzungsbedingte Auszeiten etc.) gerechtfertigt und mit dem Argument kombiniert, daß angesichts der Ungleichheit im internationalen Anti-Dopingkampf die Konkurrenten sich sowieso auch dopen würden.

– Mit Blick auf den exzessiven Drogenmißbrauch im Alltag leiten Sportler weiterhin selbstbewußt für sich das Recht ab, sich zu dopen, und neutralisieren ihre Abweichung, indem sie ihr Handeln in eine Harmlosigkeit und Normalität signalisierende Semantik einbinden.

Diese Aufzählung möglicher Verknüpfungen wäre beliebig erweiterbar. Geständnisse ehemaliger Sportler, Trainer, Sportmediziner und Funktionäre zeigen, was angesichts der allgemeinen Akzeptanz der dominanten Ziele des Hochleistungssports bei gleichzeitiger Ablehnung des erlaubten Mitteleinsatzes möglich ist.

Die Rationalisierungstechniken helfen dabei, das Gewissen zu beruhigen und Schuldgefühle zu neutralisieren. Bemerkenswert ist auch der Umstand, daß gedopte Athleten Argumente ins Spiel bringen, die in kritischer Auseinandersetzung mit dem Dopingphänomen formuliert worden sind. Der Spitzensport und seine Akteure beobachten offensichtlich die Wissenschaft in ihrer Beobachtung des Hochleistungssports und verwenden deren Erkenntnisse reflexiv zu eigenen Gunsten. Die soziologische Rede von der Strukturabhängigkeit des Dopings dient nicht wenigen Sozialfiguren des Leistungssports als Anlaß, um die eigenen Abweichungen zu legitimieren.

Die Beschwichtigungen und Beschönigungen klingen weder abstrus, noch rekurrieren sie zur Erklärung devianter Verhaltensweisen auf persönliche Charakterdefizite, Begierden oder Schwächen. Da sie in sich selbst widerspruchsfrei formuliert sind, können sie nur von außen, von einem anderen Standpunkt, delegitimiert werden. Allerdings sind derartige Bündelungen argumentativ nicht leicht zu kontern: Stringent komponierte Neutralisierungstechniken weisen eine hohe »requisite variety« gegenüber welchen Argumenten auch immer auf. Sie verschaffen sich in der Realität die »richtigen« Begründungen und besitzen so die Qualität von *Supertheorien* (Luhmann 1978: 9). Diese gewinnen ihre Kraft dadurch, daß sie jedes Gegenargument als Bestätigung der eigenen Annahmen zu verwerten wissen. Was die Theorie des falschen Bewußtseins für den Marxismus oder die Unterstellung in der Kindheit erworbener Komplexe für die klassische Psychoanalyse darstellt, sind im Sport der generalisierte Dopingverdacht und die hieraus abgeleiteten Ungleichheits- und Ungerechtigkeitsannahmen bezüglich der eigenen Ausgangsvoraussetzungen.

Supertheorien sind *ultrastabil*. So beziehen auch die geschilderten Neutralisierungsrhetoriken ihre Kraft aus der Beobachtung des Sports und seiner Skandale und wissen diese zu eigenen Gunsten zu nutzen. Zudem setzen diese Begründungen diejenigen, die gegen sie argumentieren, in ein schlechtes Licht und verschaffen sich auf diese Weise eine Argumentationsbasis für weitere Umkehrungen der Wertehierarchie. Auffällig ist in der Tat, daß die eigene Devianz sich vor allem eine Abstützung in der vermuteten oder bewiesenen Abweichung der anderen Sportler verschafft – ähnlich einem Verkehrssünder, der seine überhöhte Geschwindigkeit durch die Übertretungen der anderen Verkehrsteilnehmer zu legitimieren versucht. Jede Aufdeckung von Dopingpraktiken bei anderen Sportlern schreckt dann gerade nicht ab, sondern dient als Bestätigung der eigenen Vermutungen und fungiert als Abstoßpunkt für die eigene deviante Anpassung an die Dopingpraktiken anderer Sportler.

Unter der Flagge der Nachteilsvermeidung entsteht eine Art Gegenmoral, die sich auf der Seite der Gerechtigkeit und Gleichheit einordnet. Das Perfide dieser Argumentation besteht darin, daß in wechselseitiger Beobachtung der Konkurrenten eine Endlosspirale auf den Weg gebracht wird, die sich selbst im Sinne einer self-fulfilling prophecy immer wieder mit den Gründen ihrer Fortsetzung versorgt.[57] Sich selbst erfüllende Prophezeiungen schaffen aus sich heraus die Voraussetzungen dafür, daß Vermutungen über zukünftige Ereignisse sich bewahrheiten. Wo zirkuläre Interaktionen ablaufen und positive Rückkopplungsschleifen wechselseitige Abweichungsverstärkungen hervorrufen, läuft die Suche nach den »wahren« Ursachen eines Phänomens ins Leere. Angesichts des Zusammenfallens von Ursache und Wirkung und entsprechend wirkender zirkulärer Kausalitäten findet der Beobachter sich in einer Spirale gefangen, in der die eine Seite jeweils der anderen die Schuld zuschiebt und anschließend, da dies wechselseitig mit entsprechenden Gegenreaktionen passiert, auch genug Gründe für die Richtigkeit der eigenen Vermutung findet.[58]

Jeder Sportler muß angesichts dessen den Eindruck gewinnen, daß hier bereits etwas existiert, an das er sich notwendigerweise anzupassen habe. Und wer dies nicht tue, sei der Dumme. Irgendwann kommt es dann zu einer Annäherung der virtuellen an die tatsächliche Wirklichkeit. Anders formuliert: Auch durch die wechselseitige Zuschreibung einer Dopingneigung und abpuffernde Rationalisierungen entsteht ein über das Singuläre hinausgehendes Massenphänomen. Wer voraussetzt, daß international gedopt wird, und entsprechende Gegenmaßnahmen unternimmt, um nicht ins Hintertreffen zu geraten, erzeugt dadurch die Realität mit, die er vorab als problematisch und verabscheuungswürdig definierte. Die Eskalation des Dopings erscheint so als ein schlagender Beweis für die Gültigkeit des schon einmal erwähnten Thomas-Theorems: »If men define situations as real, they are real in their consequences.« Die Neutralisierungs- und Beschwichtigungsrhetoriken tragen somit subtil zur Stabilisierung der Dopingrealität bei.

57 Vgl. Merton (1968a: 475-490) und mit breitem Anschauungsmaterial Watzlawick (1985: 91-110).
58 Die hier anklingende Problematik ist aus der Analyse eskalierender Sozialprozesse wohlbekannt (z.B. Neidhardt 1988).

6. Die Dopingfalle

Das vorausgegangene Kapitel hat mit Hilfe der soziologischen Theorie abweichenden Verhaltens geklärt, warum der einzelne Sportler sich zum Doping entschließt. Vor dem Hintergrund der strukturellen Gegebenheiten des Leistungssports und der Entfesselung des Siegescodes durch Wirtschaft, Politik, Wissenschaft und Massenmedien betrachtete es diese Sonderform der Devianz als individuelle Handlungswahl. Auch dabei wurde bereits an verschiedenen Stellen deutlich, daß diese Entscheidung im Kontext von Einschätzungen stattfindet, die der individuelle Athlet über die entsprechenden Handlungswahlen seiner Mitkonkurrenten hegt. Ob jemand für Doping optiert, hängt genau besehen meist nur in geringem Maße davon ab, welche Leistungssteigerung, gemessen an der bisherigen *Eigen*kompetenz, der einzelne Akteur erwartet. Ausschlaggebend für die Handlungswahl des einzelnen Sportlers ist vielmehr die Überlegung, welche Verbesserung im Vergleich zu den von ihm erwarteten Leistungen der *anderen* Athleten er sich ausrechnet. Die sportliche Konkurrenzkonstellation rückt das soziale Umfeld als Vergleichsmaßstab ins Zentrum der Aufmerksamkeit von Athleten.

Die Sozialdimension besteht in dieser Hinsicht zunächst einmal aus kognitiven Erwartungen, die Sportler wechselseitig übereinander haben, und aus Erwartungserwartungen darüber, welche Erwartungen die jeweils anderen der eigenen Person gegenüber ausbilden. Ego geht davon aus, daß die anderen sich dopen; und er antizipiert, daß die anderen davon ausgehen, daß er sich selbst auch dopt. Diese Erwartungsmatrix läßt den primär defensiven Charakter des Dopings bereits klar hervortreten. Es geht heutzutage kaum noch darum, sich von Doping einen eigenen Vorteil zu erhoffen. Man will nur noch den Nachteil gegenüber denen vermeiden, die sich, wie man annimmt, dopen. Der amerikanische Senator Strom Thurmond (Hearings 1990: 125) formulierte vor einem Senatsausschuß über Steroidmißbrauch im amerikanischen Sport hinsichtlich der Situation von Football-Spielern: »... the realization that other players are using steroids, and the inability to compete with those abusing the drug combine to lead these men to set aside their principles and better judgement.« Weil die anderen davon ausgehen, daß Ego sich dopt, dopen sie sich auch; und weil Ego davon ausgeht, daß die anderen Sportler sich dopen, dopt er sich ebenfalls. Aus diesem Geflecht von intersubjektiv verschränkten Erwartungen und Erwartungserwartungen ergibt sich Doping als eine sich selbst erfüllende Prophezeiung. Wenn die Akteure auf der Grundlage dieser Erwartungen handeln und sich dopen, ist die massenhafte Ausbreitung devianten Verhaltens ein perfider Aggregationseffekt.

Die Frage, die wir in diesem Kapitel beantworten wollen, lautet: Ist der wechselseitige Anstoß zum Doping unter den Athleten tatsächlich ein so hermetisch geschlossener, sich eigendynamisch aufschaukelnder Prozeß, wie er in diesen Andeutungen anklingt? Um die Antwort auf eine solide Basis zu stellen, muß man sich auf der Grundlage dessen, was im letzten Kapitel zur Situation der je *einzelnen* Sportler dargestellt worden ist, die strategischen Interdependenzen *zwischen* ihnen detailliert vor Augen führen. Ferner sind die relevanten Umfeldakteure einzubeziehen und deren Einflüsse auf die Handlungswahlen der Athleten zu untersuchen.

Abstrakt gesehen geht es in diesem Kapitel um das Problem der sozialen *Interdependenzbewältigung*, wie es vor allem die soziologische Theorieperspektive des Rational Choice in den Mittelpunkt ihres Interesses stellt. Für James Coleman (1990: 29) etwa ergibt sich Sozialität als Interdependenz zielorientierter Akteure aus einem »simple structural effect: Actors are not fully in control of the activities that can satisfy their interests, but find some of those activities partially or wholly under the control of other actors.« Andere können jemanden also bei seiner Zielverfolgung behindern oder gar völlig blockieren, und er kann auf ihre Unterstützung oder zumindest Nichteinmischung angewiesen sein – oder darauf, sich ihnen gegenüber als überlegen zu erweisen. Letzteres trifft auf die Interdependenz zwischen Hochleistungssportlern als Fall einer Wettbewerbsbeziehung zu. Es gibt viele Konkurrenten, aber nur einen Sieger; und wer diese knappe Position für sich verbuchen will, muß nicht irgendeine sachlich spezifizierte Leistung erbringen, sondern hat besser als alle anderen zu sein. Im Sport geht es eben nicht einfach darum, einen Rekord als ein objektiviertes Leistungsmaß zu überbieten, sondern darum, im betreffenden Wettkampf Erster zu werden. Wer beispielsweise bei einem Sportfest den existierenden Weltrekord einstellt, aber dennoch nur Zweiter wird, weil ein Konkurrent diese Markierung noch mehr überbietet, hat verloren.

Ein Sportler wird bei seiner Dopingentscheidung eindeutig mit dem Problem der Interdependenzbewältigung konfrontiert. Er fragt sich: Was tun die Konkurrenten? Und was sollte ich tun, wenn ich ein bestimmtes Handeln der Konkurrenten erwarte? Die Spieltheorie bietet für die Betrachtung solcher Interdependenzen ausgearbeitete abstrakte Konzepte und Erklärungsmuster.[1] Wir werden die Spieltheorie daher in diesem Kapitel als ein weiteres theoretisches Instrument einführen. Sie befaßt sich ganz allgemein damit, daß in vielen sozialen Situationen mehrere Akteure jeweils ein begrenztes Set von Handlungsmöglichkeiten besitzen, jeder für sich eine seiner Möglichkeiten wählt und so durch das Zusammenwirken aller Akteure ein bestimmtes Ergebnis zustandekommt, das wiederum von jedem der Akteure hinsichtlich der eigenen Intentionen bewertet wird. Hierbei kann es sich um individuelle, kollektive oder korporative Akteure handeln. Mindestens zwei sind für eine soziale Interdependenz nötig. Jeder Akteur muß über mindestens zwei Handlungsmöglichkeiten verfügen. Er wählt zwischen ihnen gemäß rationaler Kalkulation, normorientiert oder emotional – die Spieltheorie ist diesbezüglich nicht festgelegt. Wichtig ist lediglich, daß jeder Akteur selbst entscheidet, also nicht bloß ausführendes Organ eines seiner Gegenüber ist oder unter dessen Zwang steht. Auch ob ein Akteur seine Handlungswahl mit Blick auf seine Gegenüber, also deren bereits getätigte oder erwartete Handlungswahlen trifft oder sich darum überhaupt nicht kümmert, ist konzeptionell offengelassen. Das Resultat ist dann das kombinatorische Produkt aller Handlungswahlen, das aus der Sicht jedes der beteiligten Akteure jeweils mehr oder weniger den eigenen Intentionen entspricht. Manchmal erreichen alle hundertprozentig das, was sie wollten; manchmal ergibt sich genau umgekehrt etwas, das von allen als schlimmstmögliches Resultat ihres Zusammenwirkens eingestuft wird. Manchmal sind einige der

1 Als wenig formalisierte, anschauliche Einführung in die Spieltheorie siehe Colman (1982). Bei Ryll (1989) finden sich weitergehende Überlegungen zum Stellenwert der Spieltheorie als Instrument soziologischer Gesellschaftsforschung.

Beteiligten mehr oder weniger zufrieden, andere dagegen mehr oder weniger unzufrieden – all diese Varianten können vorkommen.[2]

Die Spieltheorie ist als ein formales Analyseinstrument nicht auf spezifische Gegenstandsbereiche festgelegt. Politische Verhandlungskonstellationen können mit ihrer Hilfe ebenso analysiert werden wie die Standardisierung technischer Normen oder der Rüstungswettlauf der Großmächte. Diese Offenheit des Instrumentariums erlaubt eine umstandslose Anwendung auf das Phänomen des Dopings im Hochleistungssport. So ist es möglich, nicht beim bloßen Beschwören von Analogien zwischen dem Doping und beispielsweise der militärischen Aufrüstung stehen zu bleiben.[3] Weil dieselben abstrakten Konzepte und Erklärungsmuster, die das Aufrüstungsphänomen analysieren helfen, genauso präzise auch beim Dopingphänomen einsetzbar sind und dann im einzelnen Gemeinsamkeiten und Unterschiede beider Phänomene herauszuarbeiten vermögen, lassen sich instruktive Detailvergleiche anstelle bloß suggestiver Totalvergleiche zwischen beiden Phänomenen ziehen.

Wie jedes gute theoretische Instrument gestattet die Spieltheorie schließlich auch den schrittweisen Übergang von zunächst äußerst vereinfachenden zu komplexeren Modellen des betrachteten empirischen Phänomens. Immer mehr Aspekte der empirischen Realität können so eingearbeitet werden. Dieser analytische Weg vom Abstrakten zum Konkreten findet theoretisch kontrolliert statt, und nicht als unausgesprochenes oder gar unbemerktes ständiges Oszillieren zwischen beiden Polen, was oft genug auf ein fruchtloses argumentatives Gegeneinanderausspielen von »clean models« und »dirty hands« (Hirsch u.a. 1987) hinausläuft.

Eine entsprechende schrittweise theoretische Annäherung an die komplexe Akteurkonstellation, in der ein Sportler bei seiner Wahl zwischen Doping und Nicht-Doping steht, soll auch in

---

2 Gerade die Rationalitätsparadoxien, -dilemmata und -fallen, die sich daraus ergeben, daß eine je individuelle Zielverfolgung sich auf vielfältigste Weisen am Handeln anderer Akteure brechen kann, finden das besondere Interesse der soziologischen Rational-Choice-Perspektive und der Spieltheorie.

3 Beobachtern und Betroffenen drängt sich dieser Vergleich immer wieder auf. Siehe beispielsweise nur die Äußerung des amerikanischen Kugelstoßers Dave Laud (RNZ vom 20. 12. 1983): »Doping ist wie atomares Wettrüsten, ... keiner will der erste sein, der damit aufhört.«

diesem Kapitel erfolgen. Wir werden zunächst im ersten Abschnitt zwei in einem bestimmten Wettkampf miteinander konkurrierende Sportler betrachten. Die Athleten stehen freilich, was sodann im zweiten Abschnitt hinzugefügt werden muß, jeder nicht für sich allein da, sondern befinden sich jeweils in einem Beziehungsnetz mit Trainern, eventuell Mannschaftskameraden sowie Sportärzten und Funktionären. Diese Gruppe ist wiederum in umfassendere Beziehungsnetze mit Akteuren aus Politik, Wirtschaft, Wissenschaft und den Massenmedien eingebettet. Zudem werden wir im dritten Abschnitt darauf eingehen, daß der sportliche Wettkampf kein singuläres Ereignis ist, sondern eine soziale Situation darstellt, die immer wieder inszeniert wird. Weiterhin ist dem Sachverhalt Rechnung zu tragen, daß eine sportliche Konkurrenz in der Regel kein Zwei-Parteien-Spiel ist, sondern eine Vielzahl von Wettbewerbern umfaßt. Als sehr wichtig wird sich erweisen, daß diese Konkurrenzbeziehungen für alle Beteiligten ein spezifisches Wissensproblem aufwerfen. Auch im nachhinein bleibt nämlich meist unsicher, ob sich die jeweiligen anderen Teilnehmer gedopt haben oder nicht. Schließlich wird der vierte Abschnitt den Umstand berücksichtigen, daß sich, sobald es Dopingkontrollen gibt, auch noch eine Beziehung der Sportler zu den Kontrolleuren aufbaut.

6.1 Konkurrenzspiel der Sportler

Doping spieltheoretisch zu analysieren ist nicht völlig neu. Der norwegische Sportwissenschaftler Gunnar Breivik (1987) war der erste, der einen entsprechenden Versuch unternahm. In Reaktion hierauf haben dann der Politikwissenschaftler Otto Keck und der Ökonom Gert Wagner diese Betrachtung des Phänomens vorangetrieben (Keck/Wagner 1990; Wagner/Keck 1990). Bei diesen vereinzelten Versuchen, die bislang kein sonderliches Echo in der sportwissenschaftlichen Diskussion gefunden haben, ist es jedoch geblieben. Weder bei Breivik noch bei Keck und Wagner gibt es überdies eine systematische Annäherung der einfachen spieltheoretischen Modelle an die komplexe empirische Realität. Die dazu nötigen analytischen Schritte werden in einigen Hinsichten angedeutet, in anderen noch gar nicht gesehen. Daher können die folgenden Überlegungen zwar den analytischen Ausgangspunkt mit den genannten Untersuchungen teilen, vermögen jedoch darüber hinaus kaum noch von ihnen zu profitieren.

Der analytische Ausgangspunkt ist die zunächst von allen sonstigen Aspekten abstrahierende Betrachtung zweier Hochleistungssportler derselben Disziplin, denen ein Wettkampf miteinander bevorsteht. Diese dyadische Konkurrenzkonstellation entspricht, wie sowohl Breivik als auch Keck und Wagner zutreffend sehen, dem Prisoner's Dilemma – dem am meisten untersuchten und bekanntesten Spiel (vgl. nur Colman 1982: 101-104, 113-136; Holler/Illing 1991: 1-9). Dieses Spiel verdankt seinen Namen folgender Illustration:

Zwei Mordkomplizen sind gefaßt worden und werden einzeln verhört. Die Polizei verfügt nicht über genügend Beweise, um die beiden des Mordes überführen zu können. Sie benötigt also Geständnisse. Jeder von beiden kann, wenn er ein Geständnis ablegt und damit auch seinen Komplizen der Tat überführt, aufgrund der geltenden Kronzeugenregelung freikommen, während der andere lebenslänglich bekommt. Gestehen beide, erhalten sie beide aufgrund dann geltend gemachter mildernder Umstände eine Strafe von zehn Jahren Gefängnis. Gesteht keiner, können sie aufgrund der vorliegenden Beweise nur des wiederholten illegalen Waffenbesitzes überführt und jeder zu einem Jahr Gefängnis verurteilt werden. Beide Straftäter werden getrennt voneinander verhört, so daß keiner bei seiner Vernehmung weiß, wie der andere ausgesagt hat.

Jeder der beiden Straftäter besitzt zwei Handlungsalternativen: zu gestehen oder nicht zu gestehen. Auf dieser Grundlage ergeben sich die vier genannten möglichen Outcomes des handelnden Zusammenwirkens beider Akteure. Die Bewertung der Resultate durch beide Straftäter ist klar, wenn man unterstellt, daß ihr oberstes Bestreben darin besteht, möglichst kurze Zeit im Gefängnis abzusitzen: Jeder bevorzugt, daß er selbst gesteht, aber der andere ein Geständnis verweigert; die zweitbeste Möglichkeit ist für beide, daß keiner gesteht; das drittbeste Resultat besteht darin, daß beide sich offenbaren; und am schlechtesten findet jeder das Ergebnis, daß er selbst nicht gesteht, aber der andere auspackt. Da beide Straftäter diese Handlungswahl ohne Wissen darüber treffen müssen, was der andere tut oder schon getan hat, kann es zwischen ihnen keine Absprachen geben. Wie wird sich

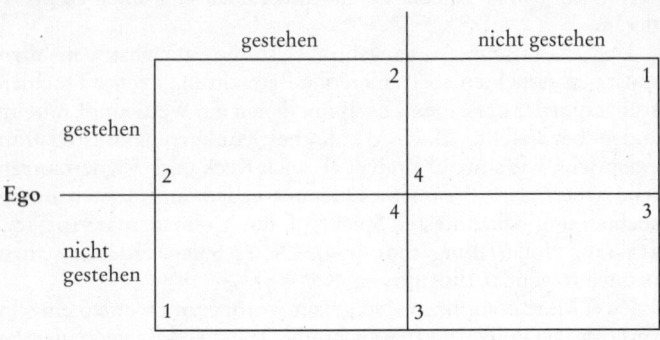

Abb. 6: Prisoner's Dilemma

jeder unter diesen Umständen als rationaler Akteur entscheiden (siehe Abb. 6)?[4]

Unterstellt man, daß ein rationaler Akteur zunächst einmal risikoaversiv darauf ausgerichtet ist, seine möglichen eigenen Kosten zu minimieren, und nicht etwa intendiert, unter Eingehen eines hohen Risikos den möglichen eigenen Nutzen zu maximieren, müssen beide Straftäter einander zwangsläufig wechselseitig mißtrauen und deshalb jeweils gestehen. Um dies nur für Ego klar zu machen: Gesteht er, aber Alter nicht, kommt Ego frei, was für ihn besser ist, als wenn beide nicht gestehen; gestehen aber beide, ist das für Ego ebenfalls besser, als wenn er nicht gesteht, aber Alter gesteht. Gestehen ist damit Egos dominante Strategie. Das gleiche gilt aber auch für Alter. So ergibt sich als Resultat, daß beide gestehen. Das Irritierende daran ist nun, daß zwei Akteure, die das für sie individuell Rationalste tun, das für jeden von ihnen zweitschlechteste Ergebnis herbeiführen. Hätten sie sich hingegen nicht-rational verhalten und jeder darauf vertraut, daß der andere auch nicht gesteht, hätten sie den für beide zweit-

---

4 Zur spieltheoretischen Notation: Die Zahlen geben die ordinale Rangordnung der Outcomes an, wobei »4« das höchstpräferierte, »1« das am wenigsten präferierte Ergebnis bedeutet. Für jeden Outcome stellt die Zahl links unten die Einstufung durch den Zeilenspieler, die Zahl rechts oben die Einstufung durch den Spaltenspieler dar.

besten Outcome erreicht. Genau dies kennzeichnet ihr spezifisches Dilemma.

Die gleiche Interdependenzstruktur besteht zwischen zwei miteinander konkurrierenden Hochleistungssportlern. Richtet man den Blick auf das Dopingphänomen, haben beide Sportler bei ihrem Streben, den anderen zu besiegen, prinzipiell jeweils zwei Handlungsalternativen. Jeder von beiden kann sich entweder dopen, um dadurch die eigenen Siegeschancen zu verbessern, oder darauf verzichten. Damit ergeben sich vier mögliche Resultate dieses Konkurrenzspiels: (1) Beide dopen sich; (2) Ego dopt sich, Alter nicht; (3) Ego dopt sich nicht, Alter dopt sich; (4) beide bleiben abstinent.

Für Ego stellt sich das Ergebnis, daß er selbst sich dopt, Alter hingegen darauf verzichtet, als das beste dar. Hierbei muß man auf seiten Egos zweierlei unterstellen. Beides setzt voraus, daß Ego, dem Siegescode des Sportsystems folgend, seinen individuellen Wettkampfnutzen primär darin erblickt, zu siegen.[5] Erstens wird unterstellt, daß in Egos Bewertungen der Resultate keine Gesichtspunkte der Sportmoral eingehen. Die eigene Unfaireß, die eine Entscheidung zugunsten von Doping eventuell bedeutet, schlägt nicht – etwa in Form von Schuldgefühlen – als nennenswerter Kostenfaktor dieser Wahl zu Buche. Hochleistungssportler befinden sich, wie die Betrachtung ihrer biographischen Fixierung im Kapitel 3 plausibel gemacht hat, in einer »Hochkostensituation«, in der moralische Gesichtspunkte in den Hintergrund rücken. Zweitens wird unterstellt, daß Ego sich seines Sieges nicht hinreichend sicher ist. Wäre er subjektiv davon überzeugt, daß ihn keiner seiner Konkurrenten schlagen kann, hätte er Doping nicht nötig. Eine Siegesgewißheit dieser Art besitzen allerdings nur ganz wenige »Ausnahmeathleten«. Zwar vermag

5 Breivik (1992) unterscheidet drei mögliche Einstellungen von Spitzensportlern: erstens »Winning is the most important thing«, zweitens »Fairness is the most important thing« und drittens »The process is most important«. Letzteres demonstriert ein genuines Interesse am Sport als lustvoll erlebter Tätigkeit. Breivik konstatiert ganz richtig, daß Doping nur bei der ersten dieser drei Einstellungen zu einem Problem wird. Er schließt daraus, Dopingbekämpfung solle auf seiten der Sportler durch pädagogische Beeinflussung einen Wandel von der vorherrschenden ersten Einstellung zu einer der anderen beiden Einstellungen herbeiführen. Unsere Analysen der biographischen Fälle, die dem Sportler Dopingdevianz aufdrängen, lassen diese Empfehlung als blauäugig erscheinen. Im Kapitel 8 werden die Schwierigkeiten von Pädagogisierung als Strategie der Dopingbekämpfung noch ausführlich behandelt werden.

Doping dem Sportler diesbezüglich keine absolute Sicherheit zu vermitteln. Doping ist jedoch, wie im vorausgegangenen Kapitel dargestellt, zumindest eine Praktik zur partiellen Absorption jener Unsicherheit, die aufgrund der Konkurrenzverschärfung im Hochleistungssport immer größer geworden ist.

Wenn beide Unterstellungen zutreffen, gibt es für Ego folgende Nutzen- und Kostenaspekte des Dopings zu berücksichtigen. Auf der Nutzenseite stehen verbesserte Siegeschancen. Auf der Kostenseite finden sich in erster Linie die negativen Sanktionen, falls man des Dopings überführt wird; in zweiter Linie, aber wohl meistens nur am Rande, kommen auch noch die gesundheitlichen Risiken des Dopings hinzu.[6] Solange das Risiko, entdeckt zu werden, im Vergleich zur Verbesserung der eigenen Siegeschancen als gering eingeschätzt wird, wird Ego aufgrund der positiven Kosten/Nutzen-Bilanz zum Doping tendieren – wobei ihm natürlich am liebsten wäre, wenn Alter dopingabstinent bleibt. Umgekehrt besteht aus Egos Sicht das schlechteste Resultat darin, daß er selbst sich nicht dopt, Alter hingegen zu unerlaubten Mitteln und Verfahren der Leistungssteigerung greift. Denn in diesem Fall fällt Alter der durch einseitiges Doping erzielbare Konkurrenzvorteil zu. Die beiden anderen Outcomes sind demgegenüber dadurch gekennzeichnet, daß gewissermaßen »Waffengleichheit« von Ego und Alter besteht. Beide Möglichkeiten sind für Ego besser als ein einseitiger Vorteil Alters, aber schlechter als ein eigener einseitiger Vorteil. Angesichts der Kosten des Dopings zieht Ego das Ergebnis, daß beide sich nicht dopen, dem Resultat vor, daß beide sich dopen. Denn die Vorteile des Dopings kämen bei letzterem nicht zum Tragen. Dieselben Erwägungen hinsichtlich der vier möglichen Outcomes stellt Alter an. Damit ergibt sich die Spielstruktur des Prisoner's Dilemma (siehe Abb. 7).

Die rationalen Wahlen beider Seiten sind so ebenfalls klar. Beide Akteure werden sich für Doping entscheiden. Das Resultat ist ein für beide Seiten gegenüber dem Outcome, daß beide sich

---

6 Keck und Wagner (1990: 109/110) veranschlagen – ebenso wie Breivik – als Kosten lediglich die gesundheitlichen Risiken, um dann selbst zu konstatieren, daß eine gesundheitliche Beeinträchtigung »als ein in der Zukunft liegendes, unsicheres Ereignis wahrscheinlich subjektiv stark abdiskontiert wird«. Damit stellen sie die Dopingentscheidung des Sportlers zu eindeutig in Richtung Doping tendierend dar.

	sich dopen	sich nicht dopen
sich dopen	2 / 2	2 / 1 ... 4
Ego		
sich nicht dopen	4 / 1	3 / 3

Abb. 7: Konkurrenzspiel

nicht dopen, klar suboptimales Ergebnis ihres aufeinander bezogenen Handelns: eine »Situation kollektiver Selbstschädigung«, wie Keck und Wagner (1990: 110) zutreffend feststellen.

Das Tückische des Prisoner's Dilemma besteht darin, daß sich wechselseitiges Mißtrauen als selbsttragende Attribution verfestigt. Ego muß Alter letztlich schon deshalb mißtrauen, weil Ego Alter unterstellt, daß dieser ihm mißtraut – und umgekehrt. Dieser Tatbestand ergibt sich daraus, daß die Wahrnehmung der Akteurkonstellation als Prisoner's Dilemma nicht bloß ein theoretisches Konstrukt des sportsoziologischen Beobachters ist, sondern in hohem Maße auch auf seiten der involvierten Akteure vorliegt. Ego und Alter wissen, daß sie sich miteinander in einem Prisoner's Dilemma befinden. Die Logik dieser perfiden Situation spielt sich nicht bloß hinter ihrem Rücken ab, sondern vollzieht sich in ihren Köpfen. Genau dadurch führt diese Konstellation zur bereits kurz angedeuteten self-fulfilling prophecy. Weil Ego, indem er Alter mißtraut, erwartet, daß dieser sich dopt, dopt sich Ego; und weil Alter genauso kalkuliert, verschränken sich ihre Erwartungen und die daraus hervorgehenden Handlungen derart, daß Ego Alters Doping und darüber sein eigenes Doping hervorruft – und umgekehrt. Das »worst case scenario« (Schüssler 1988) erzeugt und stabilisiert sich demnach in hohem Maße selbst. Im Extremfall kann Doping buchstäblich aus dem

Nichts entstehen. Athleten brauchen nur voneinander zu meinen, daß die jeweils anderen sich dopen, und sich dann zum defensiven Doping entschließen. So kann aus einer fiktiven tatsächliche Abweichung werden.

Betrachtet man noch einmal die Situation der beiden Straftäter, könnte man auf den ersten Blick meinen, sie würden nur dadurch in ein Prisoner's Dilemma gezwungen, daß ihnen vor den Verhören die Kommunikation miteinander untersagt ist. Deshalb weiß keiner, wie der jeweils andere ausgesagt hat bzw. aussagen wird, so daß beide mißtrauisch auf »Nummer sicher« gehen müssen. Aber änderte sich ihre Lage wirklich, wenn sie sich vor ihren Verhören miteinander absprechen könnten? Natürlich könnten sie dann, das Prisoner's Dilemma vor Augen, miteinander verabreden, beide nicht zu gestehen. Entscheidend ist jedoch, daß keiner von beiden sicher sein könnte, daß der Komplize sich im Verhör auch tatsächlich an die Verabredung halten wird. Warum sollte Ego sich hierauf einlassen? Wenn Alter sich an die Verabredung hält, ist es für Ego vorteilhaft, sich nicht daran zu halten und als Kronzeuge freizukommen; und wenn Alter gegen die Verabredung verstößt, ist es für Ego ebenfalls vorteilhafter, sich nicht daran zu halten, um nicht der Leidtragende von Alters Verrat zu sein. Sogar wenn beide zugleich verhört werden, ändert sich nichts. Einer von beiden hat sich immer als erster zu äußern. Da Ego nicht weiß, ob sich Alter anschließend an die Absprache halten wird, muß sich Ego rationalerweise nicht daran halten, wodurch sich dann natürlich auch Alter nicht daran hält.

Die gleichen Überlegungen gelten für die beiden Sportler. Auch sie könnten einander zwar hoch und heilig versprechen, auf Doping zu verzichten. Das wäre im beiderseitigen Interesse: »Jeder würde sofort verzichten, wenn er sicher sein könnte, daß auch die anderen darauf verzichten« (Sehling u. a. 1989: 127). Wie Joseph R. Biden jr., Vorsitzender eines Senatsausschusses über Steroidmißbrauch im amerikanischen Sport, formulierte: »... steroids are a vicious cycle. Therefore, if everyone signed an agreement to stop tomorrow, an awful lot would stop, ...« (Hearings 1990: 198). Wenn es so einfach wäre! Keiner der beiden Athleten im Konkurrenzspiel könnte doch dem anderen glaubhaft machen, sich an das eigene Versprechen tatsächlich zu halten. Im Gegenteil: Ein solches Versprechen des anderen könnte gerade, je ehrlicher es wirkt, als besonders raffiniertes Täuschungsmanöver ausgelegt werden. Das Prisoner's Dilemma stellt demnach eine Akteurkonstellation dar, die Ehrlichkeit systematisch unerkennbar macht und so zum Verschwinden bringt (Kelley/ Stahelsky 1970).

Bis zu diesem Punkt gelangt ein soziologischer Beobachter mit der simplen Analogie zwischen zwei miteinander konkurrierenden Hochleistungssportlern und zwei Straftätern. Doping erscheint, so besehen, genauso unvermeidlich wie das beiderseitige Geständnis der Kriminellen. Allerdings ist das bis jetzt gezeichnete Bild der Akteurkonstellation, in der sich Hochleistungssportler befinden, noch äußerst lebensfern. Erst wenn weitere wichtige Elemente der realen Situation analytisch einbezogen werden, können wir zu einer fundierteren Einschätzung darüber gelangen, wie stark der aus der Akteurkonstellation kommende Dopingdruck auf den Sportlern lastet. Das Konkurrenzspiel zwischen den Athleten ist in weitere Spiele eingebettet, die insgesamt ein komplexes »connected game« (Scharpf 1990) ergeben (siehe Abb. 8).

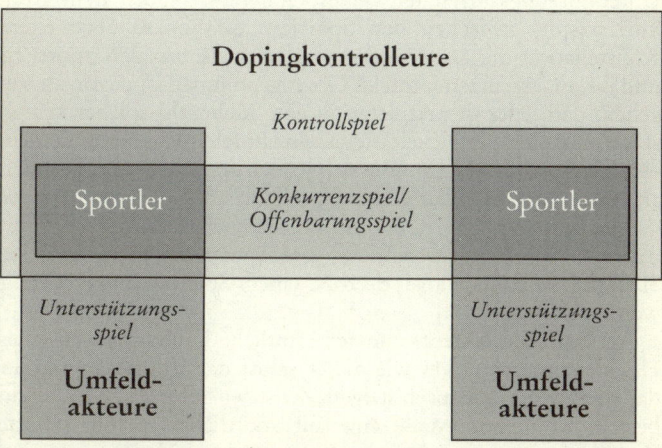

Abb. 8: Doping als »connected game«

6.2 Unterstützungsspiel der Umfeldakteure

Die Vielfalt dessen, was jeder Akteur des inner- und außersportlichen sozialen Umfelds mit Bezug auf einen Hochleistungssportler unternehmen kann, läßt sich in einer analytischen Dichotomisierung als Gewährung oder Verweigerung von Unterstützung fassen. Jede konkrete Handlung eines dieser Umfeldakteure kann als Wahl zwischen diesen beiden Gruppen von Handlungsalternativen verstanden werden: entweder den Sportler bei seinem sportlichen Erfolgsstreben zu unterstützen – u. a. durch Training, Bereitstellung von Trainingsmöglichkeiten, Organisation von Wettkämpfen, positive Berichterstattung, finanzielle Förderung, motivationale Bestärkung, wissenschaftliche und medizinische Beratung – oder ihm genau diese Unterstützungsleistungen zu versagen. Damit steht die Entscheidung eines Sportlers, sich zu dopen oder auf Abweichung zu verzichten, nicht nur im Kontext dessen, was seine Konkurrenten unternehmen, sondern erfolgt darüber hinaus unter Berücksichtigung der Unterstützungsaktivitäten seines Umfeldes. Neben dem Konkurrenzspiel zwischen den Sportlern gibt es so als weitere Konstellation die *Unterstützungsspiele* zwischen den Sportlern und ihrem jeweiligen Umfeld. Genaugenommen ist davon auszugehen, daß jeder der Athleten in eine Mehrzahl solcher Unterstützungsspiele verwickelt ist, da sein Umfeld nicht nur aus einem einzigen Akteur besteht. Wie sich jedoch erweisen wird, besitzen alle diese parallel ablaufenden Unterstützungsspiele mit Trainer, Verein, Verband, Eltern, Sponsoren, staatlichen Förderern, Journalisten, Sportwissenschaftlern und Sportmedizinern dieselbe Struktur, so daß sie analytisch zu einem Spiel zusammengefaßt werden können.

Als rationale Akteure müssen sämtliche Umfeldfiguren eines Hochleistungssportlers wie dieser selbst daran interessiert sein, daß dessen Siegeschancen steigen. Zwischen Sportler und Umfeld besteht in hohem Maße eine auf sportlichen Erfolg fixierte Zweckgemeinschaft, wie in den Kapiteln 2 und 3 herausgearbeitet worden ist. Der Erfolgsdruck, der auf dem Sportler lastet, ist nicht nur ein intrinsischer, sondern wird extrinsisch erzeugt und aufrechterhalten. Der sich finanziell, in Reputation und in Karrierechancen niederschlagende Erfolg des Trainers ist an den Erfolg des von ihm betreuten Sportlers gebunden. Die einen

Athleten betreuenden Sportärzte und Sportwissenschaftler befinden sich in der gleichen Lage. Wollen sie sportlich im Geschäft bleiben, müssen sie die Nützlichkeit ihrer Leistungen belegen; und das geht letztlich nur unter Hinweis auf sportliche Erfolge, an denen sie beteiligt waren. Auch Verein und Verband profitieren finanziell und in ihrer Reputation vom Erfolg der ihnen angehörenden Sportler. In der Konkurrenz um staatliche Fördergelder und wirtschaftliche Sponsoren sowie um die Aufmerksamkeit der Massenmedien sind Erfolgsnachweise äußerst wichtig. Wirtschaftliche Sponsoren und staatliche Förderer wollen ebenfalls Athletenerfolge sehen, weil Werbewirksamkeit bzw. politische Symbolkraft davon abhängen. Journalisten widmen in der Regel den erfolgreichen Sportlern weitaus mehr Aufmerksamkeit als den erfolglosen: Siege, nicht Niederlagen haben »newsworthiness«.[7] Demgemäß tragen schließlich auch die Massenmedien zum sportlichen Erfolgsdruck bei.

Ein gewisser Unterschied besteht freilich zwischen dem jeweiligen Sportler und seinem Umfeld hinsichtlich der Abhängigkeit von seinem Erfolg. Das Umfeld verfügt – in unterschiedlichem Ausmaß – über eine Exit-Option, die der Sportler nicht besitzt. Wenn er erfolglos ist, haben fast alle Akteure in seinem Umfeld die Möglichkeit, sich von ihm abzuwenden und einem anderen, erfolgversprechenderen Sportler zuzuwenden. Ohnehin haben die meisten Umfeldakteure in der Regel mehrere Eisen im Feuer und konzentrieren ihre Unterstützung nicht bloß auf einen einzigen Sportler, sondern auf ein mehr oder weniger breites Portfolio alternativer Unterstützungsinvestitionen – um es in einem durchaus passenden Börsenjargon auszudrücken. In vielen Sportarten betreuen Trainer, Sportärzte und Sportwissenschaftler mehrere Sportler; Vereine und Verbände haben ohnehin jeweils mehr oder weniger viele Mitglieder mit Erfolgschancen; die staatliche Förderung verteilt sich auf eine große Anzahl von Athleten; auch Sponsoren beschränken sich oft nicht bloß auf einen einzigen Sportler; und Journalisten widmen ihre Aufmerksamkeit einem breiten Spektrum von Sportarten und Athleten. Risikoabsorption durch Diversifikation der eigenen Unterstützungsaktivitä-

---

7 Niederlagen haben nur als unerwartete Fälle »newsworthiness«: wenn z. B. jemand, dem Gewinnchancen eingeräumt wurden, überraschenderweise verliert. Damit aber jemandem überhaupt Siegeschancen eingeräumt werden, muß er bereits zu den erfolgreichen Sportlern gehören.

ten und durch die Möglichkeit des Austauschs der Unterstützungsempfänger: Beides steht dem Sportler selbst nicht offen. Er ist – auch das gehört zu seiner biographischen Falle – auf Gedeih und Verderb auf sich selbst verwiesen. Wenn er erfolglos ist, kann er dies nicht anderswo ausgleichen.

Die Exit-Option ist für die Umfeldakteure allerdings stets mit mehr oder weniger hohen Kosten verbunden. Der partielle oder totale Entzug der Unterstützungsleistungen für einen bestimmten Sportler ist daher keine Alternative, die ein Umfeldakteur jederzeit leichten Herzens wählen könnte. Jede Unterstützungsinvestition in einen Sportler hat ihre »sunk costs«, die bei einem Wechsel verlorengehen: den Such- und Auswahlaufwand bei der Entscheidung, gerade diesen Sportler zu unterstützen, und die bis zum Zeitpunkt des Wechsels geleistete Unterstützung. Insbesondere wenn diese »sunk costs« sich überhaupt noch nicht amortisiert, aber schon eine beträchtliche Höhe erreicht haben, fällt es schwer, sie vollständig als Verlust abzuschreiben. Allzuschnelles Fallenlassen eines Athleten spricht sich zudem unter den Sportlern herum, so daß dafür bekannte Umfeldakteure nicht mehr so leicht Athleten finden, die bereit sind, sich mit ihnen einzulassen. Hinzu kommt der Such- und Auswahlaufwand, den die Entscheidung für eine alternative Unterstützungsinvestition mit sich bringt. Dieser Aufwand hängt auch stark davon ab, wie viele andere erfolgversprechende Sportler jeweils als alternative Unterstützungsempfänger zur Wahl stehen. Für einen Trainer in einer bestimmten Sportart können das manchmal sehr wenige sein, während die Auswahlmöglichkeiten eines Sponsors oder eines Journalisten, denen es oft nicht auf die Sportart ankommt, demgegenüber viel größer sein können. Die Exit-Option der Umfeldakteure ist demnach stets mehr oder weniger kostenträchtig, was die Investitionsflexibilität dieser Bezugsgruppen deutlich einschränkt.

Gleichgültig jedoch, ob die Umfeldakteure über eine große oder nur eine geringe Exit-Möglichkeit verfügen: Der von ihnen ausgehende extrinsische Erfolgsdruck auf den Sportler bleibt hoch. Bei einer geringen Exit-Option sehen die Umfeldakteure ihren eigenen Erfolg untrennbar mit dem des Sportlers verknüpft und werden mehr oder weniger subtil Druck auf ihn ausüben bzw. ihn gewähren lassen, wo sie eigentlich Einhalt gebieten müßten. Eine große Exit-Option reduziert demgegenüber zwar die Abhängigkeit der Umfeldakteure vom Erfolg eines bestimmten von ihnen unterstützten Sportlers, was ihren Druck auf ihn geringer ausfallen läßt. Jedoch nimmt umgekehrt die Abhängigkeit des Sportlers von ihnen zu.[8] Wären sie ebenso alternativlos auf ihn verwiesen, wie er selbst es ist, müßten sie mehr Mißerfolge hinnehmen. So aber macht ihn die große Exit-Option seiner Umfeldakteure um so empfindlicher für die von ihnen ausgehenden Erfolgserwartungen, wodurch auch ein geringer Druck gleich stark wirkt wie ein stärkerer.[9]

Das Unterstützungsspiel zwischen dem Sportler auf der einen und seinen Umfeldakteuren auf der anderen Seite besteht aus dem Zusammenwirken zwischen Gewährung oder Verweigerung von Unterstützung und seiner Wahl, sich zu dopen oder auf Abweichung zu verzichten (siehe Abb. 9). Beide Entscheidungen beziehen sich, wie klar geworden ist, auf dieselbe Zielorientierung: den sportlichen Erfolg.

Dem Sportler sind sowohl Doping als auch Unterstützung wichtig, weil beides seine Gewinnchancen erhöht. Dementsprechend ist für ihn das beste Ergebnis, sich selbst für Doping zu entscheiden und die Unterstützung der Umfeldakteure zu bekommen, während das entgegengesetzte Resultat, sich nicht zu dopen und keine Unterstützung zu erhalten, das schlechteste darstellt. Welcher von den weiteren beiden möglichen Outcomes für den Sportler besser als der andere ist, kann dahingestellt bleiben, weil es für seine Handlungswahl unerheblich bleibt. Er wird sich, gleichgültig wofür seine Umfeldakteure optieren, immer für Doping entscheiden.

Ginge es nur darum, die Dopingwahl des Sportlers zu erklären, brauchte man sich also um die Entscheidung der Umfeldakteure gar nicht mehr zu kümmern. Dies ist eine überraschende Einsicht. Sie besagt schließlich nicht weniger, als daß der extrinsische Erfolgsdruck auf den Sportler dessen Dopingentscheidung nicht

8 Siehe generell zu »power-dependence relations« Emerson (1962).
9 Zwar kann der Sportler seinerseits einige der Umfeldakteure bei Erfolglosigkeit wechseln – vor allem Trainer, Sportärzte, Sportwissenschaftler, Verein. Doch den Erfolgsdruck wird er dadurch nicht los. Im Gegenteil sind solche Maßnahmen gerade Folge der anhaltenden Erfolgserwartungen. Das kommt insbesondere dann unübersehbar zum Ausdruck, wenn ein Sportler Umfeldakteure unter dem Druck anderer Umfeldakteure austauscht – z.B. eine Bundesliga-Fußballmannschaft den Trainer wechselt, weil die Massenmedien oder der Sponsor nach einem öffentlich erbrachten Opfer verlangen.

Umfeldakteure

		den Sportler unterstützen	den Sportler nicht unterstützen
Sportler	sich dopen	4 4	2 3
	sich nicht dopen	1 3	3 1

Abb. 9: Unterstützungsspiel

mehr beeinflußt. Die intrinsischen Erfolgserwartungen reichen bereits aus. Die Umfeldakteure drängen den Sportler also nicht direkt, d. h. durch unmittelbare Einflußnahme zum Zeitpunkt der Entscheidung, dazu, auf Dopingmittel und -verfahren zurückzugreifen. Zwar dürfte eine derartige Beeinflussung häufig genug vorkommen, sie hat aber eben – entgegen den Einschätzungen der Akteure – keine nennenswerten Wirkungen mehr. Der Einfluß des sportinteressierten Umfeldes erfolgt vielmehr im Vorfeld und ist viel subtiler und indirekter. Er vollzieht sich darüber, daß sein Umfeld den Sportler, wie in Kapitel 3 gezeigt, in eine biographische Fixierung auf den sportlichen Erfolg hineinmanövriert hat. Die Umfeldakteure exekutieren ihren Einfluß über die zurückliegende Sozialisation – und nicht über Macht- oder Geldmittel, die sie zum Zeitpunkt der Dopingentscheidung einsetzen. Jetzt brauchen sie nur noch an die – von ihnen präformierte – »Vernünftigkeit« des Sportlers zu appellieren, sollte er vergessen haben, in welcher biographischen Lage er sich befindet.

Dennoch lohnt es, sich auch die Präferenzen der Umfeldakteure vor Augen zu führen. Auch sie wollen den Erfolg des von ihnen unterstützten Sportlers, weshalb es für sie rationalerweise, und ungeachtet aller öffentlichen Bekundungen des Gegenteils, am besten ist, wenn der Athlet sich zum Doping entschließt. Denn sie können sich – handelt es sich nicht um einen »Ausnahmesportler« – ebensowenig wie der Sportler selbst hinreichend sicher sein, daß er auch ohne Doping erfolgreich sein wird. Am schlechtesten ist für die Umfeldakteure demgegenüber der Outcome, daß ein von ihnen unterstützter Sportler sich nicht dopt, also nicht auch das Seine dazu tut, die eigenen Gewinnchancen zu maximieren. Denn dann vergeuden die Umfeldakteure Unterstützungsleistungen. Einem dopingabstinenten Sportler die Unterstützung zu entziehen ist aus Sicht der Umfeldakteure konsequenterweise das zweitbeste Ergebnis, während der Rückzug von einem sich dopenden Sportler das zweitschlechteste Resultat ist. Somit ist der Outcome, daß ein Athlet sich dopt und unterstützt wird, sowohl für diesen als auch für die Umfeldakteure gleichermaßen der beste. Diese Tatsache hat zwar, wie gesagt, keinen Einfluß auf die Dopingentscheidung des Sportlers. Doch sofern Umfeldakteure genau diese Einsicht gewinnen, stellt es sich für sie als um so rationaler dar, potentielle Siegerkandidaten so früh wie möglich in die biographische Fixierung auf sportlichen Erfolg hineinzuführen.

Faktisch gibt es auf seiten der Umfeldakteure ein heimliches Junktim: Unterstützung nur bei Dopingbereitschaft. Wir können nun den Zusammenhang zwischen dem Konkurrenzspiel und dem jetzt betrachteten Unterstützungsspiel zwischen dem Sportler und seinem Umfeld herstellen. Für den Sportler, der sich zum einen in einer Spielkonstellation mit seinem Konkurrenten, zum anderen in einer andersartigen Spielkonstellation mit seinem Umfeld befindet, bedeutet dies: Er muß seine Entscheidung, sich zu dopen oder auf Devianz zu verzichten, mit Rücksicht auf das treffen, was diese Wahl in *beiden* Spielen für ihn bedeutet. Oft hat der Umstand, daß ein Akteur ein bestimmtes Handeln im Kontext von mehr als einem Spiel auswählen muß, zur Folge, daß sich das Ergebnis gegenüber der isolierten Betrachtung jedes der Spiele ändert. Denn wenn eine bestimmte Option z.B. im Kontext des einen Spiels zwar zum besten, im Kontext des anderen aber zum schlechtesten Resultat führt, ist ihr gegenüber eine andere Variante, die in beiden Spielen den zweitbesten Outcome realisiert, vorzuziehen.

Bei den beiden hier betrachteten Spielen ist die Sache allerdings eindeutiger. Sowohl im Konkurrenz- als auch im Unterstützungsspiel ist es für den Sportler rational, sich zu dopen. Das Unterstützungsspiel übt also keine abschwächende oder gar umkehrende Wirkung auf die Dopingentscheidung des Sportlers aus. Damit geht von einem so beschaffenen Unterstützungsspiel auch kein Impuls aus, der beiden Sportlern dazu verhelfen könnte, das für sie suboptimale Ergebnis des beiderseitigen Dopings in das bessere Resultat des beiderseitigen Dopingverzichts zu transformieren. Anders gesagt: Solange das sportliche und außersportliche Umfeld von Hochleistungssportlern ebenso wie der Athlet selbst auf sportliche Erfolge fixiert ist, kann vom Umfeld keine wirksame Dopingbekämpfung ausgehen. Die aus diesen Kreisen sattsam bekannten und lautstark formulierten Lippenbekenntnisse gegen Doping stellen nur eine immer fadenscheinigere Kaschierung des tatsächlich von dort ausgeübten Dopingdrucks dar.

Die Verknüpfung zwischen Konkurrenz- und Unterstützungsspiel bekäme erst dann eine andere Qualität, wenn das faktische Junktim im Umfeld der Sportler rigoros umgekehrt würde: Wenn Doping, dann nie mehr Unterstützung! Insbesondere die Sportverbände wären hier gefragt, entsprechend zu intervenieren. Für andere Umfeldakteure könnten die Athleten bei einem Entzug der Unterstützung notfalls noch Ersatz finden, also beispielsweise einen anderen Trainer, Sportarzt, Verein oder andere Sponsoren. Selbst ein Entzug staatlicher Förderung könnte durch entsprechend mehr Sponsorenverträge kompensiert werden; und auch der einflußreichste Journalist kontrolliert nicht vollständig die Berichterstattung über einen bestimmten Sportler. Da angesichts der Konkurrenz zwischen all diesen Umfeldakteuren nicht damit zu rechnen ist, daß sie das genannte Junktim geschlossen praktizieren, käme es entscheidend auf die nationalen und internationalen Verbände an. Denn sie haben ein Monopol auf ihre Unterstützungsleistungen: die Austragung von Wettkämpfen, die Nominierung für internationale Wettbewerbe und die Anerkennung von Siegen und Rekorden. Es gibt eben nur einen Leichtathletik-Verband, dem beispielsweise ein Hochspringer angehören muß, will er sportliche Erfolge erzielen. Würden die Verbände glaubhaft ihr Junktim in der genannten Richtung ändern, müßten die Sportler in ihr Kostenkalkül einbeziehen, daß sie ihre sportliche Existenz – an der ihre gesamte Biographie hängt – vernichten, falls sie sich dopen und dabei erwischt werden.

Ob diese Änderung des Unterstützungsspiels im Konkurrenzspiel einen Unterschied machte, würde freilich entscheidend davon abhängen, wie gut die Dopingkontrollen funktionieren – womit die Überlegung auf eine noch zu behandelnde weitere analytische Auffächerung des für die Dopingentscheidung von Hochleistungssportlern relevanten »connected game« verweist. Besonders hoch müßte das Risiko, beim Doping erwischt zu werden, allerdings bei einem daraus folgenden vollständigen und dauerhaften Entzug der verbandlichen Unterstützung wohl gar nicht sein. Denn angesichts der verbreiteten Risikoaversivität menschlichen Entscheidens stellte auch ein geringes Aufdeckungsrisiko bei den dann sicher erwartbaren extremen Folgen zumindest eine ins Gewicht fallende Abschreckung dar. Wenn allerdings halbherzige Kontrollen mit nur schwachen Sanktionen – etwa Sperren für relativ kurze Zeiträume – verbunden werden, was der zumeist noch immer gängigen Praxis entspricht, ist der Abschreckungseffekt wieder so gering, daß das Unterstützungsspiel die Sportler im Konkurrenzspiel nicht zu einer anderen Option bewegt.

6.3 Intransparenz des Dopings

Die analytische Einbeziehung der Umfeldakteure eines Hochleistungssportlers hat also den Befund, den die bloße Betrachtung des Konkurrenzspiels zwischen ihm und einem anderen Sportler ergibt, nicht verändert. Das für die Sportler suboptimale Ergebnis des Prisoner's Dilemma bleibt bestehen. Allerdings ist das Konkurrenzspiel, so wie es bis jetzt analysiert worden ist, noch in einer anderen Hinsicht sehr lebensfern. Bis jetzt blieb ausgeblendet, daß ein Sportler nicht bloß einen einzigen Wettkampf gegen einen einzigen Konkurrenten bestreitet, sondern viele Wettbewerbe gegen eine große Anzahl von Konkurrenten austrägt. Wir müssen nun klären, ob sich hierdurch etwas verändert – ob also der im einmaligen dyadischen Prisoner's Dilemma angelegte Dopingzwang aufgehoben wird.

Generellere spieltheoretische Überlegungen, die auch auf empirische Evidenzen verweisen können, stimmen in dieser Hinsicht zunächst einmal optimistisch. So zeigt insbesondere der amerikanische Politikwissenschaftler Robert Axelrod (1984), daß sich das Prisoner's Dilemma ganz anders darstellen kann, wenn beiden Spielern bewußt ist, daß sie dieses Spiel eine ihnen nicht bekannte Anzahl von Runden gegeneinander spielen und in jeder Runde neu entscheiden müssen, ob sie miteinander kooperieren wollen oder nicht. Miteinander kooperieren hieße für die beiden Gefangenen, nicht gegen den anderen auszusagen, und für die beiden Sportler, sich nicht zu dopen. Konkrete Bezüge sollen hier allerdings erst einmal zugunsten einer abstrakten Betrachtung des Prisoner's Dilemma ausgeblendet werden. Erst im zweiten Schritt wird zu prüfen sein, ob die abstrakten spieltheoretischen Einsichten auf die Entscheidungssituation der Sportler anwendbar sind.

Bei einem einmaligen Spiel besteht das Problem für beide Beteiligten, wie bereits dargestellt, darin, daß sie dem jeweils anderen nicht trauen können. Beide wissen, daß beiderseitige Kooperation für beide vorteilhafter ist als beiderseitige Kooperationsverweigerung; und beide wissen auch, daß beide das wissen. Dennoch riskiert Ego, falls er kooperiert, von Alter durch Kooperationsverweigerung ausgebeutet zu werden – wobei das nicht einmal auf den bösen Willen von Alter zurückgehen muß, sondern allein schon aus dessen Vorsicht gegenüber Ego hervorgehen kann. Das gleiche gilt auch umgekehrt.

Findet das Prisoner's Dilemma nun immer wieder statt, ohne daß für beide ein Ende abzusehen ist, kommt etwas Neues ins Spiel: das »Gesetz des Wiedersehens«.[10] Es besagt nichts anderes, als daß jeder von beiden Spielern dadurch die Möglichkeit erhält, erstens begrenzte Kooperationsangebote zu machen, zweitens Kooperationsangebote seines Gegenübers durch anschließende eigene Kooperation begrenzt zu erwidern und drittens dessen Nichtkooperation durch anschließende begrenzte eigene Nichtkooperation bestrafen zu können. Entscheidend ist, daß Spielwiederholungen das auf beiden lastende Alles-oder-Nichts aus der Welt schaffen. Es geht für keinen mehr darum, in einem einzigen Spiel zu kooperieren oder es nicht zu tun – eine Alternative, die bei der Struktur des Prisoner's Dilemma nur zu einer mißtrauischen beiderseitigen Kooperationsverweigerung führen kann. Jeder kann vielmehr, ohne sich völlig dem anderen auszuliefern, längerfristig kalkulierend vertrauensbildende Maßnahmen einsetzen.

Die von Axelrod herausgestellte und meistens sehr effektive

---

10 Um eine treffende, von Niklas Luhmann (1969: 75) für denselben Sachverhalt an einem konkreten Problem entwickelte Formulierung zu übernehmen.

Maßnahme dieser Art ist »tit for tat«. Ein Spieler, der in einem Prisoner's Dilemma mit unbekannt vielen Runden gemäß dieser Strategie spielt, befolgt drei einfache Regeln. Erstens beginnt er kooperativ. Zweitens reagiert er sofort mit Kooperationsverweigerung, falls sein Gegenüber die Kooperation verweigert. Drittens schaltet er sofort wieder auf Kooperation um, sobald sein Gegenüber kooperativ handelt. »Tit for tat« kombiniert also auf simple, aber in der Wirkung ingeniöse Weise einen geringen anfänglichen Vertrauensvorschuß, eine unnachsichtige Ahndung von Kooperationsverweigerung und eine nicht nachtragende Honorierung von Besserung des Gegenübers. Wie Axelrod in Computersimulationen des Prisoner's Dilemma zeigt, fahren Spieler, die »tit for tat« spielen, sehr häufig am besten, wodurch sich diese Strategie in einer Population unterschiedlicher miteinander konkurrierender Strategien evolutionär durchsetzen kann. Dies wiederum führt zu dem Ergebnis, daß immer öfter beide Seiten »tit for tat« spielen, was dann sehr stabile Kooperationsbeziehungen schafft und dem Prisoner's Dilemma seinen Schrecken nimmt. »Tit for tat« kann dabei zur sich selbst erfüllenden Prophezeiung werden. In dem Maße, wie ein Spieler annehmen kann, daß sein Gegenüber, so wie er selbst, über die Vorteilhaftigkeit dieser Strategie Bescheid weiß, kann er um so leichter den erforderlichen anfänglichen Vertrauensvorschuß gewähren, weil er annehmen kann, daß dieser richtig verstanden und erwidert wird.

Jetzt erschließt sich auch, warum die Anzahl der noch zu spielenden Runden unbekannt sein muß. Dies läuft für die Spieler auf dasselbe hinaus, als müßten sie unendlich oft gegeneinander spielen. Sie wissen bei keiner Runde, ob es definitiv die letzte sein wird. Wüßten sie davon, gäbe es den »Endspiel-Effekt«: In der letzten Runde dürfte jeder von beiden rationalerweise nicht kooperieren, weil er ja wüßte, daß sein Gegenüber das nicht mehr bestrafen könnte. Also werden in der letzten Runde beide für Kooperationsverweigerung optieren. Da jedem von beiden bekannt ist, daß nicht nur er selber, sondern auch sein Gegenüber dieses Kalkül kennt, liegt die letzte Runde hinsichtlich der Optionen beider Spieler fest. Damit wird die vorletzte zur letzten Runde, in der beide ihre Entscheidung wählen können. Aber unter diesen Umständen gilt für die vorletzte Runde dasselbe wie für die letzte. Diese »backward induction« zieht sich durch alle

Runden bis zur ersten, so daß bei einer von vornherein bekannten festgelegten Anzahl von Runden ebensowenig Kooperation entstehen kann wie bei einem einmaligen Prisoner's Dilemma.

Eine erste Möglichkeit, über das suboptimale Ergebnis einer beiderseitigen Kooperationsverweigerung hinaus zu gelangen, ist demnach in der zeitlichen Wiederholung des Spiels zwischen denselben Spielern angelegt. Wenn ein Spieler damit rechnen muß, immer wieder auf denselben Mitspieler zu treffen, zahlen sich Kooperationsangebote und Kooperationserwiderungen für ihn ebenso wie für den anderen aus. Selbst ein einmaliges Aufeinandertreffen zweier Spieler bzw. eine beiden von vornherein bekannte begrenzte Anzahl von Spielrunden schließt jedoch Kooperation dann nicht aus, wenn beide Mitglieder einer Population von Spielern sind, die immer wieder aufeinander treffen und einander gegenseitig in ihrem Spielverhalten beobachten können – sei es direkt, sei es indirekt durch irgendwelche Arten von Beobachtungsinstanz, die ihre Beobachtungen dann allgemein verbreitet. Ein Beispiel sind die Bewohner eines Dorfes, von denen jeder immer wieder einmal in die Lage kommt, irgendeinen der anderen um eine Gefälligkeit zu bitten. Umgekehrt betrachtet: Jeder muß damit rechnen, daß ihm immer wieder einmal irgendein Mitbewohner einen Akt der Kooperation abfordert; und ob diese Kooperation geleistet wird oder nicht, spricht sich schnell herum.

Unter diesen Umständen muß jeder Spieler die Option, die er in einem bestimmten Spiel mit einem bestimmten Gegenüber trifft, auch daraufhin bedenken, was sie für die eigene Reputation bei anderen potentiellen zukünftigen Partnern bedeutet.[11] Akte der Kooperationsverweigerung werden, beispielsweise durch Klatsch, schnell verbreitet und stimmen mißtrauisch gegenüber dem betreffenden Spieler. Ihm wird daraufhin ebenfalls, als Bestrafung oder aus Vorsicht, Kooperationsverweigerung entgegengebracht. Da er darauf rationalerweise auch durch Kooperationsverweigerung reagiert bzw. antizipativ so optiert, verschafft sich jemand über einzelne, vielleicht durch besondere situative Umstände motivierte Kooperationsverweigerungen gegenüber bestimmten anderen Spielern leicht eine generalisierte Zuschreibung, prinzipiell kooperationsunwillig zu sein, so daß ihm dann

11 Siehe allgemein zu Reputationsspielen den Überblick bei Holler/Illing (1991: 172-182).

alle anderen entsprechend kooperationsverweigernd entgegen-treten. Im Wissen um diese Spirale des Mißtrauens muß sich jeder Spieler rationalerweise sehr überlegen, ob er nicht sogar dann, wenn es ihm momentane Nachteile bringt, dennoch koopera-tiv auftritt, um seinen »guten Ruf«, also den ihm von anderen entgegengebrachten Vertrauenskredit, zu erhalten. Nur wenn sein Mitspieler bekanntermaßen als Kooperationsverweigerer gilt, kann sich ein Spieler leisten, selbst kooperationsverweigernd aufzutreten. Das alles trifft freilich nur zu, solange sich ein Spieler in einer Population potentieller zukünftiger Gegenüber bewegt. Wenn er weiß, daß er denen, die ihn hinsichtlich seiner Koopera-tionswilligkeit beobachten, nie mehr begegnen wird, kann ihm deren Einschätzung gleichgültig sein.[12]

Daß jedes Mitglied einer solchen Population um seine Vertrau-enswürdigkeit besorgt sein muß, ist also eine zweite, in der Sozialdimension angelegte Möglichkeit, im Prisoner's Dilemma über den suboptimalen Outcome beiderseitiger Kooperations-verweigerung hinaus zu gelangen. Eine dritte Möglichkeit eröff-net sich in der Sachdimension über »issue linkages« (McGinnis 1986). Diese liegen vor, wenn zwischen zwei Spielern nicht bloß eine bestimmte Handlungsinterdependenz besteht, sondern meh-rere, sachlich unterschiedliche wechselseitige Abhängigkeiten koexistieren. Ein Beispiel sind die Beziehungen zwischen den Großmächten, die nicht bloß militärischer, sondern etwa auch wirtschaftlicher, wissenschaftlicher oder kultureller Art sind. Wer nun in einer der Beziehungen, die er mit einem bestimmten Mitspieler unterhält, kooperationsverweigernd auftritt, riskiert damit, daß ihm dies nicht nur in dieser Beziehung, sondern auch in den anderen Beziehungen erwidert wird. Militärische Aufrü-stung gefährdet dann beispielsweise die sehr wichtigen guten wirtschaftlichen Kontakte. Umgekehrt kann Kooperation in ei-ner Beziehung auch kooperativem Verhalten in den anderen Beziehungen Bahn brechen. Die Intensivierung des kulturellen Austauschs zwischen Staaten ist beispielsweise oft der Anfang einer Gesprächsbereitschaft auch in wirtschaftlichen oder militä-rischen Fragen. Nicht zuletzt darin, als Startpunkt einer allgemei-nen Verbesserung zwischenstaatlicher Beziehungen dienen zu

12 Ähnliches gilt für einen fliegenden Händler, der seine minderwertige Ware nur deshalb an Konsumenten verkaufen kann, weil er ihnen voraussichtlich nicht wieder begegnen wird.

können, liegen, wie in Kapitel 2 ausgeführt, wichtige Leistungen des internationalen Spitzensports für die Außenpolitik. Diese Eigenschaft von parallelen Interdependenzen, daß Kooperation ebenso wie Kooperationsverweigerung gleichsam auf die Gesamtheit der Interdependenzen ausstrahlt, ist ebenfalls kooperationsfördernd. Denn wer in einer bestimmten Interdependenz kooperationsverweigernd auftritt, läuft damit Gefahr, einen dann von beiden Seiten unkontrollierbaren Flächenbrand zu entfachen.

Die drei Möglichkeiten zur Überwindung der beiderseitigen Kooperationsverweigerung im Prisoner's Dilemma spielen oft zusammen. Wer auf Dauer in einer Population von untereinander kommunizierenden Spielern eine Vielfalt von parallelen Interdependenzen mit einzelnen Mitspielern unterhält und dieses Interdependenzgeflecht zum eigenen Vorteil möglichst weiter ausbauen will, kann sich Akte der Kooperationsverweigerung so gut wie gar nicht leisten.[13] Jede Akteurkonstellation, die dem Typus einer dauerhaften »Gemeinschaft« – sei es nun eine Familie oder ein traditionelles Dorf – entspricht, beweist diese Einschätzung. Aus diesem Zusammenspiel der zeitlichen, sozialen und sachlichen Dimension von Akteurkonstellationen ergibt sich, daß sich das zunächst sehr unwahrscheinlich erscheinende kooperative Miteinander einer Vielzahl von Akteuren in einer Vielzahl von Beziehungen und Situationen faktisch größtenteils einstellt: daß nicht der Hobbessche ständige Kampf aller gegen alle vorherrscht, sondern ein trotz aller Interessenunterschiede und Konflikte geordnetes Zusammenleben der Gesellschaftsmitglieder stattfindet. Die Frage ist nun, ob und inwieweit diese Möglichkeiten der Kooperationsförderung durch einen egoistischen Altruismus auch im Konkurrenzspiel zwischen Hochleistungssportlern gegeben sind.

In der Tat treffen zwei Hochleistungssportler nicht bloß in einem einzigen Wettkampf aufeinander, sondern begegnen einander immer wieder, ohne daß sie vorher wissen, wann es das letzte Mal gewesen sein wird. Die Leistungselite einer bestimmten Sportart ist überdies nicht bloß national, sondern meistens auch international eine für alle Dazugehörigen weitgehend überschaubare Population, in der Neuigkeiten über jeden einzelnen rasch

---

13 Außer als Vorsichtsmaßnahmen gegenüber Mitspielern, die bekanntermaßen als Kooperationsverweigerer gelten.

die Runde machen. Die zeitlichen und sozialen Möglichkeiten der Kooperationsförderung scheinen damit durchaus vorzuliegen, während sachlich parallele Interdependenzen zwischen einzelnen Sportlern wohl nur selten gegeben sind.[14] Diese für einen Dopingverzicht zunächst ermutigenden Anzeichen halten einer genaueren Betrachtung jedoch nicht stand. Bislang ist nämlich ein ganz entscheidender Sachverhalt außer acht geblieben: daß das Konkurrenzspiel zwischen Hochleistungssportlern ein Prisoner's Dilemma darstellt, welches für die Spieler ein besonderes Wissensproblem aufwirft.

Keck und Wagner (1990: 110) sehen dies ebenfalls.[15] Sie diskutieren »tit for tat« zwischen den Sportlern als eine Möglichkeit, einen beiderseitigen Dopingverzicht zu erreichen. Doch über »tit for tat« von beiderseitiger Kooperationsverweigerung zu beiderseitiger Kooperation zu gelangen ist zum Scheitern verurteilt, »wenn kooperative Züge nicht mit Sicherheit von nicht-kooperativen Zügen unterschieden werden können«. Genau dieses Wissensdefizit ist das Problem des Konkurrenzspiels nicht nur bezüglich der in der Zeitdimension angelegten, sondern auch bezüglich der in der Sozial- und der Sachdimension angelegten Möglichkeiten der Kooperationsförderung. Doping ist heimliches Handeln, das in den verborgenen Tiefen des Körpers stattfindet und dessen Aufdeckung daher, wenn überhaupt möglich, aufwendiger naturwissenschaftlicher Verfahren bedarf. An einem öffentlich durch einen Sportler proklamierten Dopingverzicht ist also nicht ablesbar, ob er die Wahrheit sagt oder lügt. Wenn die beiden Sportler im Wettkampf gegeneinander angetreten sind, weiß man nachher nur, wer gewonnen hat – aber nicht, in welcher Weise der Sieg zustande kam: ob gedopt oder ungedopt. Ein Beobachter mag einen noch so plausiblen Verdacht hegen: Solange er nicht bewiesen wird, gilt – in dubio pro reo – der betreffende Sportler als ungedopt. Nicht selten können nicht einmal Dopingkontrollen in diesem entscheidenden Punkt endgültige Klarheit bringen, weil zwar manche, aber eben nicht

14 Anders sieht es möglicherweise für die sportliche Konkurrenz zwischen Nationen aus. Diese haben auch andere, ihnen meist wichtigere Beziehungen zueinander, die sie nicht durch, über fortgesetztes Doping der einen Seite eventuell erzeugbare, Krisen ihrer Sportbeziehungen gefährden wollen.
15 Auch Breivik (1991: 188) bemerkt: »The central problem seems to be the secrecy of the strategies.« Am Fall des Rüstungswettlaufs machen Downs u.a. (1985: 139-142) diesen Sachverhalt ausführlich klar.

alle Dopingpraktiken nachweisbar sind. Selbst bei längst nicht gegebenen flächendeckenden Dopingkontrollen bliebe eine Grauzone unentdeckten Dopings erhalten – und es ist noch nicht einmal abschätzbar, wie groß diese Grauzone tasächlich ist.

Hier zeigt sich die unausrottbare *Intransparenz* des Dopings, die das Prisoner's Dilemma des Konkurrenzspiels so schwierig macht.[16] Alle drei Möglichkeiten der Kooperationsförderung wirken über die negative Sanktionierung von Kooperationsverweigerung. Wenn Kooperationsverweigerung aber, wie Doping, gute Chancen hat, unentdeckt zu bleiben, kann sie auch nicht sanktioniert werden, wodurch beide Spieler rationalerweise dazu gebracht werden, unter dem Deckmantel eines scheinbaren Kooperierens kooperationsverweigernd zu agieren. Dann sieht es zwar oftmals so aus, als sei das gegenüber einer beiderseitigen Kooperationsverweigerung pareto-superiore Ergebnis einer beiderseitigen Kooperation erreicht worden. Tatsächlich verbleiben hingegen beide Spieler nach wie vor in der Suboptimalität. Das Prisoner's Dilemma der *tatsächlichen* Entscheidung, sich zu dopen oder darauf zu verzichten, ist in einem weiteren Spiel der *proklamierten* Entscheidung für oder gegen Doping eingelagert. Das Konkurrenzspiel ist mit einem *Offenbarungsspiel* verknüpft (siehe Abb. 10).

Das Konkurrenzspiel der Sportler weist also neben der »Hinterbühne«, wo ohne Wissen der Öffentlichkeit und der Dopingkontrolleure gehandelt wird, auch eine »Vorderbühne« auf, wo der Öffentlichkeit, den Dopingkontrolleuren sowie den Konkurrenten ein »sauberer« und »fairer« Sport vorgegaukelt wird. In letzterem Spiel ist die Option beider Sportler eindeutig. Beide streiten angesichts der Nachteile, die es für sie mit sich brächte, Doping zuzugeben, stets ab, sich zu dopen. Zwar zöge jeder von beiden es vor, der andere würde seine Dopingdevianz zugeben, weil dieser sich damit selbst aus dem Rennen brächte – doch rechnet natürlich keiner mit einer solchen Dummheit seines Gegenübers. Im Ergebnis heißt das: Die Möglichkeit zur unentdeckten Lüge führt dadurch, daß sie beiden Seiten verfügbar ist, zu einem für beide Seiten suboptimalen Resultat. Wenn beide einander belügen können, muß jeder mit dem schlimmsten rechnen.

16 Generell zu diesem Problem der »imperfekten Information« vgl. Holler/Illing (1991: 46/47).

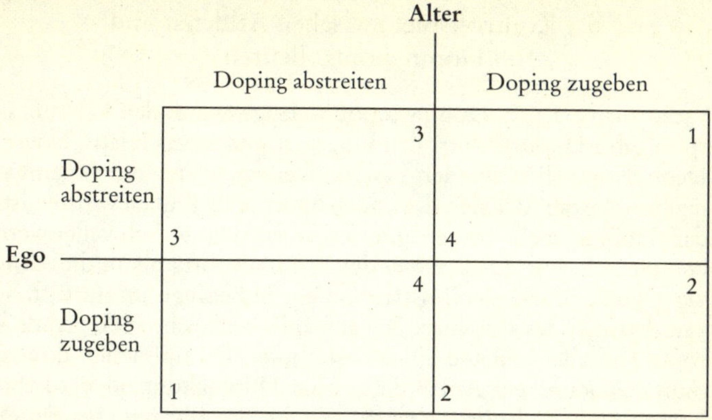

	Doping abstreiten	Doping zugeben
Doping abstreiten	3 3	3 1
Doping zugeben	4 1	4 2

Ego (left axis)

Abb. 10: Offenbarungsspiel

Damit sind wir wieder beim »worst case scenario« des ursprünglichen Prisoner's Dilemma.

Weder die analytische Einbeziehung der Umfeldakteure noch die Berücksichtigung der zeitlichen, sozialen und sachlichen Möglichkeiten der Kooperationsförderung ändert etwas an dem Ergebnis, das bereits die isolierte Betrachtung eines einmaligen Konkurrenzspiels zwischen zwei Sportlern erbringt.[17] Dieses Prisoner's Dilemma erweist sich als außerordentlich hartnäckig. Allerdings sind wir auch bereits zweimal darauf gestoßen, daß der Beziehung der Sportler zu den Dopingkontrolleuren eine große Bedeutung zufällt. Je größer die Wahrscheinlichkeit ist, beim Doping erwischt zu werden, desto mehr geht dieses Risiko ins Kostenkalkül der Sportler ein und muß dem Nutzen des Dopings – erhöhten eigenen Gewinnchancen – gegengerechnet werden. Wir wenden uns deshalb nun diesem Aspekt der Akteurkonstellation von Hochleistungssportlern zu.

---

17 Man könnte nach diesem Ergebnis fragen, warum wir uns dann nicht – wie Breivik oder Keck und Wagner – im wesentlichen mit dieser einfachen Analyse des Konkurrenzspiels begnügt haben. Die Antwort lautet, daß man erst durch eine Einbeziehung dieser weiteren Facetten zeigen kann, daß sie keinen Unterschied machen. Das ist ein durchaus nicht von vornherein erwartbares und für die Dopingbekämpfung natürlich höchst unerfreuliches Ergebnis.

6.4 Kontrollspiel zwischen Athleten und Dopingkontrolleuren

Vermutlich existiert Doping schon so lange, wie es den Leistungssport gibt. Dopingkontrollen hingegen sind etwas relativ Neues. Denn Kontrollen werden erst notwendig, wenn die – gemutmaßte – Anzahl der sich dopenden Sportler so groß geworden ist, daß Doping nicht länger ignorierbar ist. Dieser Schwellenwert bemißt sich, wie das Beispiel des Profiradsports bis in die sechziger Jahre hinein demonstriert, nicht unbedingt am quantitativen Ausmaß des Dopings. Selbst – oder vielleicht auch gerade – wenn fast alle Athleten einer bestimmten Disziplin sich dopen, muß das noch kein Anlaß dafür sein, Dopingkontrollen zu etablieren. Im Radsport, ebenso wie im Profiboxen, waren es massive gesundheitliche Schäden bis hin zu spektakulären Todesfällen von offenkundig gedopten Sportlern, die in der Öffentlichkeit Aufsehen erregten. Ob die Schockwirkung solcher Ereignisse auch in Zukunft noch ausreichen wird oder die hohe Skandalfrequenz das Publikum bereits abstumpfen läßt, und welche weiteren Auslöser von Dopingkontrollen existieren, kann hier vorerst noch dahingestellt bleiben. Klar ist: Sobald es Dopingkontrollen gibt, findet zwischen den Sportlern – ob sie sich dopen oder nicht – und den Dopingkontrolleuren ein *Kontrollspiel* statt. Dieses ist dann, neben dem Konkurrenz- und dem Unterstützungsspiel, das dritte Spiel innerhalb des »connected game« der Akteurkonstellation von Hochleistungssportlern.

Im Kontrollspiel stehen den beiden Handlungsoptionen eines bestimmten Sportlers (Doping/Dopingverzicht) zwei Entscheidungsmöglichkeiten der Dopingkontrolleure gegenüber: diesen Sportler zu kontrollieren oder nicht. Da die Überprüfung wegen des damit verbundenen Aufwands nicht flächendeckend erfolgen kann, müssen die Kontrolleure diese Wahl treffen. Zwar werden mittlerweile etwa in der Leichtathletik nach wichtigen Wettkämpfen oft bereits obligatorisch die ersten drei Athleten kontrolliert, so daß jeder Teilnehmer sicher weiß, daß er im Falle eines solchen Erfolgs kontrolliert wird. Ein Wissen dieser Art bedeutet jedoch lediglich, daß man seine Dopingpraktiken so gestalten muß, daß Doping am Wettkampftag selbst nicht mehr nachweisbar ist. Im Vorfeld solcher Wettbewerbe, insbesondere während des Trainings, sind dann wieder nur Stichproben möglich. Allenfalls könnten die Dopingkontrolleure – was auch teilweise geschieht – ihre Auswahl der kontrollierten Sportler so treffen, daß voraussichtliche Siegeskandidaten mit größerer Wahrscheinlichkeit und Häufigkeit überprüft werden.

Für den Athleten ergibt sich damit hinsichtlich des Handelns der Dopingkontrolleure eine doppelte Ungewißheit. Zum einen weiß er nicht, ob sie ihn kontrollieren oder auf eine Überprüfung verzichten werden; und zum anderen weiß er nicht, ob sie – sofern er sich gedopt hat – sein Doping im Fall einer Kontrolle nachweisen können oder nicht. Was diese beiden Ungewißheiten, die Auswahl- und die Nachweis-Ungewißheit, für das Handeln des Sportlers bedeuten, kann man sich zunächst an zwei Extremfällen klar machen. Der eine läge dann vor, wenn ein Sportler davon überzeugt wäre, daß er auf jeden Fall kontrolliert werden würde und ihm dabei auch ein eventuelles Doping mit Sicherheit nachgewiesen werden könnte. Der andere Extremfall bestünde darin, daß ein Sportler davon überzeugt wäre, daß ihm – selbst wenn er kontrolliert werden würde – ein eventuelles Doping nicht nachgewiesen werden kann.[18] Im ersten Fall wüßte der Sportler, daß er mit Doping auf keinen Fall, im zweiten, daß er auf jeden Fall durchkommt. Wenn das Kontrollspiel so angelegt ist, daß er zur ersten Überzeugung gelangt, dann unterbindet es Doping wirksam. Das »connected game« von Kontroll- und Konkurrenzspiel hätte das suboptimale Ergebnis des allseitigen Dopings in das Resultat des allseitigen Dopingverzichts transformiert. Gelangt der Sportler hingegen zur zweiten Überzeugung, muß er sich dopen, unterliegt also weiter dem Prisoner's Dilemma des Konkurrenzspiels. Je nachdem, in welche von beiden Richtungen das Kontrollspiel nach Einschätzung des Sportlers tendiert, ihm also die Entdeckung eines eventuellen Dopings als mehr oder weniger wahrscheinlich erscheint, stehen die Chancen für einen beiderseitigen Dopingverzicht mehr oder weniger gut.

Faßt man im folgenden der Einfachheit halber beide Arten von Ungewißheit zusammen, unterstellt demnach, daß eine durchgeführte Dopingkontrolle ein eventuelles Doping mit Sicherheit entdeckt, gibt es für den Sportler unter den Bedingungen des gleichzeitigen Konkurrenzspiels eine klare Rangordnung der vier möglichen Ergebnisse des Kontrollspiels. Für ihn ist es am be-

---

18 Das wäre auch dann der Fall, wenn er sich einer Dopingpraktik bedient, die noch nicht in den entsprechenden Katalogen explizit verboten ist.

sten, wenn er sich unkontrolliert dopt, und am schlechtesten, wenn er gedopt kontrolliert wird. Wenn der Sportler sich nicht dopt, ist es für ihn besser, kontrolliert als nicht kontrolliert zu werden, damit er sich öffentlich als jemand präsentiert, der »sauber« ist. Wer in einem betrügerischen bzw. als betrügerisch angesehenen Metier ehrlich bleibt, möchte dies auch öffentlich dokumentiert sehen: als identitätsbestätigende Anerkennung von Rechtschaffenheit; als implizites Moralisieren gegenüber sich dopenden oder dopinggeneigten Konkurrenten; als Anreiz für Gegner, sich nicht zu dopen, da man selber ihnen jedenfalls keinen Anlaß dazu gibt; und als profitabel vermarktbare weiße Weste gegenüber Mäzenen und Sponsoren.

Auf seiten der Kontrolleure sieht die Präferenzordnung so aus, daß Kontrolle immer besser ist als Kontrollverzicht – gleichgültig wofür der Sportler optiert. Wird ein gedopter Sportler überprüft und dabei des Dopings überführt, wird ein Betrüger entlarvt und damit zugleich die Notwendigkeit der Kontrollen demonstriert, was die Existenzberechtigung der Kontrollinstanzen unterstreicht. Wird ein ungedopter Athlet kontrolliert, wird dessen Ehrlichkeit in einer mittlerweile entstandenen Atmosphäre des generalisierten Dopingverdachts – mit allen oben genannten Implikationen – vorgeführt, wodurch ein Stück weit Vertrauen in den »sauberen« Sport wiederhergestellt wird. Zudem kann der Dopingverzicht des Sportlers als Abschreckungswirkung der Dopingkontrollen interpretiert werden. Beides beweist ebenfalls die Existenzberechtigung der Dopingkontrollen.

Diese beiden Resultate stellen sich daher für die Dopingkontrolleure als gleichgut dar. Auch die beiden anderen Outcomes sind aus der Sicht der Dopingkontrolleure keine Unglücksfälle. Wird ein ungedopter Sportler nicht kontrolliert, war der zu verhindernde Betrug von vornherein nicht gegeben, und ein Schaden aufgrund eigener Untätigkeit ist nicht zu verzeichnen. Und wird ein gedopter Sportler nicht kontrolliert, fällt dies niemandem auf, weil nur die Überprüfung sein Doping nachweisen könnte. Dopingkontrolleure können infolgedessen selbst noch mit diesem Ergebnis leben. Allerdings können sie durch einen Kontrollverzicht nicht ihre eigene Existenzberechtigung beweisen, woran ihnen gelegen sein muß – insbesondere dann, wenn sie Dopingkontrolle als dauerhafte spezialisierte Aktivität im Hochleistungssport institutionalisieren wollen. Letzteres muß nicht

	diesen Sportler kontrollieren	diesen Sportler nicht kontrollieren
sich dopen	4 1	3 4
sich nicht dopen	4 3	3 2

Sportler (row label)

Abb. 11: Kontrollspiel

einmal unbedingt auf ein naheliegendes Eigeninteresse der Dopingkontrolleure an Wahrung und Wachstum ihrer Aktivitätsdomäne zurückgehen, wie es bei jeder Art von spezialisierter Aktivität schnell entsteht. Hinter dem Interesse an dauerhafter Institutionalisierung mag auch, ganz aufgabengemäß, der Abschreckungseffekt der Kontrollen stehen, der nach einer Abschaffung wieder verlorenginge. Damit ergibt sich zunächst eine Spielkonstellation mit einem sehr eindeutigen Ergebnis (siehe Abb. 11).

Die Kontrolleure werden für Kontrolle optieren, und der Sportler wird sich, dies wissend, nicht dopen. Damit wäre das Dopingproblem eigentlich gelöst. Allerdings hat die Sache aus der Sicht der Dopingkontrolleure noch einen Haken. Der Kontrollaufwand läßt sich nur rechtfertigen, wenn hinreichend häufig gedopte Sportler überführt werden. Entsprechend benötigen die Kontrolleure gelegentlich aufgedeckte Dopingfälle, um die Fortexistenz ihrer Aktivitäten legitimieren zu können.[19] Die Sportler werden sich aber rationalerweise nur dann dopen, wenn sie hoffen können, dabei nicht erwischt zu werden. Paradoxerweise müssen also die Dopingkontrolleure aus Eigeninteresse auf seiten der Sportler den Eindruck erwecken, daß eine gewisse Chance

---

19 Hierin zeigt sich eine Ambivalenz, die jedem Beruf innewohnt, der zur Kontrolle irgendeines abweichenden Verhaltens geschaffen worden ist (Becker 1973: 141; Emrich u. a. 1992: 57).

zum unentdeckten Doping bleibt. Damit ist bereits ein erster, sich auf das Wollen der Dopingkontrolleure beziehender Gesichtspunkt angeführt, der auf Grenzen der Dopingkontrolle hinweist. Entscheidender ist freilich das Können der Dopingkontrolleure: ob ihre Zahl, ihre Befugnisse und die ihnen zur Verfügung stehenden Ressourcen ausreichen, um eine international gleichmäßig dichte, zuverlässige und hinreichend häufige Kontrollaktivität entfalten zu können. Diese Frage soll im Kapitel 8 noch näher behandelt werden.

An dieser Stelle können wir allerdings bereits soviel festhalten: *Wenn* Wollen und Können der Dopingkontrolleure in Richtung auf scharfe Kontrollen gehen und gegen Dopingsünder hohe Sanktionen unnachgiebig vollstreckt werden, ist das Dopingproblem in der Tat gelöst. Dann kann sich jeder Athlet darin sicher sein, daß nicht nur er vom Doping abgeschreckt wird, sondern dasselbe für seine Konkurrenten gilt. Und wer sich nicht abschrecken läßt, wird sehr bald des Dopings überführt und scheidet dann für längere Zeit oder gar auf Dauer aus dem Kreis der Konkurrenten aus. Wenn die Kontrollen hingegen weiterhin lax bleiben und die Kontrolleure sich auf kleine Stichproben beschränken, bedeutet dies in der spieltheoretischen Modellierung, daß sich die Kontrolleure nicht eindeutig für eine ihrer beiden Möglichkeiten entscheiden, sondern mit einer geringeren Wahrscheinlichkeit für die Kontrolle des betreffenden Athleten und mit einer entsprechend höheren Wahrscheinlichkeit für Kontrollverzicht ihm gegenüber optieren.[20] Da die Sportler dies wissen, sehen sie für sich eine mehr oder weniger große Chance, unentdeckt zu dopen. Gleichzeitig erkennen sie auch, wie das Konkurrenzspiel gezeigt hat, einen Zwang, sich durch Abweichung an die vermutete Devianz der anderen anzupassen. Dies wiederum erlaubt den Dopingkontrolleuren, einige – aber eben nicht alle – derjenigen zu erwischen, die dieser Logik Folge leisten. Daraus ergibt sich ein ganz anderes Resultat: das weitgehend unkontrollierte Doping. In diesem Fall kann das Kontrollspiel im »connected game« der Akteurkonstellation des Hochleistungssportlers die Suboptimalität des Konkurrenzspiels nicht überwinden.

Damit sind wir am Ende dieser spieltheoretisch angeleiteten

---

20 Zu solchen »gemischten Strategien« vgl. allgemein Holler/Illing (1991: 34/35, 70-76).

Betrachtung des Dopingproblems als Aggregationsphänomen aufeinander bezogener Wahlhandlungen von Sportlern, ihren Umfeldakteuren sowie Dopingkontrolleuren angelangt. Insgesamt hat sich gezeigt, daß die Konstellation dieser Akteure eine *Dopingfalle* konstituiert. Die miteinander konkurrierenden Athleten treiben einander wechselseitig sehenden Auges und trotzdem unvermeidbar in ein Dopinghandeln hinein. Und die Umfeldakteure können dies nicht nur nicht aufhalten, sondern tragen noch dazu bei, daß diese Falle sich auftut. Einzig die Dopingkontrolleure wären prinzipiell in der Lage, die Athleten aus dieser Falle zu befreien. *Ob* die Kontrolleure dies allerdings tun wollen und vor allem können, muß sich erst noch zeigen.

7. Gesellschaftliche Delegitimierung des Leistungssports

Der Spitzensport ist in vielerlei Hinsicht mit seiner gesellschaftlichen Umwelt verflochten. Daß durch deren Ansprüche und gleichzeitig gewährte Ressourcen eine Entfesselung des Siegescodes stattgefunden hat, haben wir in Kapitel 2 detailliert dargestellt. Die Vereine und Verbände ebenso wie einzelne Sportler haben Leistungsbeziehungen zur Umwelt etabliert, über die ihnen für die Leistungserbringung erforderliche Ressourcen zufließen. Im Gegenzug werden die individuellen und korporativen Akteure des Sports mit Erwartungen von außen konfrontiert, denen sie zu entsprechen haben, sollen die Tauschkalküle auch für die Gegenseite dauerhaft aufgehen. Aufgedecktes Doping bedeutet nun eine massive Enttäuschung dieser Ansprüche und bringt die wechselseitigen Nutzenverschränkungen aus dem Lot. Die Leistungserwartungen von Politik, Wirtschaft, den Massenmedien, aber auch von den mit Erziehung und Bildung befaßten Institutionen werden hintertrieben, wenn Ereignisse eintreten, die der offiziellen, auf »Sauberkeit« und Fairneß ausgerichteten Selbstbeschreibung des Sports widersprechen.

Wer minderwertige Qualität anbietet, muß über kurz oder lang damit rechnen, daß er seine Preise oder sogar seine Tauschpartner nicht mehr halten kann. Diese Logik des Tausches gilt auch für den Wettkampfsport und dessen Beziehungen zu seiner gesellschaftlichen Umwelt. Angedrohter oder tatsächlicher Ressourcenentzug ist die Antwort relevanter Umweltakteure auf die Skandalierung des Sports durch Dopingdevianz. Sportliche Leistungsträger machen nämlich nicht nur sich selbst verdächtig, wenn sie durch den Gebrauch illegitimer Mittel und Verfahren auffallen und dadurch gleichzeitig offenbaren, daß ihre Außendarstellung nicht authentisch ist. Sie desavouieren damit auch ihre Förderer und reißen diese in den Strudel der Verdächtigungen mit hinein. Journalisten, politische oder wirtschaftliche Sponsoren stehen dann als Dumme dar, die sich haben betrügen lassen, oder als Leichtgläubige, die nichts bemerkten. Im Extremfall müssen diese Akteure sich sogar den Vorwurf der Mitwisserschaft, Kumpanei und moralischen Verdorbenheit gefallen lassen.

Doping beinhaltet infolgedessen nicht nur ein Risiko für den individuellen Sportler, der seine Gesundheit und Karriere aufs Spiel setzt und Gefahr läuft, als Normverletzer öffentlich gebrandmarkt zu werden. Doping bedeutet weiterhin nicht nur ein Risiko für die ungedopten Athleten, die derart benachteiligt in einem Wettkampf gegen gedopte Konkurrenten antreten müssen. Neben diesen höchst problematischen Konsequenzen auf der personalen und interpersonalen Ebene, die wir in den Kapiteln 5 und 6 angesprochen haben, führt Doping auf der Ebene des Leistungssports als Sozialsystem und seiner korporativen Akteure zu einer enormen Risikosteigerung. Die Vereine und Verbände stehen in Gefahr, bloßgestellt zu werden, wenn der Leistungssport sich insgesamt einen »schlechten Ruf« erwirbt.

Diese *systemischen Risiken des Dopings* sind umweltvermittelte, rückimportierte. Massenmedien, Politik, Wirtschaft, Familie und das Bildungssystem beobachten die im Leistungssport ablaufende Praxis der Abweichung und reagieren hierauf mit Empörung und Abwendung. Und genau diese delegitimierenden Reaktionen können im Leistungssport drastische Konsequenzen hervorrufen, die momentan noch gar nicht abzusehen sind. »Die Bedrohung ist da. Beim Doping – früher hatte man gemeint, Geld wäre der Sündenfall – zeichnet sich die Schicksalsstunde des Sports für seine Akzeptanz in dieser Gesellschaft ab.«[1] Der Einsatz von Dopingmitteln, aber auch die Aufdeckung der globalen Verbreitung und des hohen Raffinements devianter Praktiken, einschließlich elaborierter Entdeckungsvermeidungstechniken, haben den organisierten Sport und die ihn Betreibenden in einen Zustand der massiven Selbstgefährdung hineingebracht, der in vielerlei Hinsicht bereits virulent geworden ist. Doping schlägt auf den Sport zurück.

Dieser selbstgefährdende Legitimationsverlust des Leistungssports durch Doping soll im folgenden in drei Schritten herausgearbeitet werden. Um den Prozeß der gesellschaftlichen Desillusionierung und die hieraus resultierenden Folgen für den Sport zu verdeutlichen, greifen wir in den ersten beiden Abschnitten auf

---

1 So der in Dopingangelegenheiten selbst nicht unumstrittene damalige Leichtathletiksportwart Manfred Steinbach in einem Interview (Der Spiegel vom 10. 12. 1990).

die in Kapitel 2 bereits vorgestellten Umweltbezüge des Leistungssports zurück und ergänzen sie im dritten Abschnitt durch eine Thematisierung jener familialen und schulischen Instanzen, die als gate-keeper für die Nachwuchsrekrutierung und die Vermittlung einer generalisierten Loyalität gegenüber dem Sport unverzichtbar sind. Wir fassen zunächst die Skandalierung in den Massenmedien ins Auge und identifizieren diejenigen Faktoren, die beim Publikum zu Desillusionierungseffekten geführt und das hehre Bild des Sports auf den Kopf gestellt haben. Anschließend geht es um die Distanzierung politischer und wirtschaftlicher Ressourcengeber, um zum Schluß auf die durch Doping verursachten Probleme der Nachwuchsrekrutierung einzugehen.

Generell ist hierbei folgender Zusammenhang im Auge zu behalten: Wenn es um Delegitimierungen in der öffentlichen Wahrnehmung des Leistungssports geht, spielen intersubjektiv geteilte Überzeugungen und Einschätzungen die entscheidende Rolle. Sie verweisen auf das, was gesellschaftlich als »real« angesehen wird. Wir können insofern völlig dahingestellt lassen, wie hoch die Dopingrate tatsächlich ausfällt.[2] Wer in welchen Disziplinen wie oft gelogen und betrogen hat, weiß ohnehin niemand, und man wird es wohl auch nie verläßlich erfahren. Hochrechnnungen auf der Grundlage von entdeckten Fällen oder Insider-Aussagen bleiben immer unsicher. Allein wichtig für die gesellschaftliche Delegitimierung des Sports ist der Umstand, daß Doping inzwischen zu einem kommunikativen Dauerthema geworden ist. Kommunikation besitzt so eine eigene Kausalität jenseits dessen, was an Handeln tatsächlich passiert. Nach den Enthüllungen der letzten Jahre assoziiert das Publikum Hochleistungssport mit Doping: Spitzensport gleich Spritzensport. Dazu tragen nicht zuletzt – wie immer auch sozialwissenschaftlich zu beurteilende – Umfrageergebnisse wie das folgende bei: »Nur noch 5% der Deutschen glauben, so eine Umfrage, Siege würden auch ohne Doping erzielt« (Der Spiegel vom 24. 2. 1992). Wie es zu diesem »schlechten Ruf« gekommen ist, und welche Folgen er hat, sind die Leitfragen der folgenden Überlegungen.

2 Dieser Tatbestand relativiert auch die Bedeutung solcher soziologischer Untersuchungen, die empirisch möglichst verläßliche Daten über Doping zu ermitteln versuchen.

7.1 Skandalierung in den Massenmedien und Desillusionierung des Publikums

Doping ist der Stoff, aus dem Sportskandale sind.[3] Als Thema bietet es alles, was dazu gehört: ein dunkles Geheimnis, das ans Licht gebracht wird; ein Skandalierter, der gegen kontextspezifische Normen verstoßen hat; ein Skandalierer, der die Abweichung feststellt und veröffentlicht; und ein Skandal-Publikum, dem die Enthüllung zugetragen wird und das hierauf mit Enttäuschung und einem generalisierten Mißtrauen reagiert. Skandale lassen sich schlecht ignorieren, weil sie sich dem Erleben überfallartig aufdrängen. Sie besitzen einen morbiden Charme. In ihrem Bann lernen die Zuschauer, was sie eigentlich nicht lernen wollen. Skandale führen dem Publikum die Kluft zwischen Sein und Schein vor. Zwar gilt auch für Dopingskandale, daß sie nur kurzzeitig die Aufmerksamkeit binden können, weil sie entweder durch andere Ereignisse innerhalb oder außerhalb des Sports überlagert oder durch neue Entlarvungen in den Hintergrund gedrängt werden. Dennoch hat offenbar die hohe Skandalfrequenz der letzten Jahre das Bild von einer Normalität der Abweichung, auf die man sich einzustellen habe, fest im Publikumserleben verankert.

Bevor wir die Frage beantworten, wodurch die massenmedial verbreiteten und transportierten Desillusionierungen zustande gekommen sind und welche Prozesse dazu geführt haben, daß es in der öffentlichen Einschätzung des Leistungssports inzwischen zu einem äußerst folgenreichen Wandel gekommen ist, gilt es zunächst abzuklären, wer mit welchem Interesse Dopingfälle aufdeckt.

Nach der in Kapitel 5 dargestellten Analyse bestehender Doping-Netzwerke und der dort etablierten Schweigekartelle ist zunächst von einer Unwahrscheinlichkeit der Dopingaufdeckung auszugehen. Ein Grund, warum so wenig Dopingfälle bekannt werden, liegt darin, daß der Leistungssport in erheblichem Maße eine mafiöse Struktur aufweist. Es gibt zwar viele Mitwisser, weil sehr viele der Sportler sich dopen und hierbei auf logistische Hilfe angewiesen sind. Doch selbst nach Beendigung ihrer sportlichen Karrieren, wenn ihnen die Enthüllung des eige-

3 Generell zur Logik von Skandalen vgl. Ebbighausen/Neckel (1989).

nen Dopings oder des Dopings anderer nicht mehr unmittelbar schaden kann, bleiben Athleten in der Regel verschwiegen. schließlich werden viele ehemalige Sportler weiterhin in Abhängigkeitsstrukturen plaziert, die sie dauerhaft zum Schweigen verurteilen. Bekanntlich absolviert ein nicht unerheblicher Teil der vormaligen Leistungsträger seine berufliche Karriere innerhalb der Vereine und Verbände – als Trainer, Betreuer, Verbandsfunktionär, Stützpunktleiter, Sportarzt, Repräsentant von Sponsoren, Organisator von Sportveranstaltungen etc. Solche Mitwisser müssen weiterhin dem Redeverbot Folge leisten, wenn sie ihre eigene berufliche Zukunft nicht gefährden wollen. Weiterhin haben viele Athleten kein Interesse daran, sich selbst nach Beendigung ihrer Sportkarriere als Denunziant anderer oder als Diffamierer der eigenen Person zu betätigen. Schließlich würde eine freiwillige Aufdeckung die einmal erworbene Reputation schädigen und die eigenen sportlichen Leistungen im nachhinein abwerten. Ergänzt wird dieser Selbstschutz durch die sozialisatorischen Wirkungen jahrelanger Abweichung. Athleten, die ihre Devianz über einen längeren Zeitraum mit Hilfe von Neutralisierungstechniken gerechtfertigt und rationalisiert haben und hierbei von einem entsprechenden Unterstützungsmilieu umgeben waren, prägen einen Korpsgeist aus, der eine Aufdeckung von Abweichungen als unmoralisch verbietet.[4]

Selbst wenn es also zutrifft, daß viele Insider ein mehr oder weniger sicheres und umfangreiches Wissen darüber besitzen, was faktisch an Doping geschieht, ist davon auszugehen, daß die Beteiligten zumeist kein gewichtiges Motiv besitzen, solche Abweichungen publik zu machen. Wenn eine Aufdeckung demzufolge zunächst unwahrscheinlich ist: Aufgrund welcher Motive passiert sie dennoch? Fünf Motivkonstellationen sind maßgeblich beteiligt und lassen sich modelltheoretisch voneinander unterscheiden, obwohl sie oft Mischungsverhältnisse eingehen.

Erstens sind die *Moralisten* zu nennen, die noch dem traditionellen Sportethos anhängen und dessen Verfall aufhalten wollen.

---

4 Selbst diejenigen Athleten, die ohne Doping erfolgreich sind, verweigern sich in der Regel der namentlichen Denunziation ihrer sich dopenden Konkurrenten. Allenfalls sind von dieser Seite diffuse Hinweise zu hören. Eine derartige Zurückhaltung erklärt sich zum einen daraus, daß die sportliche Kameraderie auch diese Belastungsprobe durchhält. Zum anderen entmutigt aber oft auch das Wissen, gegen ein Milieu, das konspirativ dichthält, als einzelner nichts Gerichtsfestes aussagen zu können.

Sie beobachten die abweichenden Praktiken im Leistungssport anhand der Differenz von Gut und Böse und versuchen der sportlichen Fairneß auch weiterhin Geltung zu verschaffen. Unter Berufung auf die in den Sportregeln abgespeicherte Selbstbeschreibung der Verbände schlagen diese Akteure sich auf die positive Seite des Moralschemas und brandmarken jene, die sie auf der anderen Seite ansiedeln.

Zweitens gibt es die *enttäuschten Verlierer*, die zumindest situativ in emotionaler Erregung auf »maximize others' loss!« umschalten – ungeachtet der möglichen und wahrscheinlichen Selbstschädigung, die aus ihrer Anklage des Gegners hervorgehen kann. Nach einer sportlichen Niederlage bricht sich manchmal eine unmittelbare tiefe Enttäuschung Bahn. Die Empörung darüber, vermeintlich ungerechterweise verloren zu haben, setzt dann eine unkontrollierte Afterrede und damit Informationen frei, die andere zum Nachrecherchieren veranlassen.

Ein drittes Motiv, aufgrund dessen Akteure Dopingpraktiken aufdecken, heißt *Rache am Leistungssport als System*. Diese Kategorie speist sich aus der Gruppierung der langfristig Enttäuschten, die nach Beendigung ihrer Karriere über ihr Hineintappen in biographische Fallen nachdenken und es dem Sportsystem und seinen Repräsentanten heimzahlen wollen. Viele ehemalige Leistungssportler stehen in Gefahr, über den Verlauf ihrer Biographie im nachhinein frustriert zu sein. Viele haben nie den großen Erfolg gehabt, der all die Entbehrungen hätte rechtfertigen können. Dieses Motiv ist, wie auch das zweite, strukturell dadurch bedingt, daß im Leistungssport per definitionem nur wenige die großen Sieger sein können. Die Verlierer haben meist das Problem, am Ende ihrer Karriere vollends ins Nichts der Unbekanntheit und Bedeutungslosigkeit zurückzufallen. Demjenigen, der die damit verbundenen Enttäuschungen anschließend dem Sport ankreiden will, bietet die Kenntnis über Dopingpraktiken einen guten Vorwand, um solch eine Abrechnung vorzunehmen. Bilanzierungen dieser Art geschehen meist unter dem Deckmantel moralischer Entrüstung. Die Abrechnung läßt sich dann für die Öffentlichkeit noch als ehrenvoll und beifallswert darstellen.

Viertens sind jene *Journalisten* zu nennen, die in einer eher kurzfristigen Handlungsorientierung eine sensationelle Story verkaufen wollen – selbst wenn sie danach aus dem Geschäft sind, weil sie von da ab als Verräter aus den relevanten Informationskanälen ausgeschlossen werden. So wie wissenschaftliche Revolutionen als grundlegende Umwälzungen theoretischer Grundlagen oftmals von Außenseitern und marginal assoziierten Personen auf den Weg gebracht werden (Kuhn 1962; Mulkay 1972), ist auch die Thematisierung des Dopings in den Massenmedien kaum das Werk der etablierten Sportjournalisten. Diese sind zumeist unkritische »Hofberichterstatter« (vgl. Kap. 2), die entweder die Abweichungen nicht sehen oder ihre Kenntnisse für sich behalten. Schließlich befinden auch sie sich in Abhängigkeiten von den Vereinen und Verbänden. Ein Aufdeckungsjournalismus von ihrer Seite käme einem beruflichen Selbstmord gleich. Diejenigen, die Doping entlarven und öffentlich machen, stammen in der Regel nicht aus dem Kreis der auf einen Zutritt angewiesenen Sportjournalisten. Neben unerschrockenen Moralisten sind es jene Journalisten gewesen, die in keinen verpflichtenden Loyalitätsbeziehungen zu den korporativen Sportakteuren stehen. Nur für diesen Typ von Journalisten ist es möglich, das Schweigen durch Lauschen zur Sprache zu bringen.

Doping hat zweifellos die Haltung der Massenmedien und Sportjournalisten zu den Sportlern verändert: Früher waren die Sportjournalisten ausschließlich verständnisvolle Eingeweihte gegenüber den sich dopenden Sportlern, während zumindest ein Teil von ihnen jetzt ständig nach aufdeckungsfähigen Skandalen sucht. Als Erklärung für diese veränderte Haltung führte eine amerikanische Sportzeitschrift (SI vom 15. 8. 1983) an, daß die Journalisten durch Konkurrenzdruck untereinander dazu gezwungen wären, nicht mehr nur in einer sich schnell abnutzenden unkritischen Heldenverehrung zu schwelgen, sondern genau umgekehrt die Helden zu demontieren. Beide Einstellungen bedingen einander, so daß mittlerweise ein aus zwei Fraktionen bestehender Sportjournalismus zustande gekommen ist, der ein Oszillieren zwischen Heldenverehrung und Skandalaufdeckung besorgt. Skandale sind um so publicityträchtiger, je höher die Reputation der darin involvierten Helden angesiedelt ist, weshalb diese zunächst einmal aufgebaut werden müssen. Insofern sind Skandale die Parasiten der Heldenverehrung. Allerdings bleibt die Skandalierung des Dopings in den Medien an Verfehlungen von Personen behaftet: »Die Medien ... prügelten lieber auf Athleten und Funktionäre ein, als sich mit den Mechanismen auseinanderzusetzen, die den Erfolgsdruck schufen und den Griff zur Droge als Ausweg anboten« (Die Zeit vom 1. 5. 1987).

Lange Zeit konnten Dopingfälle nur publik werden, wenn Moralisten oder enttäuschte Verlierer auf solche sensationsgierigen Journalisten trafen. Sobald der organisierte Sport Dopingkontrollen als institutionalisierte Formen des Mißtrauens einrichtete, traten als fünfte Kategorie Aufdeckungsinteressierter die *Dopingkontrolleure* auf. Sie haben ein Eigeninteresse daran, zumindest gelegentlich ihre Existenzberechtigung dadurch nachzuweisen, daß sie Dopingsünder ertappen und dies auch bekanntmachen.

All diese Aufdeckungen enthüllen vermutlich nur die Spitze des Eisbergs. Denn enttäuschte Moralisten wird es künftig immer weniger geben, weil diese Generation der Verfechter althergebrachter Werte des Leistungssports fast schon ausgestorben ist. Verlierer sind nur in wenigen Fällen so hochgradig enttäuscht, daß sie gleichsam »ausrasten« und ohne Rücksicht auf sich selbst ihre Gegner verpfeifen. Wer zudem Roß und Reiter nicht mit gerichtsfesten Beweisen beim Namen nennen kann, wird mit dem Damoklesschwert rechtlicher Konsequenzen in Gestalt des Vorwurfs der üblen Nachrede und der Rufschädigung konfrontiert. Gleiches gilt für die Journalisten. Auch die Dopingkontrolleure müssen sich beim Aufdecken von Dopingfällen aus mindestens zweierlei Gründen mäßigen. Zum einen darf die Anzahl der aufgedeckten Fälle nicht so groß werden, daß dann jegliche Art von Dopingkontrolle als nutzlos erscheint. Zum anderen werden die Kontrolleure – dazu Näheres in den Kapiteln 8 und 9 – von den Verbänden oftmals eng an der Kandare gehalten, so daß dadurch vieles unter den Teppich gekehrt werden kann.

Trotz dieser Einschränkungen ist in den letzten Jahren eine sich selbst verstärkende Enthüllungseskalation auf den Weg gebracht worden. Um Abweichung aufzudecken, reichen bereits sehr wenige Personen aus, die Informationen nach außen übermitteln und Skandale in Gang bringen. Im Extremfall genügt ein einzelner, der ausplaudert, damit die Skandalierung ihren Lauf nehmen kann. Zudem haben die verschiedenen Aufdeckungsmotive einander wechselseitig ergänzt und bestärkt. Die Moralisten versuchen die selbstgesetzten ethischen Prinzipien des Leistungssports einzuklagen. Die Verlierer und Rachsüchtigen kompensieren ihre Enttäuschungen. Die Dopingkontrolleure enthüllen von Amts wegen. Und die Journalisten tragen die Informationen dem Publikum zu und verstärken die Enthüllungsmotive gemäß den massenmedialen Aufmerksamkeitsstandards. Die Flut der so zustande gekommenen Dopingdemaskierungen hat eine tiefgehende Desillusionierung des Sportpublikums erzeugt. Dessen Sporterleben ist dabei, sich zunächst schleichend, aber dann sprunghaft zu verändern. Die Auslöser dieses Gestaltwechsels lassen sich wie folgt identifizieren:

(1) Wenn Ausnahmen zur Regel geworden sind, werden Zuschauer gezwungen, ihre Vorabeinschätzungen zu revidieren. Die zunehmende Häufigkeit und Folgenschwere der aufgedeckten Dopingdevianz haben dazu geführt, daß das idealtypische Bild vom »sauberen«, fairen Sport durch das eines manipulationsdurchsetzten, gesundheitsgefährdenden, verbissenen und mit Lüge und Täuschung operierenden Handlungsfeldes ersetzt werden mußte. Da die gesundheitlichen Wirkungen des Dopings durch die Berichterstattung über Extremfälle wie den Tod der Siebenkämpferin Birgit Dressel eindringlich vor Augen geführt wurden und die vornehmlich chemische Devianz dadurch endgültig den Charakter der Harmlosigkeit verloren hat, gerieten die Natürlichkeits- und Authentizitätsversprechen des Sports unter Verdacht, nicht das zu sein, was sie zu sein vorgaben. Der Wohlwollenskredit gegenüber Sportlern verflüchtigte sich.

So konnten die durch manche Dopingmaßnahmen hervorgebrachten unnatürlichen, als Körperspuren hinterbliebenen Deformationen von Sportlern gerade dann nicht mehr einfach als rein trainingsbedingt weggeredet werden, wenn ehemalige Athleten im Rahmen von Selbstbekenntnissen ihre abweichenden Praktiken im nachhinein zugaben oder Dopingunterlagen durch eine investigative Nachforschung ans Tageslicht gebracht wurden. Nicht zuletzt riefen bekannt gewordene Fälle einer Verabreichung von Dopingmitteln an Kinder und Jugendliche Abscheu hervor, weil diese als wehrlose Opfer solcher Praktiken angesehen werden. Wie auch beim sexuellen Mißbrauch von Kindern wird gegen das Tabu der Unverletzlichkeit kindlicher Unschuld verstoßen.

(2) Doping verdeutlicht, daß die Zuschauer ihren eigenen Sinnen nicht mehr trauen können. Sie mußten schmerzlich lernen, daß die in anderen Sozialbereichen anzutreffenden Praktiken der illegitimen Vorteilsbeschaffung inzwischen auch den Sport er-

reicht haben, ohne daß dies auf den ersten Blick erkennbar ist. Desillusionierungseffekte kommen auf, wenn im sportlichen Wettkampf nicht nur mit »harten Bandagen« – etwa immer brutaleren Fouls – gekämpft wird, um zum Sieg zu gelangen, sondern wenn zusätzlich auch illegitime und heimliche Maßnahmen in den verborgenen Tiefen des Körpers zum Einsatz kommen.

Da sportliches Handeln körperbezogen abläuft, ist es relativ einfach zu visualisieren. Es ist insofern ein leicht nachvollziehbares Handeln. Diese Überschaubarkeit ermöglicht gerade die Einbeziehung der Zuschauer. Sie können bewirkte Wirkungen sehen und selbst beurteilen. Weder Politik noch Wirtschaft oder Wissenschaft wickeln ihre Operationen so offen ab, wie es für den sportlichen Wettkampf zutrifft. Das Interesse am Sport ist aus diesem Grund auch ein Interesse am Konkreten, am Nachvollziehen- und Verstehenkönnen in einer komplexen Gesellschaft, die dies immer mehr verknappt. Was auch immer hinter den Kulissen der Vereine und Verbände abläuft, im Stadion entscheidet sich vor den Augen der Zuschauer, wer der Bessere oder der Schlechtere ist.

Aufgedecktes Doping düpiert genau diese Erwartung des Publikums. Die Zuschauer mußten erfahren, daß der auf der »Vorderbühne« ablaufende sportliche Wettkampf auf der »Hinterbühne« manipuliert wird. Entscheidende Erfolgsparameter sind heute nicht mehr einsehbar. Daß die Einhaltung der Regeln und die Zuerkennung des Sieges direkt durch Beobachtung verifizierbar sind, droht durch Doping verlorenzugehen. Besonders markante Ereignisse, die die simulierte Authentizität des Wettkampfes vor den Augen der Weltöffentlichkeit als leeren Schein entlarvten, lassen sich heute in nahezu jeder Disziplin finden. Inzwischen belohnt der organisierte Sport bereits diejenigen, die glaubhaft machen können, daß sie ihre Spitzenleistungen fair und ohne Doping erzielt haben. »Dort, wo man allen Betrug unterstellt, ist derjenige, der augenscheinlich nicht betrügt, schon etwas Besonderes« (FAZ vom 30. 12. 1992).

(3) Doping verändert das soziale Klima im Leistungssport im Sinne jenes »amoral familialism«, der uns im Kapitel 5 bereits beschäftigte. Das Verhältnis der Akteure untereinander hat eine Note bekommen, die vorher bei aller Konkurrenzorientierung und Rivalität so nicht anzutreffen war. Nachdem schon durch die Kommerzialisierung sportlichen Handelns eine neue, unpersön-

liche und versachlichende Komponente in dieses Handlungsfeld hineingelangt war, hat sich der Sport unter dem Einfluß des Dopingproblems für diejenigen, die ihn betreiben, zu einem ausgesprochen rabiaten Geschäft entwickelt.

Doping sät unter den Sportlern Mißtrauen, wodurch sich die Umgangsformen verschlechtern. Wenn keiner weiß, wer sich dopt, und Sportler befürchten müssen, daß Konkurrenten Devianz als Waffe einzusetzen bereit sind, um sich Wettbewerbsvorteile zu verschaffen, verkommt das ungezwungene Miteinander oder wird zumindest immer unwahrscheinlicher. Mißtrauen setzt bis dato selbstverständliche zwischenmenschliche Umgangsformen außer Kraft und trägt dazu bei, daß sich die ohnehin vorhandene Wettbewerbssituation der Sportler weiter verschärft. Der einzelne weiß, daß nicht nur er selbst anderen mißtraut. Er weiß auch, daß andere ihm nicht über den Weg trauen, selbst wenn er ostentativ regelkonform zu bleiben verspricht. Während Vertrauen Komplexität reduziert, erhöht Mißtrauen die Komplexität und steigert das Risiko durch Erwartungsüberlastung (Luhmann 1973b: 78). Mißtrauen greift expansiv um sich und steckt alle Beteiligten mit verallgemeinernden Schuldzuweisungen an. Sportler vertrauen inzwischen in ihr Mißtrauen und fixieren diese pauschalen Verdächtigungen ultrastabil. Jede Enthüllung dient dann nur noch der Bestätigung der eigenen Verdachtsmomente.

Auf diese Weise gerät der Athletenkörper im Doping-Zeitalter unter abschätzende Kontrollblicke. Wie haben sich, so die bohrende Frage, die abweichenden Praktiken in ihn eingeschrieben? Welche Spuren haben sie hinterlassen? Sportler analysieren einander wechselseitig auf Körperveränderungen und Auffälligkeiten. Für den gedopten Sportler erhält der eigene Körper den Status einer »Plaudertasche«, die die Devianz öffentlich zu machen droht. Er muß deshalb in seinen Äußerungen und Erscheinungen überprüft werden. Wo Abweichung bewußt in die Niederungen des Körpers verlagert und dort verheimlicht wird, müssen Kontrolleure umgekehrt vom Körper auf die Existenz von Abweichung schließen. Wer nach einer Trainingsperiode plötzlich mit zuviel Muskeln auftaucht oder seine Leistungen extraordinär steigert, macht sich verdächtig. Quellende Muskelberge, Pickel, geschlechtsuntypische Körperbehaarungen und häufige Verletzungen erscheinen als Symptome abweichenden, aber noch nicht dekuvrierten Verhaltens. Photographische Vorher/Nachher-Vergleiche werden unternommen. Körpermerkmale verkommen zu Stigmatisierungsanlässen. Auch Persönlichkeitsveränderungen erhalten, wenn man sie bemerkt, symptomatische Bedeutung. Doping verstärkt so isolationistische Tendenzen und nimmt dem Sport wichtige atmosphärische Besonderheiten. Es infiziert die durch die Nähe der Körper entstandene Du-Kultur und ersetzt sie durch ein Milieu der Distanziertheit und Angst.[5] Die vielgerühmte Solidarität und Freundschaft der Sportler droht auf der Strecke zu bleiben.

All das färbt auf das Sporterleben des Publikums ab. Zuschauern fällt auf, daß dort, wo das soziale Klima frostige Qualitäten erhält, archaische Techniken der Wahrheitsfindung und -kontrolle eine große informelle Nachfrage erfahren: Körperbeobachtung und Physiognomiebetrachtung. Das Nonverbale tritt in den Vordergrund, wenn dem Verbalen nicht mehr zu trauen ist. Die Sportakteure, aber eben auch die Zuschauer, stellen nahezu alle Veränderungen von der »Normalität« unter den Bann des Mißtrauens.

Einzelne Personen und Trainingsgruppen, aber auch ganze Fachverbände und Sportnationen diffamieren einander wechselseitig. Gerüchte, wer was eingenommen und auf welche Weise verheimlicht hat, geistern wie Latrinenparolen durch die Umkleidekabinen und gelangen von dort in die Zeitungen. Mißtrauen erfaßt sogar jene, die im Kampf gegen Doping engagiert sind: die Kontrolleure im Auftrag internationaler Verbände, Dopinglabors und Anti-Doping-Beauftragten. Manfred Donike, Dopingbeauftragter der Bundesregierung, antwortete auf die Frage: »Trauen sie denn den Kontrolleuren von German Control, der TÜV-Tochter aus Ost-Berlin?«: »Ersparen Sie mir einen Kommentar. Weiß ich, ob da nicht noch alte Seilschaften arbeiten? Ich trau' keinem aus dem Osten« (Spiegel 32/1993: 130). So sprach beispielsweise eine schweizerische Zeitschrift (Sport/Zürich vom 27. 7. 1993) in Reaktion auf die Entlarvung der österreichischen Sprint-Nationalstaffel durch einen deutschen Dopingkontrol-

---

5 Angst entsteht auch vor der unfreiwilligen, weil untergeschobenen Einnahme verbotener Substanzen. Athleten wachen inzwischen peinlich genau über ihre Nahrungsaufnahme vor und während eines Wettkampfes. »Beim Abendsportfest am vergangenen Mittwoch in Zürich fiel der Weitspringer Mike Powell, 29, durch übertriebene Sorgfalt im Umgang mit seiner Sporttasche auf. Er sei ›unglaublich vorsichtig‹, bestätigte der Weltrekordler. Weil er Sabotage fürchte, trinkt er nur seine eigens mitgebrachten Säfte« (Der Spiegel, 32/1993).

leur von einem »Sieg der Denunzianten« und einer »Lobby der Ratten«, die am Werke gewesen wäre. Verschwörungstheorien lenken von der Abweichung selbst ab.

Zuschauer haben in Extrapolation all dieser Ereignisse die Erkenntnis abzuspeichern, daß der Hochleistungssport heute nicht mehr allein über Vertrauen integrierbar ist. Zuviel wurde und wird verschwiegen, geleugnet und mit raffinierten Täuschungsmanövern verschleiert. Dieses Gespinst von fallweise aufgedeckter und verallgemeinerter Lüge, Täuschung, Intrige und Verheimlichung ist es, das im Leistungssport und seinem Umfeld Mißtrauen zeitlich und sozial flächendeckend erzeugt.

Mißtrauen infiziert selbst diejenigen, die Vertrauen verdient hätten. Doping wird auch den Nichtdopern attribuiert und setzt sie unter Legitimations- und Erklärungsdruck für ihre Leistungserbringung. »Saubere« Athleten und Trainer sehen sich einem Verdacht ausgesetzt, der ihre Entlastungsargumente als potentiell erlogen ansieht. Heute haben, in Umkehrung der Beweispflicht, auch die »sauberen« Sportler ostentativ ihre Unschuld zu beweisen. Und das kommt nicht von ungefähr. Die Liste derjenigen, denen falsche Aussagen gerichtsfest nachgewiesen werden konnten, ist ziemlich lang geworden. Inzwischen wurden insbesondere auch einige Athleten erwischt, die als »Saubermänner« bzw. »-frauen« in Anti-Doping-Kampagnen engagiert waren und in schönklingenden Reden und auf bunten T-Shirts Vertrauen für ihre Dopingabstinenz herzustellen versucht hatten.

Entgleisungen dieser Art bleiben nicht unbemerkt. Das Vertrauen in die Redlichkeit der Sportler hat in der öffentlichen Wahrnehmung abgenommen. Jede Enthüllung zerstört Evidenzgefühle und weist auf die Kluft zwischen »Vorderbühne« und »Hinterbühne« hin. Mißtrauen und Zynismus entstehen bei denen, die dieses Mißtrauen beobachten und kritisieren. Sich dopende Athleten mißbrauchen nicht nur als Einzelpersonen das in sie gesetzte Vertrauen und rufen dadurch Erwartungsenttäuschungen hervor. Akteure, die reflexives Vertrauen in ihre Vertrauenswürdigkeit durch Abweichungsakte hintertreiben und dadurch als Risiko erscheinen lassen, erschüttern vor allem das dem Hochleistungssport entgegengebrachte »Systemvertrauen« (Luhmann 1973b: 50) der gesellschaftlichen Umwelt nachhaltig. Wenn sich selbst die bereits Erwischten und scheinbar Reumütigen während oder nach ihren öffentlichen Bekundungen weiterdopen (Beispiel: Ben Johnson), gefährdet das den letzten Rest des Vertrauens, der auf seiten des Publikums dem System gegenüber noch aufgebracht wurde.

(4) Die Skandale der letzten Jahre haben auf eine drastische Weise klar gemacht, daß nicht nur die zweite und dritte Garnitur gedopt an den Start geht, um Könnensdefizite zu kompensieren oder die eigene Starttauglichkeit erst herzustellen. Ben Johnson, Katrin Krabbe und diverse Olympiasieger und Weltmeister führten nachhaltig vor, daß auch und gerade die Leistungsspitze in vielen Disziplinen offensichtlich ohne die innovatorischen Vorteile des Dopings nicht mehr auskommt. Die Zuschauer mußten infolgedessen lernen, daß heute keinem Rekord mehr zu trauen ist. Sie hatten sich daran zu gewöhnen, daß Siege und internationale Bestleistungen ohne Doping immer unwahrscheinlicher werden.

Handfeste, statistisch belegbare Daten über den faktischen Leistungsrückgang in einigen cgs-Sportarten (in denen Leistungen nach Zentimeter, Gramm und Sekunde meßbar sind) untermauern diese Wahrnehmung. Die leistungsmindernden Effekte verschärfter Dopingkontrollen demonstrieren dem Publikum in einem aufschlußreichen Umkehrschluß, daß Doping vorher offensichtlich flächendeckend im Spiel war, ohne notwendigerweise aufgedeckt und nachgewiesen worden zu sein. Wenn in nahezu allen Wurf- und Stoßdisziplinen der Leichtathletik seit Einführung von Dopingkontrollen auch während der Vorbereitungsphase signifikant geringere Leistungen erbracht werden, deutet dies weder auf eine kollektive Verweigerung der Athleten noch auf einen plötzlich eingetretenen kollektiven Leistungseinbruch hin. Vielmehr ist davon auszugehen, daß der hohe Abschreckungswert der Dopingkontrollen zumindest in denjenigen Ländern greift, in denen unangemeldete Überprüfungen gang und gäbe sind.

(5) Seit den 9. Panamerikanischen Spielen in Caracas im Jahre 1983, als ein Großteil der Athleten Hals über Kopf abreiste, um neuen Verfahren der Dopingaufdeckung zu entgehen, wurde deutlich, daß Doping nicht nur im Ostblock und in den Wurf- und Stoßdisziplinen weit verbreitet war (Dubin 1990: 182/183; Voy 1991: 102/103). Denn Ostblockathleten nahmen gerade an diesen Wettkämpfen nicht teil. Spätestens die symbolische Entweihung der Olympischen Spiele 1988 durch Ben Johnsons aufgedecktes Doping und die im Gefolge dieses Skandals von

parlamentarischen Untersuchungsausschüssen ans Tageslicht ge-brachten Sachverhalte falsifizierten die bis dahin in den west-lichen Ländern verbreitete selbstgefällige Sichtweise, daß Doping ausschließlich im »Reich des Bösen« (Ronald Reagan), in den Ländern des entwickelten Sozialismus, stattfände.[6] Auch der Sport des Westens hatte sich nun als dopinganfällig einzustufen.

Die schnell wieder vergessene vereinzelte Veröffentlichung von Brigitte Berendonk Ende der sechziger Jahre über den Gebrauch von Anabolika im bundesdeutschen Leistungssport (Die Zeit vom 5. 12. 1969), die Skandale und Peinlichkeiten in der deut-schen Olympiamannschaft 1976 in Montreal sowie der Tod von Birgit Dressel im Jahre 1987 und die Publikation westlicher und östlicher Dopingfälle im Jahre 1991 waren die Stationen, die dem westdeutschen Sportpublikum vor Augen führten, daß auch ihre Idole im Schatten des Zweifels standen, wenn nicht sogar ihre Verfehlungen Gewißheit wurden.[7] Konnten die ersten Mahnun-gen noch als singuläre Geschehnisse abgetan und leicht als »Nestbeschmutzung« diffamiert werden, fällt eine solche Baga-tellisierung und »Verdammung der Verdammenden« (Sykes/ Matza 1957) in der letzten Zeit nach den öffentlichkeitswirksa-men gerichtlichen Verurteilungen von Athleten und Trainern wegen uneidlicher Falschaussage immer schwerer.

(6) Gedopte Athleten unterlaufen die Normen der Rezipro-zität dadurch, daß sie für ihre Leistungen symbolische und materielle Gratifikationen erhalten, die ihnen wegen ihres illegiti-men Mitteleinsatzes nicht zustehen. Doping unterminiert damit eine zentrale Sinnkategorie des Sports: die moderne Idee der Kopplung von Gratifikationen an individuelle Leistungserbrin-gung. Der einzelne soll am Raster nachvollziehbarer Gütemaß-stäbe nur auf der Grundlage seiner individuellen Leistungsfähig-keit einen entsprechenden sozialen Rang zugewiesen bekommen. Dieser für die Emanzipation des europäischen Bürgertums emi-nent wichtige, weil Standesschranken und hierarchische Un-gleichheiten negierende Gedanke ist im Leistungssport idealty-pisch verwirklicht worden. Der Gedanke hat sich deshalb auch an prominenter Stelle in der Selbstbeschreibung des Sportsystems niedergeschlagen. Doping zerstört die Vorstellung, daß ein indi-

---

6 Siehe dazu Hearings (1989), Dubin (1990), Australisches Senatskomitee (1990).
7 Siehe in detaillierter Auflistung und Beschreibung Berendonk (1992).

vidueller Akteur durch ehrliche Arbeit zu etwas kommen kann, und führt das Prinzip der Äquivalenz von Leistung und Gegenleistung ad absurdum. Doping widersteht damit der Idee einer Leistungsgerechtigkeit und entzieht sich den Prämissen der Vergleichbarkeit und Transparenz.[8] Sportler zerstören ihre eigene Legitimationsbasis, wenn sie durch aufgedeckte systematische Betrügereien demonstrieren, daß sie als Sachwalter der Sportmoral nicht taugen. Sie entmystifizieren sich in den Augen des Publikums und transformieren den Nimbus des Sportstars ins Dubiose, weil sie sich selbst als Personen entlarven, die nach außen simulieren, nach innen aber ganz anderen Handlungsprämissen Folge leisten.

Dem Publikum wurde zunehmend bewußt, daß sich die Sportler in Folge fortschreitender Kommerzialisierung als egoistische Utilitaristen aufführen, die im Rahmen ihrer zeitlich eng befristeten Sportlerkarriere an einer Einkommensmaximierung interessiert sein müssen und unter einem hohen, dopingfördernden Erfolgsdruck stehen. Nicht die Achtung des Gegners durch Einhaltung der Fair-Play-Regeln ist ihnen offenkundig wichtig, sondern der Sieg um jeden Preis als das vermarktbare knappe Gut steht im Vordergrund ihrer Ambitionen. Der Sportstar hat durch die nahezu tagtägliche negative Medienpräsenz die hohe Reputation vergangener Zeiten weitestgehend verloren. Die Entlarvung von Sporthelden als »Pinkelpanscher« und die traurige Bilanz von Todesfällen stimulieren zynische Äußerungen nicht nur bei denen, die in intellektualistischer Kulturkritik immer schon gegen einen leistungs- und wettkampfmäßig betriebenen Sport waren. Solche Ereignisse ernüchtern auch jene, die dem Sport bislang freundlich gesonnen waren. Das traditionelle Bild des Sportstars als fairer, integrer »good guy«, der den Sieg zwar ernst nimmt, aber nicht um den Preis eines jedweden Mitteleinsatzes zu erreichen versucht, landete auf dem Müllhaufen weggeworfener Ideale. Doping hat dem Publikum die problematischen Effekte einer Totalisierung der Sportlerrolle vor Augen geführt. Gekonnte Wettkampfinszenierungen, hochstehende Körper- und Willensleistungen sind offensichtlich nicht von der anderen, auf Abweichung von tradierten Charakter- und Handlungsvorstellungen hinauslaufenden Seite der gleichen Medaille zu trennen.

8 Vgl. zu den Voraussetzungen einer Durchsetzung des Leistungsprinzips Hartfiel (1977: 19/20).

Gerade das Aufkommen vereinzelter Gegenbilder »sauberer« Athleten signalisiert das Ausmaß der Desillusionierung. In einem Abwehrreflex wird das strukturell aus dem Leistungssport Verdrängte und Unwahrscheinliche der Regelkonformität und Fairneß in Gestalt auserwählter Athleten zurückgeholt und idealisierend auf den Altar medial gestützter Anbetung gehoben. »Nach dem Debakel um die Sprinterin Katrin Krabbe, die vor einem Jahr zur Symbolfigur erhoben und dann als chemisches Kunstprodukt entlarvt wurde, sehen die Deutschen jetzt durch Heike Henkel ihre Sehnsüchte nach Sauberkeit, Sinneslust und Leistungsbereitschaft erfüllt« (Der Spiegel, 33/1992: 205).[9]

(7) Doping hat die bisherige ästhetische Wahrnehmung des Sports brachial verändert. Es brachte Formen der Körperlichkeit an die Öffentlichkeit, die in der Kommunikation über den Sport bislang fehlten. Denn wer denkt schon an Körpersekrete, Hormone, Ausscheidungsprodukte, Pillen, Nadeln und in Körperhöhlen versteckte Urinbehältnisse, wenn er einen Sportwettkampf auf dem Bildschirm betrachtet. Doping hintertreibt und besudelt im wahrsten Sinne des Wortes die klinisch saubere Selbstbeschreibung des Sports. Der nach den Skandalen der letzten Jahre einsetzende Ethikdiskurs ist demnach nicht nur fair-play-relevant. Ethik ist auch ein Versuch, die Sozialfiguren des Sports zur Ästhetik des schönen Scheins zurückzurufen und die Inszenierung sportiver Ereignisse zu restabilisieren.[10] Nachdem Spitzensportler mit Hilfe der Werbe- und Modeindustrie die Körper- und Schweißnähe ihres Tuns durch eine Ästhetisierung ihrer Körperlichkeit erfolgreich verdrängt hatten, bringt Doping gleichsam überwunden geglaubte Körperbilder in das öffentliche Sportbild zurück. Der Sport wird im wahrsten Sinne des Wortes unappetitlich, wenn er mit Blut, Urin, Krankheiten und Tod in Verbindung gebracht wird.

(8) Die routinemäßig vollzogene Abweichung von traditionel-

---

9 Eine derartige Wiederaneignung des Verdrängten, wie sie gegenwärtig im Leistungssport abläuft, ist aus dem Verhältnis von Individuum, Gesellschaft und Natur bereits bekannt. Nachdem der Prozeß der Urbanisierung und gesellschaftlichen Modernisierung die natürliche Umwelt massiv ausgebeutet und auf Distanz gesetzt hatte, feierte sie in Gestalt romantischer Bilder von exotischer Unberührtheit, einsamen Inseln und edlen Wilden eine kulturindustrielle Wiederauferstehung.

10 Zum Zusammenhang von Ethik und Ästhetik vgl. Guggenberger (1993: 74/75).

len Moralcodes und Verhaltensstandards innerhalb der sportlichen Trainings- und Wettkampfpraxis zeigt dem Publikum auf
eine sehr anschauliche Weise, daß die Fortschrittsvorstellungen
und Wachstumsideen des ausdifferenzierten Sports gleichsam pur
und ohne Reibungsverluste nicht umzusetzen sind. Die Mach-
barkeitsprojektionen eines »citius – altius – fortius« haben, wie
Doping und Kinderhochleistungssport verdeutlichen, inzwischen eine beängstigende Eigendynamik entwickelt. Die Idee des
grenzenlosen Fortschritts ist auch in diesem gesellschaftlichen
Teilsystem durch die Realität nichtintendierter Nebenwirkungen
eingeholt worden.

Doping versetzt den Spitzensport in Problemlagen hinein, die
in vielen anderen gesellschaftlichen Teilbereichen als Grenzen des
Fortschritts und Wachstums thematisiert werden. Die hochge-
züchteten Körperleistungen, die im Spitzensport zweifellos erbracht werden, sind, wie es dem Publikum inzwischen dämmert,
nicht ohne zunächst verdeckte Kosten zu bekommen. Ebenso
wie z. B. die kapitalistische Ökonomie negative Externalitäten in
Gestalt von Umweltschäden und struktureller Arbeitslosigkeit
hervorruft, stellt der Leistungssport ein durchaus vergleichbares
problematisches Verhältnis zu seiner personalen Umwelt her.
Systematische Überforderungen von Psyche und Physis der
Sportler sind eben keine Fehlleistungen, sondern die Folgen der
normalen Operationsweise dieses in seiner Logik freigesetzten
körperorientierten gesellschaftlichen Teilsystems.

Wir können nun die verschiedenen aufgeführten Aspekte zusammenführen: Die wechselseitigen Verstärkungen zwischen den
diversen Desillusionierungserfahrungen des Sportpublikums haben das hehre Bild des Leistungssports vom Sockel gekippt.
Sportler übernehmen zwar immer noch Idolfunktionen, werden
dementsprechend von vielen Menschen angehimmelt und als
Kultobjekte in das Zentrum ihrer lebensweltlichen Interessen
gestellt. Die Zuschauer mußten aber zur Kenntnis nehmen, daß
die vormals weiß erscheinenden Westen der Athleten von häßlichen Flecken beschmutzt worden sind, die durch ein noch so
geschicktes Drumherumreden nicht mehr überspielt werden
können. Im kollektiven Gedächtnis der Öffentlichkeit, wie es
durch die Massenmedien gestaltet und am Leben erhalten wird,
kann der Leistungssport Attribute wie »Ehrlichkeit«, »Fairneß«
und »Sauberkeit« nicht mehr für sich in Anspruch nehmen.

Ein *Gestaltswitch* hat unübersehbar stattgefunden: ein Umschlag in der öffentlichen Einschätzung des Leistungssports und seiner Akteure. Die Sicht des Sports als einer fairen Sonderwelt, in der ansonsten verbreitete gesellschaftliche Deformationen nachhaltig auf Distanz gehalten werden konnten, mußte angesichts von Doping durch das Bild eines von Manipulation geprägten Geschehens korrigiert werden. Der organisierte Sport zeigt sich nunmehr als genauso korrumpierbar und moralisch anfällig wie alle anderen gesellschaftlichen Milieus auch.

Das Problem des organisierten Sports mit Doping besteht darin, daß er beim Publikum durch die kumulativen Effekte massenmedialer Skandalierung in einen »schlechten Ruf« geraten ist. Da aber die Unterstützung von Wirtschaft und Politik immer nur über das Publikumsinteresse vermittelt wird, hat dieser Gestaltswitch auch Auswirkungen auf deren Bereitschaft, Ressourcen zur Verfügung zu stellen.

7.2 Distanzierung politischer und wirtschaftlicher Ressourcengeber

Der moderne Spitzensport benötigt eine große Menge von Ressourcen, um die Spezialisierung seiner Akteure und deren Leistungen zu ermöglichen. Die Anstellung der haupt- und ehrenamtlichen Mitarbeiter, die Einrichtung von Institutionen zur Talentsuche und -förderung, die Weiterbildung der Trainer oder die Bezahlung von Masseuren, Ärzten, Biomechanikern und Psychologen können die Vereine und Verbände auf Grund begrenzter Eigenkapazitäten zunächst nicht selbst erbringen. Das Feilschen um die Fördermittel des Bundes offenbart, wie sehr der organisierte Sport auf sie angewiesen ist. Ausdifferenzierung und Wachstum des Sportsystems und speziell des Leistungssports wurden so auch lange Zeit durch die nicht ausreichenden Ressourcen eingeschränkt. Für diejenigen, die den Wettkampfsport national und international anspruchsvoll betreiben wollen, ergibt sich die Notwendigkeit, die Unterstützung potenter außersportlicher Akteure zu gewinnen und dauerhaft zu erhalten.

Zu diesem Zweck muß den Sportorganisationen daran gelegen sein, die Wichtigkeit spitzensportlichen Handelns auch in außersportlichen Zusammenhängen herauszustellen. Eine gelungene

Außendarstellung des Sports ist unverzichtbar, um Mäzene, Sponsoren und Politiker anzusprechen und für sich zu gewinnen. Diese Überzeugungsarbeit fiel den Akteuren des Sports lange Zeit nicht sehr schwer, da die Logik des Spitzensports sich in höchster Weise als anschlußfähig für wirtschaftliche und politische Interessen erwies.

So ging der organisierte Sport staatliche Instanzen an, um von diesen Steuergelder für die Organisation und Durchführung von Trainings- und Wettkampfmaßnahmen zu erhalten und darüber hinaus auch begünstigende politische Entscheidungen zu erwirken – beispielsweise in Gestalt einer Gewährung von Zutrittsrechten in politisch gesteuerte Sozialbereiche, etwa der Öffnung der Bundeswehr für den Spitzensport in Form von Sportfördereinrichtungen. Durch seine Symbolisierung wichtiger gesellschaftlicher Werte kam eine Nutzenverschränkung zwischen Leistungssport und Staat zustande. So wurde die staatliche Förderung des Sports zu einer »selbstverständlichen Aufgabe der öffentlichen Hand im Rahmen der Daseinsvorsorge«.[11]

Dem Spitzensport gelang über diese Leistungsbezüge zu seiner politischen und wirtschaftlichen Umwelt ein enormes Wachstum. Er hat sich dadurch inzwischen in Dimensionen hineinentwickelt, die er anders nicht hätte erreichen können. Allerdings geschah dies um den Preis zunehmenden Dopings. Solange die Abweichung unauffällig blieb, wurden die Nutzenerwartungen der wirtschaftlichen und politischen Akteure nicht gefährdet. Heimliches Doping tut der ökonomischen und politischen Symbolkraft sportlicher Spitzenleistungen zunächst keinen Abbruch. Doch sobald Doping in den Massenmedien skandaliert wird und eine Desillusionierung des Publikums hervorruft, sieht die Sache für die wirtschaftlichen und politischen Nutznießer des Spitzensports anders aus.

Nach der zweiten aufgedeckten Entgleisung von Katrin Krabbe und ihren Kolleginnen meldete eine Zeitung (FAZ vom 13. 8. 1992): »Was wird Neubrandenburg sein in der Zeit nach Katrin Krabbe? Bisher war die Stadt für Sportfreunde die Heimat der Sprint-Weltmeisterin gewesen. Startplatz einer der schnellsten Frauen der Welt. Die Weltmeisterin, ebenso wie Grit Breuer und Manuela Derr, werden nach dem Geständnis, sich mit der verbo-

---

11 Siehe Drucksache des Deutschen Bundestages 8/2033 vom 3. 8. 1978: 7. Vgl. auch Winkler (1982: 8/9).

tenen Substanz Clenbuterol in Form gebracht zu haben, sobald nicht mehr um die Wette laufen. Ist deshalb Schimpf und Schande über die Stadt gekommen? Der Oberbürgermeister schimpft, man solle der Läuferin den Hintern versohlen. Nun sei sogar das Projekt der Mehrzweckhalle gefährdet. Der Geschäftsführer des Sportclubs fürchtet daraufhin um seinen Verein. Und die Vorsitzende des städtischen Ausschusses für Bildung, Sport und Kultur befürchtet gewaltige Konsequenzen für ›Stadt, Nachwuchssport, Land und den DDR-Sport ... Auch auf die Sponsoren wird man nicht mehr so wie bisher rechnen können.‹« Eine andere Zeitung (KR vom 21. 10. 1992) konstatierte: »Der Verein gerät durch den Wirbel um seine einstigen Weltklasse-Stars immer mehr unter Druck. Dem Vernehmen nach haben u. a. Banken und Sponsoren signalisiert, daß sie sich bei einem Festhalten an den dopingbelasteten Sportlerinnen zurückziehen werden. So hat der Sponsor der Abteilung Kanu-Rennsport klargemacht, daß er seine Unterstützung einstellt, wenn der Verein bis dahin die Lage nicht geklärt hat.«

Erweist sich die Außendarstellung demnach als schöner Schein, der von einer häßlichen Wirklichkeit ablenken soll, tritt eine Störung in der Beziehung des Sports zu seinen Bezugsgruppen ein. Kann diese Störung nicht behoben werden, sind die Konsequenzen für den Leistungssport gravierend. Vereinsmäzene stellen ihre Zuwendungen ein; Sponsoren kündigen ihre Verträge; die Fördermaßnahmen werden beendet. Dadurch würde der Spitzensport an seiner empfindlichsten Stelle getroffen. Er steht also durch Doping in Gefahr, seine Fähigkeit zu verlieren, sich seine Ressourcenbasis durch politisch und wirtschaftlich nützliche Leistungen zu verdienen.

Der Paradigmenwechsel in der öffentlichen Wahrnehmung des Leistungssports führt zu einer Distanzierung von Umweltakteuren, weil deren Interessen am Leistungssport auf dem Bild eines »sauberen« Sports beruhen. Das Problem besteht wohlgemerkt nicht darin, daß es Doping *gibt*. Das ist etwas, was die Sportler selbst zu tragen haben. Für die politischen und wirtschaftlichen Akteure geht es allein darum, daß über Doping *geredet* wird. Der organisierte Sport verliert nur dadurch sein für Austauschprozesse mit außersportlichen Bezugsgruppen unverzichtbares Anreizpotential.

Doping hintertreibt die ihm von breiten Massen entgegengebrachte Aufmerksamkeit nachhaltig. Nimmt man die Aussagen führender Politiker und Wirtschaftsvertreter ernst, drohen bislang etablierte und beiderseitig vorteilhaft stabilisierte Leistungsbeziehungen eingestellt zu werden, wenn der Expansion des Doping-Gebrauchs kein Einhalt geboten wird. »Das Zuschauerverhalten hat die Sponsoren aufgeschreckt. ›Das häßliche Gesicht‹ des Sports, klagt Adidas PR-Direktor Günther Pfau, könne sich kein Geldgeber leisten.« Daimler Benz überlegt bereits, sich ganz aus dem Sport zurückzuziehen und statt dessen Kultursponsoring zu betreiben. Hans Wilhelm Gäb, Vizepräsident von General Motors in Europa, warnt: »Wenn die Verantwortlichen den Kampf gegen Doping aufgeben, ist der Spitzensport in ganz kurzer Zeit tot« (Der Spiegel vom 24. 2. 1992). In einem Interview erklärte der Sprecher von Mercedes Benz zum Sponsorenverhalten bei Doping (Der Spiegel vom 3. 12. 1992): »Wir haben immer erklärt, gegen jede Manipulation zu sein. In einem Vertrag mit dem Leichtathletik-Verband steht wörtlich: ›Leistungssteigerungen haben mit fairen Mitteln zu erfolgen. Doping ist unfair und schädlich.‹ ... Wenn da nichts passiert, wird unsere Partnerschaft mit dem Verband beendet.« Der Sportwissenschaftler Harry Shapiro (1991: 7) formulierte hierzu drastisch: »Sport needs clean urine to keep the sponsors happy – no company wants to be associated with a sport riven with ›cheats‹ and ›junkies‹.«

Nicht nur, daß bekanntgewordenes Doping den politischen und wirtschaftlichen Nutzen sportlicher Leistungen auf Null reduziert. Staatliche oder wirtschaftliche Akteure, die dann noch weiter fördern, geraten sogar unter Legitimationsdruck, wenn die von ihnen unterstützten Sporthelden ihre eigene Ikonographie durch Doping im wahrsten Sinne des Wortes mit Blut und Urin beschmutzen. Wie sehr eine über Sporterfolge geschaltete Selbstdarstellung des Staates durch Doping Schaden nehmen kann, zeigt das Beispiel der DDR. Hatten die sportlichen Erfolge der Athleten lange Zeit dazu beigetragen, auch dem politischen System der DDR eine gewisse internationale Anerkennung zu verschaffen, so führten die nach der Wiedervereinigung enthüllten Dopingpraktiken dazu, daß sich das Bild dieses Staates im nachhinein noch weiter verdüsterte.

7.3 Probleme der Nachwuchsrekrutierung

Der Spitzensport benötigt außer finanzieller und politischer Unterstützung noch eine andere Ressource aus seiner gesellschaftlichen Umwelt: die Solidarität derjenigen Sozialbereiche, aus denen er seinen Nachwuchs rekrutiert und die ihm durch aktive Leistungen sowie durch Konzilianz die Sozialisation von Leistungssportlern ermöglichen. Diese Solidaritätsbasis insbesondere im Familien- und Bildungssystem steht durch Doping in Gefahr, unterminiert zu werden. Arbeitgeber, Schulen, Universitäten und politische Instanzen können bislang gewährte Konzessionen zurückziehen oder einfrieren. Auch die vielen informellen Unterstützungsmaßnahmen, wie sie ehemals selbst aktive Sportler und Ehrenamtliche in beeindruckender Weise ohne größere pekuniäre Kompensationen aufbringen, stellen keine Sicherheitsbasis dar, die man rücksichtslos überziehen kann. Um zu verdeutlichen, welche Probleme Doping im Bereich der Nachwuchsrekrutierung hervorruft oder zumindest zu erzeugen droht, betrachten wir exemplarisch die Leistungen, die Familien – modelltheoretisch abstrahiert – für den Wettkampfsport erbringen. Die durch Doping hervorgerufenen Risiken für die Nachwuchsrekrutierung lassen sich daran aufzeigen.

Familien dienen dem Leistungssport als wichtige »Stützsysteme«.[12] Im Hinblick auf die Einbeziehung der Kinder in den Sport übernehmen diese primären Sozialisationsinstanzen regulative Anregungs-, Allokations- und Plazierungsfunktionen. Fragt man danach, was bestimmte sportliche Disziplinen ohne eine massive Unterstützung der Familien wären, fällt auf: Vornehmlich in denjenigen Sportarten, in denen das optimale Höchstleistungsalter dramatisch abgesunken ist und die erste Trainingsphase bereits in der ersten Lebensdekade beginnt, sind familiale Ressourcen zugunsten des Sports unverzichtbar.[13] Ein Wegfall dieser Leistungen würde den Trainings- und Wettkampfbetrieb in diesen Sportarten praktisch zum Erliegen bringen. Aber auch in anderen Disziplinen wären die Folgen äußerst spürbar. Da die Vereine und Verbände nicht einfach in die Autonomie

---

12 Vgl. mit erhellenden Einsichten in das Verhältnis von Familie und Schule Tyrell (1987: 102-124), auch Hammerich (1963: 392-397).

13 Beispiele: kompositorische Sportarten wie Turnen, Rhythmische Sportgymnastik und Eiskunstlauf.

der Familien intervenieren können, sondern auf deren Goodwill angewiesen sind, um Kinder und Jugendliche für eigene Zwecksetzungen zu engagieren, erweisen sich die familiale Einwilligung und Unterstützung von Training und Wettkampf als zentrale Bedingungen der Möglichkeit von Talentrekrutierung und -förderung.

Im einzelnen bestehen die Leistungen, die Familien für den Sport erbringen, erstens in einer zeitlichen Konzilianz. Familien passen ihren Zeithaushalt an die Rhythmik des sportlichen Trainings- und Wettkampfhandelns an. Dies heißt in vielen Fällen: Vater und Mutter investieren einen Großteil der eigenen Freizeit, um ihren Kindern die Teilhabe an den zeitintensiven Trainings- und Wettkampfmaßnahmen des Leistungssports zu ermöglichen. Warten und Geduld werden oft zu einem funktionalen Muß, wenn die eigenen Zöglinge antreten, um ihre sportlichen Leistungen zu steigern. Weiter gilt es, auch die Alltagsrhythmik der Familie den Zeiterfordernissen des Sports anzupassen – z. B. der frühmorgendlichen Trainingseinheit des Kindes oder Jugendlichen. Durch all diese Rücksichten expandiert der Sport in zunehmendem Maße in den Zeithaushalt der Familie hinein – mit der Konsequenz, daß es in nicht wenigen Fällen zu einer sportlichen Vereinnahmung von Familieninteressen kommt.

Was einzelne Mitglieder von Familien für den Spitzensport aufwenden, ist nicht nur Zeit. Es sind zweitens auch Transportleistungen. Ein Großteil der temporalen Investitionen besteht nämlich darin, den Raum zwischen Wohnort und Trainings- bzw. Wettkampfstätte über Jahre hinweg zu überbrücken. Gerade in den ersten Jahren der Leistungsförderung sind es vornehmlich die Familien, und nicht etwa die Vereine und Verbände, die zu einem großen Teil die Fahrlogistik des Spitzensports bereitstellen. Der Leistungssport nutzt insofern in parasitärer Weise das Zeitbudget und die Transportleistungen von Familien.

Familien erbringen drittens in mehrerlei Hinsicht soziale Anpassungsleistungen. Sportdisziplinen, die über kein weit gestreutes Fördersystem verfügen, machen es bisweilen erforderlich, daß Eltern ihre Kinder über längere Zeiträume an zentrale Trainingsinstanzen abgeben. Dieser Verzicht auf Anwesenheit der eigenen Kinder fällt vielen Familien schwer, wie man sich leicht ausmalen kann. Oft wird in diese Trennung auch ein Elternteil einbezogen. Meist ist es dann die nicht berufstätige Mutter, die mit dem Kind an einen Trainingsort zieht, um eine optimale Betreuung durch einen besonders anerkannten Trainer sicherzustellen.

Eine weitere soziale Anpassungsleistung der Familie an den Wettkampfsport besteht in dem elterlichen Engagement in Verein und Verband. Während der aktiven Sportphase der eigenen Kinder übernehmen Eltern in nicht wenigen Fällen Funktionen im Verein. Die Familie stellt dem Sport somit personale Ressourcen zur Verfügung – meist in Gestalt einer Übernahme ehrenamtlicher Rollen. In einigen besonders lukrativen Sportarten passen Familien sich sogar dadurch an die Sportbedürfnisse ihrer Kinder an, daß Familienmitglieder dauerhaft für eine unmittelbare Betreuung abgestellt werden. Wenn der Vater einer international erfolgreichen Tennisspielerin beispielsweise seinen eigenen Beruf als Rechtsanwalt aufgibt, um Trainer- und Managerfunktionen für seine Tochter zu erbringen, illustriert dies eine extreme Anpassungsleistung, die aber keineswegs generalisierbar ist. Sie funktioniert nur dort, wo sportliche Erfolge sich schnell einstellen und entsprechend hoch honoriert werden.

Die sachlichen Leistungen, die Familien viertens aufbringen, sind vornehmlich pekuniärer Art. Benzinkosten für Hin- und Rückfahrten zu Training und Wettkampf, Trainer- und Sportausrüstungskosten, Nachhilfestunden und vieles andere mehr gehen besonders in den ersten Jahren der Talentförderung zu Lasten des familialen Finanzbudgets. Müßten die Vereine und Verbände auch diese Kosten tragen, würde das gesamte Fördersystem schnell an seine Grenzen stoßen.

Man könnte insgesamt – in Anlehnung an die Gesellschaftstheorie von Jürgen Habermas (1979: 7-35) – von einer »Kolonialisierung« der familialen Lebenswelt durch den Leistungssport sprechen. Dessen funktionale Imperative machen sich das Familiensystem gefügig. Und sicherlich existieren nicht wenige Fälle, in denen es zu einer »Überanpassung« der Familie an die Bedürfnisse des Leistungssports gekommen ist. Sein Anforderungsprofil wird dann nicht nur durch die familiale Übernahme bestimmter logistischer Leistungen abgearbeitet, sondern auf eine bisweilen brutale Weise durch die Eltern verstärkt – mit massiven Überforderungen von Kinder- und Jugendsportlern. Sportliche Niederlagen werden dann zu Auslösern massiver Familienkonflikte und stellen Eltern-Kind-Beziehungen unter enorme Belastungen. Die Pressionen können so stark sein, daß die Kinder unter ihnen kollabieren und zum vorzeitigen spitzen-sportlichen Drop-out werden.

Familien leisten solche großen Anpassungen nicht nur uneigennützig – wenngleich man vielen der Eltern unterstellen darf, daß die Freude am Spaß und Erfolg ihres Kindes ihr wichtigster Beweggrund ist. Doch darüber hinaus hoffen Familien auch von der Anpassung an den Wettkampfsport ihrer Kinder zu profitieren. Zunächst einmal versorgt der Leistungssport die Familien, die sich auf ihn einlassen, permanent mit Themen, die den familialen Zusammenhalt nicht nur notwendig machen, sondern bisweilen auch erst herstellen oder zumindest verstärken. Indem die familiale Präferenzstruktur auf die Bedürfnisse des Leistungssports ausgerichtet wird, erfolgt eine Zentrierung der Aufmerksamkeit aller auf ein variationsfähiges und spannendes Thema.

Von primärer Bedeutung dürften allerdings die Sozialisations- und Erziehungshoffnungen sein, die Eltern mit dem Leistungssport ihrer Kinder verbinden. Wenn Vater und Mutter sich jahrelang für den Wettkampfsport engagieren, ehrenamtliche Positionen übernehmen und viel Zeit und Geld investieren, um ihren Zöglingen Teilnahme und Erfolgschancen zu ermöglichen, steht oftmals die Annahme im Hintergrund, daß diese Betätigung der Kinder besonders geeignet sei, »pädagogisch wertvolle« Effekte wie Leistungsbereitschaft, Konkurrenzorientierung und Fairneß auf eine »natürliche«, »spielerische« Weise hervorzurufen. Die befürchtete Negativsozialisation der Kinder auf der Straße oder vor dem Bildschirm ist nicht selten das Motiv, warum Familien das leistungssportliche Engagement ihrer Kinder fördern. Diese Ängste, z. B. vor Drogensucht und Kriminalität der eigenen Kinder, lassen sich freilich dann nicht mehr als plausible Gründe für Sporttreiben ins Feld führen, wenn der Sport selbst in Gestalt von Doping höchst problematische und angsterzeugende Züge annimmt. Der Sport muß sich pädagogisch als vertrauenswürdig erweisen. Denn das ist auf seiten der Eltern die Bedingung, um ihren Kindern ein wettkampfsportliches Engagement zu gestatten.

Doping destruiert diese Vertrauensbasis und blockiert damit all die Leistungen, die Familien für den Wettkampfsport aufbringen. Es stößt sich mit der auf die Gesamtbiographie der Kinder ausgerichteten elterlichen Liebe. Auch wenn manche Eltern, wie man mittlerweile weiß, keine Probleme damit haben, ihr Kind zu illegitimen leistungssteigernden Maßnahmen anzuregen oder gar zu zwingen, weil so vielleicht die eigenen unerfüllten Erfolgsambitionen über die sportliche Betätigung der Kinder ausgelebt oder schlicht Geld gemacht werden soll, dürften diese Extremfälle in der Sportlandschaft wohl die Ausnahme sein.

Doping signalisiert, daß im Sport eine Eigendynamik am Werk ist, vor der die Eltern ihre Kinder nicht schützen können. Wenn Trainer ihren minderjährigen Schützlingen heimlich Anabolika verabreichen, um so die eigene berufliche Zukunft abzusichern, ist dies sicherlich kein Phänomen, das Eltern dazu bringt, Vertrauen gegenüber den Akteuren des Sports aufzubringen. Bei der überwiegenden Mehrzahl der Eltern hört der Spaß auf, wenn Leib und Leben ihrer Kinder auf dem Spiel stehen.

In der Diskussion um die Dopingfreigabe ist die potentielle Gefahr einer ernsthaften Beeinträchtigung der Nachwuchsrekrutierung durch das Bekanntwerden illegitimer Praktiken erkannt worden. Selbst die rigorosen Befürworter einer Freigabe von Doping wollen im Kinder- und Jugendsport einen Riegel vorschieben. Harm Beyer forderte als Präsident des DSV die Dopingfreigabe für die volljährige »Elitetruppe« der Spitzensportler bei gleichzeitigem Verbot für Minderjährige. »Ich gebe die Spritze weder im Kindes- noch im Jugendalter frei. Die Volljährigkeit ist die Grenze, und die Spritze darf erst im Bereich der Elitetruppe eingesetzt werden.« Um den Kinder- und Jugendsport frei von Dopingmedikamenten zu halten und minderjährige Athleten davor abzuschrecken, ihre Leistungen manipulativ zu erhöhen, wäre – so Beyer – »eine sehr rigide, fast polizeistaatsähnliche Kontrolle … für diesen Bereich des Sports, den ich sauber halten möchte (nötig) – mit einer lebenslangen Disqualifikation für den, der erwischt wird« (Sports 9/1991: 88). Die Freigabebefürworter wissen sehr genau, warum sie den Kinder- und Jugendsport ausnehmen wollen. Eine Dopingspirale, die bereits bei Vier- und Fünfjährigen unter der Bedingung der Unmündigkeit der Betroffenen einsetzte und damit den Zielen und Eigeninteressen erfolgsabhängiger Akteure überantwortet werden müßte, dürfte beinahe alle Eltern nachhaltig abschrecken. Der Verein, dem Katrin Krabbe angehörte, geriet z.B. nach den Dopingenthüllungen in seiner Nachwuchsarbeit in Bedrängnis: »Beim Nachwuchs wurde deutlich, daß Eltern ihre Kinder nur noch dann zum Training schicken wollen, wenn der SNC eine

Trennung zum Doping-Umfeld vornimmt« (KR vom 21. 10. 1992).

Todesfälle, körperliche Deformationen und psychische Auffälligkeiten würden zudem nicht nur die familiale Rekrutierungsbasis des Leistungssports destabilisieren, sondern auch schulische Instanzen vor den Kopf stoßen. Wenn der Leistungssport sich dort nicht länger als pädagogisch wertvoll darstellen läßt, was zunehmend der Fall zu sein scheint, verliert er eine wichtige institutionelle Basis für die Durchführung seiner Talentförderungsprogramme. Der Präsident des Deutschen Sportlehrer-Verbandes, Hans-Jörg Kofink, meldete sich kürzlich zu Wort und drohte mit dem Ende der Partnerschaft zwischen Schul- und Vereinssport. »Wenn sich einzelne Verbände künftig nicht deutlicher vom Doping distanzieren und ihr Bild in der Öffentlichkeit nicht korrigieren, versagen wir die Zusammenarbeit.« In der Kritik stehen vornehmlich der DLV und der DSV. »Als Lehrer muß man sich heute genau überlegen, ob man leistungsstarke Schüler noch an die Sportvereine vermittelt und ob man das auch den Eltern gegenüber verantworten kann. ... Sollten die Kinder und Jugendlichen später einmal mit Doping zu tun haben, trägt der Sportlehrer eine Mitschuld« (FAZ vom 2. 4. 1993). Noch deutlicher: »Wo liegen Bildungswert, Identifikationsmöglichkeiten und Vorbildcharakter im Spitzensport heute? Sind Manipulation der Leistung, Betrug am Wettkampfpartner, die totale Kommerzialisierung des Umfelds Leistungssport Bildungsziele für die ›Handlungsfähigkeit im Sport‹ von sportlich Hochbegabten? Sind staatlich bezahlte Spitzentrainer mit nachgewiesener Doping-Vergangenheit die Gewähr für eine partnerschaftliche Kooperation mit dem staatlichen Schulwesen? ... Sind Mitglieder im Nationalen Olympischen Komitee für Deutschland (NOK), deren Doping-Vergangenheit dokumentiert ist, die neuen Integrationsfiguren für Sportlichkeit und die olympische Idee der Zukunft? Nein, die Schule steht derzeit nicht in der Pflicht für die Nachwuchsförderung im Leistungssport! Im Gegenteil: Die Institutionen des freien Sports stehen ohne Wenn und Aber in der Pflicht, das ramponierte Ansehen des Leistungssports, die ins Zwielicht geratene sportliche Leistung schlechthin durch Offenheit und vertrauensbildende Maßnahmen wieder zu einer ›charakterlichen Bewährungsprobe‹ zu machen, wie es die ›Charta des deutschen Sports‹ fordert. ... Wenn sportliche Leistung und der Leistungsvergleich unter sportlicher Chancengleichheit und Fairneß gegenüber dem Partner wieder erstrebenswerte Ziele für junge Menschen sein sollen, dann müssen die Verantwortlichen des freien Sports dafür wieder die Maßstäbe und die glaubwürdige Erfüllung dieser Maßstäbe garantieren« (Kofink 1993: 18/19). Das ohnehin bereits deutlich angeschlagene Image des Leistungssports bei vielen Sportpädagogen hat durch Doping offenkundig gelitten.

Doping hat den Leistungssport, wie wir in diesem Kapitel gezeigt haben, in Verruf gebracht. Es untergräbt das in ihn gesetzte öffentliche Vertrauen, hintertreibt die Identifikationsbereitschaft der Zuschauer, düpiert Politiker bei der Vergabe öffentlicher Fördermittel, stört den erhofften Imagetransfer in Sponsorbeziehungen und desillusioniert seine schulische und familiale Rekrutierungsbasis. Da der Spitzensport aber der Loyalität und Unterstützung all dieser Bezugsgruppen bedarf, um existieren zu können, untergraben die individuellen und korporativen Sportakteure durch nachgewiesene Leistungsmanipulation ihre eigenen Funktionserfordernisse. Angesichts der drastischen Folgen seiner gesellschaftlichen Delegitimierung ist die Annahme nicht von der Hand zu weisen, daß der Leistungssport dabei ist, sich selbst zu zerstören.

Das Risiko des Dopings besteht also für den Leistungssport darin, ein wirtschaftlicher, politischer, familialer oder schulischer Risikofaktor zu werden, den diese Teilsysteme dann irgendwann abstoßen müssen. Tendenzen dieser Art laufen auf *Verdifferenzierung* hinaus. Anders gesagt: Die bislang höchst vorteilhafte Ausdifferenzierung und strukturelle Kopplung des Spitzensports mit seiner gesellschaftlichen Umwelt droht ruinös zu werden. Die wechselseitigen Nutzenverschränkungen entpuppen sich zusehends als gemeinsame Verstrickungen in dubiose Praktiken.

III. Problemlösungsstrategien
der Sportverbände

Das vorausgegangene Kapitel hat die gesellschaftliche Delegitimierung des Spitzensports durch Doping auf der Ebene von
Überzeugungen und Deutungen herausgearbeitet. Das Problem
besteht nicht so sehr darin, ob und in welchem Ausmaß Spitzensportler sich tatsächlich dopen. Viel bedeutsamer ist der Umstand, daß das Sportpublikum mittlerweile offenbar in hohem
Maße davon ausgeht, daß Spitzensportler dies tun und nur so ihre
Leistungen erbringen können. Das folgende Vierfelderschema
soll die Problematik vereinfacht verdeutlichen. Unterscheidet
man hinsichtlich der Doping-Realität dichotom zwei Zustände
(– = kein Doping und + = Doping) und hinsichtlich des Redens
über Doping wiederum zwei Zustände (– = allgemeine Überzeugung, daß nicht gedopt wird; + = allgemeine Überzeugung, daß
durchgängig gedopt wird), ergeben sich vier mögliche Verhältnisse zwischen tatsächlichem Doping und dem Reden über
Doping (siehe Abb. 12):

**tatsächliches
Doping**

		–	+
Reden über Doping	–	»heile Sportwelt«	»heimliche Gegenwelt«
	+	»nachhängendes Mißtrauen«	»Desillusionierung«

Abb. 12: Phasen des Dopingproblems

– »*Heile Sportwelt*«
Es wird in der Regel nicht gedopt, und dem entspricht auch die Überzeugung des Publikums. Dies kennzeichnet den Ausgangszustand, der je nach Einschätzung unterschiedlich lange zurückliegt. Die wenigen Doping-Fälle werden auch vom Publikum als individuelles Fehlverhalten in einem ansonsten »sauberen« Sport personalisiert.

– »*Heimliche Gegenwelt*«
Es wird bereits massiv gedopt, aber das Publikum bemerkt dies noch nicht, verbucht also die wenigen aufgedeckten Doping-Fälle nach wie vor als Ausdrucksformen individuellen Fehlverhaltens.

– »*Desillusionierung*«
Es wird weiter in hohem Maße gedopt; die Vielzahl der Fälle, die immer prominenteren Doping-Sünder und das verbreitete Bewußtsein über den Erfolgsdruck, der auf den Hochleistungssportlern lastet, führen zu einem Kippen der allgemeinen Überzeugungen. Nunmehr geht das Publikum davon aus, daß im Spitzensport massiv gedopt wird.

– »*Nachhängendes Mißtrauen*«
Selbst wenn es durch geeignete Maßnahmen gelänge, Doping wirksam einzuschränken, wäre damit der »gute Ruf« des Spitzensports noch lange nicht wiederhergestellt. Wenn keine entsprechende Überzeugungsarbeit geleistet wird, ist es viel wahrscheinlicher, daß das Publikum hartnäckig an seiner Desillusionierung festhält, ganz nach dem Motto: Wer einmal lügt, dem glaubt man nicht.

Dieses Phasenmodell macht noch einmal klar, daß der »ruinierte Ruf« das eigentliche Problem ist, das Doping für die Sportverbände als korporative Akteure des Hochleistungssports darstellt. Dieser »schlechte Ruf« ist gewissermaßen »ultrastabil«, würde hartnäckig auch eventuelle Erfolge der Dopingbekämpfung überdauern. Man kann zwar davon ausgehen, daß es im Spitzensport auch noch eine Reihe von Moralisten gibt, die primär an einer Veränderung der tatsächlichen Dopingpraxis interessiert sind. Für die Verbände und sicherlich auch für das Gros der darin agierenden Individuen ist jedoch in der »Hochkostensituation«, in der sie sich befinden, zunächst einmal der Primat einer »politics of blame avoidance« (Weaver 1986) anzunehmen. Sie müssen sich vorrangig um die Erhaltung bzw. Wiederherstellung des »guten Rufs« des Hochleistungssports beim Publikum, in den Massenmedien und bei den wirtschaftlichen und politischen Sponsoren kümmern.

Dieses Fazit des vorausgegangenen Kapitels wirft die Frage auf: Was kann der Spitzensport tun, um seine vormals hohe Wertschätzung zurückzugewinnen? Die Fragestellung impliziert, daß der Spitzensport mit der gesellschaftlichen Bedeutung, die er sich über Jahrzehnte erworben hat, weiterbestehen sollte. Diese Position muß man nicht teilen. Wer eine indifferente Haltung dazu hat, ob es auch morgen und übermorgen noch Spitzensport in Gestalt von Olympischen Spielen, Fußballweltmeisterschaften, Tour de France oder Daviscup-Turnieren geben sollte, kann mit der Untersuchung an diesem Punkt aufhören. Als soziologische Analytiker brauchen wir uns diesbezüglich nicht festzulegen. Für uns ist die Frage nach der Problembewältigung einfach nur eine weitere interessante Facette des Dopingphänomens.

Ohnehin gibt es genügend Akteure, die sich für den Hochleistungssport einsetzen, wie Ommo Grupe (1985: 13), Sportpädagoge und Vizepräsident des DSB, wortreich ausführt: »An der Zukunft des Spitzensports haben eben ... zu viele Interesse, und ihr Ziel wird es deshalb sein, daß er nicht nur bestehen bleibt, sondern sich auch kräftig weiterentwickelt: beispielsweise die Jet-Setter unter den Funktionären, die auf diese Weise in Teile der Welt kommen, die sie sonst nie sehen würden; die Sportjournalisten, deren eigene Zukunft von der Zukunft des Sports abhängt, auf den sie beruflich spezialisiert sind; die Trainer, deren weiterer Lebensunterhalt von der Entwicklung der Leistungen der von ihnen betreuten Athleten abhängt; die Mitglieder des IOC, das sein Schicksal mit eben diesen Leistungen der Athleten verbunden hat; die internationalen Fachverbände, die diese Leistungen verwalten und ihre Erbringung immer aufs neue organisieren; ganze Nationen mit ihren Gesellschaftssystemen, die durch das Niveau ihres Spitzensports ihre politische Überlegenheit demonstrieren möchten, oder die ihn sogar benutzen, anderen Nationen ihre politische Abneigung zu bekunden; und natürlich sind auch die Athleten selbst interessiert, nicht nur die cleveren Playboys und Globetrotter unter ihnen, ohne die es den Spitzensport ja überhaupt nicht gäbe, ... die in einer profitorientiert ausgerichteten Umwelt selber gelernt haben, profitorientiert zu handeln; und neben diesen dann die große Zahl von Ausrüstern, Managern, Sponsoren, Technikern, Konstrukteuren, Geräteherstellern, Physiotherapeuten, Werbeagenten, Fotografen, Sportforschern, Ärzten, Sportartikelhändlern – ihnen allen kann nicht daran gelegen sein, daß es mit dem Spitzensport bergab geht. Wer möchte schon, daß die Quelle versiegt, aus der es so schön warm kommt?«

Mit diesen Interessenzuschreibungen, wenngleich sie der Anschaulichkeit halber zu konkretistisch ausfallen, spricht Grupe zweifellos einen wichtigen Sachverhalt an. Jedenfalls ist eine derartige Aufzählung realitätsnäher als die Begründung der vom DSB und NOK eingesetzten Unabhängigen Dopingkommission (1991: 207), die in ihrem Bericht davon ausgeht, daß das Dopingproblem »keine Infragestellung des Spitzensports« bedeuten solle. Die Kommission bemüht dafür eine soziobiologische Begründung. Der Spitzensport wird als »Ausdruck menschlicher Leistungsfähigkeit und ihrer maximalen Entwicklungsmöglichkeiten« verstanden. Der sportliche Leistungswettbewerb sei demnach eine Form des innerartlichen Wettbewerbs der Spezies Mensch, »geradezu ein Selektionsmechanismus der biologischen Evolution«. Ontologisierungsversuche dieser Art zielen darauf ab, Konsens herzustellen und Kritiker bereits im Vorfeld abzuwimmeln. Verzicht auf Spitzensport wäre dieser Argumentation zufolge nicht artgemäß. Fundamentaler läßt sich der Spitzensport wohl kaum noch legitimieren – allerdings auch wissenschaftlich kaum dürftiger.[1] Der apologetische Zweck einer solchen Argumentation ist durchsichtig. Es sollen genau jene Interessen die höheren Weihen des artgemäß Erforderlichen erhalten, die Grupe mit dankenswerter Offenheit beim Namen nennt.

1 Abgesehen davon, daß eine so gewichtige Behauptung völlig ohne nähere Begründung bleibt, fallen einem sogleich zwei weitreichende Einwände ein. Erstens hat die Menschheit den größten Teil ihrer Existenz auf Spitzensport, der doch angeblich evolutionär so wichtig ist, verzichtet, ohne auszusterben oder auch nur zu degenerieren. Selbst wenn man z. B. steinzeitliche Jagd oder mittelalterliche Kriege als funktionale Äquivalente gelten lassen will, hat gerade die Neuzeit körperliche Höchstleistungen nicht benötigt, um ihre mannigfachen Fortschritte – was immer man von ihnen im einzelnen halten mag – zu erzielen. Zweitens ist schleierhaft, wie Spitzensport als evolutionärer Selektionsmechanismus wirken kann. In ihn ist doch immer nur eine verschwindend geringe Anzahl von Mitgliedern der Spezies involviert; und die erfolgreichen Spitzensportler haben dadurch keine biologischen Reproduktionsvorteile, was in der Evolution entscheidend ist. Die spitzensportlichen Aktivitäten besitzen als für andere völlig unerreichbare und im übrigen zumeist gesundheitsschädliche Leistungen nicht einmal eine Vorbildfunktion für die anderen Mitglieder der Spezies, mehr aus dem eigenen Körper zu machen.

Daß derartige anthropologisch ansetzende Begründungen des Spitzensports immer wieder artikuliert werden, ist freilich als Tatbestand symptomatisch. Anthropologie wird, auch in anderen Lebensbereichen, typischerweise dort herangezogen, wo man eine scheinbar nicht hinterfragbare Letztbegründung von gesellschaftlich umstrittenen Interessen gut gebrauchen kann – siehe z.B. auch anthropologische Begründungen der kapitalistischen Wirtschaft aus einem angeblichen Erwerbstrieb des Menschen. Daß die frühen Verfechter des Hochleistungssports wie de Coubertin anthropologisch argumentierten, läßt sich demzufolge darauf zurückführen, daß sie dieses neuartige, noch nicht abgesicherte gesellschaftliche Phänomen vor allem gegen seine intellektualistischen Verächter verteidigen mußten. Daß heute gerade in Auseinandersetzungen um Doping wieder die Anthropologie bemüht wird, ist ein Indikator dafür, wie sehr das Dopingproblem den Nerv des Spitzensports trifft.

Die zentralen Akteure, die den Hochleistungssport vom Dopingproblem befreien könnten, sind die nationalen und internationalen Sportverbände. Sie sind als korporative Instanzen die Sachwalter des Sportsystems insgesamt und damit auch des Leistungssports. Die Sportverbände sind in hohem Maße auf das Fortbestehen und sogar das weitere Wachstum des Leistungssports angewiesen. Zwar betreuen sie sowohl den Leistungs- als auch den Breitensport; wenn erstere Aufgabe also verschwände, bliebe ihnen immer noch letztere. Aber zum einen gibt es bereits zahlreiche spezialisierte Gremien und Organisationen wie z.B. die nationalen Olympischen Komitees und das IOC, deren Existenz mit der des Leistungssports steht und fällt. Zum anderen bedeutete eine Reduktion der Sportverbände auf den Breitensport erhebliche Einbußen an finanziellen Ressourcen, die sie vom Staat, aus der Wirtschaft und von den Massenmedien erhalten. Damit einher ginge eine Verringerung der zu vergebenden hauptamtlichen oder ehrenamtlichen Posten, wodurch existentielle Interessen und Identitätsmotive einer Vielzahl von Individuen gefährdet wären; und auch das gesellschaftliche Prestige der Sportverbände und der sie repräsentierenden Personen ginge drastisch zurück, weil eben die Sichtbarkeit und der Publikumsappeal im wesentlichen mit spitzensportlichen Erfolgen verbunden sind. Hinzu kommt, daß der vereins- und verbandsförmig organisierte Sport im Breitensport die Grenzen des Wachstums erreicht zu haben scheint; schon jetzt erfolgt die weitere Inklusion von Gesellschaftsmitgliedern in den Breitensport in starkem Maße durch kommerzielle Anbieter, die ihr Angebot noch erweitern und immer mehr Anklang finden, teilweise sogar dem organisierten Sport Mitglieder abwerben werden (Schimank 1992 b).

All diese Gesichtspunkte ließen es zumindest äußerst gewagt erscheinen, wenn die Sportverbände sich um das Dopingproblem nicht weiter kümmerten, weil ihnen die Zukunft des Leistungssports nicht sonderlich wichtig wäre. Die Verbände müssen sich aus wichtigen organisatorischen Eigeninteressen heraus um eine Bewältigung des Dopings bemühen – und diese Notwendigkeit sehen sie zumindest in den letzten Jahren sehr deutlich. Sie ist ihnen zudem von außen in Gestalt publik gewordener Skandale aufgedrängt worden.

Der nun folgende letzte Teil unserer Untersuchung ist der Frage nach den Handlungsmöglichkeiten gewidmet, die dem organisierten Sport gegen Doping zur Verfügung stehen. Kapitel 8 thematisiert jene Praktiken, mit denen die Sportfachverbände das Doping der Athleten einzudämmen versuchen. Diese Maßnahmen sind darauf ausgerichtet, das Doping selbst zu beseitigen – in der Hoffnung, daß damit auch der Stoff für das Reden über Doping ausgeht.

Kapitel 9 behandelt anschließend solche Bemühungen zur Bewältigung des Dopingproblems, die direkt beim Reden über Doping ansetzen. In dem Maße, wie den Sportverbänden eine Bekämpfung des Dopings selbst als zu aufwendig oder zu aussichtslos erscheint, können und müssen sie Anstrengungen unternehmen, trotz fortgesetzten Dopings den »guten Ruf« des Spitzensports wiederherzustellen. Wie sich zeigen wird, ist einer der beiden hier möglichen Wege – die Kombination von »brauchbarer Illegalität« und symbolischer Beschwichtigung – derjenige, den die Verbände bislang hauptsächlich eingeschlagen haben.

8. Wege und Schwierigkeiten der Dopingbekämpfung

In diesem Kapitel werden wir die verschiedenen Möglichkeiten prüfen, die die Sportverbände haben, um dem Doping ihrer Athleten Einhalt zu gebieten. Wir begreifen dabei die Verbände als korporative Akteure, die rational auf eine Beeinträchtigung ihrer Interessen reagieren.[1] In dieser Sichtweise stellt sich das Dopingproblem als »shirking«, als eine bestimmte Art von Drückebergertum der Sportler in deren »principal-agent«-Beziehung zum Verband dar. Die in der institutionellen Ökonomie entwickelte »principal-agent«-Theorie betrachtet soziale Beziehungen, in denen die eine Seite – der Agent – irgendeine Art von spezifizierter Leistung für die andere – den Prinzipal – vollbringt und dafür irgendeine Art von spezifizierter Belohnung erhält.[2] Das bekannteste Beispiel ist das Verhältnis zwischen Arbeitgeber und Arbeitnehmer.

Worauf die »principal-agent«-Theorie ihre besondere Aufmerksamkeit lenkt, ist die Abhängigkeit des Prinzipals von der Leistungsbereitschaft des Agenten. Als rational kalkulierender Akteur, der die Belohnung von seiten des Prinzipals mit dem geringstmöglichen Aufwand bekommen will, tendiert der Agent zum »shirking«. Dieses kann zwei Formen annehmen: erstens die betrügerische Leistungsverweigerung gegenüber dem Prinzipal und zweitens die Nutzung illegitimer Mittel bei der Leistungserbringung. In dem Maße, wie der Prinzipal nicht in der Lage ist, die Leistung des Agenten und dessen Mitteleinsatz vollständig zu überblicken und einzuschätzen, wird der Agent versuchen, weniger zu leisten bzw. unerlaubte Mittel zu verwenden, die ihm die Leistungserbringung erleichtern.

Diese Betrugsanfälligkeit des Prinzipals geht auf zwei Ursachen zurück. Zum einen muß er oftmals so viele Agenten im Auge behalten, daß er ein quantitatives Kontrollproblem zu bewältigen

---

1 Das ist natürlich wieder eine analytische Fiktion, wie wir sie auch schon in anderen Kapiteln benutzt haben.
2 Generell zu dieser Theorieperspektive siehe Moe (1984), Coleman (1990: 145-174), Ebers/Gotsch (1993: 203-216).

hat. Er muß es dann z. B. bei Stichproben der abgelieferten Leistungen belassen. Und je höher dabei die Chance eines Agenten ist, sein »shirking« vor dem Prinzipal zu verstecken, desto eher wird er dazu neigen. Zum anderen verfügt der Prinzipal oft nicht über das Spezialwissen, um eine korrekte Leistungsbeurteilung durchzuführen. Dann hat er ein qualitatives Kontrollproblem. Er muß in gewissem Maße auf die Beteuerung des Agenten vertrauen, das Bestmögliche geleistet zu haben und dabei im Rahmen des Erlaubten geblieben zu sein. Dieses Problem haben beispielsweise alle Kunden oder Klienten gegenüber Fachleuten, die sogar eine gescheiterte Leistungserbringung noch als »nicht besser möglich« darstellen können – siehe etwa Ärzte, die auch für erfolglose Behandlungen bezahlt werden. Häufig steht der Prinzipal demnach sowohl vor einem quantitativen als auch vor einem qualitativen Kontrollproblem und muß sich irgendwelche Strategien einfallen lassen, um nicht so leicht von seinen Agenten betrogen zu werden.

Aus dieser Theorieperspektive können die Leistungssportler als Agenten, die Sportverbände als Prinzipale betrachtet werden.[3] Damit stellt sich die Frage: Wie können die Sportverbände verhindern, daß die sportlichen Leistungen nicht das sind, was die Sportler zu leisten vorgeben? Die Verbände verfügen über ein Monopol für die Organisation und Durchführung des Spitzensports, womit sie den Sportlern diese Art der Leistungserbringung überhaupt erst ermöglichen. Und die Verbände entscheiden darüber, wer in einem Wettkampf gesiegt hat, stufen also den relativen Erfolg der Athleten ein. Diese Rangordnung wiederum ist für die Sportler unabdingbar, um eine soziale Bestätigung ihrer auf sportliche Erfolge fixierten Identität zu erlangen und ihre Einkommensinteressen beim Verband und bei wirtschaftlichen und politischen Sponsoren realisieren zu können. Die Verbände belohnen die Sportler also durch Leistungseinstufungen. Die Sportler haben das Interesse, diese Belohnungen zuverlässig und mit möglichst geringem Aufwand zu erhalten. Doping ist eine Möglichkeit des »shirking« der Sportler gegenüber dem Verband. Diesem wird die Erbringung einer Leistung vorgetäuscht, die in

---

3 Diese Zuordnung ist, um es noch einmal zu betonen, natürlich eine je nach Fragestellung analytisch zu treffende. Für ein anderes Untersuchungsproblem könnte es zweckmäßig sein, die Sportler als Prinzipale und die Verbände als deren Agenten anzusehen.

Wahrheit nicht unter den in Form der Dopingverbote festgelegten Randbedingungen erbracht worden ist.[4]

Damit sind die Sportverbände als Prinzipale in einer »principal-agent«-Beziehung charakterisiert. Die gängigen Praktiken, mit denen sie versuchen, das Dopingproblem zu bewältigen, lassen sich in dieser Theorieperspektive gut einordnen und miteinander vergleichen. Ein differenzierter Theoriezugriff dieser Art ist wichtig, um dem mittlerweile erreichten Reflexionsstand der Verbände gerecht zu werden. Wir werden im folgenden vier Arten von verfügbaren bzw. diskutierten Praktiken der Dopingbekämpfung unterscheiden und nacheinander hinsichtlich ihrer Voraussetzungen, ihrer dopingverhindernden Wirkungen und ihrer relevanten Nebeneffekte analysieren: die pädagogische Stärkung der Dopingresistenz der Sportler, die Nivellierung der Dopinganreize, die Intensivierung von Dopingkontrollen und die Initiierung von dopingächtenden Selbstbeschränkungsabkommen der Athleten.

8.1 Pädagogisierung

Soziale Reaktionen auf Devianz weisen fast immer in zwei Richtungen: gutes Zureden mit der Hoffnung auf Überzeugung der Abweichenden und deren Bestrafung. Beiden Strategien lassen sich auch die meisten Praktiken zuordnen, mit denen die Sportverbände versuchen, Athleten vom Doping abzubringen. Dabei ist das Bemühen, die Sportler von der Falschheit ihres Tuns zu überzeugen, die naheliegendere Reaktion. Sie geht davon aus, daß die Athleten durch die richtigen Argumente dazu gebracht werden könnten, ihr deviantes Handeln einzusehen und aufzugeben. Dabei wird unterstellt, daß es solche Argumente gibt und die Athleten dafür zugänglich sind.

Im Vergleich zur Bestrafung, die entsprechende Kontrollen zum Nachweis von abweichendem Handeln voraussetzt, sind Überzeugungsversuche sicherlich weniger aufwendig. Wenn sie gelingen, ist das konforme Handeln gleichsam im Inneren des Sportlers selbst verankert und stellt keine bloße äußerliche Verhaltenskonformität dar, wie sie durch Strafen allenfalls erreichbar

4 In der »principal-agent«-Theorie würde dieser Fall unter den Typus des »shirking« durch »hidden action« subsumiert.

ist. Wer überzeugt ist, daß Doping etwas Falsches ist, kontrolliert sich selbst und braucht dementsprechend nicht durch andere überwacht zu werden (Reckless 1961). Geringere Aufwendigkeit sowohl beim Zurückholen des auf die schiefe Bahn Geratenen als auch beim Halten des Zurückgeholten auf dem geraden Weg ist der große Vorzug des guten Zuredens im Vergleich zu anderen Praktiken der Dopingbekämpfung. Von daher verwundert es nicht, daß die Sportverbände allenthalben auf das gehäufte Bekanntwerden von Dopingabweichungen zunächst mit gutem Zureden gegenüber den Sportlern reagiert haben.

Überzeugungsarbeit durch gutes Zureden heißt nicht nur, aber vor allem: dem Devianten ins Gewissen reden, an sein moralisches Bewußtsein appellieren. Denn verinnerlichte Moralvorstellungen, die Doping als unmoralisch brandmarken, wären genau jene »Innenlenkung« durch ein »Über-Ich«, die jeder »Außenlenkung« durch Kontrollen stets überlegen ist. Moral ist das Ergebnis von Erziehung. Deshalb sind die Sportpädagogen diejenigen, die sich vor allen anderen für eine moralische Aufrüstung der Sportverbände im Kampf gegen das Doping stark machen und auch diesbezüglich gefordert sind. Die Pädagogisierung des Dopingproblems soll demgemäß zuallererst die moralische Dopingresistenz der Sportler gegen deren rationales Eigeninteresse stärken, wie es durch den Erfolgsdruck der biographischen Fixierung geprägt wird.

Maßnahmen in dieser Richtung gibt es zuhauf. Wir erinnern nur beispielhaft an diverse Fair-Play-Initiativen des DSB und des NOK sowie an den Versuch aus den Reihen der assistierenden Sportwissenschaft, eine »Olympische Pädagogik« wiederzubeleben. Bundespräsident Richard von Weizsäcker forderte in einer Rede vor dem NOK nicht weniger als »eine klare und verbindliche Sportethik«, weil sich nur so u. a. die »Gefahren des Dopings« wirksam bekämpfen ließen (zitiert in Lenk/Pilz 1989: 10). Bei all dem ist jedoch zu bedenken, daß die Wirksamkeit moralischer Handlungsregulative und darauf gerichteter Appelle generell mindestens zweierlei voraussetzt: Moral darf nichts Unbotmäßiges und nichts Unerfüllbares verlangen. Beide Voraussetzungen sind im modernen Leistungssport nicht gegeben.

Unbotmäßig sind moralische Forderungen dann, wenn diejenigen, die diese Forderungen aufstellen, sie in ihrem eigenen

Handeln selbst nicht erfüllen. Das bedeutet nicht, daß Moral keine außergewöhnlichen Leistungen verlangen kann – siehe z. B. die moralische Virtuosität mancher religiöser Sekten. Moralische Ansprüche können weit über die Normalität des normativ Erwartbaren hinausreichen. Doch diejenigen, die ein derartiges moralisches Virtuosentum einfordern, müssen, damit ihr Appell überzeugt, selbst entsprechende moralische Virtuosen sein. Ein Casanova beispielsweise kann seinen Mitmenschen schwerlich sexuelle Enthaltsamkeit moralisch auferlegen. Auf das Dopingproblem bezogen heißt dies: Eine gesellschaftliche Umwelt aus Publikum, Massenmedien, Sponsoren u. a. wirkt mit ihren auf einen »sauberen« Sport gerichteten Forderungen scheinheilig, wenn sie den aufgestellten Maßstäben für »Sauberkeit« selbst nicht entspricht. Um moralisch zu verurteilen und damit tatsächlich das Gewissen des Verurteilten erreichen zu können, muß man eben selbst in der betreffenden Hinsicht ohne Fehl und Tadel sein bzw. zumindest für begangene Missetaten gesühnt haben (Die Welt vom 3. 3. 1992): »Das Argument ... ist von Sportlern oft zu hören: Warum eigentlich werden an ihren Beruf Maßstäbe von Fairneß, Sauberkeit und Moral angelegt, die in allen anderen Bereichen nicht gelten? Warum also dürfen sich Politiker, Manager und sogar Schüler ungestraft mit leistungssteigernden Mitteln puschen, während Athleten im selben Fall Berufsverbot erteilt wird?«

Eine allgemeine gesellschaftliche Förderung der Dopingmentalität durch Sozialisation besteht nicht zuletzt darin, daß schon Eltern die Ernährung ihrer Kinder explizit leistungsoptimierend betrachten – wenn einem Kind beispielsweise Fruchtsaft mit der Begründung anempfohlen wird, daß es dadurch seine Konzentrationsfähigkeit in der Schule steigere. Zwar geht es hierbei um harmlose Substanzen. Aber die Logik des Arguments ist dieselbe wie bei den »unterstützenden Maßnahmen«. Nun sind zwar leistungssteigernde Mittel für Politiker, Manager oder Schüler in deren täglichen Konkurrenzkämpfen nicht durch entsprechende Verbotslisten formell untersagt. Darin liegt zweifellos ein Unterschied zur sportlichen Konkurrenz. Doch die hier gegenüber den Athleten in Anschlag gebrachte Moralität zielt eben nicht auf eine bloße Befolgung von rechtlichen Regeln ab. Es geht vielmehr darum, daß im Wettkampf der Beste siegen soll – und nicht der am besten pharmakologisch oder sonstwie Aufgerüstete. Genau dieser Erwartung, die die Umweltakteure des Leistungssports an diesen richten, werden sie selbst nicht gerecht – weshalb sie sich nicht wundern dürfen, wenn ihre direkt oder durch die Sportverbände artikulierten moralischen Appelle ungehört verhallen.

»Vor dem Hintergrund der weitgehenden Akzeptanz und Praxis des Alkohol-, Nikotin- und Medikamentenkonsums in der Gesellschaft ist es nicht einfach, einem kompromißlosen Verzicht pharmakologischer Unterstützung der Leistungssteigerung im Sport das Wort zu reden« (Sehling u. a. 1989: 133). Der Leistungssport kann und will diesbezüglich offenbar nicht besser als die übrige Gesellschaft sein (Edwards 1986), wie schon bei der Analyse der Neutralisierungstechniken im Kapitel 5 deutlich geworden ist. Viele Athleten bestehen darauf, man solle ihnen nichts abverlangen, was auch sonst niemandem abverlangt wird.[5] Manchmal wird auch der Vergleich zur Kunst gezogen. Bekanntermaßen sind nicht wenige gesellschaftlich hochgeschätzte künstlerische Leistungen unter Alkohol- und Drogeneinfluß entstanden. Wenn in dieser Sphäre solche leistungssteigernden Mittel offenbar hingenommen werden: Warum dann nicht auch im Spitzensport?[6] Gleichgültig, wie wenig stichhaltig solche Argumentationen letztlich sein mögen: Sie geben eine unter Athleten verbreitete und nicht zu erschütternde Widerspruchshaltung gegen moralische Appelle zum Dopingverzicht wieder.

Der Blick in außersportliche Sozialbereiche und die sich hierbei einstellende Ernüchterung verdeutlichen, warum moralische Appelle nicht verfangen. Der andere Grund für die geringe Problemlösungskapazität von Pädagogisierungsmaßnahmen wiegt allerdings noch schwerer. Eine Empörung über Scheinheiligkeit könnte vielleicht noch überwunden und positiv gewendet werden, indem sich der Spitzensport als gesellschaftliche Sondersphäre stilisiert, in der eine Elite asketischer Leistungsträger

5 Konsequenterweise bezog die kanadische Untersuchungskommission (Dubin 1990: 547) nach dem Skandal um Ben Johnson auch die Position, man müsse »apply a full range of public health education techniques to the problem of doping in sports, including education of the general public«.

6 Und um die Selbstgerechtigkeit von Sportwissenschaftlern, z. B. Sportpädagogen, bei der Beurteilung von Doping zu erschüttern: Würden sie auf eine pharmakologische Unterstützung ihrer wissenschaftlichen Kreativität verzichten, wenn sie damit unsterblichen wissenschaftlichen Ruhm erringen könnten?

besonders anspruchsvolle moralische Ansprüche unzeitgemäß in die Tat umsetzt. Die Idee des Olympismus ging in diese Richtung. Askese – und Dopingverzicht ist nichts anderes – muß allerdings leistbar sein und darf keine unerfüllbaren Verzichtsleistungen fordern. Hierin liegt die eigentliche Crux aller Versuche, Doping mittels moralischer Askeseforderungen aus der Welt zu schaffen. Das Zusammenwirken von sportlichem Siegescode und Ansprüchen aus der gesellschaftlichen Umwelt hat als Identitätsform der Spitzensportler einen Leistungsindividualismus hervorgebracht, dem sich ein moralisch begründeter Dopingverzicht als unannehmbare Einschränkung individueller Selbstverwirklichung darstellt.

Der Sportsoziologe Gunter Pilz (1994) sieht »Dopingsünder« in diesem Sinne als »die Avantgarde eines neuen sportlichen Identitätstyps«. In Anlehnung an eine generelle gesellschaftstheoretische These des Devianzforschers Baldo Blinkert geht Pilz davon aus, daß sich im Leistungssport wie in anderen »erfolgsorientierten Handlungsfeldern« unserer Gesellschaft eine »utilitaristisch-kalkulative Perspektive« (Blinkert 1988: 397) auf die Befolgung geltender Normen durchsetzt: »Man kann sich für, aber auch gegen sie entscheiden – und zu welcher Entscheidung man kommt, hängt von Opportunitätserwägungen ab« (Blinkert 1988: 406, Hervorhebung weggelassen). Rational-choice-Gesichtspunkte gewinnen die Oberhand über unbedingte Normkonformität. Zur individuellen Beweglichkeit gehört es, ohne tiefergehende innere Überzeugung Moraldistanz immer dann zu zeigen, wenn die eigene Zielerreichung andernfalls unmöglich würde. Individuelle Selbstverwirklichung wird dabei gleichsam zu einer Kampfformel, unter deren Mantel auch Devianz ihren, wenngleich heimlichen, Platz findet.

Wenn individueller Erfolg von einem möglichen, aber nicht notwendigen positiven Ereignis zu einem unbedingt zu meisternden Pflichtprogramm wird, weil Nichterfolg mit Mißerfolg, also Scheitern, gleichgesetzt wird: Dann befindet sich der Akteur in einer »Hochkostensituation«, in der von ihm weder normativ noch kognitiv erwartet werden kann, daß er Normen allein aufgrund ihrer moralischen Dignität befolgt. Solange der Sport – wann immer das gewesen sein mag – von der Maxime des »Dabeisein ist alles!« regiert wurde, bestand für die Athleten eine »Niedrigkostensituation«, in der sie sich Empfänglichkeit für moralische Appelle leisten konnten.[7] Wer siegte, war in diesem goldenen Zeitalter der Sportmoral – zumindest beinahe – zweitrangig. Einzig das Erlebnis des kameradschaftlichen Wettstreits, in dem der Bessere siegen sollte, zählte. Falls es so etwas jemals gab, ist es jedenfalls in Folge einer weit fortgeschrittenen Dramatisierung von Training und Wettkampf längst passé. Beileibe nicht nur im Spitzensport, aber jedenfalls auch dort sind mittlerweile, wie die Analyse der Sportlerbiographie im Kapitel 3 gezeigt hat, »Hochkostensituationen« die Regel.

Die Einschätzung der Kriminologin Christa B. Schneider-Grohe (1979: 124), bei der Dopingbekämpfung müsse es darum gehen, »dem Sportler die Erkenntnis zu vermitteln, sich als Nicht-Sieger nicht als Versager zu erleben«, ist zwar abstrakt richtig – doch wie das unter den Bedingungen des heutigen Leistungssports noch gehen soll, bleibt völlig schleierhaft. Selbst wenn die Identität des Sportlers vom Leistungsindividualismus umgepolt werden könnte, so daß der psychische Erfolgsdruck entfiele, bliebe immer noch der finanzielle Erfolgsdruck, angesichts aufgegebener Ausbildungs- und Berufsalternativen jetzt aus der zeitlich extrem begrenzten Sportlerkarriere das Möglichste herauszuholen.

Die biographische »Totalisierung« der Sportlerrolle bringt ein »ethos of effectiveness« hervor. Das ist eine subversive Leistungsmoral, die die überkommene Sportmoral stillschweigend und ohne Unrechtsbewußtsein vom Tisch wischt, weil diese die faktischen Nöte der Athleten und ihres Unterstützungsumfelds ignoriert: »The greater the pressure to succeed, the more likely the use of dubious means« (Heinilä 1982: 249). Den »›Willen zum Siegen‹ gemäß vorgegebener Regeln« hat eine »›vulgäre‹ Verbissenheit des Siegens« abgelöst, wie – kulturkritisch naserümpfend – der Soziologe Pierre Bourdieu (1985: 578) bemerkt.

7 Heute gibt es nostalgische Anklänge daran nur noch, wenn sich Sportler in einem Wettkampf bereits als sichere Sieger fühlen können: »Fair Play scheint nur noch dann zu existieren, wenn es um nichts mehr geht. So schoß Arne-Lars Oekland, Stürmer von Bayer Leverkusen, in einem Spiel gegen Bayern München beim Stand von 3:0 kurz vor Schluß den Ball an das Außennetz. Der Schiedsrichter entschied auf Tor. Doch Oekland, der zuvor alle drei Tore geschossen hatte, ging, nachdem er sich hatte feiern lassen und der Ball zum Wiederanstoß an der Mittellinie lag, zum Schiedsrichter und korrigierte ihn. Beim Stande von 1:0, so Oekland später, hätte er dies nicht getan, gar nicht zu reden von seinem eventuellen Verhalten bei einem Spielstande von 0:1« (Lenk/Pilz 1989: 67).

Drastischer drückt dasselbe der Diskuswerfer Rolf Danneberg (Sports 3/1989: 124) aus: »Käse. Was hat denn Ethik mit Profisport zu tun? Es geht um Leistung. Dieser vielstrapazierte Begriff Ethik. Das ist doch ein fürchterliches Gewabbel und Geschwabbel.« Der durch Umweltansprüche entfesselte Siegescode soll in seiner unendlichen Steigerbarkeit offensichtlich nicht länger moralisch ausgebremst werden.

Man kann von daher leicht angeben, wen die pädagogischen Appelle an die traditionelle Sportmoral überhaupt noch erreichen können: all diejenigen Sportler, die sich nicht – was auch heißen kann: noch nicht oder nicht mehr – in einer »Hochkostensituation« befinden. Das sind erstens die ganz seltenen Glücklichen, die Doping aufgrund ihres überragenden Talents nicht benötigen. »Ausnahmesportler« haben leicht reden – weshalb es oft geradezu scheinheilig wirkt, wenn sie gegenüber ihren Konkurrenten ins moralische Horn stoßen. Zweitens können diejenigen, die einsehen mußten, daß sie auch gedopt nicht zur Leistungsspitze gehören würden, nach dieser Erkenntnis gleichsam mit moralischen Mitteln subtile Rache an all denen nehmen, die an ihnen vorbeigezogen und immer noch im Rennen sind. Drittens sind vielleicht Kinder und Jugendliche noch empfänglich für moralische Einflußnahme, solange ihre biographische Fixierung sich noch nicht zugespitzt hat.

Gerade auf die letztgenannte Zielgruppe gründet sich oftmals die Hoffnung derer, die dem Doping durch Pädagogisierung Einhalt gebieten wollen. Wenn auch vielleicht die jetzige Generation der aktiven Hochleistungssportler moralisch nicht mehr ansprechbar sei, so habe man doch zumindest die Chance, die nachwachsenden Generationen wirksam moralisch zu impfen. Auch diese Hoffnung erscheint allerdings äußerst fragwürdig, wenn man sich vor Augen führt, daß schon Vierzehnjährige das »ethos of effectiveness« verinnerlicht haben – und das um so mehr, je länger sie bereits Mitglied eines Sportvereins sind und durch Schüler- und Jugendmeisterschaften zu einem entsprechenden Erfolgsethos hingeführt werden.[8] So ein vierzehnjähri-

---

8 Siehe dazu die ernüchternden empirischen Befunde über das Fairneß-Verständnis jugendlicher Fußballspieler bei Lenk/Pilz (1989: 68/69, 103-110). Bedenkt man, daß es für diese Jugendlichen nur um ein Freizeitvergnügen geht, also gerade keine ausgeprägte biographische Fixierung auf den Sport vorliegt, kann

ger Fußballspieler: »Ich finde alles fair, was für mich von Vorteil ist. Unfairneß gehört zum Geschäft. Ich werde lieber unfair Meister als fair Letzter« (zitiert bei Pilz 1994: 49). Dies ist ein Schlag ins Gesicht all derer, die auf Pädagogisierung setzen. Da mögen Funktionäre und Trainer den Kindern und Jugendlichen noch so ausdauernd moralisch ins Gewissen reden; das »hidden curriculum« dessen, was sogar schon im Breitensport tagtäglich abläuft, spricht eine andere Sprache. Nicht zuletzt hat die Beobachtung dieser Effekte dazu geführt, daß bereits viele engagierte Pädagogen sowohl dem Spitzen- als auch dem Breitensport den Rücken zugekehrt haben, wodurch natürlich auch eine Pädagogisierung des Dopingproblems beeinträchtigt wird, weil denen das Feld überlassen bleibt, die moralisch weniger skrupulös sind.

Wer als Leistungssportler unter chronischem hohem Erfolgsdruck steht, ist bestenfalls für eine Art von pädagogischen, auf Überzeugung setzenden Argumenten gegen Doping zugänglich: solche, die ihm plausibel machen, daß Doping nichts bringt. Nun behaupten nicht wenige Pharmakologen und Sportmediziner in der Tat, daß die leistungssteigernde Wirkung von Doping oftmals äußerst fraglich ist. Für manche Mittel und Praktiken scheint sogar nachgewiesen worden zu sein, daß sie wirkungslos sind. Wir erinnern nochmals an die Behauptung des Biochemikers Manfred Donike (KSA vom 8./9. 1. 1994), eines der hartnäckigsten Dopingbekämpfer: »Wenn wir die Leistungssteigerung zum Maßstab nehmen würden, dann müßten wir wirklich Doping freigeben. Denn die meisten Dopingmittel führen nicht zur Leistungssteigerung.« Allerdings ist diese Behauptung eben erstens strittig; und zweitens spricht auch Donike nur von den »meisten« Dopingmitteln, schließt also nicht aus, daß es auch wirksame gibt. Beide Unwägbarkeiten lassen es einem Athleten, der nichts unversucht lassen will, um erfolgreich zu sein, als rational erscheinen, sich weiter zu dopen. Selbst wenn Doping dann, wie andere meinen, einen bloßen Placebo-Effekt hervorruft[9], wird der Athlet schwerlich darauf verzichten wollen. Denn kann er das Risiko eingehen, mit Doping aufzuhören? Vielleicht wirkt es ja doch nicht bloß psychisch – und selbst wenn, müßte er dafür erst

man sich vorstellen, wie erst z. B. leistungssportlich ambitionierte Turnerinnen oder Tennisspieler in diesem Alter über Fairneß und Doping denken.
9 Also nur durch die Überzeugung des Sportlers, daß es leistungssteigernd wirke, zusätzliche motivationale Energien mobilisiert.

einmal ein ähnlich subjektiv überzeugendes Substitut finden. Nicht zuletzt die gesellschaftlich weit verbreitete Medizin- und Pharmagläubigkeit und die noch immer vorherrschende Neigung, psychosomatische Zusammenhänge zu verleugnen, stehen Bemühungen entgegen, die Athleten kognitiv von der Nutzlosigkeit des Dopings zu überzeugen – ganz abgesehen von der Schwierigkeit, in dieser Hinsicht vertrauenswürdige Sportärzte zu finden.[10] Diejenigen, die den Athleten jahrzehntelang Dopingmittel aufgedrängt haben, können jedenfalls kaum hoffen, nun plötzlich mit der entgegengesetzten Botschaft anzukommen.

Ähnlich schwierig gestaltet sich ein anderer Weg kognitiver Überzeugungsarbeit: das Plädoyer für eine Rückbesinnung auf die traditionellen Möglichkeiten der Leistungsverbesserung durch Training, Ernährung, Taktik, Ausbildung oder organisatorische Verbesserungen. Selbst wenn diese Möglichkeiten dem Doping als funktionale Äquivalente in nichts nachstünden, was alles andere als sicher ist, wäre das Problem noch nicht gelöst, wer die Umsetzung dieser Maßnahmen glaubwürdig vertreten könnte. Die generelle Medizin- und Pharmagläubigkeit wäre dabei nicht das einzige Hemmnis. Hinzu kämen die Konsequenzen der Pfadabhängigkeit in der Nachfrage nach spezifischen wissenschaftlichen Erkenntnissen. Denn jahrzehntelang ist den Sportlern von denjenigen, denen sie vertrauten, eingebleut worden, Doping setze gerade dort an, wo die Grenzen dieser anderen Möglichkeiten der Leistungsverbesserung definitiv erreicht wären. Soviel ist überdies klar: Die funktionalen Äquivalente benötigen für die gleiche Wirkung erheblich mehr Zeit als Doping – und diese Zeit wird den Leistungssportlern durch ihren biographischen Erfolgsdruck gerade nicht gewährt. Eben deshalb konnte Doping als Ersatztechnologie so reüssieren.

Sowohl die moralische als auch die kognitive Pädagogisierung des Dopingproblems kann somit bei den Sportlern selbst nur auf eine geringe Einsichts- und Folgebereitschaft hoffen. Nicht zuletzt aus dieser Erkenntnis heraus gehen manche Überlegungen dahin, daß die Pädagogisierung nicht bei den Sportlern anzusetzen habe, sondern bei denen, die die Sportler erst unter diesen ungeheuren Erfolgsdruck setzen: vor allem beim Publikum, aber

---

10 Siehe auch die Einschätzung der Unabhängigen Dopingkommission (1991: 204), daß »die Medikamentengläubigkeit und Tablettensucht der modernen Konsumgesellschaft ... auch die Athleten erfaßt.«

auch bei den Massenmedien und den wirtschaftlichen und politischen Sponsoren und Förderern des Leistungssports. In moralischer Hinsicht kann man versuchen, diesen Akteuren in der gesellschaftlichen Umwelt des Leistungssports ins Gewissen zu reden. So sieht der Sportjournalist Andreas Singler (1993: 7) als einzige Möglichkeit, mit dem Dopingproblem fertig zu werden: »Der Sport muß lernen, sich zu bescheiden.« Und damit er dazu fähig ist, müßten die Akteure in seiner Umwelt erst einmal dasselbe lernen: »Verhaltenserwartungen der Partner des Sports müssen dahin gehen, daß nur ›saubere‹ Ware (Leistung) akzeptiert wird. Andererseits dürfen an den Athleten nicht Leistungserwartungen … gerichtet werden, die er mit konventionellen Mitteln nicht erreichen kann.« Wie diese Selbstbescheidung u. a. des Publikums freilich erreicht werden könnte, sagt Singler nicht. Gerade in einer Zeit, in der das Publikum mit einem Übermaß an alternativen Angeboten des Zeitvertreibs versorgt wird, kann der Leistungssport es nicht riskieren, sich die Publikumsgunst zu verscherzen. Genau diese Gefahr wohnt aber jeder Maßnahme der moralischen »re-education« stets inne. Niemand läßt sich gerne freiwillig Schuldgefühle dafür einreden, daß er allzulange Betrügern zugejubelt hat. Da schaltet man als Fernsehzuschauer lieber um oder verzichtet auf einen Stadionbesuch. Zudem stellt das Publikum keine Kollektivität dar, die man auf eine Schulbank setzen könnte, um sie gezielt erzieherisch zu beeinflussen.

Helmut Digel (1994: 152), Sportsoziologe und amtierender Präsident des DLV, setzt mit derselben Stoßrichtung wie Singler deshalb eher auf eine kognitive Überzeugung des Sportpublikums: »Notwendig ist ein Eingriff in die Systemlogik des Hochleistungssports selbst.« Digel favorisiert dabei die »Gestaltung einer neuen Wettkampfkultur« mit einer »besonderen Betonung der visuellen Wahrnehmung des Wettkampfes selbst«. Digel sieht ganz klar als Konsequenz: »Bei den Leistungen hat man sich mit einem ganz bestimmten Leistungsniveau zu arrangieren … Der Kampf Mann gegen Mann, Frau gegen Frau muß faszinieren und nicht der Kampf gegen die Uhr« (KSA vom 21./22. 8. 1993). Der Zuschauer soll sich also durch die jeweils hier und jetzt erlebbare Spannung und Leistung faszinieren lassen. Aber selbst wenn diese Ästhetisierung des Sporterlebens gelänge, behielte der Sieg für den einzelnen Athleten nach wie vor seine existentielle Bedeutung, womit die Dopingneigung nicht verringert würde.

Schließlich wird nicht nur gedopt, um einen neuen Rekord aufzu-
stellen. Doping findet auch in denjenigen Sportarten statt, die
keine Rekorde kennen. Worum es also letztlich doch gehen
müßte, wäre eine »Rücknahme der Überbetonung des Sieges und
der Wichtigkeit des sportlichen Erfolgs«.[11] Doch Hans Lenk und
Gunther Pilz (1989: 138), die diese wiederum normative Forderung aufstellen, kommentieren ihre Durchsetzbarkeit sogleich
skeptisch: »Ob das durch Appelle an Medien und Öffentlichkeit
zu erreichen ist, bleibt fraglich.« Auch eine Ästhetisierung des
Sporterlebens kann letztlich nicht die Härte des Siegescodes
vergessen machen oder ausschalten.[12]

Zieht man diese verschiedenen Ansatzpunkte der Pädagogisierung durch moralische oder kognitive Überzeugungsarbeit bei
den Akteuren des Sports und seiner gesellschaftlichen Umwelt
zusammen, kann man sich des Eindrucks der Wirkungs- und
Hilflosigkeit nicht erwehren. Der Sportsoziologe Eugen König
(1993: 1) drückt dies so aus: »Ich habe den Verdacht, daß durch
Doping nicht der Sport, vielmehr der ethische Diskurs über den
Sport in die Krise geraten ist, und zwar in eine Endzeit-Krise.«
Was Pädagogisierung in jeder ihrer Varianten voraussetzt, aber
offenbar immer weniger erwartet werden kann, ist die Bereitschaft der Angesprochenen, überhaupt zuzuhören. »Der zwang-
lose Zwang des besseren Arguments«, wie der Sozialphilosoph
Jürgen Habermas (1971: 137) die Logik von Diskursen über
moralische oder kognitive Geltungsansprüche charakterisierte,
faßt ins Leere, wenn die Gegenseite auf diesem Ohr ertaubt ist.

Dabei ist auf seiten der Sportler nicht einmal davon auszugehen, daß sie alle unmoralisch und felsenfest von der Wirksamkeit
des Dopings überzeugt wären. Selbst wenn jeder von ihnen

11 Auch im Bericht der kanadischen Untersuchungskommission (Dubin 1990:
   504) heißt es: »If winning is the only goal, then Canadians applaud not the best
   athlete but the best cheater.«
12 Die gleiche Hilflosigkeit kennzeichnet den Appell von Gunnar Breivik (1991:
   188) an Leistungssportler, sie sollten danach trachten, nicht so sehr die Konkurrenten als vielmehr nur die eigene Bestleistung zu überbieten: »Don't be
   too envious! Try to look at your own score!« Diese Maxime entspräche eben
   nicht mehr dem Siegescode, der nicht ungestraft mißachtet werden kann – ganz
   abgesehen davon, daß auch zur permanenten Selbstüberbietung früher oder
   später Doping erforderlich würde. Über eine kanadische Athletin, die »competes largely against herself«, heißt es: »A personal sense of satisfaction at doing
   one's best is increasingly difficult to hold on to in a world that measures success
   only by outer standards« (Dubin 1990: 484).

Doping für verwerflich und wenig ertragreich hielte, würden sich viele weiterdopen, sofern jeder von der Dopingwilligkeit und -bereitschaft der anderen ausgeht. So würde sich, wie im Kapitel 6 gezeigt worden ist, Doping selbst in einer Kollektivität von moralisch sensiblen und kognitiv skeptischen Sportlern als sich selbst erfüllende Prophezeiung verbreiten. Den Akteuren in der gesellschaftlichen Umwelt des Sports schließlich wird durch die Pädagogisierung ein Abrücken vom Siegescode abverlangt, ohne daß ihnen an dessen Stelle etwas ähnlich Attraktives offeriert werden könnte. Verzichtserwartungen dieser Art erscheinen wenig erfolgversprechend, macht doch die Konkurrenz um knappe Siege nun einmal das wesentliche Faszinosum des Leistungssports für das Publikum aus. Fast alle Zuschauermotive und die hieran anknüpfenden Leistungsbezüge des Spitzensports zu den Massenmedien, zu Wirtschaft und Politik zehren davon, daß die unbarmherzige Sieg/Niederlage-Dichotomie des Leistungssports nicht beliebig aufgeweicht wird.

8.2 Anreiznivellierung

Die Sportverbände als Prinzipale können die Leistungssportler als ihre Agenten also nicht von der Verwerflichkeit oder Unsinnigkeit des Dopings überzeugen, ebensowenig wie das Publikum vom Siegescode abzubringen ist. Eine zweite Möglichkeit, dem »shirking« der Sportler entgegenzuwirken, besteht darin, die finanziellen Anreize zur Dopingdevianz zu nivellieren. Dies ist bislang noch nirgends versucht worden, so daß man es lediglich als Gedankenexperiment durchspielen kann. Ein solches Vorgehen bei der Dopingbekämpfung zöge die Konsequenz aus der nahezu flächendeckenden »Ökonomisierung« der modernen Gesellschaft und der damit einhergehenden Bankrotterklärung traditionaler Moralbestände.[13] Wo Dopingverzicht nicht mehr durch gute Worte herbeigeredet werden kann, muß er für klingende Münze erkauft werden. Allenfalls könnten Pädagogisierung und Anreiznivellierung ineinandergreifen. Erziehungs- und Überzeugungsmaßnahmen könnten das Herunterfahren der Antriebsmotive inhaltlich begründen und gegen eventuelle Wider-

13 Vgl. dazu allgemein Maurer u. a. (1994) sowie auch marxistische Analysen zur spätkapitalistischen »Durchkapitalisierung« (Funke 1978).

stände durchzusetzen helfen. Letzteres wiederum könnte auf seiten der Sportler eine größere Bereitschaft erzeugen, überhaupt empfänglich für Fair-Play-Appelle zu sein.

Eine Nivellierung der Dopinganreize ließe sich prinzipiell auf zwei Weisen erreichen. Zum einen könnte man eine nachweisliche Dopingabstinenz finanziell belohnen, was einen Dopingverzicht lohnender machte. Zum anderen wäre eine geringere finanzielle Belohnung für Siege denkbar, was die Attraktivität des Dopings heruntersetzte.

Daß der erste Weg in der Praxis bislang nicht beschritten worden ist, wird schnell einsichtig. Die finanzielle Belohnung von Dopingverzicht, also das Erkaufen von Wohlverhalten, wäre so aufwendig, daß die Kosten prohibitiv wirkten. Noch bezahlbar wären Preise, mit denen einzelne Athleten für ihren demonstrativen Dopingverzicht belohnt würden – so wie es bereits jetzt Fairneßpreise gibt. Aber solche Kompensationen müßten erstens gut genug dotiert sein, um zum Verzicht auf die finanziellen Einnahmen, die ein erfolgreicher gedopter Athlet verbuchen kann, bewegen zu können. Zweitens müßten solche gut dotierten Preise hinreichend flächendeckend verfügbar sein und nicht etwa, rein quantitativ betrachtet, noch knapper als Siegeschancen ausfallen. Spätestens diese Bedingung erweist sich als unerfüllbar. Wenn jeder dopingabstinente Leistungssportler für entgangene Gewinnmöglichkeiten mit einer ausreichend hohen Geldsumme entschädigt werden würde, fielen unaufbringbare Unsummen an Verzichtsprämien an. Genau besehen handelte es sich bei einer solchen Belohnungspraxis um das Erkaufen von Rechtstreue. Statt dessen hat das Rechtssystem der Gesellschaft nicht zufällig immer schon auf das Gegenteil gesetzt: die – auch finanzielle – Bestrafung von Rechtsbrüchen.

Der zweite denkbare Weg der Anreiznivellierung zielt darauf ab, sportliche Siege finanziell weniger lohnend und damit auch Doping weniger erforderlich zu machen. Eine solche Veränderung der Motivstruktur könnte über eine Umverteilung der von den wenigen Siegern erwirtschafteten Geldeinnahmen innerhalb der Kollektivität aller Leistungssportler einer Disziplin geschehen. Staatliche Fördermittel, Sponsorengelder, Werbeeinnahmen, Siegprämien u. ä. würden in einen gemeinsamen Pool eingezahlt, aus dem dann alle Sportler nach einer festzulegenden Verteilungsregel bezahlt würden. Diese Regel müßte durchaus keine Gleichverteilung der Einnahmen beinhalten, sondern könnte eine Berücksichtigung unterschiedlicher Leistungsfähigkeit enthalten: z. B. weiterhin den Erfolgreichen mehr geben als den Verlierern, allerdings bei Verringerung der Einnahmendifferenzen; oder den Älteren oder auch den Jüngeren mehr auszahlen; oder die Fleißigeren, die mehr Wettkämpfe als andere bestreiten, belohnen. Auch Kombinationen dieser und anderer Verteilungskriterien in einem mehr oder weniger komplexen Verteilungsschlüssel wären vorstellbar. Es käme nur darauf an, die nicht in allen, aber in den meisten Sportarten tatsächlich bestehende extreme Verteilungsungleichheit zugunsten der Erfolgreichen, die dem Prinzip »winner takes all« nahekommt, spürbar zurückzunehmen. Institutionell umsetzbar wäre eine Anreiznivellierung wahrscheinlich am besten darüber, daß die Sportverbände von den Siegern gewissermaßen verbandsinterne »Siegessteuern« erheben und die so requirierten Finanzmittel dann an die weniger erfolgreichen Athleten weitergeben. Eine derartige »Sozialisierung« der Gewinne knüpfte an die angesprochenen Pädagogisierungsbemühungen an, denen es darum geht, die Wichtigkeit des sportlichen Erfolgs zu reduzieren. Während entsprechende moralische Appelle, wie dargestellt, wenig ausrichten dürften, könnte eine auf dasselbe abzielende, jedoch mit finanziellen Anreizen arbeitende Maßnahme erfolgreicher sein.

Denkt man die Chancen durch, auf diese Weise das Dopingproblem einzudämmen, scheinen zunächst einmal Widerstände auf seiten der Athleten wahrscheinlich. Wer würde schon darauf verzichten wollen, als Sieger zum Großverdiener werden zu können? Dieser Einwand dürfte aber nicht triftig sein. Erstens könnten die Verbände entsprechende Regelungen auch gegen den Widerstand der Athleten durchsetzen. Da die Verbände monopolistische Anbieter von Wettkämpfen sowie Zuteiler von Siegen und Rekorden sind, bliebe den Athleten nichts anderes übrig, als sich einer solchen Verbandspolitik zu beugen. Das Monopol der Prinzipale nimmt ihren Agenten jegliche »Exit«-Option. Zweitens müßten die meisten Athleten als risikoaverse Akteure ein rationales Eigeninteresse an einer »Verliererversicherung« haben – worauf diese Art der Anreiznivellierung faktisch hinausliefe. Nur die wenigsten können, und das auch nur für einen sehr begrenzten Zeitraum in ihrer gesamten Karriere, hinreichend sicher sein, oft genug zu den Siegern zu gehören. Wer aber nicht einzuschätzen vermag, ob und wie lange er so erfolgreich sein wird, daß er das große Geld machen kann, fährt längerfristig besser, wenn er für eine »Sozialisierung« der Einnahmen aus sportlichen Erfolgen optiert. Die große Mehrheit der Sportler müßte demzufolge in rationaler Abwägung einer solchen Umverteilung zustimmen.[14]

So besehen stünde dieser Art der Dopingbekämpfung auf seiten der Sportler nichts im Wege. Daß der Einsatz dieser Strategie trotzdem unwahrscheinlich bleibt, hat einen anderen Grund. In dem Maße, wie sich das Siegen nicht mehr lohnte, griffe unter den – wiederum als rationale Akteure betrachteten – Sportlern eine »Trittbrettfahrer«-Haltung um sich.[15] Selbst wenn die Sieger ein wenig mehr erhalten als die Verlierer, dürfte jeder Athlet sich ernsthaft fragen, ob dieser Zusatzgewinn den erheblichen Aufwand, um siegreich zu sein, lohnt. Jeder Athlet würde sich daher hinsichtlich des eigenen Kalküls von Aufwand und Ertrag sportlicher Leistungserbringung fragen, warum er sich eigentlich weiter bis an die Grenze des Möglichen bemühen soll. Schließlich genügte es doch, nur soviel zu leisten, um weiter am Finanzierungspool partizipieren zu können.[16]

Hier handelt es sich um ein Problem kollektiven Handelns. Ein kollektives Gut – die Gesamtheit der zu verteilenden finanziellen Einnahmen – muß produziert werden. Der Anteil, den jeder Beteiligte dann davon erhält, steht über den Verteilungsschlüssel vorher fest, kann also durch besondere Anstrengungen nicht erhöht werden. Nur die absolute Menge des zu verteilenden kollektiven Gutes kann durch individuelle Bemühungen erhöht werden. Doch davon profitiert der Betreffende, entsprechend der Anzahl aller Beteiligten, lediglich zu einem Bruchteil. Der individuelle Anreiz, sich besonders anzustrengen, um das kollektive Gut in einer möglichst großen Menge zu produzieren, ist also bei jedem Beteiligten äußerst gering. Jeder wird sich entweder sagen, daß alle anderen so aufwandsminimierend denken wie er, weshalb er der Dumme wäre, wenn er als einziger oder einer von wenigen

14 Dieses Argument zieht erkennbar den »veil of ignorance« des Sozialphilosophen John Rawls (1972) heran.
15 Siehe zum folgenden auch generell Mancur Olsons (1965) Überlegungen zum »free-riding« im kollektiven Handeln.
16 Eine »Rentner-Mentalität« wird bereits einigen durch die Deutsche Sporthilfe geförderten Athleten vorgeworfen, die – so die Einschätzung – nur soviel trainieren, daß sie nicht aus der Förderung herausfallen.

davon abrückte. Oder er wird darauf hoffen, daß genügend andere sich für eine möglichst große Menge des kollektiven Gutes ins Zeug legen werden und er dann als »Trittbrettfahrer« von deren Anstrengungen mitprofitieren kann. Wie auch immer der einzelne die anderen einschätzt: In beiden Fällen ist es für ihn am rationalsten, seinen Einsatz zu minimieren. Dies wiederum führt im Aggregationseffekt des Zusammenwirkens aller Akteure dazu, daß das kollektive Gut nur in geringer Menge produziert wird.

Im Fall der Finanzeinnahmen durch sportliche Siege wäre diese generelle Logik der unter den genannten Bedingungen vonstatten gehenden Produktion kollektiver Güter sogar besonders ausgeprägt. Denn eine allgemeine »Trittbrettfahrer«-Mentalität unter den Sportlern sorgte schnell dafür, daß die Attraktivität der Wettkämpfe rapide zurückginge. Zwar gäbe es noch irgendwelche Sieger – doch ihre Siege wären glanzlos, weil sich gleichsam nur der am wenigsten Faule durchsetzte. Was diesen Weg der Anreiznivellierung zur Dopingbekämpfung untauglich macht, ist die Unmöglichkeit, den Athleten einerseits zu garantieren, auch bei Erfolglosigkeit finanziell nicht hinter ihre Ansprüche zurückzufallen, aber andererseits dennoch einen hinreichenden finanziellen Anreiz zu schaffen, sich für Siege besonders anzustrengen. Die Anreiznivellierung beseitigte so mit dem Doping zugleich auch die Attraktivität des Leistungssports für das Publikum und, darüber vermittelt, für die anderen Akteure in der gesellschaftlichen Umwelt. Der für das Überleben des Leistungssports unabdingbare Ressourcenzufluß käme unweigerlich zum Stillstand. Diese Eliminierung des Dopingproblems käme dem Selbstmord eines Kranken gleich, der sich dadurch zweifellos final von seinen Schmerzen befreit. Genau um diese radikale Lösung wollen die Verbände aber verständlicherweise herumkommen.

Damit kann die Nivellierung der finanziellen Dopinganreize insgesamt als brauchbare Lösung des Dopingproblems verworfen werden. Diese Einsicht ist insofern bedauerlich, als finanzielle Anreize im Vergleich zu den nun zur Debatte stehenden negativen Sanktionen unter steuerungstechnischen Gesichtspunkten den großen Vorteil der Konfliktfreiheit aufweisen. Denn als positive Sanktionen, mit denen nicht Fehlverhalten bestraft, sondern Wohlverhalten belohnt wird, machen finanzielle Anreize die sanktionierenden Akteure bei den Sanktionierten nicht unbeliebt. Dadurch entfallen viele Probleme, die bei der Intensivierung von Dopingkontrollen auftreten.

8.3 Kontrollintensivierung

Dopingkontrollen fanden lange Zeit fast gar nicht statt und blieben auch zunächst nur auf Kontrollen bei Wettkämpfen beschränkt. Da viele Dopingmittel – z. B. Anabolika – aber ihre Wirkung auch dann entfalten, wenn sie rechtzeitig vor sportlichen Wettkämpfen abgesetzt werden, konnten auf diese Weise nur wenige Athleten des Dopings überführt werden. Lediglich bestimmte Wirkstoffe wie Stimulanzien oder Alkohol, die im Wettkampf selbst eingenommen werden müssen, um zu wirken, ließen sich durch Wettkampfkontrollen entlarven. Die im Vorfeld eingenommenen Medikamente blieben hingegen unentdeckt. Erst im Jahr 1988 beschloß der Deutsche Sportbund die Einführung von Dopingkontrollen auch während des Trainings (FAZ vom 5. 12. 1988). Dieser Entschluß machte es wiederum erforderlich, diejenigen Sportler, die sich diesen Kontrollen verweigerten oder – etwa durch Nichtangabe ihres Trainingsortes – entzogen, auch dafür zu bestrafen. Als Sanktionen wurden die Nichtnominierung für Olympische Spiele und der Entzug der Förderung durch die Deutsche Sporthilfe beschlossen. Seit Ende der achtziger Jahre besteht auch in anderen Ländern und bei internationalen Wettkämpfen ein einigermaßen einheitliches Recht der nationalen und internationalen Sportverbände, Dopingkontrollen nahezu jederzeit und unangemeldet durchführen zu können. Die Höhe der Sanktionen für überführte Dopingsünder ist bislang noch recht uneinheitlich festgelegt. Derjenige Sportler, dem Doping nachgewiesen wird, muß mit einer längeren Sperre bei allen nationalen und internationalen Wettkämpfen rechnen; ein Mehrfachtäter kann lebenslang gesperrt werden.

Auf dem Papier ist damit das Dopingproblem gelöst. Kontrollen und rechtlich fixierte Sanktionen sind ein probates Mittel gegen ein solches »shirking« der Athleten gegenüber den Sportverbänden. Wo Pädagogisierung und finanzielle Anreiznivellierung versagen, schrecken hohe Strafen ab. Auch wenn der biographische Erfolgsdruck, der auf den Sportlern lastet, den

Nutzen des Dopings sehr hoch erscheinen läßt, wiegen empfindliche Strafen als Kosten hinreichend schwer, um die Athleten als rational kalkulierende Akteure vom Doping abzuhalten. Angesichts der kurzen Karriere laufen Strafen auf ein langes und im Wiederholungsfall sogar endgültiges Berufsverbot heraus. Diese Verknüpfung zwischen Strafandrohung und Dopingverzicht gilt allerdings nur dann, wenn in der Einschätzung der Sportler eine hinreichend hohe Wahrscheinlichkeit besteht, beim Doping auch tatsächlich ertappt zu werden. In dem Maße hingegen, wie sie davon ausgehen, daß bei den Dopingkontrollen ein Vollzugsdefizit besteht, fällt der Nutzen des Dopings wieder mehr ins Gewicht und hintertreibt den Effekt einer Abschreckung durch Strafe.[17] Genau dies ist das praktische Problem dieser Art der Dopingbekämpfung. Ein großes Vollzugsdefizit ist durch ein Syndrom von Ursachen überdeterminiert und dürfte kaum so weit verringerbar sein, daß die abschreckende Wirkung der Kontrollen hinreichend gewährleistet wäre.

Ganz abgesehen davon, daß möglicherweise auch in Zukunft Dopingsubstanzen und -praktiken entdeckt werden, die für längere Zeit nicht nachweisbar sind, also die Dopinginnovatoren im Wettlauf mit den Dopingkontrolleuren immer wieder die Nase vorn haben könnten[18], ist das Kontrollproblem vor allem logistisch kaum lösbar. Die Dopingkontrollen müßten sich, um effektiv wirken zu können, gewissermaßen den jederzeit verfügbaren »gläsernen« Sportler schaffen. Mit der Internationalisierung des Leistungssports, die nicht mehr nur die Wettkämpfe, sondern eben auch das Training betrifft, ergeben sich aber genau umgekehrt viele kaum zuverlässig versperrbare Fluchtmöglichkeiten der Athleten vor Dopingkontrolleuren. Da die Kontrolldichte u. a. aus finanziellen, politischen oder rein verkehrstechni-

17 Siehe zu ähnlichen Kalkülen angesichts des Vollzugsdefizits bei der staatlichen Überwachung der Einhaltung von Umweltschutzauflagen durch Firmen Mayntz et al. (1978).
18 Das befürchtet etwa das Australische Senatskomitee (1989: 21). Die Forderung, die kürzlich aus den Reihen der Sportmedizin zu vernehmen war, nämlich auf die äußeren Körpermerkmale zu achten und sie als Kriterien für die Entlarvung gedopter Athleten zu nutzen, zeigt ebenfalls die Hilflosigkeit der Dopingkontrolleure. Ob ein Pickel anabolikabedingt auftritt oder aufgrund von Pubertätsprozessen oder Hormonschwankungen, ist für einen nur die Körperfassade betrachtenden Kontrolleur, wie gerade Ärzte wissen müßten, nicht treffsicher zu entscheiden.

schen Gründen längst nicht überall gleich hoch ausfällt, können die Sportler innovativ auf eine Reihe von Maßnahmen im Rahmen einer »science of avoiding drug detection« (Voy 1991: 93) zurückgreifen, um Kontrollen zu vermeiden oder deren Effektivität zu unterlaufen. Athleten können sich beispielsweise in Gegenden zurückziehen, wo sie vor Kontrollen hinreichend sicher sind und ihnen, wenn doch welche stattfinden, genügend Zeit bleibt, um ihre Dopingpraktiken zu vertuschen. Regelrechte Katz-und-Maus-Spiele sind in vielen Anekdoten durch die Berichterstattung in den Massenmedien illustriert worden. Eine effektive Kontrolle – so der hieraus zu ziehende Schluß – setzte eine Kasernierung der Sportler an wenigen, gut erreichbaren Trainingsorten voraus, was natürlich undurchführbar ist, weil es gegen subjektive Freiheitsrechte verstieße. Aus diesem Grunde ist davon auszugehen, daß sich die Kontrollintensivierung – wie die Unabhängige Dopingkommission (1991: 217) feststellt – »nur schwer und mit großem organisatorischem Aufwand lösen lassen« wird. Das Kontrollnetz »kann gar nicht so engmaschig sein, daß Verstöße vollständig ausgeschlossen werden«, ebenso wie die Existenz rechtlicher Überwachungsmaßnahmen in anderen Gesellschaftsbereichen nicht dazu geführt hat, Rechtsverstöße gänzlich aus der Welt zu schaffen.

Kontrollen werden ferner auch dadurch erheblich erschwert, daß die Sportler durch ihr Unterstützungsumfeld effektiv abgeschirmt werden. Die Sportler stehen eben, wie im Kapitel 5 demonstriert wurde, den Kontrolleuren nicht als vergleichsweise ungeschützte Individuen gegenüber, sondern können sich hinter ihren Trainern, Ärzten, Betreuern und teilweise auch Verbandsfunktionären verschanzen. Letzteres traf insbesondere, aber keineswegs nur auf das »Staatsdoping« der Ostblockstaaten zu. Wenn dort Spezial-Labors eigens damit beschäftigt waren, gedopte Athleten vor internationalen Wettkämpfen mit Kaschierungsmedikamenten zu behandeln und anschließend daraufhin zu testen, ob die Athleten durch die gängigen Tests überführt werden könnten, zeigt diese organisierte Kumpanei, wie das Unterstützungsumfeld die Dopingkontrollen sabotieren kann.[19] Weniger professionell organisierte, aber gleichwohl ebenfalls ef-

19 Ein Athlet, bei dem sich herausstellte, daß er seine Dopingmittel nicht rechtzeitig abgesetzt hatte, wurde unter Verweis auf angebliche Krankheiten oder Verletzungen nach Hause geschickt.

fektive Abschirmungspraktiken bestehen beispielsweise darin, den Sportlern während der Kontrollen Hilfeleistungen bei der Manipulation, etwa von Urinproben, zu geben, durch Aufhalten der Kontrolleure den Sportlern wertvolle Zeit zu verschaffen, um Verdächtiges, etwa Dopingutensilien, verschwinden lassen zu können, oder die Sportler rechtzeitig vor Kontrollen zu warnen. Auch hinsichtlich dieser Praktiken liefern Zeitungsberichte ebenso wie Protokolle von Dopinganhörungen und Geständnissen reiches Anschauungsmaterial (z.B. Dubin 1990: 137-144). Das Unterstützungsumfeld wirkt gleichsam als Schutzpuffer, das für den sich dopenden Athleten viele Risiken der Kontrollen in die relative Sicherheit transformiert, nichts Ernsthaftes befürchten zu müssen.

Selbst wenn effektive Dopingkontrollen logistisch möglich wären und auch die Abschirmung durch das Unterstützungsumfeld überwunden werden könnte, ist davon auszugehen, daß so etwas sehr viel Geld kostete. Damit stößt eine Kontrollintensivierung auch an ökonomische Grenzen. Der amerikanische Sportmediziner Robert Voy (1991: 176) schätzt die Kosten eines »random, unannounced testing« so ein: »such a system wouldn't work; doping control agencies would exhaust their entire budgets going after only several dozen athletes.« Helmut Digel (1994: 151), der Präsident des DLV, führte dazu aus der Sicht dieses Verbandes aus: »Unter finanziellen Gesichtspunkten wird es sich in den nächsten Jahren zeigen, daß nicht nur der DLV in der Frage des Umfangs des Kontrollsystems seine ökonomischen Grenzen des Kontrollkampfes erreicht hat. Eine weitere Ausweitung des Kontrollsystems wird sich schon allein aus diesem Grunde verbieten.« Jetzt schon müssen die Finanzmittel für die Dopingkontrollen von den staatlichen Fördergeldern abgezweigt werden und gehen dem Spitzensport als Ressourcen für die eigentliche Leistungsproduktion verloren.

Angesichts der Finanzprobleme wird zwar mittlerweile erwogen, einen gewissen Anteil der aus der Wirtschaft stammenden Sponsorengelder auf Verbandsebene für die Kontrollausweitung einzusetzen – sei es, daß diese Gelder direkt für diesen Zweck umgewidmet werden sollen, sei es, daß die Sportler einen Teil der Sponsorenunterstützungen, die sie individuell erhalten, an ihren Verband abgeben müssen, damit dieser sie für die Finanzierung von Kontrollen poolt. Manche Sponsoren haben bereits ihre

Bereitschaft zu derartigen Maßnahmen erklärt – etwa Daimler-Benz durch seinen Sprecher Matthias Kleinert: »Daimler-Benz hat dem Präsidenten des Deutschen Sportbundes angeboten, sich an einem Fonds zu beteiligen, mit dem der DSB und die Verbände eine klare Kontrollinie fahren können« (Der Spiegel vom 3. 12. 1990). Ähnlich regte ein Vertreter der Sportartikelfirma Nike an, alle Sportartikel-Ausrüster von Leistungssportlern sollten gemeinsam eine Stiftung finanzieren, die die Dopingkontrollen durchführt: »Irgendetwas müssen wir tun. Es muß mehr Kontrollen geben, und die müssen auch finanziert werden« (KSA vom 10. 8. 1992). Ob diese Bereitschaft freilich über längere Zeit aufrechterhalten werden würde, wenn sich die tatsächlichen Kosten von effektiven Dopingkontrollen herausstellen, ist durchaus in Zweifel zu ziehen. Schließlich würde dadurch entweder der Sport als Werbeträger erheblich verteuert, was womöglich alternative Werbeträger wie z. B. Unterhaltungskünstler wieder kostengünstiger erscheinen ließe. Oder aber die Unternehmen müßten ihre Beiträge zur Finanzierung der Dopingkontrollen von den an die Athleten selbst fließenden Geldern abziehen. Dies würde nicht nur deren Einnahmen massiv schmälern, sondern auch deren Leistungsbereitschaft und damit deren Attraktivität als Werbeträger reduzieren.

Die Intensivierung der Dopingkontrollen stößt mittlerweile zudem auf moralische Bedenken und rechtliche Grenzen. Ommo Grupe (1989: 12) begründete etwa die bisherige Zurückhaltung der Verbände hinsichtlich einer sachlich notwendigen Kontrollausweitung auch damit, »weil sie eine Art ›Doping-Polizei‹ als ihrem Verständnis von einem humanen Leistungs- und Spitzensport entgegengesetzt ansehen«. Die gleichen Bedenken gälten einer kontrollfreundlichen Kasernierung von Athleten. Schon der jetzige Ablauf der Kontrollprozeduren, das Urinabgeben unter den Augen des Kontrolleurs, hat zutiefst entwürdigende Züge, wenngleich es wegen der inzwischen vorfindbaren kriminellen Findigkeit zumindest einiger Sportler offenbar unumgänglich ist. Man denke nur an in Körperhöhlen versteckte Kondome mit »sauberem« Fremdurin. Die Sportler könnten aber insbesondere gegen die – für unangemeldete Kontrollen unabdingbare – rund um die Uhr lückenlose Information des Verbands über ihren jeweiligen Aufenthaltsort auch ihr Grundrecht auf Privatheit ins Feld führen. So betonte die Unabhängige Dopingkommission (1991: 217) die »rechtlichen Schwierigkeiten, einen lückenlosen Aufenthaltsnachweis fordern zu können«.[20] Gleiches dürfte im übrigen für immer extensivere Verbotslisten als Grundlage der Kontrollen gelten. Sportler könnten bald gegen Dopingverbote klagen, weil ihr Grundrecht auf Gesundheit und körperliche Unversehrtheit erheblich dadurch beeinträchtigt wird, daß sie viele Medikamente, die verbotene Substanzen enthalten, nicht einnehmen dürfen.

Eine weitere äußerst wichtige Einschränkung effektiver Dopingkontrollen geht auf die ambivalente Situation der korporativen Akteure zurück. Die nationalen Sportverbände wollen als Prinzipale der Athleten zwar einerseits deren betrügerisches Abweichen eindämmen. Andererseits aber sind die Verbände erst einmal an einer möglichst guten Leistung ihrer Athleten interessiert. Und das bedeutet hier: an international konkurrenzfähigen, publikumsträchtigen sportlichen Spitzenleistungen. »These federations depend on international competitions as a major part of their fund-rising efforts. They don't like the notion of mandatory drug testing at every international competition held in this country because testing negatively affects the athlete attendance at a meet. And when the big guns don't show up for an event, the fans don't show up either« (Voy 1991: 95). Wenn Erfolge nicht mehr gewährleistet sind, gerät der je nationale Leistungssport in einen anderen, aber für seine Ressourcenversorgung nicht minder gefährlichen »schlechten Ruf«: den der Erfolglosigkeit.

Die nationalen Verbände stehen international in einem Prisoner's Dilemma, in dem eine »evolution of cooperation« im Sinne eines allseitigen Verzichts auf Doping bzw. allseitiger gleich intensiver Dopingkontrollen aus strukturellen Ursachen kaum möglich ist. Der Diskuswerfer Rolf Danneberg (Sports 3/1989: 124) benennt das Problem sehr klar: »Wenn wir uns der freiwilligen Selbstbeschränkung unterwerfen, die anderen aber weitermachen wie bisher, dann hat das null Wirkung. Dann sind wir die, die nach der Qualifikation nach Hause gehen. Dann bleibe ich lieber gleich zu Hause.« Im Kontrollspiel kommt das einer ungleichen Wahrscheinlichkeit gleich, mit der die Spieler kontrolliert werden. Wer den eigenen Athleten schärfere Dopingkontrollen auferlegt, wird damit international nicht etwa – wie man nach

20 So auch für die Vereinigten Staaten Voy (1991: 176).

den allerorts zu hörenden Absichtsbekundungen meinen könnte – eine Vorbildwirkung erzielen. Die anderen Verbände werden diesem Verband also nicht möglichst schnell nachzueifern bemüht sein, sondern sich klammheimlich ins Fäustchen lachen, weil sich auf diese Weise ein lästiger Konkurrent um internationale Siege selbst beseitigt hat. Diese Befürchtung kam z. B. in der Reaktion des damaligen Sportwarts des DLV, Manfred Steinbach (KSA vom 3. 8. 1992), auf das schlechte Abschneiden der deutschen Athleten bei der Olympiade in Barcelona 1992 zum Ausdruck: »Viele von uns kämpfen mit ungleichen Waffen. Unsere Trainer laufen schulterzuckend herum. Sie wissen auch keinen Weg, wenn die ausländische Konkurrenz unsere vielen Trainingskontrollen nur untätig belächelt. Jeder weiß besser als je zuvor, daß wir zu den Dummen zählen.« Der deutsche Sportmediziner Wildor Hollmann (KSA vom 6. 8. 1992) meinte zwar zum gleichen Anlaß: »Unsere Sportler sind sauber, wir sollten angesichts des fortgesetzten Dopings in der Welt fünfte und sechste Plätze unserer Athleten wie Goldmedaillen feiern.« Genau das wird aber eben nicht geschehen, weshalb der Druck, wieder dopen zu können und zu diesem Zwecke die Kontrollen abzumildern, unter der Hand zunehmen wird.

Zwar gibt es in Gestalt der internationalen Verbände korporative Akteure, von denen man meinen könnte, sie wären prädestiniert dafür, den nationalen Verbänden gleichsam als übermächtiger Hobbesscher »Leviathan« allgemein geltende Regeln der Dopingkontrolle aufzuerlegen. Doch die internationalen Sportverbände sind gegenüber ihren Mitgliedern, den jeweiligen nationalen Verbänden, schwache, kaum verpflichtungsfähige korporative Instanzen. Sie müssen bei ihren Entscheidungen auf einen möglichst universellen Mitgliederkonsens achten, damit keine Sezessionstendenzen eintreten. Ein Exit von nationalen Verbänden, die mit der Politik des internationalen Verbandes unzufrieden sind, wäre für letzteren in zwei Hinsichten äußerst negativ. Erstens verlöre er damit Mitglieder und riskierte – was für ihn noch viel schlimmer wäre – einen Verlust seines verbandlichen Domänenmonopols, insbesondere wenn die abtrünnigen Verbände einen Gegenverband gründen. Sehr schnell neutralisierten die konkurrierenden internationalen Verbände dann ihren Einfluß wechselseitig und könnten so auch von politischen und wirtschaftlichen Bezugsakteuren leicht gegeneinander ausgespielt werden. Die entsprechende Situation im Profiboxen ist dafür ein warnendes Beispiel. Zweitens erfüllen die internationalen Sportverbände nur dann ihre außenpolitische Funktion als ein alle Nationen in die »Weltgesellschaft« integrierender Mechanismus, wenn sie keinen nationalen Verband ausschließen.[21] Dieser Funktion verdanken die internationalen Verbände schließlich einen Großteil ihrer politischen Unterstützung. Auch für diese Leistungserbringung wäre eine Zersplitterung in konkurrierende internationale Verbände äußerst schädlich. Aus diesen beiden Gründen ist die Ankündigung eines unzufriedenen nationalen Verbandes, gegebenenfalls aus dem internationalen Verband auszutreten, eine gewichtige Drohung. Deshalb wiederum besitzen in den internationalen Sportverbänden faktisch bereits kleine Gruppen von Mitgliedern eine Vetomacht.

Mindestens zwei Gruppen von nationalen Verbänden haben sich bislang schärferen Dopingkontrollen stets entgegengestellt. Dies sind erstens diejenigen nationalen Fachverbände, die sich schärfere Dopingkontrollen finanziell nicht leisten können – insbesondere die zahlenmäßig sehr vielen Verbände aus Ländern der Dritten Welt. Zweitens sind es die Verbände derjenigen Länder, denen internationale sportliche Erfolge außenpolitisch so wichtig erscheinen, daß sie auf »Staatsdoping« nicht verzichten wollen. Das waren lange Jahre die Verbände der osteuropäischen sozialistischen Länder. Mittlerweile dürfte insbesondere die Volksrepublik China ihren Sportverbänden eine solche Haltung auferlegen.

Gegen beide Arten von Widerstand gäbe es zwar prinzipiell Handhaben. Denjenigen Ländern, für die schärfere Dopingkontrollen finanziell unerschwinglich sind, könnte eine internationale Umlage zu Lasten der Verbände aus den reicheren Ländern unter die Arme greifen. Und die Heuchelei der rhetorisch in die Dopingverdammung einstimmenden, sich aber intensiveren Kontrollen verweigernden, weil das heimliche »Staatsdoping« deckenden Verbände könnte öffentlich bloßgestellt werden. Dies

---

21 Daß Südafrika als einziges Land lange Jahre aus den internationalen Sportverbänden ausgeschlossen war, ist lediglich die extreme Ausnahme, die diese Regel bestätigt. Nur weil eine universelle Mitgliedschaft als Normalfall angenommen wird, kann der Ausschluß eines Landes – der im übrigen auch nur als zeitweiliges »Ruhen« der Mitgliedschaft bezeichnet wurde – als empfindliche diplomatische Sanktion eingesetzt werden.

brächte sie in erhebliche Legitimationsprobleme, so daß sie ihren Widerstand vielleicht aufgeben müßten. Ein solches Vorgehen gegen kontrollabstinente Verbände setzt freilich voraus, daß zumindest die anderen Verbände eine Kontrollintensivierung auch wirklich wollen. Man kann sich aber des Eindrucks nicht erwehren, daß hier ebenfalls eine große Anzahl von Heuchlern existiert, die sich sogar gefahrlos als energische Kämpfer gegen das Doping profilieren können, weil sie sicher sein können, daß sie aufgrund des Widerstands der genannten beiden Gruppen erfolglos bleiben werden. In Wirklichkeit wollen möglicherweise, wie wir im folgenden Kapitel noch weiter ausführen werden, nur sehr wenige nationale Sportverbände eine echte Verschärfung der Dopingkontrollen, so daß die internationalen Verbände mit ihren wenig zielstrebigen Maßnahmen in dieser Richtung durchaus die Interessenlage des Gros ihrer Mitglieder repräsentieren.

Aus Verbandssicht ist weiterhin zu bedenken, daß Dopingkontrollen zunächst einmal zu einer Selbstdiffamierung führen. Je effektiver die Kontrollen durchgeführt werden, desto mehr Dopingsünder werden in der Anfangszeit ertappt werden. Damit wird also schlagartig das ganze Ausmaß der herrschenden Devianz sichtbar. Die Verbände müssen insbesondere befürchten, daß der sich so ergebende Eindruck dann Eltern und Sportlehrer noch lange Zeit davor zurückschrecken läßt, Kinder und Jugendliche in den Leistungssport zu schicken. Zudem sind die Arten der erforderlichen Dopingkontrollen auch nicht gerade etwas, was Eltern gerne mit ihren Kindern machen lassen. Gynäkologische Untersuchungen oder Bluttests bei Kindern, Jugendlichen und jungen Erwachsenen sind nicht dazu angetan, das unterstützende Familienmilieu anzuregen und bei der Stange zu halten. Daraus kann auf Verbandsseite durchaus das Interesse erwachsen, einer entlarvenden Aufdeckung des Dopings zu entgehen. Die Strategie einiger Fachverbände, Dopingkontrollen zwar durchzuführen, sie aber so sporadisch und einschätzbar vorzunehmen, daß jeder dopingwillige Sportler sich darauf einstellen kann, wäre hier einzuordnen.

Die ambivalente Motivlage der nationalen Sportverbände, sich in ihrem Handeln nicht eindeutig gegen Doping wenden zu können, um die internationale Konkurrenzfähigkeit der eigenen Athleten nicht zu unterminieren, hat zu dem Appell geführt, den Verbänden die Verantwortung für die Dopingkontrollen zu entziehen. Denn bei der Selbstkontrolle der Verbände ist, wie viele Fälle zeigen, mit einer Gefälligkeits-Jurisprudenz zu rechnen. So forderte beispielsweise Harald Schmid, Dopingkritiker und Mitglied der Dopingkommission des DLV: »Man kann nicht wie bisher Kontrolleure und diejenigen, die für Leistung zuständig sind, unter einem Dach haben. Wir brauchen eine staatliche Institution, die unabhängig und unbestechlich ist« (Der Spiegel vom 1. 7. 1991). Ähnlich der amerikanische Sportmediziner Voy (1991: 101): »Allowing national governing bodies, international federations, and national Olympic Committees such as the United States Olympic Committee to govern the testing process to ensure fair play in sport is terribly ineffective. In a sense it is like having the fox guard the henhouse.«[22] Ein Entzug der Dopingkontrollen käme den Verbänden allerdings so oder so nicht gelegen. Sofern sie heimlich doch am Weiterdopen ihrer Athleten interessiert sein sollten, müssen sie bemüht sein, die Kontrollen weiterhin in der Hand zu behalten, um sie entsprechend lax durchführen zu können. Aber auch wenn die Verbände tatsächlich das Doping bekämpfen wollen, bedeutete die Abtretung der Kontrollbefugnisse beinahe ein öffentliches Eingeständnis, diese Befugnisse nicht selbst ausüben zu können oder gar zu wollen, verbunden mit einer erhöhten Abhängigkeit von staatlichen Akteuren.

Ob umgekehrt staatliche Instanzen auch gegen den Widerstand der Sportverbände die Dopingkontrollen an sich ziehen können, dürfte rechtlich durchaus problematisch sein. Viele Dopingpraktiken verstoßen nicht gegen geltendes Recht und sind daher von staatlicher Seite gar nicht sanktionierbar. Vielerorts müßte also erst einmal das Recht geändert werden. Zudem ist auch die Interessenlage des Staates in dieser Hinsicht mindestens ambivalent. Warum sollen sich staatliche Akteure mit einem Problem belasten, dessen Lösung sehr aufwendig ist, so daß man sich viel Ärger einhandeln kann, ohne womöglich auf längere Sicht größere Erfolge verbuchen zu können? Entsprechend einer »politics of blame avoidance« (Weaver 1986) müßten die staatlichen Akteure froh sein, daß dieser Kelch an ihnen vorübergeht – erst recht dann, wenn sie an nur durch Doping erreichbaren Erfolgen der Athleten des eigenen Landes interessiert sind. Aus all dem ergibt

22 Siehe weiterhin auch Australisches Senatskomitee (1989: 140/141).

sich, daß eine staatliche Durchführung der Dopingkontrollen zwar vielleicht wünschenswert, aber eher unwahrscheinlich ist, zumal dadurch die Autonomie des organisierten Sports an einer zentralen Stelle angegriffen würde.

Bei einer Intensivierung von Dopingkontrollen ist schließlich noch in Rechnung zu stellen, daß sie sowohl in quantitativer als auch in qualitativer Hinsicht den perversen Nebeneffekt einer Stimulierung des Dopings haben könnten (vgl. Kapitel 4). Letzteres sprechen etwa Sehling u. a. (1989: 136) an: »Nicht unbegründet ist die Vermutung, daß die Kontrollen vor allem die Entwicklung nicht nachweisbarer Mittel, Methoden und Einnahmestrategien fördern.« Je engmaschiger das Kontrollnetz geknüpft wird, desto findiger müssen diejenigen werden, die dennoch am Doping festhalten wollen. Dieser für jede Art rechtlicher Regelung geltende Tatbestand ist als Kostenfaktor dem Nutzen einer Kontrollintensivierung gegenüberzustellen, wobei nicht automatisch der Nutzen überwiegen muß. Der ehemalige Hammerwerfer Edwin Klein (Der Spiegel vom 2. 3. 1992) behauptet z. B.: »es gibt genug Mittel, die kein Labor der Welt entdecken kann. ... Sind Dopingtests also eine Farce? Für die Großverdiener im Sport, die sich auch die teuren, nicht nachweisbaren Präparate leisten können, allemal.« Eine Kontrollintensivierung könnte also darauf hinauslaufen, daß die zuvor durch weit verbreitetes Doping noch halbwegs gewährleistete Chancengleichheit der Athleten massiv reduziert wird. Zudem sind die nicht nachweisbaren Mittel, auf die Athleten bei intensiveren Kontrollen zurückgreifen müssen, womöglich viel gesundheitsschädlicher als die bis dahin gebräuchlichen. Man könnte also das Übel, das man aus der Welt schaffen will, in bestimmten Hinsichten sogar noch verschlimmern.[23]

In quantitativer Hinsicht besteht die dopingstimulierende Wirkung von verschärften Dopingkontrollen eventuell darin, daß eine Kontrollausweitung den Sportlern immer auch signalisiert: Viele andere dopen sich weiterhin – sonst bedürfte es dieser

---

23 Dopingkontrollen könnten diesbezüglich ähnlich wirken wie der wirtschaftspolitische Versuch, Inflation durch staatlich festgesetzte Preisstops zu bekämpfen (Wagner 1994). Preisstops stimulieren – neben Schwarzmärkten – eine »künstliche« Diversifizierung von Produkten, weil man durch oberflächlich »neue« Produkte die Preisvorgaben für bereits existierende Waren umgehen kann.

zunehmenden Kontrollaktivitäten nicht, die einen großen Aufwand bedeuten. Wenn ein Sportler aber diesen Schluß aus der Kontrollausweitung zieht, muß er sich zugleich selbst sagen, daß auch er dann nach weiteren Dopingmöglichkeiten zu suchen hat. Der Abschreckungseffekt der Kontrollen geht untrennbar mit ihrem Aufforderungseffekt einher. Zwar gilt für die Intensivierung von Kontrollen bei jeder Art von rechtlichen Regelungen, daß der Abschreckungseffekt zugleich die »Präventivwirkung des Nichtwissens« (Popitz 1968) über die Häufigkeit der Regelverstöße der anderen aufhebt. Wenn etwa auf einer bestimmten Straße verstärkt Geschwindigkeitskontrollen stattfinden, weiß jeder Autofahrer, daß hier offensichtlich sehr viele dazu neigen, zu schnell zu fahren. Doch im Unterschied zur Situation des Leistungssportlers befindet sich der Autofahrer nicht in einer Konkurrenzsituation mit den anderen Verkehrsteilnehmern. Sie tragen kein Rennen aus. Deshalb wird für die Autofahrer der Abschreckungseffekt zwar von einem Aufklärungseffekt begleitet. Dieser trägt jedoch keine Aufforderung in sich, trotz und wegen der Abschreckung nach Möglichkeiten zu suchen, weiterhin schneller als erlaubt zu fahren. Eine derartige Aufforderung transportiert aber jeden Abschreckungseffekt immer dann mit, wenn seine Adressaten in starker Konkurrenz zueinander stehen – was für die Leistungssportler zweifellos gilt. Dabei wird der Aufforderungseffekt um so größer sein, je geringer der Abschreckungseffekt ist: je weniger also die Athleten davon überzeugt sind, daß die Kontrollausweitung das Doping eindämmen kann. Die geschilderten Faktoren – logistische Kontrollschwierigkeiten, hoher Finanzaufwand, erhebliches verbandliches Desinteresse an Kontrollen – sind von den Sportlern genau so wahrzunehmen. Diese müssen sich vor Augen halten, daß sich der Abschreckungseffekt der Kontrollen in Grenzen hält, und sie werden als rationale Akteure ihr Handeln entsprechend ausrichten.

Eine Intensivierung der Dopingkontrollen ist demnach als Strategie der Dopingbekämpfung insgesamt eher skeptisch einzuschätzen. Auf der einen Seite ist stark zu bezweifeln, ob die Kontrollintensivierung aufgrund des logistischen und finanziellen Aufwands sowie des heimlichen Desinteresses vieler Verbände daran überhaupt in einem den Namen verdienenden Maße realisierbar ist. Wenn eine große Kontrolleffektivität aber doch möglich wäre, müßten auf der anderen Seite erhebliche dopingstimulierende Nebeneffekte einkalkuliert werden, die die Erfolge bei der Dopingbekämpfung sogar übersteigen könnten. Wie man es dreht und wendet: Kontrollen scheinen in diesem Fall ungeeignet, die betrügerische Abweichung der Agenten gegenüber ihren Prinzipalen zu verhindern – und sei es deshalb, weil die Prinzipale vielleicht gar nicht ernsthaft kontrollieren wollen.

Vereinzelt kam immer wieder der Vorschlag auf, mit der Kontrollintensivierung nicht bei den Athleten, sondern bei den Sportmedizinern und auch Apothekern anzusetzen. Wenn Mediziner und Apotheker durch wirksame Kontrollen und drastische Strafen davon abgehalten werden können, den Athleten beim Doping zu helfen, werden die Sportler gleichsam von ihrer Beratungs- und Nachschubbasis abgeschnitten. Schon jetzt ist eine ärztliche Beihilfe zum Doping rechtlich unzulässig (Linck 1993). Sie verstößt, je nachdem, gegen die ärztlichen Berufsordnungen, gegen das Betäubungsmittel- und Arzneimittelgesetz oder gegen das Krankenversicherungsgesetz und kann ein Tötungsdelikt oder eine vorsätzliche oder fahrlässige Körperverletzung bedeuten. All dies gilt auch dann, wenn der Sportler ausdrücklich seine Einwilligung zum Doping gegeben hat. Sanktionsmöglichkeiten sind also durchaus vorhanden. Das kaum lösbare Problem besteht darin, wie man die Ärzte kontrollieren kann. Die beiden wichtigsten Kontrollmechanismen, die sonst im Arzt-Patient-Verhältnis wirken, fallen hier weitgehend aus:
– Zum einen ist nicht davon auszugehen, daß die Athleten dem Arzt Dopingmaßnahmen untersagen, selbst wenn diese gesundheitsgefährdend sind. Patienten würden sich normalerweise zur Wehr setzen, wenn ein Arzt sie nicht heilt, sondern krank macht. Athleten wollen aber auch um den Preis von Gesundheitsrisiken gedopt werden, um sportliche Erfolge erringen zu können. Sie werden daher den Arzt dazu drängen, den medizinischen Code »gesund/krank« zugunsten des sportlichen Siegescodes hintanzustellen.
– Zum anderen kann man bei Sportmedizinern auch nicht mehr darauf vertrauen, daß diese von selbst den medizinischen Code gemäß ihrer professionellen Ethik beachten werden. Diese Ärztegruppe hat sich sowohl sozialstrukturell als auch in ihrem professionellen Selbstverständnis aus der übrigen Ärzteschaft abgesondert. Differenzierungstheoretisch formuliert: Sportmediziner haben sich aus dem Gesundheitssystem heraus- und ins

Sportsystem hineinbewegt. Nicht wenige sehen ihr ärztliches Handeln primär dem Siegescode verpflichtet – nicht zuletzt deshalb, weil sie in der Ärzteschaft eher als Underdogs gelten und im Sportsystem attraktive Möglichkeiten der Einkommenserzielung und des Prestigegewinns geboten bekommen.[24]

Eine Kontrolle der Sportmediziner durch andere Ärzte schließlich erscheint ebenfalls wenig realistisch. Warum sollten Ärzte die undankbare Aufgabe auf sich nehmen, andere Ärzte – die die nötige Findigkeit besitzen, um ihre Dopingmaßnahmen zu kaschieren – zu überprüfen? Und wie sollte dies konkret geschehen? Auf beide Fragen gibt es bislang keine schlüssigen Antworten.

All dies summiert sich zu der von Digel (1994: 151/152) geäußerten Einschätzung: »Die Einsicht, daß über das Kontrollieren und Bestrafen das Doping-Problem nicht zu lösen ist, wird zunehmend die Verbandsarbeit kennzeichnen, wobei tragfähige Perspektiven zur grundsätzlichen Lösung des Problems noch immer nicht in Sicht sind.« In einem gemeinsam mit dem ehemaligen Dopingbeauftragten des DLV, Rüdiger Nickel, verfaßten Beitrag führte Digel (1993: 51/52) diese Einschätzung noch weiter dahingehend aus, es werde »von allen ernsthaften Vertretern eines Anti-Doping-Kampfes darauf verwiesen, daß bei einem komplexen Problem, wie es das Doping-Problem ohne Zweifel ist, komplexe Maßnahmen erforderlich sind und die Doping-Kontrollen nur ein – vermutlich auch unwesentlicher – Schritt sein können«. Die Frage ist freilich, woraus sich die angedeuteten »komplexen Maßnahmen« in diesem Fall zusammensetzen sollen. Wenn Pädagogisierung ebensowenig wie die von den Sportverbänden ja noch nicht einmal ins Auge gefaßte Anreiznivellierung etwas bringt, kann man in diesen Richtungen nicht nach Maßnahmen suchen, um Kontrolldefizite auszugleichen. Die bisherigen Diskussionen auf Verbandsebene deuten mit ihrem ständigen Hin und Her zwischen Pädagogisierung und Kontrollintensivierung auf eine nicht geringe Perspektivlosigkeit hin.

---

24 Neben den im Kapitel 5 behandelten Neutralisierungsrhetoriken, die auch den Athleten zur Verfügung stehen, bedienen sich die Sportärzte oftmals auch der Rechtfertigungsfigur, sie hätten sich nur deshalb zur Unterstützung des Dopings bereitgefunden, um Schlimmeres, etwa ungehemmte Selbstmedikation oder die Machenschaften noch hemmungsloserer Kollegen, vom Athleten abzuwenden – so z. B. Jamie Astaphan, der ärztliche Betreuer Ben Johnsons (Dubin 1991: 251/252).

Erfolgversprechende neue Initiativen sind nicht in Sicht. Angesichts dessen mutet die Redeweise von den »komplexen Maßnahmen« eher wie eine Floskel an, mit der die eigene Hilflosigkeit kaschiert werden soll.

Auch eine theoretische Überlegung gibt an dieser Stelle Anlaß zu einer gewissen Ratlosigkeit. Man könnte, in Anlehnung an den Soziologen Amitai Etzioni, davon ausgehen, daß es in sozialen Beziehungen drei und nur drei prinzipielle Mechanismen gibt, mit denen die eine Seite die Fügsamkeit der anderen herzustellen in der Lage ist: Bestrafung von Nicht-Fügsamkeit, Belohnung von Fügsamkeit oder Überzeugung von der Richtigkeit der Fügsamkeit in kognitiver oder normativer Hinsicht.[25] Die drei bisher behandelten Strategien der Dopingbekämpfung haben jeweils einen dieser Mechanismen zu installieren versucht: Pädagogisierung die Überzeugung, Anreiznivellierung die Belohnung und Kontrolle die Bestrafung. Offensichtlich stellt sich in keiner der drei Richtungen etwas Erfolgversprechendes ein. Es ist natürlich niemals auszuschließen, daß erfolgsträchtige Ansatzpunkte zur Dopingbekämpfung doch noch irgendwo existieren. Aber solange es dafür nicht das geringste Anzeichen gibt, irritiert es doch zusätzlich, auch theoretisch keinen weiteren Ausweg mehr zu sehen.

Um so mehr fällt deshalb ein empirisches, in der Praxis des Sports selbst entwickeltes Phänomen auf, das einen möglichen Ausweg aus den Sackgassen der Dopingbekämpfung aufzeigen könnte.

8.4 Selbstbeschränkungsabkommen

Ende der achtziger Jahre richteten erstmals zwölf deutsche Zehnkämpfer – allesamt Kaderathleten – die gemeinsame Forderung an den DLV, sie ebenso wie die anderen deutschen Zehnkämpfer so regelmäßig auf Doping zu kontrollieren, daß für jeden ein lückenloser Nachweis des Dopingverzichts vorläge.[26] Daraus ging

25 Etzioni (1961) entwickelt diese generellen Überlegungen zu »compliance« im Rahmen seiner Organisationssoziologie.
26 Die folgende Darstellung gründet sich auf einen Bericht des Anti-Doping-Beauftragten des deutschen »Zehnkampf-Teams«, Werner Haas (1994). Siehe ferner auch das amerikanische Beispiel des »Team Clean« (Hearings 1989: 9).

eine Initiative zur Gründung einer sich als »Zehnkampf-Team«
bezeichnenden Gruppe hervor, die sich Ende 1990 als eingetrage-
ner Verein institutionalisierte. Fast alle leistungssportlich aktiven
deutschen Zehnkämpfer, vor allem aber alle 22 Kader-Athleten,
traten diesem Verein bei. Er wiederholte gegenüber dem DLV die
Forderungen nach intensiveren Dopingkontrollen, was zunächst
abschlägig beschieden wurde. Daraufhin unterzeichneten die
Mitglieder des »Zehnkampf-Teams« eine freiwillige Verpflichtungserklärung, sich des Dopings zu enthalten, mindestens
zweimal pro Monat unangemeldete Kontrollen zuzulassen, den
eigenen Aufenthaltsort dem Verband kontinuierlich mitzuteilen,
einen Dopingkontroll- und Medikamentenpaß zu führen und bei
Verstößen gegen diese Verpflichtungen eine Strafe von DM 25 000
zu bezahlen. Der Verband willigte erst dann ein, sich zur Hälfte
an den Kosten dieser aufwendigen Dopingkontrollen zu beteiligen, als die Athleten mit einem kollektiven Boykott der Weltmeisterschaft in Tokio 1991 drohten.[27] Seit 1992 ersetzt der vom
»Zehnkampf-Team« erarbeitete Dopingkontroll- und Medikamentenpaß bei den Zehnkämpfern den Athletenpaß des DLV.

Es ist nicht zuviel gesagt, wenn man das »Zehnkampf-Team« als
neuen Hoffnungsträger eines »sauberen« Hochleistungssports
apostrophiert. Genauso werden die Aktivitäten dieser Athleten
mittlerweile nicht nur in Deutschland, sondern auch international eingeschätzt. Dabei liegt das Neuartige dessen, was im
deutschen Zehnkampf etabliert wurde, nicht in den Mechanismen zur Erzielung von Fügsamkeit. Hier bedient sich das
»Zehnkampf-Team« neben der erwähnten Kontrollintensivierung unterstützend auch noch einer Pädagogisierung. Letztere
zielt sowohl auf eine Stärkung der traditionellen Sportmoral
unter den Athleten als auch auf die Schaffung eines kognitiven
Bewußtseins über die Möglichkeiten, ohne Doping die eigene
Leistung immer weiter steigern zu können. Hierzu werden den
Mitgliedern des »Zehnkampf-Teams« spezielle Lehrgänge und
Trainingsmaßnahmen, Ernährungsberatung, sportmedizinische
Betreuung und Rehabilitationsmaßnahmen angeboten. Mit all
dem befindet sich das »Zehnkampf-Team« auf den beiden gängi-

27 Dies zeigt im übrigen, daß die Athleten sich gegen einen Verband, der ihnen als
   monopolistischer Anbieter von Wettkampf- und Siegeschancen gegenüber-
   steht, dann zur Wehr setzen können, wenn sie ebenfalls als Kollektivität ein
   Gegenmonopol etablieren.

gen Wegen der Dopingbekämpfung, der Pädagogisierung und der Kontrollintensivierung, wenngleich es diese Wege deutlich weiter geht, als die Verbände es bis dato getan haben. Das entscheidend Andere dieser Strategie der Dopingbekämpfung besteht darin, daß nicht mehr ein Prinzipal auf seine Agenten einzuwirken versucht, sondern diese sich einander wechselseitig vom »shirking« abzubringen trachten.

Das »Zehnkampf-Team« geht davon aus, daß die Sportverbände dabei versagt haben, die Sportler vom Doping abzuhalten (FAZ vom 28. 12. 1992; Haas 1994). Man kann offenlassen, ob das Versagen der Verbände am mangelnden Können oder am mangelnden Wollen liegt. Aus Sicht des »Zehnkampf-Teams« erscheinen die Verbände allerdings durchaus als Prinzipale, die das betrügerische Abweichen ihrer Agenten klammheimlich dulden oder diesen sogar abverlangen – anders lautenden öffentlichen Bekundungen zum Trotz.[28] Ein Zeitungsbericht (SZ vom 2. 10. 1992) gab eine entsprechende öffentliche Auseinandersetzung wieder: »Das Zehnkampf-Team ist am Donnerstag auf die Barrikaden gegangen, um von solcher herausgehobener Stellung aus die geharnischste Presseerklärung aller deutschen Leichtathletik-Zeiten vom Stapel zu lassen. Es geht schon lange nicht mehr um Diplomatie, sondern um die offene Auseinandersetzung. ... ›Die Leistungssportabteilung des DLV hat dieses Anliegen‹, nämlich einen sauberen Sport zu fördern, ›nie verstanden. Ein Dorn war den Herren Steinbach‹, er ist der Sportwart, ›und Blattgerste von Anfang an, daß Claus Marek und sein Zehnkampf-Team im Kampf gegen Doping radikale Veränderungen von ihnen einforderten! So wurde vom Sportwart und seinem Leistungsdirektor lange mit allen Mitteln versucht, die zusätzlichen Trainingskontrollen, die Steroidprofilanalyse und die Einführung des Dopingkontrollpasses zu verhindern. In allen Punkten mußten sie letztendlich widerwillig nachgeben.‹«

Gemäß dieser Situationsdeutung mußten die Athleten sich als Kollektivität Betroffener gegen Doping selbst helfen. Eine Empfehlung in dieser Richtung, die allerdings noch vage blieb und sich auch nicht speziell auf das Dopingproblem bezog, hatte Mitte der achtziger Jahre bereits der Soziologe Friedhelm Neidhardt (1985: 79) ausgesprochen. Er hatte aus dem Verbandsversa-

28 Wobei diese Gruppe natürlich speziell den DLV als ihren eigenen Verband im Auge hat.

gen den Schluß gezogen: »Es wird unter diesen Bedingungen immer wichtiger werden, daß sich die … Athleten stärker zusammenschließen und nachdrücklicher als bisher sich zum Ausdruck und zur Geltung bringen. Wird der einzelne Athlet unter steigendem Erfolgsdruck wohl moralisch unzuverlässiger werden, so müßte die Gemeinschaft der Athleten doch ein kollektives Interesse daran haben, sich voreinander zu schützen und darüber hinaus nach außen solche Zumutungen abzuwenden, die den Sport im Endeffekt grausam machen.«

Die Agenten werden ihre Devianz nur dann durch kollektives Handeln selbst eindämmen wollen, wenn diese ihnen mehr Nachteile als Vorteile bringt: wenn die Sportler »shirking« nur gezwungenermaßen praktizieren. Das trifft auf Doping zu, wie die spieltheoretische Analyse des Konkurrenzspiels im Kapitel 6 gezeigt hat. Den Dopingzwang üben die Sportler in der Konstellation des Prisoner's Dilemma wechselseitig aufeinander aus. Und da sich dann fast alle dopen, hat keiner von ihnen mehr etwas davon. Genau deshalb, weil Doping längst nur noch defensives Doping ist und keine Vorteile mehr verschafft, sondern nur noch Nachteile auszugleichen versucht, liegt es im Interesse der Sportler, es wegen der verschiedenen Arten von Kosten, die daraus für sie entstehen, aufzugeben – sofern nur alle anderen es zuverlässig auch tun. Wie ein amerikanischer Footballprofi es ausdrückte: »I want the game rid of anabolic steroids, and I do not care how it is done. I am willing to test every day … I am certain players favour random testing so that they can get off steroids. But unless they can be certain that the guy across from them is off them, then there is no hope« (zitiert in Hearings 1989: 180). Selbstbeschränkungsabkommen wie das des »Zehnkampf-Teams« zielen also darauf ab, den entsolidarisierenden strukturellen Zwängen des Hochleistungssports entgegenzuwirken, die nicht zuletzt durch die Verbände exekutiert werden. Trotz Wettkampfkonkurrenz wollen die Athleten wieder ihr gemeinsames Interesse zur Geltung bringen, auf Doping verzichten zu können.

Diese Strategie der Dopingbekämpfung geht demnach davon aus, daß »von unten«, von den Sportlern selbst, ein alle bindendes Selbstbeschränkungsabkommen gegen Doping erreicht werden kann und ihnen keine dopingverhindernden Maßnahmen »von oben«, also vom Verband, auferlegt werden müssen. Weil Dopingabstinenz im Eigeninteresse jedes Athleten liegt und er von daher ein Interesse daran hat, daß sich alle anderen auch nicht dopen, reicht nach dieser Vorstellung der Impetus »von unten« aus, um Maßnahmen zur Dopingbekämpfung einzuleiten. Der Verband ist in dieser Hinsicht überflüssig – schlimmstenfalls stört er nur durch Behinderung der »von unten« initiierten Maßnahmen.

Daß der Verband bei dieser Strategie der Dopingbekämpfung prinzipiell entbehrlich ist und es im konkreten Fall des deutschen »Zehnkampf-Teams« auch tatsächlich längere Zeit war, bedeutet allerdings nicht, daß man sich nicht eine noch effektivere Kombination der von den Athleten selbst eingeleiteten Maßnahmen mit verbandlichen Maßnahmen vorstellen kann. Bei genauerem Hinsehen entdeckt man, daß der Verband wichtige Funktionen einer katalysatorischen und flankierenden Kontextsteuerung übernehmen könnte.[29] Schon Neidhardts (1985: 79) bereits angeführte Überlegungen gingen in diese Richtung: »Die Sportorganisationen werden dieses Engagement fördern und, wo es vorhanden ist, respektieren müssen.« Im einzelnen könnte ein Verband solche Selbstbeschränkungsabkommen der Athleten durch eine Reihe von Initiativen ergänzen. Er könnte erstens durch finanzielle Hilfen dazu beitragen, daß die in den Selbstbeschränkungsabkommen vereinbarten Unterstützungs- und Kontrollmaßnahmen realisiert werden können. Zweitens könnte der Verband durch eine Anpassung des eigenen Verbandsrechts an die Regelungen der Selbstbeschränkungsinitiativen dafür sorgen, daß Athleten, die dieses Abkommen trotz einer entsprechenden Verpflichtungserklärung nicht einhalten, dann auch vom Verband durch Wettkampfsperren negativ sanktioniert werden. Der Verband könnte drittens unter seinen Athleten dafür werben, bereits existierenden Selbstbeschränkungsabkommen beizutreten oder in ihren Disziplinen solche Abkommen aufzubauen. Viertens könnte der Verband auch Anreize für den Beitritt zu solchen Selbstbeschränkungsinitiativen setzen – etwa durch eine mit dem Beitritt verbundene Erhöhung der Fördergelder.[30] Durch solche

29 Zum Konzept der Kontextsteuerung siehe generell Teubner/Willke (1984).
30 Sobald der Verband allerdings – was organisatorisch möglich wäre – seine Athleten zum Beitritt zu solchen Selbstbeschränkungsabkommen zwingt, und sei es faktisch durch den Entzug existentiell wichtiger Fördergelder für Nicht-Beitretende, ist das »von unten« aufgebaute Selbstbeschränkungsabkommen zu einer »von oben« verordneten Maßnahme transformiert worden. Diese Transformation ist möglich, wodurch diese Strategie aber wieder zu einer der

und weitere Maßnahmen könnten die Sportverbände zum einen die effektive Implementation beschlossener Selbstbeschränkungen ermöglichen sowie zum anderen die Diffusion solcher Abkommen in Gang bringen und beschleunigen.

Mittlerweile gibt es Bemühungen um Selbstbeschränkungsabkommen auch in anderen Sportarten – etwa im deutschen Biathlon (SZ vom 23. 10. 1992), im Triathlon, im Hochsprung und in den leichtathletischen Wurfdisziplinen. Das Modell des »Zehnkampf-Teams« entfaltet also durchaus gewisse Nachahmungseffekte. Man muß auch bei einer Beurteilung dieser Praktik der Dopingbekämpfung zunächst ihren großen Vorzug gegenüber allen »von oben« ausgehenden Strategien herausstellen. Werner Haas (1994: 169), Anti-Doping-Beauftragter des »Zehnkampf-Teams«, spricht den entscheidenden Punkt an, ohne ihn selbst auszuführen: »Es kann einen dopingfreien Sport nur dann geben, wenn dieser von den Athleten selbst akzeptiert und direkt umgesetzt wird, nicht von den Funktionären angeordnet.« Dadurch, daß die Athleten einander selbst strenge Kontrollen und hohe Strafen auferlegen, signalisieren sie einander wechselseitig ihre Bereitschaft, auf Doping zu verzichten. Und sie unternehmen dies in einer sehr viel vertrauenerweckenderen Form, als wenn dieselben Maßnahmen vom Verband getroffen worden wären. Wer sich freiwillig und sogar gegen den – zumindest anfänglichen – Widerstand des Verbands zu solchen Selbstbeschränkungen verpflichtet, verschafft sich damit einen erheblichen Vertrauenskredit.[31] Das ist zwar rational nicht gerechtfertigt. Denn ein Athlet, der als einziger über ein Dopingmittel verfügt, das mit den beschlossenen Kontrollmaßnahmen nicht nachgewiesen werden kann, würde ebenfalls ein solches Selbstbeschränkungsabkommen befürworten, weil seine Gegner sich dann in Unkenntnis über seine Möglichkeiten gewissermaßen selbst entwaffnen würden. Doch soviel Verschlagenheit unterstellen die Athleten einan-

bereits behandelten traditionellen Formen von Pädagogisierung und Kontrollintensivierung wird.

31 Das gilt schon nicht mehr für jene Athleten, die als später Hinzugekommene einem solchen Selbstbeschränkungsabkommen gezwungenermaßen beizutreten haben, weil sie sich andernfalls geradezu des Dopings verdächtig machten. Damit wohnt dem »Zehnkampf-Team« eine sogar gewollte Diskriminierung der nicht Beitretenden inne: »Diese Stigmatisierung gehört nicht zu den besten Ideen des Zehnkampf-Teams« (FAZ vom 23. 8. 1993).

der offensichtlich nicht.[32] Sie nehmen vielmehr wechselseitig den freiwilligen Beitritt zu einem solchen Selbstbeschränkungsabkommen als Beweis dafür, daß die jeweils anderen es mit ihren Bekundungen ernst meinen, auf Doping verzichten zu wollen. Dementsprechend finden die so initiierten Kontrollmaßnahmen eine höhere Akzeptanz bei allen Beteiligten. Insbesondere verlieren die Maßnahmen den ansonsten mit ihrem Abschreckungseffekt einhergehenden Aufforderungseffekt.

Es handelt sich demzufolge um eine Strategie demonstrativer Offenheit. Das Vertrauen in die »Sauberkeit« der Athleten soll durch eine Institutionalisierung rigorosen Mißtrauens, nämlich durch intensive Kontrollen, restabilisiert werden. Die freiwillig hergestellte Transparenz zielt darauf ab, die Athleten von dem generalisierten Dopingverdacht zu befreien und eine Kontaminierung durch Dopingsünder zu verhindern. Hierbei geht es den Sportlern nicht nur darum, untereinander wieder vertrauenswürdig zu werden, sondern auch das Vertrauen der relevanten Umweltakteure wiederzugewinnen. Konkreter Anlaß zur Bildung des »Zehnkampf-Teams« war nicht zuletzt die Befürchtung, andernfalls über kurz oder lang die Sponsoren zu verlieren. Ein solches Selbstbeschränkungsabkommen impliziert also auch eine Anpassung an die »Sauberkeits«-Erwartungen von außersportlichen Bezugsakteuren. »Sauberkeit« ist für die Athleten ein in diesen Hinsichten nützliches kollektives Gut, das durch Selbstbeschränkungsabkommen nach Art des »Zehnkampf-Teams« gemeinsam produziert wird. Doch trotz aller unbestreitbaren Vorzüge dieser Strategie der Dopingbekämpfung bleiben große Zweifel bestehen, ob die in sie gesetzten Hoffnungen tatsächlich erfüllt werden können. Diese Zweifel bestehen vor allem in drei Hinsichten, die allesamt auch schon bei der Kontrollintensivierung »von oben« zur Sprache gekommen sind.

In rechtlicher Hinsicht werfen die erforderlichen sehr intensiven

32 Was angesichts der mannigfaltigen Beispiele von vorteilsorientierter Gerissenheit in aufgedeckten Dopingfällen eigentlich verwunderlich ist. Es wäre interessant, ob ein solches Selbstbeschränkungsabkommen zustande käme, wenn z. B. ein sich – wieder einmal – als reuiger Sünder gebender Ben Johnson der Initiator wäre. Eine offene Frage ist auch, ob nur eine vergleichsweise kleine, überschaubare Gruppe wie die Zehnkämpfer, die überdies mit einem ausgeprägten »Korpsgeist« ausgestattet ist, ein solches Abkommen zuwege bringen kann. Dann wäre eine vergleichbare Aktion in den meisten sportlichen Disziplinen von vornherein aussichtslos.

Kontrollen der Sportler erhebliche Probleme des medizinischen Datenschutzes auf. In den Vereinigten Staaten beispielsweise wären die in Deutschland vom »Zehnkampf-Team« installierten Kontrollprozeduren nicht zulässig.[33] Da man zum einen damit rechnen muß, daß Datenschutzbestimmungen, aber auch andere Bestimmungen zum Schutz der Privatsphäre eher restriktiver werden, und zum anderen nicht davon auszugehen ist, daß solche Regelungen speziell für den Leistungssport gelockert werden, liegt hier eine zukünftig wohl noch enger gezogene Grenze dieser Strategie.

In finanzieller Hinsicht räumt Haas selbst ein, daß die beim »Zehnkampf-Team« erreichte und für effektive Kontrollen auch erforderliche Logistik keinesfalls flächendeckend auf alle oder auch nur auf alle besonders dopinginfizierten Sportarten ausgedehnt werden kann.[34] Die dafür erforderlichen Finanzmittel überstiegen bei weitem das, was realistischerweise selbst bei einer Bereitschaft der wirtschaftlichen Sponsoren und staatlichen Förderer, sich Dopingkontrollen etwas kosten zu lassen, erwartbar sein kann – ganz abgesehen davon, daß z. B. das entsprechend geschulte Kontrollpersonal und die benötigten Labors erst mittelfristig in hinreichendem Maße verfügbar wären. Damit ist das »Zehnkampf-Team« zwar vielleicht ein Beweis dafür, daß effektive Dopingkontrollen prinzipiell realisierbar sind – aber eben immer nur in einem höchst beschränkten Maße, womit dem Leistungssport insgesamt nicht geholfen ist. Insofern ist zwar einerseits begrüßenswert, wenn neuerdings auch in einigen anderen Disziplinen ähnliche Initiativen entstehen. Aber andererseits wird so die finanzielle Grenze dieser Strategie nur um so schneller offenbar werden.

Schließlich beruht der innerhalb einer Disziplin realisierbare Erfolg dieser Maßnahme der Dopingbekämpfung darauf, wie sehr das jeweilige Selbstbeschränkungsabkommen national und international einen Beitrittsdruck auszuüben vermag. Solange lediglich die deutschen Zehnkämpfer sich dieser Selbstinitiative anschließen, käme dies auf der internationalen Wettkampfbühne einer Selbstschwächung gleich. Man mag dann zwar z. B. völlig zu

33 Wie Haas in einer Diskussion über das »Zehnkampf-Team« selbst als Schwierigkeit erwähnte (Tagung der Sektion Sportsoziologie der DVS, Heidelberg, 24.-26. 6. 1993).
34 Diskussionsbemerkung auf der o. a. Tagung der Sektion Sportsoziologie.

Recht über den deutschen Zehnkämpfer Paul Meier sagen: »Er jedenfalls kann als einziger in der Welt für sich in Anspruch nehmen, der erste Zehnkampf-Athlet zu sein, der in der Königsdisziplin der Leichtathletik ein Ergebnis über 8400 Punkte nachweislich ohne Doping erzielt hat« (Haas 1994: 175). Aber sofern andere, denen bei erheblich laxeren Kontrollen kein Doping nachgewiesen worden ist, mehr Punkte erzielen und dadurch Medaillen erringen und Rekorde überbieten, behält diese Einstufung einen schalen Beigeschmack.[35] Wie lange sich beispielsweise nach einem anfänglichen moralischen Enthusiasmus Zuschauer, Medien sowie Sponsoren und Förderer mit solchen Selbsteinstufungen von in den entscheidenden Wettkämpfen unterliegenden Athleten zufriedengeben werden, muß sich erst noch zeigen.[36] Man wird hier wohl skeptisch sein müssen.

Diesbezüglich wird es entscheidend darauf ankommen, wie schnell man Sportler aus möglichst vielen anderen Ländern in das Selbstbeschränkungsabkommen einbeziehen kann. Das deutsche »Zehnkampf-Team« begann daher schon bald, ein »International Decathlon Team« zu propagieren, und konnte Athleten aus verschiedenen Ländern, darunter auch aus den Vereinigten Staaten, dafür interessieren. Man muß abwarten, ob diese Internationalisierung des Selbstbeschränkungsabkommens von Erfolg gekrönt ist – was ja erst dann der Fall wäre, wenn eine vollständige internationale Beteiligung mit gleicher Kontrollintensität gesichert wäre. Wenn auch nur die Athleten eines der in der betreffenden Disziplin führenden Länder dem Abkommen nicht beiträten, könnte dieses Land möglicherweise in Zukunft die internationalen Wettkämpfe beherrschen. Und wenn die Athleten anderer Länder damit rechnen, daß irgendein Land nicht beitritt, werden sie selbst von ihrem an sich gewollten Beitritt Abstand nehmen. Angesichts dieser Unwägbarkeiten ist eine international flächendeckende Ausbreitung des Selbstbeschränkungsabkommens, die für eine dauerhafte Stabilisierung dieser Initiative erforderlich wäre, eher unwahrscheinlich.

35 Ganz abgesehen davon, daß es Ressentiments gegen diejenigen schürt, die ihre besseren Leistungen vielleicht nur deshalb nicht ähnlich überzeugend als ungedopt erbracht darstellen können, weil in ihrem Land so intensive Kontrollen wie in Deutschland nicht realisierbar sind.
36 Siehe auch generell zum »issue-attention cycle« der öffentlichen Meinung Downs (1972).

Damit stellt sich auch diese Strategie der Dopingbekämpfung höchstwahrscheinlich als untauglich dar. Zwar sind angesichts des Fehlschlagens aller »von oben« eingeleiteten Maßnahmen »von unten« kommende Selbstbeschränkungsabkommen der Athleten eine beachtliche institutionelle Innovation. Doch auch diese Strategie muß sich bei der Implementierung der von den Athleten eingegangenen Verpflichtungen auf einen dopingfreien Sport derselben Maßnahmen – Pädagogisierung und Kontrollintensivierung – bedienen, die von den Verbänden ohne durchschlagende Erfolge durchgeführt werden. Und kaum eine der Schwierigkeiten, an denen diese Maßnahmen bislang scheitern, wird dadurch entscheidend verringert, daß sie nun von den Sportlern selbst beschlossen werden.

9. Vertuschen und Hinwegreden
des Dopingproblems

Im vorausgegangenen Kapitel haben wir Revue passieren lassen und kritisch geprüft, was an Maßnahmen zur Dopingbekämpfung versucht wird oder auch vorstellbar wäre. Unser Fazit dazu, wie das betrügerische Abweichen der Agenten – aus Verbandsperspektive betrachtet – zu verhindern sein könnte, fällt äußerst pessimistisch aus. Alle vier Richtungen der Dopingbekämpfung erweisen sich mit großer Wahrscheinlichkeit als Sackgassen, wofür jeweils ein Syndrom von Ursachen verantwortlich ist. Nun kann heute niemand mit Sicherheit sagen, ob nicht doch noch in einer dieser Richtungen – oder gar in einer noch nicht in den Blick geratenen ganz anderen Hinsicht – ein Durchbruch zu einer effektiven Dopingbekämpfung erzielt werden könnte. Vielleicht wären die Schwierigkeiten einer der betrachteten Strategien doch mit einem großen Kraftaufwand überwindbar; oder mit einem großen Einsatz an Erfindungsreichtum könnte eine ganz neue Strategie kreiert werden.

Wenn das möglich erschiene und derartige Maßnahmen von den Verbänden selbst – und nicht bloß von einem wissenschaftlichen Beobachter – als erfolgversprechende Handlungsalternativen wahrgenommen würden, hieße dies freilich noch lange nicht, daß die korporativen Sportakteure diese Alternativen auch tatsächlich wählen würden. Verbände sind zumeist darauf aus, den Aufwand und Ertrag ihres Handelns für sich selbst möglichst günstig gestalten zu wollen. Und es ist sehr die Frage, ob der sicherlich hohe Aufwand solcher Alternativen tatsächlich betrieben würde. Dies läßt sich jedenfalls dann ausschließen, wenn die Verbände noch über ganz andere und weniger aufwendige Möglichkeiten verfügen, den »schlechten Ruf« des Leistungssports – nur das ist ihr Problem mit Doping – aufzubessern.

Ein zweiter für die Verbände wichtiger Gesichtspunkt schließt hier an. Die betrachteten Strategien der Dopingbekämpfung zielen darauf ab, Doping als Tatbestand zu beseitigen und damit das rufschädigende Reden über Doping gleichsam durch Mangel an neuem Gesprächsstoff zu beenden. Freilich ist keineswegs sicher, daß eine Beseitigung des realen Dopings auch schon umstandslos zu einem Meinungsumschwung im Reden über Doping führt. Wenn sich erst einmal ein Mißtrauen hinsichtlich der »Sauberkeit« des Leistungssports eingeschlichen hat, hält es sich äußerst hartnäckig. Diese Einschätzung kann die Verbände dazu bewegen, nach solchen Strategien zur Bewältigung des Dopingproblems zu suchen, die direkt auf der kommunikativen Ebene des Redens über Doping ansetzen. Die Verbände wenden sich in diesem Fall nicht mehr an ihre Sportler, sondern an die gesellschaftliche Umwelt, also an die mißtrauisch gewordenen Zuschauer, Massenmedien, politischen Förderer, wirtschaftlichen Sponsoren, Eltern und Lehrer.

Damit wird eine zweite Art von Prinzipal-Agent-Beziehung deutlich, in der die genannten gesellschaftlichen Akteure die Prinzipale sind, die von den Verbänden als ihren Agenten einen dopingfreien Sport fordern. Die Verbände sind demnach nicht nur in der im letzten Kapitel geschilderten Weise Prinzipale gegenüber den Sportlern als ihren Agenten; die Verbände sind zugleich Agenten gegenüber den relevanten Akteuren in der gesellschaftlichen Umwelt des Leistungssports. Diese Bezugsgruppen bilden die Prinzipale, die den Sportverbänden die Leistung abverlangen, einen dopingfreien Sport zu garantieren. Von den individuellen Ausnahmen einer auch öffentlich eingestandenen moralischen Indifferenz der Umweltakteure können wir einmal absehen. Nur wenn eine offiziell dopingfreie sportliche Leistung vollbracht wird, sind die gesellschaftlichen Prinzipale gewillt, dem Leistungssport weiterhin jene Ressourcen zuzuführen, die für dessen Fortexistenz notwendig sind. In dem Maße hingegen, in dem sich der Spitzensport auf seiten seiner gesellschaftlichen Prinzipale einen schlechten Ruf als »shirker« erworben hat, verliert er seine gesellschaftliche Legitimität, die als Grundlage seiner Ressourcensicherheit unverzichtbar ist.

Die Sportverbände sind als Agenten der gesellschaftlichen Prinzipale des Leistungssports und als Prinzipale gegenüber den Sportlern – die ihre Agenten sind – in einer ähnlichen Rolle wie die mittleren Vorgesetzten in einer Hierarchie. Diese müssen die Zuverlässigkeit der Leistungserbringung ihrer Untergebenen sicherstellen, um mit den eigenen Vorgesetzten keinen Ärger zu bekommen. Aus einer solchen Situation, gleichzeitig Prinzipal und Agent zu sein, können einem Akteur kaum aushaltbare

Handlungsdilemmata und Konflikte erwachsen. Viele Ungereimtheiten und Widersprüche im Verhalten sowohl der individuellen Sozialfiguren des Leistungssports als auch der korporativen Sportakteure lassen sich daraus verstehen. Hier hat die bisherige Beobachtung allzu oft lediglich moralisierend personalisiert – also etwa Sportfunktionäre, die in der Öffentlichkeit flammende Reden gegen Doping halten, vor Länderkämpfen jedoch die eigenen Athleten augenzwinkernd auf die Notwendigkeit des rechtzeitigen Absetzens ihrer Anabolika-Medikamentierung aufmerksam machen, individuell als »schlechte Menschen« abgeurteilt. Dabei könnten hier die Erkenntnisse der soziologischen Bezugsgruppentheorie darauf aufmerksam machen, daß Bigotterien individuellen Handelns auf Ambivalenzen in der Umweltsituierung von Akteuren verweisen. Gleiches gilt auch für die korporativen Instanzen des Sports. Wenn beispielsweise ein Fachverband einen beim Doping erwischten Sportler bestraft, diffamiert er sich damit gleichzeitig gegenüber den Zuschauern und Medien sowie seinen politischen und wirtschaftlichen Förderern. Was der Verband also als Prinzipal zu tun hat, schlägt auf ihn als Agenten zurück. Dieses Beispiel läßt schon anklingen, warum Sportverbände keineswegs ein eindeutiges Interesse daran haben, möglichst unnachsichtige Dopingkontrollen durchzuführen. Wenn es ihnen vorrangig um die Wiederherstellung des »guten Rufs« des Hochleistungssports geht, können die Verbände sogar umgekehrt eher darauf aus sein, Doping unter den Tisch zu kehren – selbst um den Preis, daß es dadurch fortgesetzt wird.

In diesem Kapitel nehmen wir den Blick der Verbände als Agenten gegenüber ihren gesellschaftlichen Prinzipalen ein und fragen: Wie können die Verbände mit den einen dopingfreien Sport verlangenden Ansprüchen von Publikum, Massenmedien, Wirtschaft und Politik umgehen? Außer dem zweifellos überzeugenden, aber eben nur äußerst schwierig zu erbringenden Beweis, daß das Problem durch die im vorausgegangenen Kapitel behandelten Praktiken beseitigt worden ist, stehen dazu zwei Strategien zur Verfügung: das Plädoyer für eine Dopingfreigabe und »brauchbare Illegalität« bei gleichzeitiger symbolischer Beschwichtigung der Öffentlichkeit. In dem Maße, wie es den Verbänden gelingt, die Sportler von einer betrügerischen Leistungserbringung abzuhalten, sind diese beiden Praktiken unnötig. Sie werden aber um so notwendiger, je weniger die Verbände das »shirking« ihrer Sportler in den Griff bekommen.

Die beiden Strategien können als *offensive* und *defensive* Beeinflussung des Redens über Doping charakterisiert werden. Die im ersten Abschnitt angesprochene offensive Strategie besteht darin, sich durch die Forderung nach einer Dopingfreigabe offen zur Doping-Praxis zu bekennen. Die defensive Variante, auf die wir im zweiten Abschnitt eingehen werden, versucht demgegenüber, durch »symbolische Beschwichtigungen« das Reden über nach wie vor stattfindendes Doping so umzubiegen, daß der Eindruck entsteht, es fände eine ernstgemeinte und erfolgreiche Dopingbekämpfung statt.

9.1 Dopingfreigabe

Das Offensive einer Dopingfreigabe bestünde darin, auf bisher sakrosankte Kernbestandteile der traditionellen Sportmoral zu verzichten. So uneindeutig jeder Versuch einer Wesensdefinition des Dopings auch geblieben ist und bleiben mußte: Die entsprechende Anstrengung des Begriffs versuchte, wenngleich vergeblich, doch immer noch zum Ausdruck zu bringen, daß Doping etwas dem Sport moralisch Wesensfremdes sei. Wer eine Dopingfreigabe fordert, will genau diese Position aufgeben. Dadurch würde das Problem im wahrsten Sinne des Wortes radikal gelöst. Doping wäre nämlich schlicht nicht länger als zu beseitigendes Problem, sondern als hinzunehmender Tatbestand eingestuft.

Die Befürworter einer Dopingfreigabe handeln nun nicht, wie empörte Anhänger der traditionellen Sportmoral ihnen oftmals schnell vorwerfen, moralisch leichtfertig. Die Begründung für eine Dopingfreigabe lautet nirgends, daß Doping etwas Gutes, zu Förderndes sei. Niemand betreibt in diesem Sinne eine moralische »Umwertung«. Es geht den Befürwortern einer Dopingfreigabe lediglich darum, gewissermaßen zähneknirschend die bedauerliche Realität ins Auge zu fassen, daß Doping nicht zu verhindern sei. Und moralische Gebote, die aus strukturellen Gründen ins Leere gehen müssen, sollte man ebensowenig aufrechterhalten wie rechtliche Regelungen, die nicht durchsetzbar sind. Insofern handelt es sich bei den Forderungen nach einer Dopingfreigabe nicht um eine »Umwertung«, sondern lediglich um eine »Abwertung« der traditionellen Sportmoral – verbunden mit der Abschaffung all jener rechtlichen Regelungen, die ihr Geltung verschaffen sollen.

Genauso wie die Sportverbände in den siebziger Jahren lernen mußten, die Verberuflichung des Leistungssports durch eine Aufgabe des Amateurprinzips zu akzeptieren, könnten sie jetzt durch eine Aufgabe ihrer ohnehin hoffnungslos diffusen Vorstellungen über »Fairneß« und »Natürlichkeit« lernen, Doping zu akzeptieren. Dies wäre im übrigen nicht bloß eine Parallelisierung der beiden Vorgänge. Genauer betrachtet besteht vielmehr zwischen beiden eine starke kausale Verkettung. Weil der Amateurismus aufgegeben wurde, hat man sich das Dopingproblem in seiner heutigen Schärfe eingehandelt und kommt nun möglicherweise nicht umhin, Doping hinzunehmen. Denn sobald eine Verberuflichung des Leistungssports erlaubt ist, verschärft sich zum einen der biographische Erfolgsdruck auf den Sportler; zum anderen wird diese »Anspruchsinflation« dadurch verstärkt, daß mit der Verberuflichung die massiven Umweltansprüche aus den Massenmedien, der Wirtschaft und der Politik durch offen gehandhabte Ressourcenanreize an die Sportler gerichtet werden können. Daß dieser wachsende strukturelle Erfolgsdruck die wesentliche Ursache des Dopingproblems ist, haben wir plausibel gemacht. So besehen stellen sich die Forderungen nach einer Dopingfreigabe als ein nur konsequenter – wenn auch zunächst nicht vorausgesehener – weiterer Schritt nach Aufgabe des Amateurprinzips dar: Wer A sagt, muß auch B sagen.

Bereits Mitte der achtziger Jahre gab es einen – wohl nicht ganz zufällig anonym verfaßten! – fiktiven Monolog eines Leistungssportlers in der Zeitschrift »Olympische Jugend« (1/1985), der aus einer Reflexion des Dopingproblems zum Schluß gelangt, Doping müsse freigegeben werden: »... ich bin nicht bereit, am 16. Dezember morgens um viertel nach Neun zu pinkeln, nur weil irgendein Donike an meiner Tür geklingelt hat. Ich halte das für unter meiner Würde. ... Ferner sind die Doping- den Analysemethoden immer etwas voraus. ... Sieh' doch mal die herrschende Scheinmoral: die Funktionäre, die einmal übers Doping schimpfen, setzen zum anderen Normen, die nur unter Mithilfe von Doping zu erfüllen sind. ... Die Journalisten, die auf der einen Seite Doping beklagen, sprechen bei internationalen Meisterschaften von Sporttouristen, wenn bundesdeutsche Athleten (vielleicht nur, weil sie nicht gedopt sind) hinterherlaufen, -springen u. s. w. ... Ich fordere prinzipiell die Freigabe, weil ich derzeit keine Möglichkeit sehe, den Dopingmißbrauch entscheidend zu beschränken.« Dieser Monolog bringt noch einmal viele der offenbar unlösbaren Probleme in Erinnerung, die die gängigen Praktiken der Dopingbekämpfung mit sich bringen, und gelangt von daher zu der alles andere als begeisterten, sondern sich der Realität beugenden Schlußfolgerung, den »Dopingmißbrauch« freizugeben.

Als prononcierter Vertreter dieser Forderungen trat im deutschen Sport Anfang der neunziger Jahre Harm Beyer auf, der bis 1992 Präsident des DSV und Präsidiumsmitglied des Welt-Schwimm-Verbandes war.[1] Beyer bekundete: »Ich glaube an die Freigabe von Doping.« Er begründete das vor allem mit dem Vollzugsdefizit der Dopingkontrollen: »Ich glaube ... nicht mehr daran, daß es uns gelingen wird, die Doping-Problematik so zu kontrollieren, daß der Mißbrauch, der immer noch getrieben wird, wirklich ausgemerzt werden kann.« Auch unter dem Fairneßgesichtspunkt erschien ihm eine Freigabe als angebracht: »Wettbewerbsgleichheit stellen Sie eher her, wenn man es allen erlaubt.« Auf eine Interviewfrage, ob das Publikum »solche geklonten Athleten sehen will« und wie sich die Sponsoren dazu stellen würden, erwiderte Beyer (KSA vom 30. 5. 1992): »In dem Moment, wo die Veranstaltung abläuft, interessiert dies den Zuschauer überhaupt nicht. Ihn interessiert nur der Gewinner. Wenn die Sportveranstaltung, bei der diese Athleten auftreten, eine Einschaltquote im Fernsehen von 90% hat, dann gehen auch die Sponsoren nicht weg; da zählt nicht die Moral, das Schöne oder ob es anständig ist.«

Beyer machte in einem anderen Interview nur zwei Einschränkungen (FR vom 23. 8. 1992): »Wir kommen nicht mehr darum herum, natürlich nur unter medizinischer Aufsicht und nicht für Kinder und Heranwachsende.« Ein Doping unter ärztlicher Aufsicht sei – wie in der Tat die Erfahrungen des »Staatsdopings« der Ostblockländer signalisieren – weniger gesundheitsgefährdend als ein individuelles Herumexperimentieren im Verborgenen. Und

1 Daß Beyer hauptberuflich Richter ist, paßt zum »Realismus« seiner Forderungen. Einem Juristen sind Rechtsnormen, die an einem irreparablen Vollzugsdefizit kranken, natürlich ein Greuel. Siehe weiterhin auch Australisches Senatskomitee (1989: 43/44).

sofern erst Erwachsene sich dopen dürfen, sei auch dafür gesorgt, daß die Entscheidung dafür von einem selbstverantwortlichen Individuum getroffen werde.

Eine Variante von Dopingfreigabe stellt der Vorschlag des »Medikamentenpasses« dar, den der Ökonom Gert Wagner und der Politikwissenschaftler Otto Keck in die Debatte geworfen haben (Keck/Wagner 1990; Wagner 1994). Dieser Vorschlag läuft auf eine begrenzte Dopingfreigabe hinaus, wobei jeder Athlet öffentlich und für seine Konkurrenten nachlesbar selbst festlegt, welche Dopingmittel und -maßnahmen er für sich in Anspruch nehmen will. Keck und Wagner wollen auf diese Weise einen mittleren Weg zwischen Kontrollintensivierung und totaler Dopingfreigabe gehen. Dabei handeln sie sich jedoch genauer besehen die Schwierigkeiten, mit denen diese beiden Wege jeweils behaftet sind, gleichzeitig ein. Digel und Nickel (1993: 53) stellen in einer Kritik an Wagner zutreffend fest: »Besonders zu beachten ist bei seinem Vorschlag, daß Wagner neben dem Medikamentenpaß wie selbstredend Doping-Kontrollen als Grundlagen weiter fortführen möchte, damit der Medikamentenpaß wirksam sein kann. ... Das neue ist somit lediglich, daß die kontrollierte Substanz nicht mehr mit der Liste der medizinischen Kommission der IAAF verglichen wird, sondern mit dem Medikamentenpaß des Athleten.« Gibt ein Athlet nur wenige Dopingsubstanzen und -praktiken in seinem Medikamentenpaß an, ist der Kontrollaufwand ähnlich groß wie bei den gängigen Verbotslisten. Und all die Schwierigkeiten, auf die die Kontrollintensivierung dort stößt, fielen auch hier an. Sofern die Athleten dazu tendieren sollten, diejenigen Dopingmaßnahmen, denen sie den größten Nutzen zuschreiben, nicht auf dem öffentlich zugänglichen Medikamentenpaß einzutragen, weil sie damit wertvolle »Betriebsgeheimnisse« an Konkurrenten preisgeben, müßte die Kontrollintensität recht hoch sein. Umgekehrt fiele die Kontrolle eines Athleten um so weniger umfangreich aus, je mehr Substanzen und Praktiken er in seinem Medikamentenpaß auflistet, weil all das die Kontrolleure nicht mehr zu interessieren braucht. Dann näherte sich der Medikamentenpaß aber einer totalen Dopingfreigabe an, womit dieser Vorschlag ebenfalls auf die nun dazu anzusprechenden Schwierigkeiten stieße.

Beyer (KSA vom 30. 5. 1992) sah für die von ihm vertretene Position einer – abgesehen von den beiden angeführten Kautelen –

völligen Dopingfreigabe eine verbreitete heimliche Sympathie. Zwar würden seine Forderungen offiziell von den Sportverbänden und den Förderern und Sponsoren vehement abgelehnt – doch: »Die inoffizielle Akzeptanz ist viel größer.« Genau darum gehe es, wie ein Zeitungsbericht (FR vom 23. 8. 1992) Beyers Position umschrieb: »Die Heuchelei müsse ein Ende haben, die 80% der Bevölkerung, die sich gegen Doping aussprechen, wollten auch Siege bejubeln. ... Weder die Funktionäre noch die Medien oder Geldgeber seien wirklich an einem dopingfreien Sport interessiert.« Wenn Beyers These zutraf, seine Forderungen besäßen eine hohe »inoffizielle Akzeptanz«, hatte die Heuchelei freilich noch lange kein Ende, wie sich nicht zuletzt an seinem persönlichen Schicksal zeigte. Denn Beyers provokante Offenheit kostete ihn sein Amt als Präsident des DSV. Noch immer steht er mit seinen Forderungen national wie international allein auf weiter Flur. Kaum jemand wagt ins gleiche Horn zu stoßen.

Beyer hat ganz offensichtlich ein Tabu verletzt. So etwas ist stets hochgradig riskant. Entweder es wirkt ungemein befreiend, und alle können endlich unbelastet zu einem Neubeginn ansetzen – oder aber der Tabuverletzer wird rücksichtslos ausgestoßen, um jegliche Nachahmung nachhaltig abzuschrecken. Letzteres ist auch dann, wenn ein Tabu längst von vielen Beteiligten subjektiv nicht mehr als solches anerkannt wird, immer noch das Wahrscheinlichere. Denn das Tabu unterbindet eben auch die Kommunikation über das Ausmaß seiner faktischen Geltung. So kann dann eine Situation der »pluralistic ignorance« (Allport 1924) eintreten, in der im Extremfall niemand mehr für sich das Tabu anerkennt, aber alle meinen, daß es noch von hinreichend vielen anderen anerkannt wird, und sich diesem scheinbaren Konsens beugen.[2] Längst nicht immer entspannt sich die Situation so schnell wie in Andersens Märchen von des Kaisers neuen Kleidern – wobei dort der Tabuverletzer, der die anderen befreit, bezeichnenderweise jemand war, der nicht wußte, was er tat, nämlich ein Kind.

Um ermessen zu können, warum Forderungen nach Dopingfreigabe ein Tabu verletzen, muß man sich vor Augen führen, welche als problematisch angesehenen Folgen eine Dopingfreigabe für den Leistungssport hervorriefe. Hier ist zunächst auf

2 Siehe auch die von dem Soziologen Alois Hahn (1983) empirisch identifizierten »Konsensfiktionen« in Ehen.

eine dem Zuschauerinteresse am Leistungssport möglicherweise sehr abträgliche Verschiebung sportlicher Erfolgsattribution einzugehen. Bereits ohne Doping werden sportliche Erfolge keineswegs dem Sportler allein zugerechnet. Insbesondere die Leistungen des Trainers, aber auch die der medizinischen Betreuer oder der z.B. für gute Trainingsstätten sorgenden Vereins- und Verbandsfunktionäre sowie weiterer Akteure im Unterstützungsumfeld werden durchaus eingerechnet. Nicht zuletzt die sportwissenschaftliche Optimierung des Trainings wird ebenfalls als ein Beitrag zum Erfolg des Athleten angesehen. All dies wird jedoch gemeinhin als weit weniger wirkmächtig eingestuft als Doping. Ob diese Einschätzung sachlich zu Recht oder zu Unrecht besteht, kann hier dahingestellt bleiben. Es ist durchaus zu vermuten, daß Dopingmaßnahmen oftmals Wunderwirkungen angedichtet werden, die tatsächlich überhaupt nicht vorliegen. Insbesondere der gesellschaftlich verbreitete Glaube an die hohe Effektivität pharmakologisch-medizinischer Einwirkungen auf den Körper stützt diese Dopinggläubigkeit. Insofern wäre bei einer Dopingfreigabe der sportliche Erfolg in der Sicht aller, vor allem auch der Zuschauer, in weit höherem Maße als vorher eine medizinische, nicht mehr vom Sportler selbst, sondern von seinen Ärzten hervorgebrachte Leistung. Spitzt man diese Attributionsverschiebung der Deutlichkeit halber zu, müßten fortan nach allgemeiner Einschätzung eigentlich die entsprechenden Ärzte und nicht die Athleten auf den Siegerpodesten stehen. Der Athlet würde zu einer bloßen ausführenden Instanz seiner Ärzte.

Ähnlich wie z.B. Astronauten wären die Leistungssportler in der Sicht des Publikums fortan nur noch das letzte und keineswegs wichtigste, weil eben medizinisch und pharmakologisch vorprogrammierte Glied einer ansonsten dem Publikum weitgehend undurchschaubaren Kette von Beiträgen zur sportlichen Leistungserbringung. Die ersten Astronauten konnten zumindest dadurch, daß sie sich in unbekannte Gefahren begaben und ihr Leben riskierten, noch einen persönlichen Heldennimbus erwerben. Für den gedopten Leistungssportler käme das allenfalls dadurch zustande, daß bestimmte an ihm vorgenommene Dopingmaßnahmen vielleicht auch lebensgefährlich sein könnten. Aber ob die Risikoübernahme für einen persönlichen sportlichen Erfolg auf die gleiche Stufe gestellt würde wie die Risikoübernahme für den »Fortschritt der Menschheit«, darf bezweifelt werden. Zum Helden gehört, daß seine Heldentaten nicht bloß egoistischen Charakter haben. Für einen Sportler, der aus eigener Kraft erstaunliche körperliche Leistungen vollbringt, gilt dies noch dadurch, daß er anderen Menschen die prinzipielle Möglichkeit dessen vor Augen führt, was ein einzelner aus sich machen kann. Aber ein gedopter Sportler hat seine Leistung eben nicht selbst vollbracht; sondern er gibt sich – drastisch formuliert – für dann fragwürdigen Ruhm oder gar des schnöden Mammons wegen her, daß diese Leistung von anderen an ihm vollbracht wird. Die erfolgreichen Sportler büßten also durch Dopingfreigabe Entscheidendes von ihrem persönlichen Nimbus ein. Damit würden einige wichtige Momente des Zuschauerinteresses am Leistungssport erschüttert. Das beträfe natürlich unmittelbar die Heldenverehrung, strahlte aber von dort auch auf die anderen damit verknüpften Zuschauermotive aus.

Die Dopingfreigabe brächte für die Ärzte der Athleten noch größere Probleme mit sich, als sie ohnehin schon haben – mit ihrer medizinischen Standesethik und den darauf beruhenden rechtlichen Regelungen. Darauf hat der Pharmakologe Werner Franke (Bild der Wissenschaft 1/1994: 77) in einer heftigen Kritik an den Forderungen Beyers hingewiesen: »Will Herr Beyer die internationale ärztliche Ethik abschaffen?« Denn die Verbandsfunktionäre wären bei einer Dopingfreigabe »endlich in der Lage, einen Arzt anzuweisen: Nun spritz' diesem Mädchen mal dieses Mittel, ein paar Milligramm Androgene mehr. ... Also mit den Tieren dürften sie so etwas nicht machen – da ist das Tierschutzgesetz davor.« Zwar könnte eine Dopingfreigabe als eine im Sportsystem getroffene Regelung formell die medizinische Standesethik nicht außer Kraft setzen. Doch während es kein Spannungsverhältnis zwischen medizinischer Standesethik und sportlichem Dopingverbot gibt, weil beide die Gesundheit des Sportlers als Leitwert hochhalten, gerieten die Sportmediziner bei einer Dopingfreigabe in ein offenes Spannungsverhältnis zwischen medizinischen und sportlichen Kriterien ihrer Tätigkeit. Natürlich hätten die Mediziner nach wie vor das Recht und sogar die Pflicht, sich unter Berufung auf die Standesethik den an sie gerichteten Dopingaufforderungen zu verweigern. Doch eine solche Standhaftigkeit würde ihnen angesichts ihrer Abhängigkeit von den Sportvereinen und -verbänden sowie von den Erfolgen der von ihnen betreuten Sportler noch schwerer fallen als jetzt, wo sie entsprechende Aufforderungen immer noch damit zurückweisen können, daß diese auch den Regeln des Sports selbst widersprechen.

Schon jetzt sind zahlreiche Sportmediziner in Dopingaktivitäten involviert. Dieser klammheimliche Schulterschluß würde sich bei einer Dopingfreigabe noch erheblich zuspitzen: »... es ist davon auszugehen, daß nach Freigabe ein dynamisch sich ereignendes Medikamenten-Experiment auf seiten der offiziellen Medizin eintritt, wodurch sich das Problem der Gesundheitsgefährdung der Athleten erheblich verschärfen würde« (Digel/Nikkel 1993: 53). Unter wechselseitigem Verweis auf die nationale und vor allem internationale Konkurrenz – also das Prisoner's Dilemma – würde man sich der Zwangsläufigkeit nicht mehr nur des Dopings an sich, sondern seiner Intensivierung ergeben. Stillschweigend oder sogar offen vollzöge sich für die sportärztliche Betreuung eine faktische Umwertung der medizinischen Standesethik. Nicht mehr Kranke bestmöglich zu heilen, sondern Gesunde hochselektiv in ihrer körperlichen Leistungsfähigkeit zu verbessern und dabei erhebliche Gesundheitsbeeinträchtigungen in Kauf zu nehmen, würde zum obersten Handlungsprinzip der Sportärzte. Damit würde in einem anderen gesellschaftlichen Teilsystem die unrühmliche Tradition übernommen, die von Militärärzten in Kriegszeiten bekannt ist: das rücksichtslose Hintanstellen medizinischer Gesichtspunkte hinter die Erfordernisse der Kampffähigkeit. Eine Verweigerung von immer mehr Medizinern, in der Betreuung von Leistungssportlern im Dienste der Verbände tätig zu werden, könnte die für den Sport problematische Folge dieser durch eine Dopingfreigabe initiierten Entwicklung sein. Ein derartiger Rückzug hätte zudem auch die Konsequenz, daß denjenigen Ärzten das Feld geräumt würde, die mit der medizinischen Manipulation von Sportlern keine Probleme hätten. Eine Dopingfreigabe setzte demzufolge eine sich sowieso schon vollziehende bedenkliche Negativauslese auf seiten der Sportmediziner erst richtig frei.

Leistungssport entwickelte sich unter diesen Bedingungen zu einem hochriskanten Beruf, weil die Athleten sehr schnell zum Experimentierfeld für immer verwegenere Dopingpraktiken würden. Wiederum ist fraglich, ob das Publikum eine derartige Eskalation akzeptieren würde. Menschenopfer – um nichts anderes ginge es – gelten als legitim, wenn das Allgemeinwohl sie verlangt: z. B. im Krieg oder bei riskanten Berufen wie denen des Feuerwehrmanns oder auch des Bergarbeiters. Selbst dann erfordert die gesellschaftliche Legitimität dieser Aufbürdung von erhöhten Risiken auf einige zum Nutzen vieler, daß das Möglichste getan wird, um diese Risiken im Zeitverlauf durch die Nutzung der besten verfügbaren Sicherheitstechniken zu verringern. Freigegebenes Doping im Hochleistungssport müßte, an diesen Maßstäben gemessen, gesellschaftlich als frivol und verantwortungslos angesehen werden. Es diente nur der egoistischen Bereicherung und der Befriedigung der Publikumsmotive, nicht irgendeinem die hohen individuellen Risiken rechtfertigenden Allgemeinwohl. Noch dazu würden keinerlei Anstrengungen unternommen, die individuellen Risiken allmählich zu verringern. Diese würden im Gegenteil durch die Dopingspirale immer mehr erhöht. Bei einer Freigabe könnte sich der ohnehin schon vorhandene strukturelle Druck auf die Sportler unbegrenzt entfalten.

An dieser gesellschaftlichen Einstufung einer Dopingfreigabe als »verwerflich« änderte auch die Tatsache nichts, daß die Sportler sich jeweils freiwillig für Doping entschieden. Das würde ihnen entweder individuell als verwerfliche Handlung zugerechnet werden; oder man würde sie zu bedauernswerten Opfern sozialstruktureller Zwänge erklären. Beides könnte der Dopingfreigabe keine Legitimität verschaffen. Die letztere Zurechnung auf äußere Umstände könnte in dem Maße an Plausibilität gewinnen, wie die gesellschaftliche Erkenntnis, daß Leistungssport durch eine Dopingfreigabe zu einem hochriskanten Beruf geworden ist, auch unabhängig von einer moralischen Aburteilung die Rekrutierungsbasis für den Nachwuchs radikal einschränkte. Dies haben Digel und Nickel (1993: 53) als großes Problem der Dopingfreigabe herausgestellt: »Ohne Kontrollen wären auch die Auswirkungen auf den Sport im Kindesalter fatal. ... Verantwortungsvolle Eltern müßten ihre Kinder zwangsläufig von diesem Sport fernhalten. Mittel- und langfristig würde sich ein solcher ›Monster-Hochleistungssport‹ seine eigene Basis entziehen. Sein Ende wäre absehbar.« Dagegen hülfe auch Beyers Kautele nicht, daß sich erst erwachsene Leistungssportler dopen dürften. Denn Eltern müßten ihre Kinder von Anfang an davor bewahren, auf einen biographischen Pfad zu gelangen, der sie zukünftig absehbar zum Doping führt. Ganz abgesehen davon, daß Eltern, die ihre Kinder lieben, sich verweigerten, wären auch solche Eltern, die die eigenen Kinder primär als zukünftige Einkommensquellen aufbauen wollen und dazu vielleicht dem Leistungssport überlassen würden, rechtlich wegen Vernachlässigung ihrer elterlichen Fürsorgepflicht belangbar. Denn wer sein Kind dem hohen Risiko zukünftigen Dopings ausliefert, handelt zweifellos gegen dessen Interessen, die er gerade zu schützen verpflichtet ist.

Damit aber ist das von Digel und Nickel gezeichnete Szenario durchaus realistisch. Bei einer Dopingfreigabe würden bald im wesentlichen nur noch biographische Hasardeure eine Karriere im Leistungssport anstreben: Menschen, die für ein unbändiges Erfolgsstreben aus einer ungünstigen Ausgangslage heraus viel zu riskieren bereit sind. In gewisser Weise wäre damit die Rekrutierungsbasis des Leistungssports auf jenes Potential geschrumpft, das die professionell betriebenen Sportarten lange Zeit hatten: gesellschaftliche Underdogs, für die sportlicher Erfolg neben Kriminalität fast die einzige Chance darstellt, etwas aus sich zu machen. Man braucht hierzu nur die soziale Herkunft der meisten Berufsboxer anzuschauen.

Alles in allem wäre eine Dopingfreigabe mit hohen Unsicherheiten behaftet. Die Sportverbände riskierten, vom Regen in die Traufe zu geraten. Das Publikum könnte sich teils entrüstet, teils um den Reiz sportlicher Wettkämpfe gebracht abwenden, mit nachfolgendem Desinteresse der Medien sowie der wirtschaftlichen und politischen Förderer. Die Rekrutierung von Sportmedizinern, ehrenamtlichen Mitarbeitern und – noch viel wichtiger – des Nachwuchses für den Leistungssport würde drastisch erschwert werden. Natürlich könnten sich all diese vermutlichen Schwierigkeiten realiter als viel geringer und vom Leistungssport verkraftbar herausstellen. Die Frage ist nur, ob es auf seiten der Sportverbände rational wäre, das Risiko einzugehen, die Grundfesten des Leistungssports hierdurch zu erschüttern. Sofern die Verbände noch über andere, sicherere Handlungsalternativen verfügen, ist zu erwarten, daß sie diese alternativen Handlungspfade zunächst ausprobieren werden. Und in der Tat gibt es, wie wir nun schildern werden, eine aus Verbandssicht sehr viel attraktivere Option: die »brauchbare Illegalität« und die symbolische Beschwichtigung der über Doping empörten Öffentlichkeit.

9.2 »Brauchbare Illegalität« und symbolische Beschwichtigung

Die Forderungen nach Dopingfreigabe gehen davon aus, daß eine effektive Dopingbekämpfung zu aufwendig sei. Die Dopingfreigabe als Alternative zu einer Dopingbekämpfung, der kaum Erfolgschancen eingeräumt werden, erscheint indessen als zu riskant. Damit stellt sich aber die Frage, was die Sportverbände angesichts des Dopingproblems tun können, in einer äußerst zugespitzten Form. Denn offensichtlich erweisen sich gängige oder vorstellbare Wege einer Problembeseitigung als ebenso untauglich wie Bemühungen, die gesellschaftliche Umwelt davon zu überzeugen, daß man fortan mit Doping leben müsse. Wenn auch diese Flucht nach vorn nicht möglich ist: Was kann dann überhaupt noch getan werden? Die Antwort, noch etwas kryptisch pointiert, lautet: Die Sportverbände können erstens tun, was sie immer schon getan haben, und zweitens so tun, als täten sie etwas dagegen! Und genau dies ist es, was auch tatsächlich hauptsächlich geschieht.

Die erste Komponente hat die nun zu schildernde, vorherrschende Strategie der Sportverbände mit den Forderungen nach Dopingfreigabe gemeinsam. Der entscheidende Unterschied ist allerdings, daß die Sportverbände sich bei dieser Strategie nicht »outen«. Mit den Forderungen nach Dopingfreigabe bekennt man sich öffentlich zum Doping. Tatsächlich nehmen die korporativen Akteure Doping hin oder fördern es sogar – aber heimlich. Damit vermeiden sie zum einen all die Risiken, die den Forderungen nach Dopingfreigabe innewohnen. Sie gehen den sicheren Weg einer »politics of blame avoidance« (Weaver 1986). Zum anderen vermeiden oder minimieren sie den Aufwand einer Dopingbekämpfung und ernten weiterhin den Ertrag, den das Doping abwirft.

Ein ambivalentes Verhalten dieser Art, das ein moralische Standards anlegender Beobachter als bigott bezeichnen würde, deutet darauf hin, daß Doping eben nicht bloß dem jeweiligen Athleten und seinem engeren Unterstützungsumfeld Vorteile verschafft – und sei es nur der Nutzen, mit devianten Konkurrenten gleichziehen zu können. Wir haben bereits an verschiedenen Stellen darauf hingewiesen, daß sowohl die Sportverbände als auch die wirtschaftlichen und politischen Förderer des Leistungssports in bestimmten Hinsichten an sportlichen Erfolgen ihrer jeweiligen Athleten interessiert sein müssen. Für einige der innen- und außenpolitischen Leistungsbezüge des Spitzensports ist es wichtig, daß die nationalen Sportler in internationalen Wettkämpfen möglichst gut abschneiden. Die Massenmedien können ihr Publikum mit Erfolgsberichten über nationale Athleten mehr ansprechen als mit Berichten über die Erfolge von Sportlern aus anderen Ländern. Nationale Sportverbände müssen bei internationalen Wettkämpfen an Siegen der eigenen Athleten interessiert sein. Den wirtschaftlichen Sponsoren von Sportlern ist es wichtig, daß ihre Werbeträger sowohl national als auch international erfolgreich sind. Werfen wir schließlich einen Blick auf das Sportpublikum, wird klar, daß Doping gerade auch dessen Interessen am Leistungssport dienen dürfte. Zum einen ist das Publikum in dem Sinne nationalistisch eingestellt, daß Siege der eigenen Athleten in internationalen Wettkämpfen Distinktionsbedürfnisse bedienen. Disziplinen, in denen die Sportler eines Landes international nichts zu bieten haben, verlieren an Publikumsinteresse.[3] Zum anderen befördert Doping verschiedene der in Kapitel 2 herausgestellten Publikumsmotive. Doping steigert die Spannung sportlicher Wettkämpfe ebenso wie die Ästhetik sportlicher Darbietungen[4], weil es höhere Leistungen ermöglicht. Darüber vermittelt erweitern sich die Möglichkeiten für Heldenverehrung, für das Ausleben von Affekten und für Gemeinschaftserlebnisse, und der Sport bietet entsprechend mehr Gesprächsstoff.[5]

Für keinen der relevanten Akteure bringt ein dopingfreier Spitzensport alles in allem betrachtet einen Vorteil gegenüber dem dopingdurchsetzten Status quo. Damit hat auch keiner von ihnen einen Anlaß, ernsthaft gegen Doping anzugehen. Es ist also nicht bloß das bei der Betrachtung der verschiedenen Möglichkeiten der Dopingbekämpfung herausgestellte mangelnde

---

3 Siehe etwa die Einschätzung eines australischen Gewichthebers: »It is alright for everyone to say, ›Do not take steroids. They are banned‹, but if we do not perform overseas a lot of people will be saying, ›You are wasting taxpayers' money‹« (zitiert in Australisches Senatskomitee 1989: 31).

4 Nicht unbedingt auch die Ästhetik der Sportlerkörper.

5 Der amerikanische Sportmediziner Robert Voy (1991: 101) bringt das so auf den Punkt: »The sad truth is that people don't pay to watch losers, and corporations don't sponsor teams that can't bring home the gold. The athletes and officials realize this, so they're willing to do whatever it takes to win.«

Können der Sportverbände, was sie daran hindert, effektiv gegen Doping vorzugehen. Vieles spricht dafür, daß sie auch nicht gegen Doping vorgehen *wollen*, weil Dopingdevianz eben allen relevanten Akteuren, nicht zuletzt dem Publikum, Vorteile bringt. Dieser Sachverhalt hebt die analytische Kategorisierung des Verhältnisses von Verbänden und Athleten als übliche Prinzipal-Agent-Beziehung, wie wir sie bisher unterstellt haben, auf. Denn die Verbände sind als Prinzipale, genau besehen, *nicht* unbedingt an einer Eindämmung des Dopings interessiert.

Voy (1991: 101) schildert, wie sich das für die Verbände darstellt: »When an international hero such as Ben Johnson is exposed for cheating, everyone – I mean *everyone* – feels repercussions from this blow. The sport federations lose money. They lose public interests and support. They are forced to face sharp, intense scrutiny from the media. Thus, many officials seem more willing to turn their backs on the problem, sweep them under the rug and avoid an exposé…«

Doping ist gemäß dieser Einsicht ein pareto-optimales Gleichgewicht dieser Konstellation von inner- und außersportlichen Akteuren. Das bedeutet, daß keiner der Akteure ein echtes Interesse am Dopingverzicht hat. Diese Nutzenverschränkungen bestehen allerdings nur solange, wie Doping heimlich geschieht. Dabei geht es allein darum, daß das Publikum nichts vom Doping erfährt. Die Massenmedien sowie die wirtschaftlichen und politischen Förderer des Leistungssports brauchen sich von sich aus nicht am Doping zu stören. Ein nicht entdecktes Dopinghandeln stellt für sie aus ihrer Handlungslogik heraus kein Problem dar, befördert es doch ganz im Gegenteil ihre Interessen am Leistungssport.

Doch aus der Entrüstung des Publikums resultiert der »schlechte Ruf« des Leistungssports; und hat sich erst einmal eine solche Delegitimation eingestellt, müssen sich auch die wirtschaftlichen und politischen Förderer des Leistungssports von diesem distanzieren, und er verliert für die Massenmedien, außer als Skandalobjekt, an Interesse.[6]

6 Letztlich ist also die gesellschaftliche Umwelt des Leistungssports, genau besehen, in sich nochmals in eine Prinzipal-Agent-Beziehung hierarchisiert. Dabei stellt das Publikum den Prinzipal dar, an dessen Interessen sich die außersportlichen Bezugsakteure in Politik, Wirtschaft und Massenmedien als Agenten ausrichten müssen.

Doping entspricht, so gesehen, auf gesellschaftlicher Ebene dem, was der Soziologe Niklas Luhmann (1964: 304-314) innerhalb von Organisationen als »brauchbare Illegalität« kennzeichnet. Darunter versteht er solche Handlungsweisen, die den offiziellen organisatorischen Regeln zuwiderlaufen, aber für Zielerreichung und Bestandssicherung der betreffenden Organisation nützlich sind – z. B. die Mißachtung von Vorschriften der Arbeitssicherheit, damit schneller und kostengünstiger produziert werden kann und ein Unternehmen konkurrenzfähig zu bleiben vermag. Genau so ist Doping für das Sportsystem in seinen Bezügen zur gesellschaftlichen Umwelt einzuordnen. Doping ist sogar ein für die gesellschaftlichen Leistungsbezüge des Spitzensports nicht bloß nützliches, sondern unersetzliches Handeln. Allerdings entspricht es eben zugleich nicht dem tradierten Sportverständnis und ist daher offiziell verboten.

Der Soziologe Heinrich Popitz (1968) hat am Beispiel rechtlicher Normen auf die »Präventivwirkung des Nichtwissens« über Normverstöße hingewiesen. Daß wir nicht so genau wissen, wie oft tagtäglich gegen viele Normen verstoßen wird, trägt dazu bei, unser Vertrauen in die Rechtsordnung aufrechtzuerhalten. Auch für die Verstöße gegen Dopingverbote gilt zunächst einmal: Nur solange das Sportpublikum nicht deren wahres Ausmaß kennt, kann es sich weiter am sportlichen Geschehen begeistern. Daneben ist allerdings auch ein Publikumsinteresse am enthüllten Doping als Skandal in Rechnung zu stellen. Das Publikum ist diesbezüglich in gewissem Maße hin- und hergerissen. Einerseits will es den »sauberen« Sport, andererseits hat ein gelegentlicher Skandal, solange er nicht das Ganze desavouiert, auch seine unbestreitbaren Reize. Enthüllungen sorgen dafür, daß sich das Publikum immer wieder selbst desillusioniert. Die dann folgende Entrüstung des Publikums über aufgedeckte Dopingfälle ist freilich scheinheilig. Rationalerweise dürfte sie nicht dem Doping, sondern dessen Aufdeckung gelten. Denn weil wichtige Momente des Publikumsinteresses am Hochleistungssport durch Doping bedient werden, will das Publikum hintergangen werden.

Die explizite Aufforderung, betrogen zu werden, ist zwar paradox und nicht erfüllbar. Als implizite, auch vor sich selbst verborgene Haltung läßt sich ein Selbstbetrug und ein Betrogenwerden jedoch sehr wohl realisieren[7]: dadurch, daß Zuschauer immer dann wegschauen, wenn sie das sehen könnten, was sie nicht sehen wollen; und dadurch, daß sie auf diese Weise denen, die sie darauf hinweisen könnten, signalisieren, daß sie nicht darauf hingewiesen werden möchten. Wer sich so selbst betrügen will und betrogen werden möchte, kann das ohne weiteres bewerkstelligen, sofern seine Umwelt mitspielt. Viele Bürger im nationalsozialistischen Deutschland, die vom Holocaust nichts wissen wollten, illustrieren diesen Verdrängungsmechanismus ebenso wie ein Todkranker, der nicht mit seinem bevorstehenden Schicksal konfrontiert werden will. Eine solche Selbsttäuschung wird immer dann gesucht, wenn das eigene Wollen in unauflösbarem Widerspruch zum eigenen Können – wie bei dem Todkranken – oder zum eigenen Sollen – wie bei den Deutschen im Nationalsozialismus – steht. Das Verhältnis des Sportpublikums zum Doping läßt sich wie letzteres sehen. Doping gilt einerseits gesellschaftlich nach wie vor als moralisch verwerflich, weshalb Forderungen nach Dopingfreigabe keine Akzeptanz finden können. Doch andererseits trägt es in einem solchen Maße zur Befriedigung des Publikumsinteresses am Hochleistungssport bei, daß das Publikum nicht mehr auf das heimliche Doping der Athleten verzichten kann.

Wenn die Sportverbände Doping hinnehmen oder sogar oftmals fördern, handeln sie so im wohlverstandenen, wenn auch unartikulierbaren Interesse des Publikums und damit auch der Massenmedien, der wirtschaftlichen Sponsoren und der politischen Förderer des Leistungssports. Genau das hat Beyer verkannt, als er als konsequenter Aufklärer mit seinen Forderungen nach Dopingfreigabe ein Ende der Heuchelei wollte. Er hat, wie schon viele Aufklärer vor ihm, die »social functions of ignorance« (Moore/Tumin 1949) übersehen. Es gibt eben immer wieder gesellschaftliche Zusammenhänge, aus denen man nur Nutzen und Befriedigung ziehen kann, solange man sich desillusionierenden Detailkenntnissen über sie verschließt.

Damit sehen sich die Sportverbände mit einem gordischen Knoten konfrontiert. Wenn im Leistungssport Doping stattfindet und diese Abweichung bekannt wird, handeln sich die korporativen Akteure einen »schlechten Ruf« ein, und ihnen droht von

7 Allgemein zu Selbsttäuschungen siehe Fingarette (1969).

daher ein Entzug der benötigten Ressourcen aus der gesellschaftlichen Umwelt. Wird hingegen nicht gedopt, droht dem Leistungssport ebenfalls ein Ressourcenentzug, weil er dann für das
Publikum unattraktiv wird und sich entsprechend auch die Medien sowie die wirtschaftlichen und politischen Förderer zurückziehen. Egal, welche dieser beiden Möglichkeiten realisiert wird:
Die Sportverbände sind die Dummen. Natürlich ist es höchst
schizophren und sozusagen unfair: Einerseits schlägt von seiten
des Publikums, der Medien sowie der wirtschaftlichen und politischen Förderer gedopten Sportlern Entrüstung ob ihres Tuns
und den Sportverbänden Entrüstung ob ihrer Untätigkeit bei der
Dopingbekämpfung entgegen; und andererseits wird zugleich
den Verbänden die Erfolglosigkeit derjenigen Sportler entgegen-
gehalten, die sich vielleicht ja sogar mit Blick auf die verbandlichen Maßnahmen zur Dopingbekämpfung nicht dopen. Angesichts des festen Willens der meisten Sportzuschauer, betrogen zu
werden, ist an dieser Schizophrenie als solcher aber nichts zu
ändern. Um nicht den sich so manifestierenden Selbstbetrug des
Publikums ausbaden zu müssen, bleibt den Sportverbänden als
korporativen Akteuren des Leistungssports nichts anderes übrig,
als den gordischen Knoten dadurch zu durchschlagen, daß sie
dafür sorgen oder zumindest zulassen, daß heimlich weiterge-
dopt wird.

Mittlerweile gibt es durch journalistische Enthüllungen, die
Recherchen von auspackenden Insidern und die Berichte diverser
Untersuchungskommissionen genügend empirische Beweise dafür, daß genau diese Strategie tatsächlich der von den Sportverbänden hauptsächlich beschrittene Weg war und weiterhin ist.
Für die deutschen Verbände hat der Bericht der Unabhängigen
Dopingkommission (1991: 199) zwar äußerst zurückhaltend,
aber doch unmißverständlich konstatiert: »Die Kommission geht
davon aus, daß die Verantwortlichen im deutschen Sport spätestens seit 1976 Vermutungen und auch Kenntnisse vom Anabo-
lika-Mißbrauch im deutschen Leistungssport hatten.« Schon
lange vorher, und nicht nur bezüglich von Anabolika, gab es auf
seiten der Verbände sicheres Wissen über Doping – natürlich
nicht bloß in der Bundesrepublik. Wie sich nach und nach herausgestellt hat, haben ja keineswegs nur die Sportverbände der
ehemals sozialistischen Länder, in denen »Staatsdoping« betrieben wurde, das Doping der eigenen Athleten aktiv selbst organi-

siert. Auch die Sportverbände der westlichen Länder haben sich nicht auf ein – dem Nicht-Wissen-Wollen des Publikums über Doping vergleichbares – großzügiges Hinwegschauen über das Doping der eigenen Athleten beschränkt. Immer wieder haben Funktionäre westlicher Verbände mehr oder weniger augenzwinkernd das Doping der eigenen Athleten unterstützt, weil schließlich deren sportlicher Erfolg auch für das Standing und die Ressourcenversorgung der Verbände eminent wichtig ist. Beispielsweise erhalten die deutschen Fachverbände ihre Unterstützungszahlungen vom Bundesinnenministerium gemäß den Medaillenerfolgen ihrer Athleten bei internationalen Meisterschaften.[8] Zwar gab und gibt es im Westen zumindest nach allem, was bis jetzt bekannt ist, keine flächendeckende aktive verbandliche Mitwirkung beim Doping. Sehr wohl aber war und ist noch immer eine passive Duldung durch verzögerte und laxe Kontrollmaßnahmen weit verbreitet. Ende der siebziger Jahre bekundeten, ein Jahr nach Verabschiedung der Anti-Doping-Charta des DSB, nur ein Viertel der angeschlossenen und nur die Hälfte der an Olympischen Spielen beteiligten Verbände Interesse an Dopingtests ihrer Athleten; und unangemeldete Kontrollen während des Trainings wurden weithin abgelehnt (RM vom 17. 11. 1978). Mittlerweile dürfen die Verbände das zwar nicht mehr so offen erklären. Doch in ihrem tatsächlichen Handeln bleibt ihnen viel Spielraum dafür, die Kreise ihrer sich dopenden Athleten nicht allzusehr zu stören. Nicht zuletzt der zutreffende Verweis auf die enormen Kosten effektiver Kontrollmaßnahmen kann den Verbänden auch als probate Entschuldigung für ihre Untätigkeit dienen.

Ziemlich flächendeckend war und ist zudem die implizite Dopingnötigung, die die Verbände gegenüber den eigenen Athleten durch die Setzung von Leistungsnormen für die Teilnahme an Olympischen Spielen oder Weltmeisterschaften ausüben. Diese Normen waren und sind in vielen Fällen so hoch angesetzt, daß sie – was die verantwortlichen Verbandsakteure sehr wohl wissen – ohne Doping kaum erreichbar sind.[9] Diesen Sachverhalt

8 Siehe Absatz 3 des in dieser Hinsicht immer noch gültigen Leistungssportprogramms der Bundesregierung von 1978, in: DSB (1982: 249-253).
9 Siehe auch Australisches Senatskomitee (1989: 37/38), Voy (1991: 117). Im übrigen gibt es das Phänomen, daß ein Prinzipal seine Agenten durch zu hoch gesetzte Leistungserwartungen implizit zu dieser Art des »shirking« anstiftet,

bezeichnete z.B. 1982 der damalige Aktivensprecher im DSB, Michael Beckereit, als auf dem Rücken der Athleten ausgetragene Doppelmoral des DSB. In einem Zeitungsbericht (KSA vom 28. 12. 1982) hieß es dazu: »Der Deutsche Sportbund halte – so sagte Beckereit ... – einerseits die Grundsatzerklärung für den Spitzensport aufrecht, in der Dopingmittel verboten werden. Andererseits verlange man als Qualifikation für die Teilnahme an Olympischen Spielen eine Endkampfchance. Hierin liege ein Widerspruch.« Auch wenn in Rechnung zu stellen ist, daß die Sportverbände in dieser Hinsicht ihrerseits insbesondere von ihren staatlichen Förderern drangsaliert werden[10], bleibt der Tatbestand einer informellen verbandlichen Dopingnötigung bestehen. Vor allem haben sich die Verbände niemals dazu entschlossen, öffentlich gegen die staatliche Nötigung zur Dopingnötigung gegenüber den eigenen Athleten Stellung zu beziehen. Damit haben sie sowohl Opportunitätsstrukturen für das Doping ihrer Athleten geschaffen und erhalten als auch Dopingdruck auf diese ausgeübt.

Oftmals wurde und wird die nachgewiesene Beteiligung von Verbandsakteuren am Doping als Verfehlung von Individuen oder kleinen Gruppen eingestuft. Unsere Überlegungen machen demgegenüber plausibel, daß damit nur die Verbände reingewaschen werden sollen. Interessanterweise wird auf seiten der westlichen Verbände das »Staatsdoping« der sozialistischen Länder durchaus als strukturell bedingt angesehen, nämlich einem Gesellschaftssystem zugeschrieben, in dem der Staat aus seinem Interesse an sportlichen Erfolgen heraus Doping hierarchisch durchzusetzen imstande ist. Daß die westlichen Verbände ebenfalls ein hohes Interesse am sportlichen Erfolg der eigenen Athleten haben und auch – siehe nur die Dopingnötigung durch Leistungsnormen – über geeignete Mittel verfügen, diesem Interesse Geltung zu verschaffen, wird in den verbandlichen Verlautbarungen hingegen geflissentlich überspielt.

auch in anderen Lebensbereichen. Ein Busunternehmer beispielsweise, der seine Fahrer durch zu lang angesetzte Fahrzeiten – ohne ein Wort darüber verlieren zu müssen – zur Einnahme von verbotenen Aufputschmitteln bringt, handelt nach dem gleichen Muster.

10 Um das gerade angeführte Beispiel des Busunternehmers fortzuführen: Auch er steht auf dem Markt in harten Konkurrenzbeziehungen und handelt insofern bei der Anstiftung seiner Fahrer zum »shirking« hochgradig unfreiwillig.

Die strukturelle Bedingtheit des Verbandsinteresses am Doping dürfte sich zukünftig vielleicht am besten an den ehrlich gemeinten Reforminitiativen von innerverbandlichen Erneuerern zeigen. Diese können gewissermaßen als empirische Feldversuche zum Test der hier theoretisch behaupteten strukturellen Zwänge dienen, denen die Sportverbände unterliegen. Insbesondere im DLV ist 1993 eine solche Erneuerergruppe um Helmut Digel an die Führung gekommen. Diese Gruppe will sich vor allem dem Kampf gegen das Doping widmen. Dabei wird sie sehr schnell auf all die Schwierigkeiten stoßen, die wir für die verschiedenen Maßnahmen gegen das »shirking« der Athleten herausgearbeitet haben.[11] Möglicherweise reicht diese Konfrontation mit den strukturellen Zwängen und Ambivalenzen der Realität schon bald als Entmutigung aus. Aber gerade wenn sich tatsächlich Erfolge in der verbandlichen Dopingbekämpfung einstellen sollten, werden die Erneuerer mit dem noch weiterreichenden Gesichtspunkt konfrontiert werden, daß sie aus Verbandsinteresse diese Erfolge nicht wollen können: weil eben Erfolge in der Dopingbekämpfung Erfolglosigkeit der eigenen Athleten nach sich ziehen, wenn eine weltweite Dopingabrüstung nicht im Gleichschritt aller nationalen Verbände erfolgt. Spätestens dann werden die Erneuerer merken, daß sie ihren Vorgängern vorschnell moralische Verdorbenheit vorgehalten haben: daß diese, wenn sie Standing und Ressourcenversorgung des Verbands sichern wollten, gar keine andere Wahl hatten. In diesem Moment wird den Erneuerern, sofern sie den DLV nicht über kurz oder lang ganz aus dem Leistungssport herausführen wollen, nichts anderes übrigbleiben, als kleinlaut – besser: stillschweigend – in die Fußstapfen ihrer Vorgänger zu treten oder mangels Realisierbarkeit der ursprünglichen eigenen Ziele abzutreten.

Die Behauptung, daß die Sportverbände bezüglich Doping vornehmlich tun, was sie immer getan haben, könnte die irritierte Frage auslösen: Haben sie denn nicht gerade die ganze Zeit nichts getan? Diese Frage, die den tatsächlichen Sachverhalt in der Ten-

---

11 Ganz abgesehen davon, daß die Erneuerer in starkem Maße mit Verbandspersonal zusammenarbeiten müssen, das die alte Linie getragen hat und, wenn überhaupt, nur höchst widerwillig umschwenken wird. Erwartbar ist vielmehr die aus der Politik bekannte Strategie des subversiven Unterlaufens offizieller Handlungsvorgaben, wie es beispielsweise in Ministerien zu beobachten ist, wenn nach einer Wahl zwar die Hierarchiespitze wechselt, aber längst nicht alle Referatsleiter mit ausgewechselt werden können.

denz richtig wiedergibt, verkennt, daß auch Nichthandeln unter bestimmten Umständen als Handeln zu werten ist: dann nämlich, wenn Handeln erwartet wird und möglich gewesen wäre, aber ausbleibt (Geser 1986). Diese Erwartungsenttäuschung wird, insbesondere wenn es sich um eine normative Erwartung handelt, dem betreffenden Akteur als bewußte Wahl, als Unterlassung dessen zugerechnet, was zu tun gewesen wäre. Eben dieses Handeln durch Nichthandeln haben die Sportverbände praktiziert. Wo liegt nun die Funktion derartiger Vorgehensweisen im Leistungssport? Generell dient Unterlassen – auch als »Aussitzen« von Problemen bekannt – der Ambivalenzbewältigung in turbulenten und widersprüchlichen Umwelten. Es verhindert ein Düpieren von wichtigen Bezugsgruppen, ermöglicht so weitere Ressourcenakquisition und entlastet von dem Risiko der unmittelbaren Folgen- oder gar Fehlerzuschreibung. Unterlassen umgeht die Kollision von Werten und tatsächlichem Handeln und unterdrückt die Diskussion brisanter Themen.

Das Unterlassungshandeln der Sportverbände muß allerdings, wie erläutert, heimlich geschehen. Die an sie öffentlich adressierte normative Erwartung, energisch gegen Doping vorzugehen, haben die korporativen Akteure daher nicht offen ignoriert. Diese Flucht nach vorn wollten erst diejenigen antreten, die die Forderungen nach Dopingfreigabe erhoben. Sie sind damit aber bis jetzt aus guten Gründen auf keinen Widerhall gestoßen.

Die Verbände haben die öffentliche Erwartung bis heute deklaratorisch akzeptiert. Das Unterlassen der Verbände soll nicht bemerkt, sondern für sein Gegenteil, nämlich energisches Handeln, gehalten werden. Diese Heimlichkeit des Unterlassens beruht auf zwei Voraussetzungen. Die Verbände müssen erstens darüber schweigen, daß sie etwas anderes tun, als sie sagen: nämlich nichts. Sie dürfen zweitens ihr Unterlassen nicht sichtbar werden lassen. Schweigen und Verbergen schieben sich zwischen die subversive, auf rücksichtslose Steigerung gemäß dem Siegescode ausgerichtete Untergrundmoral des Leistungssports auf der einen und die nach außen gerichtete offizielle Vorzeigemoral, wie sie in den plakativen »Reden aus dem Fenster« der Sportfunktionäre immer wieder affirmiert wird. Unterlassen, Verbergen und Schweigen kombinieren sich zu einer »defensive structuring« (Siegel 1970), wie sie für Akteure typisch ist, die von seiten relevanter Bezugsgruppen mit inkompatiblen Erwartungen konfrontiert werden.

Es ist müßig, hier im einzelnen darauf einzugehen, wie verschwiegenes und verborgenes Unterlassen bewerkstelligt wird. Auch dazu liefern Zeitungsberichte und die Berichte von Untersuchungskommissionen genügend Anschauungsmaterial. Im Ergebnis konstatierte jedenfalls z. B. Digel (1994: 142) für den DLV, daß »es sich ja über mehr als zwei Jahrzehnte mit einer Strategie der passiven Verdrängung ganz gut leben ließ«. Die darin anklingende Hoffnung des Erneuerers, jetzt endlich andere Verhältnisse hergestellt zu haben, beurteilen wir freilich skeptisch. Denn – wie es der Biochemiker Manfred Donike lapidar (KSA vom 8./9. 1. 1994) formuliert: »Der Vorsitzende eines Verbandes hat die Aufgabe, seinen Verband in bestmöglichem Licht darzustellen. Da stören Dopingdiskussionen.«

Schweigen, Nichthandeln und Verbergen des Unterlassens genügen allerdings in dem Maße nicht mehr, wie das Publikum, durch Bekenner und Enthüllungsjournalisten unterrichtet, Einblick auf die »Hinterbühne« des Leistungssports erlangt. Nach Entlarvungen reicht es auf seiten der Verbände nicht mehr aus, das eigene Unterlassen durch eine rein rhetorische Beschwichtigung abzusichern. Bloß zu erklären, daß man mit der öffentlichen Erwartung konform geht, etwas gegen das Doping zu tun, verfängt dann nicht mehr, wenn offenkundig wird, daß Doping ungehindert weiterhin stattfindet. Reden muß durch Tun ergänzt bzw. ersetzt werden, wenn ein Verlust an Glaubwürdigkeit vermieden werden soll. Allerdings darf das Tun, im Sinne eines gegen Doping gerichteten Verbandshandelns, nicht so weit gehen, daß es dieses tatsächlich eindämmt. Denn Doping ist und bleibt im Verbandsinteresse, weil es aufgrund seiner »innovativen« Leistungen im Zuschauerinteresse liegt.

Damit ist der Korridor abgesteckt, in dem sich das Verbandshandeln bewegen muß. Es darf Doping unter den angegebenen Bedingungen einerseits nicht ernsthaft stören, muß aber andererseits den Anschein erwecken, als ob es dies täte. Dies ist die zweite Komponente der vorherrschenden Strategie der Sportverbände: die *Simulation von Dopingbekämpfung*. Solches Scheinhandeln ist eine Sonderform des strategischen Agierens: ein Unterlassen, das sich als energisches Handeln maskiert. Man täuscht etwas vor, camoufliert sowohl die Ziele, die man tatsächlich verfolgt, als auch die Tatsache, daß man etwas anderes anstrebt als man behauptet. Scheinhandeln umhüllt sich mit einer fiktiven Intentionalität und maskiert sich als eine energische Intervention. Personen in den Sportverbänden meinen dementsprechend oft nicht, was sie sagen, und das mit gutem Grund, wie der Athlet Matthias Mellinghaus (Sports 3/1989: 120) erläutert: »Diese Doppelmoral besteht ohne Zweifel. Off the records wissen die Funktionäre ganz genau, was mit dem Doping läuft. Aber nach außen hin wird immer der schöne Schein gewahrt. Aber die Funktionäre, das mußt du auch sehen, stehen in ihren Verbänden unter dem gleichen Druck wie du: Wenn es um die Verteilung von Geldern geht, müssen sie eine bestimmte Anzahl von Medaillen vorweisen können, und wer das nicht kann, der ist der Arsch.«

Ein Verband, der beispielsweise ein Kontrollsystem installiert, gleichzeitig die Kontrollen aber so einrichtet, daß die Wahrscheinlichkeit des Fündigwerdens gering ausfällt, gibt lediglich einen Veränderungswillen vor. Dies ist etwas, was auch Politiker oft bewerkstelligen müssen, weshalb sie über eine ganze Bandbreite von Praktiken für »politics as symbolic action« (Edelman 1971) verfügen.[12] Solche *symbolischen Beschwichtigungen* zielen alle darauf ab, den Eindruck zu erwecken, energisch gegen Mißstände anzugehen, während unter diesem Deckmantel mehr oder weniger alles beim alten bleibt – in der Hoffnung, die Probleme dadurch »aussitzen« zu können.

Die folgenden Praktiken symbolischer Beschwichtigung wurden und werden von den Sportverbänden häufig eingesetzt:
– Man bedient sich einer zunehmend drastischen Sprache, um den eigenen Willen und die eigene Tatkraft, gegen Doping vorzugehen, zu suggerieren. Die moralische Verdammung wird schriller, die Entschlossenheit martialischer ausgedrückt. Dadurch demonstrieren die Verbände nicht zuletzt auch Einigkeit mit denjenigen, die öffentlich Taten einfordern. Die Verbände setzen auf den psychologischen Automatismus, daß mit markigen Worten entsprechende Taten assoziiert werden.
– Man intensiviert Pädagogisierungsmaßnahmen, wohlwissend, daß diese auf die Athleten und ihr Unterstützungsumfeld keinen nennenswerten Eindruck hinterlassen. Fair-Play-Initiativen und andere Werbefeldzüge für ethisches Handeln werden öffentlichkeitswirksam inszeniert, um nicht bloß Worte, sondern auch Taten vorweisen zu können. Genauer besehen bestehen jedoch

---

12 Der Politikwissenschaftler Murray Edelman (1964; 1971; 1988) hat die Palette solcher Praktiken breit beschrieben.

auch diese »Taten« wieder nur aus Worten, nämlich aus als nutzlos bekannten Appellen an die Athleten.

– Man setzt Untersuchungskommissionen ein, um das Dopingproblem zu studieren, bevor Maßnahmen getroffen werden. Dadurch können die Verbände vor allem Zeitgewinne erzielen und die scheinbare Entschlossenheit demonstrieren, der Sache auf den Grund gehen zu wollen. Die Kommissionsberichte werden irgendwann der Öffentlichkeit als Aktivitätsnachweis vorgeführt, falls diese bis dahin überhaupt noch Interesse an diesem Thema zeigt. Kommt die Kommission zu dem Schluß, daß das Problem völlig übertrieben dargestellt wurde, hat man im nachhinein eine Rechtfertigung für die eigene Untätigkeit erhalten. Eine entsprechende personelle Besetzung der Kommission kann ein solches »harmloses« Ergebnis zumindest wahrscheinlicher machen. Aber auch ein kritischer Bericht ist noch kein Beinbruch, weil sich dann erst einmal bekunden läßt, auf dieser Grundlage umgehend Konsequenzen ziehen zu wollen.

– Man ernennt einen Anti-Doping-Beauftragten und installiert Dopingkontrollen, sorgt aber unter der Hand durch unverfänglich wirkende Maßnahmen der Verzögerung, Kompetenzeinengung oder Ressourcenverweigerung dafür, daß den Kontrolleuren die Arbeit möglichst schwer gemacht wird. Auch hier besteht eventuell die Möglichkeit, relativ ungefährliche – kollaborationsbereite oder unerfahrene – Personen auszuwählen. Der Soziologe Günther Lüschen (1994: 15) konstatierte z. B. für die Rekrutierungspraxis von Vereinsärzten im amerikanischen Football: »Als … einer der führenden Profi-Vereine einen neuen Sportarzt einstellte, wurde unter den Bewerbern der schwächste und damit der vom Management am ehesten zu manipulierende Mediziner gewählt.«

– Man beutet Fälle von ertappten Athleten als öffentliche Bestrafungsexempel aus. Ein Fachverband kann Unnachgiebigkeit und moralische Integrität vor allem dann zum Ausdruck bringen, wenn er durch die langjährige Sperre von einzelnen Athleten sogar auf Medaillenchancen verzichtet. Eine andere Strategie besteht darin, die betreffenden Athleten durch in Aussicht gestellte Strafminderungen oder durch Überreden dazu zu bewegen, ihre Dopingentscheidung öffentlich zu personalisieren, also als individuelles Fehlverhalten zu erklären. Dies trägt noch mehr dazu bei, den Verband reinzuwaschen.

– Man kooptiert Personen, die als Dopinggegner öffentlich aufgetreten sind, in repräsentative Verbandspositionen – womöglich
sogar ins Präsidium. Diese Personen werden in dem Glauben
gelassen, man meine es mit einer Erneuerung ernst. Man inthro-
nisiert sie so offiziell als Galionsfiguren eines neuen Kurses. In
ihren Versuchen, innerhalb des Verbands wirksame Maßnahmen
zur Dopingbekämpfung zu installieren, werden diese Akteure
jedoch durch den Verbandsapparat ausgebremst – möglichst so,
daß sie es nicht einmal selbst bemerken.[13]

Mit einer geschickten Kombination dieser Praktiken können
Verbände schon ein ganzes Stück weit bei der Bewältigung ihrer
Ambivalenzen und Widersprüche kommen. Diese Strategie der
symbolischen Beschwichtigungen setzt natürlich gewisse tatsächlich getätigte Maßnahmen der Dopingbekämpfung voraus.
Der öffentliche Eindruck, die Verbände würden alle Anstrengungen unternehmen, um dem Doping Einhalt zu gebieten, kommt
nicht ganz von ungefähr. Er braucht eine empirische Evidenz.
Nur auf deren Basis können die korporativen Akteure so tun, als
ob sie etwas gegen das Doping unternähmen. Die Unabhängige
Dopingkommission (1991: 199) hat dieses Minimum, das die
deutschen Sportverbände leisten mußten, treffend so beschrieben: »Forderungen nach einem energischen Vorgehen wurden
nur halbherzig erfüllt; insbesondere das Problem der Kontrollen
in der Trainingsphase wurde zunächst nicht angegangen. Man
beschränkte sich auf den Erlaß einer Vielzahl von Resolutionen
und Erklärungen sowie auf andere Maßnahmen, die im nachhinein als Alibi-Vorgehen zu bezeichnen sind.«

Wenn es gut läuft, ernten die Sportverbände mit diesen Maßnahmen eine öffentliche Einschätzung, wie sie als Kommentar
nach der Aufdeckung des Dopings von Ben Johnson bei den
Olympischen Spielen in Seoul 1988 ausgedrückt wurde: »Den
Offiziellen in Seoul ist es zu danken, daß sie diesen Fall unerbittlich geahndet haben.« Denn damit »wird gezeigt, daß nicht die
Spiele zu verdammen sind, auf denen Tausende ehrlicher Sportler
fair um Siege kämpfen, sondern der einzelne Betrugsfall« (FAZ
vom 28. 9. 1988). Wäre dieser Kommentator vom IOC engagiert
worden, hätte er nicht besser in dessen Sinne schreiben können!

13 Wir betonen ausdrücklich, daß wir hier nicht an den DLV denken – ohne daß
   wir ausschließen können, daß dort etwas Ähnliches geschehen sein könnte
   oder noch geschehen wird.

Ein weniger spektakuläres Beispiel für den Erfolg symbolischer Politik kam in einem Bericht über den Bundesverband Deutscher Gewichtheber nach der Dopingaffäre der Gewichtheber bei den Deutschen Meisterschaften 1981 zum Ausdruck: »In einem Gespräch mit Vertretern des Deutschen Sportbundes und des Bundesinnenministeriums konnte er (der Verband; die Autoren) überzeugend nachweisen, daß insbesondere der Bundestrainer und der Verbandsarzt bei zentralen Lehrgängen für Trainer und Sportler wiederholt und eingehend über das Dopingverbot unterrichtet haben. Die ertappten ›Dopingsünder‹ haben sich die verbotenen Substanzen aus eigener Initiative beschafft; Funktionsträger des Verbandes einschließlich seiner Vereine waren daran nicht beteiligt« (DSB-Info vom 12. 1. 1982: 5). Auch hier konnte sich der Verband durch Attribuierung des Dopings auf individuelle Verfehlungen erfolgreich reinwaschen – so als ob diejenigen, die den Erfolgsdruck schaffen und einer Dopingneigung Vorschub leisten, keinerlei Mitschuld trügen. Der Hinweis auf erfolgte Pädagogisierungsmaßnahmen diente vielmehr dazu, darauf hinzuweisen, ganz im Gegenteil alles getan zu haben, um Doping zu verhindern.

Mit Blick auf derartige Aktivitäten konstatierte der Sportjournalist Andreas Singler (1993: 1), »daß zahlreiche Maßnahmen gegen Doping in der Vergangenheit mehr der Beruhigung der Öffentlichkeit dienen sollten als der eigentlichen Problemlösung«. Aber das dürfte eben nicht bloß für die Vergangenheit, sondern ebenso für die Gegenwart und auch für die Zukunft gelten. Entscheidend für die dominante Nutzung dieser Bewältigungsstrategie durch die Sportverbände ist der Umstand, daß der Nachweis, was sie tatsächlich gegen Doping unternehmen, kaum geführt werden muß. Eine Evaluation der Effektivität der Maßnahmen zur Dopingbekämpfung findet nicht statt. Symbolische Beschwichtigungen leben davon, daß sie nicht beim Wort genommen werden, sondern denjenigen, die beschwichtigt werden sollen, der vage Eindruck genügt, daß etwas geschieht. Genau dieses Vortäuschen eines energischen und effektiven Handelns zielt auf die Sportzuschauer ab. Sie wollen betrogen werden; und wenn sie schon, durch voyeuristische Neugier getrieben, ab und an einen Blick auf die »Hinterbühne« des Leistungssports werfen und sich am Gaumenkitzel eines handfesten Dopingskandals delektieren können, sind sie dann doch schnell wieder durch symbolische Beschwichtigungen zu beruhigen. Diese gaukeln ihnen vor, daß die heile Sportwelt von den Verbänden rasch wieder in Ordnung gebracht wird und der Skandal sowieso nur auf einen individuellen Fehltritt zurückgeht. In dieser Hinsicht haben es die Sportverbände erheblich einfacher als viele Politiker, die mit ihren symbolischen Beschwichtigungen ein mißtrauisches Wählerpublikum ruhigstellen müssen – und denen auch dies meistens gelingt. Wenn diese Art der Beruhigung also sogar in den für den einzelnen existentiell wichtigen Bereichen funktioniert, sollten wohl auch die symbolischen Beschwichtigungen des gutgläubigen Sportpublikums gelingen.

Läßt man abschließend noch einmal das in diesem Teil der Untersuchung behandelte Spektrum von Reaktionsmöglichkeiten der Sportverbände auf das Dopingproblem Revue passieren, wird deutlich, warum die zuletzt angesprochene Kombination von »brauchbarer Illegalität« und symbolischen Beschwichtigungen vorherrschte und wohl auch weiter vorherrschen wird. Alle Arten von Bemühungen, das Doping in der Prinzipal-Agent-Beziehung der Verbände zu den Athleten wirksam einzudämmen, überfordern das Können der Verbände jeweils in mehrfachen Hinsichten. Hinzu kommt, daß eine Dopingeindämmung wohl auch nicht dem wirklichen Wollen der korporativen Akteure entspricht, weil dies nicht dem entspräche, was die Zuschauer und damit auch die Medien sowie die politischen und wirtschaftlichen Förderer des Spitzensports an Leistung und Erfolg wirklich sehen wollen. Da aber dieses wirkliche Wollen als solches nicht offen bekundet werden darf, weil es nach wie vor den deklaratorisch aufrechterhaltenen Vorstellungen über Sportmoral widerspricht, können die Verbände nicht die einfache und ehrliche Lösung der Dopingfreigabe wählen. Statt dessen bleibt ihnen nichts anderes übrig, als Doping unausgesprochen weiter von den Athleten zu verlangen, sie heimlich gewähren zu lassen und dabei, wo nötig, sogar zu unterstützen – und sich zugleich öffentlich gegen Doping auszusprechen sowie den Eindruck energischer Dopingbekämpfung zu erzeugen. Diese Strategie ist unter den gegebenen Umständen eine vollkommen rationale Wahl; und die Aussichten, damit durchzukommen, sind nicht schlecht.

Insbesondere können die Verbände damit rechnen, daß auch Doping als Thema der Berichterstattung in den Medien und daran anschließender öffentlicher Diskussionen den üblichen »issue-attention cycle« (Downs 1972) durchläuft. Wenn die Öffentlichkeit erst einmal gemerkt hat, daß Doping kein Problem ist, das mit einer energischen Kraftanstrengung ein für alle Mal aus der Welt geschafft werden kann, sondern ein chronisches Problem neben vielen, letztlich dann doch wichtigeren anderen wie z. B. Umweltverschmutzung, Arbeitslosigkeit oder wachsender Kriminalität bleiben wird, setzen Gewöhnungs- und Abstumpfungseffekte ein. Abgesehen von einigen »unbelehrbaren« Moralisten eignen sich alle anderen hinsichtlich Doping ebenso wie hinsichtlich so vieler anderer Probleme einen fatalistischen Zynismus an. Der schon einmal erwähnte Befund einer Meinungsumfrage, wonach im Jahr 1992 fast alle Befragten davon ausgingen, daß heutzutage sportliche Höchstleistungen nur noch gedopt vollbracht werden können, läßt sich denn auch auf zweierlei Weisen deuten: als Indikator für das Ausmaß an Entrüstung oder für das Ausmaß an Bereitschaft zur Hinnahme dessen, was als unvermeidlich angesehen wird.

Dementsprechend erscheint es als vielleicht wahrscheinlichste langfristige Zukunftsprognose, daß Doping erst dann verschwinden wird, wenn es durch ein noch effektiveres funktionales Äquivalent überflüssig gemacht wird. Darauf wies Paul Jakobi (RB vom 24. 3. 1985), der damalige Seelsorger der deutschen Olympiamannschaft, warnend hin: »Der Ehrgeiz des Sportlers, an die Spitze und damit zur Medaille, Ehre oder Geld zu kommen, ist eine große Versuchung. Diese Versuchung kann nun durch die Erfolge der Humangenetik ins Unermeßliche gesteigert werden, weil es zumindest theoretisch möglich ist, den idealen Spitzensportler zu züchten.« Ob solche humangenetisch gezüchteten Athleten nach Maß dann sportmoralisch weniger anstößig wären als gedopte, kann und muß hier als offene Frage stehen gelassen werden.

Ausblick: Soziologische Reflexionsimpulse zur Selbständerung des Hochleistungssports

Zum Schluß der vorliegenden Arbeit ist noch die Frage zu beantworten, welche praktische Relevanz unser theoretischer Interpretationsvorschlag zum Dopingproblem nun haben könnte und sollte. Einleitend haben wir selbst für uns in Anspruch genommen, daß gerade die offenkundige Rat- und Hilflosigkeit der Praktiker – von den Moralisten ganz zu schweigen – auf den Bedarf nach theoretischer Reflexion hinweist. Eine sich so begründende soziologische Analyse des Dopingproblems darf sich nicht darauf zurückziehen, lediglich zum wissenschaftlichen Erkenntnisfortschritt beigetragen zu haben. Sie muß sagen, in welcher Weise Praktiker von ihr profitieren können.

Generell ist davon auszugehen, daß die Vorstellung, soziologische Beratung der Praxis müsse in unmittelbar umsetzbar formulierte, praktikable Handlungsanweisungen münden, an der Realität komplexer Gesellschaften vorbeigeht. Praktiker, die solche Ansprüche stellen und darin vielleicht noch durch leichtfertige Versprechungen mancher Soziologen bestärkt werden, müssen hierauf natürlich zunächst einmal enttäuscht reagieren. Sie wittern dahinter, daß sich die Soziologie wieder einmal, wenn es darauf ankommt, aus der Verantwortung stehlen will. Falls die Praktiker nicht bereits damit aufgehört haben, den sie enttäuschenden Theoretikern weiter zuzuhören, können diese dann noch auf zweierlei Weise für die eigene Position plädieren. Erstens können sie die Praktiker schlicht auf die Unmenge an praktisch völlig unbrauchbaren Handlungsempfehlungen verweisen, die ihnen von Soziologen schon zugemutet worden sind. Beispiele dafür erübrigen sich wahrlich. Wenn man nicht davon ausgeht, daß all diese Empfehlungen auf schlechte Forschung zurückgehen, wiewohl es natürlich auch das gibt, sollte gefragt werden, ob nicht eventuell ein falsches Beratungsverständnis dafür gesorgt hat, daß durchaus brauchbare Forschung so oft unbrauchbare Empfehlungen hervorgebracht hat. Damit sind wir zweitens bei unserem Verständnis dessen, was soziologische Beratung in den meisten Fällen immerhin zu leisten vermag: den

Praktikern durch eine »inkongruente Perspektive« eine »soziologische Aufklärung« (Luhmann 1967) ihrer Handlungssituation zu liefern.[1] Das ist zwar weniger, als vollmundige Reformrezepturen versprechen – aber zum einen ist es nicht Nichts und zum anderen im Endeffekt mehr als Patentrezepte, die sich als untauglich erweisen.

»Soziologische Aufklärung« als Beratungsleistung bedeutet vor allem, eine adäquate Problemdiagnose zu geben, die die Kurzsichtigkeiten und Fehlwahrnehmungen korrigiert, die in der Praxis verbreitet sind und oftmals die strukturell erzeugten blinden Flecken der Praktiker darstellen. Diese Korrektur hat sich freilich erst einmal jedes Vorwurfs zu enthalten. Denn jeder Blickwinkel konstituiert eine selektive Wahrnehmung, die bestimmte Seiten des Wahrnehmungsobjekts sieht, andere nicht. Darum kommt niemand herum – der Soziologe ebensowenig wie der Praktiker. Wichtig ist nur, sich dieser Problematik bewußt zu sein (Bette 1991: 97). Solange ein Beobachter einen Blickwinkel naiv einnimmt, hält er ihn für den einzig richtigen und merkt nicht einmal, daß er bestimmte andere Aspekte des Wahrnehmungsobjekts nicht in den Blick bekommt. Genau deshalb ist es so wichtig, sich zumindest temporär mit dem konfrontieren zu lassen, was aus anderen Perspektiven wahrnehmbar ist: um sich vom eigenen Blickwinkel distanzieren zu können. Distanzieren bedeutet dabei nicht, ihn zu verwerfen und den anderen vorbehaltlos zu übernehmen. Dann tauschte man nur die eine Naivität gegen eine andere aus. Es geht vielmehr darum, eine Auseinandersetzung zwischen verschiedenen Perspektiven auf ein und dasselbe Phänomen in Gang zu setzen. Nur so können Beobachter wechselseitig ihre jeweiligen blinden Flecken korrigieren.

Für den Praktiker läuft diese Erkenntnis der Relativität jeder Sichtweise darauf hinaus, soziologische Analysen zu benutzen, um der eigenen Betriebsblindheiten gewahr zu werden.[2] Er bekommt andere Ursache-Wirkungs-Zusammenhänge vor Augen geführt als diejenigen, die er sich aus praktischen Erfahrungen selbst zurechtgelegt hat. Andere: nicht notwendigerweise »wah-

---

1 Wir wollen nicht bestreiten, daß es auch Fälle gibt, in denen die Beratung bis hin zu direkt umsetzbaren Handlungsempfehlungen gehen kann, und daß es dafür auch – wenige! – gute Beispiele gibt.

2 Wie natürlich auch umgekehrt soziologische Interpretationen eines Sachverhalts vom Wissen der Praktiker profitieren können.

rere« oder wichtigere! Noch einmal: Es geht nicht darum, daß soziologische Theorie den dummen Praktiker erleuchtet. Weder ist der Praktiker normalerweise dumm, noch sind soziologische Erkenntnisse jemals der Weisheit letzter Schluß. Praktische Erfahrung und theoretische Interpretationen müssen zu beiderseitigem Nutzen in einen Dialog miteinander eintreten. Das setzt wechselseitigen Respekt ebenso voraus wie wechselseitige Kritikbereitschaft. Keine von beiden Seiten darf sich selbst oder die jeweils andere Seite kritiklos als einzig wahre Sicht der Dinge anerkennen. Wenn der Soziologe den Praktiker nicht ernstnimmt, erklärt er die eigene Theorie für sakrosankt und verpaßt die Gelegenheit, sich durch praktisches Wissen fruchtbar irritieren zu lassen. Wenn der Soziologe umgekehrt den Praktiker zu ernstnimmt, also sich selbst hintanstellt, wird er zum »Hoflieferanten«, der theoretisch stets kritiklos das mit höheren wissenschaftlichen Weihen versieht, was der Praktiker gerne hören möchte. Wenn der Praktiker den Soziologen nicht ernstnimmt, verzichtet er auf fruchtbare Lernchancen durch wissenschaftliche Theorie. Wenn der Praktiker umgekehrt den Soziologen zu ernstnimmt, wird er zum Wissenschaftsgläubigen, der früher oder später auf die Nase fallen wird, weil die konkrete Praxis eben stets vielschichtiger ist als jede unvermeidlich abstrahierende Theorie. Alle diese Arten von falsch verstandener Beziehung zwischen Sportpraxis und wissenschaftlicher Beratung hat es oft genug gegeben. Sie gilt es zu vermeiden, damit ein für beide Seiten fruchtbarer Dialog stattfinden kann.

Versucht man, dies noch etwas weiter zu spezifizieren, könnte aus mancherlei Erfahrungen mit soziologischer Beratung (Beispiele: Politikberatung oder Familientherapie) die Vermutung abgeleitet werden, daß sich die Stärken von theoretischer Interpretation und praktischer Erfahrung gewissermaßen zusammenführen lassen. Begreift man Handeln generell und das Handeln der hier interessierenden Praktiker in den Sportverbänden speziell als kriteriengeleitete Selektion einer bestimmten Alternative aus einem mehr oder weniger großen Set von Handlungsmöglichkeiten, können beide Blickrichtungen unterschiedliche Arten von Kriterien beisteuern.

Die Stärke des soziologischen Beobachters der Praxis beruht dabei auf der Kombination von Handlungsentlastung und analytischer Ungebundenheit. Er vermag – entsprechend der Ausdifferenzierung soziologischer Teilperspektiven, die auf das jeweilige Phänomen geworfen werden können – zahlreiche Interpretationsfacetten zusammenzutragen. Wir haben in der vorliegenden Untersuchung genau dies getan: unterschiedlichste soziologische »Theorien mittlerer Reichweite« herangezogen, von denen jede jeweils bestimmte Aspekte des Dopingproblems zu erhellen vermag. Diese verschiedenen Erklärungssegmente müssen sich nicht notwendigerweise völlig harmonisch zusammenfügen. Ob es uns gelungen ist, die Theorie gesellschaftlicher Differenzierung entsprechend unserem Anspruch als übergreifenden, die anderen Sichtweisen integrierenden gesellschaftstheoretischen Bezugsrahmen einzusetzen, mögen andere beurteilen. Unstrittig dürfte jedenfalls sein, daß wir durch die Mobilisierung einer Pluralität von relevanten soziologischen Theorieperspektiven das Dopingproblem gleichsam behandelt haben wie ein kubistischer Maler seinen Gegenstand. Und so wie kubistische Gemälde durch ihre Zusammendrängung verschiedener Perspektiven in ein und dasselbe Bild die Realität neuartig erfahrbar machen und deshalb interessant sind, haben wir auf seiten der Praktiker hoffentlich zahlreiche Aha-Effekte ausgelöst. Diese können sowohl aus einzelnen Perspektiven, z. B. der Spieltheorie, stammen als auch daraus herrühren, wie einander fernstehende Sichtweisen zueinander in Beziehung gesetzt worden sind – etwa Spiel- und Biographietheorie.

Der soziologische Beobachter offeriert, anders gesagt, kognitive Flexibilität. Er kann diese kultivieren, weil und insoweit die Soziologie eine entsprechende Vielfalt von Teilperspektiven auf das jeweilige Phänomen entwickelt hat. Ihm ist diese Art von kognitiver Flexibilität aber auch erst deshalb möglich, weil kein unmittelbarer Druck auf ihm lastet, schnell etwas möglichst Wirksames gegen das betreffende Problem zu unternehmen. Dieses Privilegs kann ein Wissenschaftler sich gerade dadurch als würdig erweisen, daß er sich anders als die Praktiker um deren Probleme kümmert – eben durch möglichst vielfältige Interpretationsofferten. Für sich genommen bleibt dies freilich, aus praktischer Perspektive betrachtet, noch bloße Spielerei: als theoretische l'art pour l'art reizvoll, aber praktisch irrelevant. Die Kompetenz des Praktikers muß hinzukommen, damit etwas praktisch Verwendbares herauskommt.

Die Stärke der Praktiker besteht darin, die organisatorische

Umsetzbarkeit und Durchsetzbarkeit dessen, was bei den theoretischen Reflexionen herauskommt, abschätzen zu können. Die Soziologie entwirft Deutungsszenarien – die Praxis bezieht diese auf ihre Handlungsmöglichkeiten. Eine solche Sicht soziologischer Beratung weist die Anforderung zurück, spezifische Handlungsempfehlungen zu geben, ohne damit die handlungsprägende Kraft soziologischer Problemdeutungen preiszugeben. Die Soziologie weigert sich in den meisten Fällen zu Recht, Praktikern zu sagen: »Tut dies!« Über seine eigenen Handlungsmöglichkeiten weiß der Praktiker normalerweise selbst am besten Bescheid. Gelegentlich kommt es zwar vor, daß aus theoretischen Analysen ganz neue Richtungen hervorgehen, in denen nach einer Lösung des praktischen Problems gesucht werden könnte. Der Keynesianismus in der Wirtschaftspolitik war ein solcher Fall – für die Soziologie muß man schon eine Weile nach etwas Entsprechendem suchen. Auch dann sagt die Soziologie aber nicht: »Tut dies!«, sondern lediglich: »Sucht in dieser Richtung!« Was die Soziologie aber den Praktikern meistens zumindest sagen kann, ist: »Dies könnt ihr sein lassen.« Viele Ideen über mögliche Problemlösungen, die in der Praxis verbreitet sind, lassen sich auf der Basis theoretischer Problemdurchleuchtung bereits im Vorfeld als inadäquat zurückweisen. Neben der theoriegeleiteten Durchleuchtung der Verhältnisse besteht darin häufig der Hauptertrag einer soziologischen Analyse für die Praxis: abzuklären, in welchen Hinsichten Aufwand und Energien eingespart werden können. Als Reduktion von Komplexität für die Handlungswahl des Praktikers kann es im übrigen aufs gleiche hinauslaufen, ob ihm eine bestimmte Richtung vorgeschlagen wird, in der seine Suche erfolgreich sein könnte, oder viele Richtungen als wenig erfolgversprechend eingestuft werden. Letzteres kann sein Alternativenspektrum im Extremfall soweit einschränken, daß ihm nur noch eine einzige Alternative übrigbleibt.

Bezieht man diese generellen Überlegungen zur Praxisrelevanz soziologischer Analysen nun auf unseren Interpretationsvorschlag des Dopingproblems, läßt sich folgende Botschaft an die Praxis sehr klar herauslesen: Wenn die Sportverbände bei der Bearbeitung des Dopingproblems als rationale korporative Akteure den Weg des geringsten Aufwands gehen wollen, kann man sie nur darin bestärken, auch weiterhin das zu tun, was sie ohnehin schon die ganze Zeit getan haben: nämlich die Strategie einer Kombination von »brauchbarer Illegalität« und symbolischen Beschwichtigungen zu fahren. Unsere Analyse läßt vermuten, daß diese Strategie gute Aussichten auf dauerhaften Erfolg in dem Sinne hat, daß weder die Publikumsattraktivität des Leistungssports leidet noch dessen Ruf unwiderruflich geschädigt wird. Insofern kann also das Verbandsestablishment nach unserer Analyse ebenso aufatmen, wie es die wirtschaftlichen und politischen Förderer des Leistungssports und die Massenmedien tun können. Am Doping, sofern es nicht allzu dilletantisch passiert und so dem Publikum in einem doppelten Sinne ermöglicht wird, darüber hinwegsehen zu können, wird der Leistungssport wohl nicht zugrunde gehen.

Dies ist natürlich aus der Sicht derer, die ernsthaft und nicht bloß scheinbar etwas gegen Doping unternehmen wollen, eine zynische Schlußfolgerung für die Praxis. Wir wollen deshalb auch fragen: Was können wir den wahrhaften Dopingbekämpfern sagen? Die erste Antwort lautet: Nicht viel Aufmunterndes – falls unsere Analyse stimmt! Alle Praktiken der Dopingbekämpfung sind, wenn man sie ernsthaft betreibt, ungleich aufwendiger als das, was die Verbände sowieso und mit der guten Aussicht praktizieren, einigermaßen ungeschoren davonzukommen. Oftmals eskaliert durch Bemühungen um eine ernsthafte Dopingbekämpfung sogar noch die Delegitimierung des Leistungssports, so wie durch manche Medikamente ein Fieber erst noch erhöht wird. Und manchmal stirbt der Patient sogar an diesem Fieber. Ob es für Erneuerer des Leistungssports zu schaffen ist, die Sportverbände von ihrem Weg des geringsten Widerstands abzubringen und ihnen die große Anstrengung aufzuerlegen, wirksam gegen Doping vorzugehen, und ob die Verbände diese Roßkur durchhalten würden, kann heute niemand voraussagen. Die Erneuerer müssen letztlich selbst wissen, ob sie all das auf sich nehmen und auf die Verbände laden wollen. Diese Verantwortung kann ihnen die Soziologie nicht abnehmen.

Die Erfolgsbedingungen einer effektiven Dopingbekämpfung lassen sich im Anschluß an das, was als ungelöste Probleme von Pädagogisierung, Anreiznivellierung, Kontrollintensivierung und Selbstbeschränkungsabkommen herausgestellt worden ist, leicht auflisten. Genau diese Probleme, die sich auf seiten der Athleten, der Verbände und der Umweltakteure stellen, müßten gelöst werden. Dies bedeutet, resümiert man das zu den jeweiligen Strategien Ausgeführte unter diesem Gesichtspunkt:

– Eine effektive Dopingbekämpfung durch *Pädagogisierung* setzte erstens voraus, daß die Athleten sich als moralische Elite begreifen, um so auch in Hochkostensituationen der Versuchung des Dopings widerstehen zu können. Zweitens müßten die Verbände entsprechend moralisch überzeugend auftreten. Der Siegescode würde damit der Sportmoral untergeordnet.[3] Dieser moralische Anspruch müßte drittens auch von den Medien, den politischen und wirtschaftlichen Förderern und dem Publikum honoriert und gestützt werden. Zusätzlich wäre zumindest hilfreich, wenn die Verbände eine Ästhetisierung des Wettkampfgeschehens und damit eine weitere Relativierung des Siegescodes durchsetzen könnten – was wiederum von den Akteuren in der gesellschaftlichen Umwelt mitgetragen werden müßte.

– Eine effektive Dopingbekämpfung durch *Anreiznivellierung* setzte erstens voraus, daß die Sportverbände institutionelle Regelungen zur Sozialisierung und Umverteilung der finanziellen Gratifikationen der Athleten durchsetzen können. Insbesondere müßte verhindert werden, daß es daneben heimliche bilaterale Finanzströme von wirtschaftlichen oder politischen Förderern zu einzelnen Athleten gibt. Zweitens müßten die Athleten trotz der Tatsache, daß sie nun nicht mehr aus finanziellen Gründen sportlich erfolgreich sein müssen, weiterhin im Rahmen des Erlaubten den Erfolg suchen und dürften keine aufwandsminimierenden »Trittbrettfahrer« werden.

– Eine effektive Dopingbekämpfung durch *Kontrollintensivierung* setzte erstens voraus, daß die Verbände oder – noch besser – verbandsunabhängige Instanzen flächendeckende und hinreichend häufige Kontrollmaßnahmen durchführen und des Dopings überführte Athleten hart bestrafen. Dabei müßten die Kontrollinstanzen insbesondere die Abschirmung der Athleten durch ihr unmittelbares Unterstützungsumfeld durchbrechen. Zweitens müßten die wirtschaftlichen und politischen Förderer bei den sehr teuren Kontrollmaßnahmen in die Pflicht genommen werden. Drittens müßte für die Athleten das Recht auf Privatheit in verschiedenen Hinsichten eingeschränkt werden, um effektive Kontrollen zu ermöglichen.

3 Das liefe auf die von Breivik (1992) so umschriebene Einstellung hinaus: »Fairness is the most important thing.«

– Eine effektive Dopingbekämpfung durch – gegebenenfalls ver-
bandlich flankierte und katalysierte – *Selbstbeschränkungsabkommen* der Athleten setzte zunächst all das voraus, was auch für
eine effektive Kontrollintensivierung notwendig ist. Hinzu käme
auf seiten einer für die Initiierung des Selbstbeschränkungsabkommens erforderlichen kritischen Masse von Athleten noch der
ernsthafte und wechselseitig als ehrlich gemeint unterstellbare
Wille zum Dopingverzicht.
Alle diese Voraussetzungen müßten ferner nicht bloß national,
sondern auch international in gleichem Maße gegeben sein und
mit dem entsprechenden Nachdruck durchgesetzt werden.

Wir können niemandem widersprechen, der diese Liste als
entmutigend empfindet. Falls diese Einschätzung einem Praktiker, der lieber »Konstruktives« hören möchte, nicht gefällt, gilt es
folgendes nicht aus den Augen zu verlieren: Soziologen können
mit ihren Analysen die gleichen Rechte für sich in Anspruch
nehmen wie beispielsweise Ärzte. Als professionelle Sachwalter
für die Wiederherstellung von Gesundheit sind diese durch ihre
medizinische Standesethik zwar gehalten, wo immer es geht, zu
heilen. Aber einem Todkranken müssen und sollten sie nicht
vorgaukeln, ihm noch helfen zu können. Es könnte ja sein, daß
einem Leistungssport, der dopingfrei bleiben will, nicht mehr zu
helfen ist.

Es könnte allerdings auch sein, daß die soziologische Analyse
paradoxerweise gerade dadurch, daß sie die beinahe unüberwind-
lichen Schwierigkeiten der Dopingbekämpfung herausarbeitet,
den entscheidenden Anstoß dazu gibt, daß der zeitgenössische
Hochleistungssport sein Selbstverständnis grundsätzlich neu bestimmt. Dadurch, daß eine soziologische Analyse die strukturellen Zwänge identifiziert, die die heutige Verbreitung des Dopings
hervorgebracht haben und dessen Bekämpfung so schwierig machen, geraten sowohl die dopingunterstützenden Akteure im
Leistungssport und in dessen gesellschaftlicher Umwelt als auch
die Dopingkritiker in ein anderes Licht.

Diejenigen, die das Doping tragen, werden zwar einerseits
entlarvt. Insbesondere wird die Fassade von symbolischen Beschwichtigungen, hinter der Doping auch weiterhin als »brauchbare Illegalität« stattfindet, als solche aufgedeckt. Die Neutralisierungsrhetoriken und die subtilen Praktiken, das Problem
durch ein als Handeln maskiertes Nichthandeln zu bewältigen,

können nach dieser Analyse nicht mehr so »unschuldig« und unerkannt wie bisher fortgesetzt werden. Andererseits verdeutlicht die Analyse, daß Doping typischerweise nicht auf moralische Verdorbenheit zurückgeht, sondern das zwangsläufige Resultat von unaufhaltsamen Strukturentwicklungen des modernen Hochleistungssports ist. Die vorliegende Untersuchung weckt damit auch Verständnis für diejenigen, die auf die eine oder andere Weise Doping getragen haben und weiter tragen – Athleten und ihre Umfeldakteure ebenso wie Verbandsfunktionäre, die wirtschaftlichen und politischen Förderer, die Massenmedien sowie nicht zuletzt das Sportpublikum. Die »Bösen« werden insofern zwar als Wiederholungstäter ertappt und benannt; aber ihnen werden zugleich sehr gewichtige mildernde Umstände zugebilligt.

Diese soziologisch geltend gemachten mildernden Umstände bedeuten aber auch, daß den Dopingkritikern deren moralische Selbstgerechtigkeit vor Augen geführt wird. Die meisten von ihnen haben niemals als Athleten, Umfeldakteure oder Verbandsfunktionäre unter dem enormen Erfolgsdruck gestanden, der das Doping hervorbringt. Diese Dopingkritiker profitieren von der Gnade, aus den unterschiedlichsten Gründen nicht in Versuchung geführt worden zu sein. Von daher haben sie mit ihren Anklagen gegen diejenigen, die die Dopingpraxis tragen, leicht reden. Die soziologische Analyse zeigt, daß man die Kritiker in ihrem moralischen Rigorismus relativieren sollte. Sie fordern, weil sie es nicht besser wissen, von vielen Unmögliches. Dieses Ergebnis der soziologischen Analyse stellt für die Dopingkritiker – so sie es überhaupt zur Kenntnis nehmen und nicht entrüstet als Dopingapologetik abtun – eine profunde Desillusionierung dar. Ihrer Kritik wird der selbstgefällige Boden entzogen.

Die soziologische Aufklärung sorgt also dafür, daß die »Guten« ihren Heiligenschein und die »Bösen« ihr Kainsmal verlieren – daß beide einander näherkommen. Die Analyse gibt damit keinem von beiden recht. Aber genau dadurch zwingt sie in dem Maße, wie ihre Ergebnisse akzeptiert werden, beide zu einem Mit- und Voneinanderlernen. Beide Seiten werden mit der zunächst für beide gleichermaßen irritierenden und unbequemen Erkenntnis konfrontiert, daß sie nicht mehr so weitermachen können wie bisher. Die entlarvten »Bösen« und die zurechtgestutzten »Guten« müssen aus ihrer bisherigen unfruchtbaren Konfrontation heraustreten. Nur so können sie dem Hochleistungssport, ihrer gemeinsamen Sache, nutzen.

Die soziologische Analyse könnte also Wirkungen hervorrufen, wie sie in anderen Beratungskontexten – etwa der »systemischen Therapie« von Familienkonflikten (Willke 1984; 1988) – bereits zu guten Erfolgen geführt haben. Sie könnte den Dopingunterstützern ebenso wie den Dopingkritikern die je eigenen Selbsttäuschungen, Verdrängungen und Fehler vor Augen führen. Damit würde die Selbstsicherheit jedes der Kontrahenten nachhaltig erschüttert. Die Überzeugung wäre destabilisiert, allein im Recht zu sein – ob als »Realist«, der sich den faktischen strukturellen Zwängen stellt, oder als Moralist, der kontrafaktisch die Ideale hochhält. Nur durch diese beiderseitige Verunsicherung kann beiderseitige Offenheit für die Notwendigkeit entstehen, einander auf neu einzuschlagenden Pfaden näherzukommen.

Die soziologische Analyse könnte in diesem Fall als Katalysator eines wechselseitigen Lernprozesses wirken. Soziologen sind allerdings nicht in der Lage, die Ergebnisse eines derartigen »joint ventures« vorwegzunehmen. Ebenso, wie ein Therapeut der von ihm behandelten Familie keinen eigenen Lösungsvorschlag oktroyiert, kann und will der soziologische Analytiker sich dopenden Sportlern und Dopingkritikern nicht vorgeben, wo das von beiden akzeptierbare neue Selbstverständnis des Leistungssports liegen könnte und sollte. Diese Beschränkung des Analytikers hat zum einen damit zu tun, daß er im Vergleich zu den Betroffenen selbst immer weniger weiß, je konkreter das Dopingproblem behandelt wird. Seine Stärke ist der distanzierte abstrakte Blick, durch den er bisweilen die eingefahrenen Wahrnehmungs- und Handlungsmuster der Praxis nachhaltig erschüttern kann, ohne selbst jedoch das konkrete Neue entwerfen und aufbauen zu können. Zum anderen beschränkt sich der soziologische Beobachter auch deshalb auf das Analysegeschäft und zeigt eine zögerliche Haltung gegenüber eilfertigen Empfehlungen, weil nur ein von den Kontrahenten selbst gemeinsam erarbeitetes neues Selbstverständnis des Hochleistungssports von ihnen akzeptiert wird. Das liegt wiederum daran, daß die Praktiker mit Recht extrem skeptisch gegenüber Änderungsvorschlägen sind, die von Außenstehenden kommen. Noch wichtiger dürfte sogar sein, daß die gemeinsame Erarbeitung von Änderungen auch eine latente »Legitimation durch Verfahren« (Luhmann 1969) leistet. Beide Seiten, die zunächst im Dissens zueinander stehen, haben eine gemeinsame Interaktionsgeschichte zu etablieren, aus der heraus sie deren Ergebnis als Konsens ansehen können.

Um in diesem Sinne gleichsam therapeutisch wirken zu können, muß die soziologische Analyse von den Sportpraktikern als Warnung ernstgenommen werden. Dopingakteure und ihre Kritiker müssen davon überzeugt werden, daß der Hochleistungssport, wenn alles so weiterläuft wie bisher, in eine noch ernstere Krise hineingeraten könnte. Er könnte zwar durchaus, wie wir vermuten, mit Doping leben, aber das wollen ja vielleicht auch viele derjenigen nicht, die heute noch gezwungenermaßen Doping praktizieren oder hinnehmen. Jede Warnung zielt darauf ab, eine sich selbst widerlegende Prophezeiung zu sein (Clausen/Dombrowsky 1984). Das Zukunftsszenario soll sich dadurch, daß es den zuständigen Akteuren bekanntgemacht wird, selbst zerstören. Die Gewarnten sollen noch rechtzeitig wachgerüttelt werden. Falls unsere hier vorgelegte soziologische Interpretation genau das leistet, wäre dies eine praktische Wirkung, wie sie sich Theoretiker nur wünschen können.

Zumindest einige richtungweisende Ratschläge lassen sich denjenigen, die ernsthaft gegen Doping vorgehen wollen, auf der Basis unserer Untersuchungsergebnisse zum Schluß aber doch noch mit auf den zweifellos äußerst schwierigen Weg geben:

(1) Angesichts der hartnäckigen Dopingdevianz und der nach wie vor existierenden Motivsyndrome für eine Abweichung durch Doping kann das Motto nur lauten: *Kontinuität der Aufklärung und weiter raumgreifende öffentliche Skandalierung der Abweichung!* Die produktive Unruhe, die erst seit wenigen Jahren in einigen Fachverbänden zu beobachten ist, muß für eine Veränderung der eingeschliffenen und zunehmend eskalierenden Dopingpraxis genutzt werden. Der organisierte Sport hat die durchaus schmerzhafte Einsicht abzubuchen, daß Skandale als wichtige Bedingungen der Möglichkeit von Lernen offensichtlich unerläßlich sind. Denn was nach den Enthüllungen der letzten Jahre einsetzte, war eine unfreiwillige Auseinandersetzung des Leistungssports mit sich selbst. Menschen, aber auch komplexe Organisationen, ergreifen offensichtlich nur dann Maßnahmen der Selbständerung, wenn sie durch Krisen in massive Problemla-

gen hineingeraten sind. Diese Einsicht in die Bedeutsamkeit von Krisen für soziale Veränderungsprozesse wird noch plausibler, wenn man danach fragt, was sich im Leistungssport ohne die Skandale der letzten Jahre und die Enthüllungsarbeit einiger weniger Interessierter verändert hätte. Die Antwort kann wohl nur lauten: noch weniger als das bißchen, was geschehen ist.

(2) Bei der Skandalierung ist darauf zu achten, *daß die strukturellen Zwänge für ein Dopinghandeln in den Vordergrund gerückt werden*. Nur so läßt sich ein systemischer Reformbedarf begründen. Natürlich ist es wichtig, das Wirken der strukturellen Zwänge immer wieder auch an individuellen Akteuren zu verdeutlichen. Denn in dem devianten Handeln von Subjekten schlagen sich systemische Constraints nieder. Es hilft aber wenig, Doping als den Irrweg einiger weniger oder auch vieler Athleten auszuweisen. Eine Personalisierung dieser Art entlastet zwar kurzfristig, ist aber langfristig nicht dazu angetan, die Gründe für Doping zu benennen und aus der Welt zu schaffen. Personalisierung bleibt immer noch meistens eine Ausrede für Nichtstun oder stellt ein öffentlichkeitswirksames, aber in der Sache völlig wirkungslos bleibendes Opfern von Sündenböcken dar. Freilich ist darauf zu achten, daß man die strukturellen Zwänge nicht so dramatisch stilisiert, daß ihre Veränderung als aussichtslos erscheint. Denn dann dient das Aufzeigen struktureller Restriktionen ebenfalls nur als Ausrede für Nichtstun. Man muß sich die Zwänge als schwierig, aber noch veränderbar vor Augen führen.

(3) Weil Doping ein Phänomen ist, in dem komplexe Strukturen und Prozesse zusammenlaufen, sind entsprechend *komplexe Gegenmaßnahmen* einzusetzen. Nur komplexe Lösungen werden komplexen Problemen gerecht. Isolierte Einzelmaßnahmen, die noch dazu auf den Nebenkriegsschauplätzen des Problems eingesetzt werden, müssen scheitern, weil sie die steuerungsrelevanten Stellgrößen verfehlen, die Problemsicht vernebeln oder einander wechselseitig aufheben und neutralisieren. Es macht z. B. wenig Sinn, auf eine olympische Pädagogik zu hoffen oder Fair-Play-Ideale hochzuhalten, wenn gleichzeitig die Leistungserwartungen an die Athleten erhöht und die Zeitbefristung und Erfolgsabhängigkeit der Trainerverträge rigide gehandhabt werden. Es macht keinen Sinn, Maßnahmen wie »Keine Macht den Drogen!« plakativ hochzuhalten, gleichzeitig aber die Kommer-

zialisierung und Totalisierung des Leistungssports weiterzu-
treiben. Die Sportakteure müssen lernen, daß sie durch ein
unabgestimmtes Nebeneinander von Maßnahmen die Widersprüche und Überforderungen nicht beseitigen können.

(4) In sachlicher Hinsicht kann eine komplexe Lösungsstrate-
gie nur aus einer *intelligenten Kombination einander wechselseitig flankierender Maßnahmen* bestehen. Wie vorher gezeigt, ist
keine der bisher entwickelten und genutzten Strategien in der
Lage, allein das Dopingproblem zu beseitigen. Die jeweils begrenzten Problemlösungskapazitäten der einzelnen Maßnahmen
können einander jedoch möglicherweise wechselseitig abstützen
und verstärken. Zumindest sollte man nichts unversucht lassen,
diese Option zu sondieren. Dabei käme es darauf an, nicht einfach additiv verschiedene Praktiken nebeneinander zu stellen,
sondern sie sinnfällig zu verknüpfen. Was das konkret heißen
könnte, ist beim heutigen Stand des praktischen Nachdenkens
über die Dopingbekämpfung nicht absehbar. Dies müssen wir
der sachkundigen Phantasie derjenigen überlassen, die das Alltagsgeschäft des Leistungssports betreiben.

(5) In sozialer Hinsicht kommt es darauf an, eine *»konzertierte
Aktion«* aller *an der Problemerzeugung Beteiligten* zustande zu
bringen. Da Doping ein Emergenzphänomen darstellt, das sich
aus der Verknüpfung sportinterner Akteurinteressen mit außersportlichen Bezugsgruppenerwartungen ergeben hat, kann eine
Lösung nur erreicht werden, wenn diese Akteurkonstellation –
und zwar unter Einbeziehung ihrer internationalen Dimension –
in einer aufeinander abgestimmten Weise an das Problem heran-
geht. Der öffentliche Druck durch fortlaufende Skandale könnte
dafür sorgen, daß alle relevanten Akteure zunehmend erkennen,
wie wichtig und unerläßlich es für jeden von ihnen ist, daß sich
alle zusammensetzen. Daß an diesem »runden Tisch« auch die
Dopingkritiker nicht fehlen, dürfte sich ebenfalls aus den Pressionen der Situation ergeben. Auf welche Weise dann im Rahmen
einer solchen »konzertierten Aktion« miteinander umgegangen
wird, was wie erreichbar ist, muß hier wiederum offen bleiben.
Immerhin gibt es erfolgreiche Vorbilder in anderen Gesellschaftsbereichen, wo ähnlich gravierende Probleme gemeinsam zu
bearbeiten versucht wurden.

Ob diese Reflexionsanstöße im Alltagsgeschäft des Spitzensports wahrgenommen werden, organisatorisch umsetzbar sind

und sich für die zukünftige Problembearbeitung als tragfähig erweisen, wird der soziologische Beobachter mit Interesse verfolgen. Um in einer sporttypischen Metapher zu sprechen: An dieser Stelle übergeben wir das Staffelholz den Praktikern. Wir sind gespannt, ob und wie der Wettlauf gegen das Doping weitergehen wird.

Nachwort 2006: Doping und kein Ende

Doping ist ein Phänomen, das den Spitzensport seit langer Zeit wie ein dunkler Schatten verfolgt. Es ist heute mindestens genauso bedeutsam wie zum Zeitpunkt der Erstveröffentlichung unserer Studie, wenn nicht sogar bedeutsamer. Nach allem, was man weiß und plausibel mutmaßen kann, passiert es immer häufiger. Praktiken der Abweichung sind inzwischen in Sportmilieus diffundiert, die vorher noch als abweichungsresistente Reservate galten. Auch die Kommunikation über Doping hat in den letzten Jahren nicht etwa nachgelassen, sondern ist vielmehr zu einem festen Bestandteil sowohl der tagtäglichen Sportberichterstattung als auch lebensweltlicher Sportdiskurse geworden. Der Spitzensport wird deshalb von nicht wenigen pauschal als »Spritzensport« abgetan. Die Sportakteure sehen sich infolgedessen einem generalisierten Dopingverdacht ausgesetzt, der insbesondere denjenigen nicht gerecht wird, die ihre Leistungen trotz der vielfältigen strukturellen Zwänge im Spitzensport dopingfrei zu erbringen versuchen. Die zahlreichen Skandale und die weltweite Publizität der Abweichung haben die Sportverbände und die mit Sport befaßten Politiker gleichsam dazu genötigt, sich mit diesem brisanten Thema auch jenseits der üblichen Beschwichtigungsrhetorik zu befassen. Die Einrichtung von nationalen und internationalen Anti-Doping-Organisationen zeugt von der Bedeutung, die diesem Thema inzwischen auch von dieser Seite her beigemessen wird.

Wo aber steht die wissenschaftliche Analyse des Dopings heute? Diese Frage soll im folgenden beantwortet werden. Zunächst wollen wir den wissenschaftlichen Dopingdiskurs der zurückliegenden zehn Jahre sondieren und die dort vorfindbaren Schwerpunkte herausarbeiten. Mit Blick auf den uns interessierenden Aspekt der sozialstrukturellen Erzeugung des Dopings fällt das Gesamtergebnis dieser Betrachtung, um es gleich vorweg zu sagen, ausgesprochen ernüchternd aus. Die soziologische Analyseperspektive, die wir mit unserer Studie vorgelegt haben, steht weiterhin im Schatten anderer Blickwinkel. Ein zumindest latenter Effekt der Prädominanz anderer Sichtweisen besteht darin, daß gewisse Realitäten des Dopings – man könnte sagen: die zentralen Stellgrößen – nicht nur im organisierten Sport, sondern auch in der Wissenschaft dauerhaft tabuisiert werden, was angesichts der Tragweite des Problems außerordentlich bedenklich stimmen muß.

Um die Fruchtbarkeit und Unverzichtbarkeit der soziologischen Denkweise vorzuführen, wollen wir deshalb in einem weiteren Schritt ausgewählte Aspekte eigener Arbeiten resümieren, die wir in Fortführung und Weiterentwicklung unserer hier vorliegenden Studie in den letzten Jahren zur Soziologie des Dopings durchgeführt haben.[1] Erstens konnten die biographischen Dynamiken im Spitzensport mit dem Konzept der »Hyperinklusion« noch präziser als bisher erfaßt werden. Zweitens ließ sich die prekäre Rolle der Sportverbände und deren Herumlavieren im Umgang mit der Dopingproblematik mit Hilfe der »Principalagent«-Theorie und des »Double bind«-Konzepts noch deutlicher bestimmen. Drittens verhalfen differenzierungstheoretische Überlegungen zu neuen Einsichten, wie man mit dem Dopingproblem komplexitätsangemessener umgehen kann.

Insgesamt gilt: Die impliziten Sprech- und Denkverbote der in die Dopingproblematik verstrickten Konstellationsakteure, aber auch der weitgehende Reflexionsverzicht der eigenen Wissenschaftsdisziplin und die selektiven Blicke, die andere Disziplinen auf das Dopingphänomen werfen, sind keine ernsthaften Gründe, das eigene Denkgeschäft vorzeitig an den Nagel zu hängen. Larmoyanz und Ressentiments sind deshalb keine Gefühle, die Soziologen entwickeln sollten, wenn sie in ihren Leistungen keine größere Resonanz erzeugen. Es gehört vielmehr zum Denkgeschäft der Soziologie, die geringe Nachfrage nach ihren Erkenntnissen und die Abwehrhaltung ihr gegenüber einzukalkulieren. Längerfristig könnte jedenfalls zur Geltung kommen, daß es nichts Praxisrelevanteres gibt als eine Theorie, die die Dinge treffsicher beim Namen nennt.

---

1 Unsere zentralen Beiträge haben wir in einer überarbeiteten und ergänzten Fassung zusammengestellt und neu auf den Leitgedanken der »Dopingfalle« fokussiert. Siehe Bette/Schimank (2006).

1 Beredtes Schweigen:
Der wissenschaftliche Dopingdiskurs und seine Tabus

Betrachtet man Wissenschaft als einen spezifischen Kommunikationszusammenhang, in dem mit Hilfe eigener Theorien und
Methoden intersubjektive Wahrheit produziert wird, schlägt
sich die wissenschaftliche Beschäftigung mit einem Phänomen
in entsprechenden Fachpublikationen nieder (Stichweh 1987).
Artikel und Bücher sind jene in Schriftform abgelegten kommunikativen Akte, die die Selbstorganisation der Wissenschaft betreiben. Publikationen führen zu Folgepublikationen, die anschließend wiederum andere Publikationen anregen; und Zitationen
dokumentieren diese Kommunikationsketten. Der binäre Code
der Wissenschaft ermöglicht dabei jeweils zwei Anschlußkom-
munikationen: Entweder werden die Aussagen einer Publikation
von einer späteren als wahr eingestuft und dann der eigenen
theoretischen Beweisführung oder empirischen Darlegung zugrunde gelegt; oder eine frühere Publikation wird als Irrtum
eingestuft, gegen den eine Publikation argumentiert. Beide, Wahrheiten wie Unwahrheiten, sind prinzipiell gleich wichtige Aus-
gangspunkte für den weiteren Erkenntnisfortschritt. Unwichtig
sind hingegen jene Publikationen, die selten oder gar niemals zitiert werden – was für das Gros der Veröffentlichungen
gilt.

Doping war bereits vor 1995 – dem Erscheinungsjahr unserer
Studie – ein wichtiges Thema der mit dem Sport befaßten Wissen-
schaftsdisziplinen und hat sie seitdem nicht wieder losgelassen. In
der Literaturdatenbank des Bundesinstituts für Sportwissenschaft
finden sich für den Zeitraum von 1996 bis 2005 mehr als 900
Veröffentlichungen, also im Schnitt gut neunzig pro Jahr, denen
das Schlagwort »Doping« zugeordnet wurde.[2] Die Literaturtitel

2 Die folgenden Darlegungen beruhen auf einer systematischen Auswertung der
 dort gefundenen Literatur. Zwar kann nicht davon ausgegangen werden, daß
 diese Datenbank (für Recherchen zugänglich über: www.sport-if.de) einen er-
 schöpfenden Überblick über die weltweite sportwissenschaftliche Literatur
 bietet. Ganz im Gegenteil liegt der Schwerpunkt auf der deutschen Literatur,
 obwohl andere, vornehmlich englischsprachige Länder einbezogen werden –
 dies aber unsystematisch und erkennbar auch lückenhaft. Doch gibt es keine
 Anzeichen dafür, daß die Dopingthematik anderswo völlig anders diskutiert
 wird als in der deutschen Sportwissenschaft – abgesehen vom Sonderthema der
 Auseinandersetzung mit Doping in der ehemaligen DDR. Da es hier lediglich

verteilen sich quantitativ ohne erkennbare Tendenz über diesen Zeitraum, die Beschäftigung mit Doping nimmt weder signifikant zu noch ab. Doping ist also ein Thema, das in der Scientific community erfolgreich angekommen ist.

Womit hat sich die Wissenschaft nun, gemessen an ihren Veröffentlichungen, mit Bezug auf Doping beschäftigt? Wir werden hierzu einige empirische Befunde vorlegen, die nicht auf die einzelnen Argumente abzielen, sondern die darüberliegende Ebene der Themenschwerpunkte ins Visier nehmen. Für die Zwecke der Beweisführung reicht diese Fokussierung völlig aus. Die Analyse zeigt, daß sich die Wissenschaft zwar unbestreitbar wichtigen Aspekten des Dopings zuwandte, daß sie aber – wohl auch deswegen! – bis heute essentielle Aspekte des Themas vernachlässigt und übersehen hat.

Bezüglich der wissenschaftlichen Rezeption des Dopingthemas fällt zunächst auf, daß die knappe Hälfte der Publikationen medizinisch-naturwissenschaftliche Fragestellungen behandelt. In diesem Themenkomplex, der disziplinär der Sportmedizin, Trainingslehre, Biochemie, Pharmakologie sowie den entsprechenden naturwissenschaftlichen Grundlagenfächern zuzuordnen ist, stehen zwei große Fragerichtungen etwa gleichgewichtig im Vordergrund: erstens die Erörterung von Dopingsubstanzen und -praktiken in Hinblick auf Wirkungen und Nebenwirkungen, zweitens die Fortentwicklung der Dopinganalytik bezüglich möglicher Nachweisverfahren von Dopingsubstanzen. Das Spektrum des betrachteten Dopings reicht von Nahrungsergänzungsmitteln über diverse Medikamente und Wirkstoffgruppen bis hin zu dem bereits – wie man befürchtet – vor der Tür stehenden Gendoping. Größtenteils handelt es sich um hochgradig spezialisierte Studien, die nur von einem kleinen Kreis von Fachwissenschaftlern nachvollziehbar sind. Es gibt allerdings inzwischen auch allgemeinverständliche Handreichungen, die etwa Hausärzten, Apothekern oder medizinischen Laien die notwendigen Informationen geben sollen.

Neben diesen beiden Fragerichtungen finden sich vereinzelt auch Beiträge, die die Frage zu beantworten versuchen, ob und wie man Doping durch bessere Trainingsmethoden vielleicht

darum geht, die großen Linien des wissenschaftlichen Dopingdiskurses nachzuzeichnen, bietet der zugrundegelegte Datenbestand eine brauchbare Annäherung an den weltweiten Stand der Forschung.

überflüssig machen könnte. Die Prämisse, daß Doping leistungssteigernde Effekte habe, teilen derartige Überlegungen mit dem schon angesprochenen Gros der medizinisch-naturwissenschaftlichen Publikationen. Die Frage, ob die »natürlichen« Leistungsgrenzen des menschlichen Körpers erreicht seien, so daß nur noch Dopingpraktiken weitere Leistungssteigerungen ermöglichten, wird zwar nur selten explizit aufgeworfen. Es scheint sich jedoch nicht etwa um eine Minderheitsmeinung zu handeln, sondern um den medizinisch-naturwissenschaftlichen Common sense, der deshalb nicht mehr eigens explizit erwähnt werden muß. Zwar werden bestimmte Dopingsubstanzen und -praktiken in ihrer Wirksamkeit differenziert beurteilt, mit dem Nebeneffekt, daß die teilweise unter Athleten und Trainern verbreiteten Vorstellungen über die Wunderwirkungen mancher Mittel hier bisweilen auch zurechtgerückt werden. Doch nur völlig vereinzelt findet sich noch die vor Jahrzehnten durchaus verbreitete Einschätzung, daß Dopingwirkungen eine bloß Einbildung seien.

Die medizinisch-naturwissenschaftliche Sichtweise rekonstruiert Doping als ein biologisches, chemisches und physikalisches Geschehen – als ob es sich bei der Einnahme von Anabolika, der Rückführung von Eigenblut oder bei der Verabreichung von Erythropoetin um Naturphänomene handele, die ohne Zutun bestimmter Akteurinteressen zustande kämen. Damit wird die soziale Seite der Devianz – obwohl als Tatbestand bekannt – analytisch ausgeblendet. Doping wird nicht als ein Handlungsprodukt wahrgenommen, in dem individuelle und korporative Ziele und die emergenten Wirkungen unterschiedlichster Handlungsabsichten aufeinandertreffen und sich zu einer brisanten Mischung vereinigen.

Unter verschiedenen disziplinären Perspektiven steht demgegenüber die soziale Dimension des Dopingthemas in der anderen Hälfte der Publikationen im Mittelpunkt. Insofern läßt sich erst einmal konstatieren, daß beide Seiten des Dopinggeschehens, die naturwissenschaftliche und die sozialwissenschaftliche Perspektive, gleichgewichtig im wissenschaftlichen Dopingdiskurs repräsentiert sind. Allerdings fällt auf, daß der Grad der kognitiven Geschlossenheit des medizinisch-naturwissenschaftlichen Themenkomplexes deutlich höher ausfällt als der des sozialwissenschaftlichen Parts. Bei allen fachlichen Kontroversen, die es beispielsweise zwischen Pharmakologen und Medizinern oder auch unter Medizinern über die Wirksamkeit bestimmter Dopingsubstanzen geben kann, ist das Ausmaß des nicht bloß innerfachlichen, sondern des auch über Fächergrenzen hinweg geteilten Wissens vergleichsweise groß. Hinzu kommt die im Vergleich zu den Sozialwissenschaften viel weiter vorangetriebene Ausdifferenzierung des medizinisch-naturwissenschaftlichen Wissens gegenüber dem Alltagswissen, was sich allein schon im elaborierten Fachvokabular dokumentiert. Kein Laie wagt hier ernsthaft mitzureden, was hingegen bei den Sozialwissenschaften – einschließlich der Wirtschafts- und Rechtswissenschaften – immer noch und immer wieder der Fall ist. Sowohl die höhere innere Geschlossenheit als auch die höhere Abgeschlossenheit nach außen verleihen dem medizinisch-naturwissenschaftlichen Segment des Dopingdiskurses ein argumentatives Übergewicht, obwohl es rein zahlenmäßig nicht mehr Beiträge aufweist als der sozialwissenschaftliche. Hier werden, überspitzt formuliert, die harten Fakten, die unbezweifelbaren Gewißheiten formuliert: die Sachzwänge, um die das soziale Geschehen des Dopings angeblich nicht herumkommt.

Man kennt den Effekt aus Alltagsgesprächen oder Verhandlungssituationen: Wenn ein selbstgewisser Akteur auf eine sich selbst hinterfragende Person trifft, setzt sich ersterer meist durch. Dies ist nicht selten auch dann der Fall, wenn die Selbstgewißheit trügerisch und der Selbstzweifel sachlich sogar unbegründet ist. Der wissenschaftliche Dopingdiskurs entspricht genau diesem Muster. Die biologisch-chemisch-medizinische Seite des Dopings stellt sich als wichtiger und bedeutsamer als die soziale dar – und sie wird aufgrund der Körperorientierung der Dopingverwendung und der Medikamentenbasierung der meisten Dopingpraktiken auch im öffentlichen Dopingdiskurs in dieser Einschätzung bestärkt. Wenn es um Substanzen und deren Wirkungen geht, könnten nur naturwissenschaftlich ausgebildete Experten Auskunft erteilen. In der Tat würde sich kein Soziologe anmaßen, mit seinem Wissen hier mitreden zu wollen. Wenn es um die soziale Dimension des Dopinggeschehens geht, glauben hingegen viele Naturwissenschaftler, auf gleicher Augenhöhe mit Soziologen diskutieren zu können, obwohl sie in Hinblick auf die soziale Bedingtheit des Phänomens Laien sind. Man könne, so die häufig geäußerte Meinung in naturwissenschaftlich gebildeten Kreisen, die wichtigsten Fragen in dieser Richtung bereits mit dem »gesunden Menschenverstand« und mit Hilfe der in den Massenmedien geäußerten Ansichten beantworten.

Aber so einfach ist es bekanntlich nicht, wie der »gesunde Menschenverstand« spätestens daran merkt, daß man ja offenkundig noch kein Patentrezept gegen Doping gefunden hat. Mit markigen Worten und Appellen ist es eben nicht getan. So wird die soziale Seite des Dopinggeschehens zugleich als trivial und als gänzlich rätselhaft dargestellt. In manchen Hinsichten »weiß ja jeder«, warum gedopt wird; aber mit der hieraus resultierenden Meinung, daß man die Sozialwissenschaften eigentlich gar nicht mehr benötigt, um diese Frage zu beantworten, geht zugleich eine tiefe Ratlosigkeit darüber einher, warum der Spitzensport einer offenbar schicksalhaften Macht unterliegt, die ihn immer weiter ins Doping hineinzieht.

Die Asymmetrie zwischen natur- und sozialwissenschaftlicher Betrachtung des Dopings geht vermutlich letztlich auf grundlegende Unterschiede und Merkmale des kognitven Gegenstandsinteresses beider Wissenschaftsgebiete zurück und ist nicht einfach das Ergebnis von Machtverhältnissen – umgekehrt trägt das Ungleichgewicht freilich zur Verfestigung von Reputationshierarchien zwischen Disziplinengruppen bei, und Reputation verschafft in der Wissenschaft auch Macht bis hin zur Definitionsmacht, die dann festlegt, was die »eigentlich« wichtigen und was die vergleichsweise unwichtigen Aspekte eines Phänomens sind und worüber geforscht wird, und welche Themen umgekehrt aus dem Aufmerksamkeitshorizont verdrängt werden. Es handelt sich also um eine sich selbst reproduzierende Asymmetrie, mit der man auf Dauer rechnen muß.

Wie bei anderen Arten von »Sehfehlern«, »blinden Flecken« und professionellen Deformationen auch, sollte man sich allerdings bewußtmachen, daß ein wissenschaftlicher Beobachter in der Regel nicht sieht, daß er etwas nicht sieht. Um es auf eine plakative Forderung zu bringen: Sowohl dem wissenschaftlichen Dopingdiskurs als auch der Problembehandlung in den Sportverbänden könnte es nicht schaden, wenn die sozialwissenschaftlichen Perspektiven ernster genommen würden, als es bislang der Fall ist. Das hört sich, wie uns sehr wohl bewußt ist, aus dem Munde zweier Sozialwissenschaftler als Plädoyer pro domo an – daher nur noch einmal die Versicherung, daß es nicht darum geht, die medizinisch-naturwissenschaftliche Seite des Dopings zu bagatellisieren. Die weitere Frage ist, an wen das Plädoyer realistischerweise adressierbar ist. Von den Sportmedizinern und sonstigen Naturwissenschaftlern zu erwarten, daß sie sich in ihrer Publikationstätigkeit künstlich zurückhielten oder gar öffentlich erklärten, daß der eigentliche Schwerpunkt der wissenschaftlichen Durchdringung des Dopingphänomens auf der sozialwissenschaftlichen Seite liege, ist sicherlich müßig. Wenn die Sozialwissenschaften ernster genommen werden möchten, müssen sie zunächst einmal selbst etwas für die Steigerung ihrer Reputation tun. In diesem Zusammenhang hätten sie das analytische Niveau im Umgang mit dem Dopingphänomen theoretisch, methodisch und empirisch zu steigern. Denn Überzeugungsarbeit fällt am leichtesten, wenn man mit präzisen, praktisch relevanten und nachvollziehbaren Analysen aufwarten kann, auch wenn all dies bekanntlich noch nicht ausreichen muß, um Naturwissenschaftler davon zu überzeugen, daß ein Großteil der Bearbeitung eines Problems nicht innerhalb, sondern außerhalb ihres Befassungshorizontes liegt.

Wendet man sich nun der sozialwissenschaftlichen Dopingdiskussion zu, fallen zunächst einmal jene Publikationen auf, die historische Bezüge aufweisen. Damit ist gemeint, daß Beiträge dieser Art konkrete Geschehnisse einer weit zurückliegenden oder auch erst kürzlichen Vergangenheit in einem vorrangig beschreibenden Duktus berichten. Diese Vorgänge können sich auf einzelne Personen oder Ereignisse, aber auch auf Institutionen, Sportarten oder Nationen beziehen. Die Grenze zur journalistischen Berichterstattung ist hier teilweise nur schwer zu ziehen.

Den weit überwiegenden Schwerpunkt einer auch im engeren fachwissenschaftlichen Sinne historischen Aufarbeitung bildet die Geschichte des Staatsdopings der ehemaligen DDR. Warum und wie sich dort eine staatlich getragene und flächendeckend verordnete Dopingpraxis herausgebildet hat, wird für verschiedene Phasen der DDR-Entwicklung teilweise minutiös recherchiert und dokumentiert, und zwar mit Blick auf bestimmte Schlüsselfiguren und zentrale Institutionen sowie einzelne Sportarten. Der Empörungsgestus ist dabei nie fern, insbesondere wo sich aufzeigen läßt, daß Athleten und Athletinnen massenhaft hinter ihrem Rücken gedopt wurden. Vor allem das Dopen von Kindern und die dadurch verursachten schweren gesundheitlichen Schäden werden herausgestellt und entsprechend kommentiert. Es fällt auf, daß die Athleten hier weitgehend als Opfer eines übermächtigen »Systems« erscheinen. Den Trainern, Sportärzten und anderen Umfeldakteuren hingegen wird persönliche Verantwortung zugeschrieben, ganz zu schweigen von den sportpolitischen Akteuren, die die Abweichung in Auftrag gaben und institutionell installieren halfen. Ob es in anderen ehemals staatssozialistischen Ländern eine ähnlich intensive Aufarbeitung der Sportvergangenheit mit Bezug auf Doping gegeben hat, müssen wir hier dahingestellt sein lassen. Möglicherweise hat die Situation der Wiedervereinigung einen besonderen Aufarbeitungsbedarf mit sich gebracht und auch entsprechende Dekuvrierungschancen eröffnet, die in anderen Ländern so nicht gegeben waren. Auffällig ist jedenfalls die Prädominanz westdeutscher Forscher, die über die ostdeutsche Geschichte ihr Urteil fällen.

Nach dem Ende des Ostblocks fand der Westen in Sachen Dopingverdächtigung im übrigen einen neuen Sündenbock: China – worauf sich voraussichtlich in den kommenden Jahren die Aufmerksamkeit noch weiter fixieren wird. Kaum einmal nehmen sich die westlichen Länder hingegen selbst als Nationen in den Blick. Der kanadische Dubin-Report (1990) nach dem Dopingfall Ben Johnson sowie US-amerikanische und australische Anhörungen vor politischen Komitees waren solch seltene Anlässe, denen einige wenige Publikationen gewidmet sind. Der letzte größere Anlaß für politisch veranlaßte Ermittlungen war der sogenannte Balco-Skandal,[3] der die weite Verbreitung von Dopingpraktiken im US-amerikanischen Profisport bekanntmachte und entsprechende Veröffentlichungen anregte.

Eine Reihe von Publikationen hat Doping in den letzten zehn Jahren in einen weiteren historischen Horizont gestellt. Dies ist eine nicht sehr lautstarke, aber unüberhörbare Nebenstimme im Chor der Dopinghistorie. Doping wird von ihr als Phänomen verortet, das es seit der Antike »immer schon« gegeben habe, das jedenfalls nicht erst heute, sondern in der Geschichte des modernen Sports seit dem neunzehnten Jahrhundert und verstärkt nach dem Zweiten Weltkrieg anzutreffen sei. Nicht nur räumlich, auch zeitlich versucht die westlich dominierte Sportgeschichtsschrei-

---

3 Der Name steht für ein kommerzielles Labor in der Bay Area von San Francisco, das Spitzensportler über Jahre mit Steroidprodukten, sogenannten Designerdrogen, versorgte, die in den gängigen Testverfahren nicht nachgewiesen werden konnten. Vgl. Fainaru-Wada und Williams (2006).

bung das Phänomen also wegzudrängen und damit zugleich die unzweifelhaften Dopingfälle in den westlichen Gegenwartsgesellschaften zu relativieren.

Jeweils anstehende Olympische Spiele bieten regelmäßig Anlaß, sich historisch-kritisch mit Doping zu beschäftigen und einen »Abgesang auf Olympia« (Kistner/Weinreich 1996) anzustimmen. Garniert werden derartige Schriften mit Hinweisen auf die Verfehlungen einzelner Personen, meist Funktionäre, denen Korruption oder eine dunkle Vergangenheit vorgeworfen wird. Geschichtsschreibung und investigativer Journalismus verschwimmen miteinander in einem Niedergangs-Lamento. Die olympische Idee als hehrstes Ideal des modernen Sports gibt einen für publikumsträchtige Schwarzweißmalerei prädestinierten Maßstab ab.

Auch individuelle Fälle des Dopings sind Anknüpfungspunkte, um in einer Mischung aus Skandalchronik und »human-interest story« moralisierend aufzutrumpfen. Im Berichtszeitraum bot sich hierfür in Deutschland insbesondere der Fall von Dieter Baumann an. Gerade weil hier bis heute keine glasklare Überführung eines Dopers stattgefunden hat, sondern der Rest eines Zweifels blieb, zog dieser Fall das öffentliche Interesse auf sich. Angesichts der dunklen Vermutungen, die sich bis hin zu der konkreten Verschwörungsannahme steigerten, ostdeutsche Kreise hätten den aufrechten und »sauberen« Athleten Baumann diffamieren und aus dem Verkehr ziehen wollen, war das Medieninteresse verständlich. Aber auch einschlägige Legenden wie »le martyr du dopage« (de Mondenard 1998) oder die Entlarvungsbücher ehemaliger Betreuer oder Athleten geben Stoff für Erzählungen, die ihre Figuren zwischen zynischem Betrug und tragischem Opfer des Erfolgsdrucks changieren lassen.

Schließlich wird in manchen Beiträgen auch die nahtlos in die Gegenwart und Zukunft übergehende Dopingvergangenheit einzelner Sportarten aufgearbeitet. Derartige Berichte fallen um so spektakulärer aus, je publikumswirksamer die Disziplin ist. Der Profiradsport, insbesondere um das sportliche Großereignis der Tour de France, steht für eine Disziplin, die schon lange mit Doping in Verbindung gebracht wird. Hier sind es meistens die Figuren im Betreuungsumfeld, die später auspacken und über die Verstrickungen und Sauberkeitsinszenierungen der Fahrer und Profiteams berichten. Fußball hingegen ist eine Sportart, die ebenfalls sehr populär ist, aber lange Zeit nicht dopingverdächtig war und bislang auch keine breite Selbstbezichtigungs- und Entlarvungsliteratur angeregt hat – einmal abgesehen von den Beschreibungen der italienischen Sport- und Fußballverhältnisse im Gefolge des sogenannten Conconi-Prozesses (Donati 2004; 2005; 2006).

Die historische Perspektive transportiert in diesen verschiedenen Varianten teils verharmlosende, teils fatalistische Botschaften über die Praxis des Dopings. Für die Geschichtswissenschaft ebenso wie für den Journalismus ist einerseits weithin kennzeichnend, daß der jeweilige Einzelfall – von der Person bis zur Nation – in seiner Besonderheit betont wird. Übergreifende strukturelle Zwänge werden demgegenüber heruntergespielt. Soziologische Theorien werden weder eingearbeitet noch berücksichtigt. Andererseits kann eine weit in die Vergangenheit reichende »unendliche Geschichte« des Dopings auch suggerieren, daß es sich bei dieser Form abweichenden Verhaltens um eine unausrottbare Begleiterscheinung des sportlichen Siegesstrebens handelt. Beide Arten von Untertönen – Verharmlosung und Fatalismus – werden dem Doping im heutigen Spitzensport nicht gerecht.

An der Grenze des Wissenschaftlichen sind jene Beiträge zum Doping angesiedelt, die hauptsächlich offizielle Verlautbarungen von Sportverbänden oder sportpolitischen Instanzen darstellen und offensichtlich dem »impression management« dieser Einrichtungen dienen. Dazu gehört z. B. die Selbstdarstellung der neu gegründeten nationalen und internationalen Anti-Doping-Agenturen (NADA und WADA), aber etwa auch ein Bericht über die Dopingkontrollmaßnahmen des Internationalen Radsport-Verbands oder die Anti-Doping-Kampagnen der Europäischen Union. Kennzeichnend für solche Beiträge ist die Naivität, mit der die jeweils berichteten Aktivitäten in ihren Beweggründen und ihrem Erfolgsoptimismus für bare Münze genommen werden. So wird beispielsweise nicht kritisch hinterfragt, ob die personelle Ausstattung der NADA ihrem deklarierten Auftrag gerecht wird und die empfohlenen Interventionen überhaupt an den richtigen Stellen ansetzen. Präsentiert werden dabei im wesentlichen zwei Arten von Maßnahmen der Dopingbekämpfung: zum einen die Intensivierung von Dopingkontrollen, zum anderen präventiv-pädagogische Aktivitäten.

Daß derartige Dokumente überhaupt in einer wissenschaftlichen Datenbank aufgeführt werden, weckt Argwohn hinsichtlich der Unabhängigkeit der Sportwissenschaft von den Akteuren ihres Untersuchungsgegenstandes. Andere Wissenschaftsgebiete würden sich dagegen verwahren, daß die Selbstdarstellungs- und Legitimationsschriften von Kontrollinstitutionen oder – provokant zugespitzt – die »Propaganda« von Fachverbänden mit seriösen wissenschaftlichen Untersuchungen in einen Topf geworfen würden. Die Sportwissenschaft – genauer: das dem Bundesinnenministerium unterstellte Bundesinstitut für Sportwissenschaft – scheint zu schwach zu sein, um sich gegen eine solche Bedrohung wissenschaftlicher Autonomie zur Wehr zu setzen.

Insbesondere zwei Mechanismen der zu engen Anbindung von Wissenschaft an den organisierten Sport fallen jenseits der unkommentierten Einbeziehung von Verlautbarungen in den Kanon wissenschaftlichen Schrifttums auf. Zum einen ist hier die Personalunion von Wissenschaftler und verbandlichem Sprachrohr, wenn nicht gleich Funktionär, zu nennen – exemplifiziert durch Figuren, die national und international in Sportverbänden an profilierter Stelle tätig sind und häufig wissenschaftlich anklagen, was sie durch eigene Verbandstätigkeiten selbst anregen oder an Entscheidungen mittragen. Zum anderen finden sich Publikationsorte, in denen die Grenzen zwischen Wissenschaft und Sport verschwimmen – wie z. B. das Jahrbuch des Deutschen Olympischen Instituts.

Die beiden bisher betrachteten Sichtweisen von Doping als sozialem Phänomen treffen sich in einer weiteren Gemeinsamkeit: in dem ausgeprägten moralisierenden Tonfall der Stellungnahmen und Analysen. Diese auf der Differenz von Gut und Böse aufruhende Beobachterperspektive tritt noch stärker in den Vordergrund, wenn man sich den pädagogischen und philosophischen Beiträgen zuwendet, die quantitativ durchaus einen nennenswerten Anteil des sozialwissenschaftlichen Dopingdiskurses ausmachen. Für philosophische Betrachtungen ist typisch, daß sie nach dem Wesenskern des Sporttreibens fragen und aus diesem dann die Verwerflichkeit des Dopings ableiten. Das bekannte Arsenal der Philosophiegeschichte wird hierbei bemüht, um die Unredlichkeit der Devianz plausibel zu machen. Die pädagogische Perspektive knüpft hieran oftmals unmittelbar an, wenn sie praktische Erziehungsziele und entsprechende Maßnahmen formuliert, die die Athleten gegen die Versuchung des Dopings ethisch imprägnieren sollen. Aus »olympischer Ethik« soll dann eine »olympische Erziehung« hervorgehen.

Philosophisch betrachtet läuft Doping auf ein »Verlassen der Sinnsphäre des Sports unter Vortäuschung einer Teilnahme daran« hinaus (Güldenpfennig 2001: 202). Anders gesagt: »Should a situation arise whereby sport consisted of nothing more than fraud, then something other than sport would be taking place because sport would have lost its true meaning« (Digel 1999: 19). So einfach ist das: Wer sich dopt, treibt gar nicht wirklich Sport, sondern tut nur so; denn er läßt sich gerade nicht auf die Idee von Chancengleichheit und fairem Wettkampf ein. Die Sportphilosophie mag sich mit diesem Diktum begnügen, die Sportpraxis kann es freilich nicht. Denn solange die anderen – von den Wettkampfgegnern bis zum Publikum – nichts davon merken, daß ein Athlet in seinem Tun das Wesen des Sports mißachtet und verfehlt, gehört er für sie zum spitzensportlichen Treiben dazu. Im Extremfall – keiner weiß, wie nahe man diesem schon gekommen ist – könnte der Spitzensport, philosophisch betrachtet, insgesamt eine kollektive Illusion darstellen, weil er längst völlig dopingdurchsetzt ist. Für derartige Illusionen gilt nur eben, daß derjenige, der sie hegt, damit durchaus völlig zufrieden sein kann, solange er dies nicht durchschaut. Probleme entstehen dann nur für den Beobachter, der die Differenz zwischen Realität und Fiktion erkennt und die hieraus resultierenden erfolgreichen Selbsttäuschungen bemerkt. Manche Selbsttäuschungen sind aufklärungsresistent; manchmal hält man auch nach außen an ihnen fest, obwohl man sie durchschaut hat, weil es den eigenen Interessen entspricht, zumindest die anderen zu täuschen. Spätestens an diesem Punkt bleibt die philosophische Aufklärung machtlos.

Genau deshalb verbindet sie sich häufig mit Pädagogik. Geeignete Erziehungsmaßnahmen sollen dann – so das in vielen Beiträgen vertretene Konzept – den Charakter der Athleten so stärken, daß diese nicht damit leben könnten, wenn sie in ihrem Handeln dem Wesen des Sports untreu würden. Philosophischpädagogisch aufgerüstete Athleten würden eigenes Doping als existentielle Entfremdung von sich selbst erfahren; und das Wissen darüber hielte sie dann davon ab, deviant zu werden oder zu bleiben. Das zentrale Kalkül der pädagogischen Dopingprävention ist damit benannt worden. Sie soll möglichst früh einsetzen, damit ein Athlet schon vor Beginn seiner spitzensportlichen

Karriere gegen etwaige Versuchungen gefeit sei. Der Schulsport wird daher immer wieder ins Spiel gebracht – was den praktischen Nebeneffekt hat, nicht nur die wenigen zukünftigen Spitzensportler zu erreichen, sondern auch die vielen zukünftigen Sportzuschauer, so daß auch von dieser Seite die Idee eines »sauberen« Wettkampfs hochgehalten würde. Anzumerken ist, daß die pädagogische Immunisierungsarbeit damit aus dem Sport- ins Schulsystem verschoben würde. Den Sportlehrern fiele dann die Aufgabe zu, die Defizite des organisierten Sports in der Bearbeitung des Dopingthemas zu beheben.

Eine vereinzelte radikale philosophische Gegenposition zu dieser Generallinie vertritt Eugen König (2001: 76), für den im Doping der moderne Sport gerade zu seinem Wesenskern, der Steigerung körperlicher Leistungen um jeden Preis, vorstößt. »Im und durch den Dopingsport werden nicht die ach so hehren Ideale des Sports diskreditiert, sondern hier kommt das moderne Sportverständnis zu sich selbst…« Diese Sicht der Dinge bleibt freilich gerade in ihrer Radikalität völlig folgenlos für die Sportpraxis. Sie läßt sich nicht mehr mit Pädagogik verbinden, sondern könnte nur auf eine Warnung vor spitzensportlichem Tun hinauslaufen und wäre letztlich erst mit einer völligen Abschaffung des Spitzensports zufriedenzustellen.

Dopingprävention durch Charakterstärkung ist die eine Reaktion auf das Dopingproblem. Sie findet sich in vielerlei Maßnahmen der Sportverbände und spiegelt sich in dem skizzierten philosophisch-pädagogischen Diskursstrang wider. Die andere Reaktion besteht in der Intensivierung von Dopingkontrollen und der Sanktionierung von Dopingvergehen. Im wissenschaftlichen Dopingdiskurs korrespondieren hiermit die juristischen Publikationen. Sie haben im betrachteten Zeitraum deutlich zugenommen – und zwar in dem Maße, in dem immer mehr Zweifel daran aufkamen, ob der organisierte Sport mit seiner Eigengerichtsbarkeit in der Lage sei, rechtlich wirksam gegen Doping vorzugehen. Auf der einen Seite wurde juristisch darüber nachgedacht, welchen Rechtscharakter eigentlich die durch die Sportverbände ausgesprochenen Sanktionen gegen Dopingvergehen besitzen, ob Athleten Appellationsrechte vor staatlichen Gerichten haben und welchen rechtlichen Vorgaben die Dopingkontrollmaßnahmen der Sportverbände zu entsprechen haben, um justitiabel zu sein. Auf der anderen Seite wurde das geltende staatliche

Recht daraufhin geprüft, welche Handhaben es gegen Doping bietet und in welchen Hinsichten möglicherweise Rechtserweiterungen ins Auge zu fassen sind. Nicht nur das Strafrecht könnte hierzu herangezogen werden, auch zivilrechtliche Fragen des Betrugs sind berührt, weil ein gedopter Athlet dadurch, daß er sich einen illegitimen Wettbewerbsvorteil verschafft, seine sportlichen Konkurrenten etwa bei Preisgeldern oder Sponsorenverträgen leer ausgehen läßt oder, sobald sein Doping öffentlich aufgedeckt wird, seinen Sponsor schädigt. Da der Spitzensport ein hochgradig globalisiertes Geschehen ist, kommt auch dem Rechtsvergleich und dem internationalen Recht eine wichtige Rolle zu.

Die juristische Betrachtungsweise läuft, wie die pädagogische, auf Personalisierung hinaus. Doping wird am einzelnen Akteur festgemacht, weil dieser sich letztlich für oder gegen Doping entscheidet, wenn man vom Sonderfall des heimlich verabreichten Dopings einmal absieht. Beide Diskursstränge – der pädagogische und der juristische – zeichnen zusammen mit jenen sozialwissenschaftlichen Beiträgen, die sich auf individuelle Dopingfälle konzentrieren, und den entsprechenden offiziellen Darstellungen aus Sicht von Verbänden ein weitgehend personalisierendes Bild des Geschehens. Diese Attribuierung ist nicht deshalb problematisch, weil eine solche Akzentuierung der Person mit ihrer Freiheit der Handlungswahl eine völlige Verkennung der Tatsachen wäre. Auch wer aus soziologischer Perspektive strukturalistisch argumentiert, erkennt die relative Berechtigung der personalisierenden Sicht durchaus an. Schließlich ist der Spitzensport darauf spezialisiert, Personen oder Gruppen gegeneinander antreten zu lassen und in ihren Leistungen sichtbar zu machen. Ein Zerrbild der Wirklichkeit ergibt sich erst dadurch, daß auch die nichtwissenschaftliche öffentliche Wahrnehmung des Dopinggeschehens, wie sie vor allem durch die Massenmedien in Gang gehalten wird, ebenfalls stark personalisierend ausfällt. Diese beiden Blicke – die der Massenmedien und die der personalisierenden Stränge des sozialwissenschaftlichen Dopingdiskurses – bestärken einander permanent wechselseitig – mit der für die Problemdiagnose und -behandlung überaus problematischen Konsequenz, daß der nicht auf Personen, sondern auf Konstellationen, korporative Akteure und Strukturkontexte abstellende soziologische Blick marginalisiert wird. Erst aus diesen Verdrängungswirkungen ergibt sich das

Problem, das der sozialwissenschaftliche Dopingdiskurs mit der kollektiven Personalisierung des Dopings hat.

Einen eigenständigen Themenstrang der sozialwissenschaftlichen Dopingdebatte stellen Beiträge zur Verbreitung von Doping im Breitensport dar – wobei freilich die Grenze zwischen dem ambitionierten Breitensport einerseits und dem Spitzensport andererseits in einigen Fällen nicht leicht zu ziehen ist. In Deutschland, den Vereinigten Staaten und anderen Ländern sind wiederholt Befragungen an Schulen, Universitäten und in Fitneß-Studios durchgeführt worden. Als ein – freilich empirisch und methodisch nicht sehr zuverlässiges – Gesamtbild verdichtet sich der Eindruck, daß es einen nicht geringen Anteil von mindestens gelegentlichen Dopingnutzern auch unter Breitensportlern gibt. Der junge männliche Bodybuilder ist der typische Fall eines Dopers unterhalb des Spitzensport-Levels, dem es in erster Linie darum geht, einen imposanten und optimal definierten Körper zu besitzen – wobei weder die Mehrzahl dieser Personengruppe sich dopt, noch Doping in anderen Freizeitsportarten und Altersgruppen oder unter Frauen gar nicht vorkommt. Inzwischen ist Doping auch unter Seniorensportlern und im Behindertensport – hier im Zusammenhang mit den Paralympics – zu einem nicht zu unterschätzenden Problem avanciert.

So wichtig Beiträge zum Breiten-, Fitneß-, Senioren- und Behindertensport sind: Die unterschwellige Botschaft, die sie stets mittransportieren, besteht in einer gewissen fatalistischen Milde gegenüber dem Doping im Spitzensport. Offensichtlich sind es nicht nur Spitzenathleten, die sich dopen und denen man teils monomanischen Ehrgeiz, teils das schnöde Geld als Motivlage unterstellt. Auch »ganz normale« Menschen, für die es im Leben noch anderes als sportliche Siege gibt und deren Sporttreiben auch hinsichtlich materieller Interessen konsequenzlos ist, scheinen gefährdet. Aus diesem Tatbestand wird abgeleitet, daß die Dopinganfälligkeit offenkundig viel weiter verbreitet ist, als man bisher angenommen hat. Hieraus leiten nicht wenige die Konsequenz ab, daß man deshalb nicht wirklich etwas Entscheidendes gegen Doping unternehmen könne – weder im Breiten- noch im Spitzensport.

Der letzte Strang des sozialwissenschaftlichen Dopingdiskurses, dem wir uns nun zuwenden, zeigt sich als ein thematischer Flickenteppich. Hier geht es in einem engeren Sinne darum, Dopingpraktiken im Spitzensport soziologisch abzuklären. Der typische Weg, der hierbei beschritten wird, beginnt bei den klassischen Theorien abweichenden Verhaltens, die zum wiederholten Male auf eine etwaige Anschlußfähigkeit abgeklopft werden, um anschließend aber an genau diesen Stellen stehenzubleiben.[4] Wenn die soziologische Diskussion aber bei dem »Kauen alter Knochen« (Luhmann) stehenbleibt und Weiterentwicklungen nicht zur Kenntnis nimmt, werden neue Einsichten über Doping unwahrscheinlich. Hinzu kommt eine weitere Blickverengung: Die klassischen Theorien abweichenden Verhaltens sind alle auf die mikrosozialen Aspekte der Devianz gerichtet. Die Ebene der Sportorganisationen und die Bedeutung der übergeordneten gesellschaftlichen Teilsysteme fallen bei einer solchen Fokussierung aus dem Aufmerksamkeitsraster heraus. Der Aspekt der Handlungsverstrickungen und transintentionalen Effekte bleibt ebenfalls unterbelichtet – was sich für die Analyse der mikrosozialen Prozesse fatal auswirkt, weil die hinter dem Rücken der Akteure wirkenden Strukturen und Eigendynamiken unerkannt bleiben.

Typischerweise greifen sich die soziologischen Beiträge kleine Ausschnitte heraus und betrachten diese teils empirisch, teils theoretisch. Zwischen den Beiträgen gibt es in der Regel keine Querbezüge. Eine stringente theoretische Linie läßt sich nicht feststellen. Auch quantitativ handelt es sich bei diesen Analysen zur sozialen Dimension des Dopings nicht um einen großen Anteil der Publikationen. Aus all diesen Gründen steuert die Soziologie keine sehr markante und laute Stimme im wissenschaftlichen Dopingdiskurs bei. Im einzelnen werden – jeweils in nur wenigen Beiträgen – folgende Aspekte angesprochen: die Dispersion des Dopings unter Spitzenathleten und die Streuung nach Sportarten; die Verbreitung der Bereitschaft, sich gegebenenfalls zu dopen; die Rolle der Sportmediziner als Unterstützungsumfeld der sich dopenden Athleten; die Schwierigkeiten der Sportverbände und -politiker, insbesondere auf internationaler Ebene, gemeinsame Regeln und Maßnahmen der Dopingbekämpfung zu installieren;

4 Hierzu gehören die Anomietheorie (Merton 1949), die Subkulturtheorie (Sutherland 1979), der Etikettierungsansatz (Becker 1963; Schur 1971) sowie die Ausführungen von Sykes/Matza (1957) zu den Neutralisierungstechniken devianter Akteure. All diese Analysen sind wichtig und haben auch uns vor mehr als zehn Jahren inspiriert, Weiterentwicklungen auf den Weg zu bringen.

die Probleme, die Doping den außersportlichen Umfeldakteuren in Wirtschaft und Politik bereitet; die verharmlosende Berichterstattung über Doping in den Massenmedien; die Einschätzung der Bevölkerung zur Verbreitung von Doping im Spitzensport und deren Haltung zur Dopingdevianz; die Probleme der Dopingbekämpfung sowie das Für und Wider einer Dopingfreigabe. Diese Aufzählung läßt erkennen, daß wichtige Facetten des Dopinggeschehens gänzlich unbeleuchtet bleiben. Eine sich selbst verstärkende Dynamik des empirischen und theoretischen Erkenntnisfortschritts ist in diesem soziologischen Themenstrang nicht auszumachen. Die für eine systematische Wissenskumulation notwendige kritische Masse an Beiträgen ist faktisch nicht vorhanden.

Im Ergebnis läßt sich somit festhalten: Der wissenschaftliche Dopingdiskurs weist unübersehbare thematische Selektivitäten auf. Wir haben aus diesem Grunde versucht, die wichtigsten blinden Flecke mit eigenen Analysen zu erhellen, nämlich Doping soziologisch als ein Konstellationsprodukt auszubuchstabieren und die gesellschaftliche Makroebene über die Mesoebene der Sportorganisationen mit der Mikroebene spitzensportlicher Biographien zu verknüpfen. Zwar gibt es punktuell ansetzende Untersuchungen, die Bausteine einer solchen übergreifenden Perspektive sein könnten und in unserer Studie auch so genutzt wurden. Doch ansonsten werden höchstens vage Assoziationen zwischen gesamtgesellschaftlichen Entwicklungen und dem Handeln von Athleten hergestellt. Derartige diffuse Beschwörungen von »Werteverfall« und »Kommerzialisierung« als Dopingursachen dienen freilich vor allem dazu, den organisierten Sport und dessen Funktionäre reinzuwaschen, indem sie die schicksalhafte Unabwendbarkeit der »Dopingseuche« – ein bezeichnendes Bild! – durch Rückgriff auf die Metaphorik von Krankheit, Siechtum und Tod zu belegen versuchen.

Man kann noch pointierter festhalten: Das Themenspektrum des wissenschaftlichen Dopingdiskurses hat die Komplexität des Dopings nicht einfach nur vernachlässigt, sondern schweigt bestimmte vorliegende Erkenntnisse auch dadurch tot, daß viel Lärm an anderen Stellen erzeugt wird. In manchen Fällen wird man sogar sagen dürfen, daß diese Themenpolitik nicht nur unabsichtlich geschieht. Vielmehr wird durch die Ausblendung spezifischer Fragestellungen absichtlich von einer Sichtweise abgelenkt, die sehr unbequeme Fragen sowohl an die Athleten als auch an die Funktionäre des Spitzensports aufwirft. Und auch die Akteure aus Wirtschaft, Politik und Massenmedien kommen nicht ungeschoren davon, wenn man die konstellationstheoretische Sichtweise ernst nimmt – ganz zu schweigen vom Sportpublikum, das durch seine Interessen für die nötige Nachfrage nach hochstehenden Leistungen sorgt. Ein nicht unwesentlicher Teil des wissenschaftlichen Dopingdiskurses dient damit paradoxerweise, um es deutlich und unmißverständlich zu sagen, der Diskursvermeidung.

Wie zuverlässig dieses Unterlassen funktioniert, läßt sich nicht zuletzt daran ablesen, wie unsere 1995 publizierte konstellationstheoretische Analyse rezipiert wurde. Über Mangel an Zitationen konnten wir uns nicht beklagen. Die Arbeit ist zur Kenntnis genommen worden und entfaltet ihre Wirkungen bis heute. Eine dezidierte wissenschaftliche und sportpolitische Auseinandersetzung hat allerdings nicht stattgefunden. Weder sportliche noch politische, wirtschaftliche und mediale Akteure haben sich den Analyseergebnissen gestellt und ihre eigene Involviertheit diskutiert und aufgearbeitet. Dabei handelte es sich bei unserer Arbeit um alles andere als der Weisheit letzter Schluß. Schließlich mußten viele Punkte mangels einschlägiger empirischer Vorarbeiten auf theoretische Plausibilitäten gestützt werden – und wie trügerisch diese sein können, weiß man in der Soziologie zur Genüge. Unser Anliegen war es, einen diskussionswürdigen – aber auch diskussionsbedürftigen! – ganzheitlichen Blick auf das Dopinggeschehen zu werfen und eine Analyse vorzulegen, die vom einzelnen Athleten bis hin zu den Zuschauerinteressen möglichst alle relevanten Faktoren anspricht und in ihren Verstrickungen und transintentionalen Wirkungen aufeinander bezieht. Doch genau dieses Gesamtanliegen hat sich in der Rezeption der Studie bislang nicht niedergeschlagen. Einzelne Aspekte wurden – teils bestätigend, teils verharmlosend – herausgegriffen und diskutiert. Meist wurde die Studie nur pauschal und ohne weiteren Kommentar erwähnt, weil man offenbar nicht gänzlich über sie hinweggehen konnte. Vertiefende Folgefragen unterblieben.

Dieser Rezeptionsgestus läßt auf den ersten Blick auf Desinteresse, Indifferenz oder das gelegentlich vorkommende Verschweigen bereits vorliegender wissenschaftlicher Erkenntnisse in Folge intra- und interdisziplinärer Konkurrenzen schließen. Da aber generell das Dopingthema großes Interesse mobilisiert, weil jedem klar ist, welche Sprengkraft dem Phänomen innewohnt, spricht das Verhalten eher für Abwehr und ein demonstratives Nichtsehenwollen. Offensichtlich haben wir mit unserer Analyse Tabus verletzt und Zusammenhänge beim Namen genannt, über die wir – so die implizite Botschaft – besser hätten schweigen sollen. Tabus markieren Handlungsgrenzen; sie sagen, was erlaubt und was unerwünscht ist. In sozialen Kontexten haben sie, wie man als Soziologe weiß, die Funktion, Beobachtung und Kommunikation an bestimmten Stellen zu blockieren und spezifische Formen des Unterlassens ritualisiert festzuschreiben. Tabus sollen unter der Hand wirkende Zusammenhänge und Interessen vor neugierigen Blicken schützen und ein allzu forsches Hinterfragen unterbinden. Wer angesichts bestehender Tabuthemen den Status quo in Frage stellt, die devianzerzeugenden Konstellationen beim Namen nennt und gleichzeitig die Schwierigkeiten aufzeigt, auf die jene stoßen, die aus der Pfadabhängigkeit der Abweichung auszubrechen gewillt sind, droht das Geschäft der Beschwichtigung und des Unterlassens zu stören. Als Soziologe weiß man, daß die eigenen Erkenntnisse Reflexivität häufig dort anmahnen, wo einfache Weltsichten von vielen als funktional wahrgenommen werden, weil diese vor schmerzhaften Einsichten in bestehende Zusammenhänge und Nutzenverschränkungen schützen.

Soziologische Analysen, die Doping nicht einfach nur auf Personen, Dopingsubstanzen und deren Wirkungen reduzieren, sondern Kontext und Handeln in einer komplexen Weise aufeinander beziehen und die Relationen zwischen Mikro-, Meso- und Makroebene herausarbeiten, wirken offensichtlich desillusionierend und werden deshalb von nicht wenigen im Untersuchungsfeld als problematisch wahrgenommen. Augenscheinlich soll das Handeln unter Umschiffung der Tabuthemen weitergehen.

Wenn die These vom Tabubruch stimmen sollte, würde dies kein gutes Licht auf die Akteure werfen, die in die Dopingproblematik involviert sind. Aber auch diese defensive Vermeidungshaltung läßt sich soziologisch erklären. Offenbar stecken alle Beteiligten in strukturellen Zwängen und Beziehungsfallen, die ein anderes Handeln unwahrscheinlich machen. Wir werden auf diesen Aspekt insbesondere bei unserer Analyse der Handlungsdilemmata der Sportverbände noch eingehen. Allerdings deutet auch die Forschungsabstinenz der Sportwissenschaft auf ein Defizit hin, das wissenschaftsintern bedenklich ist: daß nicht wenige Sportwissenschaftler sich ihre Sicht der Dinge von den Tabuisierungsbedürfnissen ihrer Untersuchungsobjekte sowie von eigenen Karrierewünschen im organisierten Sport diktieren lassen.

2 Ausbau einer Mehrebenen-Analyse: Zur Kontinuität der soziologischen Aufklärung

Wie bereits betont, sehen wir, neben vielen zu diskutierenden Einzelüberlegungen, die besondere Stärke unserer Betrachtung des Dopings darin, daß sie mit gleicher analytischer Präzision die Mikroebene der individuellen Athleten, die Mesoebene der Sportverbände und die Makroebene des Spitzensports als eines gesellschaftlichen Teilsystems nicht nur additiv je für sich, sondern als integralen Zusammenhang in den Blick nimmt. Dieser zugleich *ganzheitliche und tiefenscharfe* diagnostische Zugriff stellt nach wie vor das Alleinstellungsmerkmal unserer Studie dar – und zwar, soweit wir wissen, weltweit.[5]

Unsere Unterscheidung dieser drei Betrachtungsebenen verknüpft Anregungen aus zwei gesellschaftstheoretischen Perspektiven miteinander: Zum einen unterscheidet Niklas Luhmanns (1975) systemtheoretische Konzeption zwischen Interaktions-, Organisations- und Gesellschaftssystemen; zum anderen sieht die neo-institutionalistische »World polity«-These Individuen, Organisationen und Staaten (Meyer/Jepperson 2000; Krücken 2002) als zentrale Akteure, die das kulturelle Selbstverständnis der westlichen Moderne begründen. Während Luhmann – einer Unterscheidung von Schimank (1985) zufolge – die handlungsprägenden Ebenen des Sozialen betont, akzentuieren Meyer und Jepperson auf denselben Ebenen die handlungsfähigen Entitäten: Interaktionen finden im Wechselspiel von Individuen statt. Als hochkomplexe Interorganisationszusammenhänge sind Staaten

5 In der Diktion des Sports ausgedrückt, sehen wir uns somit – selbstironisch formuliert – weiterhin als Weltrekordhalter in der Disziplin des soziologischen Dreikampfes. Nur am Rande sei bemerkt, daß wir auch nicht viele soziologische Studien zu außersportlichen Phänomenen kennen, die einen solchen Mehrebenenzugriff praktizieren. Er wird zwar allenthalben gefordert, aber sehr selten durchgeführt. Hiervon kann man sich schnell überzeugen, wenn man beispielsweise die Forschungen über ökologische Probleme, über Globalisierung oder über die niedrige Geburtenrate in Deutschland anschaut.

die in der modernen Gesellschaft bislang umfangsmäßig größten korporativen Akteure (Coleman 1974), denen eine besondere
Steuerungsverantwortung für das Ensemble gesellschaftlicher
Teilsysteme zugeschrieben wird. Und Organisationen sind diejenigen sozialen Gebilde, die von Anfang an sowohl als prägende
Strukturkontexte individuellen Handelns als auch als korporative
Akteure angesehen wurden. Unsere sowohl system- als auch
akteurtheoretische Herangehensweise an das Dopingphänomen
vermag somit zum einen Strukturen, zum anderen Akteure in
allen drei Schichten des Sozialen zu erfassen und miteinander zu
verknüpfen.

Anhand der Nutzung von Theorien abweichenden Verhaltens
für die Dopinganalyse haben wir bereits auf die Schwächen hingewiesen, die man sich durch ein analytisches Makrodefizit
einhandelt – also dadurch, daß man die Gesellschaftsebene nur mit
sehr pauschalen vorsoziologischen Formeln wie »Werteverfall«
oder »Kommerzialisierung« etikettiert. Bei Analysen, die einseitig
mikrofixiert sind, kommt ein ausgeprägtes Mesodefizit hinzu:
Man handelt in einem solchen Fall auch die korporativen Akteure
des Sports, die Verbände und Vereine, zu simplifizierend ab,
übersieht oder verteufelt sie, ohne die spezifisch organisatorischen
Handlungslogiken auszubuchstabieren. Andere Analysebemü-
hungen sind mesofixiert, sehen Doping beispielsweise einseitig als
etwas an, was die Sportorganisationen aus ihren Wachstumsinter-
essen und Konkurrenzkonstellationen heraus hervorbringen,
ohne daß dieser zweifellos wichtige Erklärungsstrang mit flankierenden soziologisch gehaltvollen Überlegungen auf der Makro-
und der Mikroebene verknüpft würde.

Eine systematische Katalogisierung von Erklärungsstrategien
müßte die folgenden Theorietypen und Analysevarianten unterscheiden, die sich allesamt in der allgemeinen soziologischen
Literatur finden lassen:

	Typ 1	Typ 2	Typ 3	Typ 4	Typ 5	Typ 6	Typ 7
Makroebene	–	–	+	+	+	–	+
Mesoebene	–	+	–	+	–	+	+
Mikroebene	+	–	–	–	+	+	+

Abb. 13: Theorietypen und Analyseebenen

Sechs dieser sieben Varianten weisen also Analysedefizite auf einer oder zwei der drei Ebenen auf. Erst die in der letzten Spalte aufgeführte siebte Variante berücksichtigt alle drei Ebenen gleichermaßen. Es wäre durchaus lohnend, sowohl die sozialwissenschaftliche Literatur zum Doping als auch die im öffentlichen Diskurs vertretenen Positionen anhand dieser Systematik von Theorietypen und ebenenbezogenen Analysedefiziten zu sortieren. Auf einen derartigen Überblick soll an dieser Stelle verzichtet werden. Wir wollen vielmehr, wie angekündigt, nun mit einigen Akzentsetzungen, die sich aus unseren weiteren Forschungen zum Doping ergeben haben, nochmals die besondere Stärke eines Bezugsrahmens demonstrieren, der – so unsere Selbsteinstufung – der siebten Variante von Erklärungsstrategie entspricht. Wenn wir im folgenden nacheinander ausgewählte Fragestellungen und Ergebnisse auf jeder der drei Analyseebenen präsentieren, werden wir daher jeweils betonen, daß ein analytischer Fokus auf einer der Ebenen eben gerade nicht bedeutet, die anderen beiden Ebenen völlig auszublenden oder zu trivialisieren, sondern sie als durchaus wichtige Umgebungen mit zu behandeln. Es geht gewissermaßen darum, eine Ebene in den Vordergrund zu rücken, ohne sie künstlich aus dem sie rahmenden Hintergrund der jeweils anderen beiden Ebenen zu isolieren.

Mikroebene: Doping als individuelle Bewältigungsstrategie

In Kapitel I.3 unserer Studie haben wir auf der Grundlage der bis dahin vorliegenden Untersuchungen in einer modelltheoretischen Verdichtung gezeigt, wie individuelle Athleten dopinganfällig werden. Dopinganfällig zu sein heißt nicht: Jemand wird zwangsläufig zum Doping greifen. Die Verwendung von Dopingpraktiken liegt vielmehr »nur« nahe, um dem Erfolgsdruck des sportlichen und außersportlichen Umfelds Rechnung zu tragen. Die biographischen Pressionen, die auf den Athleten und Athletinnen lasten, ergeben sich aus dem Bedeutungszuwachs, den der Spitzensport in den letzten Jahrzehnten erlebt hat. Dieses gesellschaftliche Teilsystem ist, so kann man sagen, inzwischen zu einem festen Bestandteil der modernen Freizeit- und Unterhaltungsindustrie geworden. Die olympischen Sommer- und Winterspiele,

die Fußball-Weltmeisterschaften, die Tour de France, die Rennse-
rien der Formel 1, die Grand-Slam-Turniere im Tennis oder die
Ligaspiele in den diversen Ballsportarten schlagen regelmäßig
Millionen in ihren Bann. Sportliche Wettkämpfe werden dabei von
vielen Menschen nicht nur beiläufig wahrgenommen. Die Rhythmik des Sportkalenders prägt vielmehr die Lebensweise und
Zeitverwendung breiter Bevölkerungskreise, so daß bei nicht wenigen Gesellschaftsmitgliedern Entzugserscheinungen oder Me-
lancholiegefühle entstehen, wenn etwa die Fußball-Bundesliga
Pause macht oder die Olympischen Spiele sich mit einem Ab-
schiedsritual in die Zukunft vertagen. Für viele ist der im Stadion
wahrgenommene, am Fernsehbildschirm erlebte, im Radio gehörte oder in der Tageszeitung gelesene Sport zu einem wichtigen Lebensbegleiter geworden, dessen Fehlen als Verlust erlebt
würde.[6] Denn die Wettkämpfe sind spannend, eignen sich für
Heldeninszenierungen und stellen spektakuläre Events dar. Die
sportlichen Großereignisse sind dabei, wie Teil I.2 zeigt, nicht nur
für die Medien bedeutsam, auch Wirtschaft und Politik profitieren
davon, daß sportliche Konkurrenzen Massen dauerhaft begeistern
können. Das Teilsystem Sport ist also ins Ensemble anderer Teilsysteme eingebettet; und erst daraus erwächst ein dauerhafter, tendenziell flächendeckender und sich immer mehr intensivierender –
sprich: struktureller – Dopingdruck. Daß Doping nicht bloß eine
Verlockung ist, der einzelne Athleten in ganz spezifischen Situationen unterliegen, sondern gewissermaßen in der Luft liegt, die
heutzutage im Spitzensport tagtäglich von allen geatmet wird: Dieser Tatbestand erklärt sich nur daraus, daß die Co-Evolution der
angesprochenen Teilsysteme der funktional differenzierten Gesellschaft den nachgezeichneten Weg genommen hat. Anders gesagt: Eine gesellschaftstheoretisch unterbelichtete Analyse der
biographischen Dynamiken von Spitzensportlern – und das heißt
in dem hier interessierenden Zusammenhang: der Erzeugung von
Dopinganfälligkeit – griffe von vornherein zu kurz.

Wir haben in dieser Hinsicht in einer eigenen empirischen Untersuchung über die biographischen Dynamiken im Leistungssport das Bild verifizieren und weiter präzisieren und differenzie-
ren können, das Teil I.3 unserer Studie gezeichnet hat (Bette et al.

6 Siehe auch Schimank/Schöneck (2006) mit aktuellen Daten zur Inklusion der
  Bevölkerung in den Sport – sowohl als Breitensportler als auch als Zuschauer
  beim Spitzensport.

2002). Als hilfreich erwies sich der Umstand, daß die differenzierungstheoretische Diskussion über die Inklusion von Personen in gesellschaftliche Teilsysteme in der Zwischenzeit weitergegangen war und dabei u. a. das Konzept der »Hyperinklusion« (Goebel/Schmidt 1998: 111-113) hervorgebracht hatte. Dieses Konzept paßt auf Spitzensportler in besonderer Weise. Ihre übermäßige Inklusion in den Sport sorgt dafür, daß ihr Inklusionsprofil hinsichtlich aller anderen Teilsysteme sozusagen minimalistisch ausfällt: Für Bildung, Familie, Intimbeziehungen, Kunst oder Politik bleiben nur soviel Zeit, Aufmerksamkeit und Interesse, wie das Sporttreiben dies zuläßt. Der Sport ist der unangefochtene »Lebensmittelpunkt«. Damit weisen Athleten gleichsam ein vormodernes Inklusionsprofil auf. In der mittelalterlichen Gesellschaft gehörten Personen als ganze einem bestimmten Stand an, und diese Angehörigkeit prägte ihr gesamtes Leben. Diese Totalinklusion löste sich in der modernen Gesellschaft dann in eine multiple Partialinklusion in tendenziell sämtliche Teilsysteme auf: Jemand ist im ständigen Wechsel beispielsweise Konsument, Wähler, Kunstliebhaber, Hobbysportler oder Patient und besitzt dadurch Freiheitsgrade gegenüber allen Inklusionen; keine vereinnahmt ihn völlig. Die »Hyperinklusion« des Spitzensportlers kommt hingegen der vormodernen Totalinklusion mit all den ihr inhärenten einseitigen Abhängigkeiten und Prägungen nahe.

Die Folgen dieser Einbeziehung mit »Haut und Haaren« zeigen sich auch am Doping. Vor dem Hintergrund der biographischen Dynamiken von Spitzensportlern lassen sich die typischen Risikofaktoren spitzensportlicher Karrieren herausarbeiten. Daran anschließend kann Doping als mehrfach verwendbare – und auch deshalb um sich greifende – Bewältigungsstrategie abgeleitet werden. Gegenüber den Aussagen in Teil I.3 können wir nun die Risiken sehr viel genauer benennen, die Doping als biographische Coping-Maßnahme strukturell erzeugen helfen.

Das Hauptrisiko derjenigen, die sich im Leistungssport als Athleten betätigen, besteht darin, *während der Karriere erfolglos zu sein*. Diese Aussage erscheint auf den ersten Blick als banal, aber es ist gerade diese Selbstverständlichkeit des Scheiterns, die für den einzelnen Sportler zum Problem werden kann. Erfolglosigkeit kann dabei viele Gründe haben. Mißerfolg ist zunächst das erwartbare Ergebnis der spezifischen Wettbewerbs- und Konkurrenzorientierung des Spitzensports. Sportliche Wettbewerbe erzeugen systematisch Verlierer, um Gewinner entsprechend profilieren zu können. Mißerfolg ist deshalb kein Unfall, sondern der Fall, auf den man sich einzustellen hat. Für den einzelnen Athleten sind Mißerfolge besonders in jenen Disziplinen zu erwarten, in denen die Konkurrenzintensität durch den globalen Wettbewerb besonders hoch ausfällt. Überall dort, wo Athleten aus vielen Ländern gegeneinander antreten und schärfste Konkurrenzbedingungen vorherrschen, wird der eine für den anderen zu einem starken biographischen Risiko.

Mißerfolge entspringen weiterhin der extremen Körperabhängigkeit spitzensportlichen Handelns. Athleten können sich verletzen und altern, was ihre Erfolgstauglichkeit jeweils extrem beschneidet. Riskant ist außerdem die Möglichkeit, in einem gnadenlos nach Sieg und Niederlage sortierenden Sozialbereich nach jahrelangen Investitionen die Motivation zu verlieren. Eine Psyche, die irgendwann nicht mehr mitspielt, weil sie sich durch Ängste, Erfolgserwartungen oder die Öffentlichkeit des Rollenhandelns überfordert sieht, kann ein Engagement im Spitzensport abrupt beenden.

Mißerfolg als Hauptrisiko von Sportlerkarrieren kann zudem aus der Art der Leistungsmessung sowie sportinternen Kontextveränderungen herrühren. Es macht einen Unterschied, ob sportliche Leistungen nach Zentimeter, Gramm und Sekunde objektivierbar sind oder von den real existierenden Definitionskartellen von Schieds- und Kampfrichtern abhängen. Und viele Karrieren mußten ohne größere internationale Erfolge beendet werden, weil der sportinterne Kontext durch Reglementänderungen, Olympiaboykotte etc. plötzlich eine andere Gestalt bekommen hatte. Risiken für Sportlerbiographien können sich auch aus der Knappheit und Instabilität von Förderbedingungen ergeben. Wer in einer bestimmten Karrierephase nicht auf den institutionell vorgesehenen Karrierezug aufspringen kann oder will, hat höchstens noch als Spät- oder Seiteneinsteiger die Möglichkeit, knappe Kaderplätze zu erringen. Ein weiterer Risikofaktor für Sportlerbiographien ergibt sich aus der tatsächlichen oder vermuteten Dopingdurchsetztheit der eigenen Karrieresportart sowie der zögerlichen Haltung vieler Fachverbände in der Dopingbekämpfung. Verbände, die ihre Kontrollaufgaben nicht ernst nehmen, setzen ihre Sportler unter einen impliziten Dopingdruck und werden damit selbst Teil des Problems, das sie zu lösen vorgeben. Das heißt: Die weitverbreitete Risikoaversion der Sportverbände in der Dopingbekämpfung wird zu einem gravierenden Risiko für Sportlerkarrieren.

Die bereits aufgezählten Risikoelemente können last but not least kumulative Wirkungen hervorrufen und eine Vielzahl kausaler Interdependenzen erzeugen. Sportler, die beispielsweise das Risiko des Verlierens durch erhöhte Trainingsanstrengungen verringern wollen, belasten dadurch eventuell Körper und Psyche in einer Art, die zu Verletzungen oder Demotivationen führt. Verschärft wird diese Situation dadurch, daß Erfolglosigkeit aufgrund der genannten Bedingungen nicht nur für die Athleten riskant ist. Auch die korporativen Akteure des Sports, sprich die Verbände, sind auf dauerhafte Erfolge ihrer Athleten angewiesen, weil die Fördermittel wirtschaftlicher und politischer Instanzen von den sportlichen Leistungen der eigenen Athleten abhängen. Mißerfolge betreffen also nicht nur einzelne Sportler, sondern sind Ereignisse, die sowohl das gesamte sportinterne Unterstützungsmilieu als auch außersportliche Bezugsgruppen beeinflussen. Auch Sponsoren brauchen dauerhafte sportliche Erfolge, um ihre Ausgaben zu legitimieren. Damit erfolgt eine gefährliche Verdopplung und Verstärkung des Risikoniveaus. Die Sportler geraten in eine Situation hinein, die den ohnehin schon vorhandenen Hochkostenstatus ihres Handelns zusätzlich erhöht.

Neben dem Risiko der Erfolglosigkeit während der Karriere werden Sportlerbiographien durch einen zweiten Risikokomplex geprägt, nämlich die *Zukunftsunsicherheit nach Beendigung der Sportkarriere*. Die Zukunft taucht spätestens dann als Thema im Erlebnishorizont von Athleten auf, wenn die eigenen Leistungen stagnieren oder zurückgehen, plötzliche Verletzungen auftreten oder das Karriereende aufgrund außersportlicher Restriktionen absehbar ist. Ein erster Risikofaktor ergibt sich aus der kognitiven und evaluativen Schließung des Sportlerbewußtseins. Athleten, die ihre Identität vornehmlich über sportliche Erfolge definieren und hierbei durch ein leistungsinteressiertes Umfeld bestätigt werden, tragen das Risiko des Sinn- und Identitätsverlustes nach dem Ende ihrer Sportkarriere. Ein weiterer Risikofaktor ist in der Totalisierung der spitzensportlichen Lebenswelt angelegt. Athleten, die einen Großteil ihres bewußten Lebens in sportlichen Gemeinschaften integriert waren, empfinden Entzugserscheinungen, wenn sie auf diesen »sozialen Uterus« verzichten müssen.

Das Risiko besteht darin, den Sport als Geborgenheitshort zu verlieren und einen »sozialen Tod« (Rosenberg 1984) zu erleiden, d. h.: alle über das Athletendasein vermittelten Macht-, Einkommens- und Partizipationschancen von heute auf morgen aufgeben zu müssen. Weitere Unsicherheitselemente entstehen aus dem ökonomischen Risiko, Leistungssport über mehrere Jahre betrieben oder sich körperliche Schäden eingehandelt zu haben.

In einer soziologischen Perspektive erscheint Doping damit nicht als eine zufällige Aggregation von Einzelfällen, sondern als eine Strategie, mit der Athleten auf die spezifischen Möglichkeiten und Zwänge ihrer Situation reagieren.[7] Man kann sagen: Doping wird im Spitzensport als eine Art Mehrzweckwaffe eingesetzt, um ein Scheitern während der Karriere zu verhindern und die Zukunftsunsicherheit nach der Karriere zu minimieren.

Folgende Motivkonstellationen lassen sich modelltheoretisch aus den Risiken von Sportlerkarrieren ableiten:

– Athleten dopen sich erstens, um die im Sieg/Niederlage-Code vorgesehene Möglichkeit des Mißerfolgs zu vermeiden. Die Unsicherheit darüber, wer gewinnt oder wer verliert, soll mit Doping in eine Sicherheit zu eigenen Gunsten transformiert werden.

– Athleten nutzen Doping zweitens als eine Strategie, um die Möglichkeiten des eigenen Körpers zu steigern und dessen Begrenztheiten auszugleichen. Der prinzipiell fehlbare Sportlerkörper soll durch gezielte Interventionen an das soziale, sachliche und zeitliche Anforderungsprofil der diversen Sportdisziplinen angepaßt werden.

– Doping ist drittens für offensichtlich immer mehr Athleten das Mittel erster Wahl, wenn es um die Passung von Psyche und Spitzensport geht. Gedopt wird beispielsweise, um Beeinträchtigungen durch Angst oder Aufregung auszuschalten oder um Nervosität oder Müdigkeit zu vertreiben. Man interveniert in den Körper, um das Bewußtsein wettkampf- und erfolgsfähig zu machen.

– Doping ist viertens im Spiel, wenn Sportler das Risiko aus-

7 Kontext und Handeln stehen dabei in einer nichtdeterministischen Beziehung. Denn wie könnte man als Soziologe sonst erklären, daß nicht wenige Sportler, die in demselben oder in einem ähnlichen Kontext situiert sind, sich *nicht* dopen? Als intervenierende Variablen, die als Moraläquivalente wirksam sind, fallen auf: außeralltägliche Talentressourcen; Angst vor Entdeckung, Stigmatisierung und Krankheit durch Doping; die Einbettung der individuellen Akteure in ein sozial-moralisches Milieu in Familie oder Verein; der fehlende Zutritt zu einem devianten Milieu (Bette et al. 2002: 368/369).

schalten wollen, knappe institutionelle Fördermöglichkeiten zu verpassen. Die Teilhabe an den diversen Leistungen der Vereine, Verbände und anderer Förderinstanzen ist eine unverzichtbare Voraussetzung dafür, um auf hohem Niveau erfolgreich mithalten zu können. Mißerfolg bei Wettkämpfen beinhaltet das Risiko, an diesen Ressourcen nicht teilhaben zu können oder von ihnen abgeschnitten zu werden.

– Doping kommt fünftens als eine Strategie ins Spiel, um dem impliziten Dopingdruck sowie der klammheimlichen Dopingakzeptanz vieler Verbände zu entsprechen. Sportlerkarrieren sind in der Tat riskant, wenn sie in Handlungsfeldern stattfinden, die maßgeblich durch Verbände gesteuert werden, die sich in Sachen Doping permissiv verhalten. Doping erscheint dann als ein Epiphänomen der auf Verbandsebene nicht gelösten Dopingkontrollprobleme. Daß in der Mehrzahl der Disziplinen meist kein offensives, sondern nur noch ein defensives Dopen stattfindet, deutet darauf hin, daß die Verbände Doping durch defizitäre Kontrollmaßnahmen strukturell miterzeugen.

– Doping findet sechstens statt, um die auf dem Leistungsindividualismus aufruhende Sportleridentität herzustellen bzw. am Leben zu erhalten. Der Leistungsindividualismus des zeitgenössischen Spitzensportlers nimmt den Siegescode beim Wort und prägt eine systemadäquate Identität aus, die Sportler nicht ohne weiteres aufgeben wollen und können. Doping gewinnt vor diesem Hintergrund den Status eines Hilfsmittels, das Athleten nutzen, um ihre Identität mit den nötigen Erfolgserlebnissen zu versorgen.

– Doping ist siebtens als eine Maßnahme zu werten, die auf eine Reduzierung ökonomischer Risiken abzielt. Ohne entsprechende Erfolge bei Wettkämpfen können weder die sportinternen Gelder noch die Unterstützungszahlungen von Sponsoren in Anspruch genommen werden. So entsteht ein Erwartungsdruck auf seiten der Sportler, dauerhaft erfolgreich sein zu müssen – und dies in einer Situation, in der alle anderen Mitkonkurrenten das gleiche anstreben.

– Doping kommt achtens als Sekundärdevianz ins Spiel. Bereits vollzogene Abweichung soll nach außen durch weitere Devianz verheimlicht werden. Es gilt, die mit Hilfe illegitimer Praktiken erzielten Leistungen im nachhinein nicht als Dopingrekorde zu denunzieren. Abweichung führt deshalb zur Abweichung, die wiederum zur Abweichung führt. Und es fällt schwer, aus dieser Spirale auszusteigen.

Das Perfide der Situation besteht darin, daß Doping angesichts der Vielzahl der Verwendungsgründe ein überdeterminiertes Phänomen darstellt. Dies macht die Dopingbekämpfung so ungemein schwer und hat bei nicht wenigen Dopinggegnern das Gefühl der Vergeblichkeit hervorgerufen. Hat man ein einzelnes Dopingmotiv durch bestimmte Maßnahmen weitgehend unter Kontrolle gebracht (Beispiel: die soziale Absicherung von Spitzensportlern durch integrative Maßnahmen in Gestalt von Laufbahnplanung, Berufsausbildung oder -vermittlung), existieren noch viele andere Gründe, die Sportler dennoch zum Doping verleiten können: Doping zum Zwecke der Identitätsbehauptung, zur Vermeidung von Wettbewerbsnachteilen und Mißerfolgserfahrungen, zur Absorption von Unsicherheit, zur Absicherung ökonomischer Interessen, oder Doping zur Kompensation von Verletzungen oder altersbedingten Leistungseinbußen.

Um nochmals die Vorzüge unserer Mehrebenen-Perspektive herauszustreichen: Neben der hier bisher betonten analytischen Anbindung der biographischen Dynamiken von Athleten auf der Mikroebene an die gesellschaftliche »Lagerung« des Sports im Kontext anderer Teilsysteme ist auch der organisatorische Kontext der Athleten auf der Mesoebene im Blick. Die Sportverbände und -vereine übersetzen gleichsam die gesellschaftlichen Pressionen für die Athleten in unmißverständliche Forderungen. So wie die Organisationen der gesellschaftlichen Teilsysteme auch sonst deren binäre Codes und Programmstrukturen handlungsinstruktiv spezifizieren und sanktionieren (Schimank 2001), haben wir in unseren Rekonstruktionen von Athletenbiographien viele Hinweise darauf gefunden, wie die nationalen Verbände – ihrerseits in internationalen Konstellationen stehend – Impulse bündeln, die aus politischen, wirtschaftlichen und massenmedialen Umwelten in den Sport hineinwirken. Man denke nur an die bekannte Weitergabe politischer Nutzenerwartungen bezüglich eines erfolgreichen Abschneidens der Athleten des eigenen Landes bei den Olympischen Spielen in Form entsprechend konditionierter Geldzuweisungen an den Sport insgesamt, an einzelne Sportverbände und letztlich an einzelne Athleten, was sich dann in Leistungskriterien der Kaderzugehörigkeit manifestiert. Allerdings wäre es verkürzt, würde man die Organisationen lediglich als Transmissionsriemen sehen, die gleichsam gesellschaftliche Zwänge im Verhältnis eins zu eins an die Athleten herantragen. Der Mesoebene kommt vielmehr genau deshalb analytische Eigenständigkeit zu, weil die korporativen Akteure Wahlmöglichkeiten haben, diese oder jene Politik betreiben zu können – in Grenzen, aber doch erkennbar und folgenreich.

Mesoebene: Sportverbände in der Beziehungsfalle

Damit richten wir den Blickpunkt auf die Mesoebene – und zwar wiederum so, daß Makro- und Mikroebene nicht gänzlich im Dunkel verschwinden, sondern als analytische Kontexte des fokussierten Meso-Geschehens präsent bleiben. Insbesondere in Teil III.9.2 unserer Studie haben wir die Sportverbände angesprochen und deren Situation thematisiert. Auch hier war und ist viel soziologische Aufklärungsarbeit zu leisten. Der öffentliche Diskurs verläuft in diesem Zusammenhang durchaus analog zur Rede von der »Politikverdrossenheit«. Hat man sich erst einmal klargemacht, welchen wirkmächtigen Einflüssen der einzelne Athlet respektive Berufspolitiker unterliegt, wird die Ebene darüber zum Sündenbock deklariert: Die Parteien bzw. Sportverbände sind schuld an allem, was schiefläuft in der Politik bzw. im Spitzensport; denn der einzelne Mandatsträger bzw. Athlet ist in das »eherne Gehäuse der Hörigkeit« (Max Weber) eingebunden, dem er nicht zu entkommen vermag.

Wiederum gilt: Diese Einsicht ist nicht falsch, aber sie gibt weit weniger als die halbe Wahrheit wieder, um es zurückhaltend zu formulieren! Die Konstellation, in der sich die Sportverbände zu bewegen haben und die ihren Handlungsspielraum bestimmt, besteht aus folgenden Bezugsgruppen: anderen Sportverbänden, national und international, der gleichen Sportart oder anderer Disziplinen; politischen, wirtschaftlichen und massenmedialen Bezugsakteuren; dem Sportpublikum; und den Athleten sowie ihrem Umfeld (Trainer, Sportärzte, Betreuer, Vereine). Das Verhältnis zu den anderen Sportverbänden, gleichgültig ob derselben oder einer anderen Sportart, ist grundsätzlich durch Konkurrenz um öffentliche Aufmerksamkeit und finanzielle Zuwendungen geprägt. Was beispielsweise die deutschen Leichtathleten an Publikumsinteresse und Geldern auf sich ziehen, entgeht sowohl den italienischen Leichtathleten als auch den deutschen Radsportlern.[8] Die Verbände konkurrieren hier als korporative Akteure ebenso wie die ihnen angehörenden Athleten als Individuen. Die korporativen Bezugsakteure in den anderen gesellschaftlichen Teilsystemen – man denke an staatliche Förderinstanzen, Unternehmen, Fernsehsender oder Zeitungen – sowie das Publikum sind Referenzgrößen, die umworben werden. Anders gesagt: Um ihre Gunst buhlen sowohl die Verbände als auch die Athleten. Dabei sind die Verbände allerdings existentiell abhängig von den Leistungen ihrer Sportler. Nur wenn deren Erfolge stimmen und den inzwischen in einigen Disziplinen kaum noch meßbaren kleinen Unterschied machen, können die Verbände ihr Leistungsziel erreichen. In diesem Punkt unterscheiden sich die Sportverbände von den allermeisten anderen Organisationen, die sich in einer Leistungskonkurrenz befinden. Zwar benötigen beispielsweise auch Unternehmen gute Mitarbeiter, um auf dem Markt zu bestehen. Doch wenn vorhandene Mitarbeiter diesbezüglich ein Problem darstellen, werden sie ausgetauscht, wobei es auf dem Arbeitsmarkt in der Regel ein reichhaltiges Reservoir an besseren Alternativen gibt. Sportverbände sind sehr viel stärker von ganz wenigen Athleten als Leitungsträgern abhängig, die sich nur sehr schwer ersetzen lassen. Die besten Funktionäre wirken vergeblich und die brillantesten Verbandsstrategien laufen ins Leere, wenn das Humankapital auf der Aschenbahn versagt – und das heißt oftmals schon: nur als zweiter Sieger vom Platz geht. Diese Abhängigkeit der Verbände von den Athleten ist eine äußerst zweischneidige Angelegenheit: Einerseits verleiht sie den Athleten eine große Machtstellung gegenüber den Verbänden. Die Verbände können dazu gebracht werden, buchstäblich alles, was ihnen überhaupt möglich ist, für ihre Zugpferde zu tun, um deren sportliche Erfolgschancen zu maximieren. Andererseits hält diese Macht der Athleten nur solange vor, wie sie Erfolgschancen besitzen. Sobald dies nicht mehr der Fall ist, werden die Sportler ganz schnell fallengelassen.[9]

8 Eine umfassendere Betrachtung müßte noch einen Schritt weiter gehen: Die Sportverbände konkurrieren gemeinsam gegen andere publikumsträchtige Events wie etwa kulturelle Großveranstaltungen.

9 Das Verband-Athlet-Verhältnis nähert sich dem Extrem an, wie man es beispielsweise an der Beziehung zwischen polizeilichen Ermittlern und einer inhaftierten

Diese hier nur angedeutete Konstellationsanalyse bewegt sich wiederum auf allen drei Ebenen. Die Sportverbände selbst sind auf der Mesoebene angesiedelt; durch die Akteure der anderen Teilsysteme und das Publikum werden Kräfte und Impulse der Makroebene auf der Mesoebene wirksam; und die auf der Mikroebene lokalisierten Athleten sind letztlich die Stellgrößen des auf der Mesoebene stattfindenden Verbandshandelns. In äußerster analytischer Verdichtung läßt sich dieser Makro-Meso-Mikro-Zusammenhang aus Verbandssicht auf die Formel bringen, daß sich eigener Konkurrenzdruck in einen schwierig handhabbaren Erfolgsdruck auf die Athleten überträgt.

Zur weiteren analytischen Durchdringung dieses Zusammenhangs haben wir das »Principal-agent«-Konzept aus institutionenökonomischen Organisationsstudien übernommen (Bette/Schimank 1996). Dieses Konzept betrachtet soziale Beziehungen als prekäre Leistungsbeziehungen, in denen der Agent für den Prinzipal eine bestimmte Leistung zu erbringen hat und dafür entsprechend belohnt werden soll, aber geneigt ist, nicht die volle vereinbarte Leistung abzuliefern oder sie auf eine unerwünschte Weise zu erbringen (Ebers/Gotsch 1998: 209-225).[10] Der Vorteil der Nutzung eines solchen generellen organisationstheoretischen Konzepts liegt darin, Vergleichsperspektiven außerhalb des Sports zu eröffnen, die sonst nicht in den Blick fielen. Der Gewinn dieser komparativen Theorietechnik hätte sich auch schon anhand des Konzepts der »Hyperinklusion«, das ebenfalls nicht auf den Sport beschränkt ist, verdeutlichen lassen. Auf »Principal-agent«-Beziehungen angewandt: Sie finden sich ebenfalls etwa im Verhältnis zwischen einem Unternehmen, repräsentiert durch die jeweiligen Vorgesetzten, und seinen Mitarbeitern, zwischen einem für die Hochschulen zuständigen Ministerium und den Hochschulleitungen oder zwischen den Mitgliedern bzw. auch den Anhängern einer politischen Partei und der Parteiführung. Bereits diese drei Beispiele zeigen, daß die identische Grundstruktur eines

Person sehen kann, die als einzige weiß, wo sich die von ihr versteckte und per Zeitzünder scharf gemachte Bombe befindet. Nicht zufälligerweise sind damit Situationen gekennzeichnet, in denen immer wieder Diskussionen über die Legitimität – und Effektivität! – von Folter aufkommen.

10 Diese Analyseperspektive konzentriert sich demnach auf die Probleme, die der Agent seinem Prinzipal bereitet. Daß der Prinzipal auch umgekehrt, etwa durch unklare Vorgaben oder Willkürakte, seinem Agenten Probleme bereiten kann, bleibt ausgeblendet.

Leistungs-Belohnungs-Austausches mit den innewohnenden Problemen des Prinzipals, das Vereinbarte zu erhalten, ganz unterschiedliche Ausprägungen annehmen kann. Dementsprechend kann die Betrachtung der »Principal-agent«-Beziehung, in der die Sportverbände stehen, im Horizont solcher anderer Ausprägungen gezielter auf Problemtypen, problemerzeugende und -verschärfende Faktoren sowie mögliche Arten der Problembewältigung und ihre Voraussetzungen und Grenzen durchleuchtet werden.

Genauer betrachtet stellt sich die Konstellation der Verbände als eine mehrstufige »Principal-agent«-Beziehung dar, die in die schon erwähnten Konkurrenzbeziehungen mit anderen Sportverbänden eingebettet ist und dadurch noch weiter unter Druck gesetzt wird. Die Verbände sind nämlich nicht nur Prinzipale gegenüber ihren Athleten als Agenten, sondern zugleich Agenten gegenüber den politischen, wirtschaftlichen und massenmedialen Bezugsakteuren sowie letztlich dem Publikum als Agenten. In der Forschung über Arbeitsorganisationen ist eine solche Position als die des »man in the middle« bezeichnet worden, etwa die des Meisters, der zwischen Arbeitern auf der einen und Abteilungsleitern oder Organisationsleitung auf der anderen Seite steht. Man weiß im übrigen aus arbeitsmedizinischen Studien, daß diese Vermittlungsposition sehr viel Streß erzeugen kann. Man sitzt gewissermaßen zwischen den Stühlen, hat doppelte Loyalitäten zu zwei Bezügen auszuhalten, die oftmals Widersprüchliches von einem erwarten, und kann es daher selten beiden Seiten recht machen. Prinzipiell kann es zwar auch sein, daß die Inhaber derartiger Positionen sich dadurch Freiheitsgrade ihres Handelns erarbeiten können, daß sie geschickt die beiden Bezüge gegeneinander ausspielen und im Ergebnis als »lachende Dritte« (Simmel 1908: 82-89) auftreten können. Eine derartige Vorgehensweise ist dann vergleichsweise einfach durchzusetzen, wenn beide Bezüge symmetrisch angesiedelt sind – etwa zwei um dieselbe Frau konkurrierende Liebhaber oder zwei Koalitionsmöglichkeiten, die eine Partei eingehen kann. Handelt es sich hingegen um ein hierarchisches Verhältnis, kann sich derjenige, der zwischen oben und unten vermittelt, nur schwer als »lachender Dritter« profilieren. Denn – um das Beispiel des Meisters fortzuführen – die Leitung wird von ihm verlangen, daß er ihre Anordnungen nach unten umsetzt, und dabei keine Abstriche macht. Aber von den Arbeitern, aus deren Kreis er überdies hervorgegangen ist, wird vom Meister ebenso erwartet, daß er ihre Interessen möglichst weitgehend nach oben vertritt. Weil er aber letzteres aufgrund des stärkeren Drucks von oben nicht so wie erwartet tun kann, ohne seine eigene Position zu gefährden, tritt er üblicherweise eher als Repräsentant der Leitung gegenüber den Arbeitern als umgekehrt auf. Und dennoch bleibt auch die Leitung mit ihm notorisch unzufrieden, weil er ihr gegenüber immer wieder versucht, Rücksicht für die Belange der Arbeiter anzumahnen.

So ist auch die Lage der Sportverbände einzuschätzen, wenngleich bei ihnen kein formal-hierarchisches Verhältnis gegenüber den politischen, wirtschaftlichen und massenmedialen Bezugsakteuren und dem Publikum vorliegt. Doch die Verbände können es sich nicht leisten, diese Prinzipale zu düpieren, und geben daher deren gesellschaftliche Leistungserwartungen an die Athleten als organisatorischen Erfolgsdruck weiter. Man könnte freilich fragen, ob die Verbände als Agenten dieser ihnen übergeordneten Prinzipale nicht gerade ein »shirking« betreiben, also nicht die vereinbarte Leistung liefern? Besteht ihre Leistung denn nicht in einem nicht nur erfolgreichen, sondern auch »sauberen«, also dopingfreien Spitzensport? Hier verknüpfen wir die »Principalagent«-Perspektive mit einem weiteren Konzept des organisationssoziologischen neuen Institutionalismus: der Unterscheidung von »talk« und »action« oder Reden und Tun (Brunsson 1989). Organisationen müssen in bestimmten Situationen, wie Nils Brunsson es in scheinbar moralisierender Sprache formuliert, »scheinheilig« sein, also vorgeben, bestimmten an sie gerichteten Erwartungen zu genügen, aber tatsächlich diese Erwartungen verletzen. So weiß beispielsweise jeder Autofahrer und sogar jeder Polizist, daß Lastkraftwagen auf Autobahnen die vorgeschriebene Höchstgeschwindigkeit notorisch überschreiten; doch die Bus- und Speditionsgesellschaften beteuern allesamt, daß dies nicht »ihre« Fahrer, sondern die der jeweiligen Konkurrenz seien – und selbst wenn eigene Fahrer dingfest gemacht werden, heißt es dann stets, man habe sie nicht nur nicht aufgefordert, schneller als erlaubt zu fahren, sondern sogar ermahnt, dies nicht zu tun. Ein offenes Geheimnis ist aber, daß der Konkurrenzdruck zwischen den Speditionen und Reiseunternehmen schon lange so mörderisch ist, daß so gut wie alle nur dann überleben können, wenn sie möglichst zeitsparend transportieren. Das muß den Fahrern gar nicht explizit gesagt werden; sie wissen auch so, daß sie nur auf diese Weise das Überleben ihres Arbeitgebers und damit den eigenen Arbeitsplatz sichern können.

In einer analogen Lage – aus der psychologischen Familientherapie als »double bind« bekannt – befinden sich die Sportverbände bezüglich Doping. Explizit werden sie zum Erhalt bzw. zur Wiederherstellung eines »sauberen« Spitzensports ermahnt; aber implizit wird die ebenso unmißverständliche Botschaft mittransportiert, daß die eigenen Athleten international erfolgreich bleiben müssen, wobei allen Beteiligten augenzwinkernd klar ist, daß dies Doping erfordert. Aus dieser Zwickmühle ergibt sich die Unvermeidlichkeit der »Scheinheiligkeit« für Sportverbände ebenso wie für Speditionen und Busunternehmen. Andere Organisationen praktizieren eine Entkopplung von Reden und Tun, weil das bestimmte Abläufe erleichtert; aber wenn man sie entsprechend auffordert und kontrolliert, können sie diese Bequemlichkeit z. B. des »kleinen Dienstwegs« aufgeben, ohne daß ihre Leistungsproduktion dadurch im Nerv getroffen würde. Sie haben die »Scheinheiligkeit« letzten Endes nicht nötig. Die Sportverbände hingegen müssen auf Gedeih und Verderb an der »Scheinheiligkeit« festhalten, weil sie dem Publikum und den politischen, wirtschaftlichen und massenmedialen Bezugsakteuren einzig und allein so das liefern können, was definitiv erwartet wird. Wie wir bereits in der vorliegenden Studie herausgearbeitet haben: Das Publikum will betrogen werden, weil es nur so auf seine Kosten kommt. Wie diese Gratwanderung funktioniert, haben wir gezeigt. Die massenmediale Berichterstattung liefert überdies beinahe täglich weiteres Anschauungsmaterial frei Haus.

Sportverbände sind also auf der Mesoebene in ihrem Handeln – einschließlich ihrem Unterlassen – nur dann angemessen zu begreifen, wenn die spezifischen Makrobezüge zu ihrem gesellschaftlichen Kontext in anderen Teilsystemen sowie zum inkludierten Publikum analytisch in Rechnung gestellt werden. Und die Wirkungsanalyse des Verbandshandelns hat sich auf die Mikroebene der Athleten zu begeben, die wir zuvor bereits angesprochen haben.

Die bisher dargestellten neueren Erkenntnisse verdeutlichen in Verbindung mit den Ergebnissen der vorliegenden Studie und im Einklang mit der Alltagserfahrung, daß eine radikale Eliminierung des Dopingproblems nicht in Sicht ist. Gerade weil der Spitzensport fester Bestandteil einer stabilen, aus Wirtschaft, Politik, Massenmedien und Publikum bestehenden Akteurkonstellation ist, kann eine Reduktion des Dopings auf Null weder erwartet noch durchgesetzt werden. Es kann demnach nur um eine effektive Eindämmung des Dopings gehen. Diese Einschätzung sollte nicht erschrecken, da auch in anderen gesellschaftlichen Bereichen Devianzen passieren, die nicht völlig aus der Welt zu schaffen sind.

Die bisher praktizierten Maßnahmen der Dopingbekämpfung, die in Teil III.8 ausführlich erörtert wurden, lassen sich größtenteils in zwei Gruppen einteilen: Kontrollen und Strafen auf der einen, pädagogische Charakterstärkung auf der anderen Seite. Dopingkontrollen greifen im nachhinein ein – noch immer mit wenig Erfolg. Aber selbst wenn die Kontrollmaßnahmen sich entscheidend verbessern ließen, bliebe ihr Manko, daß sie Doping nicht von vorneherein verhinderten, sondern nur als schon geschehene Devianz eliminierten. Allenfalls könnte sich mit der Zeit ein Abschreckungseffekt der Bestrafungen einstellen, und dies auch nur bei einem dauerhaft hohen Kontrollaufwand. Im Gegensatz zur Bestrafung, die als eine Form der Außenlenkung anzusehen ist, zielt die Pädagogisierung darauf ab, Normkonformität im Innern der Sportler zu verankern. Etwaige Anfechtungen könnten dann durch die Sportler selbst abgewiesen werden. Sauberkeitserwartungen würden durch Sozialisationsprozesse verinnerlicht werden, so daß eine soziale Kontrolle durch Sanktionierung, Appell oder Ermahnung entfiele. Ein Athlet, der die Sportregeln in seiner Über-Ich-Struktur internalisiert hätte, besäße ein Sensorium, das ihm in bestimmten Gefährdungssituationen genau »sagte«, was er zu tun oder zu lassen hat. Ein derart aufgerüsteter Sportler beobachtete sich gleichsam innen von außen am scharfen Strahl vorliegender Normerwartungen. Falls er den Pfad der Regeltreue verließe, würden interne Regelmechanismen einsetzen, um Normerfüllung durch Selbstmißbilligung wiederherzustellen (Schimank 2000: 50). Wer die Einhaltung der sozialen Normen zum festen Bestandteil seiner Identität erhoben hätte, brächte sogar seine eigene Ich-Konstruktion ins Wanken, wenn er gegen die bestehenden Sportregeln verstieße. Entsprechend angeleitete Fairplay- und Ethik-Initiativen versuchen so auch, die Dopingresistenz der Athleten zu stärken, und zwar gegen das rationale Eigeninteresse der Sportler, sich angesichts ihrer prekären Situation zu dopen. Unterstellt man den Verbänden hier – freilich entgegen dem im vorherigen Abschnitt skizzierten Argument – einmal ein ernsthaftes Interesse an der Dopingbekämpfung, wäre eine Internalisierung der erwarteten Regeltreue aus ihrer Sicht ausgesprochen funktional, weil dies den Kontrollaufwand reduzierte und bestenfalls Maßnahmen zu treffen wären, die Akteure an die Normtreue zu erinnern.

Aus der Sicht der Soziologie kann eine Dopingbekämpfung allerdings nicht ausschließlich und nicht einmal vorrangig auf derartige personenorientierte Maßnahmen setzen. Personenfixierte Kontrollen und Bestrafungen sowie Charakterstärkung durch Fair-play-Initiativen haben ihren Sinn, bleiben aber bestenfalls Stückwerk, wenn sie nicht von wirksamen Maßnahmen auf der strukturellen, überpersonellen Ebene begleitet werden.

Nachdem die von uns 1995 noch mit einer gewissen Hoffnung beschriebenen Selbstbeschränkungsabkommen der Athleten alle gescheitert sind, weil internationale Kooperationen entweder nicht zustande kamen oder unter dem Druck der Konkurrenzverhältnisse zerrieben wurden, ist es an der Zeit, einen zusätzlichen Weg aufzuzeigen, der nicht nur auf Sanktionierung oder Pädagogisierung setzt, sondern die Akteure einbezieht, die Doping miterzeugen helfen. Welche Schwierigkeiten bei der Umsetzung eines derartigen Vorschlags zu erwarten sind, werden wir allerdings nicht verschweigen, auch wenn dies, was wir nicht beabsichtigen, wie eine Zusatzklausel klingt, die um die Vergeblichkeit ihrer Wirkung weiß. Wer sich als Soziologe darüber wundert, daß die von ihm beobachteten Sozialsysteme und Akteure sich soziologischen Erkenntnissen und Beratungsofferten verweigern und diese vielmehr nur dann nutzen, wenn sie eigene Funktionsinteressen bedienen helfen, hat von der Selbstbezüglichkeit und Eigenlogik sozialer Systeme wenig begriffen.

Soziologisch ist klar: *Da Doping ein Konstellationsphänomen ist, muß die dopingerzeugende Konstellation geändert werden.* Die Dopingbekämpfung ist daher zuallererst als Makro-Meso-

Mikro-»Konstellationsmanagement« (Bette/Schimank 2000: 108 ff.; Bette et al. 2002: 372 ff) zu konzipieren und zu realisieren. Das heißt: Maßnahmen der Dopingbekämpfung müßten mit all jenen Akteuren abgestimmt werden, die – wissentlich oder unwissentlich – ihren Anteil an der Totalisierung des Spitzensports und der Entfesselung des sportlichen Siegescodes haben. Auf der Makroebene heißt dies: Eine Reduktion der Dopingpraktiken ist nur dann möglich, wenn die ruinöse strukturelle Kopplung des Spitzensports mit anderen gesellschaftlichen Teilsystemen überwunden werden kann, wenn also die inzwischen als unverzichtbar angesehenen, offensichtlich süchtig machenden Nutzenverschränkungen des Spitzensports mit Medien, Politik, Wirtschaft und Wissenschaft durch ein entsprechendes intersystemisches Governance-Regime in einer konzertierten Anstrengung so transformiert werden können, daß nicht länger Dopingdruck, sondern Druck in Richtung effektiver Dopingbekämpfung von ihnen ausgeht.

Kollektiv erzeugte Probleme können letztlich nur kollektiv gelöst werden. Dies gilt für Doping ebenso wie für viele andere Probleme, die in modernen Gesellschaften durch Akteurverstrickungen als transintentionale Effekte entstanden sind – man denke nur an die Ökologieproblematik, an der eben nicht nur »böse« Kapitalisten oder »ignorante« Politiker, sondern auch Verbraucher und Konsumenten durch ihre Nachfrage beteiligt sind. Auch das Problem des Rinderwahnsinns bleibt analytisch unterbelichtet, wenn man lediglich auf eine »geldgierige« Viehwirtschaft verweist, die in der Massentierhaltung bedenkliches Billigfutter einsetzt; auch in Sachen BSE sind wiederum die Konsumenten mit im Spiel, wenn sie an der Ladentheke auf kollektiver, aber untereinander nicht abgestimmter Basis das billigste Stück Fleisch kaufen und so dazu beitragen, den Einsatz qualitativ höherwertiger Futtermittel strukturell zu demotivieren. Und um das frühere Beispiel der Busunternehmen nochmals anzuführen: Solange Urlauber nicht bereit sind, etwas mehr für eine Busreise zu zahlen, dürfen sie sich nicht darüber beschweren, daß die Busunternehmen und -fahrer die Gesichtspunkte der Verkehrssicherheit außer acht lassen. Für eine Bewältigung von Problemen, die durch Vernetzung entstanden sind, reicht ein kleinteiliges Sich-Durchwursteln schlichtweg nicht mehr aus. Und auch das Ignorieren der Problemkomplexität wird eher zu einer Problemverschärfung beitragen.

Die zentralen Fragen lauten: Wie können gesellschaftliche Teilsysteme in eine instruktive Interaktion gebracht werden, die radikal voneinander getrennt existieren und Probleme, die sie selbst nicht lösen können, typischerweise nach außen drängen und dem gesellschaftlichen Umfeld zur Lösung überantworten? Wie kann eine problembezogene Abstimmung funktionieren, wenn diese Teilsysteme eigene Steuerungsmedien entwickelt haben und auch nur in diesen »Sondersprachen« ansprechbar und -bereit sind? Wie könnte ein Konstellationsmanagement zwischen Publikum, Massenmedien, Wirtschaft, Politik und Spitzensport aussehen und funktionieren?

Vorab wäre einzukalkulieren, daß jede Akteurgruppe ihrer je eigenen Logik folgt, konsequenterweise nur ein Interesse an sich selbst hat und auf externe Anforderungen zunächst völlig verständnislos reagiert. Die Massenmedien wollen ihre Einschaltquoten oder Auflagen erhöhen und übertragen Sportsendungen, weil diese von einem Millionenpublikum nachgefragt werden. Moralisch inspirierte Forderungen von außen, die Sendungen oder Kommentierungen einzuschränken, um so den Druck von Sportlern und Sportverbänden zu nehmen, würden die verschiedenen Medienanstalten deshalb nur als Zumutung wahrnehmen und entsprechend zurückweisen. Wirtschaftsunternehmen wollen Geld verdienen und unterstützen bestimmte Vereine, Verbände oder Personen, um durch deren Erfolge und Image auf sich selbst und eigene Produkte hinzuweisen. Auch sie ließen sich durch externe Einschränkungsforderungen eher nicht beeindrucken. Und warum sollte die Politik, die den Spitzensport jährlich mit Millionenzahlungen subventioniert, darauf verzichten, den potentiellen Wählern in dieser beiläufigen Art ihre Regierungsfähigkeit und nationale Gesinnung zu beweisen. Schließlich will auch das Publikum spannende Wettkämpfe sehen – möglichst rund um die Uhr. Forderungen, den eigenen Seh-, Hör- und Lesekonsum einzuschränken und auf die eigene Begeisterung zu verzichten, um dadurch weniger Umfeldinteressen zu wecken und Athleten weniger unter Druck zu setzen, würden auch von dieser unorganisierten Bezugsgruppe entsprechend vehement abgewehrt werden.

Insgesamt wäre demnach bei einem Konstellationsmanagement zu beachten, daß alle beteiligten Akteure sich weder von oben motivieren noch von außen steuern lassen. Phantasien, die in Sachen Dopingbekämpfung auf Hierarchie und externe Intervention setzen, müssen in einer differenzierten Gesellschaft scheitern (Willke 1989: 111 ff.). Ähnliches gilt für Moralappelle. Jede Empfehlung, die die Konstellationsakteure von außen in einen moralisch höherwertigeren Zustand emporheben soll, ist zum Scheitern verurteilt, weil sie die Funktionsweise ausdifferenzierter gesellschaftlicher Teilsysteme und die Logik des Publikums als unorganisierte Kollektivität mißachtet. Moralappelle oder pädagogische Empfehlungen können überhaupt nur dann wirken, wenn sie über Prozesse der Selbständerung und des Respektierens der eigengesetzlichen Kausal- und Relevanzstruktur der betroffenen Teilsysteme und Organisationen laufen.

Bei einem kollektiven Lernen im Rahmen einer teilsystemübergreifenden Akteurkonstellation geht es nicht darum, einem umfeldorientierten Altruismus das Wort zu reden oder an die Moralität von Personen und Rolleninhabern zu appellieren. Vielmehr gilt es einen auf Reflexion ausgelegten Konstellations-Egoismus anzuregen. Reflexion findet statt, wenn Ego sich in die Situation relevanter Bezugsgruppen hineinversetzt, um sich für diese als »angemessene Umwelt« zu installieren, damit diese wiederum für Ego eine »angemessene Umwelt« sein können. Es geht also darum, ein Verständnis zu entwickeln für die unerwünschten Externalitäten des jeweils eigenen Handelns und die Emergenzeffekte, die sich aus dem Zusammenwirken verschiedener Handlungsformen in einer ungeplanten Akteurkonstellation ergeben können.

Ein Konstellationsmanagement kann deshalb nur funktionieren, wenn die beteiligten Akteurgruppierungen lernen, daß sie in Durchsetzung ihrer legitimen und rationalen Partikularinteressen auch unwissentlich an der Dopingproblematik beteiligt sind und für Fehlentwicklungen im Spitzensport eine Mitverantwortung tragen. Sie hätten in ihren Selbstbeschreibungen entsprechend festzuhalten, daß mit ihrer Hilfe eine Realität entstanden ist, die so niemand gewollt hat, der sich aber alle maßgeblich Beteiligten zu stellen haben, wenn dauerhaft auftretende Probleme in der Sportwirklichkeit entschärft werden sollen. Wichtig wäre es, den Anreiz für ein derartiges kollektives Lernen zu verdeutlichen: daß ein Spitzensport, der sich dauerhaft durch Doping selbst diffamiert, sowohl für die Medien als auch für Politik, Wirtschaft und Publikum langfristig riskant und damit letztlich zu meiden ist. Nur durch den Hinweis, daß Eigeninteressen tangiert sind, können selbstinteressierte Akteure dazu gebracht werden, auf Informationen von außen zu reagieren und sich von einem Zustand in einen anderen zu verändern, also zu lernen: wenn eigene langfristige Nutzenerwartungen in Gefahr stehen, durch Dopingskandale und öffentliche Entrüstung hintertrieben zu werden.

Was könnten die externen Bezugsgruppen nun konkret tun, um dem organisierten Sport bei der Eindämmung des Dopings zu helfen, ohne hierbei auf eine Bedienung ihrer Eigeninteressen zu verzichten? Antwort: Sie müßten ihre spezifischen Steuerungssprachen nutzen, denn nur in diesen können sie handeln und auf externe Informationen reagieren. Die *Politik* hätte ihren durch Macht definierten Geltungskontext selbstbewußt ins Spiel zu bringen, um dem organisierten Sport die Erkenntnis zu vermitteln, daß die Einhaltung selbstgesetzter Regeln[11] und die Beseitigung von Vollzugsdefiziten sich mehr auszahlen als die weitverbreiteten Strategien des Wegschauens oder der klammheimlichen Dopingakzeptanz. Staatliche Instanzen könnten durch ihre Zugriffsrechte auf Geldmittel gezielte Anreize für eine ernsthafte Dopingbekämpfung setzen und die Vergabe der Fördermittel an faktisch geleistete Maßnahmen der Dopingbekämpfung koppeln oder dem Sport durch ein scharfes Anti-Doping-Gesetz dabei helfen, an die Hintermänner der sich dopenden Athleten zu kommen. In einigen Ländern – Frankreich und Italien – ist man diesen Weg gegangen und hat damit bemerkenswerte Erfolge erzielen können. Eine derart von außen stimulierte Kontextsteuerung liefe über politische Verteilungsentscheidungen, dosierte Junktim-Forderungen und die Ausarbeitung gesetzlicher Rahmenrichtlinien für ein erwünschtes und unerwünschtes Verhalten der individuellen und korporativen Sportakteure. Die Politik könnte zusätzlich kollektiv bindende Entscheidungen treffen, die die externen Bezugsgruppen dazu animierten, dem Sport bei seinen Anti-Doping-Maßnahmen zu helfen. *Wirtschaftsunternehmen* dürften ihre Gelder nur denjenigen Verbänden verfügbar machen, die ihre Athleten unangemeldeten Dopingkontrollen unterwerfen und über ein funktionierendes An- und Abmeldesystem verfügen. Veranstalter dürften nur diejenigen Sportler zu hochdotier-

---

11 An dieser Stelle ist daran zu erinnern, daß die Subventionierung des organisierten Spitzensports nur deshalb für politische und wirtschaftliche Sponsoren legitimierbar ist, weil der Sport sich eigene Regeln und Verhaltensauflagen gegeben hat, die nicht gegen Recht und Gesetz verstoßen.

ten Wettkämpfen einladen, die sich nachweislich den Kontroll-verpflichtungen im Vorfeld der Wettbewerbe gefügt haben. Mit Geld, das man den Sportorganisationen zur Verfügung stellt oder bei beobachteter Devianz und Kooperationsverweigerung auch wieder entzieht, läßt sich viel erreichen. Die *Medien* hätten das Sportgeschehen durch eine entsprechende Informationsübermittlung in Gestalt einer kritischen und investigativen Sportbericht-erstattung zu kommentieren. Und das *Sportpublikum* hätte, obwohl es keine organisierte Kollektivität darstellt, derartige Maßnahmen durch Interesse bzw. gezieltes Desinteresse abzustützen. Die *Wissenschaft* könnte diese Initiativen zusätzlich durch die Entwicklung geeigneter Nachweisverfahren sowie die Produktion intersubjektiver Wahrheit und die Formulierung von Orientierungswissen begleiten.

Worauf es also ankäme, wäre eine intelligente Verknüpfung von Selbststeuerung und Kontextsteuerung. Kontroll- und Eindämmungsversuche, die »nur« auf einzelne Personen und nur auf den Sport abzielen, sind hingegen zum Scheitern verurteilt. Eine Beschränkung der Dopingbekämpfung auf die Athleten als individuelle Akteure oder die medizinischen und juristischen Dimensionen des Problems wäre eine Verkürzung, die den Mißerfolg schon vorprogrammiert hätte. Die wirtschaftlichen, politischen und medialen Handlungslogiken müßten mit ins Gespräch gebracht werden; und dieser Diskurs hätte letztlich darauf ausgerichtet zu sein, dem Sport in dessen Sprache zu verdeutlichen, daß Doping sich nicht länger lohnt. Die wichtigsten Bezugsgruppen des Sports müssen mehr als bisher üblich Einfluß auf das nehmen, was im Sport passiert – und zwar nicht allein auf der Grundlage von Moral und Appell, sondern in Gestalt einer Erhöhung oder Verknappung der ihnen zur Verfügung stehenden Steuerungsmedien.

Befürchtungen, daß Maßnahmen dieser Art die Autonomie des organisierten Sports gefährdeten, sind deshalb abwegig, weil der organisierte Sport mit der alleinigen Bearbeitung eines transintentionalen Konstellationsphänomens, wie Doping es darstellt, eindeutig überfordert ist. Autonomiebedrohend wäre es eher, auf externe Hilfen dieser Art zu verzichten und mit dem weiterzumachen, was bisher an Nichthandeln, Wegschauen und symbolischer Politik in den Fachverbänden passiert ist. Viele Sportverbände benutzen bis heute die Autonomieidee dazu, um nichts oder wenig gegen Doping zu unternehmen. Hier ist an das Motto zu erinnern, das oben bereits genannt wurde: Kollektiv erzeugte Probleme können nur kollektiv gelöst werden. Nur demjenigen Teilsystem die Problembearbeitung zu überlassen, in dem die Probleme augenscheinlich anfallen und kulminieren, hieße, auf effektive Gegenmaßnahmen freiwillig zu verzichten.

»Runde Tische« auf der Ebene sowohl der nationalen und internationalen Sportorganisationen als auch national und international angesiedelter außersportlicher Konstellationsakteure müßten die Maßnahmen der einzelnen Instanzen koordinieren. Damit sind wir auf der Mesoebene der inter- und intraorganisatorischen Strukturen, wo die teilsystemübergreifenden Reflexions- und Lernprozesse installiert werden müßten. Das Konzept des »Runden Tisches«, das wir der Einfachheit halber weiterhin im Singular ansprechen werden, transportiert drei wichtige Sinnimplikationen: Die äußere Formgestaltung drückt erstens die Idee der Symmetrie und Gleichberechtigung aller Beteiligten aus. Kein Akteur steht einem anderen vor und soll einen Asymmetrieanspruch gegenüber den anderen begründen und exekutieren dürfen. Alle sind auf einer Ebene angesiedelt und weisen untereinander gleiche Rechte auf. Es gibt keine übergeordnete Instanz, die besondere Durchgriffsrechte gegenüber den anderen besäße. Ein »Runder Tisch« zeigt zweitens, daß die zur Verhandlung anstehenden Probleme letztlich alle Beteiligten betreffen und eine Hierarchie der Betroffenheit nicht vorhanden ist. Doping ist inzwischen eben nicht nur ein Problem des Sports, sondern erzeugt auch negative Resonanzen in Politik, Wirtschaft und Massenmedien – man denke nur an die kommerziellen und politischen Auswirkungen von Dopingskandalen und die Konsequenzen einer inflationären Dopingberichterstattung in den Massenmedien beim Publikum. Damit kommt drittens die Einschätzung zum Ausdruck, daß die anstehenden Probleme auch nur gemeinsam angegangen und einer Lösung näher gebracht werden können. Auch wenn jeder Akteur nur für sich selbst handeln und auf eigene Ressourcen zurückgreifen kann, hat jeder seinen Beitrag zu erbringen, um eine Gesamtlösung zu ermöglichen. Wir haben oben einige Beispiele genannt, wie dies in Gestalt diverser, möglichst koordinierter Maßnahmen aussehen könnte.

Was bei einem Konstellationsmanagement zur Reduzierung des Dopingproblems nicht passieren dürfte, läßt sich bei vielen anderen »Runden Tischen« in durchaus negativer Weise bereits beobachten: Man diskutiert angeregt miteinander und versichert wechselseitig, guten Willens zu sein und bereits wichtige Schritte zur Lösung des Problems unternommen zu haben. Jeder Repräsentant verspricht weitere Änderungen und unterstreicht die eigene Mitverantwortung. Ein »Runder Tisch« funktioniert aber nur, wenn Problemlösungen dort nicht nur ritualistisch annonciert, sondern von allen Beteiligten in Gestalt konkreter, überprüfbarer und verbindlicher Selbstverpflichtungen festgelegt werden. Zusätzlich wären Limitationen einzubauen, damit der eine seine Rationalität nicht auf Kosten der anderen durchsetzt. Und generell wäre mitzudenken, daß die an einem »Runden Tisch« sitzenden Personen als Repräsentanten von Organisationen und deren Mitgliedern handeln – so wie beispielsweise die Vertreter von Arbeitgeber- und Arbeitnehmerorganisationen in Verhandlungen aufeinandertreffen, um etwa höhere Löhne oder längere Arbeitszeiten für ihre Mitglieder auszuhandeln. Um zu verhindern, daß die unorganisierten Akteure an einem »Runden Tisch« unterrepräsentiert sind, wären weiterhin Mechanismen zu entwickeln und zu institutionalisieren, um die bislang Nichtrepräsentierten einzubeziehen und strukturell zu berücksichtigen. Man denke beispielsweise an Organisationen, die in anderen Problemzusammenhängen zum Schutz von Verbrauchern, Steuerzahlern, Kindern oder Schülern etc. etabliert worden sind, um diesen Gruppierungen im Konzert der vielen Stimmen angemessen Gehör zu verschaffen. Instanzen, die beispielsweise für die unorganisierte Kollektivität des Sportpublikums zu sprechen hätten, wären einzurichten und entsprechend zu verankern.

Es sind Beispiele für ähnlich zugespitzte Konstellationen bekannt, die ein erfolgreiches Management der Selbständerung betrieben haben. Man denke nur an das »Wettrüsten« der Supermächte seit den 50er Jahren des letzten Jahrhunderts, das diese dann durch Rüstungskontrollabkommen in den 80er Jahren allmählich in den Griff bekamen. Auch wenn man aus einem solchen Beispiel gewisse Hoffnungen zu schöpfen vermag, darf nicht übersehen werden, daß das »Wettrüsten« bei all seiner Gefährlichkeit in zwei entscheidenden Hinsichten weniger komplex als die Dopingkonstellation ausfiel. Das »Wettrüsten« war das Ergebnis einer bipolaren Konstellation, die auf beiden Seiten von denselben Handlungslogiken beherrscht wurde, nämlich der militärischen und der politischen. Die Dopingkonstellation umfaßt demgegenüber deutlich mehr Arten von Akteuren und wird durch eine Vielzahl von Handlungslogiken bestimmt: die sportliche und die politische, die wirtschaftliche und die massenmediale, die medizinische, juristische und auch die pädagogische Sichtweise. Nicht zuletzt spielt auch die Perspektive der Zuschauer eine große Rolle.

Die Soziologie könnte in diesem Zusammenhang eine Mediatorfunktion für die verschiedenen Prozesse der Reflexion und Selbständerung übernehmen, denn sie erfüllt eine wichtige Voraussetzung dafür: Sie ist selbst nicht Teil der dopingerzeugenden Akteurkonstellation und wäre deshalb in der Lage, ihre Außensicht der Innensicht der beteiligten Akteure ohne größere Eigeninteressen verfügbar zu machen. Sie kann, eben weil sie selbst keine sportlichen, wirtschaftlichen, medialen oder publikumsorientierten Ziele abzudecken hat und somit nicht in den gleichen Handlungszwängen wie die von ihr beobachteten Akteure steckt, ein anderes, nämlich inkongruentes Wissen über die Funktions- und Wirkungsweise systemischer Eigendynamiken und intersystemischer Verstrickungen sammeln und verfügbar machen. Wie man aus der Attributionsforschung weiß: Handelnde rechnen Probleme anders zu als Beobachter, die selbst nicht handlungsmäßig in dem von ihnen beobachteten Kontext gefordert werden.

Trotz ihrer externen Beobachterposition kann die Soziologie nicht den Anspruch erheben, den Stein der Weisen gefunden zu haben und von diesem aus letzte Wahrheiten für alle verpflichtend verkünden zu können. Sie kann auch nur »ihre« Wahrheit vermitteln und als Orientierungshilfe anbieten. Es bleibt dann den Konstellationsakteuren überlassen, aus diesem Wissensangebot jene Informationen abzuleiten, die dazu beitragen könnten, die problematischen Externalitäten der jeweils eigenen Handlungslogik besser beobachten und reflektieren zu können.

Allerdings ist es auch Aufgabe einer seriösen, sich selbst in ihren Möglichkeiten und Grenzen mitbeobachtenden Soziologie, über die Wirkungs- und Umsetzungschancen ihrer Vorschläge nachzudenken. In diesem Sinne hat sie auf erwartbare Probleme bei der Etablierung eines intersystemischen Governance-Regimes hinzuweisen. Dazu gehört erstens, daß die Verbreitung soziologischen Wissens über die dopingerzeugende Akteurkonstellation den Selektionsstandards und Sinnverarbeitungsregeln der Massenmedien unterliegt, falls breite Wirkungseffekte intendiert werden. Eine nicht auf Personen fixierte und eine auf Moralisierung und Skandalierung verzichtende Berichterstattung über die Existenz und Wirkungsweise der Akteurkonstellation ist unter diesen Bedingungen schwierig durchzusetzen, zumal die Massenmedien dann auch intensiv über sich selbst und ihre Rolle zu berichten hätten. Außerdem treffen die Medienakteure mit dem Publikum auf einen Prinzipal, der mit der Möglichkeit des Abschaltens und des Nichtlesen- und Nichthörenwollens über eigene Verwicklungen über wirksame Exit-Optionen ihnen gegenüber verfügt. Wer beispielsweise die Fernsehzuschauer mit zuviel Dopingberichterstattung traktiert und langweilt, geht das Risiko ein, seine Klientel abzuschrecken oder gar zu verlieren. Außerdem ist das Publikum bislang noch eine unorganisierte Kollektivität, die auf Massenbasis nicht handlungsfähig ist.

Zweitens ist die Einsicht der Konstellationsakteure in die eigene Verstricktheit in das Dopingproblem noch nicht weit verbreitet, weil ein kollektives Lernen offensichtlich dadurch erschwert wird, daß die Resultate etwaiger Lernprozesse im Geflecht zwischen »talk« und »action« hängenbleiben und deswegen nur halbherzig umgesetzt werden. Der bisherige personenfixierte Umgang mit Doping, der sich seit Jahrzehnten »bewährt« hat, hilft dabei, das Problem auf den Sport und dessen Akteure abzuschieben und die eigenen Verstrickungen und Handlungsdilemmata unthematisiert zu lassen. Sowohl Sponsoren und politische Finanzgeber als auch Massenmedien und Publikum wehren sich bis heute energisch dagegen, durch das Dopingthema in irgendeiner Weise mitkontaminiert zu werden. Doping ist schließlich kein Thema, das mit der Leichtigkeit des Seins, mit Spaß, Lebensfreude, Gesundheit oder Fairneß zu tun hat und mit dem man gerne Werbung in eigener Sache betreiben möchte. Es ist vielmehr extrem negativ besetzt, da es auf betrügerische Machenschaften, Lügen, Verheimlichen und das Hintergehen offizieller Verhaltensstandards hindeutet. Außerdem sind die physischen, psychischen und sozialen Konsequenzen des Dopings alles andere als erfreulich. Athleten ruinieren ihre Gesundheit, tragen soziale Folgeschäden davon; nicht wenige sind daran bereits gestorben. Und auch die Körpersäfte, mit denen Biochemiker und Pharmakologen zu tun haben, wenn sie Doping nachzuweisen versuchen, gehören in die Kategorie des Unappetitlichen. Blut und Urin sind keine Flüssigkeiten, mit denen man in der Öffentlichkeit hausieren geht.

Daß Wirtschaft, Politik, Massenmedien und Publikum nicht mit Doping in Zusammenhang gebracht werden möchten, ist angesichts der negativen Besetztheit dieses Themas verständlich. Man wäscht sich infolgedessen die Hände in Unschuld, verweist auf die Verantwortung der jeweils anderen und trägt so dazu bei, daß die Dopingproblematik auf Dauer gestellt wird. Bisher hat das gemeinsame Interesse am Spitzensport noch nicht dazu geführt, daß sich ein eigenständiges Verhandlungssystem etabliert hätte, um Doping als Konstellationsproblem anzugehen. Diese Abstinenz hat offensichtlich auch damit zu tun, daß nicht etwa handfeste Konflikte zwischen den Konstellationsakteuren zu lösen sind, sondern die Effekte intersystemischer Nutzenverschränkungen, die hinter dem Horizont der eigenen Systemgrenzen passieren. Bisher schlagen sich die Folgen des Dopings noch vornehmlich auf der Ebene der Sportakteure nieder.

Die Einnahme einer derartigen Pilatus-Haltung wird demnach dadurch erleichtert, daß sich transintentionale Effekte nicht linear auf einzelne Ursprungsursachen zurückführen lassen, sondern als Emergenzphänomene durch das Zutun vieler Akteure zustande kommen. Doping ist das Resultat multipler, durchaus unübersichtlicher Verstrickungen und nicht das Ergebnis weniger Einzelentscheidungen, die untereinander intentional abgestimmt worden wären. Hinzu kommt, daß die technische Trennung zwischen Sender und Empfänger sowohl beim Publikum als auch bei den Medienanstalten leicht zu der Einschätzung führt, daß man mit dem, was im Spitzensport passiert, überhaupt nichts zu tun habe. Auch Wirtschaft und Politik (Ausnahme: das »Staatsdoping« mancher totalitärer Regime) stiften nicht zum Doping an, sondern helfen »lediglich« dabei, den Siegescode des Spitzensports zu »entfesseln«.

Erschwerend für die erfolgreiche Durchführung eines Konstellationsmanagements kommt drittens hinzu, daß diverse Teilgruppen von Akteuren – z.B. einzelne Medienanstalten oder Wirtschaftsunternehmen – untereinander in schärfsten Konkurrenzbeziehungen stehen und nicht alle gleichzeitig an einem Strang ziehen. Wenn die eine Firma sich stark in der Dopingbekämpfung engagiert und auf eine Förderung von Sportlern verzichtet, die sich mehrfach kontrollunwillig gezeigt haben, lacht sich die andere ins Fäustchen und profitiert klammheimlich von der Dopingdevianz der noch nicht erwischten Sportler. Auch die Konkurrenz von Nationalgesellschaften untereinander führt dazu, daß nicht alle politischen Akteure einen strikten Anti-Doping-Kurs unterstützen – insbesondere wenn nationale Gesinnungen und Identitäten scheinbar auf dem Spiel stehen und durch sportliche Erfolge der eigenen Athleten und Athletinnen stark gemacht werden sollen. Die Auseinandersetzungen zwischen Ost und West führten oft dazu, daß Doping in den entwickelten Gesellschaften des Ostens heimlich im Kampf gegen die »Klassenfeinde« eingesetzt wurde. Demgegenüber wurde in den westlichen Sportverbänden über die Dopingpraktiken der eigenen Sportler hinweggesehen, weil es die Fahne der Freiheit und Demokratie gegenüber den »Staatsamateuren« des Ostens hochzuhalten und ungleiche Startbedingungen zu kompensieren galt.

Insofern ist nicht generell davon auszugehen, daß alle Konstellationsakteure gleichermaßen reflexions- und verhandlungswillig sind, um ihre Möglichkeiten der Dopingdämpfung zu nutzen. Verhandlungsbereit sind Akteure in der Regel nur dann, wenn sie mögliche positive Ergebnisse für sich selbst antizipieren (Schimank 2000: 286 ff.). Wenn sie hingegen Nachteile annehmen, wird ihre Verhandlungswilligkeit eher niedrig ausfallen. Wer begibt sich schon gerne sehenden Auges in eine Verhandlungssituation hinein, in der keine Vorteile und Gewinne in eigener Sache zu erwarten sind? Wenn demzufolge auch nur ein Akteur der dopingerzeugenden Konstellation ohne die notwendigen Absprachen und Selbstverpflichtungen besser fährt als mit ihnen, man außerdem einen kostenträchtigen Verhandlungsaufwand betreiben müßte und sich zudem öffentlich und eventuell geschäftsschädigend als Teil einer problemerzeugenden Konstellation darzustellen hätte, fallen ernsthafte Bemühungen gegen Doping schwer.

Ein viertes Hemmnis liegt in der Schwierigkeit begründet, das Konstellationsmanagement im Weltmaßstab zu institutionalisieren und zu synchronisieren: Der Spitzensport hat sich seit Anfang des letzten Jahrhunderts zu einem »global player« entwickelt und entsprechend ausgerichtete Organisationen ausgeprägt. Er konnte sich aus einzelnen Nationalgesellschaften herauslösen und in ein transnationales Gebilde transformieren. Der Spitzensport ist heute ein »laterales Weltsystem« (Willke 1998: 380 f.) – ebenso wie die modernen Finanzsysteme, die Massenkommunikation und die zeitgenössische Popkultur. Ein Konstellationsmanagement hätte nicht nur die internationalen Sportorganisationen zu erfassen, sondern auch die globalen Spieler in Wirtschaft, Politik und Massenmedien an »Runden Tischen« zusammenzubringen. Auch wenn die Internationalisierung der Sportorganisationen bereits weit fortgeschritten ist und auf dieser Ebene erste Erfolge in der Handhabung des Dopingproblems erkennbar sind (Beispiel: die Standardisierungseffekte in der Dopingbekämpfung durch die Einrichtung der Welt-Anti-Doping-Agentur), haben sich die anderen Konstellationsakteure noch nicht in einer erkennbaren Weise zu verhandlungsfähigen supranationalen Einrichtungen zusammengefunden. Die Uneinsichtigkeit der außersportlichen Akteure im nationalen Kontext verdoppelt und verstärkt sich durch ihre Uneinsichtigkeit, auf der internationalen Ebene ein intersystemisches Governance-Regime zu etablieren. Analoge Schwierigkeiten gibt es seit Jahren im Umgang mit ökologischen Problemen, wenn sich ein starker und mit Sanktionsmacht ausgerüsteter Akteur – die USA – weigert, ein wichtiges Umweltprotokoll zu unterschreiben und die dort festgeschriebenen Selbstverpflichtungen einzuhalten.

Dynamiken der Abweichung wirken allerdings nur dann zwangsläufig, wenn die devianzstimulierenden Konstellationsbedingungen unverändert bleiben. Ansonsten bestehen Möglichkeiten der Abweichungsdämpfung, die sich auch im Fall des Dopings nutzen ließen. Eskalatorische Spiralen und Aufschaukelungseffekte können prinzipiell in ihrer Dynamik begrenzt und zurückgefahren werden, wenn die an der Problemerzeugung beteiligten Bezugsgruppen zur Problemlösung mit herangezogen werden und verhandlungsbereit sind. Ob die Konstellationsakteure ein dauerhaftes Interesse daran haben, ein Konstellationsmanagement durchzuführen und hierbei die Einsichten der Soziologie zu nutzen, um die Dopingrate herunterzufahren, bleibt abzuwarten. Bislang scheinen nicht wenige Akteure in Wirtschaft, Politik, Massenmedien und Publikum von der »brauchbaren Illegalität« des unentdeckten Dopings der Athleten noch so stark zu profitieren, daß ein dringlicher und pauschaler Veränderungswillen nicht unterstellt werden kann. Die Risikoabwälzung erfolgt bisher hauptsächlich nur zuungunsten der Sportler, wird also vornehmlich auf der Mikroebene virulent. Dort baden die Athleten aus, was auf der Meso- und Makroebene jahrzehntelang versäumt worden ist und noch immer weiter versäumt wird. Nicht nur, daß die Sportler die möglichen, teilweise äußerst gravierenden Gesundheitsgefährdungen des Dopings auf sich nehmen müssen, sie sind auch die Sündenböcke, die im Fall ihrer Entlarvung auf dem Altar hochgehaltener Werte geopfert und mit dem ganzen Inventar sozialer Degradierungszeremonien sanktioniert und diffamiert werden. Wenn die illegitime Innovation durch Doping aufgedeckt und zu einem öffentlichen Skandal gemacht wird, gehören die innere Logik des Leistungssports und die Erwartungsträger in Wirtschaft, Politik, Medien und Publikum nicht zu jenen, die an den Pranger gestellt werden. Indem die außersportlichen Konstellationsakteure auf den Sport und dessen Sozialfiguren verweisen, wenn über Doping kommuniziert wird, entlasten sie sich selbst von einer Mitschuld. Dies sollte die Veränderungswilligen aber nicht entmutigen, sich nach strategischen Allianzen umzuschauen, die als Avantgarde eines Konstellationsmanagements mögliche Mitzieheffekte und Vorbildwirkungen erzielen könnten.

Abbildungsverzeichnis

Abb. 1:   Publikumsmotive 70
Abb. 2:   Dimensionen der biographischen Fixierung 124
Abb. 3:   Dopingmotive 184
Abb. 4:   Leistungs- und Risikomatrix 193
Abb. 5:   Neutralisierungsrhetoriken 226
Abb. 6:   Prisoner's Dilemma 252
Abb. 7:   Konkurrenzspiel 255
Abb. 8:   Doping als »connected game« 257
Abb. 9:   Unterstützungsspiel 262
Abb. 10: Offenbarungsspiel 273
Abb. 11: Kontrollspiel 277
Abb. 12: Phasen des Dopingproblems 309
Abb. 13: Theorietypen und Analyseebenen 422

Abkürzungsverzeichnis

DLV	Deutscher Leichtathletik-Verband
DSB	Deutscher Sportbund
DSV	Deutscher Schwimm-Verband
DVS	Deutsche Vereinigung für Sportwissenschaft
FAZ	Frankfurter Allgemeine Zeitung
FR	Frankfurter Rundschau
IOC	International Olympic Committee
KR	Kölnische Rundschau
KSA	Kölner Stadt-Anzeiger
MM	Mannheimer Morgen
MRZ	Mainzer Rhein-Zeitung
NOK	Nationales Olympisches Komitee
NZZ	Neue Zürcher Zeitung
RB	Regensburger Bistumsblatt
RM	Rheinischer Merkur
RNZ	Rhein-Neckar-Zeitung
SI	Sports Illustrated
SZ	Süddeutsche Zeitung
WaS	Welt am Sonntag
WAZ	Westdeutsche Allgemeine Zeitung

Literaturverzeichnis

Abraham, Anke, 1986: Identitätsprobleme in der Rhythmischen Sport-gymnastik. In: Sportwissenschaft 4, 398-421.

Allport, Floyd H., 1924: The Structuring of Events. In: The Psychological Review 61, 281-303.

Arbena, Joseph L., 1991: Sport, Development, and Mexican Nationalism, 1920-1970. In: Journal of Sport History 18, 350-364.

Australisches Senatskomitee, 1989: Drugs in Sport. An Interim Report of the Senate Standing Committee on Environment, Recreation and the Arts. Canberra: Australian Government Publishing Service.

Axelrod, Robert M., 1984: The Evolution of Cooperation. New York: Basic Books.

Bach, Hermann, 1989: Normen des Sporttreibens zwischen historischer Kontinuität und gesellschaftlichem Wandel. In: Sportwissenschaft 16, 9-37.

Banfield, Edward, 1958: The Moral Basis of a Backward Society. New York 1967: Free Press.

Becker, Howard S., 1963: Outsiders. Studies in the Sociology of Deviance. Glencoe, Il.: Free Press.

Becker, Peter, 1987: Steigerung und Knappheit. Zur Kontingenzformel des Sportsystems und ihren Folgen. In: Peter Becker (Hrsg.), Sport und Höchstleistung. Reinbek bei Hamburg: Rowohlt, 17-37.

Bell, Daniel, 1976: Die Zukunft der westlichen Welt. Kultur und Techno-logie im Widerstreit. Frankfurt a. M. 1979: Fischer.

Bellebaum, Alfred, 1990: Langeweile, Überdruß und Lebenssinn. Eine geistesgeschichtliche und kultursoziologische Untersuchung. Opladen: Westdeutscher Verlag.

Berendonk, Brigitte, 1992: Doping. Von der Forschung zum Betrug. 2. erw. Aufl., Reinbek: Rowohlt.

Berger, Peter L. und Thomas Luckmann, 1966: The Social Construction of Reality. A Treatise in the Sociology of Knowledge. Garden City, N. Y., 1967: Doubleday.

Bette, Karl-Heinrich, 1981: Sponsorenschaft als integrativer Mechanismus. In: Thomas Kutsch/Günther Wiswede (Hrsg.), Sport und Gesellschaft: Die Kehrseite der Medaille. Königsstein, Ts.: Hain, 104-114.

Bette, Karl-Heinrich, 1984a: Strukturelle Aspekte des Hochleistungs-sports in der Bundesrepublik. Ansatzpunkte für eine System-Umwelt-Theorie des Hochleistungssports. Sankt Augustin: Richarz.

Bette, Karl-Heinrich, 1984b: Die Trainerrolle im Hochleistungssport. Sy-stem- und rollentheoretische Überlegungen zur Sozialfigur des Trai-ners. Sankt Augustin: Richarz.

Bette, Karl-Heinrich, 1989: Körperspuren. Zur Semantik und Paradoxie moderner Körperlichkeit. Berlin und New York: de Gruyter (die zweite, überarbeitete und ergänzte Auflage erschien 2005 im transcript Verlag Bielefeld).

Bette, Karl-Heinrich, 1990a: Gegenzeit und Re-präsentation. Zur Wiederentdeckung von Gegenwart und Langsamkeit in komplexen Gesellschaften. Text auf der Grundlage eines Vortrags, gehalten am 13. 10. 1986 auf der Jahrestagung der dvs-Sektion Sportsoziologie an der Führungs- und Verwaltungsakademie des DSB in Berlin. In: Georg Anders (Hrsg.), Vereinssport an der Wachstumsgrenze? Sport in der Krise der Industriegesellschaften. Witten: Verlag am Steinberg, 35-58.

Bette, Karl-Heinrich, 1990b: Sport als Thema geselliger Konversation. Zur Choreographie mikrosozialer Situationen. In: Karl-Heinrich Bette, Theorie als Herausforderung. Beiträge zur systemtheoretischen Reflexion der Sportwissenschaft. Aachen, 1992: Meyer & Meyer, 16-35.

Bette, Karl-Heinrich, 1991: Wissenschaftliche Sportberatung. Probleme der Anwendung und Anwendung als Problem. In: Martin Bührle/Michael Schurr (Hrsg.), Leistungssport: Herausforderung für die Sportwissenschaft. Schorndorf: Hofmann, 67-82.

Bette, Karl-Heinrich, 1992: Kultobjekt Körper. In: Roman Horak/Otto Penz (Hrsg.), Sport: Kult & Kommerz. Wien: Verlag für Gesellschaftskritik, 113-137.

Bette, Karl-Heinrich, 1993a: Sport und Individualisierung. In: Spectrum der Sportwissenschaften 5, 34-55.

Bette, Karl-Heinrich, 1993b: Neuere Systemtheorie. In: Karl-Heinrich Bette/Gerd Hoffmann/Carsten Kruse/Eckhard Meinberg/Jörg Thiele (Hrsg.), Zwischen Verstehen und Beschreiben. Forschungsmethodologische Ansätze in der Sportwissenschaft. Köln: Sport und Buch Strauß, 215-258.

Bette, Karl-Heinrich (Hrsg.), 1994: Doping im Leistungssport – sozialwissenschaftlich beobachtet. Stuttgart: Naglschmid.

Bette, Karl-Heinrich und Friedhelm Neidhardt, 1985: Förderungseinrichtungen im Hochleistungssport. Schorndorf: Hofmann.

Bette, Karl-Heinrich und Uwe Schimank, 1996: Coping mit Doping: die Sportverbände im Organisationsstreß. In: Sportwissenschaft 26, Heft 4, 357-382.

Bette, Karl-Heinrich und Uwe Schimank, 1999: Eigendynamiken der Abweichung. Doping und Terrorismus im Vergleich. In: Jürgen Gerhards/Ronald Hitzler (Hrsg.), Eigenwilligkeit und Rationalität sozialer Prozesse. Opladen: Westdeutscher Verlag, 316-335.

Bette, Karl-Heinrich und Uwe Schimank, 2000: Doping als Konstellationsprodukt. Eine soziologische Analyse. In: Michael Gamper/Jan Mühlethaler/Felix Reidhaar (Hrsg.), Doping. Spitzensport als gesellschaftliches Problem. Zürich: Verlag Neue Zürcher Zeitung, 91-112.

Bette, Karl-Heinrich und Uwe Schimank, 2006: Die Dopingfalle. Biele-feld: transcript.

Bette, Karl-Heinrich, Uwe Schimank, Dominik Wahlig, Ulrike Weber, 2002: Biographische Dynamiken im Leistungssport. Möglichkeiten der Dopingprävention im Jugendalter. Köln: Sport und Buch.

Blackwell, Judith, 1991: Discourses on Drug Use: The Social Construction of a Steroid Scandal. In: The Journal of Drug Issues 21, 147-164.

Blinkert, Baldo, 1988: Kriminalität als Modernisierungsrisiko? Das »Hermes-Syndrom« der entwickelten Industriegesellschaften. In: Soziale Welt 39, 397-412.

Bloch, Ernst, 1959: Das Prinzip Hoffnung. 3 Bde., Frankfurt a. M.: Suhrkamp.

Bourdieu, Pierre, 1985: Historische und soziale Voraussetzungen modernen Sports. In: Merkur 39, 575-590.

Breivik, Gunnar, 1991: Cooperation Against Doping? In: Judith Andre/ David N. James (Hrsg.), Rethinking College Athletics. Philadelphia: Temple University Press, 183-193.

Breivik, Gunnar, 1992: Doping Games. A Game Theoretical Exploration of Doping. In: International Review for the Sociology of Sport 27, 235-253.

Brummett, Barry und Margaret C. Duncan, 1990: Theorizing without Totalizing: Secularity and Televised Sports. In: The Quarterly Journal of Speech 76, 227-246.

Brunsson, Nils, 1989: The Organization of Hypocrisy. Talk, decisions and actions in organizations. Chichester: John Wiley & Sons.

Carlyle, Thomas, 1841: On Heroes and Heroeworship. In: Thomas Carlyle, Sartor Resartus. The Works Vol. 1. New York, 1967: AMS Press.

Carr, G., 1974: The Use of Sport in the German Democratic Republic for the Promotion of National Consciousness and International Prestige. In: Journal of Sport History 1, 123-136.

Claeys, Urbain und Herman van Pelt, 1986: Introduction: Sport and the Mass Media: Like Bacon and Eggs. In: International Review for the Sociology of Sport 21, 95-101.

Clasing, Dirk (Hrsg.), 1992: Doping – verbotene Arzneimittel im Sport. Unter Mitarbeit von Manfred Donike, Ommo Grupe, Wilfried Kindermann, Hans Kuno Kley und Jochen Kühl. Stuttgart: Fischer.

Clausen, Lars und Wolf Dombrowsky, 1984: Warnpraxis und Warnlogik. In: Zeitschrift für Soziologie 13, 293-307.

Cloward, Richard A., 1959: Illegitimate Means, Anomie and Deviant Behavior. In: American Sociological Review 24, 164-176.

Cloward, Richard A. und Lloyd E. Ohlin, 1960: Delinquency and Opportunity: A Theory of Delinquent Gangs. Glencoe, Il.: Free Press.

Coleman, James S., 1974: Power and the Structure of Society. New York: Norton.

Coleman, James S., 1990: Foundations of Social Theory. Cambridge, MA.: The Belknap Press.

Colman, Andrew M., 1982: Game Theory and Experimental Games. Oxford: Pergamon Press.

De Mondenard, Jean-Pierre, 1987: Drogues et Dopage. Paris: Quel Corps.

De Mondenard, Jean-Pierre, 1998: Le martyr du dopage. In: Sport et vie 47, 16/17.

Deutscher Sportbund (Hrsg.), 1982: DSB 1978-1982. Bericht des Präsidiums. Frankfurt a. M.: DSB e. V.

Digel, Helmut, 1988: Sport als Interessenobjekt nationalstaatlicher Politik. In: Helmut Digel (Hrsg.), Sport im Verein und im Verband. Schorndorf: Hofmann, 138-157.

Digel, Helmut und Rüdiger Nickel, 1993: Konstruktive Hilfen zur Lösung des Dopingproblems sind erwünscht! In: Leistungssport 3, 51-53.

Digel, Helmut, 1994: Doping als Verbandsproblem. In: Karl-Heinrich Bette (Hrsg.), Doping im Leistungssport – sozialwissenschaftlich beobachtet. Stuttgart: Naglschmid, 133-152.

Digel, Helmut, 1999: The Fundamentals to Protect Honest Athletes. In: New Studies in Athletics 14, Heft 2, 19-22.

Doehlemann, Martin, 1991: Langeweile? Deutung eines verbreiteten Phänomens. Frankfurt a. M.: Suhrkamp.

Donati, Sandro 2004: The Silent Drama of the Diffusion of Doping among Amateurs and Professionals. In: John Hoberman/Verner Moeller (Hrsg.), Doping and Public Policy. Odense: University of Southern Denmark, 45-90.

Donati, Sandro, 2005: Von der Schwierigkeit, Doping zu bekämpfen: Alessandro Donatis Erfahrungen in Italien. In: Andreas Singler und Gerhard Treutlein, Doping im Spitzensport. Aachen: Meyer & Meyer, 337-356.

Donati, Sandro, 2006: Zur Situation des Schwarzmarktes. In: Gerhard Treutlein/Giselher Spitzer/Wolfgang Knörzer (Hrsg.), Dopingprävention. Aachen: Meyer & Meyer, 17-29.

Donnelly, Peter und Kevin, Young, 1988: The Construction and Confirmation of Identity in Sport Subcultures. In: Sociology of Sport Journal 5, 223-240.

Downs, Anthony, 1972: Up and Down with Ecology – The »Issue-Attention« Cycle. In: Public Interest 28, 38-50.

Downs, Georg W. et al., 1985: Arms Races and Cooperation. In: World Politics 38, 118-146.

Dubin, Charles L., 1990: Commission of Inquiry into the Use of Drugs and Banned Practices Intended to Increase Athletic Performance. Ottawa: Canadian Government Publishing Centre.

Duncan, Margaret C. und Barry Brummett, 1989: Types and Sources of Spectating Pleasure in Televised Sports. In: Sociology of Sport Journal 6, 195-211.

Ebbighausen, Rolf und Sighard Neckel (Hrsg.), 1989: Anatomie des politischen Skandals. Frankfurt a. M.: Suhrkamp.

Ebers, Mark und Wilfried Gotsch, 1993: Institutionenökonomische Theorien der Organisation. In: Albrecht Kieser (Hrsg.), Organisationstheorien. Stuttgart: Kohlhammer, 193-242.

Edelman, Murray J., 1964: The Symbolic Uses of Politics. Urbana, IL.: University of Illinois Press.

Edelman, Murray J., 1971: Politics as Symbolic Action. Mass Arousal and Quiescence. Chicago, IL.: Markham.

Edelman, Murray J., 1988: Constructing the Political Spectacle. Chicago, IL.: University of Chicago Press.

Edwards, Harry, 1986: Sport's Tragic Drug Connection: Where Do we Go from Here? In: Journal of Sport and Social Issues 10 (2), 1-5.

Eichmann, Rainer, 1989: Systemische Diskurse – Zur produktiven Nutzung von Dissens. In: Manfred Glagow u. a. (Hrsg.), Gesellschaftliche Steuerungsrationalität und partikulare Handlungsstrategien. Pfaffenweiler: Centaurus, 55-80.

Eitzen, D. Stanley, 1981: Sport and Deviance. In: Günther Lüschen/ George H. Sage (Hrsg.), Handbook of Social Science of Sport. Champaign, IL.: Stipes, 400-414.

Eitzen, D. Stanley, 1988: Conflict Theory and Deviance in Sport. In: International Review for the Sociology of Sport 23, 193-204.

Elias, Norbert, 1939: Über den Prozeß der Zivilisation. 2 Bde., Frankfurt a. M.: Suhrkamp 1976.

Elias, Norbert und Eric Dunning, 1970: The Quest for Excitement in Unexciting Societies. In: Günther Lüschen (Hrsg.), The Cross-Cultural Analysis of Sport and Games. Champaign, IL.: Stipes, 31-51.

Emerson, Ralph M., 1962: Power-Dependence-Relations. In: American Sociological Review 27, 31-41.

Emig, Jürgen, 1986: Barriers of Investigative Sports Journalism: An Empirical Inquiry into the Conditions of Information Transmission. In: International Review for the Sociology of Sport 21, 113-130.

Emrich, Eike u. a., 1992: Abseits der Regeln: erfolgreiche Außenseiter. Überlegungen zum Doping und anderen Formen abweichenden Verhaltens im Sport aus soziologischer Sicht. In: Leistungssport 6, 55-58.

Espe, Hartmut, Margarete Seiwert und Hans-Peter Lang, 1985: Eine Typologie von deutschen Fernsehzuschauern nach Programmpräferenzen. In: Publizistik 30, 471-484.

Etzioni, Amitai, 1961: A Comparative Analysis of Complex Organizations. New York, 1975: Free Press.

Fainaru-Wada, Mark und Lance Williams, 2006: Game of Shadows: Barry Bonds, Balco, and the Steroids Scandals that Rocked Professional Sports. New York: Gotham Books.

Festinger, Leon, 1957: A Theory of Cognitive Dissonances. Evanston, IL.: Row.

Figone, Albert L., 1988: Drugs in Professional Sport. In: Arena Review 12, 28-29.

Fingarette, Herbert, 1969: Self-Deception. London, 1972: Routledge.

Fischer, Harald, 1986: Sport und Geschäft – Professionalisierung im Sport. Berlin: Bartels & Wernitz.

Foerster, Heinz von, 1985: Sicht und Einsicht. Versuche zu einer operativen Erkenntnistheorie. Braunschweig und Wiesbaden: Vieweg.

Fost, Norman, 1986: Banning Drugs in Sports: A Skeptical View. In: Hastings Center Report 16 (4), 5-10.

Franke, Elk, 1994: Dopingdiskurse. Eine Herausforderung für die Sportwissenschaft. In: Karl-Heinrich Bette (Hrsg.), Doping im Leistungssport – sozialwissenschaftlich beobachtet. Stuttgart: Naglschmid, 67-99.

Franke, Werner, 1993: Funktion und Instrumentalisierung des Sports in der DDR: Pharmakologische Manipulationen (Doping) und die Rolle der Wissenschaft. Expertise für die Enquête-Kommission des Deutschen Bundestages zur »Aufarbeitung von Geschichte und Folgen der SED-Diktatur in Deutschland«. Heidelberg, Manuskript.

Frey, Bruno S., 1988: Ein ipsatives Modell menschlichen Verhaltens. Ein Beitrag zur Ökonomie und Psychologie. In: Analyse und Kritik 10, 181-205.

Funke, Rainer, 1978: Sich durchsetzender Kapitalismus. Eine Alternative zum spätkapitalistischen Paradigma. In: Starnberger Studien 2, Sozialpolitik als soziale Kontrolle. Frankfurt a. M.: Suhrkamp, 219-228.

Galtung, Johan, 1971: Gewalt, Frieden und Friedensforschung. In: Dieter Senghaas (Hrsg.), Kritische Friedensforschung. Frankfurt a. M.: Suhrkamp, 55-105.

Gantz, Walter und Lawrence A. Wenner, 1991: Men, Women, and Sports: Audience Experiences and Effects. In: Journal of Broadcasting and Electronic Media 35, 233-243.

Gebauer, Gunter, 1972: »Leistung« als Aktion und Präsentation. In: Sportwissenschaft 2, 182-197.

Gehlen, Arnold, 1957: Die Seele im technischen Zeitalter. Reinbek: Rowohlt.

Gerstmeyer, Thomas, 1990: Die nicht-pragmatische Legitimation des Dopingverbots. In: Sportwissenschaft 20, 245-262.

Geser, Hans, 1986: Elemente zu einer soziologischen Theorie des Unterlassens. In: Kölner Zeitschrift für Soziologie und Sozialpsychologie 38, 643-669.

Glaser, Daniel, 1965: Criminality Theories and Behavioral Change. In: American Journal of Sociology 61, 433-444.

Goebel, Markus und Johannes F. K. Schmidt, 1998: Inklusion/Exklusion: Karriere, Probleme und Differenzierungen eines systemtheoretischen Begriffspaars. In: Soziale Systeme 1, 87-118.

Goffman, Erving, 1952: On Cooling the Mark Out: Some Aspects of Adaptation to Failure. In: Arnold M. Rose (Hrsg.), Human Nature and Social Process. London: Routledge 1971, 482-505.

Goffman, Erving, 1956: Wir alle spielen Theater. Die Selbstdarstellung im Alltag. München: Piper 1969.

Goffman, Erving, 1961: Asyle. Über die soziale Situation psychiatrischer Patienten und andere Insassen. Frankfurt a. M.: Suhrkamp 1973.

Goldner, Fred H. und R. Richard Ritti, 1977: The Production of Cynical Knowledge in Organizations. In: American Sociological Review 42, 539-551.

Greendorfer, Susan L., 1981: Sport and the Mass Media. In: Günther Lüschen/George H. Sage (Hrsg.), Handbook of Social Science of Sport. Champaign, IL.: Stipes, 160-180.

Greendorfer, Susan L., 1983: Sport and The Mass Media: General Overview. In: Arena Review 7 (2), 1-6.

Grupe, Ommo, 1985: Hat der Spitzensport (noch) eine Zukunft? Versuch einer Standortbestimmung. In: Georg Anders/Guido Schilling (Hrsg.), Hat der Spitzensport (noch) eine Zukunft? Magglingen: Rohr & Cie., 13-42.

Grupe, Ommo, 1989: Doping und Leistungsmanipulation – Zehn Gründe für konsequente Kontrollen. In: Olympisches Feuer 39, 10-13.

Güldenpfennig, Sven, 2001: Der Sport verweist nur auf sich selbst – wie jede andere Kunst. In: Franz Bockrath/Elk Franke (Hrsg.), Vom sinnlichen Eindruck zum symbolischen Ausdruck – im Sport. Ahrensburg: Czwalina, 183-209.

Guggenberger, Bernd, 1993: Der ästhetische Augenblick und die Schatten der Vergangenheit. Das Schöne im prä- und postmodernen Lebenszusammenhang. In: Neue Rundschau 104, 66-78.

Guttmann, Allen, 1978: From Ritual to Record. The Nature of Modern Sports. New York: Columbia University Press.

Guttmann, Allen, 1986: Sports Spectators. New York: Columbia University Press.

Haas, Werner, 1994: Die Antidoping-Initiative des Zehnkampf-Teams. In: Karl-Heinrich Bette (Hrsg.), Doping im Leistungssport – sozialwissenschaftlich beobachtet. Stuttgart: Naglschmid, 167-175.

Habermas, Jürgen, 1971: Vorbereitende Bemerkungen zu einer Theorie der kommunikativen Kompetenz. In: Jürgen Habermas und Niklas Luhmann, Theorie der Gesellschaft oder Sozialtechnologie – Was leistet die Systemforschung? Frankfurt a. M.: Suhrkamp, 101-141.

Habermas, Jürgen, 1979: Einleitung. In: Jürgen Habermas (Hrsg.), Stichworte zur »geistigen Situation der Zeit«. Frankfurt a. M.: Suhrkamp, 7-35.

Hahn, Alois, 1983: Konsensfiktionen in Kleingruppen. Dargestellt am Beispiel von jungen Ehen. In: Friedhelm Neidhardt (Hrsg.), Gruppensoziologie. Perspektiven und Materialien. Sonderheft 25 der Kölner Zeitschrift für Soziologie und Sozialpsychologie. Opladen: Westdeutscher Verlag, 210-232.

Hammerich, Kurt, 1963: Funktionen des Sports in der Familie von heute. In: Leibeserziehung 12, 392-397.

Hartfiel, Günter, 1977: Einleitung. In: Günter Hartfiel (Hrsg.), Das Leistungsprinzip. Opladen: Leske & Budrich, 7-48.

Hearings Before The Committee On The Judiciary United States Senate, 1989: The Steroid Abuse Problem in America, Focusing on the Use of Steroids in College and Professional Football Today. Washington, 1990: U.S. Government Printing Office.

Heinemann, Klaus, 1985: Voraussetzungen und Konsequenzen einer Kommerzialisierung des Leistungssports. In: Georg Anders/Guido Schilling (Hrsg.), Hat der Spitzensport (noch) eine Zukunft? Magglingen: Rohr & Cie., 83-95.

Heinemann, Klaus, 1987: Ökonomische Aspekte des Leistungssports. In: Peter Becker (Hrsg.), Sport und Höchstleistung. Reinbek: Rowohlt, 145-163.

Heinilä, Kalevi, 1982: The Totalization Process in International Sport. In: Sportwissenschaft 12, 235-254.

Heringer, Hans Jürgen, 1990: Regeln und Fairneß. In: Sportwissenschaft 20, 27-42.

Hesling, Willem, 1986: The Pictorial Representation of Sports on Television. In: International Review for the Sociology of Sport 21, 173-193.

Hirsch, Fred G., 1976: Social Limits to Growth. London: Routledge.

Hirsch, Paul, Stuart Michaels und Ray Friedman, 1987: »Dirty Hands« versus »Clean Models«. Is Sociology in Danger of Being Seduced by Economics? In: Theory and Society 16, 317-336.

Hoberman, John, 1994: Sterbliche Maschinen. Doping und die Unmenschlichkeit des Hochleistungssports. Aachen: Meyer & Meyer.

Hoch, Paul, 1972: Rip off the Big Game. The Exploitation of Sports by the Power Elite. Garden City, N. Y.: Doubleday & Company.

Holler, Manfred J. und Gerhard Illing, 1991: Einführung in die Spieltheorie. Berlin: Springer.

Holzapfel, Brigitte, 1984: Auf dem Weg zu einem neuen Körpererleben: Zwischen zwei Verletzungen. In: Michael Klein (Hrsg.), Sport und Körper. Reinbek: Rowohlt, 105-110.

Hopf, Wilhelm, 1979: Fernsehsport: Fußball und anderes. In: Wilhelm Hopf (Hrsg.), Fußball. Soziologie und Sozialgeschichte einer populären Sportart. Bensheim: Päd-Extra-Buchverlag, 227-240.

Houlihan, Barrie, 1990: The Politics of Sport Policy in Britain: The Examples of Football Hooliganism and Drug Abuse. In: Leisure Studies 9, 55-69.

Johansson, Martin, 1987: Doping as a Threat Against Sport and Society: The Case of Sweden. In: International Review for the Sociology of Sport 22, 83-96.

Johnson, Arthur T., 1982: Government, Opposition and Sport: The Role of Domestic Sports Policy in Generating Political Support. In: Journal of Sport and Social Issues 6 (2), 22-34.

Kaminski, Gerhard, Reinhardt Mayer und Bernd A. Ruoff, 1984: Kinder und Jugendliche im Hochleistungssport. Schorndorf: Hofmann.

Kant, Immanuel, 1790: Kritik der Urteilskraft. 2. Aufl. Frankfurt a.M.: Suhrkamp 1974.

Keck, Otto und Gert Wagner, 1990: Asymmetrische Information als Ursache von Doping im Hochleistungssport. Eine Analyse auf Basis der Spieltheorie. In: Zeitschrift für Soziologie 19, 108-116.

Kelley, Harold H. und Anthony J. Stahelski, 1970: Social Interaction Basis of Cooperators' and Competitors' Beliefs about Others. In: Journal of Personality and Social Psychology 16, 66-91.

Kelly, John R., 1981: Leisure and Sport: A Sociological Approach. In: Günther Lüschen/George H. Sage (Hrsg.), Handbook of Social Science of Sport. Champaign, IL.: Stipes, 181-194.

Kepplinger, Hans Mathias, 1992: Ereignismanagement. Wirklichkeit und Massenmedien. Zürich: Edition Interfrom.

Kistner, Thomas und Jens Weinreich, 1996: Muskelspiele. Ein Abgesang auf Olympia. Berlin: Rowohlt.

Klein, Michael, 1984: »Social Body«, persönlicher Leib und der Körper im Sport. In: Michael Klein (Hrsg.), Sport und Körper. Reinbek: Rowohlt, 7-20.

Klein, Michael, 1987: O ewiges Geheimnis, was wir sind und suchen, können wir nicht finden; was wir finden, sind wir nicht. Zur Motivation und Identität des Hochleistungssportlers. In: Peter Becker (Hrsg.), Sport und Höchstleistung. Reinbek: Rowohlt, 83-103.

Kofink, Hansjörg, 1993: Schulsport – Nachwuchsförderung für die Leistungsspitze? In: Olympisches Feuer 2, 14-19.

König, Eugen, 1993: Kritik des Dopings: Die Antiquiertheit der Sportethik und der Nihilismus des technologischen Sports. Vortrag, Work-
shop »Grenzen im Sport. Risikoentwicklung im modernen Sport«.
Universität Osnabrück, 7.-9.10.1993, Manuskript.

König, Eugen, 2001: Zur Dialektik von Humanität und Anthropotechnik
im Spitzensport. In: Helmut Digel (Hrsg.), Spitzensport – Chancen und
Probleme. Hofmann: Schorndorf, 66-79.

Komuku, Hiroshi, 1982: Japanese Top Athletics Attitudes toward their
Sports Careers. In: International Review of Sport Sociology 17 (2),
71-78.

Krawczyk, B., 1973: Soziale Werte einer Sportkarriere. In: Ommo Grupe
(Hrsg.), Sport in unserer Welt. Chancen und Probleme. Berlin: Springer,
399-401.

Krockow, Christian Graf von, 1980: Sport, Gesellschaft, Politik. Eine
Einführung. München: Piper.

Krupp, Hans-Jürgen und Gert Wagner, 1988: Die wirtschaftliche Bedeutung des Sports. In: Georg Anders et al. (Hrsg.), Sport und Wissenschaft.
Magglingen: Rohr, 17-40.

Krücken, Georg, 2002: Amerikanischer Neo-Institutionalismus – europäische Perspektiven. In: Sociologia Internationalis 40, 227-259.

Kuhn, Thomas S., 1962: Die Struktur wissenschaftlicher Revolutionen.
Frankfurt a. M.: Suhrkamp 1976.

Kutsch, Thomas und Karl-Heinrich Bette, 1981: Doping im Hochleistungssport. In: Thomas Kutsch/Günther Wiswede (Hrsg.), Sport und
Gesellschaft: Die Kehrseite der Medaille. Königstein, Ts: Hain, 71-87.

Lenk, Hans und Gunter A. Pilz, 1989: Das Prinzip Fairneß. Zürich:
Edition Interfrom.

Linck, Joachim, 1993: Doping aus juristischer Sicht. In: Medizin Recht (2),
55-62.

Lipset, Seymour M., 1959: Political Man. The Social Bases of Politics.
Garden City, New York: Doubleday.

Lüschen, Günther, 1976: Cheating in Sport. In: Daniel M. Landers (Hrsg.),
Social Problems in Athletics. Essays in the Sociology of Sport. 2. Ed.,
Urbana, IL.: University of Illinois Press 1977, 68-77.

Lüschen, Günther, 1984: Before and after Caracas – Drug Abuse and
Doping as Deviant Behavior in Sport. In: Kalevi Olin (Hrsg.), Contri-
bution of Sociology to the Study of Sport. Book in Honour of Professor
Kalevi Heinilä. University of Jyväskylä. Studies in Sport, Physical
Education and Health, 51-67.

Lüschen, Günther, 1994: Doping im Sport als abweichendes Verhalten:
Methodologische und inhaltliche Probleme. In: Karl-Heinrich Bette
(Hrsg.), Doping im Leistungssport – sozialwissenschaftlich beobachtet.
Stuttgart: Naglschmid, 7-27.

Luhmann, Niklas, 1964: Funktionen und Folgen formaler Organisation. Berlin: Duncker & Humblot.

Luhmann, Niklas, 1967: Soziologische Aufklärung. In: Niklas Luhmann, Soziologische Aufklärung 1. Opladen: Westdeutscher Verlag 1970, 66-91.

Luhmann, Niklas, 1969: Legitimation durch Verfahren. Darmstadt: Luchterhand.

Luhmann, Niklas, 1972: Rechtssoziologie. 2 Bde., Reinbek: Rowohlt.

Luhmann, Niklas, 1973a: Die Weltgesellschaft. In: Niklas Luhmann, Soziologische Aufklärung 2. Opladen: Westdeutscher Verlag 1975, 51-71.

Luhmann, Niklas, 1973b: Vertrauen. Ein Mechanismus der Reduktion sozialer Komplexität. 2. Aufl., Stuttgart: Enke.

Luhmann, Niklas, 1975: Interaktion, Organisation, Gesellschaft. In: Niklas Luhmann, Soziologische Aufklärung 2. Opladen: Westdeutscher Verlag, 9-20.

Luhmann, Niklas, 1978: Soziologie der Moral. In: Niklas Luhmann/ Stephan H. Pfürtner (Hrsg.), Theorietechnik und Moral. Frankfurt a. M.: Suhrkamp, 8-116.

Luhmann, Niklas, 1981: Gesellschaftsstrukturelle Bedingungen und Folgeprobleme des naturwissenschaftlich-technischen Fortschritts. In: Reinhard Löw/Peter Koslowski/Philipp Kreuzer (Hrsg.), Fortschritt ohne Maß? Eine Ortsbestimmung der wissenschaftlich-technischen Zivilisation. München: Piper, 113-131.

Luhmann, Niklas, 1983: Anspruchsinflation im Krankheitssystem. Eine Stellungnahme aus gesellschaftstheoretischer Sicht. In: Philipp Herder-Dorneich/Alexander Schuller (Hrsg.), Die Anspruchsspirale. Schicksal oder Systemdefekt? Stuttgart: Kohlhammer, 28-49.

Luhmann, Niklas, 1984a: Das Kunstwerk und die Selbstproduktion der Kunst. In: Delfin III, 51-69.

Luhmann, Niklas, 1984b: Soziale Systeme. Grundriß einer allgemeinen Theorie. Frankfurt a. M.: Suhrkamp.

Luhmann, Niklas, 1986: »Distinctions directrices«. Über Codierung von Semantiken und Systemen. In: Friedhelm Neidhardt/M. Rainer Lepsius (Hrsg.), Kultur und Gesellschaft. Opladen: Westdeutscher Verlag, 145-161.

Luhmann, Niklas, 1987: Codierung und Programmierung. Bildung und Selektion im Erziehungssystem. In: Heinz-Elmar Tenorth (Hrsg.), Allgemeine Bildung. Weinheim: Beltz, 154-182.

Luhmann, Niklas und Peter Fuchs, 1989: Reden und Schweigen. Frankfurt a. M.: Suhrkamp.

Luhmann, Niklas, 1993a: »Was ist der Fall?« und »Was steckt dahinter?« Die zwei Soziologien und die Gesellschaftstheorie. Universität Bielefeld: Presse- und Informationsstelle.

Luhmann, Niklas, 1993b: Die Realität der Massenmedien. Manuskript (Veröffentlichung Opladen: Westdeutscher Verlag 1995).

Mader, Alois, 1977: Anabolika im Hochleistungssport. In: Leistungssport 2, 136-147.

Mader, Alois, 1992: Der Mensch im Hochleistungssport und in der Leistungsphysiologie – Objekt oder Subjekt? Eine wenig philosophische Betrachtung. In: Brennpunkte der Sportwissenschaft 6, 157-169.

Mandell, Richard D., 1976: The Invention of the Sports Record. In: Stadion II, 250-264.

Mattenklott, Gerd, 1983: Der übersinnliche Leib. Beiträge zu einer Metaphysik des Körpers. Reinbek bei Hamburg: Rowohlt.

Maurer, Andrea, Marina Müller und Gabriele Siegert, 1994: Die Dominanz der Ökonomie – Reflexionen zur Ökonomisierung verschiedener Lebensbereiche in modernen Gesellschaften. In: Horst Reimann/Hans-Peter Müller (Hrsg.), Probleme moderner Gesellschaften. Peter Atteslander zum 65. Geburtstag. Opladen: Westdeutscher Verlag, 99-121.

Mayntz, Renate et al., 1978: Vollzugsprobleme der Umweltpolitik. Empirische Untersuchung der Implementation von Gesetzen im Bereich der Luftreinhaltung und des Gewässerschutzes. Stuttgart: Kohlhammer.

Mayntz, Renate, 1988: Funktionelle Teilsysteme in der Theorie sozialer Differenzierung. In: Renate Mayntz et al., Differenzierung und Verselbständigung. Zur Entwicklung gesellschaftlicher Teilsysteme. Frankfurt a. M. und New York: Campus, 11-44.

McGinnis, Michael D., 1986: Issue Linkage and the Evolution of International Cooperation. In: Journal of Conflict Resolution 30, 141-170.

Merton, Robert K., 1949: Social Structure and Anomie. In: Robert K. Merton, Social Theory and Social Structure. New York, 1968: Free Press, 185-214.

Merton, Robert K., 1968a: Continuities in the Theory of Social Structure and Anomie. In: Robert K. Merton, Social Theory and Social Structure. New York: Free Press 1968, 215-248.

Merton, Robert K., 1968b: Der Matthäus-Effekt in der Wissenschaft. In: Robert K. Merton, Entwicklung und Wandel von Wissenschaft. Frankfurt a. M.: Suhrkamp 1985, 100-116.

Meyer, John W. und Ronald L. Jepperson, 2000: The »Actors« of Modern Society: The Cultural Construction of Social Agency. In: Sociological Theory 18, 100-120.

Mihovilovic, Miro A., 1968: The Status of Former Sportsmen. In: International Review of Sport Science 3, 73-95.

Min, Gyungsook, 1987: Over-Commercialization of the Olympics 1988: The Role of U. S. Television Networks. In: International Review for the Sociology of Sport, 22, 137-142.

Moe, Terry M., 1984: The New Economics of Organization. In: American Journal of Political Science 28, 739-777.

Moore, Wilbert E. und Melvin M. Tumin, 1949: Some Social Functions of Ignorance. In: American Sociological Review, 787-795.

Mulkay, Michael L., 1972: The Social Process of Innovation. London: Macmillan.

Neal-Lunsford, Jeff, 1992: Sport in the Land of Television: The Use of Sport in Network Prime-Time Schedules 1946-50. In: Journal of Sport History 19, 56-76.

Neidhardt, Friedhelm, 1979: Das innere System sozialer Gruppen. In: Kölner Zeitschrift für Soziologie und Sozialpsychologie 31, 639-660.

Neidhardt, Friedhelm, 1981: Über Zufall, Eigendynamik und Institutionalisierbarkeit absurder Prozesse. Notizen am Beispiel einer terroristischen Gruppe. In: Heine von Alemann/Hans Peter Thurn (Hrsg.), Soziologie in weltbürgerlicher Absicht. Festschrift für Rene König zum 75. Geburtstag. Opladen: Westdeutscher Verlag, 243-257.

Neidhardt, Friedhelm, 1985: Professionalisierung im Sport – Tendenzen, Probleme, Lösungsmuster. In: Georg Anders/Guido Schilling (Hrsg.), Hat der Spitzensport (noch) eine Zukunft? Magglingen: Rohr & Cie., 71-81.

Neidhardt, Friedhelm, 1988: Gewalt und Terrorismus. Studien zur Soziologie militanter Konflikte. Berlin: Wissenschaftszentrum für Sozialforschung.

Nixon, Howard L., 1974: The Commercial and Organizational Development of Modern Sport. In: International Review of Sport Sociology 9, 107-135.

Nixon, Howard L., 1982: Idealized Functions of Sport: Religious and Political Socialization through Sport. In: Journal of Sport and Social Issues 6 (1), 1-11.

Olson, Mancur, 1965: The Logic of Collective Action. Public Goods and the Theory of Groups. Cambridge, MA.: Harvard University Press 1971.

Paris, Rainer, 1991: Solidarische Beutezüge. Zur Theorie der Seilschaft. In: Merkur 12, 1167-1174.

Parsons, Talcott und Neil J. Smelser, 1956: Economy and Society. A Study in the Integration of Economic and Social Theory. London: Routledge & Kegan Paul.

Perrow, Charles, 1984: Normal Accidents. New York: Basic Books.

Pilz, Gunter, 1991: Hat der Hochleistungssport eine faustische Dimension erreicht? In: Olympische Jugend 11, 4-7.

Pilz, Gunter, 1994: Dopingsünder – die Avantgarde eines neuen Identitätstyps? In: Karl-Heinrich Bette (Hrsg.), Doping im Leistungssport – sozialwissenschaftlich beobachtet. Stuttgart: Naglschmid, 49-66.

Popitz, Heinrich, 1968: Über die Präventivwirkung des Nichtwissens. Dunkelziffer, Norm und Strafe. Tübingen: Mohr.

Prokop, Ludwig, 1972: Zur Geschichte des Dopings. In: Helmut Acker (Hrsg.), Rekorde aus der Retorte. Leistungssteigerung im modernen Hochleistungssport. Stuttgart: Deutsche Verlags-Anstalt, 22-30.

Prus, R., 1984: Career Contingencies: Examining Patterns of Involvement. In: Nancy Theberge/Paul Donnelly (Hrsg.), Sport and the Sociological Imagination. Fort Worth: TCU Press, 297-317.

Rawls, John, 1972: A Theory of Justice. Oxford: Clarendon Press.

Reckless, W.C., 1961: A New Theory of Delinquency and Crime. In: Federal Probation 25, 42-46.

Riordan, James, 1976: Sport in Soviet Society. Some Aspects of the Development of Sport in the USSR. In: Stadion 2, 90-120.

Riordan, James, 1977: Political Functions of Soviet Sport. With Reference to Ritual and Ceremony. In: Stadion 3, 148-172.

Rosenberg, Edwin, 1980: Sports as Work: Characteristics and Career Patterns. In: Sociological Symposium 30, 39-61.

Rosenberg, Edwin, 1984: Athletic Retirement as Social Death. In: Nancy Theberge/Peter Donnelly (Hrsg.), Sport and the Sociological Imagination. Fort Worth: TCU Press, 245-258.

Ryll, Andreas, 1989: Die Spieltheorie als Instrument der Gesellschaftsforschung. MPIFG-Discussion Paper 89/10. Köln: Max-Planck-Institut für Gesellschaftsforschung.

Scharpf, Fritz W., 1990: Games Real Actors Could Play: The Problem of Connectedness. MPIFG-Discussion Paper 90/8. Köln: Max-Planck-Institut für Gesellschaftsforschung.

Scherer, Karl A., 1976: Ein paar Medaillen zuviel. In: Olympisches Feuer 26, 4, 26-28.

Scheuch, Erwin K., 1977: Soziologie der Freizeit. In: Rene König (Hrsg.), Handbuch der empirischen Sozialforschung 11: Freizeit/Konsum. Stuttgart: Enke, 1-192.

Schimank, Uwe, 1981: Identitätsbehauptung in Arbeitsorganisationen – Individualität in der Formalstruktur. Frankfurt a.M.: Campus.

Schimank, Uwe, 1985: Der mangelnde Akteurbezug systemtheoretischer Erklärungen gesellschaftlicher Differenzierung – Ein Diskussionsvorschlag. In: Zeitschrift für Soziologie 14, 421-434.

Schimank, Uwe, 1988: Die Entwicklung des Sports zum gesellschaftlichen Teilsystem. In: Renate Mayntz u.a., Differenzierung und Verselbständigung. Zur Entwicklung gesellschaftlicher Teilsysteme. Frankfurt a.M.: Campus, 181-232.

467

Schimank, Uwe, 1989: Die Autonomie des Sports. Manuskript.

Schimank, Uwe, 1992: Spezifische Interessenkonsense trotz generellem Orientierungsdissens: Ein Integrationsmechanismus polyzentrischer Gesellschaften. In: Hans-Joachim Giegel (Hrsg.), Kommunikation und Konsens in modernen Gesellschaften. Frankfurt a.M.: Suhrkamp, 236-275.

Schimank, Uwe, 2000: Handeln und Strukturen. Einführung in die akteurtheoretische Soziologie. Weinheim und München: Juventa.

Schimank, Uwe, 2001: Funktionale Differenzierung und Durchorganisierung der modernen Gesellschaft. In: Veronika Tacke (Hrsg.), Organisation und gesellschaftliche Differenzierung. Wiesbaden: Westdeutscher Verlag, 19-38.

Schimank, Uwe und Nadine M. Schöneck, 2006: Sport im Inklusionsprofil der Bevölkerung Deutschlands – Ergebnisse einer differenzierungstheoretisch angelegten empirischen Untersuchung. In: Sport und Gesellschaft 3, 5-32

Schleiermacher, Friedrich, 1799: Versuch einer Theorie des geselligen Betragens. In: Paul Kluckhohn (Hrsg.), Lebenskunst. Deutsche Literatur in Entwicklungsreihen – Reihe Romantik 4. Darmstadt: Wissenschaftliche Buchgesellschaft 1966, 85-106.

Schneider-Grohe, Christa B., 1979: Doping. Eine kriminologische und kriminalistische Untersuchung zur Problematik der künstlichen Leistungssteigerung im Sport und zur rechtlichen Handhabung dieser Fälle. Lübeck: Max Schmidt-Römhild.

Schluchter, Wolfgang, 1988: Religion und Lebensführung Bd. 1. Frankfurt a.M.: Suhrkamp.

Schur, Edwin M., 1971: Labeling deviant behavior. New York: Harper & Row.

Schüssler, Rudolf, 1988: Der Homo Oeconomicus als skeptische Fiktion. In: Kölner Zeitschrift für Soziologie und Sozialpsychologie 40, 417-446.

Scott, Jack, 1971: The Athletic Revolution. New York: The Free Press.

Seel, Martin, 1993: Die Zelebration des Unvermögens. Zur Ästhetik des Sports. In: Merkur 2, 91-100.

Segal, Lynn, 1988: Das 18. Kamel oder die Welt als Erfindung. Zum Konstruktivismus Heinz von Foersters. München und Zürich: Piper.

Sehling, Michael, Reinhold Pollert und Dieter Hackfort, 1989: Doping im Sport: medizinische, sozialwissenschaftliche und juristische Aspekte. München: BLV.

Sennett, Richard, 1983: Verfall und Ende des öffentlichen Lebens. Die Tyrannei der Intimität. Frankfurt a.M.: Fischer 1986.

Shapiro, Harry, 1991: Running Scared. In: British Journal of Addiction 86 (1), 5-8.

Siegel, Bernard J., 1970: Defensive Structuring and Environmental Stress. In: American Journal of Sociology 76, 11-32.

Sievers, Burkard, 1974: Geheimnis und Geheimhaltung in sozialen Systemen. Opladen: Westdeutscher Verlag.

Singler, Andreas, 1993: Doping – der besondere Regelverstoß: Eine Problemanalyse aus soziologischer Sicht. Beitrag zum »Runden Tisch Dopingbekämpfung« des Deutschen Leichtathletik-Verbandes am 23. Januar 1993 in Erfurt. Manuskript.

Simmel, Georg, 1908: Soziologie. Untersuchungen über die Formen der Vergesellschaftung. 6. Aufl., Berlin: Duncker & Humblot 1983.

Slack, Trevor, 1982: Cuba's Political Involvement in Sport since the Socialist Revolution. In: Journal of Sport and Social Issue 6 (2), 35-45.

Smith, Garry J., 1976: A Study of a Sports Journalist. In: International Review of Sport Sociology 11 (3), 5-26.

Snyder, Eldon E. und Elmer Spreitzer, 1981: Sport, Education, and Schools. In: Günther Lüschen/George H. Sage (Hrsg.), Handbook of Social Science of Sport. Champaign, IL.: Stipes, 119-146.

Spinrad, William, 1981: The Function of Spectator Sports. In: Günther Lüschen/George H. Sage (Hrsg.), Handbook of Social Science of Sport. Champaign, IL.: Stipes, 354-365.

Stein, Artur vom, 1988: Massenmedien und Spitzensport. Theoretische Konkretisierung und ausgewählte empirische Analyse von Wirkungen der Mediensportrealität auf den Spitzensport in der Bundesrepublik Deutschland. Frankfurt a. M.: Lang.

Stevenson, Christopher L., 1990: The Early Careers of International Athletes. In: Sociology of Sport Journal 7, 238-253.

Stichweh, Rudolf, 1987: Die Autopoiesis der Wissenschaft. In: Dirk Baecker/Jürgen Markowitz/Rudolf Stichweh/Hartmann Tyrell/Helmut Willke (Hrsg.), Theorie als Passion. Niklas Luhmann zum 60. Geburtstag. Frankfurt a. M.: Suhrkamp, 447-481.

Stichweh, Rudolf, 1990: Sport – Ausdifferenzierung, Funktion, Code. In: Sportwissenschaft 4, 373-389.

Stichweh, Rudolf, 1993: Risikoverhalten und Selbstbegrenzung im modernen Hochleistungssport. Vortrag auf der Tagung »Grenzen im Sport. Risikoentwicklungen im modernen Sport«. Universität Osnabrück, 7.-9.10.1993. Manuskript.

Strenk, Andrew, 1979: What Price Victory? The World of International Sports and Politics. In: Annals of the American Academy of Political and Social Science 445, 128-140.

Sutherland, Edwin H., 1979: Die Theorie differentieller Kontakte. In: Fritz Sack/Rene König (Hrsg.), Kriminalsoziologie. Wiesbaden: Westdeutscher Verlag, 395-399.

Sykes, Gresham M. und David Matza, 1957: Techniques of Neutralization: A Theory of Delinquency. In: American Sociological Review 22, 664-670.

Sztyma-Pawlak, Grazyna, 1978: Reflection on Social Models of Sport

Careers of Top-Class Fencers of the National Team. In: International Review of Sport Sociology 13, 109-123.

Taylor, Trevor, 1988: Sport and World Politics: Functionalism and the State System. In: International Journal 43, 551-553.

Teubner, Günther und Helmut Willke, 1984: Kontext und Autonomie. Gesellschaftliche Selbststeuerung durch reflexives Recht. EUI Working Paper 93. Florenz: European University Institute.

Thomas, William I. und Thomas Dorothy S., 1928: The Child in America. New York.

Thompson, James D., 1967: Organizations in Action. New York: McGraw Hill.

Thränhardt, Carlo, 1994: Helden auf Zeit – Gespräche mit Olympiasiegern. Köln: Kiepenheuer & Witsch.

Treinen, Heiner, 1965: Symbolische Ortsbezogenheit. In: Kölner Zeitschrift für Soziologie und Sozialpsychologie 17, 74-97.

Turner, Ralph M., 1975: The Real Self: From Institution to Impulse. In: American Journal of Sociology 81, 989-1015.

Tyrell, Hartmann, 1987: Die »Anpassung« der Familie an die Schule. In: Jürgen Oelkers/Heinz-Elmar Tenorth (Hrsg.), Pädagogik, Erziehungswissenschaft und Systemtheorie. Weinheim: Beltz, 102-124.

Ulrich, Hans-Eberhard, 1977: Leistungssport – zwischen Idealisierung und Professionalisierung. Eine Analyse der sozialen Situation des Hochleistungssportlers aus der Sicht der verhaltenstheoretischen Soziologie. Köln: Dissertation an der Deutschen Sporthochschule.

Unabhängige Doping-Kommission, 1991: Bericht. Abgedruckt in: Karl-Heinrich Bette (Hrsg.), Doping im Leistungssport – sozialwissenschaftlich beobachtet. Stuttgart: Naglschmid 1994, 191-231.

Väyrynen, Raimo, 1982: Nationalism and Internationalism in Sports. In: Current Research on Peace and Violence 2, 122-132.

Varela, Francisco J., 1984: Two Principles for Self-Organization. In: Hans Ulrich/Gilbert J. B. Probst (Hrsg.), Self-Organization and Management of Social Systems. Insights, Promises, Doubts, and Questions. Berlin: Springer, 25-32.

Volkamer, Meinhart, 1981: Der Einfluß der Massenkommunikation auf das Zuschauerverhalten. In: Harald Binnewies (Hrsg.), Sport und Massenmedien. Ahrenburg: Czwalina, 17-29.

Voy, R. O., 1989: Klinische Aspekte der Dopingklassen. In: A. Dirix/H. G. Knuttgen/K. Tittel (Hrsg.), Olympiabuch der Sportmedizin. Köln: Deutscher Ärzte-Verlag, 528-534.

Voy, R. O., 1991: Drugs, Sport and Politics. Champaign, IL.: Human Kinetics Publishers.

Vuolle, Pauli, 1978: Sport as Life Content of Successful Finnish Amateur Athletes. In: International Review of Sport Sociology 13 (3), 5-29.

Walvin, James, 1978: Leisure and Society 1830-1950. London: Longman.

Wagner, Gert, 1994: Wie können die Doping-Zwickmühlen überwunden werden? In: Karl-Heinrich Bette (Hrsg.), Doping im Leistungssport – sozialwissenschaftlich beobachtet. Stuttgart: Naglschmid, 101-129.

Wagner, Gert und Otto Keck, 1990: Ein Weg aus der Doping-Zwickmühle – Stellungnahme zum Beitrag »The Doping Dilemma« von Gunnar Breivik. In: Sportwissenschaft 20, 439-446.

Watzlawick, Paul, 1985: Die erfundene Wirklichkeit. München: Piper.

Weaver, R. Kent, 1986: The Politics of Blame Avoidance. In: Journal of Public Policy 6, 371-398.

Westerbarkey, Joachim, 1991: Das Geheimnis. Opladen: Westdeutscher Verlag.

Willke, Helmut, 1984: Zum Problem der Intervention in selbstreferentielle Systeme. In: Zeitschrift für systemische Therapie 2, 191-200.

Willke, Helmut, 1988: Systemtheoretische Grundlagen des therapeutischen Eingriffs in autonome Systeme. In: Ludwig Reiter et al. (Hrsg.), Von der Familientherapie zur systemischen Perspektive. Berlin: Springer, 41-50.

Willke, Helmut, 1989: Systemtheorie entwickelter Gesellschaften. Dynamik und Riskanz moderner gesellschaftlicher Selbstorganisation. Weinheim: Juventa.

Willke, Helmut, 1998: Systemisches Wissensmanagement. Stuttgart: Lucius & Lucius.

Winkler, Joachim, 1982: Zur Struktur assoziativer Organisationen: Funktions- und Strukturwandel des Deutschen Sportbundes (DSB) in der Bundesrepublik Deutschland. Manuskript, Köln.

Winkler, Joachim und Ralf-Rainer Karhausen, 1985: Verbände im Sport. Eine empirische Analyse des Deutschen Sportbundes und ausgewählter Mitgliedsorganisationen. Schorndorf: Hofmann.

Wrong, Dennis H., 1961: The Oversocialized Conception of Man in Modern Sociology. In: American Sociological Review 26, 183-193.

Ziehe, Thomas, 1975: Pubertät und Narzißmus. Sind Jugendliche entpolitisiert? Frankfurt a. M.: Europäische Verlagsanstalt.

Zijderveld, Anton C., 1970: The Abstract Society. A Cultural Analysis of our Time. Harmondsworth: Penguin 1974.

Zintl, Reinhard, 1989: Der Homo Oeconomicus. Ausnahmeerscheinung in jeder Situation oder Jedermann in Ausnahmesituationen. In: Analyse und Kritik 11, 52-69.

Über die Autoren

Karl-Heinrich Bette, geb. 1952 in Dortmund, studierte Soziologie, Philosophie und Sport in Köln, Aachen und Urbana-Champaign, Promotion 1982, Habilitation 1988, von 1992-2002 Professor für Sportwissenschaft an der Universität Heidelberg, seit 2002 Professor für Sportsoziologie an der Technischen Universität Darmstadt.

Forschungsschwerpunkte: Sportsoziologie, Soziologie des Körpers, neuere soziologische Systemtheorie.

Wichtigste Buchveröffentlichungen: *Strukturelle Aspekte des Hochleistungssports in der Bundesrepublik*, Sankt Augustin 1984; *Die Trainerrolle im Hochleistungssport. System- und rollentheoretische Überlegungen zur Sozialfigur des Trainers*, Sankt Augustin 1984; *Förderungseinrichtungen im Hochleistungssport*, zus. mit Friedhelm Neidhardt, Schorndorf 1985; *Körperspuren. Zur Semantik und Paradoxie moderner Körperlichkeit*, Berlin und New York 1989, 2. Auflage 2005; *Theorie als Herausforderung. Beiträge zur systemtheoretischen Reflexion der Sportwissenschaft*, Aachen 1992; (Hrsg.), *Doping im Leistungssport – sozialwissenschaftlich beobachtet*, Stuttgart 1994; *Doping im Hochleistungssport. Anpassung durch Abweichung*, zus. mit Uwe Schimank, Frankfurt a.M. 1995, 2. Auflage 2006; *Systemtheorie und Sport*, Frankfurt a.M. 1999; *Biographische Dynamiken im Leistungssport*, zus. mit Uwe Schimank, Dominik Wahlig und Ulrike Weber, Köln 2002; *X-treme. Zur Soziologie des Abenteuer- und Risikosports*, Bielefeld 2004.

Uwe Schimank, geb. 1955 in Bielefeld, Studium der Soziologie an der Universität Bielefeld, Promotion 1981, Habilitation 1994, von 1985-1996 wissenschaftlicher Mitarbeiter des Max-Planck-Instituts für Gesellschaftsforschung, Köln; seit 1996 Professor für Soziologie an der FernUniversität Hagen.

Forschungsschwerpunkte: Soziologische System- und Akteurtheorien, Theorien gesellschaftlicher Differenzierung, Organisations-, Wissenschafts- und Sportsoziologie.

Wichtigste Buchveröffentlichungen: *Identitätsbehauptung in Arbeitsorganisationen*, Frankfurt a.M. 1981; *Neoromantischer Protest im Spätkapitalismus*, Bielefeld 1983; *Hochschulforschung im Schatten der Lehre*, Frankfurt a.M. 1995; *Theorien gesellschaftlicher Differenzierung*, Opladen 1996; *Handeln und Strukturen*, München 2000; *Das zwiespältige Individuum*, Opladen 2002; *Biographische Dynamiken im Leistungssport*, zus. mit Karl-Heinrich Bette, Dominik Wahlig und Ulrike Weber, Köln 2002; *Die Entscheidungsgesellschaft*, Wiesbaden 2005; *Differenzierung und Integration*, Wiesbaden 2005; *Teilsystemische Autonomie und politische Gesellschaftssteuerung*, Wiesbaden 2006.

edition suhrkamp
»Kultur und Konflikt«

Unter dem Titel »Kultur und Konflikt« ist 1994 eine Publikationsreihe des Forschungsschwerpunktes in der *edition suhrkamp* eröffnet worden, die von Wilhelm Heitmeyer, Günter Albrecht, Otto Backes und Rainer Dollase herausgegeben wird.

Das Gewalt-Dilemma. Gesellschaftliche Reaktionen auf fremdenfeindliche Gewalt und Rechtsextremismus. Herausgegeben von Wilhelm Heitmeyer. es 1905. 464 Seiten

Die bedrängte Toleranz. Ethnisch-kulturelle Konflikte, religiöse Differenzen und die Gefahren politisierter Gewalt. Herausgegeben von Wilhelm Heitmeyer und Rainer Dollase in Zusammenarbeit mit Johannes Vossen. es 1979. 507 Seiten

Bundesrepublik Deutschland: Auf dem Weg von der Konsens- zur Konfliktgesellschaft. Herausgegeben von Wilhelm Heitmeyer. Zwei Bände in Kassette. es 2004 und es 2034. 1138 Seiten

Verlockender Fundamentalismus. Türkische Jugendliche in Deutschland. Von Wilhelm Heitmeyer, Jochen Müller und Helmut Schröder. es 1767. 277 Seiten

Die Krise der Städte. Analysen zu den Folgen desintegrativer Stadtentwicklung für das ethnisch-kulturelle Zusammenleben. Herausgegeben von Wilhelm Heitmeyer, Rainer Dollase und Otto Backes. es 2036. 470 Seiten

Die Bindung der Unverbindlichkeit. Mediatisierte Kommunikation in modernen Gesellschaften. Von Uwe Sander. es 2042. 297 Seiten

Politisierte Religion. Ursachen und Erscheinungsformen des modernen Fundamentalismus. Herausgegeben von Heiner Bielefeldt und Wilhelm Heitmeyer. es 2073. 494 Seiten

Schattenseiten der Globalisierung. Rechtsradikalismus, Rechtspopulismus und separatistischer Regionalismus in westlichen Demokratien. Herausgegeben von Dieter Loch und Wilhelm Heitmeyer. es 2093. 544 Seiten

NF 316/2/11.00

Geschichte und Politik
in der edition suhrkamp
Eine Auswahl

Hannah Arendt revisited. »Eichmann in Jerusalem« und die
Folgen. Herausgegeben von Gary Smith. es 2135. 320 Seiten

Stephen Bronner. Augenblicke der Entscheidung. Übersetzt
von Petra Willim. es 1981. 247 Seiten

Marie-Janine Calic. Der Krieg in Bosnien-Hercegovina.
Ursachen – Konfliktstrukturen – Internationale Lösungsversuche. es 1943. 256 Seiten

Lorraine Daston. Vom Nutzen und Nachteil der Historie für
die Wissenschaften. es 2199. 80 Seiten

Kurt Eisner. Zwischen Kapitalismus und Kommunismus.
Herausgegeben und mit einer biographischen Einführung
versehen von Freya Eisner. Mit Abbildungen.
es 1982. 311 Seiten

Europa im Krieg. Die Debatte über den Krieg im ehemaligen
Jugoslawien. es 1809. 157 Seiten

Richard J. Evans. Im Schatten Hitlers? Historikerstreit und
Vergangenheitsbewältigung in der Bundesrepublik. Übersetzt
von Jürgen Blasius. es 1637. 283 Seiten

Fluchtpunkt Europa. Migration und Multikultur. Herausgegeben von Martina Fischer. es 2062. 248 Seiten

Juan Goytisolo
- Ein algerisches Tagebuch. Übersetzt von Thomas Brovot.
  Mit Abbidungen. es 1941. 120 Seiten
- Landschaften eines Krieges: Tschetschenien. Übersetzt von
  Thomas Brovot. es 1768. 110 Seiten
- Notizen aus Sarajewo. Mit zahlreichen Abbildungen. Über-
  setzt von Maralde Meyer-Minnemann. es 1899. 140 Seiten
- Weder Krieg noch Frieden. Palästina und Israel heute.
  Übersetzt von Thomas Brovot. Mit Fotos.
  es 1966. 108 Seiten

Ludolf Herbst. Das nationalsozialistische Deutschland.
Herausgegeben von Hans-Ulrich Wehler. 1933-1945. Die
Entfesselung der Gewalt: Rassismus und Krieg. NHB.
es 1285. 495 Seiten

Alfred Herzka. Kuba. Abschied vom Kommandanten?
es 2061. 258 Seiten

Die Hexen der Neuzeit. Studien zur Sozialgeschichte eines
kulturellen Deutungsmusters. Herausgegeben von Claudia
Honegger. Mit 15 Abbildungen. es 743. 393 Seiten

Wolfgang Hoffmann-Riem
- Kriminalpolitik ist Gesellschaftspolitik, es 2154. 240 Seiten
- Modernisierung von Recht und Justiz. Eine Herausforde-
  rung des Gewährleistungsstaates. es 2188. 368 Seiten

Dick Howard. Die Grundlegung der amerikanischen Demokratie. Übersetzt von Ulrich Rödel. es 2148. 450 Seiten

Konrad H. Jarausch. Die unverhoffte Einheit. 1989-1990.
es 1877. 416 Seiten

NF 315/2/11.00

Judentum im deutschen Sprachraum. Herausgegeben von
Karl E. Grözinger. es 1613. 435 Seiten

Ketzer, Zauberer, Hexen. Die Anfänge der europäischen
Hexenverfolgungen. Herausgegeben von Andreas Blauert.
es 1577. 285 Seiten

Ekkehart Krippendorff. Kritik der Außenpolitik.
es 2139. 240 Seiten

Kritisches Wörterbuch der Französischen Revolution.
Herausgegeben von François Furet und Mona Ozouf. Zwei
Bände. es 1522. 1712 Seiten

André Leroi-Gourhan. Die Religionen der Vorgeschichte.
Paläolithikum. Übersetzt von Michael Bischoff. Mit Abbildungen. es 1073. 171 Seiten

Christian Meier. Die Ohnmacht des allmächtigen Diktators
Caesar. Drei biographische Skizzen. es 1038. 287 Seiten

Oskar Negt/Alexander Kluge. Geschichte und Eigensinn.
Drei Bände. Mit zahlreichen Abbildungen. es 1700. 1249 Seiten

»Niemand zeugt für den Zeugen«. Erinnerungskultur und
historische Verantwortung nach der Shoa. Herausgegeben
von Ulrich Baer. es 2141. 278 Seiten

Frank Niess. Die europäische Idee – aus dem Geist des Widerstands. es 2160. 260 Seiten

Ostdeutsche Biographien. Lebenswelt im Umbruch. Herausgegeben von Rainer Zoll unter Mitarbeit von Thomas
Rausch. es 2078. 416 Seiten

Politik ohne Projekt? Nachdenken über Deutschland. Herausgegeben von Siegfried Unseld. es 1812. 494 Seiten

Schattenseiten der Globalisierung. Rechtsradikalismus, Rechtspopulismus und separatistischer Regionalismus in westlichen Demokratien. Herausgegeben von Dietmar Loch und Wilhelm Heitmeyer. es 2093. 544 Seiten

Bernhard Schlink. Heimat als Utopie. es-Sonderdruck. 48 Seiten

Alessandro Silij. Verbrechen, Politik, Demokratie in Italien. Übersetzt von Ulrich Hausmann. es 1911. 389 Seiten

Der Spanische Bürgerkrieg. Eine Bestandsaufnahme von Manuel Tuñón de Lara, Julio Aróstegui, Angel Viñas, Gabriel Cardona, Joseph M. Bricall. es 1401. 708 Seiten

Standort Europa. Europäische Sozialpolitik. Herausgegeben von Stephan Leibfried und Paul Pierson. es 2021. 400 Seiten

Dietrich Staritz. Geschichte der DDR. 1949-1989. Aktualisierte Neuausgabe. NHB. es 1260. 350 Seiten

Hans-Peter Ullmann. Das Deutsche Kaiserreich 1871-1918. NHB. es 1546. 308 Seiten

Paul Veyne. Foucault: Die Revolutionierung der Geschichte. Übersetzt von Gustav Roßler. es 1702. 84 Seiten

Vom Ewigen Frieden und vom Wohlstand der Nationen. Dieter Senghaas zum 60. Geburtstag. Herausgegeben von Ulrich Menzel. es 2173. 640 Seiten

Von der Risikogesellschaft zur Chancengesellschaft. Herausgegeben von Erwin Teufel. es 2209. 300 Seiten

Was hält die moderne Gesellschaft zusammen? Herausgegeben von Erwin Teufel. es 1977. 340 Seiten

Der Zusammenbruch der DDR. Soziologische Analysen. Herausgegeben von Hans Joas und Martin Kohli. es 1777. 325 Seiten

Eine kleine Geschichte ...

Eine kleine Geschichte Brasiliens. Von Walther L. Bernecker, Horst Pietschmann und Rüdiger Zoller. es 2150. 368 Seiten

Kleine Geschichte Haitis. Von Walther L. Bernecker. Unter Mitarbeit von Sören Brinkmann und Patrick Ernst. Mit Abbildungen. es 1994. 220 Seiten

Eine kleine Geschichte Polens. Von Rudolf Jaworski, Christian Lübke. Michael G. Müller. es 2179. 384 Seiten

Eine kleine Geschichte der Schweiz. Der Bundesstaat und seine Traditionen. Von Manfred Hettling, Mario König, Martin Schaffner, Andreas Suter, Jakob Tanner. es 2079. 322 Seiten

Eine kleine Geschichte Ungarns. Von Holger Fischer und Konrad Gündisch. es 2114. 302 Seiten